Toujours vif et joyeux

DU MÊME AUTEUR

Romans

Le Béret à Groucho, La Table ronde
Reviens, Sulamite, La Table ronde
Violette, je t'aime, Julliard
Valentin tout seul, Denoël
La Déglingue, Denoël
Émile à l'hôtel, Denoël

Aux Éditions Gallimard
Dans la collection Folio

Violette, je t'aime, n° 1749
Au bonheur des chiens, n° 1534
Pour l'amour de Finette, n° 1628
Quand les petites filles s'appelaient Sarah, n° 2039
Papa est parti maman aussi, n° 1914
Tous les chats ne sont pas en peluche, n° 2158
Gouttière, n° 2282
Valentin tout seul, n° 2683
La Déglingue, n° 2891
Émile à l'hôtel, n° 3598

Théâtre

Guerre et paix au café Sneffle, Gallimard
Au bal des chiens, Gallimard
Lundi, monsieur vous serez riche, Paris-Théâtre
Madame, Paris-Théâtre
La Nuit des dauphins, Gallimard
Un roi qu'a des malheurs, L'Avant-Scène
Le Divan, L'Avant-Scène
Grand-Père, L'Avant-Scène

Livres dessinés

Dépêchons-nous pour les bonnes choses, Tchou
Ma chatte mon amour, Ramsay
Ma chatte ma folie, Denoël
Du bon usage des chats, Denoël

Essai

Les Gros Mots, Julliard

Pamphlet

Du passé faisons table rase, Régine Deforges

Remo Forlani

Toujours vif et joyeux

HISTOIRE VRAIE

DENOËL

9, rue du Cherche-Midi, 75006 Paris
ISBN 2-207-24437.7
B 24437.6

Bonjour

Bonjour.

J'ai dix-sept ans. Je m'appelle Remo Forlani.

Il fait plutôt beau, plutôt doux parce qu'on est au mois de septembre et les gens qui vont et viennent dans Paris sont plutôt souriants, parce que les Allemands qui pourrissaient nos jours et nos nuits depuis quatre ans sont enfin partis.

Moi je vais, ce matin, visiter autant de galeries que j'en trouverai. Des galeries de peinture.

Parce que, si tout se passe comme dans mes rêvasseries, je deviendrai un jour, bientôt peut-être, un grand peintre connu. Qui aura un immense atelier avec des oiseaux multicolores perchés dans des palmiers. En plein Paris bien sûr. Avec une tapée de filles longues, belles et nues qui poseront pour moi et qui se laisseront embrasser, caresser. Qui se laisseront tout faire. Des filles aussi belles que Giselle, mon amoureuse. Mais ne faisant jamais de manières parce qu'on veut les toucher dans la rue ou le métro.

Mes toiles, que les collectionneurs les plus huppés et les plus importants musées se disputeront, mes œuvres fameuses et coûteuses, pour être franc, je ne les vois pas encore très bien.

Je sais qu'elles seront modernes et pas abstraites, ça non, qu'elles battront à la course les toros de Picasso, qu'elles seront plus bandantes que les odalisques de Matisse et, si j'y arrive, aussi choquantes et rigolotes que les bonshommes, les bonnes femmes et les vaches biscornues de Dubuffet qui m'obsèdent depuis que je les ai découverts l'an passé dans une galerie de la place Vendôme.

Je suis à peu près certain qu'elles feront hurler les arriérés qui s'accrochent des Raphaël et des Renoir aux murs de leurs salles à manger, mes peintures à moi. Peut-être ça sera des portraits, pas forcément ressemblants, mais plus beaux que les gens que j'aurai portraiturés, peut-être que ce sera des sortes de *Guernica* qui feront marrer les gens au lieu de les épouvanter, peut-être ça sera des wagons de métro avec tous leurs voyageurs grandeur nature. On verra.

En attendant, dans ma chambre-cuisine du deux-pièces jamais balayé, jamais récuré, jamais épousseté où je croupis avec papa, je fais des natures mortes. Une pomme, un croûton de pain, deux œufs de marché noir, un bol ébréché. Ou je barbouille, en rouge, en bleu, en vert, un chien. Toujours le même. Le corniaud de mon oncle André de Rochefort-en-Yvelines (Seine-et-Oise).

Je le vois bien qu'elles sont tartes mes peintures, qu'elles n'ont pas de style, pas de gueule. Mais c'est normal puisque je suis encore qu'un peintre qui se cherche.

Et qui va parcourir dans les deux sens une rue à galeries pour y voir des tableaux de vrais peintres et, c'est ça qui serait épatant, peut-être tomber sur la toile qui me tapera si fort dans l'œil que je pourrais enfin me dire : « Remo, c'est des machins dans ce genre-là que tu vas nous bricoler... Voilà ta voie, mon garçon... Avanti ! »

Bon.

Au douze de la rue La Boétie c'est la galerie Roux-Hentschel. Je ne connais pas, ça vient d'ouvrir. C'est pas grand, pas très luxueux. Un monsieur dans la quarantaine, rondouillard, nippé aussi gaiement qu'un commissaire de police ou un huissier, est assis derrière un bureau. Il me regarde regarder ce qu'il y a aux murs. Une petite trentaine de toiles de peintres pas géniaux et pas de la même tribu. Il y a une femme nue bleue avec une tête de chatte de Félix Labisse, un minotaure exagérément couillu d'Oscar Dominguez, des horreurs comme on en vend à Montmartre place du Tertre et, c'est pompier mais ça a de l'allure, un grand portrait de mendiant décharné assis par terre dans une rue triste, de Francis Grüber.

Comme je suis planté devant, le monsieur se lève et s'approche.

– C'est quelque chose, hein. C'est un Grüber.

Évidemment que c'en est un. Il me prend pour qui, celui-là ? Vite, je lui fais savoir qu'on peut être un grand sifflet fringué genre artiste au rabais et aux cheveux rarement coupés, rarement lavés, et en savoir aussi long que lui. Si pas plus. Tout ce que je sais de Grüber je lui déballe, et aussi de Labisse, qui est belge d'Ostende, et de Dominguez, né, lui, à Ténériffe et venu à Paris pour vendre les bananes que cultivait son père et devenant copain avec André Breton et inventant la « décalcomanie du désir » et…

Je le saoule pas, le marchand de tableaux, mais c'est limite. Ça a l'air de l'épater, un jeune homme aussi bavard et connaissant tant de choses. Quand je m'en vais, il me prie d'inscrire mes nom et adresse sur le grand cahier fait pour. Comme ça je serai invité aux vernissages.

Après cette galerie-là, je fais toutes les autres de la rue. Et y en a de plus en plus depuis la Libération.

Puis je grimpe à pied jusqu'à Pigalle où ça grouille de soldats ricains avec des cigarettes, du chocolat et des tubes de lait Nestlé à vendre. Moi je veux des Lucky Strike. Ça va me coûter tout ce que j'ai en poche (et ailleurs) mais un futur grand peintre ne saurait se contenter des Gauloises auxquelles lui donne droit sa carte de tabac. C'est que les Allemands ont décanillé, mais c'est toujours la guerre. Leur saleté de conflagration internationale.

Une bignole belle plante et un pneumatique

Je liquide le fond d'une marmite de spaghetti froids sans parmesan en feuilletant une vie de Gauguin lue et relue dix fois. C'est pas trop dans mes goûts, Gauguin. Mais il a bien déblayé le terrain pour les fauves et la suite. On se demande pourquoi il avait besoin d'aller pondre ses barbouillis dans des contrées aussi lointaines. Mais à chacun ses lubies.

Les spaghetti, vu que ça fait deux nuits que papa n'est pas venu dormir dans son lit, ils ont trois jours. Mais j'ai faim. Même de manger à peine mangeable.

Ma mère était la reine des bons plats pas chers. Des platées de riz au lait, du pot-au-feu exquis même sans viande. Et puis elle est morte d'un coup, d'une attaque, nous laissant seuls, dans notre crasse. Mon père buvant, moi fainéantant.

C'était une maman parfaite. Gentille, toujours à blaguer, criarde à l'occasion. Et des occasions de crier, Dieu sait qu'on l'en a pas privée, papa et moi. Papa parce que toujours à boire plus que de raison et à jouer et à perdre dans des parties de cartes qui pouvaient durer des semaines le peu d'argent qu'il gagnait à faire le cimentier. Moi en ne voulant pas apprendre un vrai métier et faisant le zazou et en me prenant pour un génie.

Le nombre de fois qu'elle a pu dire que mon soûlard de père, et moi et mes idées d'idiot, on la ferait mourir ! Et elle est morte.

Et j'en finis pas de te regretter, m'man.

Je vais sur le palier m'emplir un verre de flotte au robinet de l'étage. Comme la porte de sa piaule est ouverte, notre voisin, Charlot, le porteur de journaux qui n'a qu'un œil, me salue.

– Alors, Picasso, c'est quand que tu nous peins une Joconde sur la porte des gogues ?

Charlot, ça le mine peut-être pas de loger au quatrième et d'aller faire ses besoins au rez-de-chaussée dans un cabinet à la turque comme tous les gens de l'immeuble. Moi, ça me tue.

J'ai grande envie de lui foutre mon poing dans son seul œil.

Ayant lampé d'un trait le verre d'eau de palier, ayant soigneusement contrôlé que les robinets du fourneau à gaz sont bien fermés, je m'allonge sur mon divan aux draps pas lavés, pas repassés depuis maman.

Et il va faire quoi, maintenant, le grand peintre en herbe ?

Pas dormir, pas se branler. Penser.

En grillant les deux dernières Lucky du paquet acheté hier.

Penser à la seule et unique pièce qui me reste. D'un franc. Penser à la combine, si foireuse soit-elle, qu'il faut que je dégote pour me refaire. Penser à ce que, par exemple, je pourrais raconter à mon père, au cas où il referait surface, pour lui soutirer un petit billet ou deux. Penser à Giselle qui fait Dieu sait quoi, à Montmorency, avec les GI cantonnés dans le coin. Penser à Gauguin folâtrant avec ses vahinés.

On frappe. C'est quand même pas le Charlot qui vient me reparler de sa Joconde de porte de chiottes.

C'est la concierge.

Une grande grande blonde bien rose bien fraîche et sans éducation. Pas tellement plus âgée que moi. Ayant été encore moins à l'école et descendue de son Nord natal pour épouser un presque nain laid comme trente-six poux qui lui flanque des raclées quasiment quotidiennes. Sévères et pas volées, les raclées, dans la mesure où cette belle plante se donne du bon temps avec un nombre conséquent de locataires du soixante-quatorze avenue Ledru-Rollin (Paris douzième). Dont mon bien-aimé papa.

Un après-midi je les ai vus de mes yeux vus dans l'atelier désert des frères Salomon, deux joyeux tapissiers embarqués un matin de quarante-deux par les flics du commissariat de la rue Traversière et dont on attend, hélas, de moins en moins le retour. Sur une balle de coton à rembourrer des fauteuils, ils faisaient l'amour, le père Forlani et la concierge. Et d'avoir dans les quarante ans de plus que cette assoiffée de galipettes ne l'empêchait pas d'y aller hardiment, mon géniteur.

Et j'ai dit « entrez » et elle entre, la concierge.

– V'là le courrier, Remo.

Le courrier ? Personne jamais n'a monté aucun courrier dans cet immeuble pourri.

– Vu que c'est un pneumatique, j'ai pensé que ça urgeait.

Un pneu. À mon nom. Le fait est que ça valait le coup qu'elle les grimpe, les étages.

Elle s'assied sur mon divan.

– C'est haut chez vous. Faut que je retrouve mon souffle.

Pour le retrouver, elle s'allume ma dernière Lucky.

Moi, je décachette le premier pneumatique de ma vie. Qui renferme une dizaine de lignes, signées Roux, me demandant de bien vouloir l'appeler à un téléphone qui est celui de la galerie de la rue La Boétie où, hier matin, j'ai fait mon numéro de singe savant.

Ça veut dire quoi ? Il me veut quoi ce type ? J'ai oublié mon parapluie dans sa galerie de merde ? Impossible. J'ai pas et je n'aurai jamais de parapluie. J'ai brûlé sa moquette avec une clope ? Sûrement pas, j'ai fait très attention. Ou alors, ou alors il m'a jaugé, ce monsieur, jugé d'un coup d'œil d'un seul et veut me signer un contrat mirobolant pour s'assurer l'exclusivité de toutes mes peintures présentes et à venir ?

Tu parles.

– C'est quoi le pneu ? Ta fiancée qui t'annonce que vous avez tiré au but, que vous allez avoir un lardon ?

Elle me dit tu, la concierge. Moi, je la vouvoie.

– C'est pas du tout ça, Mme Doré, c'est pour mes peintures. C'est un marchand de tableaux qui s'intéresse à mon travail.

Elle me décoche un sourire vicelard en se déhanchant sur mon divan.

– Vu que tu penses qu'à ça, qu'à ta peinture, pourquoi que tu profites pas que je suis là sur ton petit lit de jeune homme pour me faire mon portrait. Je peux même me déshabiller un peu pour faire plus peinture de musée, si tu veux.

C'est pas que ça me dirait pas. Ça non. Mais chapitre amour avec coucherie, j'en suis à mes tout débuts avec Giselle et je me vois mal, je me vois même pas du tout faisant la bête à deux dos avec cette dévoreuse. Oh ! non. Pas du tout.

Quand je serai grand peintre connu évidemment... Mais, là...

– Faut que je descende à la poste. Vous tirerez la porte en partant, madame Doré.

Une proposition infamante

Le con ! L'infecte ordure de triste sale con !

À tout je pouvais m'attendre. À tout. Mais, M. Roux de la galerie Roux-Hentschel, il a fait si fort que ça a été comme si le ciel m'était brusquement dégringolé sur la tête. Au téléphone il m'a dit qu'il pouvait pas m'expliquer bien comme il fallait l'idée qui lui était venue, que ça serait mieux que je vienne le voir.

Alors, ce matin, à neuf heures pile, je franchissais pour la deuxième fois en deux jours le seuil du douze de la rue La Boétie.

Et il m'a serré la main, M. Roux, il m'a fait asseoir, m'a posé des questions pas bien intéressantes. Il voulait savoir où j'en étais dans mes études ou si je travaillais, et auquel cas ce que je faisais et de quel quartier j'étais et ce qu'il faisait mon père comme travail. Puis il m'a raconté, ce dont je me foutais éperdument, qu'il avait pas étudié énormément lui non plus, qu'il avait travaillé très tôt, dans des fabriques de je sais pas trop quoi. Il m'a parlé clientèle, transports, chiffre d'affaires. On aurait cru une vengeance. Cru qu'il voulait me faire payer mes tirades d'avant-hier sur Dominguez, les peintres surréalistes, tout ça.

Mais non.

Ce qu'il voulait c'était me faire une proposition. Plaisante, il m'a précisé.

Le problème qu'ils avaient, M. Hentschel et lui, il était tout bête. Cette galerie, vu qu'ils avaient, tant Hentschel que lui, d'autres activités, ils ne pouvaient, ne pourraient jamais lui consacrer tout leur temps. Donc il fallait que quelqu'un en assure la permanence. Et pourquoi pas un jeune homme sympathique, s'exprimant avec une certaine aisance, connaissant une foule de choses sur les peintres contemporains. Eh oui. Il était tout prêt à me confier cette tâche, somme toute assez valorisante. Et M. Roux s'y engageait fermement, très convenablement rétribuée.

– Alors, monsieur Forlani ?

Alors… Alors…

À part dame pipi ou vidangeur, je vois pas ce qu'il aurait pu me proposer de pire, ce type.

– Alors ?

J'aurais dû le massacrer, l'écraser à coups de talon. Ou pour le moins l'envoyer dignement chier et rechier.

Je devais être tout rouge, tout péteux quand j'ai fini par lui répondre que c'était ni oui ni non, qu'il fallait que je demande son avis à mon père.

Mon père, que je lui demande son avis sur quoi que ce soit, ça l'aurait sidéré.

Il était trop plein de bon sens et je-m'en-foutiste pour vouloir dire à autrui ce qu'il devait faire ou pas faire. L'autrui en question fût-il son fils.

Et puis il n'est pas là. Il n'a pas couché là cette nuit encore. Il n'est même pas passé pour mitonner une polenta ou une marmite de pâtes.

Il vadrouille, papa.

J'aime autant ça, ça m'évite de lui avouer que tout ce que son génie de fils a réussi à décrocher comme job c'est un boulot de… Même pas de gardien de musée.

Les gardiens de musée, au moins, ils ont un chouette petit costard à boutons dorés. Le prestige de l'uniforme, ils ont, les gardiens de musée.

Enculé de M. Roux !

À force de fouiner et refouiner partout, sous le lit de papa, dans les cartons, les valises où les habits de maman attendent d'être bouffés par les mites et les rats, je trouve deux bouteilles. Une de rhum, une de grappa. Les dernières cartouches de papa en cas de nouvelle guerre, de disette.

Je me sers de la grappa, dans un bol ni sale ni propre. C'est fort, ça arrache la langue. Mais ça va peut-être me calmer. Parce que j'ai envie de tout bousiller.

À commencer par mes « œuvres ». Quelques toiles pâteuses, moches, des croûtes, des fusains consternants, mes chienchiens multicolores…

D'ici qu'elles se pavanent sur les cimaises du Museum of Modern Art, mes peintures, y a du chemin à faire.

Ça hurle dans la cour.

– Remo ! Remo ! Remo !

Je m'approche de la fenêtre de manière à voir sans me faire voir. C'est Jean-Luc.

Mon meilleur meilleur ami.

Jean-Luc de Rudder. Il a trois ans de plus que moi, il peint mieux que moi, il a lu plus de livres que moi, écouté plus de disques que moi. Et il en est, lui, à sa six ou septième petite amie. En ce moment c'est une Marie-France à beaux mollets, beaux seins et rieuse, à qui il fait l'amour chaque nuit sur les poubelles, sous la voûte d'entrée de la maison de ses parents rue Saint-Nicolas.

Nous nous sommes rencontrés il y a deux ans dans la cour de l'école des Arts déco rue d'Ulm avec de Rudder. Et, ayant découvert que nous étions voisins, nous sommes devenus fort copains.

Pour commencer il m'a snobé à fond. Il savait qui étaient Véronèse et Paolo Uccello. Moi pas. Il avait lu *Le Voyage au bout de la nuit* de Céline et tout ce que Cocteau avait écrit. Moi pas. Il était capable de dessiner au fusain des nus qui tenaient debout. Moi pas. Il avait un phono et des disques de Trenet. Moi pas.

Je lui dois énormément à de Rudder. C'est un rouquin plutôt beau mec et volontiers prétentiard. Mais je ne peux pas me passer de lui et de ses opinions sur tout.

Là, je fais le mort. Je le laisse s'époumoner et partir. Aucune envie de faire ricaner la terre entière avec l'humiliante proposition de M. Roux.

Personne jamais ne le saura. Ou peut-être, dans vingt ans, dans trente, quand, devenu le célèbre Remo Forlani, je consentirai à révéler, à des journalistes venus m'interviewer pour des canards à gros tirages, quelques bribes de mon ingrate mais si captivante jeunesse.

La grappa aidant, je vais m'endormir.

En plein jour.

Premiers pas dans le négoce des œuvres d'art

Et m'y voilà.

Mes jambes ont peine à se caser sous le petit bureau. La chaise, paraît-il Empire, est confortable. J'ai droit à un cendrier pour au moins dix fumeurs. Et à un cahier relié cuir avec les prix des toiles, dessins et lithographies inscrits à l'encre rouge et (notés au crayon entre parenthèses) les modestes rabais qu'on peut éventuellement consentir en cas d'achats multiples ou très importants. Cahier « top secret », ça tombe sous le sens.

M. Roux m'a tenu le crachoir pendant bien une heure pour m'expliquer tout, me montrer comment on allume les lumières et comment on les éteint, comment on ouvre la grille et la porte d'entrée et comment on les ferme, me faire le portrait de la concierge et de ses états d'âme, me recommander ceci et cela et encore ceci et encore cela.

Ça faisait rentrée des classes ou arrivée en colo.

Il m'a bien fait comprendre que je ne suis pas là pour me tourner les pouces ou recevoir des copains, ni leur téléphoner pendant des heures, ou mal me tenir ou être insolent avec les visiteurs, ou leur dire qu'ils ont tort d'aimer un paysage ou une nature morte qui ne me plaisent pas à moi. Il m'a dit aussi que, question habits, je ne faisais pas suffisamment « secrétaire de galerie d'art », mais qu'il laissait à son associé M. Hentschel le soin de m'inculquer les manières.

Puis il m'a donné le premier quart de mon premier mois. C'était pas bête. Pour m'appâter et m'empêcher de prendre vite fait la tangente, il pouvait pas trouver mieux, cet homme.

Et il est parti. Me laissant m'allumer une clope et faire le tri de toutes les pensées qui s'entrechoquent dans ma tête.

Donc je suis secrétaire de galerie. Pas gardien, c'est déjà ça. Secrétaire ! Je sais même pas taper à la machine.

Mais qu'est-ce que je sais faire ? Je veux dire, de sérieux. Essuyer de la vaisselle en en cassant un peu, j'ai fait ça à treize ans au restaurant Piscetta, des amis de papa qui avaient trouvé cette combine pour me faire manger mieux qu'avec les rations auxquelles on avait droit. Piloter un triporteur aussi, ce fut mon second job. Je livrais, des fois à l'autre bout de Paris, des salami et du prosciutto de marché noir pour Garofano, le « Produtti de Parma » de la rue Parrot. Travail à risques, vu les flics qui grouillaient un peu partout et les Allemands. J'ai même appris à gâcher du ciment et à pousser des brouettes sur les chantiers avec papa.

Aucune de ces tâches ne m'allait. Et, Dieu veillant avec sa bienveillance coutumière sur le destin du cher Remo, il me fit rencontrer qui il fallait pour pouvoir pénétrer dans les sous-sols de la Comédie-Française et y endosser des oripeaux de frimant. Ce qui me valut d'être de la création de *La Reine morte* et du *Soulier de satin*.

La figuration c'était de l'amusement qui payait largement de quoi « faire son jeune homme ». Mais c'était qu'en attendant d'être peintre.

Et je me retrouve le cul sur une chaise Empire pour attendre et attendre encore.

Chiant, non ?

Un vieux monsieur vient d'entrer. Il fait le tour de la galerie au pas de gym et me fonce dessus, indigné.

– L'abstraction chez vous on connaît pas ?

Je suis censé faire quoi ? Lui présenter de plates excuses ? L'envoyer paître ? J'opte pour le sourire niais du vendeur de la Samaritaine qui…

– C'est une exposition temporaire, monsieur. Mais, dans les mois à venir…

Le vieillard hausse les épaules et s'esbigne en râlant. C'est mon premier sale con. Je crains que ce ne soit pas le dernier.

D'autres clients suivent. Qui regardent, commentent, font des messes basses, ricanent. Un couple veut savoir combien vaut une petite femme nue de Gromaire aussi féminine qu'un fer à repasser. Quand je leur annonce ce qui est inscrit dans le cahier, ils hurlent à la mort.

Salut, bon vent, les amateurs de Gromaire. Que le diable, comme aurait dit ma pauvre maman, vous patafiole !

Et les heures passent.

Que je meuble en faisant de savants calculs. Savants et jouissifs. Je convertis en places de cinéma, en consommations de bistro, en bouquins, en journaux, en paquets (et pourquoi pas en cartouches) de cibiches américaines de la place Pigalle l'acompte que je viens d'empocher. Dans la mesure où le père Forlani me nourrit, me loge et me donne un petit billet quand on se croise et qu'il est en fonds, je vais me retrouver plus rupin que tous mes amis. Y compris ceux qui, en attendant comme moi de devenir célèbres, se tuent à faire le commis dans la boulangerie ou la teinturerie de papa-maman ou se retrouvent apprentis ébénistes faubourg Saint-Antoine avec des patrons casse-couilles.

D'accord : je vis dans un taudis avec chiottes communes au rez-de-chaussée et rats à tous les étages, j'ai pour toute famille un père cimentier alcoolique, un frère encore prisonnier en Allemagne, un oncle René facteur déchu à Grizy-les-Plâtres (près de Pontoise) pour cause de collaboration et un oncle et une tante fauchés à Rochefort-en-Yvelines (Seine-et-Oise). Mais je suis quand même un grand gâté.

Qui va pouvoir, s'il joue serré, troquer dès le mois prochain son unique paire de godasses hideuses et à semelles de bois contre des chaussures dignes de ce nom.

Important, ça. Capital. En finir avec les pompes-Pétain, ça signifiera que, même si on se tue encore pas mal en Europe, pour moi la guerre sera finie.

L'Occupation, dont on sort à peine, pour des nuées de gens ça aura été l'horreur pure et simple. Tous ces tués, tous ces torturés, ces emprisonnés. Toutes ces victimes du monstre Hitler, du gâteux Pétain, du répugnant Laval et de leurs sbires et de tous les salauds et salopes qui, par dégueulasserie, par peur, ou simplement par bêtise crasse, ont pactisé avec eux… ça te glace les sangs rien que d'y songer.

Moi, soyons franc, ce cauchemar de quatre ans, je l'ai vécu à la légère presque. Comme un môme. Un môme qui a eu d'abord la trouille de la guerre. Et une trouille plus maousse encore quand il a vu radiner les nazis de quarante qui allaient – c'était forcé, à en croire ma mère et toutes les autres dames du quartier – couper les mains des gamins comme l'avaient fait les boches de quatorze-dix-huit.

Et ils ne m'ont pas même coupé le bout du petit doigt. Merci, petit Jésus !

Mais, vu qu'ils étaient venus pour, ils n nous ont pas privés question vacheries, sévices, humiliations. Et je te gratifie d'un couvre-feu, et je te rationne ta bouffe, et je te supprime le jazz pas français à la TSF, et je te prive de films américains et, parce qu'ils sont made in USA, je te vire Popeye, Mickey, Dick Tracy, Guy l'Éclair, des journaux illustrés que t'achetais tous les jeudis, et je te fourre les gens en taule, et je fais aux Juifs l'immonde vacherie de les obliger à se coudre une étoile jaune sur leur pardessus et je leur ferme leurs boutiques et je les parque en Bochie et je les massacre par pure saloperie. Et les péteux sentencieux de Vichy qui se lancent dans l'endoctrinage, qui nous font chanter *Maréchal nous voilà*, qui nous bassinent avec des slogans de goitreux. *Travail famille patrie !… Une France propre dans une Europe unie !*

Comme j'attrape quatorze ans, puis quinze, ça fait que m'emmerder. Et rigoler quand même un brin. Parce que l'auguste vieux militaire à la moustache blanche qui incarne à lui seul toutes les vertus de la France, faudrait être un abruti complet pour le prendre au sérieux.

D'autant que ni ma mère – une native de Vanves devenue par force italienne en se mariant – ni mon père – Macaroni pur jus devenu pas mal réac depuis que les enragés du Front populaire et leurs quarante heures et leurs congés payés et autres extravagances ont ruiné sa petite entreprise – n'ont le moindre appétit de collaboration. Et encore moins de résistance.

Chez nous, à la maison, on ne s'intéresse qu'à l'essentiel : au ravitaillement qui devient de plus en plus chiche. Et au sort de Nini, mon frère unique et aîné, qui est derrière des barbelés au stalag XIII A, un enfer qu'on ne peut même pas situer sur une carte d'Allemagne.

Mes copains non plus n'ont pas la fibre pétainiste.

Mais faut faire avec. Dans les deux trois centres de jeunesse que je fréquente surtout pour leurs cantines, faut faire mine de le respecter, Pétain, de le vénérer presque. Mais c'est du guignol.

La preuve : le chef Sabbagh qui nous faisait chanter *Maréchal, nous voilà* dans la cour du Centre du spectacle de la rue Blanche, le chef Sabbagh avec son blouson à francisque qui nous faisait des speechs très féroces sur la fondamentale pourriture des Juifs et des francs-maçons qui étaient à l'origine de la défaite de notre chère patrie, même pas une semaine après l'arrivée des Américains, j'ai eu la surprise de l'entendre à la radio. Oui, lui. Pierre Sabbagh devenu envoyé spécial de la France libre dans Paris en train de se libérer. Officiel.

Bref. Assis sur la chaise Empire, je me dis que les peurs, les rutabagas, c'est fini. Que Danielle Darrieux, Suzy Delair, Pierre Fresnay, Albert Préjean et leurs confrères du ciné collabo laissent enfin Marlene Dietrich, Gary Cooper, Cary Grant et les Marx Brothers revenir sur les écrans de ciné des Champs-Élysées et des Grands Boulevards, c'est pas dommage. Et, bientôt…

Noires ou marron, les chaussures tout cuir ? On verra.

Coup de frein brutal aux ruminations : un homme entre dans la galerie. Il marche droit sur moi et me sourit.

– Alors le voilà, le prodigieux gamin qui connaît par cœur tous les peintres du dictionnaire.

Pigé. C'est mon autre moitié de patron, M. Hentschel.

Rien à voir avec Roux. D'abord il sent si fort le parfum cher qu'on se sent lavé de toute impureté à son approche. Et la silhouette, le style ! Moustaches à la Clark Gable, costume à la Clark Gable avec pochette à la Clark Gable. Il pourrait être second rôle dans une comédie musicale hollywoodienne d'avant-guerre ou auteur anglais de romans policiers. La montre en or, la chevalière, tout est choisi avec soin, étudié. Et le sourire. On jurerait qu'il a dix ou douze dents de plus que vous et moi. Il doit se foutre des chiffres autant que Roux s'y intéresse et tomber toutes les femmes qu'il veut.

– Ça va, jeune homme ?

– Oui, monsieur. Ça va. Faut que je m'habitue, c'est tout.

– S'habituer à moi, tu verras, c'est pas dur. C'est que c'est la crème des hommes, papa Hentschel. Mauvais époux, mauvais père. Mais d'un commerce on ne peut plus agréable. Tu vois le placard là. T'es mignon, tu te lèves et tu sors deux coupes.

Des coupes pour trinquer au champagne qu'il va chercher à la réserve dans une caisse planquée derrière un Corot résolument faux.

– Oui, mon garçon. Aussi faux que Corot peut l'être. Mais loin d'être invendable, dans la mesure où tu le brades au dixième du prix qu'il vaudrait s'il était vrai et que le client, à qui tu dis – honnêtement – que c'est un faux, sait parfaitement qu'il n'est pas tenu de le dire, lui, aux ignorants qui viendront boire un drink dans sa villa de Deauville.

Il a empli les coupes.

– Alors, tchin-tchin. À tes amours, Raymond.

– C'est pas Raymond, monsieur, c'est Remo.

– Roux m'avait dit Raymond. Ou alors j'ai compris de travers. C'est un partenaire on ne peut plus fiable, mon ami Roux, l'honnêteté faite homme. Mais trop sérieux. Tu n'es pas trop sérieux, toi, au moins ?

– Je crois pas. Mais je vous promets de…

– Ne promets jamais, Remo. Contente-toi de tenir.

Il reremplit les coupes.

– Puisque tu t'y connais un peu, tu as pu constater que les toiles accrochées ici et entassées dans la réserve, c'est tout et n'importe quoi. Mais on ne fait qu'ouvrir et, si mon nez ne me ment pas, dans pas longtemps, cette galerie sera une des plus courues de Paris. J'ai des projets d'expositions, des accroches sérieuses avec des peintres importants. Alors, si tu suis bien le mouvement, un bel avenir t'attend. Un bel avenir.

Il me plaît, Hentschel. Je n'ai aucunement l'intention de faire de vieux os rue de La Boétie, numéro douze. Mais il me plaît énormément.

Et qu'est-ce que c'est bon le champagne.

La dernière fois que j'en ai bu c'était à la noce de Nini, mon frère. En trente-huit.

J'avais oublié que ça pétillait autant.

On boit du vrai kirsch

– Alors, comme ça, grand con, te voilà casé.

– Pas pour longtemps, grand con. Pas pour longtemps.

– Casé quand même.

Fallait bien que je finisse par lui dire, à Jean-Luc de Rudder, mon meilleur meilleur ami, que je m'étais trouvé une sorte de travail. Je viens de lui cracher tout. D'un trait. Au café Massebœuf où, depuis des années et des années, on a bu des verres et des verres de cochonneries imbuvables en bavassant des heures et des heures.

Ce soir j'arrose sans compter. Alors c'est du vrai kirsch servi dans des tasses. Sournoisement, pour tromper la flicaille.

Jean-Luc lève la sienne.

– Au futur plus grand marchand de tableaux in the world. Peut-être que t'es l'Ambroise Vollard, le Kahnweiler de demain.

– Commence pas. Tu sais très bien que ça va durer juste le temps de m'acheter des pompes, des couleurs, des toiles.

– Et si t'en profitais pour t'acheter aussi un peu de talent, grand con.

Y a rien à répondre à ça. Rien. Je réponds pas. Je lape une goulée de kirsch. Il a pas menti, le père Massebœuf, c'est pas de l'ersatz. Mais c'est, quand même et toujours, du marché noir, de l'hors de prix.

C'est que nos libérateurs qui ont si bien manigancé leur débarquement, qui ont si bien débarrassé Paris et les banlieues des Allemands, ils ont oublié le principal : le manger et le boire. Et le général itou. Il a ramené plein de cadeaux de London dans sa grande besace, le grand Charles, des croix de Lorraine, des médailles en or et en argent pour les bons Français, des fourragères pour les flics qui arrêtaient les FFI le lundi et les ennemis des FFI le mardi. Mais il a pas ramené l'ombre d'un kilo de sucre, pas la queue d'une tablette de chocolat.

On est libres, on peut danser dans les rues, chanter *It's a long way to Tipperary* à tue-tête, on peut tondre les grognasses qu'ont collaboré sous des édredons, mettre en cabane les écrivains listés par des écrivains pas listés. Mais on continue à allégrement la sauter.

Même avec ce que ce soir j'ai en poche, je peux pas commander à Massebœuf un sandwich jambon-beurre. Et le kirsch ça creuse.

– T'as pas les crocs, toi, grand con ? Moi je boufferais un cochon entier. Tout cru même.

– Ta Giselle elle cambriole plus le frigo de son papa pour que son chéri puisse se goinfrer ?

– Ça fait des jours et des jours qu'on se voit plus. Avec les trains qui partent et arrivent quand ils veulent, elle reste dans sa cambrousse. Y a la masse de Ricains cantonnés à Montmorency qui viennent dans leur auberge. Alors elle fait serveuse.

– D'ici qu'elle se trouve un GI avec les longues jambes à Gary Cooper. Moi je me méfierais.

– On parle d'autre chose, tu veux bien. T'en es où, toi ?

– Ça roule. Avec Jacques, on fait des maquettes de décors, pour *Le Cid.* Des maquettes construites. Tu verrais ce chantier.

Jacques c'est Jacques Noël. Un ami de Jean-Luc encore plus son meilleur meilleur ami que moi. Que, fatal, je jalouse. En plus, ce monstre, il a un talent fou. Il est capable de torcher en deux minutes, avec un vieux bout de crayon mal taillé, un dessin si net si chouette qu'il pourrait le signer Albert Dürer ou Pierre-Paul Rembrandt. Il vit avec son père, un prof de l'école Boulle, dans un déballant pavillon à Ivry. Avec un atelier dans la cave où, avec Jean-Luc, ils font chef-d'œuvre sur chef-d'œuvre. Je leur donne pas dix ans pour être devenus ce que je deviendrai jamais, moi, même dans cinquante ans.

– Monsieur Massebœuf, on peut en ravoir une tournée de votre alcool à brûler ?

Je le fais vachement rire, le Massebœuf. Traiter d'alcool à brûler du kirsch fait maison par ses cousins de la Creuse avec des cerises de cerisiers plantés par leur propre grand-père, faut l'oser.

– Et votre *Cid*, y va se jouer où ?

– Nulle part. On fait ça pour nous, pour la beauté de la chose. On est des artistes, nous, pas des négociants.

Fait trop chier, là, mon cher Jean-Luc. Les deux fonds de tasse de kirsch que Massebœuf apporte en traînant la patte, il va se les boire tout seul. Moi je pose un billet sur la table et bonsoir la compagnie.

C'est la nuit, une nuit frisquette avec toujours pas chouïa de lumière dans les rues pour cause de défense passive. Parce que leur connerie de Seconde Guerre mondiale elle continue. Harcelé de partout, avec les Anglais, les Américains, les Russes, avec tout le monde au cul, Hitler se cramponne au bastingage, estimant qu'il a pas fait crever assez de monde encore.

Mais je m'en fous d'Hitler. Et de la guerre tout autant.

J'ai faim. Je suis furieux contre Jean-Luc. Contre moi aussi.

Je remonte vers la Bastille. À grands pas.

Ce qui me ferait du bien ça serait de chialer. Mais je sais plus faire ça.

Étant môme, assez tard il me semble, pour la pleurniche j'étais imbattable. Pour un rien, un jouet cassé, une infime désillusion, une vexation minuscule, un sourire qu'on oubliait de me faire, j'y allais de ma larme, de mes larmes. Une vraie fontaine. Autant que la plus fille des filles, je pleurais. Et ça m'a passé.

Quand ma mère est morte, j'étais terrassé, devenu une vraie loque. Mais l'œil sec.

Pleurer je sais plus.

Alors je marche en tétant ma cibiche.

C'est fameux le tabac blond. Mais, pour me déchagriner, une larme, rien qu'une seule ferait mieux l'affaire.

Et voilà Oscar

Un autre Remo.

Dans la glace murale du bar tout cuir noir, tout velours doré, pour putes de luxe de la rue d'Astorg, j'ai la nette impression de voir un autre Remo.

Toujours la même longue carcasse, toujours les cheveux noirs indisciplinables depuis que j'ai renoncé à la brillantine puante de mes années zazou, toujours les yeux couleur huître avec les cernes de l'acharné branleur.

Mais tellement plus gravure de mode depuis que M. Hentschel m'a fait couper un costume « décent » par son propre tailleur et offert une cravate à rayures obliques. Une cravate club, on dit.

Mais tellement moins l'air d'un Van Gogh en devenir.

Forcé. On voit mal Van Gogh s'alcoolisant dans une buvette aussi cossue. Lui, ses cuites, il se les offrait dans des troquets de pauvres, au zinc. Et c'était pas des alexandras qu'il pintait.

C'est ça que M. Hentschel m'a conseillé. Un alexandra. Un cocktail, quoi.

Rien à voir avec les bières, les Picon, les Suze, les apéros de gagne-petit du café Masseboeuf. Un alexandra ça doit saouler. Mais à l'hypocrite et sans pousser qui en sirote à devenir gueulard, bête ou malfaisant.

Papa n'a jamais dû en boire. Lui c'est le vin rouge rouge, les apéros assassins. Le raide. Et cul sec, sans cajoler son verre du regard comme M. Hentschel. Qui m'a tout l'air d'être aussi un bel alcoolo. Mais à manières, doigt en l'air, croquant une noisette grillée entre chaque lampée, sachant être bourré sans que ça se sache.

C'est lui le cerveau de la galerie, c'est lui qui mène le jeu. Roux est un pépère avisé qui sait qu'un sou c'est un sou et qui passe le plus clair de son temps à en accumuler, des sous. Hentschel, lui, c'est un flambeur. Il sait lui qu'un sou, si tu le mises sur le bon cheval, ça peut t'en rapporter cent, mille.

– Voire cent mille, mon garçon. Cent mille que tu peux faire fructifier ou perdre le temps d'un battement de cil. Si on totalisait tout ce que j'ai gagné et perdu depuis que j'avais ton âge… Chapitre perte, tu peux commencer par aligner le magot que mon père s'était constitué en cinquante ans d'honnête labeur. Coquet le magot. Il rêvait de me voir reprendre son affaire. Mais moi, j'ai pris le maquis. Pas celui de Jean Moulin et des FFI. Mon Vercors, ça a plutôt été les clubs de poker, les champs de courses. Tu me diras que tout cela ne me menait pas en ligne droite rue La Boétie pour y vendre des tableaux. Exact, fils. La galerie, la rencontre avec Roux, ça s'est fait comme ça… Le hasard.

Il boit une gorgée de son cocktail à lui. Un breuvage verdâtre, trop « pétaradant » pour le novice que je suis, à l'en croire.

– Le pur hasard. Parce que la peinture… Roux il n'y connaît rien. Même un portrait de sa mère, il devrait le pendre au-dessus de son lit, faudrait lui montrer de quel côté de la toile accrocher le piton. Toutes les horreurs qui s'empilent dans la réserve c'est lui. Non seulement ce sont des toiles invendables parce que signées par d'illustres inconnus, mais, en prime, elles sont laides à faire fuir. Tu vois comment il s'habille, Roux. Tu verrais son intérieur cosy et les toilettes de Mme Roux… Mais c'est un bon gérant, un caïd de la comptabilité, des acrobaties financières. Moi, je le sais, j'ai un goût très sûr. Le raffinement c'est inné. Mais la peinture m'ennuie. Mon père avait des aquarelles de Monet, de Signac dans son bureau. Tout petit, je les contemplais, je bâillais. Et on m'a traîné au Louvre, à Florence aux Offices, dans des musées allemands. Que de l'ennui, que de l'ennui. C'est comme la musique. Tu veux m'endormir ? C'est pas compliqué : Bach, Mozart, Stravinsky.

Il s'allume une cigarette et balance au ciel du bar chic une impressionnante série de ronds de fumée. Quel style ! Un gentleman.

– La peinture m'ennuie à périr. Mais pas les peintres. Surtout certains.

Ça, ça s'adresse à celui qui va devenir carrément mon idole. Un grand gros costaud avec une épaisse tignasse noire que ma regrettée maman aurait qualifiée de piège à poux. Il a une veste à carreaux dans les oranges, une chemise vert banc de square et une cravate jaune citron. Il se rue en direction de notre table, saisit le verre de M. Hentschel, le vide d'un trait, saisit mon alexandra, le pinte d'un trait. Et sourit, béat.

– Merde. J'avais soif.

– Oscar, je te présente notre secrétaire : Remo. Remo Forlani. C'est un Macaroni. De la Bastille.

Il a une main énorme, l'Oscar. Une main à vous broyer les os. Il broie chaleureusement les miens.

– Je te salue, Remo. Ave. Que le ciel et tous ses anges à bite en virgule te bénissent.

Si l'émotion peut faire mourir, je vais trépasser sur l'instant. Dominguez, Oscar Dominguez ! Un authentique surréaliste, un compagnon de Breton, de Dali, de Max Ernst, me broie les phalanges et me tutoie.

– Bonjour, monsieur.

– Oscar, please. Bonjour, Oscar.

– Bonjour, Oscar.

Ça a eu du mal à sortir. Mais c'est sorti. J'ai dit bonjour, Oscar à Oscar Dominguez et je le mange des yeux. Depuis que je fais ce que je fais maintenant, des peintres j'en ai déjà vu quelques-uns. J'ai vu Félix Labisse qui est le type même du Belge blagueur. J'ai vu Grüber qui a l'air encore plus tubard et neurasthénique que les personnages qu'il peint. Mais Dominguez…

Il est là. Vraiment. Je peux sentir l'odeur de son parfum, de son tabac. Dominguez.

Il s'assied, assène sur la cuisse d'Hentschel une tape à lui péter le col du fémur.

– Alors, le petit commerce, il enrichit toujours les crapules comme toi ?

– Si tu savais, Oscar, si tu savais le joli coup de bourse tordu que, pas plus tard que ce matin…

– Tu fais bien de parler de bourses. Tu sais quelle nuit ça va être cette nuit ? La nuit de la pleine lune. Et tu sais ce qui se passe, les nuits de pleine lune dans mon pays ? Ces nuits-là, tous les hommes du village se réunissent sur la grand-place et, tous, ils déballent leurs couilles pour leur faire prendre un bon bain de lune. C'est comme ça qu'on devient fertile, chez moi.

Chez lui c'est aux îles Canaries. Je l'ai lu dans un de ces innombrables bouquins que je dévore pour en savoir le plus possible sur les gens admirables, les artistes pas comme les autres, ceux que je crève d'envie d'égaler. Et il est de ceux-là, Dominguez.

C'est un admirable.

Et il me paye un alexandra pour se faire pardonner de m'avoir sifflé le mien et il me fait goûter, dans son verre, un breuvage de sa composition à lui, fort, écœurant, époustouflant. Quel type ! Et il raconte des trucs fous. Et je ris et je ris.

Hentschel, je sais plus s'il est encore là. Je ne vois qu'Oscar.

Je me croyais un autre Remo en entrant dans ce bar. Voilà que c'est une certitude. Je suis un autre Remo. Je vais me retrouver plus saoul que mon père l'a jamais été.

Je me cuite avec Oscar Dominguez.

Quel chanceux je fais.

Le petit monde du carrefour Vavin

Oscar m'a dit de descendre au métro Vavin et de le chercher dans un des cafés du carrefour. Au Dôme, à la Coupole, à la Rotonde, au Sélect. Il m'a dit qu'il serait dans l'un de ceux-là. Ou dans un autre. Mais qu'il y serait.

Ça me fait drôle d'être dans ce quartier. Je n'ai jamais fait qu'y passer en tramway quand, petit, on m'emmenait le jeudi au Cinéac de la gare Montparnasse où passaient – en permanent – rien que des dessins animés, des Félix le Chat, des Mickey et Minnie, des petits lapins qui coloriaient des œufs de Pâques. Du ciné de toute beauté, comme plus personne n'en fera jamais plus.

Rien que de voir leurs enseignes, aux bistrots de Vavin, ça me remue les sangs. Toutes ces chaises, toutes ces banquettes sur lesquelles les géants de mon panthéon ont posé leurs augustes derrières ! J'ai l'impression que je vais voir Modigliani, rond comme dix mille vaches, surgir du Dôme en titubant. Avec sa fiancée qui l'attend sur le trottoir tout enamourée. Y a Chagall aussi qui se fend la pipe parce que Soutine lui raconte en yiddish une histoire très salée. À la terrasse de la Rotonde Picasso trinque avec Juan Gris. Ils se sont offert une bouteille de vin cacheté acheté pour fêter un heureux événement. Ils viennent d'inventer le cubisme et en sont pas peu fiers. À la table voisine Cendrars écrit rageusement, sur une feuille de papier qu'il coince avec son coude. Ça a l'air duraille d'être poète manchot. Qui je vois encore ? Aragon le cul pincé et flanqué de sa poule russe, qui vont se payer des vodkas avec les roubles que la Guépéou leur envoie pour qu'ils espionnent les surréalistes. Tiens ! Voilà Foujita et Van Dongen et Kiki. Ils s'engouffrent dans un taxi. Vont sûrement aller faire des saloperies d'artistes.

Mon Oscar, lui, il est nulle part.

Vers les huit heures, il m'avait dit. Il est huit heures.

Et je suis là, tout émoustillé. Et d'un propre. Avec de ces chaussures. Tout mon second mois y est passé. Mais c'est des triples semelles cuir grainé. Et faut voir comme elles brillent.

C'est que, ce matin, je me les suis fait bichonner par le cireur de la station de métro Marbeuf.

Une folie qui m'est venue ces temps derniers et que je trouve d'un chic insurpassable. Deux trois fois la semaine, maintenant, je m'offre le luxe de me faire décrotter et astiquer les grolles par un professionnel de la chose qui s'agenouille à mes pieds et s'échine à manier brosse et chiffon en sifflotant pendant que moi je tète une Lucky.

Un truc de riche dont l'idée m'est venue en voyant un film de gangsters. Al Capone se faisait cirer les chaussures. Pourquoi pas moi ?

Soyons honnête. Si je prends la peine de faire grosso modo ce que les prêtres, du temps où j'avais foi en eux, nommaient un examen de conscience, je suis obligé de constater que je file un drôle de coton.

Pas mauvais. Succulent. Et drôle.

Je ne suis même plus certain que je veux devenir un peintre célèbre.

Voir mes amis, à commencer par ce grand con de Jean-Luc, Giselle que je pourrais appeler à l'aise avec le téléphone de la galerie, j'y pense de moins en moins. Tout ce qui était l'essentiel de ma vie j'en ai perdu le goût.

Trop occupé je suis par le peaufinage de ma vêture, par mon désir – récent et pressant – de propreté. C'en est fini des hâtives ablutions de palier à l'eau froide. Je me lève avant le soleil pour pouvoir aller aux bains-douches avant le métro. Et, une fois par semaine, le coiffeur. Ce qui comble M. Roux et M. Hentschel.

Mon père, la dernière fois que j'ai dîné avec lui, à la maison, il m'a trouvé « bellissimo ».

Il était rentré avant moi et épluchait des légumes pour un minestrone en buvant du lait à la bouteille.

Ça lui arrive de faire sa cure pendant une semaine de deux trois jours.

J'ai mis ma veste sur un cintre accroché à son clou à côté du fourneau à gaz et je me suis attaqué moi aussi aux carottes, haricots, poireaux, patates.

Papa qui était tout calme, tout net, m'a donné plein de nouvelles. De son copain Granino qui s'est fait tuer à coups de revolver par des FFI. De mon oncle Andrea de Juvisy qui est toujours cocu. De Mme Bourgne la marchande de journaux qu'on a trouvée morte dans son kiosque. De Zanelli qui a su que son fils, soldat italien, reviendrait jamais des déserts africains. D'un soldat, Noir américain celui-là, qui a fait tellement le bordel au café Ferrero que la Military Police est venue et lui a pété le crâne. D'un des deux frères Salomon qui est revenu tout maigre d'un camp. Un des deux seulement.

Tout en plongeant les légumes dans la marmite, papa a trouvé que mon frère est vraiment long à en revenir de son stalag.

Il a rien dit de maman. Moi non plus.

Le minestrone on en a mangé quatre assiettées chacun. Sans plus parler. Puis papa s'est enfermé dans l'autre pièce, sa chambre, avec sa bouteille de lait.

Alors j'ai fumé fumé, fumé en bouquinant des hebdos tout nouveaux tout beaux, des canards de deux feuilles de papier grisâtre. Avec que des articles disant qu'il faut interdire, emprisonner, bastonner, hacher menu comme chair à pâté Céline, Guitry, Montherlant, des peintres qui sont allés se pavaner en Allemagne, les acteurs qui ont joué dans des films maréchalistes.

Pour mettre quand même un peu de gaieté, ils publient des poèmes. Bien-pensants à la mode actuelle. Je tombe sur un de Robert Desnos qui appelle Pétain « Maréchal Ducono » et que je décide d'apprendre par cœur pour le réciter à l'occasion, tant ça me plaît.

Mais y en a d'Eluard et d'autres poètes de la Résistance qui sonnent à mes oreilles comme les litanies à la con qu'on publiait sous Vichy. Même vraiment bons, les bons sentiments, c'est niais, ça me désole.

Et Oscar apparaît enfin au coin de la rue Delambre. Avec un pardessus banane très beau.

– Mais il est là le Remulus que je cherche partout.

– Je suis désolé. J'ai fait tous les cafés et…

– On n'a jamais fait *tous* les cafés, Remo. Jamais. C'est pour ça qu'on se dépêche si peu de mourir. Chez moi, à Ténériffe, on pourrait peut-être les faire tous. Mais, à Paris... Tous ces bistrots. Tiens ! Une chose qu'il faudrait faire c'est le catalogue scientifique et raisonné de tous les bistrots de Paris. Ça serait enrichissant comme étude. Tu prendrais un plan, tu ferais les rues une par une et, à chaque comptoir, un verre. Un seul. Ça pourrait être l'œuvre de toute une vie. Faudrait trouver un mécène. Faudrait...

Je pourrais l'entendre déconner jusqu'à la fin des temps, Oscar. Il parle autant pour lui que pour moi. Il avance à grands pas sur le boulevard. Je le suis comme son ombre. Dominguez, j'arrête plus de le voir depuis qu'il m'a broyé la main rue d'Astorg. C'est que Hentschel a convaincu Roux qu'il fallait lui organiser une exposition. Les machines à coudre à têtes de minotaures d'Oscar, ses décalcomanies automatiques qui font penser à des devinettes en dégueulis, Roux trouve ça hideux. Mais on va l'exposer.

Et c'est moi qui suis chargé d'aller chercher les toiles, les lithos à l'atelier d'Oscar, de les convoyer en métro. Et, parce que avec ses allures de grand vilain ogre il a un cœur de gros gentil nounours, Oscar a des montagnes d'égards pour moi. Il arrête pas de me payer des apéritifs, des cocktails.

Ce soir, il m'a invité à dîner. À la Coupole. Pour que je voie ce que c'est que ce repaire de pathétiques brigands des arts et des lettres – comme il dit.

On entre donc à la Coupole. C'est immense, c'est bourré de gens sûrement passionnants à connaître qui boivent, bouffent et bavassent en faisant un boucan de volière.

Un loufiat se précipite.

– Une table pour deux, monsieur Dominguez ?

Oscar va pour dire oui. Mais c'est non.

– Non. Pas de table. Je ne soupe pas dans une cantine de flics.

Le flic dont la vision a bouleversé Oscar, c'est le poète Tristan Tzara qui suçote l'arête d'un merlan à deux pas de là.

Nous quittons la Coupole.

Ce qu'Oscar me révèle sur les prétendues activités stalino-policières de l'ex-grand prêtre du dadaïsme Tzara me fait rire si fort que je m'en étrangle. Oscar me tape dans le dos comme une brute et me force à avaler un scotch dans un bar de la rue Delambre. Lui, il en boit deux en me disant pis que pendre de Tzara.

Et aussi comment et pourquoi il a, lui, lancé la bouteille qui a arraché l'œil gauche de son fraternel ami le peintre Jacques Hérold, en août trente-huit dans son atelier. À deux pas d'ici, boulevard du Montparnasse, au cinquante-trois. Arraché ! C'était très embêtant mais fallait que ça arrive étant donné qu'Hérold s'était peint, bien avant, avec un œil en moins. Le gauche.

Après quoi Oscar m'emmène dans une rue où il y a un restaurant où une Polonaise cuisine un goulasch du tonnerre. C'est crasseux, ça pue la graisse et c'est encore plus bourré que la Coupole. Mais un obligeant monsieur très bien vêtu nous prie de bien vouloir partager sa table. Avec Oscar ils s'embrassent. Cet obligeant monsieur je connais sa tête. Je l'ai vue dans des livres.

C'est tout bonnement Paul Eluard.

Le poète dont les derniers vers m'ont frappé par leur niaiserie, le soir du minestrone avec papa.

Pour moi, Eluard, le surréaliste devenu communiste, est aussi traître à sa jeunesse que Tzara l'ex-dada. Pas pour Oscar on dirait. Mais faut que je me mette dans la cabèche que, dans ce petit monde, les appellations genre traître, salaud, renégat, facho, stalinien, c'est à la tête du client.

Il est sacrément aimable, en tout cas, Paul Eluard.

Qu'est-ce qu'il a l'air content que son ami Dominguez lui présente Remo Forlani. Je serais le jeune Wolfgang Amadeus Mozart ou Victor Hugo adolescent que j'aurais pas droit à plus de risettes.

– Et vous faites quoi, monsieur Forlani ?

Je suis censé répondre que je me coltine les minotaures d'Oscar, que je suis comme qui dirait grouillot ?

Oscar me sauve la mise.

– Il bricole dans la galerie où je vais exposer. Mais c'est un peintre, le Remo. Un peintre qui fera parler de lui.

Avec le goulasch c'est vin blanc et, après le goulasch, c'est ratafia polonais. Poivré. Qui brûle la langue.

Oscar et Eluard papotent, évoquent des amis communs. Picasso, Prévert, Miró, Ernst, Léger, Queneau. Que des types que j'admire. Et faut entendre comme ils en parlent. Ils font allusion aux problèmes intestinaux de l'un, à la dernière maîtresse en date de l'autre, à leurs travaux en cours, à leurs soucis d'argent, à leurs manies, leurs marottes.

Je voudrais tout emmagasiner, tout noter. Pas facile. Ils en disent trop, trop vite. Et mes yeux se ferment peu à peu.

Quand je les rouvre je suis couché tout habillé sur un canapé dans l'atelier d'Oscar. D'Oscar torse nu, titanesque, peignant un oiseau avec trop de bec, trop d'ailes, trop de tout. Surréaliste le zoziau.

J'ai mal à la tête, j'ai envie de pisser, j'ai envie d'un café au lait avec des tartines.

Et j'ai une autre envie. Énorme. Dévorante. J'ai envie d'être moi aussi un surréaliste.

Dans le train (l'aller)

C'est dimanche. Donc pas de galerie. Mais je porte quand même et le costume et la cravate. Pour que Giselle et ses père et mère en prennent plein la vue.

Là, je suis dans le train en route pour Montmorency. Un traînard de train affiché à neuf heures sept et qui a fini par démarrer à cinquante-trois. Ce qui, comme l'a clamé un vieux bonhomme avec deux pardessus l'un sur l'autre et des charentaises en guise de chaussures, « montre bien que, leur Libération, c'est ni plus ni moins qu'un retour aux bonnes habitudes du Front populaire ».

Et il était pas le seul à ramiauler, l'ancêtre. Qu'on ait encore et le pain rationné et presque autant de privations et de désagréments qu'au temps de Pétain, ça énerve de plus en plus les populations.

Laissons le bon peuple grognocher et allumons-nous une Lucky.

Bien calé sur ma banquette en bois je regarde les pavillons de banlieue défiler à petite vitesse en pensant au bon repas que je vais faire.

C'est que, chapitre mangeaille, à l'Auberge des Pyramides, des restrictions y en a jamais eu. Le père de Giselle n'a jamais fait ses courses ailleurs qu'au marché noir et, même aux temps des jours « sans viande, sans beurre, sans rien », il a toujours servi à ses clients des pommes au lard dignes de ce nom et des entrecôtes épaisses comme des dictionnaires. Ses clients c'étaient des soldats allemands bien galonnés et des bons Français qui avaient compris que c'était pas en se laissant crever d'inanition qu'on sauverait l'Occident chrétien.

Il n'était pas que pas mal collabo, le père de Giselle, il était aussi résolument con.

Il l'est toujours. Mais plus du tout maréchaliste. Son frichti de rêve il le sert maintenant aux officiers américains du headquarter du coin. À qui ce fumier prête gracieusement sa salle de réceptions-noces-et-banquets pour y faire des jazz-parties.

Que sa fille ait des ambitions artistiques, qu'elle veuille devenir costumière de théâtre, ça le mine, le papa. Et plus encore qu'elle ait pour flirt un certain Remo.

Pour *flirt*.

Jamais il lui viendrait à l'idée que Giselle et moi on puisse commettre le péché de chair. Bon Dieu non ! Il saurait que… Je crois qu'il nous flinguerait. Sûrement.

La maman de Giselle, elle, elle sait. Mais c'est la crème des femmes.

Et, ma tête à couper que ce matin elle a mitonné à mon intention une de ces crèmes au chocolat dont je raffole et qu'elle réussit si bien.

C'est le bonheur d'être assis dans un train en tirant sur une Lucky et en pensant à de la crème au chocolat et à une fille, très jolie, qui…

Qui va commencer par me faire la gueule, me reprocher de jamais venir la voir, de lui téléphoner que trop peu. Mais elle m'aime. Et quand elle va me voir si bien fringué… Et il y a le cadeau aussi. Le livre à quatre cents balles sur les impressionnistes qu'elle aurait tant voulu pouvoir acheter le jour où on l'a vu ensemble dans une librairie de la rue de Rivoli. Il est sur mes genoux. Bien empaqueté.

Les impressionnistes, moi… Les bonnes femmes mollassonnes de Renoir et leurs grosses bouilles, leurs gros nénés… Les nymphéas… Tous ces paysages avec des flaques de soleil…

Ça a jamais été notre truc, à Jean-Luc, à Noël, à tous nos amis, les impressionnistes.

De toute façon, moi, à l'heure qu'il est, même Matisse, même Braque, même Léger, même Modigliani… Tout ça : poubelle !

J'ai fait un sacré ménage depuis une semaine. Et dans ma tête et dans mes bouquins. À la poubelle les fauves, les cubistes. Et les Fra Angelico, les Giotto, Poussin avec qui Jean-Luc me gonfle depuis si longtemps.

On est fin novembre. Mais je l'ai fait mon grand ménage de printemps.

Et le livre à quatre cents balles pour Giselle il a fait partie d'un lot. Un bouquin sur Miró je me suis acheté et un sur Yves Tanguy (en anglais mais c'est pour les reproductions) et tout ce que j'ai pu trouver d'André Breton.

Breton, depuis que je bouquine comme un forcené, je l'avais un peu feuilleté. Mais lu ce qui s'appelle lu, non. Et c'est capital, Breton.

La beauté convulsive sera explosante fixe, magique circonstancielle et érotique voilée. Ou ne sera pas.

Merde, faut l'avoir dit.

Et tout ce qu'ils ont dit d'autre, les surréalistes !

Parents racontez vos rêves à vos enfants.

Ça vous a une autre gueule que *Travail Famille Patrie* ou *Tous avec de Gaulle.*

Même Eluard, le si poli si prévenant si attentif Eluard, qui gâtifie un brin quand il nous balance *Liberté j'écris ton nom* sur ceci et cela, il a écrit des choses sublimes Eluard.

Elle est debout sur mes paupières et ses cheveux sont dans les miens. Elle a la couleur de mes yeux. Elle a la forme de mes mains.

C'est plus fort que moi, à haute voix je dis ces vers d'une beauté à vous péter le cœur.

Et les connards dont ce train est bourré peuvent me regarder avec des yeux de veaux. Je les emmerde les voyageurs du neuf heures sept. Je les encule. Profond profond.

C'est que des vieux, des raclures de fonds de bidet. Des vaincus de trente-neuf-quarante qui se sont fait troufignoler pendant quatre ans par un maréchal et se font retroufignoler par un général. Quelle dégringolade. Ça sera quoi leur prochain troufignoleur ? Un colonel, un pitaine, un juteux ?

Avant-hier, au Sélect, fait comme un rat qui aurait picolé un bidon d'essence, grimpé sur un guéridon, il l'a gueulé de toutes ses forces, Oscar : surréalisme pas mort !

La Révolution surréaliste – Révolution R majuscule S.V.P. – qui n'a pas pu avoir lieu pour cause de Seconde Guerre mondiale, elle va enfin éclater.

Et il en sera, le Remo.

Fini les natures mortes bien léchées. Terminé les chienchiens ressemblance garantie. Je viens d'entamer une série de dessins « automatiques ». Au stylo. Avec plein de taches mais c'est pas grave. Au contraire. Jean-Luc trouverait ça mochard, infantile. Mais il rêve à quoi, lui ? À devenir un nouveau Rembrandt, un nouveau Delacroix.

Si ça lui suffit.

Dans le train (le retour)

Il fait déjà un peu nuit. Le train pour Paris gare du Nord a démarré avec seulement un quart d'heure de retard. Mais je suis debout. Et c'est une Camel que je fume.

Le père de Giselle est toujours le même sale con. À ceci près qu'il a rasé sa moustache et ne dit plus à tout instant « ça va, ça roule » mais « au quai boye ». La maman est toujours exquise et j'ai mangé de sa crème au chocolat à m'en faire éclater le ventre.

Si j'avais su j'en aurais mangé une assiette de plus. C'est que c'était ma dernière crème au chocolat à l'Auberge des Pyramides de Montmorency. Mais je l'ai appris trop tard. La table était déjà débarrassée.

Avec Giselle on ne s'est pas engueulés. Le bouquin à quatre cents balles lui a fait très très plaisir. Et j'ai été vachement content des deux cartouches de Camel qu'elle avait pour moi.

Elle m'a trouvé plus beau que jamais avec ma tenue de marchand de tableaux. Je lui ai raconté la galerie, Roux et Hentschel, Dominguez, le restau polonais avec Eluard.

Elle avait l'air de s'en foutre un peu.

Et, surtout, elle avait à me raconter, elle aussi.

À me raconter les soirées jazzy avec les officiers ricains, les GI, les bœufs que venaient faire certains soirs des soldats blancs et noirs. Du Glen Miller, ils jouaient, du Cab Calloway. Il y avait même un sergent grand et blond, un type du Kentucky, qui jouait au saxo des airs de sa composition. Le sergent Bart. Sydney Bart.

Et elle a eu des larmes.

Elle m'aimait trop de tout son cœur pour me le dire sans pleurer, qu'elle et le sergent Bart…

Bref. Je devais rentrer avec le vingt et une heure trente, j'ai pris le dix-huit heures.

Et je fume, debout, la mort dans l'âme. Ce qui me conviendrait tout à fait, ça serait de crever. Là, debout. Mais, pour crever, suffit pas d'en avoir envie.

Merci quand même pour les Camel, sergent Bart.

Désespéré la nuit

C'est qui le grand beau jeunot qui traînaille boulevard du Montparnasse, col de veste relevé parce qu'il fait frisquet ?

Ben oui, c'est moi.

Arrivé à la gare du Nord, à l'idée de prendre le métro pour me retrouver dans ma minable cagna à me taper un reste de pâtes, ou de n'importe quoi d'un peu comestible, j'ai flanché. Alors tout seul, tout ballot j'ai marché. Droit devant moi.

C'est en vadrouillant, comme ça, à l'aveuglette, qu'on peut tomber sur une Nadja.

Je suis tombé que sur des putes du boulevard Sébastopol qui louchaient sur les cartouches de Camel que j'avais sous le bras et ont tenté de m'appâter en tortillant de la croupe. À Châtelet je suis tombé sur deux types qui m'ont abordé pour me demander poliment si elles étaient à vendre mes cibiches. Je leur ai répondu que non. Et ils m'ont dit que j'étais un vrai petit champion qui avait fait la bonne réponse, que si j'avais répondu que oui, qu'elles étaient à vendre, ils m'embarquaient. Des flics c'était. Mais en civil.

Boulevard Saint-Michel c'est sur Rouquier que je suis tombé. Rouquier qui était avec nous aux Arts déco. Et ce qu'il m'a appris, alors là…

Il avait des nouvelles fraîches de Grandbois. Un bon ami à nous tous, Grandbois. Joli mec avec des cheveux blonds tout bouclés. Dessinant au petit poil, crack de la perspective. Et toujours partant pour déconner, pour aller flemmarder au Luxembourg plutôt que de se faire tartir en cours de géométrie ou de modelage.

Et, à la Libération, quelle surprise il nous a faite en arborant une chemise kaki, un béret avec un insigne en métal doré. FFI il était. Résistant de la première heure. En cachette. Un clandestin. Déconneur le jour avec nous et poseur de bombes, flingueur de Fritz la nuit et pendant les vacances.

Le seul héros de nous tous.

Parce que nous, l'héroïsme... On ne marchait pas aux invites des collabos, on se contrefoutait éperdument des évangiles vichyssois. On voulait bien rajouter en douce une mèche hitlérienne aux effigies de Pétain placardées un peu partout. Mais prendre les armes, risquer notre chère petite peau...

Et Grandbois il l'avait fait. Et il se retrouvait sous-lieutenant Grandbois.

Chapeau.

Et voilà que, boulevard Saint-Michel, j'en ai, des nouvelles fraîches de Grandbois. Valeureux sous-lieutenant, il a eu l'insigne honneur d'être embrigadé dans l'armée de Lattre et de partir combattre en Allemagne.

Et il est mort en héros. Du côté de Cologne.

Le seul de nous tous qui a fait son devoir. Le seul. Bousillé par un obus.

Et moi, après avoir bu un verre avec Rouquier, j'erre dans Montparnasse.

Je suis perdu, paumé. Ce qu'il faudrait ça serait que je trouve Oscar. Il est en train de boire quelque part par ici. C'est sûr. Chaque jour c'est le même rituel, il travaille jusqu'à six heures, sept heures, sans rien manger ni boire, et il fait sa toilette, s'habille selon son humeur et prend la route pour dégoter avec qui causer, trinquer. Tous les peintres font ça. Au moins les peintres parisiens.

Seul Oscar pourrait me faire sourire et pas d'Oscar. Nulle part.

Dernière étape de ce qui ressemble de plus en plus à un chemin de croix : Montparnasse-Ledru-Rollin.

Mes chaussures de mylord, je les aurai pas achetées pour rien.

À la maison, dans ma chambre-cuisine, papa dort du sommeil du juste, assis sur son tabouret, la tête sur la toile cirée à côté d'une pastasciutta de belle allure à laquelle il a même pas touché.

Il ronflote gentiment. Il a l'air d'un môme, mon père. D'un sale môme qui aurait boudé sa bouillie.

J'éteins la lumière en pensant qu'avoir un père comme celui-là, aussi peu chiant, aussi peu connement paternel, ça console de bien des chienneries.

Sur ce, bonne nuit.

L'argent des lessiveuses

Roux et Hentschel sont à leurs affaires. Ailleurs. Quand ils se pointent en fin de journée c'est pour se requinquer au champagne en me demandant de leur faire le résumé de mes activités.

C'est que je m'active.

Rien je vendais depuis mon arrivée dans la galerie. Ou un moche tableautin par semaine, le peu qu'il valait. Et voilà que j'en finis plus de décrocher des toiles, de les emballer dans du papier kraft, d'aller chercher dans la réserve de quoi regarnir les murs. Nos tableaux on se les arrache. À croire que même les aveugles se sont mis à aimer la peinture.

Faut dire que le gouvernement a frappé un grand coup en avisant les populations qu'on allait procéder à l'échange des billets de banque. But de l'opération : forcer les profiteurs des années noires à sortir de leurs lessiveuses l'argent mal acquis. On parle que de ça dans les journaux, à la radio. Des lessiveuses emplies de biffetons des grossistes et des détaillants du marché noir. Pourquoi spécialement des lessiveuses ? Ce qui est net c'est que des nuées de gros et petits malins qui laissaient leur magot croupir se voient contraints de le dilapider presto. C'est pas que ça les enchante. Mais on achète à tout va. Et de préférence du cher qui permette d'aligner le max de billets de cinq mille. Et, comme on vit toujours au régime tickets, comme pas mal d'industries – l'automobile, la fringue – sont encore en carafe, on achète ce qui se trouve.

Alors les tableaux...

Ils rappliquent par paquets. Des couples principalement. Le gros boucher et sa grosse bouchère, le crémier et sa crémière, le bistrot et sa bistrote. Que des nantis de fraîche date avec des liasses et des liasses dans le sac en croco de madame. Et ils cherchent du regard ce qui risque le moins de jurer avec leurs meubles en bois de rose pur Louis XV exécutés pour eux, sur mesure, ce qui s'accordera le mieux avec leur téléphone gainé de velours pourpre et leurs poignées de porte à pompons.

Ils font grise mine devant les Labisse, plus grise mine encore devant les Dominguez, ont peine à se retenir de pouffer devant la femme nue de Gromaire et demandent les prix des paysages provençaux de n'importe qui.

C'est ça qui leur plaît. Mais ça vaut une misère. Faudrait qu'ils en achètent un wagon pour venir à bout d'une seule de leurs lessiveuses.

Ils finissent par embarquer un déprimant Grüber au prix astronomique en priant le Bon Dieu de pouvoir bientôt le revendre et se promettent de le suspendre au mur de la petite pièce du fond de leur appartement, le cagibi où jamais ils ne mettent les pieds.

Mon tiroir s'emplit tellement de billets de cinq mille que j'arrive plus à le fermer. Ça coince.

Mais Roux et Hentschel savent quoi en faire, eux, de ce blé malpropre. Et sans risquer le moindre ennui. C'est des combinards.

Et d'un jour sur l'autre ils font monter les prix. Une aquarelle de Dufy, toute petiote mais flattant l'œil, qui valait quarante mille francs le lundi en vaut cinquante le mardi et soixante le mercredi.

C'est beau de les voir jongler avec l'argent, mes avisés employeurs. Si beau que...

Mon coup je l'ai pas préparé. Absolument pas. Tout seul ça s'est fait.

Un vieux entre. Un vieux avec toque de fourrure et lunettes cerclées d'or, un vieux serrant contre sa poitrine un cartable en similicuir qui me rappelle la communale. Il fait je ne sais combien de fois le tour de la galerie.

Il veut bien tout voir. Et c'est un Labisse qui l'accroche. Une jeune femme aux seins parfaits sur fond de plage enchanteresse avec une tête de panthère au sourire inquiétant.

– C'est un artiste connu, ce Labisse ?

– Ça oui. C'est comme Magritte ou Delvaux, un surréaliste belge.

– C'est bien peint.

– Ça, monsieur... Il y en a dans de nombreux musées. Et celui-ci est spécialement...

Je dis n'importe quoi. Je fais mon intéressant, mon gracieux.

– Moi, mes goûts ça serait plutôt les paysages ou les natures mortes. Un pichet, des fleurs, des fruits. Mais cette femme... C'est très bien peint. Et un surréaliste connu...

– Très connu.

Il s'assied sur le canapé. Il réfléchit en mordillant l'ongle de son pouce droit.

– Évidemment c'est cher, un Labisse ?

– Celui-là pas tellement. Ça serait même plutôt...

Je répète mot pour mot une phrase qu'Hentschel balance très souvent. Qui dit que cette toile, provenant d'un héritage, vaut excessivement plus que le prix que, nous, nous en demandons..., etc.

– Combien ?

Et je m'entends dire un chiffre qui est celui qu'en demandent MM. Roux et Hentschel. *Mais majoré de dix mille francs.*

Et le pépé ouvre son cartable, en sort des billets de cinq mille enveloppés dans du papier journal et il vient me les aligner sur le bureau. Un nombre impressionnant de billets.

Et il s'en va, pas mécontent de son emplette.

Et j'enfourne les billets dans le tiroir.

Pas tous.

J'en mets deux dans la poche intérieure de ma veste, deux billets de cinq mille.

Je viens de faire quoi, hein ? Roux et Hentschel ils auront leur compte. Labisse, lui, il l'a palpé depuis belle lurette le prix de sa femme panthère.

J'ai volé qui alors ?

Le petit vieux ?

D'où il le tenait son fric ? Pourquoi comme tout citoyen qui se respecte il va pas les échanger à la banque, à la poste, ses maudits biffetons ?

Comment ils y sont venus, dans sa sacoche d'écolier ?

Il a vendu de la viande les jours sans viande, vendu – comme tant l'ont fait – du savon de sa fabrication qui moussait pas et lavait pas, vendu de l'eau-de-vie de patate ou de rutabaga distillée dans sa cave, de l'eau-de-vie ersatz qui foutait la chiasse, faisait crever qui en buvait. Des Juifs peut-être, parfaitement, des Juifs, des Juifs planqués qu'il vendait aux Allemands pour que les Allemands les gazent ?

Dix chances contre une que ce petit vieux bien poli bien propre a fait des saloperies pas croyables pour se le procurer son argent.

Méritait une punition, ce malfaisant.

Le cabas de la vieille folle

Ça se prend vite un pli.

Surtout un mauvais.

Les deux billets de cinq mille du Labisse, je les ai vite changés. Un à Pigalle en achetant cinq cartouches de Lucky à un vendeur à la sauvette sous un porche près du Moulin-Rouge. Lequel m'a d'autant plus volontiers fait la monnaie que je me suis laissé refiler aussi cinq plaques de chocolat et un chronomètre suisse. L'autre billet, je l'ai salement écorné dans une librairie. En achetant deux numéros, rarissimes à en croire le libraire, de la revue d'avant-guerre *La Révolution surréaliste* et un gros livre sur De Chirico.

Après quoi, dans l'arrière-arrière-salle d'un rade de la Bastille, je me suis acheté un duffle-coat pour remplacer la canadienne archi-foutue que je traînais depuis trois ans. Le duffle-coat j'en rêvais. C'est le bonheur absolu le duffle-coat. Ça pèse des tonnes, ça engonce. C'est le chic du chic.

J'ai acheté quatre paires de chaussettes de GI, un briquet de GI. Et même, j'en ferais jamais rien mais c'était trop tentant, une boussole de GI.

Et, le lendemain, hier donc, je m'en suis fait un autre de gros billet. En vendant à deux grosses vilaines morues un petit dessin d'un peintre avec qui je copine presque autant qu'avec Oscar, Labasque, qui est une espèce de fauve au petit pied qui a aussi un atelier à Montparnasse dans lequel je vais boire des verres et m'emplir le crâne d'histoires comme je les aime.

Il y a aussi Fenosa dans le coin. Un sculpteur espagnol pauvrissime mais génial. Quand je vais dans son atelier à lui, un hangar immense avec pas de meubles, pas de feu et des légions de souris, j'apporte une bonne bouteille maintenant que je peux.

Fenosa il fait dans le monumental. Voir petit il sait pas. Il fourmille d'idées. Mais gigantesques. Il a en projet un Hercule de vingt mètres de haut, un faune en bronze de la taille de l'Arc de triomphe, une fontaine pour remplacer l'obélisque de la Concorde avec cent lions qui cracheront et de l'eau et du feu, il a en tête un monument à Cervantès qui sera un immeuble. Tout cela ne pouvant être réalisé que sur commande. Mais qui passerait commande à Fenosa, quel État, quel mécène ferait pleuvoir sur lui la manne providentielle ?

Dans son hangar glacial et immense il n'y a que des maquettes en pâte à modeler si modestes qu'elles tiendraient dans des boîtes à biscuits. Des maquettes qui ne seront jamais que des maquettes. De quoi il vit, Fenosa ? Oscar m'a dit que Picasso lui achète assez souvent des dessins pour qu'il puisse payer son loyer et fréquenter les restaurants du quartier.

Oscar semble vénérer Picasso autant que moi je le vénère lui.

Que je vois le plus souvent possible. Pour le pur et simple plaisir et parce que Roux et Hentschel s'impatientent. L'expo est pour le mois prochain et une bonne moitié des toiles promises n'est pas encore peinte.

Déjà pourtant le poète et peintre surréaliste Georges Hugnet a écrit un chouette petit texte pour le catalogue.

Georges Hugnet, lui je le connaissais même pas de nom. Et j'avais bien tort. C'est un homme exquis, un révolutionnaire tiré à quatre épingles qui bouffe du curé avec une cuillère en argent. Surréaliste de la première heure il a, un jour de l'année mil neuf cent trente-huit, rompu avec André Breton. Et de la belle manière.

– Pensez, il voulait me brouiller avec Eluard. Il exigeait de moi que je n'adresse plus la parole à ce « traître ». C'est le mot qu'il a employé. Traître. Il a même ajouté que, non content de trahir et le surréalisme et la classe ouvrière, Eluard, notre cher Paul, était un partouzard. Tout cela parce que Paul avait publié un poème dans *L'Humanité*. Comme si la classe ouvrière n'avait pas droit à une bouffée de rêve. Je tenais Breton en haute, en très haute estime. Mais… traître… partouzard… Il va sans dire que j'ai claqué la porte.

Comment que je l'écoute. Quand Hugnet évoque ses démêlés avec Breton, c'est comme si l'apôtre Pierre ou Paul ou Jacques me racontait ses chamailleries avec le Christ.

Il lui arrive de venir à la galerie avec une dame âgée. Pas banale, comme dame. Maquillée façon star du cinéma muet, attifée façon diseuse de bonne aventure de fête foraine, avec au moins une bague à chaque doigt et fumant avec fume-cigarette en ivoire. Fort possible qu'elle ait été une beauté. Mais ça peut remonter à quand ?

Quoi que dise Hugnet, il faut qu'elle en rajoute, qu'elle donne, tout excitée, impériale des détails pas piqués des vers.

– Oui oui oui. Tu as raison, Georges. C'était la nuit où Benjamin Péret avait acheté une pioche pour démolir Notre-Dame. C'est ça, c'est ça. Dans ce petit café louche des Halles avec Eluard, Aragon, Tanguy et cette femme noire comme la nuit qui demande un verre au garçon, un verre vide et qui le croque. Parfaitement, à Cancale, avec le petit Dali tentant d'apprendre à un homard à dire bonjour en catalan... Et comment ! J'étais nue, absolument nue, et Robert, Robert Desnos, écrivait des vers sur mes seins. C'était en revenant de voir le film de Man Ray, une nuit de pleine lune. Et Breton me désigne un homme qui marche à pas lents. Le marquis de Sade. C'était le marquis de Sade. Il descendait la rue des Martyrs. Il ne nous voyait pas, lui. Mais nous... Il avait sa perruque de travers. Il avait l'air triste. Mais triste.

Elle est folle à lier ? Ou elle débloque pour m'épater ? Hugnet la laisse dire.

Elle m'intrigue cette vieille. C'est qui ? Une Nadja à la retraite ?

Oscar à qui j'en parle en mangeant des huîtres (payées par moi qui joue les rupins avec extase), Oscar me dit qu'elle s'est longtemps appelée Émilienne. Puis Sonia. Qu'elle a dû un peu tapiner, qu'elle a été barmaid au Jockey, la boîte où il a pris ses premières cuites parisiennes, qu'elle a été un peu modèle de peintres de merde. Que Breton l'a peut-être sautée. Peut-être. Et que et que... c'est une emmerdeuse de première. À fuir.

Et voilà qu'elle rapplique à la galerie. Sans Georges Hugnet. Mais avec un cabas.

Plein à craquer, le cabas. Pas de poireaux, de carottes ou de patates. De bouts de papelard tout froissés, de couvercles en carton marron de boîtes de kilos de sucre, d'emballages de paquets de nouilles, de morceaux de nappes en papier pas bien nets. C'est quoi ? Elle veut qu'on expose le contenu de sa corbeille à papier, la déesse d'avant-guerre ?

Son cabas elle le vide sur la moquette et elle se met à quatre pattes et elle fait l'inventaire. Et ça vire au vertigineux, au grandiose.

– Y a quoi sur ce ticket de métro ? Un petit cœur dessiné au crayon. Par qui ? Dali, mon garçon. Et ce personnage à trois têtes ? Avec une tache de sauce béarnaise, au restaurant Le Catalan il a été fait. Par Picasso, Balthus et Derain. Et cette carte postale, c'est qui qui l'a expédiée de Marseille ? Philippe Soupault. C'est sa signature absolument. Et ce billet de cinq francs, c'est pas un vers d'Eluard qui est écrit dessus, de la main d'Eluard ?

Et nous avons encore une page du *Figaro* avec dans les marges des petits moutons s'enculant de Dali, une facture de la Samaritaine avec un Karl Marx suçant une sucette griffonné par Benjamin Péret, un graffouillis de Desnos derrière un prospectus pour un match de boxe...

Elle se relève et m'apprend que ces trésors c'est toute sa vie, une vie comme personne n'en a vécue et que, pour elle, s'en défaire c'est comme s'arracher le cœur et les yeux, mais que, vu qu'elle a une chatte Moumoune qui n'a rien mangé depuis deux jours et six loyers de retard et plus un centime, plus rien, elle est vendeuse.

Voilà. C'est dit, c'est dit.

Me laissant le soin de tout ramasser et tout remettre dans le cabas, elle s'assied sur le canapé et s'allume une cigarette à la menthe.

Combien elle en veut de sa paperasserie ?

Elle sait pas.

Ce qu'elle sait, tout de même, c'est que ça peut valoir un million. Ou bien plus.

Elle ajoute que sa saleté de propriote peut attendre mais pas sa chatte Moumoune et que, si elle avait un billet de mille tout de suite, en acompte, ça l'arrangerait fichtrement.

Le billet de mille je le sors de mon portefeuille.

Elle s'en va, contente.

Moi, je le suis un peu moins.

Voyons les choses en face : si je prends un billet dans le tiroir pour boucher le trou de mon portefeuille et que je dis à Roux et Hentschel que j'ai acheté, en leur nom, ce cabas et son fantastique contenu, ils vont faire quelle gueule ?

Hentschel va se marrer comme un bossu et me traiter de grand couillon qui s'est fait rouler par une mi-folle mi-clocharde qui a déjà dû faire le même numéro dans toutes les galeries et chez tous les libraires de Paris. Et Roux va monter sur ses grands chevaux, me foutre à la porte si ça se trouve.

Le mieux c'est de le planquer ce cabas et de voir venir.

Et je vois venir Antoine.

C'est souvent qu'on le voit celui-là avec son sac à dos, son bonnet de laine de troll et ses pinces à vélo. Il a une bécane qui lui sert à sillonner les quartiers à antiquaires, à marchands d'autographes. Ses cartes de visite prétendent qu'il est courtier. En vrai c'est un traficoteur, un broc à la sauvette qui de temps en temps dégote un livre rare, une curiosité qu'il finit toujours par fourguer. Moi, il me plaît bien. Il a un stock de blagues, de calembours inépuisables. Bien graveleux, bien lourds. Excellents.

C'est Dieu qui me l'envoie. Car Antoine, le cabas de la maman de la chatte Moumoune, que de le voir, il va tomber en pâmoison. Je le fais asseoir, je lui offre une Lucky, je vais chercher la chose dans le recoin de la réserve où je l'ai planquée.

– Mon vieil Antoine, zyeute-moi un peu ça.

Pour zyeuter, il zyeute. Son visage s'illumine.

– Putain ! T'as cambriolé la Nationale. C'est la caverne d'Ali Baba, ce sac. T'as déniché ça où ?

Je fais mon mystérieux. Je réponds rien.

Il tourne et retourne en tous sens une note de blanchisseuse maculée par Giacometti, il la hume.

– Peut-être que je me goure. Mais ça sent l'authentique. Tu veux mon avis, Remo ? Ou tes tauliers ils se sont fait entuber par un faussaire de génie, ou…

– Ils y sont pour rien, mes tauliers. Si tu veux on fait ça nous deux ensemble. Que nous deux.

Antoine est aux anges.

– Putain de putain de merde.

Il soulève le cabas, le soupèse.

– Ça va être coton. Va falloir y aller à petites doses. Surtout pas inonder le marché. Mais… Putain de putain de merde.

Je le laisse partir avec seulement une carte postale du Sacré-Cœur (au dos de laquelle est écrit *bons baisers de Tombouctou, Robert Desnos* et expédiée à Mad. Émilienne Fourquin, hôtel des Grands Hommes, place du Panthéon, Paris cinquième) et aussi le bout de nappe avec la tache de sauce béarnaise et les gribouillages de Picasso, Balthus, Derain.

Je viens encore de m'embringuer dans du pas clair. D'accord. Mais j'ai tant de besoins, tant d'envies. Et si ça s'est mis à rouler si bien pour moi, si tout est si facile, c'est peut-être que mon ange gardien y est pour quelque chose.

Ma mère elle y croyait aux anges gardiens.

Ma mère qui sera pas là demain pour me faire un gâteau de riz pour mes dix-huit ans.

Un vernissage

C'est le grand jour.

Depuis huit heures ce matin je suis là avec Roux qui a ses nerfs. Et quand ça lui prend d'être tannant, celui-là. Il n'aime ni Oscar ni les vingt-six toiles qui sont enfin accrochées, mais il veut que ce premier vernissage soit une réussite, que ça fasse du bruit jusqu'à l'autre bout de la rue La Boétie.

Huit caisses de champagne il a fait venir de chez son ami de Reims qui lui fait des prix et cinquante bouteilles de blanc sec. Il y a aussi des biscuits salés, des biscuits sucrés. Et trois terrines de pâté qualité avant-guerre. Et de la limonade pour les dames. Et des pains de glace dans des bassines dans la réserve pour que ceux qui aiment le frais aient du frais.

Et il étrenne un complet croisé tout pure laine, le père Roux.

Moi, c'est une chemise aussi colorée que celles d'Oscar que j'étrenne. Achetée hier avec la moitié de ce que Antoine a réussi à tirer du bout de nappe en papier.

Et Roux engueule la concierge parce que les coupes à champagne sont ni assez propres ni assez bien alignées sur la table empruntée au bar de la rue d'Astorg. Et la concierge lui dit pas d'aller chier, mais, ça se voit à sa tête, elle en pense pas moins.

Des invitations j'en ai posté cinq cents. Avec des adresses écrites si lisiblement que les brutes d'instituteurs qui m'ont appris à tenir un porte-plume en baveraient de satisfaction.

Cinq cent dix en fait. J'ai rajouté sur la liste Jean-Luc, Jacques Noël, des copains des Arts déco, Maurice Ronet, mon meilleur pote du Centre du spectacle qui commence à avoir de coquets petits rôles au cinéma. Et Giselle. Parfaitement. Giselle. Que cette saloperie vivante me voie dans l'univers qui est le mien depuis que je gâche plus mon temps à faire des balades main dans la main avec elle.

J'essaie d'y penser le moins possible à cette morue. Mais le coup de l'Amerlot je l'ai toujours pas digéré. Et ça me manque de plus l'embrasser, de plus…

– Remo ! Les cendriers.

– Quoi les cendriers ?

– T'es devenu idiot ou quoi ? Il y a combien de cendriers ici ? Trois. On attend combien de visiteurs ? Alors, t'es mignon, tu prends mille francs dans le tiroir et tu fonces aux Galeries Lafayette. Ça va coûter le double de ce que ça coûte au Bazar de l'Hôtel-de-Ville. Mais… Alors tu agites un peu tes grandes pattes. Aux Galeries. Douze t'en prends. Pas des cendriers décoratifs. Des cendriers pour écraser des mégots. Douze. Les moins chers.

Roux je le hais. Il fait pire que m'emmerder, là. Il m'humilie. Il veut quoi ? Que la vendeuse du rayon Cendriers des Galeries me fasse attendre et que je revienne avec mon paquet quand ils seront tous là, Oscar, Hugnet, Picasso à qui j'ai envoyé une invitation, Eluard, Aragon peut-être et Giselle, et Jean-Luc et Ronet ? Il veut dire à tout le monde : ça, c'est Remo Forlani, un grand incapable qui n'a pas réussi à être peintre et qui est devenu mon coursier ?

L'enculé.

Quand arrive le premier visiteur, ils sont en place depuis un bon moment, les cendriers. C'est un monsieur qui entre en coup de vent, voit les coupes, le champagne, les tableaux et, penaud, fait un petit signe de tête à Roux.

– J'ai dû me tromper. C'est pas le quatorze ici. Je cherche un magasin de jouets.

Ça me fait rire. Pas Roux.

Ils finissent par arriver les invités. Deux, puis trois, puis dix.

Elle est bientôt trop petite la galerie. Ça piaille. Ça picole. Ça liquide le pâté, les biscuits sucrés et les salés. Ça regarde pas tellement les tableaux. Un type du *Figaro* fait des photos. Jean-Luc est venu avec une fille jamais vue. Trop grande, trop grosse, trop femme, pas mon genre. Ils ont tant à se dire, Jean-Luc et cette poule, que c'est à peine s'il répond à mon bonjour. Jacques Noël est très sympa. Il dit qu'il est content de me voir, que je lui manque et à tous les amis aussi. Il trouve les toiles d'Oscar très poétiques. Je le présente à Georges Hugnet et ils entament une discussion sur les baroques espagnols. Maurice Ronet n'est pas là. Il doit tourner dans un film.

Comme je me précipite pour aller saluer Paul Eluard qui fait son entrée, Roux me stoppe. Faut que j'aille faire boire du champagne au critique Waldemar George. C'est de la plus grande importance que ce journaliste (dont je trouve les articles écœurants, ridicules) ait sa coupe pleine. Nouvelle bouffée d'humiliation. C'est pas du champagne qu'il veut, le critique arriéré. C'est de l'eau. Une limonade, ça ira ? Ça ira.

Et ça déboule, ça déborde. À peine si on peut respirer. Et des cendriers, c'est pas douze, c'est cent que j'aurais dû rapporter des Galeries. Il y a du monde sous la voûte de l'immeuble, dans la rue.

Il l'a sa réussite, le père Roux.

Il l'a mais il est fou de rage. Parce que ni Hentschel ni Oscar ne sont là. Et si l'absence d'Hentschel ne provoque aucun émoi, Oscar on le réclame de toutes parts.

Le photographe du *Figaro* veut lui tirer le portrait, une femme à cul de Vénus hottentote veut l'embrasser, Eluard veut le complimenter. Ses copains – Fenosa, Labisse, Labasque, d'autres, plein d'autres que je ne connais pas – veulent trinquer avec lui. Et il est six heures, il est sept heures, huit. Et toujours pas d'Oscar.

À neuf heures passées il arrive. Chic comme un prince, plus qu'à moitié saoul. Et les traînards, les attardés, ceux qui ne rentrent pas chez eux à l'heure de la soupe, sont là pour lui faire fête.

On l'applaudit.

Il salue comme un ténor d'opéra.

Et il emprunte sa canne à un des derniers visiteurs pour sabrer une bouteille de champagne. Et, d'un coup sec et violent, il la fait péter, la bouteille, et Roux est éclaboussé, son épouse aussi qui avait sorti son manteau en astrakan. Et un tout vieux barbichu qui somnolait sur le canapé se lève en hurlant « Vive de Gaulle ». À quoi Oscar et ses camarades espingots répondent en entonnant un chant de la guerre civile. J'ai bu que quatre cinq coupettes en sournois. C'est suffisant pour que je sois au diapason. Ils tapent dans leurs mains, ils tapent des talons, les antifranquistes. Moi aussi. C'est grand ce qui se passe.

Et la fiesta ne fait que commencer.

Arrive le moment où Oscar annonce qu'il invite toute la compagnie à manger des moules. Toute la compagnie ça fait les quinze vingt personnes qui sont encore dans la galerie. Et ceux qu'on trouve, en sortant, sous la voûte et sur le trottoir. Dont Paul Eluard qui devise galamment avec Giselle. Oui, Giselle.

Elle me voit, elle plante Eluard et se jette sur moi, m'embrasse sur les deux joues.

– Qu'est-ce qu'elle est belle ta chemise. Je suis arrivée si tard que je pouvais pas entrer alors j'attendais que tu sortes. Et y a ce type qu'a commencé à me faire du gringue.

– Tu sais qui c'est, non ?

– C'est un type qui me trouve belle fille.

– C'est Paul Eluard.

– Qu'est-ce qu'il a l'air vieux. Et coureur.

Oscar bat le rappel. Qui l'aime le suive ! Les moules c'est à deux pas d'ici.

Le cortège s'ébranle. On dirait une noce. Giselle a glissé son bras sous le mien. Et ça me fait plaisir. À cause du champagne à coup sûr. Parce que trouver agréable qu'une traînée, qu'une pute à GI, se frotte contre vous...

Elle est près de la gare Saint-Lazare la brasserie à moules. On s'installe comme on peut. Je fais banquette commune avec Giselle, la dame au postère pas croyable qui voulait embrasser Oscar et un gros rougeaud qui fume la pipe.

À la demande d'Oscar on nous sert à tous de grands verres de vin blanc. Tout le monde parle en même temps. Je suis crevé, j'ai sommeil. Quand s'en viennent les moules j'ai pas faim. Sous la table Giselle m'a pris la main.

Elle me demande, à l'oreille, bien bas, si je l'aime encore un peu. Je lui dis que non. Elle, elle prétend que si.

– Et ton con de soldat ? je lui demande.

Elle me dit que c'est du passé. Qu'il est retourné dans son Amérique. Qu'ils avaient « fait ça » qu'une fois. Que c'était rien de sérieux, que je suis plus beau que lui.

Elle a la main chaude, douce.

Comme le rougeaud à la pipe s'est cassé, Oscar vient s'asseoir à sa place. Il boit le vin de mon verre auquel j'ai même pas touché. Il regarde Giselle.

– Elle est belle ton amie. C'est qu'une amie ou c'est ton amie ?

C'est Giselle qui lui répond.

– Je suis son amoureuse.

Après les moules on a droit à de la tarte aux pruneaux et à des alcools.

De l'alcool j'en bois. Je devrais pas.

Ma tête s'alourdit. Je ne sais plus où j'en suis.

Quelqu'un nous fait grimper dans sa voiture, Giselle et moi. Giselle on la dépose à la gare du Nord, juste à temps pour qu'elle loupe pas son dernier train. Elle trouve moyen de me glisser sa langue dans la bouche, cette fille perdue.

Moi on me dépose en bas de chez moi, avenue Ledru-Rollin. Les étages sont durs à monter.

Papa me dit je ne comprends pas quoi à propos de ma chemise.

Il est bourré. Complètement.

Moi aussi.

Retour de Nini

Maman serait là elle serait contente.

Déjà revenu de me doucher à la piscine Ledru-Rollin, tout propret tout reluisant, je fais du ménage.

Une grande grande vaisselle je viens de me taper et j'ai balayé bien bien, sous les lits, partout. Et que je te savonne la toile cirée et que je te décrasse le fourneau à gaz. Ça en avait besoin. J'ai décroché les rideaux, changé les draps du lit de papa et du mien. J'ai un énorme paquet de linge plus que sale que je vais descendre à Mme Doré la concierge qui, à ce qu'il me semble, baise plus avec papa ni avec personne d'autre que son nain de mari qui a failli la tuer avec un manche de pelle la semaine dernière.

Papa, qui s'est levé encore plus aux aurores que moi, est parti aux douches avenue Daumesnil.

C'est qu'aujourd'hui on déjeune en famille au restaurant Ferrero rue de Lyon.

En famille ça veut dire avec mon frère et Marguerite sa femme.

Il est revenu de son stalag, Nini. Ça fait un petit bout de temps. Revenu pas trop maigre, buriné, bronzé. C'est qu'il n'a pas été que derrière les barbelés d'un camp. Il a fait le paysan, là-bas du côté de Nuremberg. Les prisonniers, on les a fait travailler dans des fermes pour remplacer les hommes du coin qui étaient partis se faire vaincre par les Russes.

Ça m'a coupé le sifflet de le revoir, Nini. On l'attendait, on l'attendait depuis si longtemps et, un jeudi, le voilà qui arrive à la galerie.

Ce que je lui dis pas, ce que je dirai jamais à personne, c'est que, pas mal de fois, je suis allé me planter devant la gare d'Orsay. Pour, comme la masse de gens, voir en sortir des prisonniers qui revenaient de leurs stalags. J'attendais. Et, jamais, je voyais revenir mon grand frère. Jamais.

Mon frère, de douze ans et demi de plus que moi. Il arrive tout déboussolé, tout abafointé (c'est le mot qu'il a dit) et il me retrouve devenu encore plus haut que lui de cinq, six centimètres, et je suis plus un gosse, je suis un jeune homme, et fumant des américaines et faisant le mariole au milieu de tableaux modernes.

Sur l'instant, il a même pas eu le réflexe de m'embrasser. Il est resté debout à me regarder.

Moi aussi je le regardais. Je regardais cet homme devenu presque un étranger. C'était Nini. Le frère qui avait déjà fait sa communion quand je faisais que naître, qui se mariait avec sa Marguerite quand je la faisais, moi, ma communion. Et qui était vendeur de *Paris-Soir* à la sauvette, commis dans une banque, garçon de café, peintre aux studios de cinéma de Joinville quand, moi, j'étais écolier. Nini qui avait été se faire un peu matraquer du côté de la Chambre des députés la semaine de février trente-quatre où on fêtait mes sept ans et où des énervés de droite et de gauche se pétaient la gueule. Et qui avait été soldat au quarante et unième d'infanterie à Rennes et qui avait fait leur guerre à la con dans la Somme et que les soldats d'Hitler avaient encagé.

Ça a été de drôles de retrouvailles On avait trop peu à se dire. Ou trop.

Et, tout à l'heure, on va s'en mettre plein la lampe. Chez Ferrero où il a fait le garçon de café au temps du Front populaire, Nini.

Manquera que maman.

Maman dont j'ai retrouvé les chaussures, ses richelieus dont elle était si fière, dans leur boîte de chez André sous le lit de papa qui a été si longtemps son lit à elle aussi. C'était ses chaussures habillées. Que deux fois elle les aura portées. Pour le mariage de Nini et pour ma communion. Elle les aurait mises pour ce repas. Et sa plus belle robe.

Pourvu que tout se passe comme promis. Pourvu qu'il y ait vraiment un ciel avec tous les disparus devenus des anges heureux, tranquilles.

La seule chose que je peux pas, vraiment pas avaler dans tout ce que je lis de Breton, des surréalistes, c'est leurs blasphèmes, les horreurs qu'ils écrivent sur la religion, les églises, les curés.

Même Oscar – et Dieu sait que je l'adore – quand il dit que Dieu c'est une invention comme le père Lustucru ou la mère Michel, je le trouve bête. Ça veut dire quoi : pas croire en Dieu ?

Ce qui lui ferait bien plaisir à maman c'est que j'ai décidé de plus boire. Parce que ma cuite du soir du vernissage m'a trop déglingué le crâne et les tripes et parce que j'ai la trouille, bêtement la trouille, oui, de devenir un ivrogne comme papa.

Ah ! autre chose : avec Giselle c'est reparti. On se revoit. On refricote. Ça devrait pas. Je m'en veux à mort de la revoir, de faire comme si son Américain avait pas existé. C'est une salope. Mais l'oublier, après le dimanche à Montmorency où elle m'a tout raconté, j'y suis pas arrivé.

Repas de famille

Ils sont tous là les Ferrero. Le vieux, sa femme, la sœur de sa femme, l'Adelina, la zia et le zio Fabio et Marcello qu'on ne voit pour ainsi dire jamais parce qu'il est marié avec ses fourneaux. Et les serveurs, Nicolas, Léon, Gino et Farcelli le maître d'hôtel qui a enseigné à Nini l'art de dresser une table, de trancher le prosciutto, la coppa.

Le retour de Nini c'est un événement. Qu'on arrose à l'asti. Qu'ils arrosent à l'asti puisque j'ai dit adieu aux vins et spiritueux.

La zia a la larme à l'œil. Elle a une pensée pour Flavie, ma mère avec qui elle allait chaque mercredi voir un film, si possible sentimental, au Lyon Palace ou au Novelty. Flavie qui…

Tout le monde va se mettre à pleurer, on dirait. Non. Le vieux Ferrero nous pousse vers notre table. On va manger. Et sans tickets et à s'en faire péter la sous-ventrière.

Ça démarre avec les tagliatelli faits maison avec le pesto fait aussi maison. Suivent l'osso buco, l'insalata con alici, la torta. Et le zabaione et les amaretti.

Nini rigole. Ça le change tellement et si heureusement de la choucroute sans saucisses sans lard qu'il chope un fou rire.

Tout en s'empiffrant de bonnes choses, il nous énumère les mauvaises que les Fritz leur ont fait ingurgiter. Le pain caca, le chou aigre pas frais. Après, à la cambrousse, ça allait mieux. Faute de pouvoir tuer des SS, ils tuaient le cochon.

Il semble pas en avoir ramené autant de rancœur, de rancunes que j'aurais cru, de l'Allemagne. Même il nous raconte comme les forêts sont belles là-bas et comme il copinait bien avec le chien Schnaps. Un corniaud qui dormait avec lui dans la paille d'une grange.

Marguerite toute proprette, toute frisottée ne l'ouvre que pour manger à petites bouchées. Papa non plus ne dit rien.

Ils écoutent Nini. Nini qui leur a tant manqué.

Au moment du café, Nini refuse de prendre une de mes américaines. Il sort de la poche de sa veste d'avant-guerre, qui le boudine un brin, un cigare tout noir, tout rabougri. Et qui empeste. Un cigare de Nuremberg.

Papa regarde ses fils fumer.

– Vous êtes bien des Forlani tous les deux.

Pourquoi on est tant que ça des Forlani, Nini et moi ?

On le saura pas.

Papa emplit ras bord de grappa sa tasse à moitié pleine de café et il sirote ça tout doucement.

Ça se voit dans ses yeux clairs qu'il est heureux. Très heureux.

Quel curieux père tout de même. Jamais à râler, à se plaindre de tout comme la plupart des gens. Jamais à pleurnicher même quand, faute de boulot, il a pas un rond. Jamais à gémir à cause de sa sciatique et du dentier qu'il manque sans arrêt de perdre ou d'avaler. Jamais méchant, à jeun ou cuité terrible. Jamais jaloux de qui que ce soit. Et avec des idées qui sont jamais celles des autres.

Quand j'ai posé sur notre buffet, déjà bien encombré de bibelots de toutes provenances, la grande « décalcomanie automatique » qu'Oscar m'a offerte, papa ne s'est pas empressé de faire des réflexions à la noix comme en ferait n'importe quel locataire de notre immeuble. Il m'a pas demandé ce que ça voulait représenter. Il a pas dit que ça ressemblait à rien. Il a regardé. C'est tout.

Plus tard, comme on dînait, il m'a demandé combien de temps il mettait pour faire un machin comme ça mon Oscar. Je lui ai dit qu'il faisait ça à toute allure, qu'il mettait de l'encre sur le papier, qu'il posait une feuille dessus, qu'il frottait, frottait, frottait et que plus ça allait vite plus ça avait de chances d'être réussi.

Alors papa m'a parlé du seul peintre qu'il connaît. Leonardo. Leonardo da Vinci qui était foutrement plus malin que mon Oscar. Parce que, quand il a peint sa *Cène* sur le mur d'un monastère de Milan, il a pas demandé une lire. Pas un rond. Simplement il était convenu avec les moines que tant que la peinture couvrirait pas tout le mur il aurait le droit de manger midi et soir à leur réfectoire. Et des années et des années il a mis pour le terminer son chef-d'œuvre. Des fois il donnait qu'un coup de pinceau par jour. Un seul. Per bacco ! Plus longtemps ça durait plus longtemps il était sûr de pas claquer du bec, le Leonardo. Ça c'était un bon contrat. Mon Oscar, lui, ses décalcomanies qu'il bricole en cinq minutes, ça a le temps de lui rapporter quoi ? Une assiette de soupe, une tartine ?

J'aime bien quand il parle comme ça, mon père. Ça a l'air de pas tenir debout et si on y réfléchit, ça tient tout à fait debout.

Ayant bu son café sérieusement arrosé, il se lève pour aller payer à la caisse et on l'entend crier. C'est qu'il veut payer et que le vieux Ferrero et madame tiennent absolument à l'offrir, le repas de retour de Nini. Ça gueule et regueule. Mme Ferrero finit par céder. Elle encaisse mais Ferrero descend à la cave chercher du champagne, de son meilleur.

Et pas une bouteille. Le magnum.

Que des habitués, qui sont là à jouer au ramino, viennent écluser avec nous. Des types qui m'ont connu tout petit. Ganci le contrôleur des wagons-lits qui a repris ses allers-retours Rome-Paris. Corinto, qui fait un peu le mac, Sarcinelli, Tosca, des Napolitains qui vendent un peu de tout.

– Salute. Salute.

C'est en italien qu'on trinque, qu'ils trinquent. Et ça s'éternise.

– Auf wie dersehen, mein klein Bruder, me dit Nini quand je les quitte, Marguerite et lui, à l'entrée du métro.

On s'est même pas embrassés.

Va falloir qu'on se revoie pour refaire vraiment connaissance.

Poète surréaliste

Roux est ravi des suites de l'exposition Dominguez.

Le vernissage l'a lessivé mais, depuis, il arrête pas de se frotter les mains. Dix-sept toiles vendues cash. Des articles dans trois quotidiens et une dizaine d'hebdos avec, bien en toutes lettres, son nom et celui d'Hentschel.

La critique de Waldemar George est totalement négative. Mais Roux l'emmerde, « ce vieux débris pas fichu de comprendre quoi que ce soit au surréalisme ».

Il a fait ses comptes et c'est tout bon. Remboursés le buffet, les invitations, les frais d'envoi, les douze cendriers des Galeries dont il ne reste plus que sept. Et du bénef.

Son allégresse est telle que j'ai droit à une rallonge – huit cents balles – sur mon mois. Et il tient à me le faire savoir : il se félicite d'avoir eu l'idée de m'engager.

Je n'ai droit à aucun compliment d'Hentschel pour la bonne raison qu'on ne l'a pas revu depuis le jour du vernissage. Un télégramme est arrivé le lendemain nous avisant qu'il était à la campagne pour soigner une méchante bronchite.

– Une bronchite ou une nénette, dit finement Roux. Et si c'est le cas, espérons qu'elle n'est pas méchante, la donzelle, mais gentille !

Ça lui déplaît pas à l'honorable M. Roux d'avoir pour associé un homme un peu fripon.

Bref. Roux est de bonne humeur.

Et moi donc.

C'est qu'avec Antoine et l'écoulage à doses homéopathiques de la pacotille du cabas de la vieille cinglée, j'en suis à onze mille francs. Et la fête continue.

D'où achat de trois autres chemises criardes, d'un chapeau mou noir dont je retrousse les bords exactement comme Prévert, d'un blouson d'aviateur british pour quand il fera trop chaud pour le duffle-coat, et la masse de journaux, de livres que j'ai même pas le temps de lire.

Roux se félicite de m'avoir engagé.

Si j'avais qu'un poil rien qu'un poil d'honnêteté, je le féliciterais moi de m'avoir tiré du marécage dans lequel je croupissais.

C'est que, sans ce pépère dont je ne pense aucun bien, où j'en serais ?

Toujours à faire des trottes sans but, à me faire croire à moi-même que ça m'amusait de gâcher de la peinture à l'huile, à courir après neuf sous pour en avoir dix !

Ce que je devrais faire, c'est décoller mon cul de ma chaise, m'approcher de Roux et l'embrasser en lui disant merci.

Il peut toujours attendre.

Mon cul je le garde bien collé et je continue à écrire – sur papier à en-tête de la galerie – un poème qui fait tout son possible pour être surréaliste.

Plusieurs par jour j'en écris maintenant. À la galerie, à la maison, dans des cafés, dans le métro. Des poèmes à la Eluard.

Même que…

Ça peut paraître benêt mais tant pis, une carte postale envoyée par lui à Émilienne Fourquin sous les yeux, je copie son écriture, à Eluard. Avec les pleins, les déliés qu'il fait si soigneusement. Elle est trop belle cette écriture.

Pour qu'un poème soit surréaliste faut pas chercher de trop, pas faire de brouillon, faut que la main aille à même allure que la pensée. Faut faire se rencontrer les mots les moins faits pour se rencontrer. Des poèmes surréalistes, c'est l'extase, d'en faire.

Je marche dans la rue
la rue marche sur moi
le ciel est en ébène
il pleut des hérissons
place de la Bastille
c'est la grande marée
au large les colchiques
poussent des cris d'effroi
dans la main de Giselle
il y a un chien-loup

Celle-là alors. Faut qu'elle se glisse dans mes poèmes. Elle le sait pourtant que je l'aime plus, que je veux bien me balader avec elle, lui acheter des bas ou du rouge à lèvres, faire les saloperies qui nous plaisent partout où on peut, mais l'aimer comme avant, pas question.

Et ça l'empêche pas de me téléphoner sans arrêt à la galerie, de venir m'attendre à l'heure de la fermeture comme si, par hasard, elle passait par là.

Et j'ai envie de l'envoyer bouler et je l'envoie pas bouler. Je lui paie le ciné sur les Champs-Élysées, sur les Grands Boulevards, et des amuse-gueule dans des bars que m'a fait découvrir Hentschel.

Hier on venait de voir (j'en rêvais depuis des années) un film des Marx Brothers quand elle a trouvé que ça serait mignon tout plein que je lui fasse l'honneur d'une visite commentée de l'expo d'Oscar. Rien que pour elle.

Il était dix heures. Faisait nuit noire. J'avais les clés en poche. La concierge pionçait. Je n'ai allumé qu'une lampe.

Et la fille que je hais le plus au monde, la salope des salopes, s'est jetée sur le canapé. Et elle s'est mise à être belle, mais belle.

Roux saurait ça, et la suite, il me virerait aussi sauvagement que le Père éternel vira Adam et Ève de son paradis. Et si, en plus, il était au courant de mes micmacs avec Antoine…

Assez pensé. Un poète surréaliste ça pense pas. Ça écrit.

L'argent a une odeur
il sent le pain béni
mais Roux n'a pas de nez
il n'a qu'une longue trompe
sur laquelle sont perchés
des moineaux en smoking

Pris la main dans le sac

Tout à l'heure, en me faisant cirer mes chaussures au métro Marbeuf, j'ai lu les gros titres des journaux. Pour choper un coup de blues aux aurores y a rien de mieux.

Au moins les canards archicensurés de l'Occupation ils cherchaient à mettre du baume au cœur de leurs lecteurs en leur racontant que l'Europe unie, bien paisible, avec beaucoup à manger, c'était pour bientôt, que les vaillantes armées du bienfaisant Führer étaient en train de vaincre sur tous les fronts pour le plus grand bonheur de tous.

C'était bidon. Mais les pas futés – c'est-à-dire à peu près tout le monde – ça les requinquait.

Au jour d'aujourd'hui, les quotidiens et les hebdos, tu plonges le nez dedans, tu paniques. Non contents de nous flanquer le bourdon avec leurs photos des camps de la mort, le récit bien détaillé d'horreurs, hélas tout à fait réelles, ils nous menacent.

Ceux de droite en nous disant et redisant que les turpitudes des hitlériens c'était de la gnognotte comparé à celles que nous mitonnent les staliniens. Ceux de gauche en disant que Roosevelt et son complice Churchill sont des loups qui font les agneaux pour mieux nous dévorer et que de Gaulle il a qu'une idée en tête, devenir un dictateur pire qu'Attila et Napoléon réunis.

Ils ont toujours pas terrassé Adolf et, déjà, ils fourbissent leurs armes pour la prochaine dernière.

Et y a toujours les restrictions et le marché noir qui va avec et des impôts qui pleuvent et le charbon qui manque alors que le thermomètre piétine du côté du zéro. Maintenant que les Occupants sont plus là pour nous piquer nos bons cocos bien frais, les poules veulent plus pondre ou quoi ?

Comme me dit le cireur :

– Notre faute notre très grande faute c'est d'être devenus des vainqueurs. Les Fridolins qui sont à peu près ratiboisés, paraît que les Anglais, les Américains, même les Russes qui les occupent, ils les gavent. Normal. Pour se faire bien voir. C'est qu'ils préparent le prochain épisode tous ces sacs à merde. Mon cousin qui travaille dans un ministère, il entend de ces choses que quand il me les répète, j'en ai la tremblote. Prenez la Pologne…

Je prends pas. Je lui donne son dû plus le pourliche d'usage et j'arque direction la galerie.

Où Roux m'accueille avec son sourire des jours sans sourire.

– Alors, Remo, c'est plus à neuf heures qu'on ouvre ?

Dix, il est. Neuf heures dix.

– C'est le métro. À Châtelet il voulait plus repartir.

– Fallait prendre celui d'avant. Et c'est quoi ce filet à provisions ?

Sur le canapé, sur le canapé où, hier soir encore, avec Giselle… Sur le canapé il y a le cabas de cette vieille folle d'Émilienne Fourquin. D'Émilienne Fourquin qui n'arrête plus de venir me piquer des biffetons pour apaiser l'appétit monstrueux de sa bien-aimée chatte Moumoune.

– C’est quoi ?

Je réponds ce qui me vient.

– C’est Antoine. Hier. Hier juste quand vous veniez de partir avec M. Hentschel. Il a déposé ça. Alors je l’ai mis dans la réserve.

– Pas mis. Caché. Si je n’avais pas déplacé des bassines, des caisses, parce que la concierge m’a dit qu’il y avait des rats dans l’immeuble…

– Antoine m’a recommandé d’y faire très attention à ce sac. Que c’était des documents rares, précieux.

– Antoine est un imbécile doublé d’une petite fripouille. Tout Paris, toi inclus, le sait.

– J’ai pensé que…

– On ne te demande pas de penser, Remo. On te demande d’arriver à l’heure, de faire sérieusement ton travail, de veiller à ce que tout soit en ordre. Tu sais ce qu’elle a trouvé en faisant le ménage ce matin, la concierge ?

Beau et digne mouvement du menton de Roux en direction du bureau sur lequel est posé le poudrier de Giselle.

– Je l’ai pas vu. Ça doit être à cette dame qui est entrée juste après que vous êtes parti hier. Une dame très élégante. Avec un col de fourrure. Une dame…

Hentschel ne serait pas arrivé, je m’enferrais encore plus.

Il a son sourire des jours avec, lui. Il a une superbe casquette anglaise à carreaux et encore plus de journaux que moi sous son bras.

– Je vous salue, messieurs. Vous connaissez la dernière ?

Il a à dire. Bravo. Il se lance dans une tirade échevelée sur une nouvelle balourdise des gens du ministère des Finances qui va permettre aux avisés de son espèce de faire des culbutes encore plus juteuses que celle provoquée par l’opération Lessiveuses. C’est pas très compréhensible, pas très intéressant. Le principal c’est qu’il détourne, qu’il fasse oublier à Roux que leur employé est un triste sire qui cache des cabas et laisse traîner des poudriers.

Le poudrier que j’ai discrètement glissé dans une de mes poches, il n’en sera plus question. Mais du cabas, si.

Roux se demande en quoi ce ramassis de papiers sales pourrait les concerner. Hentschel estime que des papiers sales salis par Dali, Picasso, Balthus et Cie c'est pas rien. Et que, même si c'est des faux...

Moi, je me demande comment je vais m'en sortir. Comment je vais pouvoir ne pas leur avouer que ce cabas est là depuis un joli bout de temps et que j'ai commencé, en douce, à en bazarder le contenu. Faudrait que je contacte Antoine d'urgence, qu'on mette au point une explication qui sente pas trop l'arnaque. Et il y a l'autre. La maman à Moumoune. J'ai réussi à la persuader qu'il fallait qu'elle vienne seulement le matin très tôt. Mais si Roux se met à se pointer à des heures pas chrétiennes et que...

Faut que je trouve Antoine. Vu qu'il m'a dit et redit qu'il est pas du matin, qu'il aime traîner au lit en lisant des romans policiers, j'ai toutes les chances qu'il décroche son téléphone. Mais l'appeler avec Roux et Hentschel qui m'entendent, je peux pas. Alors je m'invente une rage de dent, de dent du bas qui me titille, de dent du bas qui va pas arrêter de faire un mal atroce si je cavale pas à la pharmacie m'acheter de l'aspirine.

La pharmacie ça va être le troquet d'où je vais appeler Antoine. Faut consommer et la payer d'avance la communication. Je commande une eau minérale, je pose un billet sur le zinc et me voilà dans la cabine.

Je sors de mon portefeuille la carte de visite qui prétend que ce farceur d'Antoine est courtier. Et c'est pas le numéro qui est marqué dessus que je compose. C'est celui d'Oscar (que je connais par cœur). Sans réfléchir j'ai fait ça. Et je le cueille alors qu'il est en plein travail, qu'il a les mains pleines d'encre.

– Oscar, si je te dérange, tu me pardonnes. Mais je suis en catastrophe. Pour m'en sortir faudrait une idée de génie. Et j'en connais qu'un de génie : toi.

– Tu me laisses le temps d'aller me servir un petit verre de potion anticatastrophe et je suis à toi.

Qu'il se grouille, par pitié.

– Alors c'est quoi ton problème ?

Tout je lui déballe. Tout. La vieille Émilienne, son cabas, Antoine et sa bécane, nos combines pas honnêtes, Roux qui est tombé de son lit.

Oscar se boyaute au bout du fil. Si fort que le patron du café doit l'entendre depuis son comptoir. C'est dégueulasse de tant rigoler de mes ennuis. Je me gêne pas avec Oscar, alors je lui dis.

– C'est dégueulasse de…

– De rire ? Tu sais ce qu'ils croient les négros dans mon pays ? Que le rire c'est plus fort que tout. Que la mort, si les gens qu'elle vient choper avaient le sang-froid de lui rire au nez, elle se sauverait vexée comme un pou. Alors laisse-moi rire et fais ce que je vais te dire.

– D'accord. Je dois faire quoi ?

– Rien. Tu retournes chez Stan Roux et Oliver Hentschel et tu laisses venir.

– Venir quoi ?

– Confiance, Macaroni. Confiance. L'oncle Oscar s'occupe de toi.

Il a raccroché. Je m'allume une clope que j'écrase dans le cendrier de la cabine sans même avoir tiré une bouffée. J'ai une boule dans l'estomac, comme une nausée, l'impression que si j'ouvre la porte de la cabine je vais dégringoler, m'étaler sur le carrelage. Je respire, je respire à fond. J'ouvre la porte. Je m'écroule pas.

Les deux minutes qu'il me faut pour regagner la galerie en durent dix.

Je dois être verdâtre.

Et Roux m'accueille on ne peut plus aimablement.

– Alors cette dent ?

Je suis dans une telle panade mentale que je vais pour lui demander : « quelle dent ? » Mais le dieu des menteurs a l'immense bonté de me clouer le bec. D'ailleurs Hentschel enchaîne.

– Alors, comme ça, on fait des sournoiseries derrière notre dos avec son grand ami Oscar ?

Miracle ! Il a déjà appelé. Ce qu'il a pu inventer, je sais pas. Mais à voir les petites mines amusées de Roux et Hentschel ça doit être du finement ourlé, du convaincant.

Je m'allume une cigarette et, celle-là, je la fume.

C'est fameux les Lucky.

La vie aussi.

La vérité sur l'Émilienne

Rien à dire du petit restau où Oscar a voulu que je l'invite. Rien. Si ce n'est que ça sent l'ail. Et pas que dans nos assiettes. On a l'impression que, tous les matins, les deux serveuses blondasses frottent les tables, les chaises, les murs, le plafond, les couverts, les ronds de serviette avec de l'ail.

On a commencé avec des escargots, on continue avec des entrecôtes à l'ail accompagnées de patates bien aillées. Je crois que je vais pas prendre de dessert.

Il fait pas que boire comme un trou, Oscar. Quand il mange c'est un ogre.

Un ogre qui m'a sauvé. Une médaille de sauvetage il mériterait. Ce qu'il a trouvé pour me tirer de ma merde fallait le trouver. Il leur a dit, à mes patrons, que, s'il me l'avait confié à moi et pas à eux, le cabas de la vieille Émilienne c'était parce que lui, Oscar, il avait un secret, un lourd et douloureux secret. Que cette femme, cette femme aujourd'hui âgée et dans le malheur, il l'avait aimée dans le temps, qu'elle avait été sa plus grande passion. Mais qu'il fallait que personne le sache, jamais, parce que, avec elle, il avait trahi, cocufié Dali, Salvador, son meilleur ami, son frère. Qui, lui aussi, avait été l'amant de cette femme alors belle comme le jour. Et que si ça lui venait aux oreilles, à Salvador, même là-bas, en Amérique, où il dort sur un lit de dollars…

Tout en mâchant des morceaux de viande saignante gros comme mon poing, il me le rejoue son numéro au téléphone. C'est qu'il en est drôlement fier.

– Tout, ils ont cru. Et ils m'ont juré le secret. Et même ils m'ont promis de lui acheter tout ce qu'il y a dedans son cabas, à la vieille. Tout. À un bon prix. Alors faut que tu la retrouves et qu'elle vienne vite encaisser le chèque qu'ils ont l'intention de lui donner.

– Je vais la retrouver où, moi ?

– Tu m'as dit que c'était Hugnet qui l'avait amenée à la galerie. Alors tu donnes un coup de fil à Hugnet. Tu veux son numéro ?

Cher Oscar !

Le téléphone est aussi à l'ail. Hugnet n'a pas d'adresse précise. Mais il me conseille d'aller dans un restaurant végétarien du boulevard Arago où elle a ses habitudes, l'Émilienne.

C'est là que j'aurai le déplaisir d'apprendre que la pitoyable piquée au cabas vit très bourgeoisement à la suite d'un héritage dans un cossu trois-pièces avec vue sur la prison de la Santé et qu'elle n'a jamais, absolument jamais eu de chatte ni de chat, cette vieille escroque.

Comment on fait de l'Eluard

Pour un gros titre c'est un gros titre : HITLER S'EST SUICIDÉ DANS SON BUNKER.

Kaputt, le Führer. Mais il aura laissé à personne le plaisir de l'exécuter. Tout seul comme un grand il a mis fin à sa sale vie. Non sans avoir rédigé un testament qui dit clairement que ce sont « les hommes politiques d'origine juive ou au service des intérêts juifs » qui sont à l'origine du conflit qui a fait tant de victimes.

C'était même pas un fou, Hitler. C'était quoi ?

Avant-hier, Mussolini, dont le corps a été pendu par les pieds à côté de celui de sa pouffe Clara Petacci sur la piazza Loretto à Milan. Aujourd'hui, Hitler. Et Goering en cabane et Pétain pareil.

Ça commence à sentir enfin très bon.

Le jour approche où un kilo de café ou un jambonneau ne vaudront pas aussi cher – pour qui sait où on les trouve – qu'un bijou de chez Cartier.

La fin d'Adolf, Roux et Hentschel vont, à tous les coups, l'arroser au champagne.

Moi, j'en bois toujours pas.

Et je vais moins traîner à Montparnasse le soir.

Dans le sérieux je suis.

Peintre, c'est bien parti pour que je le devienne jamais. Et c'est un grand, un immense tant mieux.

Un tant mieux. Parce que, être Rembrandt, Vermeer ou Matisse et passer sa vie à faire des Rembrandt, des Vermeer ou des Matisse, c'est de la routine et rien d'autre. Ça peut rapporter plus mais c'est aussi tristounet que de passer sa vie à faire des miches de pain ou des tabourets de cuisine.

Même Miró, Tanguy, même Dominguez, des surréalistes pur jus pourtant, ils font quoi ? Ils ont leur petit négoce, leur petit atelier, leur petite clientèle et ils barbouillent en s'appliquant, comme d'autres poinçonnent des tickets de métro, balaient des rues ou président des Républiques. Des travailleurs. Des pue-la-sueur.

Y a Marcel Duchamp, d'accord.

Le peintre qui ne peint pas, qui ne peint plus. Là, compliments, monsieur est logique. Et il le paye comment son frichti, il l'achète avec quel blé le tabac de sa pipe ?

Oh, Remo, tu vas où ? Tu vas me raconter la première et maousse colère du Tout-Puissant ? On le sait que, qui veut remplir sa gamelle, doit faire ses quarante heures minimum. On la connaît la règle de votre jeu à la con. Mais, désolé, on va pas jouer. Plus j'avance dans les livres, les livres essentiels que je passe mes nuits à dévorer depuis quelque temps, plus je comprends que tous on nous encage on nous empapaoute.

Alors je dis non. Finir pendu à un mur de musée avec *La Joconde*, les mémères boursouflées de Rubens ou le petit pisseux de Manet avec son fifre, je suis pas client.

Pas client mais vendeur, mon pote. Et vendre des tableaux, même en trichant sur les horaires, en faisant que trente heures au lieu de quarante, c'est quand même entrer dans leurs combines.

Mais c'est qu'en attendant, mon pote, qu'en attendant.

Les parlotes comme celle-ci, les converses avec moi-même, ça n'arrête pas.

Je pourrais profiter de ce que je suis assis sur un banc du Jardin des Plantes, dans un endroit que j'adore depuis que j'ai l'âge d'adorer, pour mettre mes méninges en veilleuse. Ou ne penser qu'à ce que je vois. Un jardin – calme – avec des allées tirées au cordeau, des arbres qu'un coiffeur de verdure a taillés à la perfection, des fleurs, des merles, des moineaux qui pourchassent des bestioles si infimes que moi je les vois pas, des passants, des passantes. Des passantes qui valent le coup d'œil. Une blonde un peu rousse avec un manteau cerise bien cintré à la taille. Vraiment mignonne. Dans les vingt-cinq ans. Peut-être un peu plus. Mais bien de partout. Pas mal non plus celle qui regarde passer les petits ânes. Si elle a mon âge c'est le bout du monde. Je suis pas très pour les vestes beigeasses qui godaillent. Mais ça se retire une veste. Les filles s'habillent que pour être déshabillées. C'est connu. Giselle, je lui en ai payé la moitié d'une. Une veste très mode en peau de mouton. L'autre moitié ayant été piquée franc par franc dans le tiroir-caisse de l'Auberge des Pyramides.

Avec Giselle, je sais plus. Je sais plus si elle est la fille que je veux, comme elle l'a été longtemps, ou la fille que je veux seulement quand elle est allongée avec moi sur le canapé de la rue La Boétie. Elle me plaît toujours autant, je trouve flatteur de me montrer avec elle. Mais y a eu le sergent, ce chien de Ricain. Et la masse d'importantes idées qui me viennent, j'ai l'impression qu'elles ne la passionnent que très peu. Je lui lis mes poèmes, elle m'écoute parce qu'elle est bonne fille. Puis voilà. Faudrait que je rencontre quelqu'un avec qui je pourrais tout déballer, ouvrir les vannes tout grand. Comme Dali avec Gala. Comme Eluard avec Nush. Eluard, qui manque pas une fois de me dire « Bonjour, monsieur Forlani » quand on se croise et même de me demander et de mes nouvelles et des nouvelles de la galerie.

Il serait pas mal étonné s'il savait comment il est entré dans ma vie. Pas dans ma vie, disons dans mon… dans… Ce mot c'est « industrie ». Entré dans mon industrie.

C'est venu d'Antoine. Antoine, que le contenu du cabas d'Émilienne Fourquin ait été récupéré par Roux et Hentschel, ça l'a trop déçu. Il en a perdu l'appétit, le sommeil. Même de pédaler sur sa bécane, il avait plus le goût. Il faisait peine. Une épave, c'était. Il venait à la galerie et, si j'étais seul, il s'asseyait et, immobile, il contemplait la moquette, sans causer.

Ça me faisait rudement râler moi aussi que notre coup ait capoté. C'est que je me retrouvais avec que l'argent de mon mois. Ce qui était peu.

Ma seule consolation c'était mes poèmes, mes poèmes de plus en plus surréalistes que je calligraphiais avec ma nouvelle écriture si bien pompée sur celle d'Eluard qu'on pouvait s'y tromper.

Et Antoine s'y trompa. Même qu'il poussa un cri qu'on aurait pu prendre pour l'aboiement d'un chien méchant très méchant.

– T'es malade, Remo ! Tu ratures un manuscrit d'Eluard ! Ça va pas ?

Il a fallu que je lui mette sous le nez, qu'il lise ce qu'il disait ce poème d'Eluard.

Il disait que *Giselle est de neige quand je mange son rire* et que *le porc-épic est l'alibi du vent*.

– Il a écrit ça Eluard ?

– À ton avis ?

Il s'est rassis, a fumé trois de mes Lucky. Et il m'a demandé de le recopier, ce poème, en mettant Nush à la place de Giselle.

Deux jours plus tard il m'a apporté quatre mille francs et il m'a conseillé de me contenter de copier de vrais poèmes d'Eluard.

– Ça te fera gagner du temps. Et on pourra hausser les prix.

C'était tout bête. Crapulard à souhait. Mais tout bête.

Et pas tellement risqué pour la bonne et simple raison que – c'est Antoine qui me l'apprit – Eluard n'était pas le dernier à mettre en circulation plusieurs manuscrits du même texte. Que se disputaient les connaisseurs.

Alors si on se montrait pas trop gourmands, si on était raisonnables…

On l'est.

Et ça me permet de fumer du meilleur et d'attendre, à l'aise, que ce soient mes manuscrits à moi que s'arracheront les bibliophiles.

Un jour… Quand j'aurai trouvé mon écriture à moi.

Calme plat donc. Donc poésie.

C'est que je m'y attache à mes petites écritures sur le petit burlingue. J'ai trouvé du papier qui en jette comme celui d'Eluard.

Et puis, c'est nul d'accord, mais quand on fait quelque chose faut pas le faire à moitié, j'ai réussi à piquer son truc à Eluard pour griller une cigarette de manière qu'elle soit cachée par les trois doigts de la main qui la tiennent pas.

C'est joliment snob et peu de gens le font.

Les Espagnols

Nous arrivons dans le beau temps. Plus besoin de se taper des courettes insensées pour trouver un sac de boulets pour faire des petites chaudes dans notre poêle Godin. Papa et moi avons déposé un ballot de nos habits d'hiver chez la teinturière de la rue Traversière. Et j'ai étrenné un jean qui me fait des jambes de figure mythique du vieil Ouest américain. Un jean comme en porte ma copine du temps de la figuration dans *Le Soulier de satin*, Juliette Gréco, qui est en train de devenir quelqu'un de connu. On la voit dans les journaux. Et y a pas qu'elle. Maurice Ronet aussi et Brigitte Auber, et Jean Poiret et d'autres anciens élèves du Centre du spectacle de la rue Blanche, d'autres compagnons de frime. Ça me fait marrer de voir dans la presse les bouilles de riens du tout comme moi avec qui j'ai mangé des purées de topinambour, de rutabaga, des purées de cantine, infectes.

Nini, mon frère, c'est pas un jean qu'il porte. En short il est venu me voir à la galerie. Plus abafointé du tout. Et pas décidé à refaire cinquante mille petits boulots à la noix comme avant sa guerre et son stalag. On l'a forcé à mariner quatre ans de sa vie dans un pays qu'était pas le sien. Maintenant il veut en voir d'autres. Le plus possible. Comme il a le don des langues – un don que j'ai vraiment pas –, comme il savait déjà et l'italien et l'anglais et qu'il a eu grandement le loisir d'étudier le boche, il rêve d'aller apprendre le russe chez les Russes, l'arabe chez les Arabes et le chinois chez les Chinetoques. Depuis son retour il fait que deux choses : dorloter sa Marguerite et lire des livres sur des pays. Les lointains de préférence.

Il est bien resté trois heures. Il a regardé aucun tableau. Il a fait que rêver à haute voix au temple d'Angkor Vat, aux Pyramides, aux chutes du Niagara, au Kamtchatka.

Et Hentschel est arrivé à son tour et ils ont bu du champagne.

Du champagne, dix caisses y sont passées pour le second vernissage de la galerie Roux-Hentschel. Vernissage aussi tumultueux que le premier. Qui s'est achevé au petit jour à la paella. C'est qu'après Dominguez, ça a été « Les Espagnols de Paris ». Avec une toile d'Oscar, une de Clavé, une de Peinado. Un bon peintre tout gentil qui semble avoir, lui, été peint par son compatriote le Greco. Et il a pas que son talent et sa gentillesse, Peinado. Il a une fille. Nina. Grande, brune, les yeux noirs. Mais belle, si belle que Giselle, à côté, on la voyait plus. Elle était effacée.

Nina. Nina Peinado. Elle ça pourrait être une Gala, une Nush.

Mais c'est à peine si elle m'a dit bonjour en arrivant et au revoir au moment des adieux, sur le Pont-Neuf au petit jour.

Et depuis je pense à elle. Et pas qu'un peu.

Le clou de cette expo, qui va durer encore un petit mois, c'est le Picasso. Une nature morte avec un bougeoir, un bol.

Avec du jaune jaune comme du jaune qui sort du tube. Et du rouge. Du noir. Pas à vendre – ce qui fait bien chier Roux et Hentschel. Une toile prêtée par le plus célèbre des Espingots de Paris et de partout ailleurs pour honorer ses copains qui seront jamais Picasso.

Une toile à la limite de l'inestimable que, nullard patenté que je suis, j'ai trouvé moyen d'érafler en l'accrochant. Dieu merci c'était un samedi et Roux et Hentschel étaient, l'un et l'autre, en week-end.

Waterloo ce fut.

J'ai téléphoné à Oscar. Qui m'a donné le nom et l'adresse d'un retoucheur rafistoleur de banlieue. Un taxi ça m'a coûté. Un taxi pour les fins fonds de Bobigny. Il avait dans les cent ans l'artisan à béret basque capable de ravauder même des Watteau passés sous les roues d'un camion, même *La Joconde* transformée en puzzle par un diable des enfers.

De voir un Picasso avec un trou dedans ça l'a rempli d'aise. Tout ce qu'on peignait depuis Meissonier, Puvis de Chavannes et les plafonds de mairie Belle Époque, ça le faisait dégueuler, il m'a dit.

Il m'a dit aussi son prix.

Fallait ce qu'il fallait. J'ai vidé mon portefeuille sur son établi plein de bobines de fil, de vieilles boîtes de conserve, de bols, de pots de yaourts contenant des jus bizarres, des bouillies, des bouillasses.

– On y va, il a dit.

Et il m'a demandé d'aller voir dehors ce qui se passait vu qu'il était pas question qu'il montre au premier venu comment il s'y prenait et lesquelles de ses mixtures pas ragoûtantes lui permettaient de réparer l'irréparable.

Je suis sorti.

Dehors, aux alentours de son pavillon croulant, y avait rien. Que de l'herbe pelée et des jardinets où, visiblement, ne poussait aucun légume.

Le seul arbre du bled, se dressant à bien cinq cents mètres de là, était un arbre mort.

J'ai été faire un pipi contre. Ça a été le seul moment distrayant des cinq heures que j'ai passées à attendre dans l'angoisse que le rafistoleur me dise que je pouvais revenir. Que le tour était joué.

C'était nickel. Même avec une loupe on pouvait pas voir où elle avait été l'éraflure.

Après, mon Picasso emballé à la va-vite sous le bras, j'ai erré à la recherche d'un moyen de locomotion pour regagner la rue La Boétie. Ça a été un bus. Un bus bondé.

J'étais épuisé, écœuré, sans plus un centime.

Mais le Picasso est face à mon petit bureau. Et il fait l'admiration de ceux qui viennent voir où en est la peinture à l'espagnole.

Pas grand monde en vérité.

Un petit bonhomme à chapeau tyrolien

J'ai si bien le nez dans mon poème du jour – *Nina mange le ciel Nina boit les étoiles*… – que j'ai pas vu entrer un homme avec un chapeau pas mal tyrolien et une veste courte, un homme qui va d'un tableau l'autre, à grands pas, tout souriant.

Il s'arrête devant le Dominguez. Sort un paquet de cigarettes brunes de sa poche, s'en allume une.

Comme il me voit le regarder, il me tend son paquet.

– Je vous en offre une ?

On ne dit pas non à un éventuel client. Je prends une cigarette qui va m'arracher la gueule.

– Merci beaucoup, monsieur.

Il a l'air de bien aimer le Dominguez. Je le laisse à sa contemplation. Je pique du nez sur ma Nina buveuse d'étoiles. C'est faiblard mon machin. Je biffe. Qu'elle mange le ciel, ça va. C'est bon. Mais qu'elle boive des étoiles…

Qu'est-ce qu'il bombarde, le petit bonhomme. Avec le mégot de l'une il s'en rallume une autre. Faut qu'il ait de la santé. Moi, mes bouffées de Gitane, je les recrache toutes. Le tabac gris, c'est pour les prolos à poumons blindés.

Le voilà planté devant le Picasso. Il cligne des yeux, s'approche de la toile, recule. C'est pas le visiteur tout-venant, le traîne-patins qui n'entre dans une galerie que quand il y a une ondée. J'espère qu'il s'y connaît pas assez pour découvrir qu'on l'a reprisée comme une chaussette la nature morte du Grand Maître. Il a l'air d'aimer encore plus ça que le Dominguez. Faut que je le calme.

– Le Picasso, monsieur, il est pas à vendre. C'est un prêt.

Il sourit d'un air entendu et refait le coup du mégot. Et de trois Gitanes !

– MM. Roux et Hentschel vont arriver bientôt ?

– Non, monsieur. Pas avant cinq heures.

– Ce n'est pas grave. Je n'avais pas pu venir au vernissage. Mais l'exposition est très riche. Très. Je leur téléphonerai.

– Si vous avez un message à…

– Tout va bien. Merci.

Il refait un petit tour de galerie, le temps de tordre le cou à sa troisième cigarette. Il l'écrase dans un cendrier.

– Au revoir.

– Au revoir, monsieur.

Intrigant, cet homme. Je sais pas pourquoi. Mais intrigant. Je le regarde partir. Une voiture l'attend. Un chauffeur lui ouvre la portière.

Et… C'est comme si le Ciel, le Ciel que je fais bouffer à ma Nina, me tombait sur la gueule.

Ce bonhomme qu'est pas venu au vernissage, sa tête, dans je ne sais combien de livres, de journaux, je l'ai vue. Et cet accent, con que je suis !

Picasso.

Il était là y a pas une minute. Là. Il m'a donné une Gitane, il m'a parlé, à moi. Picasso. Et, moi, misérable chiure que je suis, j'ai été fichu de lui dire que des oui monsieur merci monsieur d'arriéré mental.

Moi qui pète de joie, qui bande comme un cerf, parce que des peintres de troisième ordre comme Civet, Vénard, Grüber, Labisse et autres habitués de la galerie me font l'aumône d'une petite parlote, quand je suis face à face avec un vrai grand…

J'en pleurerais.

J'aurais pu lui dire…

Pauvre con !

Évidemment, j'arrangerai mon coup. De Rudder, Giselle, tous les amis auront droit à une version revue et corrigée de l'événement. Je leur raconterai à tous, avec une tripotée de détails qui les snoberont terrible, l'heure qu'on a passée ensemble, le cher grand Pablo et moi. Et comment il m'a dit ce qu'il pensait de Vélasquez, et pourquoi il a décidé d'aller un jour à Avignon pour y peindre des demoiselles…

Une vraie conversation on a eu. Et cette simplicité, cet humour. Aucune prétention. Quelqu'un comme vous et moi. On a copiné on peut dire, Picasso et moi. Copiné.

Mais j'en pleurerais.

Ses mégots, ses trois mégots, je les cueille délicatement dans le cendrier et les glisse non moins délicatement dans une enveloppe à en-tête de la galerie.

J'ai perdu l'occasion de briller, de faire mon intéressant aux yeux de Picasso. Mais me restera au moins un souvenir.

On va dire une relique.

Canal de la Bastille

Je reviens d'accompagner Giselle à la gare du Nord où, une fois de plus de justesse, elle a chopé son dernier train. À pied j'en reviens de la gare du Nord. Avec dans ma bouche le goût du rouge à lèvres de Giselle et rêvant à d'autres filles. Quelles ? Un peu Nina, un peu une visiteuse de la galerie hier, un peu Jacqueline, la danseuse du Châtelet avec qui on a fait que commencer une histoire, un peu Marika Rokk la blonde dodue qui swinguait dans les films nazis, un peu toutes ces déesses en technicolor des films américains dont on se gave maintenant.

On voit comme en plein jour avec la lune qui est toute ronde, toute pleine. On voit un chien noir avec des oreilles qui papillonnent. Qui cavale, qui cavale. Pourvu que ce ne soit pas après un rat qui aurait l'idée de me débouler dans les pattes.

Un couple passe. Lui beau mec. Elle tocarde, boulotte. Et il s'accroche à elle, la bécote, la suçote, la veinarde.

Deux clodos s'installent, se font avec grand soin un lit en papier journal. Pas un lit. Deux. Font pas lit commun, les miséreux. Se saouler comme des bourriques, se laver jamais, puer pis que des boucs, c'est la vie. Mais tantouzer quand même pas.

Sur le pont de sa péniche, un matave à tatouages tire sur sa bouffarde. Peut-être en rêvant à toutes les îles lointaines où sa barcasse le mènera jamais.

On se croirait dans un poème de Prévert. De Prévert que j'ai découvert il y a peu et que je commence à trouver aussi géant que Céline.

Je sais. C'est le jour et la nuit Céline et Prévert.

L'un a fait du théâtre militant dans les usines en grève quand le Front popu menait la danse. L'autre a même pas attendu que les frisés soient là pour demander qu'on passe les Juifs à la casserole. Céline est allé en URSS palper des droits d'auteur et en est revenu en disant combien c'était moche. Prévert est allé en URSS pour faire le guignol dans des usines et en revenu en disant combien c'était beau. L'un est venu rigoler et picoler au vernissage de son pote Dominguez pendant que l'autre se retrouve, après avoir filoché avec le gratin de la collaboration, dans des châteaux de Bochie ou plus loin encore.

Gentil Prévert, maudit Céline.

N'empêche que, quand je lis les poèmes de Prévert qu'on publie ci et là dans la presse libérée, je prends le même pied que quand je me suis, à quinze ans, régalé avec *Le Voyage* et encore plus avec *Mort à crédit*. Des bouquins éditions Denoël. Avec des trous dans le texte, des lignes, des pages entières censurées, pas imprimées pour cause de mots pas convenables, de cochonneries, de pensées à pas mettre dans toutes les têtes.

Il semblerait que ce fut un grand salaud le Louis-Ferdinand Céline. Les journalistes arrêtent pas de l'écrire. Et, s'il a le culot de revenir dans son Montmartre, il sera jugé et condamné et exécuté. Ça m'a l'air réglé comme papier à musique. Jamais j'aurai l'occasion de lui dire combien il m'a épaté, combien ses bouquins m'ont émerveillé.

Prévert, lui, il m'a serré la main. Et pas qu'une fois. À chaque fois que je le croise à Montparnasse, il me la serre. C'est un serreur de main émérite, Prévert. Quand, en vous serrant la pogne, il vous regarde avec ses yeux bleus délavés et qu'il vous dit « bonjour », il vous donne l'impression qu'il vient de l'inventer spécialement à votre intention le mot bonjour.

Je lui dirais qu'il est, pour moi, à sa manière, l'égal de Céline, c'est couru d'avance qu'il m'enverrait bouler. Que j'aurais droit à un au revoir définitif.

Y a qu'une personne au monde, on dirait, qu'a réussi à copiner plein pot et avec Prévert et avec Céline. Arletty. Et même et en même temps avec quelqu'un qui n'était ni de la paroisse de Prévert ni de celle de Céline : Sacha Guitry. Elle doit avoir un truc, un secret, Arletty.

Et mes chers surréalistes… Céline pour eux, c'est comme le pape, les curés, l'armée, c'est l'ignominie.

Bon alors faut que je pense quoi ?

C'est pas correct de se marrer aussi fort à la lecture des tribulations de Bardamu qu'à celle du *Dîner de têtes* ?

Et y a pas que la rigolade. Y a l'émotion en plus. De retrouver dans les bouquins de Céline des hommes des femmes aussi simples, pas friqués, parlant leur français tout bête à eux, ça me déchirait, ça me tapait dans le cœur. Et quand – jeudi dernier dans un ciné-club à République – j'ai entendu Gabin, Aimos, Le Vigan, Michel Simon dire du Prévert dans *Quai des Brumes*, ça m'a mis dans le même état.

Alors que Prévert soit un pur et Céline un impur, personnellement, j'en ai rien à secouer.

Mais rien.

J'irai pas le bramer sur les toits. Mais c'est comme ça.

Le chien en a sa claque de courser un rat peut-être imaginaire. Il se pose sur son cul, reprend son souffle et – flop ! – plonge dans le canal. C'est pas dégoûté les clebs. Nager dans cette soupe à la pisse avec des détritus qui flottent dessus. Avec, y a de grandes chances, marinant au fond, d'autres clebs mais crevés. Et des morts humains aussi qui infusent en attendant de se retrouver à deux pas de là, à la morgue.

La morgue, étant gosse, qu'est-ce que j'aimais pas passer devant quand on arrivait au pont d'Austerlitz, qu'on avait qu'à traverser pour se retrouver au Jardin des Plantes. C'est là que j'ai appris à marcher. Là que j'ai vu mes premiers nègres. Deux ils étaient. Avec des grands sacs de cacahuètes à un franc la mesure. La mesure c'était leurs bérets basques. C'était avant leur guerre, avant que maman…

Le canal, quand arrive le beau temps et qu'il y a de la lune, souvent je vais y traîner. Et, toujours, ça me rend mélancolique. Ce qui n'est pas déplaisant, loin de là, mais faut pas en abuser de la mélancolie.

Alors retour au bercail en tétant une Lucky de plus.

À l'horloge de la gare de Lyon il est deux heures.

J'aime bien le garçon que je suis.

Des copains qui se retrouvent

Depuis la galerie, mes relations huppées du côté de Montparnasse, le fric que je me suis mis à avoir, mon élégance outrecuidante, tout ça tout ça, j'ai – assez dégueulassement, faut le reconnaître – laissé tomber mes amis. À commencer par les vrais. Des mois que je ne vois plus ceux dont je n'ai pas pu me passer durant des années.

Et voilà qu'on se retrouve dans la petite salle du restaurant des parents d'André Brut, rue Cauchois dans le dix-huitième. Un restau à l'ancienne qu'on a tant occupé, pendant que les

Allemands qui viennent d'enfin paumer leur guerre nous occupaient nous. Pendant les heures sans clients, la petite salle du fond du restaurant, c'était notre club ou tout comme.

Il y a là Brut. Un du Centre du spectacle, de la figuration au Français. Brut qui nous a saoulés de Django Reinhardt, de Trenet, de jazz américain, Brut et sa fabuleuse collection de soixante-dix-huit tours, la plupart volés.

Il y a là mon Jean-Luc de Rudder et son Jacques Noël.

Et Gillet, Roger Gillet, un des Arts déco.

Et Ronet, Maurice, le beau Ronet, le séducteur de la rue Blanche, celui dont on était sûr que, de tous les élèves comédiens, il serait le premier à devenir le jeune premier qu'on s'arracherait. Eh bien, il veut plus l'être, comédien. À trop nous fréquenter il a compris que rien ne vaut la peinture. Moralité : avec Maria Pacôme, sa chérie, il va aller s'enterrer dans le Midi pour devenir un Van Gogh.

Il y a Michel de Ré. Encore un inséparable, que j'ai complètement perdu de vue. Un loustic pas banal. Un révolté. Son nom c'est pas de Ré, c'est Gallieni. Comme le glorieux maréchal qui guerroya au Soudan et au Tonkin, pacifia Madagascar et fut ministre de la Guerre. Une gloire nationale dont Michel descend en droite ligne. Ce qui lui a valu d'être très bien élevé, éduqué vieille France dans un appartement bourré de trophées, de défenses d'éléphants, de sagaies, de drapeaux, de fanions, de médailles rapportés par le valeureux ancêtre. Un appartement musée, un appartement cimetière, qu'il a fui pour faire un peu le voyou, un peu le théâtreux.

Et il y a Grongron. Grongron que tous on croyait ne jamais revoir. On disait Grongron, c'était Gronstein. Depuis le jour où son père, sa mère et ses oncles, tous dans la fourrure, s'étaient fait alpaguer, il avait disparu. Un bruit courait que quelqu'un, un ami de la famille, une connaissance, l'avait aiguillé vers une cambrousse sans Fritz, sans flics. Mais c'était qu'un bruit.

Et le voilà. Avec trois ans de plus, de grosses joues rougeaudes. Grongron. À la fois riant et pas franchement gai. Son père, sa mère, son oncle il peut faire une croix dessus. Lui reste, heureusement, un cousin retour d'Amérique qui est la crème des hommes et qui, non content de le choyer encore plus que les bouseux de la Creuse qui l'ont sauvé, lui a aménagé un atelier où il peint comme un furieux.

Sacré Grongron. Il nous fait pisser de rire en nous racontant comment les fermiers chez qui il se planquait le forçaient à se taper des monceaux de rillettes et de saucisson pur porc devant les autres paysans pour bien prouver qu'il était pas youpin.

C'est pour lui, pour fêter son retour, que Brut a organisé cette fiesta.

Et, une fois de plus, papa et maman Brut ont laissé leur fiston gâté mettre la cave à sec. Y a bien à manger bien à boire. Et pas de la camelote.

Même que je m'y remets. D'abord au rouge pour faire glisser le jambon et, après, au champagne dans lequel je trempe des biscuits pas sales du tout.

C'est marrant de se retrouver ici. Ça fait un peu réunion d'anciens combattants. On parle de Rouquier qui nous a tous si magnifiquement blousés en étant résistant sans s'en vanter et qui, le pauvre, est allé mourir connement à pas vingt ans pour les beaux yeux de la mère patrie. On parle des Ricains et de leur chouette invention, la bombe atomique. On parle de De Gaulle, à qui on reconnaît une certaine utilité, mais qui nous fait rigoler parce qu'on rigole toujours des militaires avec leurs ridicules petits képis.

On parle des filles parce que c'est un excellent sujet de conversation. On parle de nos devenirs respectifs.

Alors, on en est où ?

Michel de Ré a réussi à extorquer à sa famille de coincés de quoi se louer un studio à Saint-Germain-des-Prés et – ça, ça nous épate – il monte une compagnie théâtrale. Oui, mes enfants. Et il va mettre en scène et jouer du Jarry, du Vitrac. Déjà il a engagé Juliette Gréco. Et, il y croit dur comme fer, il va balancer à la gueule des Parisiens des spectacles qui les sidéreront.

Noël et de Rudder ont une commande. Les décors et les costumes d'une pièce qui va se jouer dans un théâtre dont, par superstition, ils ne nous disent pas le nom. Mais c'est du sûr.

Gillet n'a pas de grandes déclarations à nous fairc. Il se contente de dire que, d'ici quelques mois, il demandera à Remo de faire venir MM. Roux et Hentschel dans la piaule où il peint et qu'ils verront ce qu'ils verront.

Et Brut ? Il mijote quoi, Brut ? Il va reprendre le restaurant, se mettre à la cuisine, inventer des sauces, des soupes ? Pas vraiment. Il est en train de fignoler la maquette d'un magazine, un mensuel, dont il sera le directeur. Un magazine avec des pages sur les arts, les lettres, les spectacles. Il a déjà le titre. *Tendances.* Et il compte sur nous tous pour lui fournir de la matière.

On porte un toast à *Tendances*.

On reboit sans porter de toasts.

On dit n'importe quoi. Aucune raison de se gêner, c'est le jour de fermeture du restaurant et M. et Mme Brut sont allés visiter des cousins qu'ils ont à Savigny-sur-Orge.

Je suis ravi que Grongron soit là.

Je suis moins ravi de constater que tous ceux de la bande sont en train, eux, d'entreprendre de belles et grandes choses. Je fume et refume. Je suis moins emballé que les autres par les disques, tout nouveaux tout géniaux, qui se succèdent sur le phono de Brut. Duke Ellington, Ella Fitzgerald, Bessie Smith.

J'aime le jazz, j'aime mes copains. Mais je m'ennuie un brin.

Peut-être qu'à force on s'est tout dit avec de Rudder, Ronet, Gillet, Michel de Ré, Brut, Grongron.

Peut-être.

À Riec-sur-Belon (Finistère)

– Vous savez pourquoi il va pleuvoir ? Parce que le temps est à la pluie. On peut rien contre. Quand le temps est à la pluie, il pleut. C'est forcé. Des fois, le temps l'est pas à la pluie et il pleut quand même. Mais aujourd'hui c'est réglé. Va pleuvoir comme vache qui pisse.

Maria a fait le point sur le temps qu'on va avoir. Maria c'est la serveuse, à tablier brodé et à coiffe, du modeste hôtel où nous avons fini par échouer Giselle et moi.

La galerie fermant du quatorze juillet au quinze août inclus, l'envie nous est venue d'une échappée. C'est surtout Giselle qui s'est mise à avoir des appétits d'air pur. Moi l'air de Paris me va très bien. Mais bon. J'avais de l'argent à ne plus savoir qu'en faire. Douze manuscrits « originaux » d'Eluard, dont j'imitais de mieux en mieux l'écriture, écoulés par Antoine, mon mois plus une copieuse rallonge de mes estimés employeurs, ça faisait un sérieux paquet de biffetons. Mais où aller ?

Je connaissais qu'une province, la Bretagne de mes vacances d'avant-guerre à Moëlan-sur-Mer, Finistère. À Moëlan nous prenions pension, maman et moi, chez Joseph Courant. Dudule pour ses proches. Un joyeux moustachu, fort mécréant pour un Breton, charcutier et, accessoirement, grainetier, un peu bistrot et dépositaire d'une marque de bicyclettes et de motos dont il assurait la réparation en cas d'ennuis mécaniques. Quand il tuait son cochon du mois, il m'autorisait à tenir une de ses quatre pattes pendant l'exécution. Ce qui m'honorait et me faisait mal au cœur.

Non loin de Moëlan il y a la plage de Kerfany-les-Pins où j'appris à nager et à détester et la natation et la mer. Et Riec-sur-Belon, patelin renommé pour ses huîtres.

Pressé par Giselle, j'ai eu l'audace de téléphoner à un hôtel à Riec, de me recommander de Joseph Courant.

Et nous nous retrouvons dans le coin le plus pluvieux de la planète. Giselle au second étage d'un bâtiment gentillet, moi au rez-de-chaussée de l'annexe. Il n'était évidemment pas question qu'un jeunot comme moi dorme dans le même bâtiment et encore moins dans la même chambre que sa « cousine ». À Riec-sur-Belon on a des principes.

Pour manger on mange. Poisson à tous les repas et la douzaine d'huîtres le dimanche. Des chères, des belons. Sur la table, le beurre en motte. Salé mais en motte. Et des crêpes de sarrasin et du cidre à profusion. En commun les repas. Avec des familles aimant l'eau jamais assez chaude et trop remuante et les galets, le sable grisouillard toujours mouillé et la pluie, l'avant-pluie et l'après-pluie. Et parlant de tout c'est-à-dire de rien qui m'intéresse. Et Giselle est tombée en amitié avec les deux filles d'un représentant en encyclopédies médicales. Étudiant pour devenir l'une opticienne l'autre institutrice. Deux pas belles, surtout en maillot de bain, avec qui Giselle va nager, ramasser des coquillages, faire des balades. Le soir c'est bridge avec le papa. Ils ont tenté de m'en inculquer les rudiments. Pas question. Les cartes c'est pas ça. Les cartes c'est les belotes ou les parties de ramino qui peuvent durer un jour et une nuit et encore un jour, sans manger, sans pisser, avec des Italiens qui s'injurient dans de la fumée. Mon père il joue aux cartes. Pas ce commis voyageur aux cheveux brillantinés et ses filles insautables.

Le soir quand il ne pleut pas ou seulement pas trop, je me balade au bord de l'eau. Ça ne vaut pas le canal de la Bastille pour l'émotion, mais je me raisonne, je me dis que Breton, Prévert, des gens que j'admire ont fait ça et que ça les a inspirés, la mer. Alors je marche et j'entends les mouettes, ou les goélands. Les oiseaux, moi…

Du temps de Moëlan-sur-Mer, avec maman, je trouvais qu'elles finissaient jamais assez vite les vacances. J'avais beau emporter une pleine mallette de livres, j'en venais toujours à bout une bonne semaine d'avance.

Cette fois aussi j'ai pris des munitions : *Les Chants de Maldoror*, de l'Eluard, de l'Aragon d'avant leur déchéance, un petit bouquin de Dali acheté à prix d'or, et ça m'a fait marrer de les fourrer dans la même mallette, mon exemplaire en ruine de *Mort à crédit*.

Je lis, je lis. Et j'écris.

Et, avec Giselle, on a des ébats. Pas souvent et trop vite expédiés. Mais ça m'arrange plutôt que notre histoire foire. L'amour comme ça, à l'amicale, l'amour tiédasse ça me suffit plus.

Un jour viendra où je *la* rencontrerai.

Elle.

Mais pas sur cette plage, pas dans cet hôtel, pas sous cette pluie.

Parce que, ça y est, il flotte. Et pas qu'un peu. On jurerait que la nuit vient de tomber d'un coup, des heures avant l'heure. La mer, à pas cent mètres, on la voit même plus. Les pêcheurs qui ont pris le large aux aurores ils doivent vachement valser.

L'autre soir, un qui s'appelle Corentin et qui chique m'a proposé d'y aller avec eux, à la sardine. Pour voir. Il m'aurait proposé de me couper un doigt, pour voir, que j'aurais refusé pareil.

En fait tout ce que j'aurai vu qui méritait d'être vu, pendant ces vacances, c'est la petite chapelle à deux kilomètres d'ici. Petite, en pierre moussue, au milieu d'un champ pas cultivé avec des milliasses de petites fleurs jaunes et violettes. Un paysage pour Gauguin et ses potes nabis de Pont-Aven. Avec un Christ plus haut que moi grossièrement sculpté, l'air bien étonné de se retrouver cloué sur une croix. Et un gros bétaud de lapin qui m'a regardé avec insolence pendant que je faisais ma prière.

Même que je lui ai dit, à ce bestiau, que si il disait à qui que ce soit qu'il avait vu un surréaliste réciter son Notre Père, je reviendrais le tuer et que je le boufferais. En civet.

Si ça se trouve il comprenait que le breton.

C'est con les lapins.

Les vacances aussi c'est con.

Un retour écœurant

Paris. Le bonheur. Aucune goutte de pluie, aucun vent, on marche sur du solide, ça sent pas le salé. Et y a des kiosques pour acheter autant de journaux qu'on veut. Et le métro, les bus. Et les hommes ne se baladent pas avec des pantalons retroussés, et des chapeaux ridicules, parce qu'ils vont aux moules ou à la crevette. Et les femmes ne se croient pas autorisées à déballer leur trop-plein de chair. Elles en montrent énormément parce que l'été n'est pas encore fini. Énormément mais pas trop. Et on trouve à fumer ce qu'on veut. Si on a de quoi en poche.

Même en ayant pas mégoté sur lcs gâteaux bretons de quatre heures et les crêpes d'entre les repas, même en ayant donné à Giselle de quoi acheter des bolées souvenir en porcelaine de chez Henriot (Quimper) pour ses père et mère, même en m'étant offert un chandail col roulé de pêcheur d'Islande que je porterai jamais, j'ai encore de quoi voir venir.

Et, à la fin d'août, je toucherai mon demi-mois et Antoine a peut-être du fric à me donner.

C'est épatant d'être rentré.

Sur qui je tombe en traversant la place Saint-Augustin ? Hentschel. Avec un chapeau que je lui connais pas. À petit bord.

– Tiens te voilà, toi.

– On rouvre aujourd'hui, non ?

Il me regarde, regarde sa montre.

– Tu sais ce qu'on va faire, Remo, on va aller boire un crème. Un bon crème avec un petit quelque chose à grignoter.

– J'ai déjà petit-déjeuné.

– Alors, tu ne grignoteras pas.

Il a un drôle d'air.

On s'installe dans le bar qui fait le coin du boulevard Malesherbes. Côté terrasse. On passe la commande. Il est tout bronzé, Hentschel. C'est vrai qu'il était allé dans le Midi où il a une villa. Il est pas causant pour une fois. Il regarde une dame qui passe. Puis une autre. Puis un monsieur âgé.

– Remo, faut qu'on parle. C'est bien qu'on se soit rencontrés. C'est mieux. Tu serais entré à la galerie, tu serais tombé sur André.

– C'est qui André ?

– André. La trentaine. Des lunettes parce que très myope. A fait l'école du Louvre, a écrit un petit livre pas rigolo sur l'art gothique, a travaillé deux ans à la galerie Charpentier. C'est Roux qui l'a déniché, chez les amis chez qui il a passé ses vacances. À La Baule. Enfin du côté de La Baule.

Il me fait chier avec son André très myope.

– C'est lui qui va te remplacer.

– Qui quoi ?

Hentschel a son sourire. Malicieux mais pas vache. Un sourire que je connais bien.

– T'énerve pas, Remo. Tu l'as dit et redit que vendre des tableaux c'était pas ton but, que tu voulais bien le faire un peu, mais que c'est peintre que tu veux être. Et puis... Tes séances de baise avec ta petite camarade sur le canapé de la galerie, moi j'ai trouvé ça mignon. Roux, il n'appréciait pas. Ce qu'il a encore moins apprécié c'est de découvrir qu'avec cette petite crevure d'Antoine vous avez fait de pas reluisants petits trafics. Ne dis pas non. Il y a eu des retombées. On s'est retrouvés avec des coups de fil furieux de Michaux l'expert, de Thuillier aussi. Qui nous ont menacés de porter plainte. Tu me connais. Papa Hentschel pour arranger les coups, si foireux soient-ils, il est imbattable. Et que tu aies donné dans la filouterie... admettons. Ton âge, je l'ai eu et je sais ce que je sais. Mais Roux, c'est une autre paire de manches. Je n'aurais pas calmé le jeu, tu te serais carrément retrouvé aux prises avec les gendarmes du riant petit coin d'où tu nous as expédié une carte postale dont je te remercie vivement. J'adore les cartes postales. Mais t'es viré, Remo.

C'est un brillant causeur, Hentschel. Il a la façon. Ce qu'il vient de me balancer, il l'a balancé si clairement, si totalement sans méchanceté, que ça aurait mérité un merci.

Il a pas touché à son crème et à sa tartine beurrée, il a réglé les consommations après m'avoir dit « bonne chance quand même, voyou » et il s'est tiré.

Voilà.

Les marionnettes

L'un est un blondard avec les cheveux taillés à coups de serpe, assez bestial, avec des mains calleuses de travailleur. C'est Delarue.

L'autre c'est Serreau, Jean-Marie Serreau. Pas bien grand tout maigre. Il a aussi le cheveu pas long. Et des lunettes comme on en voit peu. Des lunettes toutes rondes, toutes petites de vieux savant dans les vieux vieux livres de contes pour enfants.

Décider lequel est le plus mal fringué je pourrais pas. Mais on n'est pas à un défilé de mode. On est... Je suis là pour qu'ils voient si je fais l'affaire.

C'est quoi l'affaire ?

Ils cherchent un garçon, ou une fille, ils s'en foutent, pour donner des coups de main. À qui ? Comme ça se trouvera. C'est qu'à Travail et Culture y a bien du monde qui fait bien des choses.

Travail et Culture. C'est tout un programme. Noël qui m'a refilé le tuyau m'a vaguement expliqué. C'est une Association. Pas une entreprise qui vise à faire de l'argent. Surtout pas. Qui bosse à Travail et Culture est certain d'être mal payé. On peut dire même très très très mal. Mais il a une mission : aider le peuple à s'enculturer, à découvrir quels sont les bons spectacles, les bons auteurs, les bons artistes, à avoir enfin accès à tout ce dont le régime de Vichy nous a criminellement privés. C'est clair et net, non ?

Ce qui est moins clair et moins net, mais Noël me l'a laissé entendre, c'est que, derrière tout ça, y a le parti communiste. Que, comme la plupart des journaux depuis la Libération, comme plein de ciné-clubs, de manifestations artistiques, comme la Maison de la Pensée française, qui fait de plus en plus parler d'elle, Travail et Culture – le TEC – a pour lointain mais vénéré père spirituel un certain Joseph Staline.

Ce dont je me branle. Ça pourrait être une succursale du Ku Klux Klan que ça n'y changerait rien. Je n'ai plus un croque. Ça fait des semaines et même des mois que je marine dans le rien faire. Alors...

Alors Delarue me jauge. Le duffle-coat, la belle chemise, les chaussures pas cirées depuis lurette, mais de luxe, c'est visible, ça ne lui inspire que méfiance.

Serreau, lui, passe outre.

– Puisque c'est Noël qui lui a dit de venir, il pourrait faire équipe avec lui. Les marionnettes tu connais ?

Comme c'est à moi que la question est posée, faut que j'y réponde. Que j'y réponde non, si je suis franc.

– Bien sûr que je connais les marionnettes.

– À gaine et à fil ?

– À gaine et à fil.

Il m'aurait demandé si je jouais du saxophone ou si je savais conduire une locomotive, ç'aurait été le même oui. Je fais affaire. Il est décidé que je toucherai encore moins que le peu que Noël m'avait laissé espérer. Et au boulot !

Je me retrouve bras droit de Noël à la tête de la « section marionnettes » de Travail et Culture, rue des Beaux-Arts (dans le sixième).

Ce qui implique que cinq après-midi et quatre soirs par semaine, avec Noël, j'enseignerai à des gamins, des retraités, des bonnes femmes désœuvrées l'art et la manière de faire bouger des pantins à gaine. Et à fil.

Noël ça fait des années que, pour le plaisir, il a lu tous les bouquins sur Guignol, les burattini siciliens, les marionnettes balinaises. Des années qu'il en sculpte, des marionnettes. Et superbes. Et qu'il sait les manier comme un pro. Eh bien ! y va m'apprendre. Je suis pas plus con qu'un autre. Et, vu que j'ai tout éclusé, y compris la somme dérisoire qu'Antoine a tirée de mon Dominguez.

Avoir fourgué le cadeau d'Oscar, ça a été la honte.

Mais revenons pas là-dessus.

Revenons pas non plus sur ces mois de merde que je viens de m'offrir. Des mois à ne même pas écrire, et encore moins peindre ou dessiner. À saliver devant des affiches de films que je pouvais pas aller voir faute de blé. À lire et relire des livres comme j'en écrirais jamais. À traînasser. À ne plus faire l'amour avec Giselle faute d'endroits où le faire. À me branler comme un furieux, donc. À bavasser avec qui le voulait bien. Mes amis, enfin retrouvés, ayant tous à faire, me restaient pour ça que les boit-sans-soif du café Massebœuf et des abrutis patentés comme mon voisin Charlot ou Mme Doré, la si appétissante concierge pute.

Heureusement, y a eu papa qui pas une fois ne me fit le moindre reproche, papa que ça désolait de me voir désolé. Papa qui me gavait de polenta, de gnocchi. Qui, les nuits où il avait la cuite lyrique, me chantait en bergamasque (son italien à lui) des chansons de son temps. Ces nuits-là les voisins l'avaient mauvaise. Surtout la mal baisée hargneuse d'au-dessus de chez nous, dont le mari ex-milicien venait d'être fusillé.

Pour le réveillon papa a trouvé, je saurai jamais où, un panettone d'au moins deux kilos et des amaretti. Qui venaient vraiment di Sarrona et croquaient sous la dent.

On a trinqué à l'asti. Et tant parlé de maman qu'après j'ai pas pu trouver le sommeil. Et que j'ai entendu dans la cour les miaulements atroces d'un chat sûrement coursé par des rats.

Et je me retrouve avec un emploi au TEC. Section marionnettes.

On dit que c'est bien ?

On dit que c'est bien.

Les frites du Vieux Casque

Noël, je fais que l'encombrer avec mes questions idiotes, ma maladresse et mon incompétence. Lui il sait enseigner. Les élèves (nos élèves !), une dizaine de niaiseux de tous âges, il les émerveille avec son savoir et les pantins de sa fabrication qu'il fait gigoter, sauter, danser, avoir l'air gai, triste, farceur, coquin. Il les fait vivre, ses guignols. Vivre. C'est beau à voir. Pendant qu'il trime, Noël, je mange.

Des frites. Au Vieux Casque. Rue Bonaparte. Pas loin de l'école des Beaux-Arts, sur l'autre trottoir. Bonnes, les frites.

Avec Jean-Marie Serreau je les mange, et celui qui s'occupe avec lui de la section Théâtre du TEC, Yves Robert, un type sympa comme tout qui a déjà pas mal roulé sa bosse. Il a fait partie des Comédiens routiers. Une troupe, un peu boy-scout j'ai l'impression, créée à l'époque des Auberges de la jeunesse et récupérée par Vichy. Paraît que c'était bien, ce qu'ils faisaient, que ça n'avait rien à voir avec les cochonneries du Boulevard, du théâtre pour les bourgeois.

Les bourgeois il les aime pas, Yves Robert. Au TEC personne les aime. On veut les abattre. Tous.

C'est Yves Robert qui paiera les frites et les saucisses qui vont avec.

Serreau il paie jamais. C'est pas dans ses principes. Des principes et idées il en a à revendre. Le théâtre, il va le réinventer. Carrément. Tout en grattant au TEC il monte des spectacles. Pas à Paris. Il organise des tournées pour les soldats français qui occupent l'Allemagne. Il a une femme, Geneviève, une intello qui est en train de traduire des pièces allemandes. De ? Brecht. De Bertold Brecht.

Je l'ai déjà entendu ce nom. Ah ouais ! *L'Opéra de quat'sous*. Brut nous a fait entendre des chansons de cet opéra pas comme les autres. Qui m'a emballé.

Serreau et Robert me racontent Brecht quittant son Allemagne devenue nazie, se retrouvant en Amérique, faisant des boulots qui l'écœurent à Hollywood.

À la table voisine de la nôtre un monsieur à lunettes, qui crache pas non plus sur les frites, se mêle à la converse. Brecht il connaît. Et pas qu'un peu. J'écoute. Il sait combien c'est dur pour un marxiste comme Brecht d'être obligé de travailler pour les capitalistes. La dame qui mange avec lui aussi sait des choses sur Brecht. Elle doit en savoir sur tout. Avec sa tronche de directrice d'école c'est fo cément un puits de science.

Et comment que c'en est un. Quand ils s'en vont, cafés bus, j'apprends que c'étaient Sartre et Simone de Beauvoir. Je n'ai jamais lu une ligne de l'un ou de l'autre. Mais le peu que je sais d'eux par les canards m'allèche pas bézef. C'est des philosophes, des professeurs qui se sont recyclés dans la littérature engagée. Pas bien le genre de la maison Forlani, ça.

Yves Robert et Jean-Marie Serreau ça les émoustille, et pas qu'un peu, d'avoir pris langue avec le papa de l'existentialisme et sa… oui : sa bourgeoise.

Je vais pas scier la branche sur laquelle je viens d'enfin réussir à me poser en disant ce qu'il faut pas. Mon salaire riquiqui du TEC j'en ai trop besoin. Alors je la boucle.

Je la boucle si bien que Serreau le remarque.

– Ben, Remo, tu boudes ?

– Il a pas le temps de bouder, le Remo. Il est trop occupé à bouffer toutes nos frites, ce goulu, dit Yves Robert.

Je deviens pilier au Flore

Au temps de la galerie, tous les jours ouvrables que Dieu faisait, c'était métro Marbeuf.

Maintenant, c'est métro Saint-Germain-des-Prés.

Sitôt avalé avec papa le café du matin, en route pour aller en prendre un autre. Au café de Flore. À la terrasse en cas de beau temps, à l'intérieur si temps breton. Et un express, un !

C'est la consommation la moins chère.

Et c'est le plus important bistrot de la planète Terre. C'est ici que tout se passe. Tout ce qui mérite qu'on s'y intéresse.

Des troquets parisiens j'en ai fréquenté pas mal. Au petit bonheur. Ici, au Flore, je suis devenu pilier. Pilier fauché. Mais pilier.

Ce qui n'enchante guère les garçons, ces assoiffés de pourboires. Faut voir comment celui qui se nomme Pascal me toise, sur quel ton il me demande :

– Je suppose que ce sera juste un café ?

Il suppose pas, ce loufiat au crâne déplumé. Il sait. Il sait que, comme Michel de Ré, Vadim, Isidore Isou le lettriste, Michonze, un peintre juif sympa comme tout, comme l'inamovible et ridicule fillasse trop maquillée et enturbannée qui fait des manières avec son fume-cigarette, comme pas mal de vieilles connaissances que je retrouve ici, je vais dépenser le moins d'argent possible et rester le plus de temps possible.

On est pas avares, loufiat de merde, on est sans un.

Et ce qu'il sait pas, le Pascal du Flore, c'est que beaucoup de ces buveurs de cafés même pas crèmes seront archicélèbres et archicossus quand lui il vivra chichement de ses petites économies en attendant de crever.

Il sait pas parce que personne peut savoir, que Vadim sera un cinéaste qui aura sa tête à la une de milliards de magazines, que Michel de Ré deviendra une gloire du théâtre, et la ridicule enturbannée une star de la télé quand même les économiquement faibles, même les clodos, auront chacun sa télé et en couleurs même. Un jour cette bêcheuse, tout le monde saura que c'est Alice Sapritch.

Ce matin, au Flore, personne le sait.

Et surtout pas Pascal et les autres garçons et le taulier Boubal. Un bistrotier bien déplaisant. Il n'a d'yeux que pour le gratin, Boubal. Et il le respecte, le gratin, le poupoute. Faut le voir faire des courbettes devant Prévert, quand Prévert radine avec ses potes Pierre Brasseur, Marcel Carné, Alain Cuny, Jules Berry, Jean-Louis Barrault. Même s'il a un coup dans l'aile, qu'il parle trop fort, dérange tout le monde, Prévert il a droit à ses courbettes.

Et je suis pas le dernier à lui en faire.

Mais pas des courbettes de cafetier servile, des courbettes d'admirateur sincère.

C'est que plus j'en lis, plus je les aime ses poèmes. J'ai pris l'habitude quand j'en dégote un dans un journal, une revue, de le découper. J'ai des poèmes de Prévert sur moi, dans mes poches. Que j'apprends par cœur.

Alors je lui fais des grands saluts admiratifs. Et il me les rend. Même que ça lui arrive de me demander de venir prendre un verre avec lui.

Avec eux. Le gratin du cinéma. Même à l'extrême bout de la banquette ça flatte d'être de la même tournée que de pareilles gens. Maman m'aurait vu trinquer au chablis avec Arletty elle se serait pincée pour être sûre qu'elle rêvait pas.

Arletty y en a qui font semblant de pas la voir quand ils la croisent. De vieux bons copains à elle qui lui pardonnent pas d'avoir aimé d'amour un Allemand.

– Parce que l'Arlette, qu'a toujours été plutôt portée sur la demoiselle, pour une fois qu'elle s'écarte de son droit chemin à elle, faut que ce soit avec un blond à croix gammée. Ce que c'est que de nous, hein ?

C'est Loris qui me parle là.

Fabien Loris. Un des plus anciens potes de Prévert dont le nom figure en bas de pas mal de tracts surréalistes. Un bel homme nonchalant et rieur qui se glorifie de n'avoir jamais eu de métier, d'avoir toujours tiré le diable par la queue. Mais en douceur. Parce qu'il est trop bon type pour faire du mal même au diable. Loris qui, alors qu'il avait à peu près mon âge, a réussi à aller, sans un rond en poche, s'ensoleiller à Tahiti et en est revenu plus pauvre que Job et est tombé sur les révolutionnaires du groupe Octobre et a fait les quatre cents coups avec eux et Jacques, son Jacques. Un peu peintre à ses heures, comédien pas très brillant quand ça se trouve, il a été par hasard star d'un film pas génial de Feyder, *Les Gens du voyage.* C'est lui Avril, le complice de Lacenaire, qui se fait savater par Debureau, dans *Les Enfants du paradis,* qui vient de sortir.

Un matin que j'étais là à laisser mon café refroidir en attendant qu'il se passe quelque chose, il m'a vu, Loris, et, tout souriant, il m'a demandé si ça allait, s'est assis en face de moi et s'est commandé un café lui aussi. Et on est devenus, comme ça, sans grands mots, rien que comme ça, des copains de toujours.

Et on se voit et on se revoit. Pour parler de tout et de rien. Et on se marre énormément. Surtout quand c'est de rien qu'on parle.

Rien faire, il sait faire ça à la perfection, Loris. Rien. Ou juste gauler l'unique rayon de soleil d'une journée et s'en repaître, repérer le passant qui mérite le coup d'œil à cause de son galure trop grand ou trop petit, trouver la bribe de joliesse d'une femme pourtant terriblement comme les autres.

De la petite école à aujourd'hui, j'en ai eu des maîtres, des enseignants. Aucun ne m'a appris autant que Loris. Bibi Lolo de Saint-Malo comme l'a surnommé Prévert.

Il a une chemise à carreaux de cow-boy, un pantalon de velours râpé, des croquenots militaires et rien dans aucune banque ou à la Caisse d'Épargne. Je suis même pas certain qu'il a une carte d'identité. Et il se fout éperdument de ne pas être devenu une star comme ses potes Barrault et Gabin, de pas être devenu un écrivain célèbre comme ses potes Antonin Artaud et Henry Miller, de pas être devenu…

– Victor Hugo, d'être devenu Victor Hugo, ça l'a avancé à quoi ? Il a eu des obsèques première classe avec des canassons caparaçonnés et des ministres et des académiciens en grande tenue, je veux bien. Et il a des rues, des avenues, des pissotières à son nom. Mais est-ce bien utile tout ça ?

Cette question-là c'est pas à moi qu'il la pose, c'est à Mouloudji qui vient s'asseoir avec nous. Mouloudji que j'ai vu étant môme faire le môme dans des films. Tout de suite il me tutoie lui aussi. Et nous voilà trois à déconner au lieu de deux.

Mouloudji, on dit Moulou, parle de ce qu'il écrit en ce moment, un roman, des chansons. Loris nous fredonne la chanson qu'il va chanter dans le film que Prévert et Carné vont bientôt tourner. À la station de métro Barbès il la chantera. À la station Barbès entièrement reconstruite en studio. Une chanson qui dit que *les enfants qui s'aiment s'embrassent debout contre les Portes de la Nuit.* Ça va être un film épatant avec Carette, Saturnin Fabre, Jean Vilar, Reggiani, une poulette mignonne comme un cœur, Dany Robin. Et pas Jean Gabin. Parce que sa Teutonne, pour qui Prévert avait écrit un rôle en or, a pas aimé les dialogues, cette gourde. La Teutonne à Gabin c'est Marlene Dietrich.

Ça me rend dingue de me retrouver avec des mecs comme Fabien, comme Moulou.

Je dis tu à des mecs qui disent tu à Gabin !

Il a raison, Loris, faut pas chercher à devenir quelqu'un.

Mais, j'y peux rien, ici, au Flore, je me sens devenu quelqu'un.

Et c'est d'un chouette.

Et pourquoi je suis à glander au lieu d'être avec Noël à inculquer à des incultes l'art de la marionnette ? Parce que, au

TEC, ils ont vite pigé que c'était pas mon truc. Ils m'ont pas viré. Ils se contentent de me faire faire des petits boulots au coup par coup. Je vais d'une section l'autre. Je gratte un peu avec Serreau et Yves Robert à la section Théâtre. Je rends des services à la section Cinéma que dirige André Bazin, un intello tout en os. Je donne des coups de main à un grand blond illuminé, Louis Pauwels, qui a vécu chez une espèce de gourou sorcier dont le nom – Gurdjieff – fait glousser les marxistes de la rue des Beaux-Arts.

C'est que ça pullule, dans le coin, les communistes. Des qui croient dur comme fer que les lendemains vont chanter bientôt, que les soviets c'est pour dans pas longtemps.

Faut les entendre, les soirs à chorale. Ça y va les cantiques staliniens.

Personnellement, je trouve ça aussi truffe que *Maréchal nous voilà*.

Mais j'en dis rien. Je les écoute en tirant sur mes clopes.

Dans la chorale du TEC qui se produit dans des galas pour le Parti, y a Paul Tourenne, qui vend les billets pour les spectacles, Zézette, une rieuse qui mange des frites au Vieux Casque quand elle est en fonds, Jeanine Kirsh surnommée Cerise, la secrétaire d'André Bazin, et Colette.

Ah ! Vous savez pas. Ma chérie, c'est plus Giselle. C'est Colette. Elle a les cheveux très noirs, elle joue au handball, fait du camping et a grande hâte de la voir éclater, la Révolution.

Le grand projet à Truffert

Fait nuit. Mais fait pas froid. Fait même tellement pas froid que j'ai envie de boire quelque chose de frais. Mettons une bière. Un bon demi.

Mais je lui demande qu'un bock à la serveuse de l'Old Navy. C'est moins cher. Et comme c'est pas moi qui le paierai. Ça sera Colette. Colette qui a un salaire fixe au TEC. Pas coquet mais fixe.

C'est devenu une habitude que ça soit elle qui règle les additions. Pas grave puisqu'on est en amour et qu'elle a de quoi et moi pas. Les sandwiches, les gâteaux quand y en a, les cigarettes encore et toujours de marché noir, les verres c'est elle. Mais ça durera pas. Autant je suis persuadé que les lendemains chantants qu'elle espère ils arriveront jamais, autant je suis convaincu que le blé va recommencer à me tomber du ciel comme au temps de Roux-Hentschel. Et pas du blé malingre et communiste. De la grosse galette. Venue d'où ?

On a des projets. Maousses.

Rue des Chalets à Ivry, on a des projets. Dans le pavillon où Noël et de Rudder continuent à chef-d'œuvrer dans la cave, un type est arrivé qui va nous rendre tous riches et célèbres. Truffert. André Truffert. Pas beau de figure, trop de bouche, trop de dents, de joues. Pas grand. La presque cinquantaine, fumant ses trois paquets par jour, buvant pareil qu'une éponge alcoolique. Il est un peu cousin de Noël et s'est réfugié rue des Chalets pour échapper à une épouse impossible. Expert comptable très qualifié, on l'a arraché à ses Grands Livres pour l'envoyer faire une guerre qui lui a déplu presque autant que le stalag où on l'a ensuite parqué. Ce qui l'a rendu hargneux, anar. Truffert arrête pas de rogner contre tout et tous. À commencer par les quatre voraces – de Gaulle, Roosevelt, Churchill, Staline – qui n'en finissent pas de se disputer les tranches bien saignantes du rosbif Terre. Des malfaisants qui rêvent que de remettre ça, de repiquer à la conflagration. De Gaulle, en plus, il veut – Truffert l'affirme – devenir roi de France. C'est dans la poche. D'ici qu'il se fasse sacrer à Reims y a pas loin. Et si encore les cocos faisaient barrière ! Tu parles ! Avec le camarade Thorez aux commandes... Un trouillard, le Thorez, une lope.

Noël, de Rudder, les autres et moi on le laisse rognocher en sirotant les bons vins et les bouteilles de whisky qu'il rapporte de ses virées en ville.

Où il va en ville ? On sait pas. Quoique sans l'ombre d'un emploi, quand il rentre à Ivry, c'est toujours les poches bourrées de billets et avec des cartouches de cibiches et des bonnes bouteilles dans des sacs en papier.

De Rudder dit qu'il est maquereau.

Tant qu'il nous abreuve, il peut même être faux-monnayeur.

Et puis il y a le projet. Estimant qu'on est des garçons pourris de talent et estimant surtout qu'il est, lui, un gros malin, Truffert veut qu'on fasse un journal. Un hebdo pour les gamins. Mais pas du déjà vu, pas beau à regarder, quelconque comme ce qu'on trouve dans les kiosques.

Déjà il a trouvé le titre : *Le Journal de Roland.* Parce que Noël va mettre en images *La Chanson de Roland* qui sera en première page. De Rudder va s'attaquer à une évocation de la vie de De Gaulle. Et moi... Je vais bricoler quoi, moi ?

J'ai gambergé sec. Et jeté les grandes lignes d'une histoire. À la façon d'*Alice au pays des merveilles.* Mais mieux. Une petite fille qui glisse sur une rampe d'escalier et, arrivée en bout de course, arrive pas à s'arrêter et rentre dans la boule de cristal qui orne le pilier final de la rampe. Et, à l'intérieur de la boule...

Truffert adore. Les autres aussi. Mais qui va dessiner la petite fille et ce qu'elle trouve à l'intérieur de la boule de cristal ?

Noël a pensé qu'un peintre, que mon ami Dominguez...

Depuis le bazardage de son tableau cadeau je le fuyais. Mais j'ai bu ma honte et on s'est revus, et mon histoire de boule de rampe d'escalier l'enchantant, il a dessiné et colorié trois pages comme on en a jamais vues dans aucun canard pour mômes.

Et Truffert trimbale la maquette du *Journal de Roland* de ministère en ministère, il sonne à des portes, téléphone à des importants, expédie lettre sur lettre à des haut placés. Et on lui promet des autorisations officielles, des attributions de papier – denrée rarissime dans la France telle que la voilà – et des subventions.

Ça peut pas ne pas marcher.

Brut, son idée de revue chic et snob sur les arts et tout ça, il y pense déjà plus. Aux dernières nouvelles, il est en train de se recycler du côté de la radio. Avec les centaines de disques qu'il a achetés (et pas achetés) il veut faire des émissions de musique. Ce qui fait qu'on le voit plus, qu'il passe ses journées avec des soldats ricains à écouter du jazz.

Dieu veuille qu'il finisse pas dans le sac de couchage d'un sergent du Kentucky ou de l'Oklahoma comme ma Giselle !

Je déconne. Il finira grand historien du jazz sous un nom plus hot qu'André Brut : André Francis.

Mais, tête à tête avec mon demi vide, à une table de l'Old Navy, je peux pas le savoir.

Comme je peux pas savoir que les deux bonshommes qui s'enfilent whisky sur whisky à une autre table auront un jour leurs noms dans les dicos. Deux types sinistres. Qui se parlent même pas. Ils picolent ensemble mais n'ont rien à se dire. L'un a l'air d'un pasteur anglican, l'autre d'un marchand de tapis dans la débine, dans une telle débine qu'il est nu-pieds dans des spartiates alors que c'est vraiment pas l'été. Je connais leurs noms à ces deux clowns tristes que Jean-Marie Serreau salue à l'occasion. Le pas frileux des pieds c'est un certain Adamov, Arthur de son prénom. Le clergyman est irlandais. Samuel Backett ou Beckett il s'appelle.

Colette finit par arriver. Échevelée, exaltée, gesticulante. Et flanquée de son amie Zézette encore plus hors d'elle qu'elle.

– Si tu savais !...

– Si je savais quoi ?

– C'est la panique. C'est... Tu peux pas savoir. La chorale. C'est fini. Terminé. Fichu foutu.

– Pourquoi ? Delarue veut plus que vous répétiez rue des Beaux-Arts ? Les locataires du trois en avaient marre de vos hymnes à la con ?

Je les fais pas rire du tout, ma chérie et sa copine. Au bord des larmes, elles sont. Alors je la boucle et on m'explique. Un des atouts majeurs de la chorale c'est Paul, Paul Tourenne qui travaille à la billetterie du TEC. Une voix d'or et toujours à l'heure, connaissant le solfège. Indispensable. Et, tout en chantant avec ces demoiselles, il chantait aussi ailleurs. En amateur aussi. Mais ailleurs. Avec un autre garçon du TEC et deux autres, des élèves des Beaux-Arts. Ce qui fait qu'ils étaient quatre.

Deux et deux ça fait quatre. Tout le monde le sait.

Mais ce que tout le monde sait pas c'est que ces quatre roucouleurs faisaient pas dans la chanson révolutionnaire, qu'ils faisaient dans l'amusant, qu'ils chantaient des couplets mil neuf cent, des âneries de comiques troupiers. Et vachement bien, ils faisaient ça. Si vachement bien que Yves Robert a parlé d'eux à…

Colette, ayant calculé combien elle avait dans son sac, commande trois gin-fizz. Faut bien ça pour qu'elles se requinquent Zézette et elle.

Parce que Paul Tourenne il s'en va. Tchao la billetterie de Travail et Culture. Plus de chorale et plus de Paul Tourenne. Le voilà devenu un des Frères Jacques, Popaul. Et ses copains vont remplacer les Quatre Barbus dans un spectacle de la compagnie Grenier et Hussenot. Ça marchera ou ça marchera pas. Y a une chance sur deux qu'il revienne fissa vendre des billets. Mais il débute, Paul Tourenne, dans un théâtre.

C'est la mode de débuter. On croirait une épidémie. Gréco va enregistrer un disque avec des chansons de Prévert et Queneau.

Une bêcheuse, la Gréco. Qu'on ait mangé à la même table, qu'elle m'ait dans un couloir du Centre du spectacle, roulé jadis plusieurs très délicieuses pelles, ça l'empêche pas d'à peine me rendre les sourires que je lui fais d'une table à l'autre au Flore. Faut dire qu'elle a pris du galon. La muse de l'existentialisme, elle est devenue pour les journaux à potins. Y a des touristes qui se font photographier à ses côtés. Souvenir de Paris ! Monument historique comme la tour Eiffel ou le Sacré-Cœur, la Juliette.

Colette et Zézette continuent à pleurnicher. Adamov et l'Irlandais triste continuent à se cuiter en silence. J'ai sommeil. Colette paye. On s'en va. Colette prend le métro qui va la mener chez son papa toubib à Bondy. Zézette file vers je ne sais quelle banlieue où elle crèche.

Je vais rentrer avenue Ledru-Rollin à pinces.

Je ferai mon besoin d'avant-dormir, à la turque au rez-de-chaussée, je monterai les trois étages en tapant des pieds pour que les rats m'entendent et détalent.

Et je trouverai ou pas papa.

Et, si je le trouve, pas endormi, pas saoul, on parlera.

De quoi ?

Et, autre question bien turlupinante, pourquoi il boit, mon père ? Et Prévert ? Et les autres, l'Adamov, le Backett ou Beckett ?

Saint-Germain Ledru-Rollin, même à grands pas, ça prend du temps. Le temps de se poser une montagne de questions qui ont aucune réponse.

C'est minant les questions.

Ayant bu trop de rhum me voilà à Bondy

Les Frères Jacques ont du succès. Après la pièce des Grenier-Hussenot, ils ont attaqué le cabaret. Quand ils chantent *L'Entrecôte* c'est du délire. Ils ont des collants de couleurs friponnes, des melons, ils font pas que chanter, ils se trémoussent, dansotent.

Ils sont quatre.

Et, cette nuit, j'étais avec un seul frère Jacques. Paul Tourenne.

Et j'en voyais deux, j'en voyais cent.

C'est que j'étais fait à mort, complètement torché. Ma première véritable soûlographie. J'ai dégobillé dans le ruisseau. En sortant de la Rhumerie martiniquaise. Je ne me voyais pas que vomir, je me voyais mourir. Et, sans le frère Jacques pour me retenir, je m'y laissais choir dans le ruisseau et il m'aurait entraîné. Dans les égouts. Ou plus loin. Au large. Sans ce brave Paul je serais peut-être épave sur un océan.

Et me voilà dans des draps. Des draps qui sentent la lessive.

Donc pas dans les draps lavés tous les trente-six du mois de mon lit à moi.

Déroutant de se réveiller la gueule en bois dans un lit dans lequel on a jamais dormi. J'ouvre mes yeux aussi grands que je peux. C'est une chambre. De taille réduite, avec le lit, une commode de grand-mère sans aucun bibelot dessus, avec deux chaises dépareillées, un crucifix au-dessus du lit, un brin de buis (sûrement béni) coincé entre le crucifix et le mur. Et voilà tout.

Non sans mal je retrouve mes vêtements en tas sur le plancher et la poche dans laquelle me reste que trois cigarettes dans un paquet bien amoché.

Pas de cendrier à l'horizon. Tant pis. Je m'en allume une. Qui me fait tousser. Je suis mal. Et je suis où, merde, dans le lit à qui ?

Quand quelqu'un ouvre la porte, j'ai la surprise de constater que c'est Paul.

Mais pas Paul Tourenne, le frère Jacques.

Paul Renty, le frère de Colette.

Qui a la gueule bien défaite.

Il se laisse choir sur le pied du lit.

– Ça va ? Ton rhum, tu l'as cuvé ? T'en tenais une farouche, mon salaud. Quand je me suis retrouvé avec Colette et toi dans la bagnole, j'ai eu l'impression d'être un conducteur d'ambulance. Et comme j'étais pas net et clair moi non plus…

– On est où ?

– À Bondy. Chez mes père et mère. Alors tu m'écoutes et tu retiens bien ce que je te dis. Hier soir un ami, Paul Tourenne, nous a invités à boire un verre à la Rhumerie. On a bu le verre. Et, vu que c'était samedi et que nous sommes dimanche, et vu que tu es un grand grand copain à moi, je t'ai proposé de venir passer le week-end ici. C'est tout bête. Comme on fait quand je ramène un ami, tu as dormi dans cette chambre d'amis au-dessus du cabinet médical de papa. Pigé ?

– Pigé.

– Ah ! Colette, ma sœur, c'est à peine si tu la connais. Tu es mon ami à moi.

Jamais on s'en est autant dit. Le Paul Renty, qui au TEC s'occupe du cinéma avec Bazin, je le connais que de vue. À ce que j'en sais, il a fait des études, et du théâtre à la Sorbonne avec les Théophiliens qui jouent des tragédies grecques et des mystères du Moyen Âge. Si on a du goût pour les rouquins bien baraqués frisés on doit le trouver séduisant, Paul Renty.

Une fois sorti du petit pavillon en meulière, qui comprend donc le cabinet du docteur Renty et la chambre où j'ai sombré dans un sommeil comateux, on est dans le jardin. De banlieue mais soigné, guilleret. Avec de la fleur, des petits carrés d'herbe bien entretenus et le long d'un mur, en espaliers, un poirier, un pommier, un autre arbre fruitier encore, choyés aussi bien que ses patients par le papa toubib de ma Colette.

Dans le pavillon proprement dit, de banlieue et d'il y a une cinquantaine d'années, le docteur m'accueille avec rudesse. Mais une rudesse bonhomme.

– Alors vous êtes l'ami de mon hurluberlu de fils ?

Il a le crâne lisse et luisant, une moustache aussi grise mais plus fournie que celle de papa. Il a une robe de chambre qui doit valoir son prix, des pantoufles à monogramme et il tétouille une Gauloise. À la main il a un crayon à gomme et un numéro de *Combat*.

– Vous m'excuserez mais j'ai une urgence.

Son urgence au docteur c'est le mot croisé qu'il a pas eu le temps de faire hier.

Paul m'entraîne vers la salle à manger. Sur la table il y a de quoi faire un petit déjeuner solide. Colette est en train de dévorer une tartine beurre confiture. J'ose pas aller lui faire un baiser même sur la joue. Je suis que l'ami de son frère.

On mange à sa faim. On évoque la soirée avec le frère Jacques. Cette beuverie, grands dieux ! Rhum, rhum blanc, punch. L'horreur.

Entre une grosse fille à tablier. C'est qu'ils ont une bonne. Qui fait remarquer sans amabilité que madame va rentrer de sa messe et que si elle voit le couvert de midi pas encore mis…

– Elle va gueuler comme un putois. On le sait. Elle a qu'à faire une prière de plus à sa Sainte Vierge, ça nous laissera le temps de manger.

C'est Colette qui a dit ça. En se beurrant et confiturant une tartine de plus.

Le docteur fume. Pourquoi je m'allumerais pas ma dernière ? Je fais confiance à Colette, elle en a sûrement d'autres.

Paul mastique avec application. C'est un lent. Je vais apprendre à le connaître, le frère aîné. Qui veut devenir cinéaste. Pour réaliser des films chocs sur la misère des opprimés du monde. Il est trotskiste. Ce qui signifie que, les communistes, il les considère comme des chiens, des chiens policiers qui, en obéissant aux ordres du flic en chef Staline, font le jeu de la classe dominante. Colette, qui ne supporte pas qu'on la traite de chien policier, lui dit qu'il fait chier, que les trotskistes comme lui qui font une jaunisse quand la bonne a pas assez bien repassé leurs chemises, ça l'écœure. Il la traite de conne et va prendre un bain.

Enfin seul avec Colette. Elle sort de la poche de son pyjama un paquet de Philip Morris. On fume.

– Ça va ?

– Ça va.

– Paul c'est un chieur. Mais il avait la voiture de papa et j'avais drôlement envie que tu viennes ici. C'est pas le rêve comme maison mais c'est mieux que le TEC ou des cafés.

Pour être mieux, c'est mieux. J'aime pas les meubles trop massifs, les tapis partout, la grande horloge et le bruit de son balancier, les fauteuils à pieds qui se tortillent recouverts de velours grenat, les têtes de sangliers, de cerfs empaillées aux murs. Mais comparé au gourbi où je vis depuis la faillite de papa…

Madame mère ayant bavassé avec d'autres dames à la sortie de la messe, quand elle revient le couvert du repas de midi est mis.

À table.

Bourguignon, fils de paysans, le docteur est pour une nourriture abondante et riche en calories. Une nourriture qu'il doit vivement déconseiller à ses malades. Il y a, ce midi, une omelette aux champignons pour se mettre en appétit, une poule au riz, une salade avec des lardons, des fromages et une charlotte au chocolat. Avec vin rouge bouché et un doigt de muscat au dessert.

Son café, le docteur le prendra au salon assis devant le poste de radio, grand comme une armoire, qu'il contemplera en fumant tant que durera la retransmission du match de foot.

C'est un sportif. Il a fait du rugby dans sa jeunesse. Médecin major en quatorze-dix-huit, c'est au Val-de-Grâce qu'il a connu la diligente infirmière qui devait devenir son épouse. Une Juive de Constantinople venue en France pour y étudier, après l'assassinat de son papa banquier par un caissier qu'il avait licencié. Juive elle ne l'est plus. Convertie depuis les années vingt elle est fervente catho et va jusqu'à militer avec les gaullistes de Bondy. Une maman bien ancrée à droite, un fils trotskiste, une fille coco. Le docteur, qui considère être le seul de la famille à avoir les pieds sur terre, vote socialiste.

Étant dur des deux oreilles, son match il nous en fait largement profiter.

Paul s'est avachi sur un canapé avec *L'Adieu aux armes*. Il le lit pas, il somnole.

Reste à table, pour les cafés, Colette, sa mère et moi…

C'était à prévoir, la maman veut savoir ce qu'il fait dans la vie, l'ami de son fils. Colette répond pour moi.

– Remo travaille avec nous au TEC. Mais c'est en attendant. Il écrit des histoires pour un journal pour enfants qui va paraître. Il est peintre aussi.

La maman semble ravie de pouvoir compter au nombre de ses connaissances un aussi actif jeune homme.

Elle, elle est spéciale. Elle a un petit accent. Turc ? Juif ? De Bondy ? Elle fait des manières. Loupe pas une liaison. Elle sert les sucres avec une pince. Touille son café avec une distinction d'altesse. Et, pour ce qui est de surtout pas laisser mourir la conversation, championne elle est.

– Ça doit être merveilleux d'écrire. Les livres, pour moi, c'est aussi essentiel que l'air que l'on respire. Jamais je ne m'endors sans avoir fait mon miel de deux trois pages. Comme le dit si justement Marcel Proust…

Ah non ! Pas Proust. La Bible si elle veut, les aventures des Pieds nickelés, *Mein Kampf*, l'annuaire des téléphones. Mais pas Proust ! Ben si. *La Recherche du temps perdu*, bien dix fois elle l'a lue. En entier. Et maintenant, elle la butine.

– C'est un tel enchantement. Vous prenez n'importe quel volume. *Un amour de Swann, Le Temps retrouvé.* Vous l'ouvrez au hasard. Quelle que soit la page c'est du bonheur à coup sûr. Et ce plaisir de retrouver la duchesse de Guermantes, Saint-Loup, Françoise…

Elle va pas la fermer ? Elle va pas me lâcher avec ses enchantements ? Heureusement qu'il y a la radio pour couvrir un chouïa sa voix.

Heureusement aussi qu'elle a un « tea » avec les dames bienfaisantes de son association d'entraide aux fils de tués.

Sortie de la maman. Ouf.

Une équipe ayant battu l'autre par trois buts à deux, le docteur a fermé sa radio. Il s'endort face à son poste. Paul pionce pour de bon maintenant.

Colette pense qu'il est temps qu'elle me présente aux chiens. Ils sont dans leur cabane dans le jardin. Deux braves bêtes. Une demoiselle chien blanche très élancée avec des taches noires qui la font ressembler à une coccinelle. Et un cocker encore plus rouquin que Paul, tout fou tout lécheur. Elle c'est Gazelle, lui Uski. Gazelle me fait des œillades, me vampe. Uski cavale me déterrer un os qu'il veut absolument que j'emporte.

Après la visite aux chiens, visite du cabinet médical. Dont les volets sont fermés. Grâce à quoi on peut s'allonger un instant sur la table à auscultation en métal. C'est inconfortable. Mais délectable. On s'embrasse, on se touche, on se dit des amoureuseries. Mais on traîne pas.

Sur les cinq heures on boit du thé et on croque des biscuits. Et Colette parle de m'accompagner jusqu'à l'autobus qui me mènera à la porte des Lilas où je trouverai un métro.

À sept heures je suis encore là. Et, comme le couvert est mis avec cinq assiettes...

Au menu : soupe aux légumes brûlante et succulente, salade œufs durs pommes de terre bien tassée, jambon, fromages, liquidation de la charlotte de midi. On est lestés.

Et la maman, qui n'a pas que de mauvais côtés, me propose, si le cœur m'en dit, de retrouver le lit de la chambre où j'ai dormi, comme ça je rentrerai à Paris demain matin avec mon ami Paul.

Je dis non, que je veux pas vous causer plus de dérangement, je dis ça pour le principe. Mais c'est oui.

On s'y ferait à ce lit douillet. Manque qu'une chose : que Colette vienne me border. Mais bon.

J'ai l'impression d'être en vacances, de faire du tourisme dans un monde qui n'est pas du tout le mien. Un monde à beaux meubles, à tapis, à bonne. Un monde où la lecture de Proust fait pas chier. Pas le grand monde, mais quand même. Sartre et sa bourgeoise diraient que c'est le monde haïssable de la bourgeoisie.

Après m'être branlé, je m'endors aussi bourgeoisement que je le peux.

Au matin, tôt, trop tôt, le docteur, déjà Gauloise en bouche et *Combat* en main (il est abonné), le docteur me dit de vite me lever et de filer faire ma toilette.

Pieds nus, la moitié de mes fringues sous le bras, je traverse le jardin, je dis bonjour aux chiens qui font avec allégresse leur gym du matin et Paul, déjà habillé, me conduit à la salle de bains.

Pratiquant chevronné de la toilette à l'eau froide de palier, client de plus en plus assidu des douches publiques, mettre le pied dans l'eau bien tempérée d'une baignoire ça me fait un effet étrange. Sans blague. Me voilà tel un Hindou qui en rêverait depuis l'enfance et qui, enfin, aurait le droit de barboter dans le Gange.

Y aurait pas le toubib qui doit me trouver bien lambin, y aurait pas le bus, le métro, le TEC, la vie qu'il faut vivre, j'en sortirais jamais de cette baignoire.

Jamais.

Pour sauver le roi Lear

Quand les Allemands étaient là, je l'ai mille fois arpentée, cette place. Dame. Figurant dans *Valses de France*. En domino, au final que se déroulait au bal de l'Opéra au temps où la valse était reine. *Jolies valses de Fran-an-ce, Champagne de la dan-an-se, C'est vous qui fai-ai-tes tourner les tê-ê-tes*. Un cacheton vite gagné qui nous obligeait, de Rudder et moi, à faire la courette pour arriver, lui rue Saint-Nicolas, moi avenue Ledru-Rollin avant le couvre-feu.

Le théâtre du Châtelet dans cent ans encore, que de passer devant, ça me remet en mémoire Jacqueline la frêle danseuse au regard céleste qui m'aimait de toute son âme. Mais baisait avec un musicien, un violoniste même pas beau. Ça me remet en mémoire le petit monde jacasseur et pitoyable des frimants avec son lot de clodos et de fiottes, lesquelles fiottes nous entraînaient parfois dans de grotesques farandoles de couloirs, tous beuglant bien en cadence *C'est nous les tapettes, Vive le trou qui pète, Des femmes n'en faut plus, vaut mieux s'souffler dans l'cul.* On s'amuse d'un rien quand on a quinze, seize ans dans un pays qui a perdu une guerre et gagné une occupation.

Tout ça, que j'évoque parce qu'on est place du Châtelet, Colette, Zézette et Cerise et Paul et les autres du TEC, ils s'en foutent. Ma nostalgie, je peux me la garder. On est pas là pour un pèlerinage. On est là pour manifester.

Des centaines on est. Et résolus, prêts à en découdre avec la flicaille si elle nous cherche. Elle nous cherche pas. Elle laisse pisser. C'est que c'est pas politique cette manif. La preuve : j'en suis.

On est là dans un but pacifique et on ne peut plus louable. On veut sauver Dullin. Charles Dullin un grand du théâtre, un tout tout grand comme Jouvet, Baty qui continue au Montparnasse, les Pitoëff qui sont défunts. Dullin dont j'ai pas loupé un spectacle depuis que j'ai chopé le goût du théâtre. Dullin qui a découvert Sartre et ses si chiantes *Mouches* sous les Allemands. Dullin, quoi. Qui, même quand il joue – et comment ! – *Le Roi Lear* attire si peu de spectateurs que c'est misère.

On le crie que c'est une honte que Dullin ait pas de clients. Et on distribue des tracts.

Cette infime manifestation, Colette, Zézette, les politisés du TEC, pour eux, c'est Octobre dix-huit ou tout comme. La bave aux lèvres ils ont. Le passant qu'en veut pas de leur papelard qui dit que « *PAS ALLER VOIR LEAR C'EST CRACHER SUR LA CULTURE* » il frôle le lynchage. « Bourgeois ! » qu'on lui lance à la gueule. Serreau, Delarue, Yves Robert stoppent les voitures qui débouchent sur la place, expliquent aux conducteurs quelle honte c'est de pas aller déguster du Shakespeare aussi bien mis en scène et que – comme le King Lear soi-même – Dullin finira fou si il a pas de spectateurs.

Ça tournera pas à l'émeute, aucune crainte à avoir de ce côté-là. Mais ça commence à devenir fanant. En douce, je me détache du peloton. Que les camarades continuent sans moi.

Je me retrouve assis sur le trottoir devant le square qui cerne la tour Saint-Jacques. Avec Toto. Toto c'est Pierre, le type à Zézette, mais pour leurs copains de camping, c'est Toto.

On s'allume, lui sa Gauloise, moi une blonde. Et on philosophe.

– Toi aussi, ta bergère, c'est une bolcho ?

Bergère, bolcho. Il a des mots de sa banlieue, Toto. Rosny-sous-Bois, Savigny-sur-Orge, Fontenay-aux-Roses ?

On ne sait. Mais je l'adore, ce mec.

Comme moi je rançonne Colette d'une portion de frites, d'une place de ciné, il maquereaute un peu Zézette. Comme moi aussi il est client des séances de ciné, des spectacles – souvent culturo-endormants – que ces chéries nous emmènent voir. Mais la politique…

Pierre tortille le bout de la moustache qu'il a abondante pour compenser le dégarnissement précoce de son crâne.

– Ça te gave pas, toi, Shakespeare ?

– Ah non. Dullin je l'ai vu dans *Richard III*. Tout nain qu'il est, avec son pif d'oiseau et sa voix aigrelette, il m'a ému. Et quand il propose la botte… enfin la couronne, à l'épouse du type qu'il vient de faire tuer et qu'il a ses ricanements… C'est de l'art. Du grand.

– Moi, l'art, tu sais…

– Tu veux faire quoi, toi, Toto ? T'as bien des désirs, des envies.

– Je veux crever le plus tard possible.

– Moi aussi. Mais en attendant ? Moi, j'ai envie de faire des bouquins, des tableaux, de…

– Moi j'ai envie de me balader. De sortir du pavillon gerbant de mes parents et de marcher. Jusqu'au bois de Vincennes ou de Boulogne. Ou plus loin. Voir la Grèce, le Maroc, Tampico. Ça te fait pas rêver, Tampico ?

– Pas tant que ça. C'est où ?

– C'est loin.

Ça me paraît pas normal quelqu'un qui n'a pas des ambitions du genre des miennes. Colette c'est pareil. À part des voyages elle désire rien. Qu'est-ce que ça leur apporterait de voir Venise, Athènes ou Tampico ? Ça les rendrait moins… Je pense pas qu'ils sont cons. Ne pas croire. Toto, Colette, ils s'emballent pour les mêmes films que moi, ils savent que Céline, Prévert, Breton, c'est la crème, et que Proust, Mauriac, Colette, la Beauvoir – dont j'ai vu au théâtre un caca intitulé *Les Bouches inutiles* –, c'est zéro. Ils le savent. Mais ils se réveillent pas le matin en se disant qu'un jour ils seront Céline ou Prévert. Ce qu'ils veulent, ces mignons, c'est aller dans des pays, dans des villes. Pour y faire quoi ? Gâcher de la pellicule comme les Amerlots qui se photographient les uns les autres à la terrasse du Flore, à côté de Juliette Gréco ?

– Tu penses à quoi ?

– À rien, Toto. À rien.

– Moi, je pense que j'ai envie d'ule. Mais je vais entrer dans un des cafés de la place, descendre me dérouler le boa, lui faire cracher sa goutte aux pipirooms et rentrer me pieuter. Salut, grand.

– Salut.

Envie d'ule ! C'est tout Toto. Il peut pas dire pisser, comme tout le monde. Anar il se veut. Jamais de ceinture, de cravate, de chaussettes. À la saison chaude, pas de chaussures. Pieds nus dans les rues, le bus, le métro. Et faut l'entendre injurier la terre entière et le Bon Dieu quand il marche sur un mégot encore rougeoyant ou un crachat.

Jamais il a voulu venir boire un café avec moi au Flore. C'est qu'il va pas dans les « rades de pédés », c'est que poser son postère sur les mêmes banquettes que des vedettes de ciné, des fils de famille qui se prennent pour Rimbaud et « des greluches qui feraient des turluttes au clebs des disques La Voix de son Maître pour devenir chanteuses », c'est pas son genre. Ah ! non.

Il s'enfonce dans la nuit, mains dans les poches, chaloupant des fesses qu'il a très maigres. Petites miches grand gourdin, comme il dit.

Sur la place c'est fini la manif. Tous les tracts ont été distribués. Pas sûr que ça sortira papa Dullin de sa débine. Mais feu William Shakespeare lui survivra. Zézette et Colette me dénichent.

– T'étais pas avec Toto ?

– Si. Mais il en avait marre. Alors il s'est taillé. À Tampico.

Qu'il soit parti, Zézette, ça l'étonne qu'à moitié. Elle le sait qu'il est impossible. Mais un autre le serait autant. Zézette, elle s'écouterait, elle irait comme sa sœur aînée faire bénédictine dans un couvent en Vendée. Mais elle s'écoute pas. Et elle a soif.

Nous voilà au café Sarah Bernhardt. Avec que des têtes qu'on connaît dans la salle. Dont celles de Noël et Serreau.

Qui me hèlent. Je laisse Colette et Zézette avec des bières-limonade et je vais voir ce qu'on me veut.

Qu'est-ce qu'ils ont trouvé à me faire faire encore ? Balayer les bureaux du TEC après les cours du soir ? Déchirer les billets à l'entrée de la prochaine soirée à la Mutualité ou à la Maison de la Chimie ? Donner des cours de tango, de harpe, de biniou ?

– On a pensé à toi. On cherchait, on cherchait. Et on a pensé à toi. On monte une pièce. Une pièce de ma femme Geneviève. Une pièce pour les enfants. *Le Marchand d'étoiles.* La distribution est quasi faite. Il y a Yves Robert, Vadim – un gars de ton âge, grand comme toi à peu près. Ils jouent des gamins. Jacques leur a dessiné des costumes très bath. Mais ils sont que deux. Et, des gamins, il en faut trois. Alors, Remo, si t'es partant, on t'embauche.

À part de la figuration, beaucoup, et un rôle de quinze lignes dans une pièce de John Millington Synge jouée qu'une fois au conservatoire René-Maubel, une salle pourrie de Montmartre, la comédie, moi…

Si tu es vraiment trop mauvais, on te virera, me dit Serreau

Alors ?

Pourquoi pas après tout ? Gary Cooper, Henry Fonda, Jean Marais, ils ont bien commencé un jour.

Quand j'étais comédien

Étoile étoile étoile
Où va le vent s'en va la voile
Où va mon cœur mon pied le suit
De ville en ville au Paradis

Elle est pas mal, la pièce de Geneviève Serreau. Les gosses, pour qui on va la jouer, ça peut leur plaire. Les maquettes de décors, de costumes de Noël sont chiadées, superbes, Serreau a l'air de savoir où il va. Répéter c'est plaisant. Emmerdant un peu par moments. Mais plaisant. Yves Robert est parfait. Vadim aussi. Je deviens très copain avec lui alors que je le trouvais salement antipathique quand je le voyais au Flore. Faut dire qu'il était du clan des prétentiards, du clan d'Alexandre Astruc, Annabel, Anne-Marie Cazalis et la Gréco, toujours elle.

Elle que j'ai failli écraser dans un lit chez mon copain peintre Bernard Quentin, quand je suis monté dans son studio au-dessus de chez Lipp pour voir ses toiles.

– Je finis de me raser, y me dit, assieds-toi.

Je pouvais le savoir, moi, que Gréco était enroulée dans les couvertures du petit lit sur lequel je me suis laissé choir ? Gréco qui me snobe. Et Astruc qui sort d'une famille de la haute, à argent, à relations, fait le génial et ça semble marcher. On l'écoute, ce baveux.

Si ça se trouve il est moins tête à baffes qu'il en a l'air. Mais, au Flore, y a des zones, comme y en avait au temps des Allemands. Moi, je me pose toujours aux abords de la zone à Prévert.

Qui continue à faire l'amical avec moi, qui manque jamais de me présenter à ses brillantes fréquentations. À Yves Montand qui va remplacer Gabin dans *Les Portes de la nuit*. À une fille bien en chair, Simone Signoret, qui débute dans le ciné. À Serge Reggiani. À Trauner le décorateur des *Enfants du paradis*. À qui, comme il me demandait ce que je faisais dans la vie, j'ai répondu comédien. Et c'était vrai.

Étoile étoile étoile
Où va le vent s'en va la voile.

Paraît que je m'en tire pas mal. Que mes longs bras dont je sais pas quoi faire et mes jambes de héron et mes grands pieds ça fait rire. Mes répliques je les sors pas trop mal. Serreau m'encourage. Les autres aussi. Tamiz, Grenier, Pommier, Chauffard. Tous ils ont appris la comédie avec Dullin. Après cette pièce-là ils en joueront d'autres. De Shakespeare, de Sartre. Ou des couillonnades de boulevard avec des amants planqués dans des placards et des cocus qui entrent en scène quand ils devraient pas. Je blague. Ils sont promis à un avenir glorieux. Que des chefs-d'œuvre, ils joueront. Le théâtre c'est leur vocation.

Moi, on verra.

Je me sens de plus en plus barré pour une carrière à la Loris. Un jour ceci, un jour cela.

Il est bien dans sa peau, Bibi Lolo de Saint-Malo.

Moi, ça va.

Ah ! hier, comme j'allais à la répète, rue de Buci, devant la boulangerie, qui j'aperçois ? Giselle. Giselle à qui je téléphone plus, Giselle avec qui j'ai rompu sans jamais lui dire que j'avais rompu. De la voir ça m'a flanqué un coup. Mon cœur s'est mis à battre, à battre. Je me suis réfugié sous un porche, planqué. Je crois pas qu'elle m'a vu. Je sais pas. Peut-être elle m'a vu me défiler comme une fiotte. Longtemps je suis resté sous le porche. À même pas fumer. À trembler. Longtemps.

Pendant la répète, j'arrivais plus à me souvenir de mon texte. Serreau faisait la tronche. Et le soir, en mangeant de la minestra avec papa, je pouvais penser qu'à ça. À cette sorte de trouille que j'ai eue. Et à Giselle. À notre première fois.

Et papa me regardait en faisant des petits bestiaux avec la mie de son pain.

Ça m'a toujours épaté cette manie qu'il a. Avec ses mains de cimentier, ses mains fortes, abîmées, il peut modeler des chiens, des chats, des vaches, des cochons pas plus gros que des haricots et ressemblants. Avec leurs petites gueules, leurs petites oreilles, leurs petites queues. En mie de pain. En silence il les modèle ses animaux. Toujours il a fait ça. Ça énervait maman, ça faisait piailler mémée Eugénie qui pensait que le pain c'était fait pour être mangé pas pour être gâché. Mais, papa, énerver maman, faire râler la grand-mère, qu'est-ce qu'il s'en foutait.

Il m'a pas demandé ce que j'avais, pourquoi je mettais tant de temps à avaler ma soupe. Une fois alignés sur la toile cirée assez de minuscules moutons pour faire un troupeau il est allé se coucher. Buona notte.

Étoile étoile étoile
Où va le vent s'en va la voile.

Colette et Zézette manquent pas une répète. Ça meuble leurs soirées maintenant que leur chorale n'est plus qu'un attristant souvenir. Colette, encore, elle a trouvé de quoi s'occuper. Marcel Marceau, un élève de chez Dullin lui aussi, commence à faire des numéros de mime dans des galas, des fêtes. Et il a recruté Colette pour qu'elle passe les disques de son fond sonore. Moi, le Marceau, je le trouve sinistre. C'est qu'il se prend pas pour un pet de puce. Et puis le mime, hein, franchement…

Il a raison, Serreau, j'ai un tempérament comique. De me voir faire l'artiste, Colette et Zézette, ça les épanouit. Je serais Charlot ou les Marx Brothers au grand complet qu'elles se fendraient pas plus la pêche. C'est peut-être la peur qui me rend si comique. Parce que, le trac, je l'ai, et corsé, et de plus en plus. Et c'est dans une semaine qu'on la joue, cette pièce. Dans seulement sept jours.

Étoile étoile étoile
Où va le vent s'en va la voile

Chaillot. Le palais de Chaillot. Que j'ai vu flambant neuf l'année de mes dix ans quand maman et Nini m'ont emmené à l'Exposition internationale. Ce gigantesque et mirifique boxon.

Imaginez le Champ-de-Mars, les quais de la Seine avec les trois cent douze mètres de la chère vieille tour Eiffel et tout plein de bâtiments se haussant du col, représentant chacun un pays. Les deux plus insolents étant celui de la Russie bolchevique et celui de l'Allemagne à Adolf. Avec, au milieu, la pièce d'eau, les fontaines de Chaillot. Ça valait pas la foire du Trône, on s'y amusait bien moins. Mais ça en imposait.

C'était fait pour que chaque nation puisse prouver qu'elle était la plus tout ce qu'on voudra.

Je m'en souviens de l'Expo de trente-sept. Sans nostalgie. C'était un peu comme l'école. On y allait pour apprendre. Que le blé qui poussait en Ukraine était le plus dru, le plus doré, le plus nourrissant. Que les bagnoles allemandes étaient les plus performantes. Que le Duce avait eu raison des moustiques des marais Pontins et que, depuis lui, des trains d'une rapidité inégalable arrivaient à l'heure pile dans des gares d'une beauté inégalable. Que le gruyère suisse était le seul gruyère qui méritait d'être mangé, au couteau ou râpé. Que tels ou tels pays qu'on savait même pas qu'ils existaient avaient les plus hautes montagnes, les plus productives fabriques de balles de ping-pong ou de cornes à chaussures. Affligeant, non ?

J'y suis retourné avec des garçons de l'école, avec un ami que j'avais alors qui s'appelait Jean. Et ce qui m'avait bougrement alléché c'était, au pavillon des États-Unis, une machine automatique qui distribuait des bouteilles de Coca-Cola. Suffisait de glisser une pièce dans une fente.

Mais si je la glissais dans la fente, la pièce, c'était : plus de quoi acheter le ticket de métro du retour à la maison. Et, Jean, il a dit que je rentre à pinces tout seul si je voulais mais que, lui, il le prendrait le métro.

Trocadéro-gare de Lyon tout seul, j'ai reculé.

Et le Coca…

Ça fait huit ans que j'attends d'y goûter. On a les Ricains chez nous pour nous tringler nos fiancées et toujours pas de Coca.

Mais le palais de Chaillot est toujours là. À peine patiné, toujours majestueux et joli à voir.

Autant le Grand Palais, la gare d'Orsay, toutes les monumentaleries Belle Époque me rebutent, me mettent mal à l'aise avec leurs lourdes tortilleries, leurs feuilles et leurs fleurettes, leurs cariatides balèzes comme des lutteurs, autant le palais de Chaillot, le palais de Tokyo me font goder.

D'aller jouer notre pièce dans sa salle de théâtre, du palais de Chaillot, ça m'a rendu tout content. Et je me suis pas privé de contempler les fresques, les grandes peintures murales de Billotey, Chapelain-Midy, Brianchon, Maurice Denis, Waroquier. Que des peintres déjà passés de mode à l'époque où ils l'étaient, à la mode. Mais c'est en voyant ces peintures-là, dont j'ai fini par comprendre qu'elles ne valent pas tripette, que j'ai chopé le virus de l'art, moi.

Serreau, qui a été élève architecte avant de vouloir révolutionner le théâtre, Chaillot, il trouve que c'est nazi comme style, qu'on y verrait les spectres d'Hitler et de sa morue Eva Braun errer dans les coulisses que ça l'étonnerait pas.

Pendant qu'on se démaquille, on a une vraie prise de bec. Il va jusqu'à déclarer, ce fumier de marxiste de mes deux, que faut avoir du sang de mussolinien dans les veines pour pas avoir envie de péter avec une bombe un édifice aussi ostensiblement de droite.

Jamais on l'a vu faire autant l'hargneux, Jean-Marie. Il lui prend quoi ? Il lui prend que la salle qui devait être pleine à craquer d'enfants des écoles était qu'à demi-pleine, qu'aucun d'entre nous n'a assez donné de la voix pour être entendu au-delà du dixième rang. Et quoi encore ?

Pour que Serreau, le bon camarade par excellence, soit aussi vache avec moi c'est que ça lui fendrait le cœur de l'être encore plus. Voilà.

J'ai mal joué. J'ai parlé faux, j'ai envoyé presque toutes mes répliques pas comme il fallait, j'ai désarçonné Yves Robert et Vadim et les autres qui, eux, jouent juste, j'ai saboté la mise en scène qu'il a, Jean-Marie, élaborée avec tant d'invention, de soin. La représentation, je l'ai gâchée.

Et il me le dit pas. Il veut bien me traiter de facho mais pas me dire devant les autres que je suis un comédien lamentable.

Et pourquoi il me le dirait ? Il sait que je le sais.

Une fois tous bien rapropriés, on boit un coup à une terrasse. La fille qui est là pour ça nous distribue nos enveloppes. On a gagné peu mais c'est toujours ça. On prend date pour la prochaine fois. Au théâtre des Bouffes du Nord on jouera. Pour les petites classes des communales du dix-huitième.

– Même moi ? je glisse discrètement à Serreau.

– Tu veux quoi ? Être fusillé pour l'exemple ?

Je bois ma bière tiédasse à petites gorgées en pensant au Coca-Cola que je finirai bien par boire un jour. En me demandant quel chic et noble métier je vais m'inventer pour répondre à ceux qui, comme Trauner, me demanderont ce que je fais.

Comédien ça m'aurait plu.

Mais si t'as pas le don, t'as pas le don.

Changement d'emploi

Dieu sait le mal que je me donne pour plus croire en Lui.

La messe à laquelle j'allais encore y a pas trois ans, les prières qu'il m'arrivait de faire souvent, mon refus absolu de prononcer des mots sacrilèges, le signe de croix que je n'oubliais jamais de faire quand je voyais passer un corbillard, tout ça balayé.

J'en suis pas à dire « bonjour madame » quand je croise un curé, comme Benjamin Péret, je mettrais pas la cendre de ma clope dans un ciboire. Mais la religion, ça va, j'ai assez donné.

Prévert l'a écrit : *Notre père qui êtes aux cieux, restez-y.*

Je sais que ni maman ni papa ni personne de la tribu Forlani n'apprécierait. Tant pis.

Le Père éternel je lui ai fait mes adieux.

N'empêche que je mettrais ma main au feu que j'ai un ange gardien. Pas avec des ailes et des yeux de merlan frit comme sur les images de baptême et de première communion. Mais un esprit, une créature immatérielle qui me suit pas à pas et prend soin de moi. Je débloque ? Je vois ce que je vois. J'ai mon compte de déboires, de maldonnes, de couilles, de vexations. Je veux être peintre, grand peintre : j'y arrive pas. Je me la coule douce et je fais mon beurre à la galerie : viré. Je me retrouve comédien, ça me flatte et m'amuse : je suis un pas bon à qui on ne proposera plus jamais de rôle.

Faut reconnaître que je suis pas gâté. Mais y a un mais. Dès que je touche le fond, me tombe dessus le coup de chance. J'étais raide perdu, paumé absolu, et voilà un M. Roux qui m'embauche. J'erre comme une âme en peine, Noël me fait entrer au TEC section Marionnettes. Je suis zéro rayon marionnettes, Serreau me veut pour faire le troisième gamin du *Marchand d'étoiles*. Je suis exécrable. Donc sans avenir sur les planches.

Qui me met me le grappin dessus ? Truffert, le plus ou moins cousin de Noël, Truffert qui s'était si bien fait oublier que j'y pensais plus à son *Journal de Roland* avec ma fillette dessinée par Oscar qui se retrouvait dans une boule d'escalier en cristal. J'avais tort. Parce que Truffert, qui m'abreuve dans une brasserie, il a pas lâché le morceau, oh que non.

– Ce canard, je lui donne pas six mois pour être dans tous les kiosques. Le papier c'est in the pocket. J'en ai bavé, mais c'est réglé. Une attribution de papier, si t'es pas compagnon de la Libération, lèche-pompes du grand Charles ou enstalinisé jusqu'à l'os, faut pas compter l'avoir. À moins que. C'est tout magouilles et relations. Alors j'ai joué grand jeu. Tu sais, ou tu sais pas, qu'en captivité j'ai fait gamelle commune et cacas communs et deux tentatives d'évasion foirées avec quelqu'un de… Disons un monsieur, car c'est un monsieur, un monsieur du monde des affaires. Les grosses affaires. Un brasseur de millions. C'est ça la guerre. T'es pas grand-chose, pour pas dire rien du tout, et tu te retrouves dans des baraquements dégueulasses à te nourrir que de soupes à la flotte sans rien dedans qui te flanquent des diarrhées à t'arracher le fondement, avec un voisin de grabat habitué, lui, à être servi par des larbins et voituré par un chauffeur à gants blancs. Et la guerre étant ce qu'elle est, le petit comptable et le grossium à millions, de vrais frères ils deviennent. Demander j'aime pas. Mais je lui ai quand même passé le coup de fil. Ça me gênait. Ça n'a pas traîné. À peine je lui avais fait part de mon problème, il m'a dit : c'est arrangé. Tel quel. C'est arrangé. C'est que mon frère de stalag, mais tu vas pas le crier sur les toits, il est quelqu'un dans la franc-maçonnerie, quelqu'un d'important. Alors n'est-ce pas. À quel ministre, à quel puissant il a fait appel ? Peu importe. L'attribution de papier, on l'a. Avec tous les cachets, tous les paraphes. À cinquante mille exemplaires on pourra tirer. Mais faut plus traîner. Alors, Remo, toi et moi, on s'y met. C'est sur nous deux que tout repose. Que sur nous deux. À la rubrique « Comité de rédaction » il y aura les noms de Jacques Noël et Jean-Luc de Rudder. Mais leur demander autre chose que des dessins, pas question. Tu les connais. Moi, tout ce qui est organisation, démarches, chiffres, je m'en charge. Mais il nous faut un rédacteur en chef, Remo.

Et il aligne plusieurs billets de mille sur le guéridon. Parce que son bon ami de stalag grossium du monde des affaires et gros bonnet de la maçonnerie (mais faut pas le dire), *Le Journal de Roland*, il va contribuer à son financement.

À part un ange gardien malin comme un diable, je vois pas qui pourrait...

Je ramasse les billets, je les range dans mon portefeuille. On boit, Truffert une Suze de plus, moi un troisième ballon de rouge, pour marquer le coup. Et Truffert me remet – on ne peut plus officiellement – la mallette en cuir qui renferme la maquette.

Une maquette avec encore bien des pages blanches, bien des trous. À moi de jouer.

Je laisse Truffert s'attaquer à une autre Suze. Moi, mon dernier ballon je l'ai pas bu tout.

Je veux pas devenir soûlard comme papa, comme mon oncle René de Grizy-les-Plâtres, le frère de maman, qui s'est fait jeter de son boulot de facteur un peu parce qu'il a été trop maréchaliste quand il aurait pas dû, beaucoup parce que son courrier, le tutu aidant, il le distribuait de travers.

Même grand soiffard d'élite comme Prévert c'est pas fameux. C'est qu'il y a des soirs où il disparaît derrière sa pile de soucoupes, le Jacques, des soirs où même ses plus farouches admirateurs arrivent plus à le suivre, des soirs où il ne joue plus avec les mots mais leur cavale après et ne les trouve plus, et son délectable délire devient du déblocage. Triste.

Son livre, le premier, *Paroles*, je l'ai enfin. Il est d'abord sorti en édition de luxe, numérotée. Trop cher. Je pouvais que le regarder dans des vitrines. Et c'est fait, je l'ai. J'en connaissais pas mal de poèmes, lus dans *La Rue*, un journal insolent, pas convenable. Maintenant c'est un livre. Ma bible. Ah ! *Le Dîner de têtes*, *La Crosse en l'air* et *Le Plombier zingueur debout devant le zinc...*

Autre lecture et relecture dont je fais mes choux gras : *Le Déshonneur des poètes* de Benjamin Péret. Il est parti en Amérique comme Breton, Tanguy et autres surréalistes qui trouvèrent une filière et l'argent pour le bateau. Et il a échoué à Mexico, Péret, et il a fait éditer là-bas un livre de quelques pages qui dit ce qu'il convient de ses anciens camarades qui ont fait de la résistance – ce qui est bien – et qui ont écrit des poésies pitoyables – ce qui est nul. Et il y va, Péret. Céline tapant sur les Juifs c'était pas plus vache. Péret traite Aragon, Eluard, Char de fabricants de slogans. Il met dans le même sac les vers de *La Diane française* et les réclames d'avant-guerre, *Les meubles Lévitan garantis pour longtemps* ou *Halte là qui vive ? Saponite la bonne lessive*. Moi je suis d'accord.

Mais les rouges ont vu rouge. D'où conférence de l'ex-génial dynamiteur du dadaïsme Tristan Tzara, devenu écrivain bien joli bien propre à la solde du PC.

Pour l'occasion le TEC a loué le grand amphithéâtre de la Sorbonne. Colette, Zézette et Cie vendent des billets à la pelle. Ça fait pas courir la classe ouvrière. Mais les intellos, les étudiants ils veulent entendre ça. Et pas qu'entendre. Y a une rumeur. Que les surréalistes, les vrais, les encore purs, à commencer par André Breton fraîchement revenu de New York, vont la saboter la causerie à papy Tzara.

J'en suis. Et bien avant l'heure. Au premier rang, avec Toto.

Et on garde deux places pour nos dames qui se démènent à l'entrée. C'est qu'il y a foule. Même le service d'ordre, quelques gros bras du TEC et des bras plus gros encore du Parti, arrivent pas à canaliser les entrants. Ça pagaille sec. Et ça tohubohute. Ça gronde. Une fois tout le monde casé, beaucoup d'assis, pas mal de debout, Tzara apparaît. Applaudissements nourris.

Quelques cris aussi. Tzara en Sibérie ! Surréalisme pas mort ! Thorez déserteur !

Tzara toussote, s'éclaircit la gorge. Et go !

Ce qu'il débite c'est grand, c'est noble, c'est beau. Des larmes il va tirer aux centaines d'auditeurs de l'amphi Richelieu. Il évoque la France, sa douleur, ceux qui sont morts pour elle. Et aussi ceux qui ont fui dans des contrées paisibles, qui ont choisi la lâcheté.

Incident. Et de taille. Un homme se lève dans la salle – ce murmure alors ! –, il monte sur l'estrade. C'est André Breton avec toujours sa crinière à la Mermoz, sa lippe méprisante.

Il est d'un beau. Il s'approche du pupitre du conférencier, saisit le verre d'eau, le boit. On le hue. Des gens se lèvent et entonnent qui *Le Chant des partisans,* qui *L'Internationale*. D'autres font le coup de poing. Je vois choir à mes pieds Gabriel Pommerand, un poète noiraud et chevelu qui est client du Flore. D'où tombe-t-il ? Allez savoir.

Toto se régale, Zézette braille « facho » à l'intention de Breton. Il n'est plus sur l'estrade, Breton. Juché sur un fauteuil, il harangue la foule en faisant de grands très majestueux gestes. J'en entends rien de sa harangue. Mais comme j'en vois qui se lèvent et qui lui emboîtent le pas, je me lève aussi et je suis le maigre troupeau des fidèles.

Le camarade Tzara peut continuer à distiller son fiel. Sans moi.

Et on se retrouve dans un café de la rue des Écoles. Breton est blême. Breton écume. Il nous dit des choses aussi. Vu que, même dans la colère, il parle comme il écrit, je pige pas tout. Mais je suis heureux d'être dans ce troquet à l'écouter en compagnie de quelques vieux lascars du surréalisme que je connais de vue et de garçons, de filles de mon âge. Heureux et fier.

Toto qui m'a emboîté le pas quand je l'ai emboîté aux partisans de Breton, Toto, avec qui on attend Colette et Zézette à la sortie de la Sorbonne, il est moins bouleversé que moi.

– Ton Breton il a été comac. Même les guignols du serment du Jeu de paume ils auraient pas fait mieux. Je dis pas le contraire. Mais, si on va au fond des choses, le stalinien gâteux il était dans le vrai. Se calter en Amérique plutôt que d'aller se faire chier et risquer sa peau dans un maquis, c'était du gâteau. L'Amérique, Juifs ou pas Juifs, les Français ils pouvaient pas tous y aller. Fallait être d'un certain milieu. Le balayeur des rues, le contrôleur de bus, eux...

– Mettre Breton dans le même sac que le balayeur des rues ! Il a écrit *Nadja* le balayeur des rues ?

– Sa Nadja à ton chouchou, si ça se trouve, elle était laide comme un pou. Ouais. Une gnasse mal foutue avec des bas reprisés et puant le sent-bon en solde. Mais le poète, il arrange le coup, il la maquille sa bonne femme pour aguicher le lecteur.

– Tu fais chier, Toto. T'es tellement con des fois que ça fait chier.

– Toi qui l'es pas, con, tu vas l'écrire quand ta *Nadja* ?

On s'est quittés toujours grands amis avec Toto. Mais fâchés.

Pas grave. On se rabibochera. Le grave, le sérieux, c'est le canard avec Truffert. Mon nouveau job.

Et voilà Alain et Chris

Ça en jette. J'ai marné sans relâche deux jours et deux nuits, fait des découpages, calligraphié des titres, usé deux pots de colle. Tout seul je l'ai pondu le numéro zéro. À la maison. Sur la toile cirée achetée par maman aux soldes du BHV il y a bien cent ans. Je me suis appliqué fallait voir. Mais c'est réussi. Il va être grand notre *Journal de Roland*. Géant.

Y a deux trois bricoles que j'aime pas trop, comme la prose de Vadim. C'est qu'il fait pas seulement très bien le comédien, il est, en plus, beau mec à charme slave et écrivain. En herbe comme moi. Mais il écrit. Des machins un peu poétiques, avec des fées, des présages, du mystère, qui se passent dans la Russie de ses ancêtres. Son nom c'est Plemiannikov. Vadim c'est qu'un de ses prénoms. L'autre c'est Roger. Son père était consul ou vice-consul. Je vois pas la différence. Et on s'en fout. Autant je le trouve excellent comédien, autant ses contes me paraissent bétauds. C'est pas du tout ma tasse de thé, comme dirait Mme Renty. Mais pour notre canard ça peut bicher.

Tant que j'y étais j'ai rajouté des amusettes de mon cru. Un peu comme les *Chantefables* de Robert Desnos qu'on se met à seriner un peu partout.

Oscar voit tout à l'envers
il prend l'été pour l'hiver
il croit que le rouge est vert
il dit mon fils à son père

Oscar voit tout à l'endroit
il dit qu'un et deux font trois
qu'on fait l'huile avec des noix
que saint Louis était un roi

C'est pas *Le Corbeau et le Renard* ou du Victor Hugo. Mais mes petites rimailleries j'en suis fier comme un pou. Et ma maquette je la fais voir à qui veut et même à qui veut pas. Serreau m'a fait des compliments à la pelle. Yves Robert aussi. Delarue a tiqué quand il a vu les pages genre images d'Épinal sur les exploits de De Gaulle. Pour lui le libérateur est devenu un facho à abattre et rien d'autre.

Et voilà que, dans la cour du TEC, un type m'aborde.

– C'est vous Forlani ?

– Oui.

Il se présente.

– Resnais. Alain Resnais.

C'est qui ce blond malingre sapé provincial avec – détail ignominieux – des pinces à vélo au bas de ses jambes de pantalon ? Et il me veut quoi ?

– Paraît que vous faites un livre avec Oscar Dominguez.

– Pas un livre.

Je renifle l'éventuel amateur. La maquette il va pas y couper. Vu que je la trimbale partout avec moi, sur l'instant, je déballe, j'exhibe.

Les illustrations de Dominguez, la gamine dans la boule de cristal, ça l'emballe. Il zyeute les autres pages, fait semblant d'apprécier. C'est que politesse. Il s'en tape. Mais Dominguez… Alors ça. Il fait plus que les examiner les dessins d'Oscar, il les savoure. Même qu'il appelle un autre type qui tente de redonner forme humaine à une roue de bécane voilée, à l'autre bout de la cour.

– Oh ! Chris. Viens voir !

Le bricoleur de vélo, c'est Chris Marker. Il a une veste de crooner de film américain. Bicolore. Qui me coupe le souffle. À ce que je vais comprendre, il joue du piano jazz dans des bars. Mais c'est qu'une de ses activités. Il est aussi éditeur, écrivain. Et quoi encore ?

Resnais, lui, est cinéaste on dirait.

Resnais et moi, on finit par s'asseoir par terre. Il est sympa ce mec. Et – divine surprise ! – on a eu (quand il avait quinze ans et seize et dix-huit ans et moi donc dix et onze et treize) les mêmes lectures. Comme moi il a dévoré les illustrés d'avant-guerre. *Le Journal de Mickey*, *Robinson*, *Hop là*, *Aventures*, *Hurrah*. Comme moi il a été dingue du Fantôme du Bengale, de Mandrake le magicien, de Guy l'Éclair, de Dick Tracy. Et de Terry et les Pirates. Même que, comme moi, il trouvait follement séduisante la pourtant trop perfide Dragon Lady. Ça nous fait rire, comme deux grands idiots qu'on est, cette petite randonnée dans nos passés.

– C'est plaisant ce flash-back.

Un mot que je connais pas. Dans les temps qui viendront il va m'en apprendre bien d'autres, des mots, Resnais. Et pas que des mots. Le cul par terre dans une cour mal pavée en train de bêtifier à propos de la pauvre petite orpheline Annie et son chien Zéro, des tyrans cruels, que rencontrait Guy l'Éclair sur la planète Mongo, je peux pas prévoir que je suis en train de lier connaissance avec un des mecs qui vont le plus m'apprendre, m'impressionner, me rendre malheureux aussi. Je peux pas.

Flash-back !

C'est de l'anglais. De l'anglais de cinéma. L'anglais, Resnais, il l'a appris tout môme. C'est que son papa pharmacien à Vannes (Morbihan) voulait qu'il soit cultivé son rejeton. Et comme il était de santé un peu fragile, le papa pharmacien il le chouchoutait. Et que je t'offre une caméra Pathé Baby, et que je t'abonne à des journaux anglais pour que les aventures de Mandrake le magicien tu les lises dans le texte d'origine. *Mandrake the magician*. C'est autre chose.

Putain, il m'épate ce Resnais.

Et le Marker qui vient s'accroupir près de nous tout autant. Lui aussi il a lu les « comics » en anglais. Et, pour ce qui est du ciné, c'est des lumières. Ils savent tout sur Carné, bien sûr, et Renoir, Prévert, et aussi sur John Ford, Frank Capra, Lubitsch et Eisenstein et...

Et pas bêcheurs avec ça.

Chris Marker si, un peu. Il a une façon de parler en ouvrant si peu les lèvres qu'il faut ouvrir grand grand ses oreilles pour rien perdre. Il a aussi une façon de citer Méliès, Griffith et William Faulkner comme si c'étaient ses amis de toujours, qui te fait te sentir vachement con.

Mais tant pis. J'ai envie de les revoir, et Resnais et Marker.

Et, merci petit Jésus, on se reverra beaucoup beaucoup beaucoup.

Sur de l'herbe

Où on est, faut pas me demander. Sitôt sorti de Paris, pour moi, commencent les terres inconnues, l'étranger, les chemins pour se perdre avec leur flore, leur faune déroutantes, contrariantes, apeurantes, terrifiantes. À part les chats et les deux chiens affectueux et farceurs du docteur Renty, moi, les bêtes…

C'est dans la voiture du docteur, une Citroën pas neuve, massive, noire qu'on a quitté Bondy, qu'on a roulé sur des routes de moins en moins nationales et nous voilà dans un champ. Avec quelques vaches heureusement pas trop proches de nous. Et de la mouche et des bestioles encore plus retrignolettes et zigzagantes et zézeyantes et canulantes en pagaille.

Moi assis dans l'herbe, Colette qui a posé amoureusement sa tête sur mes jambes allongées, Paul, son frère, la fiancée de Paul, Christiane, beauté blonde et hautaine licenciée en philo, le frère de cette Christiane, Roland, Roland Dubillard, un blond pâlichon fort diplômé lui aussi mais grand balanceur d'âneries bien marrantes.

Ce qui fait cinq pique-niqueurs dévorant les denrées nourrissantes et goûteuses entassées dans un grand panier par Mme Renty. Salade de pommes de terre et champignons. Poulet froid avec son bol de mayonnaise un peu tournée (mais c'est le voyage), tomates farcies, Port-Salut, dessert.

Fait plutôt beau. C'est dimanche. Comme parler la bouche pleine c'est ni élégant ni commode, on dit rien.

Alors je pense. Je pense que, si y avait un concours mondial de tomates farcies, la maman de Colette serait dans le peloton de tête. Je pense que je comprends pas pourquoi personne veut jamais le croupion du poulet alors que, grillé à point, c'est succulent. Je pense que pour février on est chanceux. Pourrait pleuvoir, geler. Mais non. Fait doux. Colette s'est endormie, sa tête ne pèse pas trop. Elle rêve à quoi mon amoureuse ? À ces interminables voyages qu'elle s'imagine qu'on fera, nous deux, quand on sera célèbres et argentés. C'est que ça la travaille, l'envie de voir d'autres cieux. Et pas de par ici. À Tahiti, elle nous voit. À Tombouctou. Mexico. Aux îles lointaines. Nus sur le sable de plages si étendues que personne en a jamais vu le bout. Et dormant dans des paillotes, des cases. Pataugeant dans des marigots. Prenant langue avec des mammas pilant du manioc, avec des hippopotames, des zèbres. Parlant petit-nègre. Allant faire le marché dans des souks. Se douchant sous des cascades. Je dis oui quand elle me demande si je suis partant. Oui oui oui. Partant pour tout. Tous les avions, tous les bateaux qu'elle voudra on prendra. En stop, si elle veut. Faut pas lui casser ses beaux rêves.

Je me reprends une tomate. Paul aussi. Dubillard, le frère de la poule à Paul, s'intéresse plus au boire qu'au manger. La bouteille de pas dégueu pinard du panier, il va se l'être biberonnée à lui tout seul.

Je pense à Colette qui dort sur ma cuisse. Elle a vraiment pas l'air d'être la fille de son père qui est bourguignon. Mais de sa mère, si. Elle aurait des fringues de moukère, de turquesse, au lieu de ses jupes et de ses tricots en grosse laine de fille de banlieusards aisés qui se croit de gauche et aime être à l'aise, elle serait étonnante, fascinante. C'est pas une Nadja, d'accord. Mais elle me plaît.

Sa mère et son père continuent à faire comme si ils croyaient que je suis un copain de Paul. Mais ils redoutent de plus en plus le moment où ils vont découvrir que Colette vient souvent me rejoindre, la nuit, dans la petite chambre au fond du jardin où je couche au moins trois samedis par mois. C'était la chambre d'amis de la maison Renty. C'est devenu la chambre de l'ami de Paul. Sur la commode de laquelle j'ai oublié, une fois, exprès, trois bouquins : *Le Manifeste du surréalisme*, *Le Marteau sans maître* de René Char, des poésies de Lorca. Char et Lorca, c'est mes deux chouchous actuels.

Char j'y entrave rien de rien, c'est pas loin de me faire chier. Mais c'est du Char. Et c'est important, capital. Tous les critiques littéraires de tous les canards que je lis le disent. Peut-être je mettrai un temps fou à comprendre ce qu'il raconte, Char, mais je m'obstinerai, je les relirai ses poèmes et je les relirai encore et, à force…

Lorca ça va tout seul. C'est comme les rondes, les chansonnettes de cour d'école. Lorca j'aime vraiment bien. Paraît qu'il a été assassiné sauvagement par les tueurs de Franco. Paraît aussi que c'était une folle perdue et qu'il a été autant tué comme pédale que comme républicain. Ce qui est sûr c'est qu'il faisait de beaux poèmes, de belles pièces de théâtre. J'en ponds à foison des poèmes à la Lorca. Que je dédie à Colette, que je glisse dans son sac, ses poches. Et ça la ravit.

– Happy birthday to you…

Christiane s'est levée, elle brandit le gâteau de riz qu'elle vient déposer à mes pieds. C'est que c'est mon gâteau d'anniversaire. Vingt ans, j'ai. C'est mercredi dernier que je les ai eus. Mais le gâteau c'est aujourd'hui. Et c'est du gâteau de riz parce que Colette a dit à sa mère que ma mère m'en faisait un tous les douze février.

Christiane coupe des parts énormes et me sert le premier. Colette, réveillée en sursaut, me pose un bécot sur le bec. Dubillard lève son verre et le vide à ma santé. Après le bécot, Colette me donne un paquet que j'ouvre. C'est une pipe en bruyère d'Écosse. Et du tabac pour aller avec, anglais, aromatisé au miel. Elle a tapé dans le mille, Cocolo.

Cocolo c'est son nom quand on est que nous deux. Le gâteau de riz ils en sont pas clients les autres. Ils trouvent que c'est du dessert de cantoche, de colo. C'est qu'ils n'ont pas eu une vraie mère.

À maman je pense. Qui serait ravie de voir comme son fils a bien grandi, comme il est devenu beau jeune homme et comme il a accumulé de bonnes et belles choses dans sa tête et comme il est devenu quelqu'un. Rédacteur en chef, m'man. C'est comme moi le flash-back de Resnais. Rédacteur en chef ça lui dit rien à maman. Je lui dirais chef de gare, chef de bureau dans une administration, chef cuisinier… Mais rédacteur en chef…

Elle sait pas ma maman qui est morte. Je fais et ferai une foule de choses dont elle peut pas avoir idée, ma mère.

C'est trop triste, trop con.

Je laisse choir ma part de gâteau de riz dans l'assiette en carton. Je me lève.

– Où il va le Remo ?

– Culotter ma pipe.

Une pipe pas culottée, au début, c'est fatalement écœurant. Et puis après ? Je vomirai sur les herbes, les fourmis. Je suis triste. Mais triste. Maman, j'aurais jamais dû la laisser partir. Personne devrait laisser mourir sa mère. Personne.

Et papa ? On n'a rien à se dire, à partager le plus souvent. Un rédacteur en chef il sait pas non plus ce que c'est. Et il le saurait qu'il s'en branlerait. Et c'est son droit. Il est né là où, rien que faire quelque chose comme apprendre à lire, c'était pas la mode. Il a fini par apprendre à sa manière, parce qu'il est loin, très loin d'être sot. Et il vit sa vie à lui. Qui vaut toutes les autres vies puisque c'est la sienne. Et, mes vingt ans, c'est avec lui que je devrais les fêter. Il me l'a proposé, il m'a demandé si je voulais qu'on déjeune – aujourd'hui – avec Nini et Marguerite chez Ferrero. Et moi, fumier que je suis, j'ai refusé. J'ai inventé que j'avais des gens à voir pour mon travail de rédacteur en chef.

Je devrais être en train de boire de l'asti, avec mon père, mon frère et la femme de mon frère. Après m'être empiffré de pasta. Rue de Lyon, dans le douzième où je suis né il y a vingt ans, au vingt-six de la rue Traversière.

Et je suis sur de l'herbe avec des vaches pas loin et Colette et Paul et Christiane Dubillard et son frère Roland. Et je suis en colère. Contre moi.

Quelque chose me file entre les pattes. Un rat de la campagne ? Ça s'appelle comment un rat de la campagne : mulot, taupe, campagnol ? Le tabac au miel sent le gâteau. J'en mets qu'une pincée dans le fourneau de la pipe, que je tasse avec mon index. J'allume. Je tire une bouffée. Une autre. Personne peut me voir et c'est tant mieux.

C'est que, pour les aspirer, mes bouffées, je m'efforce de m'arrondir les lèvres exactement comme André Breton le fait sur une photo que j'ai découpée dans un magazine. À pipe de classe fumeur de classe.

Un cabot je suis. Mauvais comédien mais champion de cabotinage. Peut-être que là-haut, dans le ciel de février blanc un peu gris, maman me regarde, me voit marcher à grandes enjambées de rédacteur en chef en tirant avec majesté sur une pipe d'anniversaire. J'espère que je te désole pas trop, m'man. Peut-être t'es contente de me voir faire ainsi mon chemin. Et pas que dans cette herbe. Dans la vie. C'est peut-être toi qui l'aiguilles mon ange gardien, toi qui lui as demandé de me faire faire toutes mes fameuses rencontres : Oscar, Fabien Loris, Prévert, Serreau, Yves Robert, Marker, Resnais...

Et la baignoire, m'man, la baignoire de la famille Renty à Bondy, la baignoire dans laquelle ce matin encore... C'est toi qu'as dit à l'ange que j'en avais trop marre de me laver à l'eau glacée de palier. C'est sûrement toi.

Alain Resnais, soixante-dix rue des Plantes

Bon. Ma pipe, c'est fait, elle est culottée.

Et ma vingt et unième année déjà je la grignote.

Et le travail ?

La maquette du *Journal de Roland* est bouclée tellement astucieusement que ça frise la perfection. Le papier, on l'a. Il attend. Des tonnes de papelard de qualité supérieure. L'imprimeur on l'a. Le meilleur de Paris, de France, m'a juré Truffert. Les sous, c'est réglé.

Mais si on a la maquette, le papier, l'imprimeur, l'argent, pourquoi il paraît jamais ce journal ?

Putain de bordel de merde !!! Cette question, Truffert elle le rend fou furieux. Elle lui colle l'envie de prendre un flingue, une mitrailleuse et de dessouder tout ce que la planète compte de bipèdes. Pourquoi il paraît pas ? Parce que les bureaux, l'administration, les coups de tampon sur des documents officiels qui sont jamais les coups de tampon qu'il faudrait. Des journées de vingt-cinq heures, il se farcit, Truffert. Des coups de fil, mille par jour il en donne. Et il va au bureau du chef de tel service où il poireaute des heures pour apprendre que c'est pas le bon service. Et il offre des repas dispendieux qu'il arrive pas à digérer tant ça lui noue les entrailles à Chose ou Machin, et il paie des quintaux de chocolats surfins à des secrétaires qui font les importantes et se révèlent être que des pauvres moules sur le point d'être virées pour incapacité.

Mais l'autorisation de paraître elle est imminente. Que surtout je m'inquiète pas.

Y dessaoulerait une fois de temps en temps, Truffert, ça aiderait à y voir un peu plus clair. Mais c'est un type en or.

En or aussi le docteur Renty et madame.

À petite vitesse ils se font à l'idée que je suis le futur de leur fille. Ça sent que, sans oser se le dire à eux-mêmes, ils me voient en fiancé. Pas que ça les enchante. Déjà qu'ils auraient voulu un fils chirurgien réputé, une fille sommité dans le monde de la physique ou de la chimie. Ils n'ont droit qu'à un Paul qui veut devenir le plus grand cinéaste révolutionnaire depuis Eisenstein et à une Colette adorablement glandeuse et éprise d'un rédacteur en chef de journal qui paraît pas. C'est pas de chance. Mais comme ils sont braves gens, ils encaissent avec des sourires et pourrissent et fiston et fistonne et sont aux petits soins pour moi.

J'ai une quinte de toux à cause de la pipe, un pet de travers, le docteur Renty me donne une burette de sirop, des pilules à avaler avec un grand verre d'eau légèrement sucrée. Que Mme Renty me sucre elle-même, qu'elle va jusqu'à me touiller avec une cuillère à sorbet de la ménagère de cinq cent quatre-vingts pièces en vermeil qu'elle tient de sa tante Sarah. Et elle exige que la bonne, une obéissante et aussi sournoise que niaise Marinette, me lave et repasse mes chemises, caleçons et mouchoirs.

D'où une double vie pas banale.

Les samedis soir et dimanches « fils de famille » à Bondy. Avec la baignoire, le rince-doigts en cas de poisson, le sucre cueilli à la pince, le petit lit aux draps impec. Les autres jours, le clapier de l'avenue Ledru-Rollin de plus en plus sale et fouillis, les besoins en commun avec les voisins et la bandante Mme Doré la concierge. Qui fait tout ce qu'elle peut pour m'allumer.

Mon père il change pas. Il continue à pas me demander ce que je fais, où je vais, ce que je veux.

Quand je suis à la maison pour partager ses pâtes, ses soupes, les sardines qu'il fait griller quand ça lui prend, il est content. Il aime bien quand on parle de maman. Il est en or lui aussi.

Et il y a Marker et Resnais. Resnais surtout. Marker est devenu un ami. Boire un café avec lui, parler de cinéma, de n'importe quoi avec lui, c'est la joie.

Mais Resnais… Pas le Resnais de mai deux mille deux superstar en smoking haute couture écoutant Gilles Jacob le louanger dans la salle à manger du Carlton avec le ministre Aillagon bavant d'admiration devant lui et les flashes des photographes et la Palme d'or d'honneur qu'il saura pas où remiser tellement il en a déjà des trophées à la con. Non.

Le Resnais de ma jeunesse. Le Resnais à bécane. Le mien, quoi.

D'abord y a son studio. Car il a un chez-lui. Pas loin de la porte d'Orléans. Dans une maison en briques qui donne sur une voie de chemin de fer sans trains. Un studio au poil. Cette bibliothèque, pour commencer. La masse de livres, alignés sur des étagères, couverts en papier transparent. Tout Gide, tous les surréalistes, la collection complète de *Fantômas*, tous les romans de Gaston Leroux. Tout tout en fait. Si y a un lettré sur terre, c'est Alain Resnais. Et qui ne se contente pas de bouquiner les auteurs cotés à la Sorbonne. Aussi bien le dernier Sartre, l'Aragon qui vient à peine de sortir, le Roger Vailland de la semaine, les tout nouveaux albums de Mickey ou Donald, il a. Et immédiatement couverts de papier transparent et mis exactement là où ils doivent être.

Et les disques. Pas que du jazz et de la chansonnette comme mon vieux pote André Brut. De la grande musique, Beethoven, Mozart, Honegger, Eric Satie, et du grégorien, du menuet, de la gavotte, des forlanes ! Parfaitement. Des forlanes composées par des Italiens de dans les temps reculés, des musiciens que j'ignore. Et, dans des boîtes, des centaines et des centaines d'illustrés d'avant-guerre. Tous les numéros des hebdos de mon enfance. T'as envie de relire l'intégrale de Guy l'Éclair, de Dick Tracy. Il ouvre une boîte. Et tu t'extasies. C'est que voilà un bout d'épisode que t'avais manqué. Le moment où Tracy va, enfin, arquepincer le Bafouilleur.

Choucard, non ?

C'est pas compliqué, Resnais t'as l'impression que les bandes dessinées, il se les est toutes farcies de la première à la dernière case. Et pareil pour les films à épisodes du cinéma muet.

Dans sa salle de bains, il a fait un trou dans le mur pour pouvoir, avec un projecteur de pro, faire des séances de cinéma dans la pièce à côté.

Tout ce qu'il a voulu il lui a acheté, son père pharmacien de Vannes. La pharmacie Saint-Nicolas. Resnais a une mère, aussi. Qui chaque semaine réceptionne la valise de linge sale qu'il lui expédie par chemin de fer et qu'elle lui retourne, par la même voie, avec le linge nickel et des pots de confiture, des chatteries.

Que l'on déguste quand c'est tea time.

J'y vais autant que je peux chez Resnais. Et qu'est-ce que j'y apprends. Il sait tant de choses. C'est que c'est un méthodique. Il se contente pas de lire, de voir, de comprendre. C'est un maniaque. Il fait des fiches. Il va visiter une ville. Mettons Londres. Il a préparé son voyage, sur plan, dessiné son itinéraire. Et il en revient avec la liste des bonnes librairies, des bons disquaires, des cinémas où y a de bons films, où la projection est pas floue, où t'es bien assis, où les bonbons de l'entracte sont acidulés à point.

Il a que cinq ans de plus que moi et, à l'entendre, c'est comme si c'était un vieux maître. Un sage.

Et drôle avec ça. Il pourrait être ennuyeux avec autant de savoir. Pas du tout. Il a tout Gide, tout Malraux, tout Dostoïevski sur ses étagères. Et Alain (c'est-à-dire les *Propos* d'Alain). Mais, en prime, il a tout Guitry. Et des auteurs de Boulevard que, sans les connaître, je crois qu'il faut mépriser. Il ne les méprise pas, lui. Il a assez de jugeote pour piger que Bernstein c'est mieux que du Bernstein et que jouer du Feydeau c'est aussi noble que de jouer du Shakespeare si on le joue « dans la note ». Mieux que ça : il a été élève dans un cours de théâtre. Pour faire l'acteur de Boulevard, il me dit. Et ça a pas collé.

Mais il s'y est fait des relations. Il me montre des photos de camping. La campeuse qui est avec lui je la connais. Tu penses. C'est une des abonnées de la banquette à Prévert, au Flore. Simone Signoret. Avec qui il a été figurant dans *Les Visiteurs du soir*. Gérard Philipe, Resnais l'a fréquenté avant qu'il soit célèbre, qu'il devienne acteur pensant en interprétant le *Caligula* de Camus.

Mieux que mieux, encore : avec sa caméra il les a filmés. Officiel. Il a fait deux films que personne n'a vus ni ne verra avec Gérard Philipe – *Schéma d'une identification* et *Ouvert pour cause d'inventaire* –, il a même un *Fantômas* à son actif. En huit millimètres.

Il veut bien tout, le cher Alain, mais me projeter ces vieilleries, non, cent fois non.

Et pourtant il m'a à la bonne. Pour aller jusqu'à m'inviter à manger du manger cuisiné de ses mains… Alors, ce midi, ravioli.

Qui baignent dans un curieux jus.

C'est une sauce chinoise. Trouvée non sans mal. Il est aussi enculeur de mouches pour les sauces que pour les disques ou les bouquins. Et toujours partant pour les plaisanteries absurdes. Il m'emplit mon bol. Me tend des baguettes.

J'attrape un ravioli. Ce bleu… Un bleu hurleur, un bleu de film d'épouvante. Des ravioli bleus, il m'a fait.

– Bon appétit, Remo.

Cadavres exquis

J'ai dormi dormi dormi.

C'est que j'avais traîné traîné traîné.

Toute la nuit. En arrivant au petit jour j'ai croisé papa qui partait. On s'est embrassés. Il sentait le propre, le savon à barbe, l'eau de Cologne.

Je sentais les alcools à coup sûr.

Il a juste dit :

– À voir comme tu deviens, toi, c'est peut-être aussi bien que ta mère soit partie.

J'ai rien répondu. J'ai monté les marches aussi vite que j'ai pu et je me suis couché sur mon lit, tout habillé. Pour dormir dormir dormir. Et il est cinq heures de l'après-midi et je m'allume une clope.

Non. Pas tout de suite. D'abord, tout bas tout bas, je lui demande pardon à maman. Et je la grille en me faisant du café, ma cigarette.

Ça a été une nuit à la con. Mais payante puisque j'ai convaincu Oscar. Je lui ai expliqué le projet qu'on avait Resnais et moi de faire un film sur lui et sa peinture. Et, après avoir dit non, parce que ses peintures, les objets qu'il invente sont faits pour être vus en vrai et pas sur un écran, il a dit oui, parce que faire le clown dans un film c'est son rêve. Avec son ami Buñuel ils avaient failli en tourner un, puis la guerre les en a empêchés. Pour célébrer dignement son futur statut de vedette, il a fallu qu'on aille manger un couscous chez le Roi du couscous à Denfert-Rochereau, pas loin du lion. Après quoi, pour digérer ce couscous, il a fallu qu'on aille boire un verre au Sélect. Comme il y avait Eluard sur notre chemin, on l'a embarqué. Puis on a embarqué Philippe Soupault qui semblait avoir bien besoin d'un remontant tant il était sombre.

On était attablés au Sélect à écouter Eluard vanter les mérites de je ne sais quel peintre tchèque devant quantité de soucoupes quand est entrée la veuve de Desnos. Qui avait encore plus besoin que Soupault de se changer les idées. Elle s'est mise à réciter – elle les sait par cœur – des lettres de son Robert tué par le typhus alors qu'il était sur le point de lui revenir. Ça a été vachement émouvant. Puis, pour être « en pensée » avec Desnos, Soupault a demandé du papier à un garçon et on s'est mis à faire des cadavres exquis.

C'était ridicule mais, bon Dieu, moi, j'y étais.

J'avais les vingt ans sonnés que j'ai, mais j'étais plus en mil neuf cent quarante-sept, j'étais au temps où Desnos était un jeune médium à qui il suffisait de fermer les yeux pour voir.

Et qui, pour finir, n'a pas vu qu'il crèverait d'une maladie dégueulasse dans un bled dégueulasse.

J'étais déjà sérieusement beurré. On avait encore bien à boire devant nous. Dans un petit bistro sur le point de fermer rue Vavin. À la Coupole parce que Youki avait faim de viande et soif de champagne. En coupant son entrecôte elle a raconté Foujita. Leurs amours à la japonaise. Ça devait être instructif mais je somnolais.

Je bois un café sans goût, le café que je sais faire. Va falloir que je descende à la poste téléphoner à Resnais qu'Oscar veut bien.

J'en profiterai pour appeler Truffert. Qui était, hier, sur le point d'obtenir un rendez-vous avec un monsieur qui fait la pluie et le beau temps à la Commission de la Presse.

Colette aussi faut que je lui parle, que je l'embobine avec un mensonge soigné. C'est que je devais aller déjeuner avec elle et que j'irai pas. Faut que je fasse très fort. Que ça l'impressionne.

Pourquoi elle m'a pas vu ? Parce que – oui, c'est ça – parce que aller se baffrer, même avec sa Cocolo tant aimée, c'est du temps perdu. Perdu pour l'écriture. Alors, aujourd'hui, mon amour, je me suis attaqué à un livre. Non, je peux pas t'en dire plus. J'écris. Voilà. Mais faut pas vendre la peau de l'ours. J'écris. Même pas j'ai mangé, même pas je suis descendu pour un pipi. J'écris, Colette. J'écris.

C'est ce que je devrais faire. Écrire. Et vraiment.

Torcher des petits poèmes à la manière de quelqu'un c'est pas écrire. Ça peut épater une fille à qui vous plaisez assez pour lui faire gober n'importe quoi. De là à se faire gober à soi-même qu'on est un génie…

Des queues, Marie ! il dirait Toto.

C'est que des mecs comme Toto que je devrais fréquenter. Lui il sait que je suis que ce que je suis. Un grand connard pas foutu d'avoir un vrai métier, qui arrive à glaner toujours un peu de blé, un peu beaucoup même, et qui le dépense à tort et à travers, et qui se prend pour quelqu'un.

Ah ! je l'ai pas folichonne ma biture de cette nuit.

C'est pas la gueule de bois que j'ai.

C'est l'âme en compote.

Et on va dire que c'est tant mieux. Ça peut faire que du bien de se retrouver le nez dans son caca. Que du bien.

Rue de Bercy

Papa je lui ai fait de la peine, ce matin, en puant l'alcool quand lui sentait le propre. Et j'aime si peu ça que je le cherche. Faut que je le voie. Pas pour lui faire des grands discours, pas pour lui demander pardon. Faut seulement que je le voie.

Comme il est l'heure de l'apéritif du soir, le trouver ça peut pas être bien sorcier. Suffit de jeter un œil dans tous les endroits du quartier où des Macaroni lèvent le coude. Rue de Lyon, j'en ai déjà fait quatre de troquets. Ce qui m'a permis de dire bonjour aux Ferrero et de serrer la pince de Néofite, un cimentier avec qui papa travaille souvent, qui m'a sidéré quand, j'étais alors très petit garçon, je l'ai entendu dire à un automobiliste qui voulait qu'il enlève sa brouette du trottoir : « Fais pas chier mon bite. »

Papa n'est pas non plus au café Gozzi. Je traverse. Coup d'œil ému à l'horloge de la Gare qui m'a rendu tant de services avant que j'aie enfin une montre. Me voilà rue de Bercy. Une rue qui mène aux Entrepôts. Une rue qui fleure la vinasse. Une rue que papa arpente depuis qu'il est à Paris. Et pour de bonnes raisons. Quand ton boulot c'est de faire des cuves en ciment armé, des cuves verrées pour y loger des vins et spiritueux… Il y a fait ses débuts à pas dix-sept ans, arrivant de son Italie sans un croque sans rien. Il y a trimé comme une bête. Et fait fortune. De manœuvre il est devenu patron d'une nuée de Macaroni. Et, sa fortune, il l'a pas que bue, il l'a jouée aux cartes, aux dés, aux courses, avec des poules, des nuées de poules il l'a croquée. Qu'il a pas sautées toutes. Mais c'était amusant, il trouvait, de claquer de l'argent. Jusqu'à plus en avoir. Et il s'est remis à manier la truelle. Pas en chantant. Mais en sifflotant. Même dans ses pires moments, il sifflote.

Au premier café de la rue. Chez l'Auvergnat qui a toujours des miettes de son dernier casse-croûte dans sa moustache de Vercingétorix, il y est pas. Un café encore, un autre.

Je passe devant « Le Chantier ». Le patronage de mes jeudis. Une institution aussi importante pour les cathos du quartier des Quinze-Vingts que le Vatican pour les cathos de Rome. Le Chantier. Des centaines et des centaines de garçons y sont passés. Pour y apprendre à devenir de bons chrétiens. Et aussi de bons footballeurs, athlètes, joueurs de trompette, de fifre et de violon. Et pour y voir des films muets. Ah ! les séances de l'abbé Jean, les projections dans le préau de bobines généralement dépareillées, pas dans l'ordre, des grandes séries d'avant le parlant. *Le Roi de la pédale* avec le comique Biscot, des films historiques avec des scènes qui nous faisaient frémir comme l'assassinat du duc de Guise ou Jeanne d'Arc se tortillant dans des flammes de bûcher. Et les films avec Malec (dont Resnais m'a appris le vrai nom : Buster Keaton). Et y avait pas que les films au chantier. Y avait les pièces de théâtre montées par les anciens de l'Amicale. Des opérettes. *La Mascotte* que j'étais allé voir deux fois avec maman tellement c'était beau. Des mois ils répétaient les anciens de l'Amicale dans des décors faits par eux et des costumes faits par eux.

Une fois j'avais été le petit Anglais miséreux qui se fait foutre des coups de canne par ce salaud de Mister Scrooge dans *Un conte de Noël* de Dickens. Quel effet ça m'avait fait. Je devais être moins mauvais que dans *Le Marchand d'étoiles*. Mais j'avais que sept ans.

Le grand manitou du Chantier c'était l'abbé Poivrel. Un Breton qui l'avait créé, le Chantier. Un saint homme, l'abbé Poivrel, qui était copain d'un fameux poète breton, Théodore Botrel, qui avait écrit l'hymne du Chantier. Un fier ramassis de connerie que je trouvais beau à en pleurer quand, coiffé du rituel béret blanc à étoile bleue, je l'entonnais, à l'unisson avec les autres petits merdeux.

Les trois couleurs de la France sont les couleurs du Chantier,
le bleu chante l'Espérance, le blanc c'est la Liberté,
le rouge c'est la Va-a-aillance qui sait mourir en beauté.

Dans les rues du douzième on défilait en braillant ça.

Sacré abbé Poivrel ! Ce que j'ai jamais dit à personne, c'est qu'il nous glissait ses gros doigts dans la culotte quand il arrivait à coincer l'un de nous dans son bureau à peine éclairé. Pourquoi il faisait ça ? Pour bien nous fourrer dans le crâne que se toucher soi-même à cet endroit c'était le plus grave péché, l'abomination des abominations. Deux fois il m'a fait le coup. J'en ressortais tout bouleversé, tout entrouillé de son burlingue au saint homme.

Passé le portail du Chantier, y a le restaurant de Farfalla. Et j'y trouve papa. Pas debout au comptoir. Assis. Avec même pas un verre devant lui. Il attend. Quand même pas moi. Non. C'est Nini qu'il attend. Ils vont dîner ensemble. Et si le cœur m'en dit… Il m'en dit.

La cuisine de Farfalla c'est pas grand standing. Le matin il va aux commissions et c'est selon ce qui lui tape dans l'œil ou pas. Ce matin il a eu le coup de foudre pour des têtes de veaux. Coup de chance. Papa, Nini et moi on s'en ferait crever. Comme, en plus, la ravigote de Farfalla est de première bourre, c'est Noël. Après c'est purée de pois cassés avec des crépinettes. Il a mis dans le mille, le taulier. Itou pour la crème caramel. Dommage que les assiettes soient pas nettes nettes. Les couverts non plus. Mais on se régale. Et on cause.

Nini a bonne mine, beau costume, belle cravate. Il a une belle situation aussi. Et qui le ravit. Il vend des briquets, de l'article de Paris, des bagatelles type fume-cigarette en bambou imitation, pinces à billets de banque tour Eiffel en plaqué or. Mais il les vend pas dans une boutique à Paris. Il les vend dans toute la France. Un coup à Lyon, un coup à Roubaix, un coup à Nice. Et, attention les vélos ! avec promesse de bientôt aller les brader à Alger, Dakar, Oslo, Pointe-à-Pitre, ses bagatelles. Depuis l'Allemagne, il pouvait plus supporter d'être enfermé, coincé. Le gros lot il a décroché. Ça fait râler Marguerite. Mais...

Après ses nouvelles à lui il nous en donne de tante Hélène et d'oncle André de Rochefort-en-Yvelines qu'il est allé voir avec sa voiture de commis voyageur. Vont bien. Que leurs deux filles, mes cousines Jeannine et Madeleine, soient parties bonnes sœurs dans des couvents ils en ont gros sur la patate. Mais comme elles y gagneront leur Ciel c'est quand même de la joie. Il a vu aussi tante Flavie, la tante de maman, toujours sale et communiste dans son sixième à la Nation. Il a même poussé jusqu'à Moëlan-sur-Mer, là où je tenais la patte du cochon qu'on égorgeait. Où il a appris que j'avais villégiaturé à Belon avec une cousine qui avait pas l'air d'être une cousine.

On parle de ce que je fais. Du cinéma. Je suis scénariste. Ah ! bien, très bien. Nini ça lui rappelle quand il a fait de la barbouille aux studios de Joinville. Avec son copain Max Douy qui est devenu un décorateur connu. Il se souvient des vedettes de l'époque, Viviane Romance, Ginette Leclerc, Mireille Balin, Jules Berry, Pierre Richard-Willm.

Papa nous écoute en faisant semblant de pas nous écouter et en modelant ses minuscules bestiaux avec la mie de son pain. Des vaches. Avec des rognures d'allumettes en guise de cornes. Il en a fait une avec cinq pattes au lieu de quatre.

Nini dit qu'il est passé fleurir la tombe de maman.

Papa, qui a mangé sans boire, propose qu'on finisse avec une grappa. Nini en prend une. Pas moi. Mais je trempe mon sucre dans le verre de papa. Je me fais un canard. Comme dans le temps.

C'est bon.

Nini veut nous raccompagner dans sa voiture. On préfère rentrer à pied. Moi, pipe au bec, papa mâchouillant le petit bout de bois de réglisse qu'il a fini par préférer à ses Gauloises vertes. Comme on arrive sur l'esplanade de la gare il s'arrête pour regarder les étoiles. Je l'attends, le nez levé comme lui.

– Les métiers tu vas les essayer tous ? il me demande.

Mais sans méchanceté. Gentiment. Il m'engueule pas, se moque pas. Il me demande. C'est tout.

L'alcool tue

Et tout s'est mis à aller à toute allure. À peine je pouvais suivre.

Un week-end chez les Renty poussant l'autre, on en est venus à être amis Paul – le frère de Colette – et moi.

Quand il veut bien oublier qu'il est à la gauche de la gauche, quand il veut bien oublier un moment ses théories de fils à papa honteux de l'être sur la lutte des classes, il est très supportable. Et pas con. Sa chérie non plus. Elle est même très maligne et capable, quand elle arrête de jouer les culs pincés, d'aligner des chapelets de couillonnades la Christiane Dubillard. Roland, son frère, il parle peu. Mais quand il y va, ça y va. Il a fait de longues inutiles études mais il a trouvé le temps de se farcir des tonnes de livres pas au programme. Tous les surréalistes et des génies insolites, farceurs que moi j'ignore. Jarry, Swift. Et Kafka qui est, à l'en croire, un humoriste. Queneau surtout. Christiane aussi. Elle peut réciter par cœur tout *Chêne et chien* qui est son livre de chevet. Bref, on parle littérature pas commune, on tourne tout à la blague, on traîne les Mauriac, Montherlant, Giono, que maman Renty porte aux nues dans la fange et les dimanches à Bondy deviennent allégrement des festivals de déconnade.

Un de ces dimanches, un dimanche à meringues faites maison, légères, aériennes, délectables, dans le salon, sur le divan duquel le docteur se tape son roupillon d'après match de foot, une idée surgit. De qui, l'idée ? Colette dira que c'est elle qui l'a eue. Son frère aussi, Christiane aussi. Roland aussi. Je le sais que c'est moi. Mais on va pas chipoter.

L'idée, mon idée, c'était de faire quelque chose ensemble, quelque chose qui serait, par exemple, un film qu'on écrirait, qu'on jouerait et que Resnais réaliserait.

Ça c'est de la trouvaille !

Colette nous voit déjà tous en canoë sur un fleuve pas tranquille, pagayant en forcenés pour que l'eau tourbillonnante nous happe pas ou dans une savane, par cinquante degrés et de la pluie, torrentielle la pluie, et des bêtes sauvages qui nous menacent. Paul la traite de bourge inconséquente et nous expose le sujet qu'il a en tête lui et depuis longtemps. Dans le monde des ouvriers ça se passe. Dans une usine. Avec des fours. Les fours il y tient. Des fours dangereux. Qu'on peut approcher qu'avec des équipements spéciaux. Et il y a un métallo. Un jeune métallo dont le père, unijambiste à la suite d'un accident du travail... Dubillard et moi on ricane. Paul nous foudroie du regard, va pour nous traiter de fascistes, de capitalistes, de... On saura pas. Il préfère se taire. Et écouter Christiane qui, quand elle est pas plongée dans son cher Queneau, se tape une Série Noire par nuit. Elle propose une histoire, qu'on pourrait tourner ici même, dans la maison des Renty, à peu de frais. Alors c'est le matin. Quelqu'un se réveille, se lève, c'est elle. Elle entre dans le salon, là où on est. Et elle trouve quoi ? Un cadavre. Celui du docteur. Sur le divan. Qui l'a tué ? Moi, je suis d'accord avec Christiane, faut aller au plus simple. Faut que ça se passe ici. Qu'on joue nos propres rôles et le docteur et Mme Renty aussi. Et les chiens. Chacun s'écrira ses dialogues et... On me laisse pas finir. À Roland de vider son sac. Lui, il est formel. Étant donné qu'on est des débutants faut pas vouloir péter plus haut que nos culs. Faut prendre un sujet qu'a fait ses preuves, que le spectateur perde pas pied. Et l'adapter à notre manière à nous. En tâchant que ce soit drôle. Au moins un peu. Et tout bien réfléchi, il pense que la Bible... Le docteur avec une barbe il fera un Dieu d'un réalisme à couper le souffle, le veau d'or ça sera le chien roux Uski à qui on demandera de pas bouger pendant la prise de vues, le jardin ça sera le paradis terrestre et le tuyau d'arrosage le serpent.

On laisse tomber.

On liquide les meringues. On attaque une partie de Monopoly.

Et, le dimanche suivant, le docteur nous ayant prêté sa Citroën, on fait de la route et on tombe sur un chantier abandonné ou peut-être une carrière. On sait pas. Mais c'est un lieu sur lequel les plus renommés metteurs en scène se rueraient. On peut tout jouer là-dedans. Et pas de malaise pour les travellings. Y a des rails et des wagonnets faits pour.

Ce dimanche suivant c'était dimanche dernier et, aujourd'hui, on tourne.

On tourne *L'ALCOOL TUE*. UN FILM D'ALAIN RESNAIS – PRODUIT PAR LES FILMS DE LA ROUE (société constituée par Christiane après qu'elle a arraché non sans peine quelques billets de mille à sa mère, veuve aisée mais ladre), SCÉNARIO DE REMO FORLANI ET ROLAND DUBILLARD (le plus fatigant a pas été de pondre les cinq pages de cette pochade se voulant surréaliste, ça a été de convaincre les autres que les deux seuls de la bande à savoir tenir un stylo par le bon bout étaient Roland et moi), AVEC ROLAND DUBILLARD (un ouvrier), REMO FORLANI (un ouvrier), CHRISTIANE RENTY (une femme), COLETTE RENTY (une femme), PAUL RENTY (le contremaître).

Alain Resnais est mirifique en cinéaste de campagne. Gros chandail, gros cache-nez, imperméable – alors que le soleil est éclatant –, casquette en toile enfoncée jusqu'aux oreilles. Debout sur un tas de pierres, faisant le sémaphore avec ses bras, donnant des ordres précis, intelligents, sans la plus petite miette d'énervement. C'est un futur caïd du septième art, ça crève les yeux.

On en est au moment où Roland et moi, deux répugnants ouvriers imbibés de rouquin, deux abjects mécréants, vont tuer un curé. Ridicule adipeux prélat qui veut évangéliser ces deux repoussants individus. Tout cela n'a ni queue ni tête. Mais c'est voulu.

S'armant de sa caméra, Alain s'installe dans un wagonnet que Paul va pousser.

– On est en place ? Remo, ton rictus ! Et tu baves. Oui. C'est bon. Roland, ton pied, le gauche tu le recules. Pas tant. Là. Voilà. Alors silence. Et moteur !

Paul pousse. Alain filme. Le curé brandit désespérément son crucifix. Roland et moi avançons droit sur lui, nos visages de brutes rendus plus hideux encore par des grimaces haineuses.

– Stop !

Resnais n'aime pas ce qu'on fait. Il nous dit posément pourquoi. Nous reprenons nos places. Paul, en sueur, s'énerve.

– Oh ! Alain. Tu sais que c'est la quatrième prise et que, de la pellicule, on n'en a plus qu'une bobine.

Alain est olympien.

– Si tu veux que le film aille à Cannes l'an prochain…

L'alcool tue ira pas à Cannes. Nulle part ailleurs non plus. Son unique copie, Resnais s'empressera de la piquer. Pour la planquer ? La détruire ?

À part nous sept, personne jamais ne pourra se vanter d'avoir vu ce petit bijou.

Petit bijou ?

Ce qui est sûr c'est qu'on a passé un bon dimanche.

Le repas froid de maman Renty était tsoin tsoin. Claude Charpentier a été aussi monstrueux qu'ecclésiastique peut l'être. C'est le fils de Mme Charpentier qui dirige la ligue d'action catholique de Bondy, qui milite pour le très bien-pensant MRP et qui, comme Mme Renty, en a plein la bouche quand elle cite le nom de Proust.

L'alcool tue. Un jour viendra où les biographes de Resnais – et ils seront légion – gloseront sur cette petite farce dont ils ne sauront rien.

Encore un bien joli corps de métier, les biographes !

Un vermouth avec André Breton

Auprès de onze bouquinistes on a dû pleurailler pour s'en débarrasser des trois Pléiades qui s'empoussiéraient dans la chambre de Colette depuis sa première communion. Offrir des milliers de pages de Corneille et Péguy, même reliées cuir, à une minette, faut l'oser. Jamais elles n'ont été ouvertes, ces Pléiades. Elle les gardait pour s'en repaître, s'en pourlécher plus tard, très tard, Cocolo. Et les voilà bradées pour qu'on puisse m'acheter des chaussures, mes luxueuses chaussures de vendeur de tableaux ayant rendu l'âme.

Élégamment mocassiné, j'arpente le boulevard Saint-Germain. Sans Colette qui, sitôt moi chaussé, est partie gagner notre pain quotidien au TEC.

C'est le printemps. Aux terrasses y a du beau linge. Des tristes tronches aussi. Avec Sartre sont attablés des types que je connais. Que de vue, et c'est déjà de trop. Jean Cau, le grouillot pensant de Sartre et d'autres pisse-copie des *Temps modernes*. Une revue existentialiste que Gallimard édite à la place de la vieille *Nouvelle Revue française* interdite pour cause de collaboration. *Les Temps modernes,* je l'achète et le lis. Pour les auteurs américains qui sont dedans et qui me vont très bien. Mais les articles de fond, de morale existentielle, très peu pour moi. On dit que Sartre est notre grand philosophe, qu'il sera au Nobel, ira au Panthéon.

Il va surtout dans les boîtes à la con du quartier. Au Tabou où y a des nuits folles, où on élit des miss Poubelle, où on dit que l'existence précède l'essence en pintant du whisky trop cher.

Je fais le méprisant, mais je m'y laisse entraîner à l'occasion dans ces boîtes. J'y danse pas le be-bop. Quand même pas. Colette si. Et son frère et Christiane. Et Vadim. Qui ne manque jamais de me demander quand il va paraître le journal avec ses contes de fées.

Quand ?

Truffert, que j'avais laissé choir pour cause d'activités cinématographiques, m'a chopé hier rue des Beaux-Arts et entraîné chez Lipp. Et forcé à manger les plats les plus chers et à boire du vin à millésime. Il portait un costume croisé gris à fines rayures et il m'a expliqué que vouloir lancer un journal, un seul, c'était l'erreur à ne commettre à aucun prix. Et il l'avait commise. Et sa coulpe il la battait. Et pas d'une seule main, des deux. Mais que…

Mais que ?

Tout en anesthésiant ses huîtres avec du vinaigre à l'échalote, il m'a fait savoir où il en était, où *nous* en étions. Notre canard il allait être dans les kiosques bientôt. Mais pas tout seul. Les autres publications du groupe en même temps y seraient. Du groupe. Parce que c'était plus un hebdo, un seul, qu'il allait éditer. En plus du *Journal de Roland*, y aurait un magazine scientifique, un mensuel ésotérique, un hebdo de mode avec que des photos, un quotidien hippique… Une agence de presse il créait. Énorme. Il avait des vues sur deux immeubles. Pas un étage ou deux. Des immeubles entiers. Du côté des Grands Boulevards. C'était plus un ami à lui plein aux as et une loge qui étaient prêts à se défoncer pour Truffert, c'était dix Crésus, toutes les loges maçonniques de France, d'Espagne, d'Irlande, de Papouasie qui misaient sur lui. Parce qu'il avait des accointances… Parce que…

Je l'ai chaudement félicité et je lui ai demandé, comme ça, l'air de rien, si il pouvait me filer un petit billet ou deux. Il avait sur lui que de la menue monnaie. Que j'ai raflée. Et salut, Trutru, à bientôt.

– À l'agence. On va faire une de ces putains de crémaillère !

Je souhaite sincèrement qu'il devienne magnat de la presse, le Truffert. Avec villa sur la Côte d'Azur, voiture et chauffeur. Mais je le vois plutôt redevenir comptable. À moins qu'il se contente de se faire liquider par une mastoc cirrhose.

Bien mes mocassins. Merci Cocolo.

Cet été, sans chaussettes je les porterai. Ça fera vagabond. Non. Je déconne. N'empêche que qu'est-ce que j'aime ça, me saper d'une certaine façon. Porter des habits pas comme tout le monde.

Brutalement, sans prévenir : coup de blues. Me vient l'idée, que j'aime pas, que j'exècre, que c'est le printemps. Le printemps quarante-sept. Et de quelle classe je suis ? Gagné ! Déjà j'ai reçu des papiers pour m'aviser que je vais dans les temps qui viennent être appelé sous les drapeaux. Moralité : je vais avoir droit dans les plus brefs délais à un seyant petit costard. Kaki. Avec le kébour, comme dit Gabin dans *Quai des Brumes*.

Et justement voilà Prévert. Mégot de cigarette anglaise collé à la lèvre inférieure. J'ai droit à son inimitable bonjour. Et à celui de qui est avec lui. Montand, le chanteur qui fait l'acteur. Et qui voilà encore ?

André Breton.

Qui regarde Prévert qui le regarde.

De vieux compagnons qui ont eu jadis des mots, plus que des mots. Ils se saluent. Sans chaleur. Prévert fait les présentations.

– Yves Montand avec qui je fais un film, Forlani.

Il dit pas mon prénom. Qu'il connaisse mon nom c'est déjà princier.

Un ange passe. Pas le mien. Celui qui a la rude tâche de se pointer dès que les gens ont plus rien à se dire.

C'est Prévert qui rompt le silence.

– Il faudrait qu'on se revoie, André, qu'on bavarde.

– Certainement.

Serrements de mains, Prévert et Montand entrent au Flore.

Breton regarde au loin. Très loin. Puis il voit que je suis toujours là, planté.

– Je peux vous offrir un apéritif ?

C'est à moi qu'il fait cette proposition. À moi. Bon André Breton, magnanime, miséricordieux André Breton.

Je me retrouve assis à la terrasse des Deux Magots avec une de mes idoles. C'est le mot. Il a commandé un vermouth, j'ai commandé un vermouth.

Il bourre sa pipe. Je pense même pas à sortir la mienne de ma poche. Je suis paralysé. Je serais un poussin en train de prendre l'apéro avec un python que je serais pas plus fasciné. J'en tremble. Me voilà parti pour me repayer le tête-à-tête avec Picasso. Non ! Merde ! Faut pas. Je m'humecte les lèvres de vermouth. Je respire un bon coup. J'y vais.

– Le soir… à la Sorbonne… le soir de Tristan Tzara… quand vous êtes sorti, j'ai suivi le mouvement.

Il a un sourire triste. Et si digne.

– Ce malheureux Tristan a les pieds et poings liés. Il ne parle plus en son nom. La barbarie n'est-ce pas…

Comme un livre il parle. Et pas un livre à lire sur des plages en bronzant. C'est un prophète que j'entends. Un Zarathoustra sirotant son apéro. Cette chance !

Je la boucle. Il évoque le Cabaret Voltaire, le Cœur à barbe, Picabia, Tzara, Apollinaire aussi. Ah ! il me gâte. Pas tant, j'en demandais. André Breton me parle. À moi.

Qui passe sur le boulevard peut le constater.

Vient le moment où il se rend compte que distiller autant de sublimités à l'unique intention du crétin que je suis c'est pousser un peu loin le gaspillage, qu'il y a abus. Poliment, il me le signifie.

– Mais je vous retiens. Sans doute avez-vous à faire.

Ça fait plus important de dire oui que non. Je dis oui monsieur. Je me lève, je remercie vivement, je calte.

– J'espère que nous nous reverrons, jeune homme.

Qui vivra verra. Ce qui est sûr, c'est que, si un jour j'écris mes mémoires, ça me fera une page ou deux. « La fois où André Breton m'a payé un apéritif : c'était un matin de printemps. Un matin à chaussures neuves. Des mocassins. Je bavardais avec le poète Jacques Prévert et un chanteur en vogue qui venait de tourner le rôle principal d'un film intitulé *Les Portes de la nuit* quand survint… »

Faudrait que je sois devenu bien vieux et bien sénile pour écrire un jour de telles niaiseries.

Je vais aller voir au Flore s'il reste un coin où poser mon cul. Faut que je tue le temps qui me reste avant qu'il soit l'heure que Colette me paye de quoi me caler le ventre.

Je mangerais bien chinois aujourd'hui.

Dora Maar

Une journée bien remplie. Ça oui.

Comme je remonte d'un pipi, le premier du jour, dans l'escalier, je tombe sur Charlot mon voisin. Avec ses deux yeux pour une fois. Le bon et le faux.

– Salut, Remo.

– Salut, Charlot. Ça va comme tu veux ?

– T'as deux minutes ?

– Ouais.

– Alors, que je te raconte. (*Il baisse la voix.*) Mme Doré, la bignole. Tu sais que son bonhomme c'est un taré de première. Qu'il a pas inventé l'eau chaude. Même pas la froide. En plus, ce minus, il la cogne. La dernière tournée elle a été si soignée qu'il lui a pété une dent. Alors hier elle monte chez moi vu qu'elle sait que j'ai une sœur assistante de dentiste. J'écoutais mon phono. Fréhel. Elle me dit que ce que j'écoute c'est beau. Je lui dis que si ça lui dit d'écouter avec moi y a pas de problème. Elle se pose sur mon fauteuil. Je lui propose une goutte de cassis. Et de fil en aiguille… Oui, Remo. Sur mon fauteuil. Et en beauté.

– Tu t'emmerdes pas, toi ?

– T'es un homme, t'es un homme. On se refait pas. Mais y a un os.

– Tu lui as fait un bébé ?

– De toute façon elle est mariée. L'os c'est que je crois que je suis tombé raide dingue d'elle.

– C'est bath d'être amoureux.

– C'est bath et pas bath. Tout le monde sait comme elle est Raymonde Doré. Une coucheuse. Ton père, Masseboeuf, Fourrier le teinturier et va savoir qui encore. Tous... Sans aller plus loin : toi.

– Charlot, je peux te jurer que...

– Tu m'étonnes. Mais si tu le dis. N'empêche que se mettre à avoir du sentiment pour une traînée pareille...

– Peut-être que tu peux la raisonner. Que, vous deux, ça peut devenir une belle histoire. Qui dure.

– Une femme qu'a ça dans le sang...

Je monte une marche.

– Dis-lui que t'es amoureux, que c'était pas uniquement pour coucher.

– Ah, si c'était que pour ça. Mais depuis je peux plus penser qu'à elle.

Je laisse Charlot à ses embrouilles cornéliennes. Je petit-déjeune, me sape et vais en métro à Palais-Royal où Truffert – nouveau complet, avec gilet, ce coup-ci, dans les marron chiné, hideux – m'attend chez Ruc pour que je lui passe la maquette du *Journal de Roland* qu'il doit présenter à un Italien terriblement intéressé.

– *Il giornale di Orlando !* Il est déjà emballé par le titre, ton compatriote. Mais quand il va voir notre boulot... Il est Grand Maître d'une loge qui... Je t'en dis pas plus. Je dois pas. Mais. C'est fabuleux comme tout s'enchaîne. Triste con que j'étais, je voyais que la France. C'est l'Europe qu'il faut viser. Je prends le dix-neuf heures quinze gare de Lyon. Demain soir au plus tard, je saurai. Et ça sera du bon. De l'excellent. Auquel cas faut me promettre que ton cinéma, t'y mettras un frein. Au moins le temps que la machine se mette en mouvement.

Promis. Le cinéma j'y mettrai un frein. Le temps que. Tu parles !

Cinq mille francs il m'a donné. Cinq grands billets pas froissés, comme neufs. Ce qui va faire : un pour Yves Robert à qui j'en dois deux. Mais il peut attendre, il est sur une affaire de cabaret qui devrait lui rapporter de l'or. Je vais rendre aussi deux cents balles à Louis Pauwels qui n'arrête plus de faire râler tous les staliniens du TEC en chantant les louanges de Bouddha. Ce que je trouve sympa. Ah ! y a aussi Loris. Trois cents balles. Ce qui me laisse largement de quoi aller voir dans une librairie si le nouveau Prévert est arrivé. *Histoires*. J'ai hâte de voir ça.

Sur qui je tombe dans la librairie ? François Truffaut, le coursier, le jeune protégé de Bazin. Il repose sur le comptoir l'épais volume qu'il était en train de feuilleter et s'approche de moi.

– Oh ! monsieur Remo…

– Tu peux me tutoyer, tu sais.

– Oui. C'est mieux. Faut que je te demande quelque chose.

– Oui. Quoi ?

– Au TEC, c'est pas la peine de dire que vous m'avez vu. Que tu m'as vu. Je suis pas là. Pas à Paris. C'est à cause de ma mère. Je suis allé la voir en province. Alors…

– Tu fais ce que tu veux. T'as vu si le Prévert, le nouveau, est là ?

– Prévert c'est nul. C'est de la fausse poésie d'avant-guerre. Ça bavasse, ça bavasse pour rien dire. Rien qui fasse avancer le film. Cinq fois j'ai vu *Les Enfants du paradis*. On couperait la moitié des dialogues qu'on en saurait autant. Une fois il a été bon, Prévert. Quand il a écrit *Le Crime de M. Lange*. Mais c'était avec Renoir.

Renoir. Nous y voilà ! Va suivre Rossellini. On comprend pourquoi André Bazin l'a pêché dans son école le Truffaut. Fallait à Allah Bazin un prophète pour traduire en français parlé ses digressions brumeuses. Pour l'heure, il est amusant le petit Truffaut. Je lui offre un café debout à un comptoir et je vais au TEC où je tombe sur un joli grabuge.

Delarue engueule Colette et Zézette. C'est qu'elles ont commis la faute grave de confier la somme représentant le prix de mille timbres à qui il ne fallait pas. À François Truffaut. Qui est parti acheter les timbres à la Poste et n'en est pas revenu. Depuis hier matin il a disparu. Ce dont Delarue se torche. Excessivement, il s'en torche. Que ce petit merdeux toujours à vouloir donner des leçons à tout le monde se soit volatilisé, tant mieux. On le pleurera pas. Mais les mille timbres pour expédier les mille invitations pour la conférence de l'abbé Morel sur Picasso ? C'est pas compliqué : Colette et Zézette se retrouveront avec des mois écornés.

Mauvaise nouvelle pour ceux qui, comme Toto et moi, adorent manger des saucisses-frites aux frais de ces aimables créatures.

Suite logique des événements, c'est moi qui régale. Dans un petit restau italien près du marché Saint-Germain. Spaghetti per tre. Con salsa bolognese.

Zézette a grand faim. Zézette est remontée.

– Si ce gros mal blanc de Delarue nous retient seulement dix sous, j'y fous le feu à son TEC.

C'est une anar Zézette.

Colette est révolutionnaire. Donc plus posée.

– Le feu c'est pas une solution. Mais on peut très bien faire la grève des billets. Aux adhérents qui viennent pour acheter des places, à ceux qui téléphonent, on répond : y en a plus. C'est complet. Cela dit, le petit Truffaut il est mignon, n'empêche que c'est nous qui sommes dans les emmerdes.

Zézette s'attendrit sur le petit Truffaut.

– C'est un môme encore. Moi, à son âge… On totaliserait tout ce que j'ai pu chourer depuis mon premier bâton de rouge à lèvres à la Samaritaine. Et pas pour moi. J'avais cinq ans. Pour ma sœur.

– Celle qu'est au couvent ?

– L'autre, l'aînée, Denise. Et tu sais comment elle a réagi, cette grosse pute. La prochaine fois prends-en du moins foncé, elle m'a dit, le grenat ça me fait une vilaine bouche comme maman.

On oublie l'argent piqué par Truffaut, les menaces de Delarue. Les spaghetti on les arrose au chianti. Et on les fait suivre par trois escalopes milanaises.

– Et Toto ? je demande.

– Il a un nom. Pierre il s'appelle. Toto ! ça a l'air de quoi, Toto ? Déjà que tout le mine, tout le fait cafarder.

– Il a des ennuis ?

– Il a que des ennuis. Ses parents qui veulent absolument qu'il se trouve un travail. Lui qui veut pas travailler, à moins de faire un boulot artistique, mais qui sait qu'il a aucun don pour aucun art. Si t'ajoutes à ça qu'il est cocu…

– Comment il le serait ?

– Chez qui je dors depuis huit jours ?

Colette en laisse choir la rondelle de citron avec laquelle elle inondait sa milanaise.

– C'est pas vrai ?

– Si, ma Colette.

– Tu le trouvais snob, ridicule.

– On peut changer d'avis.

De qui elles parlent ? Je veux savoir. Je demande le nom. C'est qui ? C'est qui ?

– Désolé, Remo. Ça pourrait faire des drames. C'est un homme marié.

Ni l'une ni l'autre me dira. J'en suis réduit à passer en revue tous les mecs possibles. Pas Delarue. Pas Jean-Marie Serreau qui est pas à Paris. Pas le petit Truffaut. Pas Bazin qui est en pleine romance avec Cerise qui est, du coup, devenue secrétaire de la section Cinéma. Louis Pauwels ? Yves Robert ? Jean-Louis Barrault qui vient des fois donner des cours de mime ? Tout de même pas Garnier, le couperosé qui initie à la connaissance de Mozart une nuée de goitreux ? Courmes, le peintre qui donne des cours de dessin ? C'est qu'il en vient du monde au TEC. Raymond Duncan, qui a dans les cent ans, qui se balade habillé en Grec du temps d'Homère et qui dédie ses cours de danse gymnique à la mémoire de sa regrettée sœurette Isadora ? Le vieux père Dullin ? Armand Salacrou ? Georges Duhamel ? Ils font partie du TEC eux aussi et, dans la mesure où, avant qu'elle fasse des galipettes avec, Zézette trouvait son amant snob et ridicule. Jacques Noël ? Chris Marker ?

Marre. Je laisse tomber. On saura pas qui fait cocu Toto.

Toto que je trouve, une fois quittées Cocolo et sa débauchée de copine, en train de glander devant l'église Saint-Germain-des-Prés.

Je tombe bien. Il cherchait qui taper d'une clope. On va fumer sur un banc dans le square à côté de l'église. Je lui trouve l'air défait. Mais c'est son air de tout le temps.

– T'as quoi, Pierre ? T'es dans les soucis.

– Je m'appelle plus Toto ?

– Si. Mais... Pierre c'est pas mal. C'est...

– Te fatigue pas. Ce que j'aurais voulu c'est m'appeler Sidney ou Billy ou Joe. Et être saxo ténor. Ou batteur. Et pas ici. À Harlem.

– T'es un peu pâlichon, non ?

– C'est bien ça mon malheur. Quand t'as des parents assez racistes pour pas être nègres.

Son mégot il le laisse pas tomber dans la terre pour l'écraser. Il l'envoie dinguer d'une pichenette. Loin.

– Un jour tu vas faire mouche sur le nez d'un passant.

– Les passants, je les encule. Si y pouvaient tous crever, les passants.

Cher Toto. Toujours partant pour laisser parler son cœur.

On s'en fume deux autres.

Vicieusement, j'aiguille la conversation là où je devrais pas.

– Et avec Zézette, ça va ?

– Pourquoi ça irait pas ? Zézette je l'aime bien. C'est une fille nette. Elle est ronde de partout. Ça me plaît les filles rondes. Et puis avec Zézette c'est sans malaise. Net. Depuis quelque temps – mais va pas la tracasser avec ça – j'ai une bonne amie à Robinson. Me regarde pas comme ça. Je te révèle pas que j'ai dévalisé une banque. J'ai une bonne amie, j'ai une bonne amie. C'est pas une tragédie. Sur la plate-forme du bus on s'est connus. Ça faisait un moment qu'on se biglait. Une rouquibiche. Pas grande. Mais gaulée. Elle montait deux sections après moi et descendait à Porte d'Orléans comme moi. Toujours dans les mêmes heures. Et on se regarde, on se regarde. On parle pas. Et je tenais plus. Ça me chauffait. Faut croire qu'elle aussi. Et c'est arrivé. Je prends mon bus.

Elle grimpe deux sections plus loin. Et, à l'arrêt d'après, elle me fait un sourire et elle descend. Le bus redémarrait. J'ai sauté. Elle m'attendait. On s'est présentés. Pierre, Clémentine. On était en bordure du bois. On est entrés dedans. C'est une étudiante. Dans le bois de Verrières on fait ça.

Mais qu'est-ce qu'ils ont tous ? Charlot et la bignole, Zézette et l'inconnu de la rue des Beaux-Arts, Toto et une fille de bus.

Il est trois heures. Je file à Toto un peu de fric.

– Pour trinquer à ma santé, avec ta Clémentine.

Quand j'arrive au Sélect, Resnais et Oscar sont déjà en train de parler. Enfin Dominguez pérore, Resnais l'écoute. Il a déjà son compte, Oscar. Il aligne des idées pas terribles. Que ça serait bien qu'il soit habillé en torero pour le film. Ou qu'il soit tout nu. Resnais hoche poliment la tête. Il fait celui qui dit pas mot et consent. Mon œil. Je commence à le connaître, le Breton. Il filmera ce qu'il veut et rien d'autre.

Oscar est au porto. Resnais au thé. Je vais pour commander un porto. Faut pas. Un thé citron je prends.

Oscar se lève. Il retire sa veste. Il a encore trop chaud, il arrache ses manches de chemise.

J'invente pas. Il les arrache. Ses deux manches de chemise en soie jaune d'or.

Au Sélect on en a vu d'autres. Mais quand même. Tous les regards sont braqués sur Oscar.

Resnais sucre son thé, le boit posément.

Oscar est en crise.

– C'est défendu d'avoir chaud ? Chaud à Paris comme à Ténériffe. Mais au moins, à Ténériffe, il y a des oiseaux de mille couleurs. Alors j'y retourne.

Et il s'en va, marchant à grands pas sur le boulevard Montparnasse.

Resnais est toujours à son thé, toujours calme. Comme si rien ne s'était passé.

– Je crois que j'ai trouvé le titre, Remo. Ce film sur Dominguez on pourrait l'appeler *Campagne-Première*.

C'est le nom de sa rue à Oscar. C'est là que je vais sonner à sa porte une heure plus tard. Je lui rapporte sa veste et deux manches de chemise.

On vient m'ouvrir mais c'est pas lui.

C'est une femme. Une très belle femme. Facile à identifier. Dora Maar.

Une grande amie d'Oscar. Souvent il m'en a parlé, il m'a parlé de sa liaison passionnée et orageuse avec Picasso.

Elle est vêtue de noir, elle ressemble à ceux de ses portraits qui lui ressemblent.

– Ah ! vous avez la veste. Il dort.

– J'ai les manches aussi.

– C'est un enfant. Un vieil enfant terrible qui croit que…

À peine si je l'écoute. Trop occupé je suis à la trouver belle. C'est comme si j'étais face à la Nadja de Breton. Mais Nadja ça n'a peut-être été qu'une songerie d'écrivain. Dora Maar, elle est à un pas de moi, bien réelle, plantureuse. Je pourrais la toucher.

Toucher Dora Maar.

Ça aurait une autre allure que les couchailleries de Charlot, Zézette, Toto. Que toutes les couchailleries.

Mes yeux doivent me sortir de la tête.

– Bon eh bien… Merci. Merci infiniment, monsieur.

J'ai dû balbutier un « au revoir madame ». C'est possible. Je suis assez con pour ça.

J'ai peut-être loupé la grande histoire de ma vie. Il aurait peut-être suffi d'un geste.

Entré sans même y faire attention dans le cimetière Montparnasse, je m'assieds sur une tombe et je clope.

Ça durera ce que ça durera, mais ce que je ressens c'est de l'inédit, du tout neuf. Je comprends que je suis fait pour vivre des passions démesurées. Comme les grands héros des grands films, des grands romans. C'est excitant et effrayant. J'aime ça.

En attendant Colette, au Flore, j'ai droit à un sourire de Giacometti, à ma poignée de main de Kosma le musicien de

Prévert et à une bise d'Édith Perret, qui est comédienne et très marrante.

Colette vient me chercher pour aller voir le film de Malraux *L'Espoir*. Dire que je me régale d'avance serait mentir. À la sortie je ne le cache pas que ça m'a emmerdé. Son film au lèche-pompes du Général, il ressemble à ses romans.

J'énerve si fort Colette qu'elle descend dans son métro sans même m'embrasser.

Tant pis.

Je rentre à pied. Sans me presser. Elle peut se les garder ses baisers, Colette. Je suis très attaché à elle. On s'entend bien.

Mais…

L'Allemagne

Maurice Ronet qui est comme moi de la classe quarante-sept un n'a pas répondu dans les délais à son appel sous les drapeaux. Ce qui lui vaut de faire son service militaire dans un régiment spécial fortes têtes. Il va en roter.

Moi, j'étais à l'heure pile à la caserne de Reuilly boulevard Diderot, Paris douzième.

Obéissant. Bon citoyen.

Qui finira son temps avec le grade de maréchal des logis. Et pas un jour de taule, pas un jour de consigne. D'élite. Bien vu, bien noté, l'artilleur Forlani.

Ce qui, je pense, me donne le droit de déclarer haut et fort que le service militaire c'est de la merde. De la pure merde.

On prend un mec de vingt ans. Un mec qui se la coule plutôt douce dans une ville qui est sa ville. Et on le fait grimper dans un wagon de chemin de fer. Wagon de troisième classe avec banquettes en bois et cradingue, déglingué. Avec le trop-plein de mecs aussi hébétés que lui. On les entasse, on leur donne à claper des conserves pas bonnes, du pain pas bon. Et en avant toutes. Direction le nord de l'Allemagne. Pas le bout du monde. Mais, le voyage, il dure près de trois jours avec des arrêts dans des gares perdues, sur des bouts de voies désolants. Et tu dors assis sur les banquettes qui te cassent le dos, les reins, le croupion. Pas d'un sommeil normal, qui repose. Tu dors par petites bouffées qui font que te rendre pâteux. Et les simili-débarbouillages dans des chiottes de wagons de troisième ou à des fontaines de quais n'arrangent rien. Évidemment, t'essayes de bouquiner. Moi, un roman traduit de l'américain, excellent, *Un pauvre type* d'Erskine Caldwell, cadeau d'au revoir de Colette. Heureusement que j'avais ça et une cartouche de Lucky. Mais avec tous ces abrutis bavassant, sifflant des airs que t'aimes pas, fredonnant des chansons casse-couilles, sentant leurs odeurs trop près de moi…

Terminus : le camp de Baumolder. D'accord, c'était pas Biribi, pas Alcatraz. N'empêche que Baumolder… Une caserne. Allemande. Hitlérienne. Construite pour que des saloperies de troufions nazis s'y aguerrissent.

Parce qu'on les a vaincus les Allemands, faut qu'on occupe leur pays. Y a des traditions.

Mais y a deux poids deux mesures. L'occupant allemand qui est resté quatre années chez nous il a eu droit à un maximum de distractions, il faisait pas que torturer des pas collabos, que fusiller des otages, il pouvait aller dans les boîtes de Pigalle, aux Folies-Bergère, au Moulin-Rouge, il pouvait aller écouter Trenet et Tino Rossi, il pouvait coucher avec des femmes qui finiraient tondues.

L'occupant français, de la classe quarante-sept, lui, est cloîtré dans une forteresse, loin de tout, avec aucune perme, aucune sortie en ville, avec défense absolue de faire quoi que ce soit d'un peu divertissant.

À Baumolder, même pas de bordel militaire de campagne, pas l'ombre d'une pute. T'as vingt ans, t'as droit qu'à la paluche et rien d'autre. L'onanisme, Dieu sait que j'ai rien contre. Mais se l'empoigner solitaire quatorze mois d'affilée, ça lasse.

Et t'as les fringues. L'uniforme. Autant dire la honte. Et les chefs et les chefaillons. Le bricard, le margi, les officiers. Un capitaine Dedieu et un colonel Humbert, j'ai eu au 421e RAA. Et un adjudant Rouerou qui, c'est pas des vérités qu'on oublie, aimait à dire « qu'avec toutes les belles poules qu'y a sur terre faudrait avoir dix bites ». C'était pas le mauvais homme, l'adjudant Rouerou. Il avait fait les colonies qui voulaient plus être des colonies. Il avait des médailles, des cicatrices, des tatouages. La panoplie complète. Quand un appelé avait fait une bavure de taille, il lui proposait de retirer ses galons et de l'affronter à la boxe. Jamais j'ai vu qui que ce soit relever le défi. Le cachot foutait moins les flûtes que les poings de l'adjudant.

Je mélange tout. S'y retrouver, pas possible, l'adjudant Rouerou c'est qu'après. D'abord y a eu la chambrée. T'arrives dans le camp qui fait peur et t'as une volée de bricards teigneux, des engagés, qui te réceptionnent et gueulent des noms dans l'immense cour pour faire savoir à chaque bleu où il est affecté. Étant donné que c'est des presque illettrés les papiers qu'ils ont en main ils ont peine à les déchiffrer et tous en même temps ils gueulent. T'as intérêt à écouter. Et à repérer les noms qu'ils disent. Prononcer Boudin pour Blondin ou Lavisse pour Lévy ça les gêne pas. Rien les gêne. Si ils disent de travers ton nom et que tu rappliques pas aussi sec c'est que t'es un enfoiré qu'entend de travers. Ou insoumis. Auquel cas : insultes, punition.

J'ai eu un bol insensé, le premier matin. C'était un Corse le brigadier qui m'appellait. Forlani c'était un nom dans ses cordes. Il m'a appris que j'étais affecté à la BCG2. C'était quoi ? Je me suis retrouvé dans une piaule avec quarante lits de militaires. Soit des machins pour campeurs en ferraille et en toile, kaki, avec du drap en toile émeri, une couverture kaki. Tout ça demandant qu'à s'effondrer. Soldat, t'as pas intérêt à faire des rêves tumultueux.

La chambrée à quarante on peut pas s'y faire. Surtout quand, à part moi, un brave gros de Gentilly qu'avait un accordéon, un beau garçon nommé Bouvier qui voulait devenir ingénieur et un blond triste, Lucien, les autres, tous les autres, sont des Landais, des ploucs landais qui ont des tonnes de saucissons, de terrines de pâté, des fromages sentant la pisse de vache, à manger qu'entre eux et qui, ces ordures vivantes, font que lâcher des pets et trouver ça hilarant.

Ma première nuit en Allemagne, j'ai pleuré.

Le lendemain, avant même le petit jour, une trompette nous a réveillés trop tôt. On s'est bousculés pour aller se débarbouiller comme faire se peut dans une sorte de grande grande morgue avec un robinet pour quatre. On a traversé une cour vaste comme deux places de la Concorde pour gagner le réfectoire où nous attendaient des quarts de boules de pain répugnant de fabrication locale, de copieuses tranches de fromage de tête glacé parce que sortant d'un frigo et, autant qu'on en voulait, du faux café sans lait tellement sacchariné que c'était à vomir. Y a eu quelques vomissements de premier jour. Mais au fil du temps ça se produit plus ce genre d'incident.

Ainsi lestés, on a été faire la queue à l'habillement. Des heures ça a duré.

Mais c'est là que le CST (Canonnier Servant Tireur) Forlani a sorti de sa manche son premier atout.

On m'a trouvé des chemises pas trop courtes de manches, un pantalon, une vareuse, un blouson, une redingote, un calot, deux casques (le lourd pour le casse-pipe, le léger pour faire l'élégant), des chaussettes en laine qui grattait.

Mais arrivé aux croquenots, stupeur générale.

De la classe quarante-sept, j'étais le seul à chausser du quarante-sept. Et cette pointure, désolés navrés, les magasiniers ils l'avaient pas. On m'a fait essayer du quarante-six. À deux ils se sont mis à m'aider. Même en forçant à fond, mes pieds ils entraient pas.

Ça tenait du miracle.

Une estafette a filoché en jeep à la ville la plus proche nanti d'un formulaire paraphé par qui de droit. Moi, j'ai reçu ordre de rester dans la chambrée jusqu'à nouvel ordre.

Privé d'exercice pour cause de non-tenue réglementaire complète. Autorisé à aller à la cantine, en uniforme bien évidemment, mais avec des chaussures civiles.

Je jure que c'est authentique. Si les souris les ont pas bouffés, des documents doivent encore en faire foi dans les archives du 421e RAA.

J'ai donc gardé la chambre pendant que mes compagnons d'infortune apprenaient à marcher au pas, à faire des demi-tours, à se mettre au garde-à-vous. Exercices qui ont pour effet de transformer en peu de temps l'esprit le plus brillant en crétin absolu. Je vous laisse à penser quelles incidences ça peut avoir sur l'intellect rabougri d'un Landais pétomane.

Je les regardais souffrir et s'abrutir dans la cour. Je les regardais obéir. J'avais honte pour eux. Honte pour l'espèce humaine qui a inventé les armées.

Et je fainéantais sur mon ersatz de lit. J'ai lu vingt fois *Un pauvre type.* C'était pas le seul livre que j'avais fourré dans ma valoche. Le *Manifeste du surréalisme* j'avais aussi. *Mort à crédit.* Deux séries noires de James Hadley Chase. Un traité de philo en prime. Don de Paul Renty. Écrit par un certain Pulitzer. M'a pas fallu un quart d'heure pour avoir envie de le foutre à la poubelle ce torchon. De la philo déjà faut se méfier. Mais, si elle est marxiste. Je l'ai donné à Bouvier qui en ingurgite une page par jour, les jours où l'exercice l'a pas tué.

On a beau nous gaver de fromage de tête et de boudin froid au petit déjeuner, de purées de ce qu'on voudra bien visqueuses bien lourdes, de bassines de lentilles à cailloux, de viandes graisseuses, de saletés qu'on voit même pas ce que ça veut être, tous ceux de ma classe ils maigrissent à vue d'œil. Ça affine son homme les marches forcées, les présentez-reposez armes à des cadences infernales.

Moi, je me remplume. Je prends de la joue, du ventre. C'est que je dors dans les seize, dix-sept heures par jour. Dame : exempté d'exercices.

Y a quand même un maréchal des logis, le margi Lefrançois plus communément nommé Tête-de-burne, qui trouve intelligent de remarquer que, même en charentaises, même pieds nus, on peut éplucher des légumes. Grâce à ce fils de pute, me voilà nanti d'un couteau économique et obligé de passer un long moment chaque matin aux cuisines à peler des patates, des topinambours, des navets, des raves et à gratter de la carotte, à débarrasser de leurs feuilles les plus pourries des laitues et des scaroles. Tous végétaux arrivant à Baumolder dans un fichu état car acheminés depuis la France par trains poussifs empruntant des voies sinistrées. Pour les frisés, occuper ça signifiait vider les garde-manger. Nous, non seulement on leur pique même pas une queue de radis à nos occupés, mais on leur en donne, du manger. Officiel. On voudrait surtout pas qu'ils crèvent de faim les nazis rescapés, les SS à la retraite. On les choye. Et je parle pas des Américains, des GI cantonnés à quelques kilomètres de notre lieu de villégiature, qui ripaillent, eux, avec du chicken first choice, des steaks d'un kilo et des œufs pondus le matin même dans l'Ohio ou l'Arkansas importés par avions spéciaux et qui traitent les Fritz comme des volailles à l'engrais.

La corvée de peluches ça me démoralise. Et ça abîme mes mains que j'ai si belles.

Giselle les trouvait belles, Colette les trouve belles. J'ai des mains magnifiques. Sans blague.

Dora Maar, sur le seuil de l'atelier d'Oscar, elle les a remarquées mes mains ?

Souvent je la revois, la Dora. Tout en noir. Pas souriante. Tragique.

Emplir des baquets de légumes à rata dépiautés avec application dans une cuisine fleurant le graillon alors qu'on pourrait être dans le sixième arrondissement de Paris à faire le gracieux devant des Dora Maar, y a pas de quoi se buter ?

Tout me rend cafardeux. Même le courrier qui met autant de temps à arriver que les patates véreuses et les salades pourries.

Les lettres c'est mon seul lien avec la vie. La vraie. Celle de Saint-Germain-des-Prés, du carrefour Vavin, du soixante-quatorze avenue Ledru-Rollin, de Bondy le dimanche. Ici, en Bochie, c'est la mort.

Colette m'écrit au moins une fois la semaine. Avec énormément d'amour et pas mal de fautes d'orthographe. Elle me dit combien je lui manque, combien elle a envie qu'on s'embrasse, qu'on se fasse des câlins dans le petit lit au-dessus du cabinet médical, quand son père fait ses visites à domicile, que je lui dise qu'elle est ma Cocolo. Elle me tient au courant de tout ce qui se passe au TEC et dans ses environs. Yves Robert, son cabaret va ouvrir. Rue de Rennes. La Rose rouge ça va s'appeler. Et on y verra un spectacle écrit par Boris Vian. Avec que des comédiens que je connais. La fiancée d'Yves, Rosy Varte, Edmond Tamiz, les Frères Jacques qui deviennent tout à fait des vedettes. Peut-être même Gréco y fera un tour de chant. Serreau est en tournée en Allemagne, il joue pour les troupes d'occupation. Ça serait formidable qu'il vienne jouer dans le camp où je suis, elle m'écrit Colette.

Truffert m'écrit pas. Mais il m'envoie des colis. Des colis de plusieurs cartouches de cigarettes américaines. C'est vachement sympa. Mais, je le saurai que plus tard, après la quille, qu'il touche du pognon pour des chansons. Des chansons dont les textes sont les petits poèmes que j'avais écrits pour *Le Journal de Roland*. Comme il fallait les déposer à la Société des Auteurs pour toucher des droits quand ils passent à la radio et que j'étais pas là, il les a déposés *à son nom*, le fumier.

Des nouvelles j'en ai, des montagnes, très défraîchies, quand le docteur Renty m'expédie un colis de vieux numéros de *Combat*. Me plonger dedans c'est de la torture pure et simple. J'y découvre les comptes rendus de tous les films que je voudrais, et ne peux pas, voir, toutes les critiques d'expos, de livres qui m'échappent, parce que coincé dans cette maudite contrée.

On l'aurait perdue, la guerre, j'y serais, à Paris !

Mais a fallu qu'on la gagne. Pour m'exiler. Les salauds !

Être vaincu, d'accord, ça a pas que des avantages. C'est ce que j'ai vu quand on a fait une virée à Cologne. Une gâterie du colonel Humbert. En camions la virée, à trente par GMC tapeculs. Cologne, la perle de la Rhénanie du Nord. On avait mis nos tenues de sortie avec guêtres briquées au blanc d'Espagne et à la salive. On se doutait que ça serait pas une bamboula à tout casser, que c'était du tourisme sérieux, éducatif. Mais avoir vu ce qu'on a vu. Une ville, une grande ville remontant au Moyen Âge. En miettes. Avec des noms de rues inscrits sur des pancartes en contreplaqué fichées sur des pieux plantés de traviole dans des tas de pierres. Que des ruines. Que ça. Des kilomètres de rues pilonnées, concassées. Les avenues, les strasses fallait marcher dedans pour y croire. Ce tableau. Une demi-maison, une façade sans rien derrière, une école sans toit, un trou, un gouffre qui avait été jadis un grand restaurant, une boutique de loin en loin, retapée chichement avec pas de vitre à sa vitrine et rien à vendre dedans. Ou de la vaisselle dépareillée, des bécanes sans roues, des poupées sans cheveux, des nounours sans pattes. Et des baraquements, des guitounes en planches, en tôle, des tentes en toile rapiécée. Et des gens qui vont, qui viennent en faisant leur possible pour pas trop avoir l'air de clochards. Qui trimbalent des brocs, des seaux, des casseroles pour les emplir de flotte à des pompes.

Beaucoup d'éclopés avec des cannes, des bâtons.

On avait quartier libre jusqu'à dix-sept heures. Avec Bouvier et Bébert on a erré. Près de ce qui restait d'une gare on a bu des bières amères et pas alcoolisées.

On était écœurés. Médusés.

On est retourné aux camions. Bien avant l'heure prévue. On était si abattus qu'on la bouclait. Y a juste Bébert qu'a balancé une plaisanterie déplaisante. La prochaine fois, il nous enverra nous balader où, le colon ? À Buchenwald ?

De l'Allemagne, en douze mois, je n'ai vu que ce qui restait de Cologne.

Et une infirmerie de cauchemar. Mais plus tard, l'infirmerie.

D'abord, le jour est arrivé où l'état-major du 421e RAA au grand complet a passé le régiment en revue. Quatre fois le tour de la cour du camp. Avec musique, et au pas. Et j'en étais. Parce que mes croquenots avaient fini par arriver. Une semaine avant la fin des classes.

Avoir coupé à l'entraînement, aux randonnées avec tout le fourniment sur le dos, aux séances de rampement dans la gadoue, aux passages de fossés bourbeux agrippé à une corde, c'était le bonheur des bonheurs.

Mais ça impliquait que, faute d'avoir été « instruit », je ne pourrais prétendre à aucune promotion. Ce dont je me branlais et pas qu'un peu.

C'est alors que – cornaqué par mon ange gardien qui devait avoir fini de me bouder –, c'est alors qu'apparut le lieutenant Malebranche.

Petit-fils et fils et neveu et filleul de militaires, alors qu'il aurait tant voulu être coiffeur pour dames, il était lieutenant de carrière affecté à la batterie de commandement du 421e. En gros, c'était le souffre-douleur du capitaine Dedieu. Mais galonné, à privilèges.

Et il m'avait repéré. Il avait remarqué que j'étais un des rares soldats du camp à s'isoler avec des livres au lieu, comme tous les autres, de passer les heures creuses à taper dans un ballon, jouer aux cartes ou parier des tournées de vermouth de l'économat à qui cracherait ou pisserait le plus loin.

Il avait flairé le poète, l'artiste, ce pédé de lieutenant.

Car c'était une tante. Une honteuse. Mais tante jusqu'au bout de ses didis manucurés fallait voir comme.

Peut-être qu'il s'illusionnait, qu'il me voyait l'enfourchant, le plantant.

Je le chambre mais il a été bien. Il a eu l'idée d'une bibliothèque. Le camp en avait pas. Grave manquement. Alerté, le capitaine Dedieu donna pour mission au lieutenant d'y remédier. Pour ça fallait un bibliothécaire. Soit un artilleur, sous-officier ou, pour le moins, brigadier, capable de… Un nom fut cité. Le mien. J'avais toutes les qualités requises. Mais brigadier, je l'étais pas. Et n'ayant pas fait mes classes faute de chaussures à mon pied…

Une note de service fut hiérarchiquement adressée au colonel Humbert qui la signa sans en prendre connaissance.

Et me voilà cousant au fil rouge un galon de bricard sur mon blouson. On me traite de fayot, de chéri de lieutenant pédale. Pas Bouvier, pas Bébert, pas Lucien. Les trois seules fréquentations possibles à mille kilomètres à la ronde.

Bouvier, Lucien, de conduire des jeeps, des camions à crabotage, de bidouiller des téléphones de campagne, des radios, de comprendre comment ça fonctionne un canon, ça les branche. Pas Bébert. Bébert il veut que tirer au cul. Je m'arrange pour que le lieutenant l'affecte à la bibliothèque. À nous deux on va faire du chié boulot. Surtout Bébert qui m'avoue avoir abandonné un Jules Verne à la page onze et avoir ouvert aucun autre livre depuis.

– C'était *De la Terre à la Lune*. On me l'avait acheté pour mes neuf ans. J'ai pas aimé.

– Tu lis bien un journal de temps en temps.

– Non.

– Même pas en attendant chez le coiffeur ?

– Non. Lire même les noms de station de métro ça me fane.

Des journées entières on passe tous les deux. À sortir de leurs caisses des centaines de vieux bouquins venus là on ne sait pas comment. Là, c'est dans un grenier, avec quelques vieux meubles du temps des nazis, qu'on est chargé de métamorphoser en bibliothèque. Y a trois des caisses qui sont pleines de livres en allemand. Poubelle. Y a une caisse de vieux romans policiers, des volumes de la collection Le Masque, des Arsène Lupin, pas tous, des Simenon. Y a des catéchismes, des livres scolaires. Poubelle. Y a même de bons bouquins que j'ai envie de lire. Dont plusieurs aux pages pas coupées.

On trie, on fait des piles, on classe.

Pas plus fumeur que liseur, Bébert me donne ses cigarettes. Des allemandes en foin. Qui me font tousser et cracher comme un vieux. Mais vu que Truffert envoie plus d'américaines, je prends et je grille.

Il est parfait Bébert tant qu'il joue pas des trucs dansants sur son accordéon. À part la lettre mensuelle de son père qui l'avise que sa santé et celle de sa mère sont bonnes, que leur chien Sacristain continue à faire que des blagues, Bébert ne reçoit aucun courrier. Ce qui n'est pas gai.

Pour le distraire je lis le mien de courrier à haute voix. Les bafouilles amoureuses de Cocolo l'attendrissent. Il dit qu'il faudra qu'on se fasse une bouffe avec elle après la quille. Il me pose des questions. C'est qui Marcel Marceau ? C'est quoi le surréalisme ? Combien ça coûte un demi panaché au Flore ?

Ce qui l'époustoufle ce sont les lettres de Resnais, de Dubillard. Dubillard qui m'invente des mots croisés, des charades calligraphiées à l'encre verte. Resnais qui ne m'écrit que sur du papier à en-tête. De l'armée de l'air, d'un régiment américain, d'un ministère.

Le Bébert il en finit pas de se demander si je suis un cerveau ou le plus grand couillon qu'il ait jamais rencontré. Mais on dirait qu'il m'apprécie.

Le lieutenant pédalo aussi m'aime bien. Pas un jour sans qu'il grimpe voir où en est la bibliothèque qui devient peu à peu son grand œuvre. Je lui dis qu'il faudrait faire des étagères, qu'il faudrait acheter des l'vres moins démodés, qu'il faudrait des chaises ou des bancs. Il se rue chez le capitaine pour lui dire qu'il faudrait des étagères, des livres moins démodés, des chaises ou des bancs. Et ça marche. Dix artilleurs sachant manier des scies et des marteaux rappliquent, des formulaires de demande de chaises, de bancs sont expédiés à la section chaises et bancs du Grand Quartier général. À l'armée, on peut demander et obtenir tout ce qu'on veut. Tout. Sauf la permission de pas obéir aux ordres imbéciles donnés par des tarés qui, souvent, savent même pas pourquoi ils les donnent.

Tarés mais pas méchants la plupart. Prenons le capitaine. Le lieutenant les lui brise tant avec la bibliothèque qu'il finit par venir la voir.

Le capitaine Dedieu, les bouquins c'est pas plus son truc qu'à Bébert. Mais il fait mine. Il regarde nos empilages sur le sol. Il a l'air d'apprécier. Pour de belles piles de bouquins c'est des belles piles de bouquins. Comme il est un chef et que les chefs ça doit dire des choses importantes, il dit que, personnellement, il trouve que, relié, un livre ça a plus de gueule que broché. Le lieutenant, Bébert et moi on est bien obligés de reconnaître que c'est certain.

Puis le capitaine Dedieu me lance un drôle de regard.

– Alors, c'était vous ?

– C'était moi quoi ?

Je panique pour rien. C'est que mes pieds qui l'intéressent.

– Les courriers… Toute cette paperasserie qu'on a dû faire… Les godillots en quarante-huit.

Je me fige dans un garde-à-vous impeccable.

– Quarante-sept, mon capitaine.

– C'est quand même très grand.

Il est pas bien haut, lui. Et rougeaud des pommettes. Du nez aussi.

– Vous montez à cheval ?

– Non, mon capitaine.

Il a un petit rire.

– Pas gênant. Vu que ce sera un âne.

Il va où le pitaine ? Il joue à quoi ?

– Vous êtes brigadier. Je vous fais monter en grade, moi. Père Noël vous allez être.

Encore de l'officiel. Du vécu. Parce que j'avais des grands pieds et tout le reste assorti, je me suis retrouvé Père Noël. Avec le manteau rouge, le bonnet à pompon, la barbe en coton. Et juché sur une saleté de bourricot rétif. Dans une salle immense. Devant un parterre d'officiers, de sous-officiers et d'engagés sans grade aucun et les épouses et les rejetons agités de ces messieurs. Le vingt-cinq décembre quarante-sept.

Et, assis sur un trône, avec dans le dos un sapin en vrai sapin de Bochie, j'ai distribué pendant bien une heure des trains mécaniques, des cuisinières naines avec leur batterie de cuisine, des panoplies de Robin des Bois et de Bécassine, des ballons, des toupies, des chiens qui faisaient ouah ouah si on leur appuyait sur le ventre à une horde de chiards qui voulurent tous me faire de chauds bisous.

La honte.

Après la corvée, la récompense. De tous les appelés du camp je fus le seul à être admis à la dégustation de tartes aux pommes et quatre-quarts arrosés de mousseux, vin blanc doux et jus de fruits variés. Toujours avec barbe, houppelande et hotte pour pas ôter leurs illusions aux chers petits.

Encore et toujours la honte.

Rendons justice au capitaine Dedieu. Il fut avec moi d'une humanité surprenante pour un militaire de son rang : il me présenta à madame la Capitaine et à leurs deux grandes filles. Dont l'une, Ginette, bachelière qui avait dans l'idée de devenir opticienne, était pas mal bandante. Elle était mal sapée, coiffée comme une cheftaine scoute après une longue marche par grand vent. Mais elle avait des seins, une taille, des yeux qui en disaient long.

Avec sa bouche elle a rien dit. Pas un mot. Mais sa maman, si. Son époux m'ayant présenté comme l'intellectuel de la quarante-sept un, comme un Parisien lancé dans le monde des arts et des lettres, elle me demande si je connais Albert Camus.

– Albert Camus. Oh ! oui, madame. Albert Camus. Bien sûr. Bien sûr.

– J'ai lu son *Étranger*. Ce n'est pas très gai. Mais ça m'a plu. Il est comment comme homme ?

– Albert ? Comme homme il est très bien. Très très.

– Pas trop philosophant ?

– Non, madame. Pas avec moi. Nous deux, Albert et moi, c'est copain copain. On se voit assez souvent. Pour boire un verre. On parle des films qu'on a vus, des films policiers. Il adore les films policiers.

– Les films policiers, un si grand philosophe ?

– Ça oui. Les scénarios avec des bons crimes, bien sanglants. Les flics qui roulent en voiture dans les rues de San Francisco la nuit. Les « thrillers » avec Bogart, les…

La petite bien roulée n'écoute même pas. Connasse. La maman, elle, est sous le charme. Jusqu'à la Saint-Sylvestre, elle voudrait que ça dure.

Si il me voyait, Albert Camus, si il se doutait qu'un bluffeur qui chausse du quarante-sept, déguisé en père Noël, est en train de faire gober à une madame la Capitaine qu'il le connaît.

Suite à cet affligeant Noël, j'ai droit à une deuxième visite de mon pitaine à la bibliothèque.

– Le cinéma. Il paraît que vous vous y connaissez.

Pour répondre, garde-à-vous. Impec.

– C'est ma partie, mon capitaine.

Ça n'a pas traîné, en plus d'être big boss de la bibliothèque on m'a bombardé organisateur de séances de ciné. Une salle, y en avait une qui datait du Troisième Reich. Suffisait de décrocher le portrait d'Adolf qui était encore sur un mur et de bien tout lessiver. Les mites avaient pas trop mangé l'écran. Manquait un projecteur. Et des films.

Le projecteur, demandé dans les formes à qui de droit, arrive à grande vitesse. Et il se trouve un appelé, fils d'un patron de ciné de Poitiers qui sait à peu près s'en servir. Pour ce qui est des films, un catalogue nous parvint. En anglais, ce catalogue. Mais épais. Y avait de la matière. Suffisait de choisir, de cocher dans des cases, d'emplir un formulaire.

C'était bête comme chou. Un gosse de la maternelle aurait pu le faire.

Je le fis. Avec mon écriture toujours si soignée. Trop soignée pour les réceptionnaires, faut croire. On s'est retrouvés avec trois semaines de suite la même copie – in english et subtitled in néerlandais – de *Laurel et Hardy chefs d'îlot*. Dans le mille, j'avais mis ! On frôla l'émeute. À deux doigts du lynchage je me suis retrouvé. Heureusement que le bruit courait que j'étais dans les papiers du pitaine. Et aussi, ça j'aimais moins, que j'étais le petit fiancé du lieutenant honteuse.

Tout ça c'était nul. Militaire quoi.

Je m'en sortais on ne peut mieux de cette situation pourrie. Mais c'était quand même la désolation. Passer des semaines, des mois à flemmarder avec un Bébert, à vingt ans, quand tu te sais promis à un grand destin c'est flippant. Et il m'arrivait de flipper trop fort.

Le nombre de fois que j'ai pu m'en tirer en douce de la bibliothèque, en rasant les murs, pour aller m'asseoir loin de tous, sur un peu d'herbe, ou dans la forêt.

Une forêt qui faisait un peu peur comme celles du vieux recueil des *Contes de Perrault* illustré par Gustave Doré que je feuilletais chez une amie richarde de ma mère des jeudis à goûters en ville.

Une forêt allemande. Avec des arbres d'avant nous, d'avant les nazis, d'avant tout. Ça fleurait la mousse, le champignon. Même à l'heure du plein soleil faisait à peine jour. Trop feuillus les arbres. Mais majestueux, faut reconnaître. Adossé à un tronc, je méditais sans même fumer. La trouille du feu. Ça s'incendie si facile, une forêt.

La trouille ! Fallait en avoir une sacrée dose dans le sang pour pas se tailler de ce camp, pour pas tirer sa révérence au 421e régiment d'artillerie antiaérienne.

Me piquer un an de ma vie pour faire de moi un citoyen capable de dégommer des avions !

Pour cafarder plein gaz, une forêt y a rien au-dessus. Seule note guillerette, il arrivait que des animaux résolument pas domestiques me fassent un petit coucou. Une troupe de faons jouant à cache-cache, un cerf faisant sa promenade digestive. Même un sanglier, une fois. Qui m'a jeté un méchant coup d'œil et s'est trotté dare-dare.

C'était beau cette forêt, ces bêtes. Ça me rendait romantique. Mais qu'un peu. Et jamais assez longtemps. Y avait toujours une sonnerie de clairon, un coup de canon pour me faire redescendre sur terre.

Alors retour à la bibliothèque où je trouvais mon Bébert roupillant par terre, les trois volumes du *Comte de Monte-Cristo* en guise d'oreiller. Il ouvrait un œil, voyait ma gueule.

– T'es encore dans tes idées noires ?

– Ouais.

Bébert ça lui arrivait aussi d'avoir le moral à la baisse. De jouer *Mon amant de Saint-Jean* des vingt, trente fois d'affilée sur son accordéon, le regard perdu. C'était pourtant pas un tendre, un sentimental. Jamais été amoureux. Il avait fait l'amour que pas souvent. Avec une cousine plus vieille que lui et d'une beauté relative. Ce qui l'arrangeait.

Car un pote à lui très ferré dans des tas de domaines lui avait appris que chaque homme était programmé, qu'il avait en naissant un certain nombre de spermatos, que ça pouvait aller de trois millions à sept, huit millions et que c'était tout. Que donc si on les usait trop vite, arrivé à un moment c'était fini râpé. La bite et les couilles répondaient plus. Rideau. C'était prouvé, scientifique. Alors Bébert il se le ménageait son sperme.

Pas moi. J'ai eu de ces crises de branlette chez les Teutons. Hallucinantes.

Mais c'était l'ennui qui dominait, l'ennui tenace, de chaque instant, pas assez tragique pour me donner envie de me tirer un obus de canon de 75 mm dans le bidon, non, simplement l'ennui con, désolant.

J'étais au bord de la neurasthénie, j'allais choir dedans, quand…

L'armée c'est pas qu'une machine à tuer en cas de conflit et à pourrir la vie de jeunes garçons en cas de paix. C'est aussi une administration. Avec ses usages, ses règlements, ses bureaux, sa paperasserie. Ses quotas aussi. Et voilà-t-y pas que le lieutenant, mon bienfaisant lieutenant découvre qu'il y a un net relâchement du côté des ordres de mission. D'où problème. Fallait dans les délais les plus brefs dépêcher de vaillants soldats en mission. Faute de quoi…

Les étagères on les avait. Des mètres et des mètres d'étagères. De la chaise et du banc aussi. Mais les livres pas démodés, les bouquins dans le vent, les chefs-d'œuvre qu'on se devait de lire d'urgence pour être dans le coup ?

Le capitaine, le colonel, le général de Lattre de Tassigny en personne faut croire, tout le monde tomba d'accord. Fallait envoyer le brigadier bibliothécaire Forlani en mission. À Paris (France) pour y convertir en bouquins à la mode une somme assez conséquente. D'urgence.

J'arrivais pas à y croire. Mais si mais si. C'était pas un poisson d'avril. J'avais ma feuille de route, tous les documents nécessaires. J'avais une jeep pour m'accompagner au train à la gare la plus proche. À Kirn. Fallait faire fissa. Fissa fissa.

À peine j'ai eu le temps de dire au revoir à Bébert. Éberlué j'étais.

Mission à Paris

Voyage éreintant, trop long, sur une banquette trop dure. Avec trop de voyageurs faisant trop de bruit exprès pour pas que je dorme. Avec à manger que du pain de soldat et du boudin froid et, à boire, que de l'eau de robinet de toilettes de train.

Mon ordre de mission m'était tombé si brutalement dessus que j'avais même pas pu prévenir Colette.

De la gare de l'Est, à six heures du matin, j'appelais Bondy au téléphone. Stupeur, suivie de cris de joie au bout du fil. Je bois cinq cafés dans un troquet de la gare en lisant un *Combat* du jour et des magazines nouveaux dont j'ignorais l'existence. Je regarde les gens. Des gens pas en kaki. Des gens avec des habits gris, bleus, noirs, beiges. C'est d'un beau, d'un gai.

Arrive Colette. On s'embrasse comme des bêtes. On se dit tant de choses en même temps qu'on y comprend rien. Tant pis.

On trouve un taxi, on file chez Hachette. Boulevard Saint-Germain. J'en transpire de joie. Cent livres j'achète chez Hachette. Des qui m'ont l'air intéressants, d'autres pour faire un compte rond. Le plus pénible c'est la facturation. Ça rigole pas. Faut que les préposés à la comptabilité du 421e RAA s'y retrouvent, que les livres arrivent à bon port.

À pied, de chez Hachette on va aux Éditions Gallimard. Dans le train j'ai fait un plan de route.

Entre Hachette et Gallimard, y a que des endroits enchanteurs, l'Old Navy, la Rhumerie martiniquaise, les Deux Magots, le Flore. Mon cœur bat. Je suis heureux.

Gêné aussi. C'est que je suis en uniforme, que j'ai que du kaki sur moi, et les grolles grotesques, le calot de comique troupier. Et le galon de bricard qui peut laisser croire que je suis un bon artilleur, un valeureux, un zélé.

Pour quand même pas être vu des gens du Flore on reste sur l'autre trottoir.

Colette m'a pris la main. Faut-y qu'elle m'aime fort pour s'afficher comme ça avec un bidasse.

Chez Gallimard c'est Byzance. Tous les « traduits de l'américain » récents, je prends. Caldwell, Steinbeck, Hemingway, Dos Passos, Faulkner. Faulkner c'est à la frontière du chiatique mais faut tout lire. Des Série Noire. Je prends tout ce qui est sorti depuis un an. Chase, Cheyney. Et, pourquoi se gêner ? un Queneau, du Henri Michaux, du Marcel Aymé. La dame, très accueillante, très attendrie par ce soldat qui veut cultiver ses compagnons, tente de me fourguer de l'Aragon. Non, madame, merci, madame. Elle veut quoi cette marchande de papier imprimé ? Que j'encrétinise des centaines de jeunes Français ? Mais si elle a du Céline… Non. C'est chez un autre éditeur, Céline. Dommage. Ça leur aurait fait du bien aux canonniers servants tireurs, une cure de Louis-Ferdinand. Je prends deux Sartre. Y a peut-être des gradés pour aimer ça. Des gradés pensants. Je sais que pas grand monde va les lire, les livres que je choisis. Mais j'accomplis ma mission.

Autres éditeurs, autres achats conséquents.

Colette a téléphoné à Zézette pour lui demander de dire au TEC qu'elle est au lit avec une angine à points blancs. Place Saint-Sulpice on s'assied à une terrasse. Je suis toujours dans l'éberluement. Avec Colette on se dit des gentillesses. Elle me dit aussi que « mon » lit m'attend à Bondy, que la bonne a dû déjà le faire et que maman Renty me mitonne la surprise d'un gâteau de riz. Mon éberluement augmente. J'appelle le garçon pour demander un café de plus.

– Pas le temps, Remo. Si on traîne on sera à la bourre.

– Pour faire quoi ?

– C'est comme le gâteau de riz. Surprise.

Et c'en est une.

Je savais, j'avais lu des articles, *Combat* en disait grand bien. Et ça y est j'y suis.

Au Lorientais.

La cave à jazz qui fait courir le Tout-Paris.

La succursale de Harlem que l'Amérique nous envie.

Sur l'estrade, Claude Luter et ses musiciens.

Du New Orleans plus tonique que le vrai.

Dans une cave en pierraille avec cent jeunes miquets et pas mal de miquettes qui hochent la tête en cadence, se déhanchent, battent la mesure, exultent.

Rien à voir avec *Soldat lève-toi* ou la sonnerie pleurarde de l'extinction des feux.

Cette musique, mes aïeux ! Cette musique.

Je sais pas danser, j'ai jamais dansé. Mais je frétille, je peux pas empêcher mes pieds de se détacher du sol. Je vais décoller, prendre mon vol. D'ici que les canonniers du 421e régiment antiaérien me tirent dessus. Colette, elle aurait des ressorts aux pattes qu'elle sautillerait pas plus. Et pas qu'elle. Des têtes heurtent le plafond. C'est dingue. C'est grand. Je dégouline de sueur. Je me sens devenir noir. Luter est cramoisi, lui. Il a des joues comme des citrouilles. Il va éclater. Le batteur va défoncer sa caisse.

Je me contiens. Heureusement. Ça serait trop con de lire à la une des canards qu'un militaire est mort de plaisir au Lorientais.

À table, la nuit tombée, à Bondy, alors que je pique du nez dans mon assiette, j'ai droit à de soporifiques souvenirs de chambrée du docteur Renty, de chambrées avec des éclopés, des gueules cassées, des pioupious sans plus de bras, de jambes, de ventres, de bites, des chambrées de biffins plus bons qu'à avoir leurs noms sur des monuments aux morts, de chambrées de quand il était major, le docteur. En dix-sept, dix-huit.

Colette vient me border dans le lit de la chambre au-dessus du pavillon médical. Trop furtivement. Mais vu que je tombe de sommeil, ça suffit.

À l'heure du réveil j'ai ouvert les yeux. J'étais où ? Ah ! oui. À Bondy où tout le monde pionçait encore. J'ai ouvert les volets. Les chiens m'ont vu, Gazelle et Uski. Salut, les clebs. Ils ont eu l'air de me reconnaître. M'ont fait d'amicaux moulinets avec leurs queues.

Faisait pas encore très jour, pas encore très beau. Mais la journée serait ensoleillée. Il le fallait.

Je me serais écouté, je me serais habillé en douce et je serais parti prendre le bus pour Paris et je me serais baladé tout seul. Dans n'importe quelles rues. Sans but. Que pour voir des Parisiens, des bus, des kiosques à journaux, des bonnes femmes allant faire leurs courses avec leurs cabas, des flics aux carrefours, je serais allé rôder dans le douzième à Aligre, au marché. Comme ça.

Mais j'allais pas jouer ce méchant tour à Colette Cocolo. Déjà que j'étais assez salaud pour pas aller dire un bonjour à papa.

Mon train était à dix-neuf heures dix, fallait pas la merder cette courte journée.

Ça m'a fait un curieux effet un petit déjeuner sans boudin froid, avec du pain grillé, du pain mangeable. Et de la confiture et du café à goût de café. Avec trois sucres par bol. J'avais un pyjama de Paul, un peignoir de Paul.

J'ai fait trempette dans la baignoire. Longtemps. Mais pas assez.

Après le métro, les bus se sont mis à pas circuler assez vite. Je bouillais.

Et j'ai, soldat en tenue, franchi le seuil. Le seuil de la galerie Maeght où se tenait depuis juillet une exposition que j'étais pourtant sûr et certain de ne jamais voir. Le surréalisme en 1947.

Sur le catalogue de cette expo il y avait un sein, un sein de femme, de taille respectable pour un sein de petite taille. En caoutchouc mousse. Rose peau singeant bien le vrai.

Et il était écrit « Prière de toucher ».

Je l'ai touché ce sein mignon conçu par Marcel Duchamp. Qu'une fois. Pour pouvoir le toucher mille et mille fois, le caresser, le peloter, il aurait fallu acheter le catalogue. Trop au-dessus des moyens d'un bricard en mission. Je me suis contenté du catalogue en papier moche avec sur la couverture la photo noir et blanc de ce nichon de rêve.

Et nous avons gravi gravement, religieusement presque, les vingt et une marches, chacune correspondant à une lame du tarot. Et nous avons erré dans la salle des Superstitions et reçu la fausse pluie qui tombait du plafond de la salle des Purifications. Et nous avons fait station devant chacun des treize autels du Labyrinthe né de l'imagination d'André Breton.

Je donnais la main à Colette. Le peu qu'on s'est dit on l'a chuchoté. Comme deux gosses on était. Deux pisseux vadrouillant dans une fête foraine un poil prétentiarde. On s'extasiait. Un peu parce que *Le Loup-table* de Victor Brauner, *Le Grand Transparent* de Jacques Herold et *L'Oiseau-secrétaire* de Marx Ernst étaient des œuvres qui valaient le coup d'œil. Beaucoup parce qu'il fallait tout admirer sans réserve, sous peine de passer à nos propres yeux pour d'épais péquenots indignes d'une telle manifestation.

À dire vrai j'étais plutôt déçu. Y avait de belles choses. Mais ça faisait bazar.

Et, une fois dans les rues, j'ai trouvé aussi magiques les vitrines des Galeries Lafayette que les trésors de la galerie Maeght. J'osais à peine le dire à Cocolo. Ce qui l'a fait rire. Elle avait trouvé cette expo très « haute couture, très vieilles gonzesses en délire », elle.

À tous les coups, c'était son côté stalinienne qui la poussait à dénigrer de la sorte.

On a déjeuné que de gâteaux. Éclairs au chocolat, Paris-Brest, millefeuilles. Sur un banc. On a bu des cafés, des chocolats dans des brasseries. On s'est roulé des pelles aux Tuileries.

Colette m'a demandé si je croyais qu'on se marierait ensemble. J'ai répondu que oui bien sûr. Ça lui a fait plaisir. Tant mieux.

Comme on passait sous les arcades de la rue de Rivoli j'ai vu dans une vitrine un livre dont je rêvais depuis lurette. Je me le suis payé avec mon argent à moi. Un achat hors mission. C'était *Tropique du Cancer* de Henry Miller.

Dans la pourriture de train qui me ramenait dans cette pourriture d'Allemagne je l'ai attaqué. Comme ça démarre. Putain. « J'habite villa Borghese. Il n'y a pas une miette de saleté nulle part, ni une chaise déplacée. Nous y sommes tout seuls, et nous sommes morts. »

En Allemagne

Bébert m'avait demandé de lui rapporter un paquet de cigarettes Balto. Je croyais qu'il fumait pas. Mais si. Mais seulement des Balto. Et j'ai oublié. Et il me tire la gueule. Il ne me dit plus un mot.

Moi, je la tire à tout le monde, la gueule. Pourquoi j'ai été assez con, assez dégonflé pour revenir ?

Je n'ai même pas raconté à Bouvier, à Lucien comment c'était le Lorientais, l'exposition surréaliste. Aucune envie de partager quoi que ce soit avec qui que ce soit. Qu'ils crèvent tous.

Et c'est moi qui ai failli crever. Que failli. Mais j'ai bien cru que j'allais le faire pour de bon.

Depuis mon incorporation, j'avais coupé à tout. Mais, les manœuvres, y échapper, personne pouvait. Tous ceux qui portaient un uniforme devaient y participer. Tous. Du plus infime troufion au plus haut en grade.

Les manœuvres c'est comme qui dirait un succédané de guerre. Mais si soigné qu'on pourrait s'y tromper. Soigné au point qu'on ne rejette pas l'éventualité de décès au cours des grandes manœuvres. Peut y avoir quelques morts. Pas quantité. Mais quelques. Y a un quota. C'est qu'au plus chaud des manœuvres on tire à balle. Alors si quelques-unes se perdent dans le gras des appelés…

Un matin, au tout petit matin, on emballe tous tout le boxon, on bourre les sacs on s'arme à bloc et avanti ! En camion, en jeep, à pied, tous en route. Direction de vastes étendues où les balles, les obus perdus auront le moins de chances d'amocher du civil et de bousiller ses fermes, ses résidences secondaires. Dans l'Allemagne telle qu'elle est en mil neuf cent quarante-huit, y a plus tellement de baraques à déglinguer, mais on va loin quand même. Loin loin.

Quand on y est, on dresse les tentes. Des petites tentes amerloques. En toile qui laisse pas passer la flotte si pluie il y a. Mais avec une multitude de piquets que t'as intérêt à planter là où il faut et profond et pas de guingois.

Ce qui nous prend pas mal de temps à Morel et à moi. Morel il est brigadier aussi. Il a des lunettes et, depuis des mois qu'on est de la même galère, pas une fois on a parlé. Mais va falloir s'y mettre. C'est que c'est des tentes à deux places et que faut qu'on en partage une, Morel et moi. Je lui botte pas plus qu'il me botte. Mais c'est comme ça, c'est comme ça. L'adjudant qui distribuait les tentes, il a décrété que Morel et Forlani pieuteraient dans la même. On discute pas. On plante les piquets, on enchevêtre les cordillons. Ça tient un peu debout. On se pieute parce que vient la nuit et qu'il est l'heure qu'on se pieute.

Nous voilà l'un contre l'autre. Isolés que par les épaisseurs de nos sacs de couchage et tout ce qu'on a gardé d'habits sur nous. Fait froid.

Comme on a pas sommeil on se cause. On se dit des choses que se disent des mecs qui ont pas la moindre envie de se causer. C'est nul mais ça meuble. Je clope. Morel tousse si bruyamment que je lui dis de mettre une sourdine et il me dit que j'ai qu'à arrêter de lui cramer les poumons et je lui dis que je m'en torche de ses poumons. On s'endort très fâchés.

Sur le matin je fais un rêve qui n'a vraiment rien à voir avec le brigadier Morel et cette saloperie de tente. Je rêve que je suis rue des Beaux-Arts, qu'il y a du soleil et qu'elle est déserte la rue des Beaux-Arts et que voilà une fille. Très belle j'ai l'impression. Blonde avec des cheveux qui lui descendent jusqu'aux fesses. Qu'elle a bien rondes et très pâles. Si je les vois si bien ses fesses c'est qu'elle est nue. Et elle a un tatouage à la taille. C'est écrit en toutes lettres « Prière de toucher ». Je suis embarrassé, j'ose pas. Mais quand même je m'approche. Je tends les mains.

Je me réveille en sursaut. Merde ! Je suis tout souillé, tout chaud. J'ai déchargé dans mon sac de couchage. C'est malin.

Comme on boit notre jus du matin, un type des transmissions d'un autre régiment, assis dans l'herbe, fait marrer tout le monde en racontant qu'il s'est réveillé en sursaut en balançant sa purée dans son sac de couchage. Et un brigadier tout gros dit que lui aussi.

Un margi engagé, qui a de nombreuses manœuvres à son actif, nous explique. Y a pas à se tracasser. C'est normal. C'est la rosée. Le froid du matin et la rosée.

C'est bien le seul agrément du couchage en campagne. Le seul et unique.

Ça m'arrive encore le lendemain et le lendemain du lendemain. Plus avec la même fille, plus rue des Beaux-Arts. Mais c'est plaisant.

Le quatrième matin y a encore de la rosée mais pas de pollution. Le quatrième matin je suis brûlant. C'est Morel qui me le dit. Il me dit que je suis tellement chaud qu'on croirait qu'y a un radiateur dans notre tente et aussi que j'ai parlé toute la nuit, parlé et fait des bruits de bouche et de gorge si dérangeants qu'il a eu l'impression d'être couché à côté d'un éléphant à l'agonie.

Si j'en avais la force je l'enverrais paître. Mais j'ai plus la force de rien. Et j'ai la gorge qui me fait mal. Et le crâne. Et tout le corps, les membres. Ça devait arriver. Me faire dormir comme un clodo, me faire trotter dans de la campagne avec un sac plus encombrant et pesant qu'un sac de cent kilos de patates, et avec de la pluie en prime, et bouffer n'importe quoi debout parce qu'on peut même plus se poser sur l'herbe qui est trempée comme soupe et me faire faire mes besoins dans une feuillée…

Une feuillée, vous avez tenté de faire votre caca dans une feuillée ? Et en commun le caca. Dix, cent culs à l'air. Faisant. L'horreur. Des cochons pourraient, des bêtes pas apprivoisées, des créatures d'une bestialité pas commune. Des rats peut-être. Mais pas moi. Les cabinets turcs de l'avenue Ledru-Rollin déjà c'était offensant pour le transit. Mais ici, la feuillée en plein vent. Faut connaître. Mille culs moulant des bronzes. Non. Désolé. Pas pour moi. Pas une parcelle de mon être, à commencer par mon fondement, ne veut, ne peut.

Alors la fièvre. La maladie.

L'adjudant Rouerou s'agenouille dans l'herbe, passe sa tête dans l'ouverture de notre tente à moi et Morel. Il lui suffit de voir ma binette.

– Le Forlani. Pas étonnant. C'est le genre de zèbre qui est aussi fait pour être soldat que moi petite sœur des pauvres. C'est grand, ça a l'air costaud, mais ça tient pas la route. Y nous fait une constipation à angine. Bon pour l'hosto. Vous me le grimpez dans un camion. Et, fissa fissa, Lecherstein. Allez. Zou !

Deux infirmiers gros bras m'ont cueilli, fourré dans un camion GMC. Mon sac, mon fourniment avec. Et bon voyage par des routes cahoteuses, des chemins de traverse, des mares de boue. Et je me sentais de plus en plus brûlant. Trempé de sueur. Sur le point de gerber, en plus.

Lecherstein c'était le nom d'une station de chemin de fer de campagne. C'était inscrit en grandes lettres émaillées sur la façade d'une bâtisse pas mal détruite. Une gare désaffectée pour cause de plus de trains parce que plus de voies. Une gare devenue infirmerie de secours.

Seul point commun entre cette bicoque paumée et cassée et une infirmerie digne de ce nom : une croix rouge de belle taille peinte sur la façade. Sans oublier les lits. Des lits en fer qui avaient dû servir jadis à des soldats allemands en souffrance.

On me fourra dans un. Aux draps rugueux, sentant le désinfectant. Et on me dit de me reposer sans me faire de bile en attendant le toubib qui allait venir sans tarder me guérir.

De la bile je m'en faisais. Et je transpirais. Et j'avais des frissons. Et tellement de saloperie dans les narines que respirer j'y arrivais presque plus. Même mes yeux déconnaient. Je voyais tout tourner. Tout c'était des murs mal blanchis à la chaux, une sorte de table de nuit en fer, un placard en métal portes ouvertes avec dedans des cintres en fer sans rien dessus. Et un pot de chambre par terre.

Et on est entré. Le toubib ? Non. Un petit père pas rasé avec une blouse blanche. Qui s'est annoncé.

– Infirmier Grumberg. Je viens voir si tout va comme ça doit.

Il avait un accent pas de chez moi et pas d'ici non plus. Plus tard j'ai su à peu près qui c'était. Un Juif, un poil allemand, un poil d'Europe centrale, qui avait sauté d'un train qui l'emmenait là où on tuait les gens comme lui. Et qui avait vécu des mois et des mois comme vivent beaucoup d'animaux ni sauvages ni domestiques. Un peu dans les forêts, un peu dans des villages. Mais se débrouillant pour jamais être vu jamais repris. Mangeant ce qui se trouvait. Des fruits piqués, des légumes piqués, des rogatons de poubelles, des bestiaux de poulailler volés et cuisinés avec des moyens de fortune. Avec, de temps en temps, une soupe, une platée de haricots, de choux glanés chez des bonnes âmes. Dormant une nuit chez un pasteur, une nuit chez un curé. Dormant dans des granges, dans des fossés. Un increvable qui avait résisté à tout. Un clochard de guerre qui avait plus de patrie, plus de famille et qui avait trouvé ce petit boulot de gardien d'hosto fantôme. Un type bien. Gentil.

Qui m'a demandé si j'avais assez de couvertures, si j'avais envie de pipi ou caca, si je voulais qu'il me fasse un café. Sans ou avec lait. Du lait Nestlé très bon. Piqué à des Américains.

Ce que je voulais c'était le toubib.

– Le toubib tu t'inquiètes pas de lui. Il vient toujours. Il a pas d'heure. Mais il vient. C'est pas le même tout le temps. Mais il vient. Tu t'énerves pas. Tu transpires tant que tu peux. Je vais te faire un bon café brûlant, au lait, avec des aspirines dedans. L'aspirine ça guérit tout. Trois je vais t'en mettre.

Il est vite revenu avec son café au lait que j'arrivais pas à ingurgiter avec ma gorge qui enflait de plus en plus. Il m'a aidé, m'a tenu la tête, m'a fait boire à la petite cuillère.

Il est venu à pas d'heure le toubib.

Un jeune fringant. Rieur.

Il m'a examiné à fond. Ausculté partout. Regardé dans mes intérieurs avec une lampe torche.

– Ça, mon ami, c'est de l'angine first choice. De l'angine à vous tuer un homme. Mais elle te tuera pas parce qu'on va lui tordre le cou en deux temps trois mouvements. Ta température on va pas la prendre. Chaud comme t'es, tu me ferais exploser mon thermomètre.

L'humour, je suis très client. Mais l'humour de toubib quand t'es vraiment mal ça fait pas forcément rire. J'ai pas ri non plus quand il m'a planté une aiguille longue comme un spaghetti dans la fesse.

– T'as droit à deux doses d'un coup. C'est pas de la gâterie, ça ? Et on va t'en faire une autre pour que t'ailles aux cabinets. C'est qu'on vous connaît, mes cocottes. À tout, vous vous faites. À l'exercice, aux corvées, au rata. C'est connu. À tout sauf aux feuillées. Des sommités ont étudié la chose. Il y a eu des rapports envoyés à des ministres. Sans succès. On finira par se retrouver avec des générations entières de culs bouchés. Pauvre France. C'est psychique. Le soldat d'Azincourt, de Bouvines, d'Iéna, d'Austerlitz, même celui des tranchées de la Grande Guerre, il était pas dans le confort d'aujourd'hui, il pouvait faire sa crotte n'importe comment et où ça se trouvait. Mais maintenant, vous faut des cabinets. C'est pas Staline et la neige qui ont fait perdre la guerre aux Fritz, c'est le manque de tinettes. Allez, l'autre fesse, brigadier.

Et encore une piqûre douloureuse. Pour me faire aller.

Et il s'en va le médecin major.

Et me voilà dans le sommeil. Un sommeil lourd, pâteux, pas reposant, avec des bribes de rêves lourds, pâteux, fatigants.

Je me sens mourir. Et ça me plaît pas.

Petit père Grumberg vient me recouvrir, me faire boire de la flotte avec de l'aspirine, il m'éponge ma sueur, il me fait pisser dans le pot de chambre. Il est épatant, fraternel.

Il me fait aussi des bizarreries dans la gorge avec un pinceau et du bleu. Et je crache du bleu dans mes draps. Et je me rendors et je repars vers la mort. Et ça me plaît de moins en moins.

J'ai dormi encore, me réveillant brusquement que pour tousser si fort que ça faisait arriver Grumberg qui me faisait boire au goulot le sirop écœurant d'une bouteille d'au moins un litre.

Et le toubib est revenu et m'a repiqué dans une fesse et l'autre.

Et je redors. Un jour entier. Un autre.

Et je me réveille. Patraque mais plus brûlant.

Et j'ai soif et faim.

Grumberg a pas de pain. Du café au lait Nestlé en tube tant que j'en veux. Mais pas de pain. Le pain il y en aura qu'à onze heures quand la jeep viendra avec la graille.

À onze heures pile voilà la jeep. Avec deux miches de pain, du céleri rémoulade pas bon, de la viande de bœuf aux carottes dans de la sauce épaisse et du gruyère.

Grumberg s'assied sur le pied de mon lit et on casse la croûte. Lui, il se fait une pâtée avec du pain et que la sauce épaisse du bœuf carottes. Moi je picore dans le céleri rémoulade.

– Tu vois que t'es pas mort.

– J'ai bien cru que ça y était.

– On meurt pas si souvent que ça. Faut pas croire. Moi, si ça m'était arrivé à chaque fois que ça aurait dû…

Il mange salement. S'en fourre partout. Quel âge il peut avoir, Grumberg ? Quarante ans ? Soixante ? Plus ?

J'ai liquidé tout le céleri rémoulade.

– Tu crois que je peux fumer ?

– Y t'a dit quoi, le major ?

– On a pas parlé de ça.

– Alors tu peux.

J'ai des cigarettes allemandes. Je m'en allume une. Grumberg fume pas. À la moitié je l'écrase ma sèche. Qu'est-ce que ça peut être répugnant le tabac.

Dans l'après-midi je m'en rallume une. Fichtrement bonne. Les cibiches c'est reparti.

Et la lecture.

Miller. *Le Tropique.* Je le lis pas vraiment. Depuis le train, je grappille dedans. Depuis mon premier Céline j'ai jamais rien bouquiné qui m'allume autant. Manquent les mots de Céline, des mots parisiens, manquent ses tournures. Mais comme il raconte la vie qu'il a vécue au petit bonheur de ses bonnes fortunes, Miller, c'est épatant. Je m'endors sur ma lecture, Grumberg me réveille.

– La soupe, soldat.

Il me pose sous le nez une grande gamelle de bouillasse. À peine tiède. Je chipote.

Dehors il tombe des cordes. J'ai froid. Qu'est-ce que je fous dans cette chambre sinistre ? J'ai envie de changer de coin. Je me lève. Je tiens debout.

– Je peux la visiter ton infirmerie ?

Grumberg me sourit de toutes les dents qui lui restent.

J'aurais demandé à la reine d'Angleterre de me faire les honneurs de Buckingham qu'elle bomberait pas autant le torse.

– C'est pas mal. Tu vas voir.

C'est terrifiant, oui. Une gare allemande avec son guichet, ses banquettes, sa consigne, sa salle d'attente. Du pur style Kaiser, foutu, démoli. Et blanchi à la chaux. Avec des lits partout. Vides.

Le seul malade je suis.

On va dire convalescent.

J'ai moins sommeil. Adieu la fièvre bonjour l'ennui. Je fume mes dernières cigarettes.

Et le toubib ? Il vient plus celui-là.

Grumberg qui me voit m'ennuyer me propose une partie d'échecs. Je sais pas y jouer.

Il me fait visiter son home. L'ancien bureau du chef de gare avec un bureau mil neuf cent, à cylindres. Peint à la chaux. Un lit en fer. Et des affiches que Grumberg a trouvées dans un réduit. Des affiches pour inciter les populations à aller visiter le Tyrol, à aller à Bayreuth, à faire la tournée des châteaux rhénans. Vachement démodées et belles comme tout. Y en a une qui représente Adolf, tout altier, tout fiérot avec des jeunes blondards en short qui lui font le salut hitlérien.

– Pourquoi tu gardes ça au-dessus de ton lit ?

– Pour pas oublier.

Il a une petite bouille pitoyable en me disant ça.

Il a un flacon en terre cuite. De la gnôle. Il en sert deux fonds de verre. On trinque.

Je retourne dans ma piaule. Le sommeil veut pas venir.

J'ai un crayon et un carnet.

C'est la nuit. Il flotte toujours. J'écris.

La page un d'un roman. Qui commence dans une ancienne gare allemande. Un roman un peu à la Miller. Qui bouscule terrible.

Tropique de Bochie ?

Quand je m'endors j'ai noirci dix pages de carnet.

Au matin il pleut plus fort. Et la graille d'onze heures n'arrive qu'à midi passé. Fromage de tête, bœuf au chou cent fois trop salé, gruyère. Le type qui conduit la jeep a des cigarettes. Il m'en refile deux paquets et me promet de m'en rapporter d'autres. Même des ricaines si je veux. Avec sa jeep il circule là où ça lui chante. Je lui donne de l'argent. Salut ! À ce soir à la soupe !

Après un bon bol de café au lait aspirine, gonflé à bloc, je repique à l'écriture. Une page encore. Deux. Pas mal troussées. Je la décris bien cette gare-hosto. Et mon Grumberg, rebaptisé Crosky, il est à se pâmer, ressemblant, pas rasé, gentil.

C'est étrange ce qui m'arrive. Cette envie qui m'est venue de faire un roman. Et qui démarre vachement bien. Je sais pas où je vais. Mais j'y vais. Allégrement. Encore une page. Y a sûrement de la faute d'orthographe. C'est brouillon. Mais ça roule. Je sens que ça va s'enchaîner bien bien. Je le tiens cet hosto de cauchemar. La pluie qui en finit pas. Le Grumberg-Crosky et la gueule du Führer au-dessus de son pieu. Et arrive un camion. Un GMC. Plein de tubes de lait Nestlé. Volés au QG des Amerlots. Volés par qui ? ?

Je vais trouver par qui.

Je vois bien un GI. Une sorte d'Henry Miller qui s'est engagé sur un coup de tête et qui en peut plus de croupir dans un pays aussi chiant que l'Allemagne et qui…

Du bruit dans le couloir. Déjà la soupe et ma cartouche d'américaines.

Non. C'est un camion. Dont on sort un gars sur une civière. Pissant le sang.

C'est Morel. Mon antipathique colocataire de tente. La gueule amochée et un bras qui pendouille. Les types qui le charrient savent pas comment c'est arrivé.

Grumberg et moi on les aide pour le charrier jusqu'à un lit. Il dit rien, il pleurniche. Pendant que Grumberg s'affaire, trouve des draps, de l'oreiller, un des types du camion appelle avec son téléphone de campagne. Il réclame un toubib. D'urgence.

Un quart d'heure plus tard, arrivée d'un toubib en Dodge. C'est pas le mien. C'est un vieux, beaucoup plus galonné, qui mâchouille un cigare. Il est jamais venu à Lecherstein. De voir cette bâtisse grotesque ça lui fiche un coup.

– C'est quoi ce bobinard ?

Grumberg se lance dans des explications. Le toubib lui clôt le bec.

– Vous fatiguez pas. J'ai des yeux pour voir. Pour voir tout ce qui cloche. Et il a quoi encore celui-là ?

Celui-là c'est Morel qui continue sa pleurniche. Avant même d'y regarder de plus près, le major à cigare lui fait une piqûre.

– D'abord et avant tout, parer à tout risque d'infection. Après on avise.

Je le laisse aviser. Je prends le large. Le camion est reparti. Je vais à l'entrée de la gare, guetter l'arrivée de la soupe et de mes cigarettes. Je prends la saucée. Pas grave.

Ça a été des anglaises, pas des américaines. Des Royal Navy Cut. Je connaissais pas. Ça picote. Pour se remettre d'une angine doit pas y avoir mieux.

Et pour écrire ?

Very good. Je ponds trois pages d'affilée. Sans la moindre peine. Comme on siffle une bière par grand soif.

Penser qu'il aura fallu que j'aie la gorge en feu et le cul en dérangement et me retrouver dans ce trou à rats pour devenir enfin écrivain !

Je vais trouver Grumberg dans son humble chez-lui pour lui demander du papier. C'est que le carnet tire à sa fin.

Grumberg a pas la moindre feuille. Pourquoi il en aurait ? Pour écrire à qui ? Les parents, amis et connaissances du petit père Grumberg sont morts. Tous.

Gazés dans des camps, tués par des Allemands qui bombardaient des Russes, par des Russes qui bombardaient des Allemands.

– Des morts j'en ai eu autant qu'on peut en avoir. Et jamais j'ai été à un enterrement. T'imagines ça, brigadier ?

Je peux pas. C'est trop effroyable.

– Bonne nuit, Grumberg.

– Bonne nuit, brigadier.

En passant je vais voir Morel. Il a l'air d'une momie avec ses kilomètres de bande Velpeau. Il me fait une grimace pas marrante.

– Je suis bonnard, hein ? Un bazooka manié par un abruti à trois mètres de moi. Je pouvais y rester.

– Tu souffres beaucoup ?

– Je te dirai pas. Ça te ferait trop plaisir.

Il s'est retourné côté mur.

Plus jamais je l'ai revu, Morel. Une ambulance est venue le chercher pour le convoyer dans un vrai hôpital.

Je l'ai mis dans mon roman. Moulin il est devenu. Et je l'ai fait mourir pendant qu'on l'amputait d'un bras. Scène d'un réalisme sidérant écrite, faute de papelard, sur les pages de garde de *Tropique du Cancer*.

Puis, faute d'inspiration, j'ai arrêté d'écrire.

Je suis tombé en panne aussi vite que j'étais devenu romancier. D'un seul coup d'un seul, plus d'idées, plus un mot au bout de la plume de mon stylo.

Deux jours j'aurai été romancier. Et talentueux.

Après quoi j'ai plus rien fait. Que roupiller, traînasser, attendre la bouffe d'onze heures et celle du soir, écouter Grumberg me raconter ses grands malheurs et ses petits bonheurs. Il avait eu, tout un été, une bonne amie à Budapest, très rousse, très coucheuse. Il avait joué du banjo étant jeune dans un orchestre de copains. Il avait trouvé un portefeuille une fois dans une rue. Il avait eu un chien étant enfant, un chien bâtard avec une oreille noire, une oreille marron. Sacré Grumberg.

Un matin très tôt un toubib de plus a déboulé. Un toubib en moto. Couvert de boue. Pète-sec. Qui est tombé sur moi en train de fumer à poil sur mon lit et m'a demandé où étaient les hospitalisés. Quand il a compris que, les hospitalisés, c'était que moi, il m'a ordonné de jeter ma cigarette, et m'a palpé partout partout, m'a regardé dans la gorge, a pris ma tension. Et traité de tire-aux-fesses qui méritait largement une punition grand format et qui, en l'attendant, allait sur l'instant rejoindre sa batterie.

Et tout ça il l'a écrit sur un formulaire qu'il m'a chargé de remettre au chef infirmier.

Et il a réenfourché sa moto et il a disparu dans la pluie qui, je l'aurais parié, finirait plus jamais de tomber.

Grumberg a fini par revenir. Il était passé où ? Aux écrevisses il était. Plein un sac marin il en rapportait. Dont il a fait une matelote à s'en lécher les babines.

Le formulaire méchamment rempli par le praticien motocycliste je l'ai déchiré.

Ma batterie je l'ai rejointe qu'à la fin des manœuvres.

J'ai retrouvé la bibliothèque, les colis de bouquins achetés à Paris, Bébert.

Qui avait pas oublié que j'avais oublié son paquet de Balto et décidé de ne plus jamais jamais m'adresser la parole. Ce qu'il fit. Tant pis.

Il était pas le seul à me bouder. C'est qu'à la surprise générale je figurais en bonne place sur une liste de promus qui arriva de l'État-major. J'étais – Dieu seul savait pourquoi – nommé maréchal des logis. J'étais pas le seul. Mais les autres promus ils avaient des raisons de l'être, ils avaient été obéissants, pas flemmards, ils avaient bien appris le maniement du fusil, du canon à dégommer les avions, ils avaient ardemment servi leur Mère Patrie et été non moins ardemment serviles avec leurs chefs. Moi je méritais pas d'être margi.

Même les galons ils les gaspillent, ces cons.

L'arrivée de la Quille fut l'occasion de festivités, de beuveries. J'y pris point part. J'en avais trop marre de tout ça, de tous ces mecs avec qui on m'avait forcé à paumer un an de ma chère petite vie.

Le jour pas J, mais D comme départ, j'étais dans un état proche de la pâmoison. La fièvre j'avais. Et pas une fièvre dégommable à l'aspirine. Une fièvre jouissive.

Lola, perle de l'Orient

Une éternité que j'ai pas franchi le seuil du soixante-quatorze avenue Ledru-Rollin. Revoir Mme Doré, c'est bête à dire, mais ça me fait du bien. Toujours aussi sautable, cette grande bringue.

– Alors, ça y est ? Y t'ont lourdé ? T'as bonne mine, dis donc.

J'ai cinq kilos de plus, oui. À se nourrir de pesantes saloperies et à rien branler on se fait du lard. Mes fringues civiles qui attendaient depuis plus d'un an me serrent de partout.

– Tu vois c'est toujours aussi chouette ici. Toujours un vrai palace. Ah ! Mme Royale tu la croiseras plus en allant au pipi. Elle a avalé son pébroque il y a deux mois. Et le fils Daubin s'est marié. Avec une postière. À part ça, rien de neuf, que du vieux.

Pourquoi elle me dit pas plutôt où elle en est avec Charlot, la bignole ?

Les trois étages je les ai montés lentement. J'allais le retrouver comment le père Forlani ? Ayant bu ? Ayant dormi dans son lit ou assis sur son tabouret la tête sur la toile cirée ? Et si je le retrouvais vieux, trop vieux ? À peine si j'osais frapper. J'ai fini par le faire.

– Entrez.

C'est une voix de femme.

C'est Lola.

Bien quatre-vingts kilos de chair d'un rose coquin. De chair palpitante que laisse bien voir un peignoir pas boutonné. Un peignoir cochinchinois souvenir de l'Exposition coloniale, avec des oiseaux, des fleurs pourpres, bleu criard, jaune d'or. Un peignoir à maman qu'elle portait pas souvent, de crainte de le salir, de l'user. Sous le peignoir une liquette rose acidulé et rien d'autre. Et, aux pieds, des mules à pompons avec des talons de dix bons centimètres. Une grosse fille, dans les trente ans, Lola. Avec trop de joues, de menton, de cou. Mais au sourire attendrissant.

– C'est vous monsieur Remo. Ça y est, vous revenez de l'armée. Si je lui ai pas dit cent fois de vous écrire pour vous parler de moi, à Jean.

Jean c'est papa. Et il est pas là, Jean. Il est déjà parti sur un chantier. À la Halle aux vins.

– Vous devez avoir envie d'un café.

Elle vire une culotte, aussi rose que sa liquette, de la chaise qu'elle avance vers moi. Je me demande si je dois m'asseoir ou pas.

Elle a posé la cafetière sur le gaz.

– Ça sera du réchauffé, mais c'est du Brésil.

Et je te mets un bol propre sur la toile cirée et la boîte de sucre et du beurre, du pain, un couteau, une petite cuillère, et je te sors une serviette bien blanche, bien repassée d'un tiroir. Tout est d'une propreté surprenante au fait.

Papa s'est déniché une petite fée du logis.

Je m'installe. Je me beurre une tartine.

– Lola je m'appelle. Ça sonne bien, hein. C'est mon nom de danseuse. C'est le patron de la première boîte où j'ai travaillé qui me l'a trouvé. À cause d'une Lola Lola dans un film. Simone il aimait pas. Je vais pas vous raconter que je faisais les pointes et *La Mort du cygne* et tout ça. Mon genre c'était l'exotique. Avec des voiles. Perle de l'Orient ils disaient sur l'affiche. Je gagnais pas mal. C'était agréable. Et puis la cata. L'opération. L'hystérectomie. Et les kilos.

Elle s'est assise sur le tabouret. Partie pour me raconter sa vie en entier. Qu'elle est fille de gens très bien, commerçants en Normandie. Qu'elle est croyante. Pas pratiquante mais croyante. Que Jean, différence d'âge ou pas, c'est l'homme qu'elle devait rencontrer.

Honnêtement, je la trouve pas mal. Elle mesurerait trente centimètres de plus ou pèserait quarante kilos de moins...

Tout en mangeant tartine sur tartine, je vois que mon petit lit a été remplacé par une commode. Avec dessus des fleurs artificielles dans un vase aussi de l'Exposition coloniale, une pendule tocarde que je connais pas et une photo de maman dans un beau cadre en acajou.

Lola sourit. Un bon sourire.

– Le cadre c'est moi. Je l'ai trouvée dans une boîte la photo. J'ai dit à Jean : cette femme-là ça a été ta femme, c'est normal que tu l'aimes encore même si elle est plus là. C'est vrai, non ?

En prime, elle est sûrement bonne fille.

Mais je vais crécher où, moi ?

– Peut-être vous voulez vous changer ? Vos habits sont bien nettoyés bien rangés dans l'armoire. Les chaussures sont en dessous. Vous faites ce que vous avez à faire. De toute façon faut que je descende aux courses. Qu'est-ce qui vous fait envie ? Une bonne côtelette de mouton ? Un bifteck ?

– Vous êtes gentille mais je vais déjeuner avec des amis.

Qu'est-ce qu'il me prend de dire à cette ex-danseuse exotique bouffie qu'elle est gentille ? C'est à cause d'elle que j'ai plus de lit, quand même.

– C'est comme vous voulez. Je descends. En partant vous claquez la porte. À bientôt peut-être.

Elle s'est tirée avec le filet à provisions. En peignoir. Mais elle a enfilé un imperméable bien boutonné. Et a gardé ses mules de perle de l'Orient.

Je m'allume une cigarette.

Elle est belle maman sur la photo.

Je vais dans l'autre pièce, la chambre. Y a un couvre-lit flambant neuf. Des rideaux neufs aussi. Et plus un atome de crasse. Dans l'armoire il y a les nippes froufrouteuses de la nouvelle maîtresse de maison, les chemises de papa, ses caleçons, ses chaussettes, tout ça empilé avec soin. Et mes habits à moi.

Des livres à moi aussi.

Comme je me baisse pour prendre des chaussures, je vois une tapette à souris. Sans souris piégée. Mais avec un appétissant petit cube de gruyère.

Bon. Me voilà redevenu le Remo d'il y a treize mois. Un peu boudiné dans sa veste. Mais souriant. Souriant parce que dans la grande glace de l'armoire je me trouve vraiment beau mec.

Dans Paris retrouvé

Traverser le pont d'Austerlitz, longer le Jardin des Plantes côté Seine, là où il y a les loups qui vous lorgnent méchamment, la fauverie là où on entend des rugissements et les cris idiots des singes, c'est agréable. Je suis heureux, mais heureux.

La Halle aux vins je connais moins que Bercy. Papa y travaille rarement. Mais je vais le trouver. Suffit de le faire en tous sens, ce village qui schlingue si fort la vinasse qu'il faut faire gaffe de pas respirer trop fort pour pas risquer de se retrouver rond comme une queue de pelle.

Là où papa travaille, seul ou pas seul, y a forcément un tas de sable devant la porte, une ou plusieurs brouettes, des seaux, des sacs de ciment.

Ça traîne pas. Non seulement je tombe sur le tas de sable et deux brouettes, mais je vois papa. Avec un chapeau artistement cabossé que je lui ai jamais vu, une chemise de soldat américain et plus de moustaches. Et il coltine un sac de ciment presque aussi gros que lui.

Il a pas vieilli, ça non.

Le temps d'aller poser le sac là où il faut et il vient vers moi. M'examine de la tête aux pieds.

– Ça va, t'es entier, ils t'ont pas estropié les Tedeschi ?

Je fais signe que non avec ma tête. Et je l'embrasse sur les deux joues. Il pique.

– T'as été à la maison ?

– Oui.

– Tu l'as vue alors ?

– Oui.

Un petit moment de silence. Comme je sors mes cigarettes de ma poche, il en prend une.

– Je croyais que tu avais arrêté.

– Je fume que quand j'ai un fils qui revient d'Allemagne. Ça fait pas très souvent.

On allume nos cigarettes. On tire quelques bouffées. Papa jette la sienne, l'écrase avec un de ses sabots.

– C'était la bonne amie de ce fanculo de Polpetto. Elle était pas bien avec lui. Et les choses arrivent tu comprends jamais comment. Elle a un bon caractère. Elle me supporte. Tu comprends ce que je te dis ?

– Oui. Je comprends.

– Tu casses la croûte avec moi ?

Je casse la croûte avec mon père. Assis sur un petit muret au soleil. Il a du pain. Rassis. Frais il l'aime pas. Du salami, de la coppa, des tomates telles quelles, sans sauce, juste du gros sel dans du papier et des figues. Et du vin, du bon, dans un bidon en fer.

Je me régale.

En mangeant il parle pas. À cause de ses dents. Après il me donne des nouvelles de Nini qui lui envoie des cartes postales d'Afrique, de Grèce, d'Angleterre et qui va bien, qui est très content de sa situation. Il me demande pas ce que je vais faire moi. Cher papa.

Qu'est-ce que c'est plaisant de plus être soldat.

Je longe la Seine, encore. Je vois des voitures, Notre-Dame, j'arrive à Saint-Michel. Je traverse. Je vois une péniche avec une femme en blouse et tablier bleu qui étend du linge sur le pont. Je vois un homme qui pêche à la ligne. Un chien, un roquet de concierge chétif lui tourne autour. Dans la boîte d'un bouquiniste il y a un album relié de *Cri-Cri*. Le premier illustré que ma mère m'a offert. J'avais cinq ans à tout casser. C'était pour me consoler de la piqûre antitétanique qu'on venait de me faire à l'hôpital Saint-Antoine parce que je venais de me faire un trou dans la tête en désobéissant. Dans *Cri-Cri* il y avait *Les Aventures acrobatiques de Charlot* dessinées par Thomen.

J'ai passé des jeudis entiers à le copier le Charlot de Thomen. J'avais beau m'appliquer, tirer la langue, mes Charlot ils étaient loupés. Et ça me vexait, ça me vexait.

Après, bien après, ça a été les odalisques de Matisse, les grosses dames de Picasso, les bonshommes grotesques de Dubuffet que j'ai copiés.

Merde. Pas aujourd'hui. Je vais pas me pourrir cette journée. On oublie que je serai jamais un peintre digne d'intérêt, jamais un poète qui compte, jamais…

Je prends la rue des Grands-Augustins, la rue Saint-André-des-Arts, la rue de Buci, où j'ai une pensée pour Prévert à qui elle a inspiré un très gai triste poème, la rue de Buci.

Encore cent mètres et, à ma gauche, ça sera la rue des Beaux-Arts. Le TEC. Cocolo.

Et tout va recommencer. Pareil qu'avant. L'armée, les Landais péteurs, les centaines de tranches de fromage de tête, Bébert, Morel, Grumberg. C'était qu'un entracte.

Comme une grande trouille m'envahit. Trouille de quoi ? Je saurais pas dire. Mais c'est terrible. Aucune envie d'aller rue des Beaux-Arts. Je vais vers la Seine, le pont des Arts.

Je me balade.

En sifflant pas mal faux, je sais, la musique de *Quai des Brumes*. Mon air quand je suis dans la mélancolie.

J'avais qu'un désir : me retrouver à Paris. Et m'y voilà. Et je cafarde.

Je deviens citoyen de Bondy

Sauvé. Je dormirai pas sous un pont.

J'ai même un lit de toute beauté. Trois oreillers, draps soyeux, matelas moelleux, un plaid tout laine à grands carreaux. Et la chambre ! Une chambre de trotskiste avec, sur des étagères, les œuvres complètes du grand Léon bien alignées à côté du *Capital* relié cuir, des romans de Malraux. Un Saint-Ex. Quelle misère. Que des livres à te dégoûter de la lecture.

C'est que j'ai carrément droit à la chambre du frère Paul puisqu'il s'est marié avec sa Christiane et qu'ils vivent à Paris dans le seizième. Et que Mme Renty, la sainte femme, a pensé que je serais mieux là que dans la chambrette monacale au bout du jardin.

Au TEC j'y suis pas allé. Mais d'un bistro j'ai appelé Colette et tout s'est arrangé on ne peut plus chouettement. Le docteur Renty a été le premier à estimer qu'on ne pouvait laisser à la rue ce pauvre Remo dont le père indigne a bazardé le lit pour les beaux yeux d'une fille qui pourrait être sa fille.

Ça me plaisait pas de les laisser penser pis que pendre du père Forlani. Mais fallait leur faire assez pitié pour qu'ils m'hébergent.

Avec Colette on s'est retrouvés à la porte des Lilas.

Tout l'après-midi je m'étais baladé en me demandant pourquoi j'étais sur terre.

Et j'ai appelé le TEC. C'est Zézette qui m'a répondu. Et annoncé que je rentrais à pic, que j'allais être parrain. Mais de qui, hein, de qui ? Toto lui avait fait un petit. À venir dans deux mois.

Dans le métro, tendrement blottie contre son Remo enfin de retour, Colette m'a dit que maintenant ça allait mieux, mais que, sur l'instant, Zézette elle l'avait eue mauvaise, que se retrouver mère c'était pas dans ses plans et encore moins de se marier, surtout avec un Toto qui avait qu'une idée : faire rien. Et ils s'étaient mariés. Qu'à la mairie. Avec pour témoins Colette et Paul et deux copains de banlieue de Toto qui avaient l'air de brigands de grands chemins. Et le mariage de Paul et Christiane ? Grand genre celui-là. Paul en habit, Christiane sapée comme une mariée de cinéma. Des demoiselles d'honneur Dior, buffet de traiteur, champagne grande cuvée, tous les camarades trotskos de l'époux avec des nœuds papillons. Musique classique en fond sonore. Grandes orgues. Bach, Boccherini, Mendelssohn. Je verrais les photos papier glacé. Une cérémonie qui restera dans les mémoires.

On est sortis du métro. On est sur la plate-forme du bus, Lucky au bec. Colette en a encore et encore à m'apprendre. Qu'André Bazin et Cerise sa secrétaire se sont épousés, que Louis Pauwels est peut-être de droite, que le coursier Truffaut a peut-être une relation douteuse avec le fameux écrivain-voleur-pédé-comme-un-phoque Jean Genet, que les Frères Jacques ont chacun sa grosse bagnole mais ne roulent pas pour autant la mécanique, que Marceau est sacré grand mime, que Prévert s'est brouillé avec Carné, que Vadim est vedette d'une pièce de théâtre dont les décors sont de Jacques Noël, que de Rudder fait des peintures abstraites qu'il commence à vendre cher, que Resnais a tourné le film sur Oscar et d'autres sur d'autres peintres, que la Rose rouge est ouverte et qu'elle y est allée avec Truffert qui l'a saoulée au gin et pelotée et…

Accueil affectueux de maman et papa Renty. Dîner plantureux. Et je vais dormir dans le lit du fils de la maison.

Où Colette vient me dire bonsoir. En pyjama rouge tomate.

Ça faisait plus d'un an que…

Même en prenant grand soin de ne pas faire le moindre bruit, ça en vaut la peine.

Colette ayant regagné son lit à elle, je devrais, béat, sombrer dans le sommeil.

Mon œil.

J'ai fermé les yeux et je vois.

Je vois quoi ? La vie. Et je la vois pas belle belle.

Qu'est-ce que ça peut déglinguer le moral d'un bipède de faire le soldat. Même en temps de paix et même en s'en foutant. Va falloir crapahuter dur pour redevenir comme avant.

J'étais qu'un branleur, d'accord. Mais magnifique.

Allez. Dormons.

Les dimanches à Prévert

Il y a du vin blanc. Frais.

Et Prévert.

Prévert. Autant dire le plus grand poète français vivant.

Paroles c'est comme la Bible ou les enquêtes de Maigret, ça s'arrache dans les librairies. Dans les écoles les escargots qui vont à l'enterrement ont dégommé le loup et l'agneau. Prévert c'est le La Fontaine de Saint-Germain-des-Prés, le Victor Hugo des juke-box. Ni plus ni moins.

Il est bon son vin blanc. Il serait pas bon, aigrelet, que ça y changerait rien. Boire le vin de Jacques, chez Jacques, un dimanche matin, c'est comme casser la graine, avec Jésus et Judas et les autres, le jour de la Cène.

Quand, au Flore mardi dernier, il m'a demandé pourquoi je viendrais pas boire un verre chez lui, villa Robert-Lindet, au numéro sept, un de ces dimanches, j'ai manqué défaillir.

Et m'y voilà. Et en quelle compagnie. Il y a Pierre, le frère de Jacques qui a des moustaches et qui fait des films –

L'affaire est dans le sac c'était lui. Il y a Fabien Loris toujours chanteur – *Les enfants qui s'aiment s'embrassent debout contre les portes de la nuit* –, toujours dessinateur, toujours flâneur, rôdeur, rêveur. Il y a un petit mec à gros pif qui était de la bande de révolutionnaires farceurs du groupe Octobre, Francis Lemarque, qui compose des chansons comme en chantaient les chanteurs des rues avant leur guerre, cette connerie. Il y a Paul Grimault qui réalise à la française, donc en bricolant avec trois francs six sous, des dessins animés qui font la pige à ceux de Disney. Il y a Mouloudji. Il y a Raymond Bussières, le vrai Parisien de Paris qui joue dans une tapée de films. Il y a Mayo, un peintre grec qui a dessiné les costumes des *Enfants du paradis*.

Et moi. Le jeunot, l'illustre inconnu, le minable qui n'a composé ni chanté aucune chanson, rien fait dans aucun film, la grande perche habillée n'importe comment qui sait que beaucoup fumer, beaucoup bavasser, beaucoup traînailler. Qui se fait nourrir par Colette, par les parents de Colette, qui se fait payer des verres par qui veut bien. Qui gagne quand même un peu de fric quand ça se trouve. En donnant un coup de main au TEC ou aux Films de la Roue (une toute nouvelle société de production de courts métrages dirigée par M. et Mme Paul Renty). C'est qu'un zéro, le Forlani, un traîne-lattes. Mais qui promet. Qui promet quoi ? Il serait bien en peine de le dire.

Mais pensons pas peine. C'est pas l'heure. Pensons à la joie que c'est d'être un des hôtes du sept de la villa Robert-Lindet. Un bel appartement avec des fenêtres qui donnent sur un minuscule vélodrome avec des gens qui pédalent sur leurs bécanes. Des sportifs du dimanche.

Prévert, Jacques, pas Pierre, a un polo noir à fines rayures bleu céleste. Les doigts de la main droite jaunis par le tabac blond. Il est debout et va et vient, clope en bouche. Il parle. Avec sa voix bien à lui, cassée, traînarde. Et tout ce qu'il profère c'est du Prévert. Tu sais jamais si c'est des mots de conversation ou de la poésie. Qu'est-ce que j'aimerais parler comme lui. Surtout quand, à propos de rien, de la pluie qui va peut-être se décider à tomber ou d'une photo de De Gaulle ou d'un curé qu'il a découpée dans un quotidien, il se lance dans un délire.

Là, ce matin, il en a après le pape, comme toujours, et contre les soucoupes volantes. Les ovnis. Soi-disant qu'un Américain aurait fait des photos, pas truquées du tout du tout du tout, qui prouveraient que, les soucoupes, ça serait des anges qui les piloteraient. Tu parles !

Et pour parler, il parle, le Jacques.

Et, tous, on se retient d'applaudir chacun de ses mots.

Et on frappe. Entrez ! Et voilà qu'arrivent Margot Capelier, encore une ancienne combattante du groupe Octobre, qui fait je sais pas quoi dans le cinéma et Brassaï le photographe.

Et on débouche d'autres bouteilles. Et on picole et on se fend la pipe. Faudrait qu'il dure jusqu'à dimanche prochain ce dimanche matin.

Mais vient le moment des adieux.

Jacques me gratifie d'un au revoir aussi soigné que son bonjour et m'engage à revenir. Souvent.

Ça me tue de retourner dans le monde des gens comme vous et moi. Heureusement Loris a envie de faire une petite trotte. Sans se presser. On se baguenaude donc. En trouvant que c'est beau Paris, même du côté de Convention, que c'est beau les rues, même quand elles sont sans magasins, sans une concierge assise sur le pas de sa porte avec un chien de concierge piquant son roupillon, que c'est beau les gens, même quand ce sont des familles de connards habillés en dimanche qui vont rendre visite à d'autres connards, avec le papa tenant par son petit ruban la boîte en carton de petits-fours pour les connards.

On marche on marche. On s'est pas dit où on allait mais on y va. À Montparnasse. À la terrasse du Sélect où on boit du rosé pour faire passer le blanc.

Loris me décrit bien en détail le tableau qu'il a dans la tête. Il le décrit si précisément, si amoureusement, que je le vois. Un sacré tableau. Avec de ces couleurs !

Il le peindra jamais. Pas grave puisqu'il me l'a fait voir. Un tableau rien que pour moi, ça aura été.

Que je revendrai pas comme le cadeau de Dominguez.

Je lui avoue, à Lolo, cette saloperie faite à Oscar. Ça l'indigne pas. Loin de là. Lui aussi il a mangé en se défaisant d'œuvres de ses plus chers amis. Et tous les gens font ça. Enfin… les gens sensés. Pas les goitreux qui se sont laissé conter que l'homme devait gagner son steak en ayant des suées.

Quatre heures il est. Faut que je file.

Avec Lolo on se donne de bonnes tapes dans le dos.

– À plus tard.

– À bientôt.

Je me fais le boulevard Raspail à grandes enjambées. Cap sur le Flore. Où Noël m'attend pour le présenter au type qui monte une pièce dont il va faire les décors et qui cherche des garçons dans mon genre. Hossein il s'appelle, Robert Hossein. Je le connais de vue. Un beau brun ténébreux. Qui a débuté il y a peu au cinéma et crèche à Saint-Germain-des-Prés chez son ami Daniel Gélin. Sa pièce c'est *Les Voyous*. Et il est tout prêt à engager des inconnus, des nouveaux venus qui en veulent. Il me dévore des yeux tout en débitant à cent à l'heure et des répliques de sa pièce et des choses profondes sur le théâtre. Noël l'écoute pas. Il crayonne.

Hossein dit ni oui ni non pour moi dans un rôle. Mais on se quitte meilleurs amis du monde.

Si c'est non je serai vexé comme un pou.

Si c'est oui, ça me fera pas follement plaisir parce que faire le gugusse sur une scène, j'ai déjà donné et ça a pas été concluant. Mais faut que je fasse quelque chose.

Ce que je veux, aujourd'hui, je le sais. Je veux devenir Prévert. Parfaitement. Je veux, comme lui, porter des polos à rayures achetés à Rome en allant signer à Cinecitta des contrats faramineux pour des films qui feront date. Je veux écrire des poèmes que les gosses chanteront dans les maternelles et les Frères Jacques à la Rose rouge. Je veux avoir son bada noir à Prévert et ses doigts tout jaunes.

Cocolo elle croit pas que j'y arriverai à être Prévert. Elle estime que je suis trop grand, trop beau pour ça. Que Prévert il est petit et moche et que moi…

Elle dit ça parce qu'elle est amoureuse.
Mais ça me décourage.

Colleur d'affiches

À Hossein je lui plaisais bien, Noël me l'a assuré. Il trouvait que j'avais la gueule de l'emploi, que j'étais exactement le mec qu'il cherchait. Et c'est à Vadim qu'il pense donner le rôle. J'aurais fait comme lui. Vadim, dont les petites histoires qu'il m'avait refilées pour *Le Journal de Roland* valaient pas un pet de lapin, Vadim, qui tombe toutes les filles de Saint-Germain-des-Prés avec son charme slave, est un comédien. Pas moi.

C'est bien, *Les Voyous*. Colette a eu des invitations. On était au troisième rang. J'ai applaudi à m'en éclater les mains.

La Rose rouge aussi c'est bien. Yves Robert a tiré un spectacle des *Exercices de style* de Queneau. Avec les Frères Jacques, qui font un malheur. Quand Colette est en fonds, qu'elle vient de toucher ses roubles au TEC, on va y boire un gin-fizz, à la Rose rouge. Je dis ses roubles parce que le TEC devient tellement de plus en plus coco que je suis convaincu que c'est de l'argent de Moscou.

Et si y avait que le TEC…

La politique, la lutte des classes, le capitalisme, l'impérialisme américain, les bombes atomiques qu'on fabrique à l'Ouest et à l'Est pour s'impressionner… Tout ça tout ça, ça me tracasse pas vraiment. Et les acharnés qui se flinguent et se reflinguent en Algérie, en Indo, pas plus. De Gaulle, qui est soldat de carrière, Staline, Thorez, Truman, les généraux du Pentagone, les Chinetoques, les Japs, ça ne m'intéresse pas, c'est pas mes oignons. Mais à droite comme à gauche ils n'arrêtent pas de nous agresser avec leurs discours lourdingues, leurs cris d'effroi, de haine. On sort de la pire des guerres. Ils rêvent d'en déclarer une, dix, mille autres. Militaires ou civiles. S'en foutent. Ce qu'ils veulent c'est que ça recraque. Et plus fort. À commencer par ceux qui ont l'air le moins belliqueux. Ceux dont on aurait honte de se méfier. De Gaulle, qui est soldat de carrière, Staline avec ses bacchantes de bandit corse, on se doute qu'ils dorment avec des pétoires sous leurs oreillers. Mais Truman qui a l'air d'un caissier de drugstore, Thorez qui a l'air d'un veilleur de nuit émergeant de sa sieste…

C'est les plus enragés. Et Sartre, le petit pion qui fait son dessalé dans les boîtes à jazz avec sa Simone. Des bouquins engagés, il écrit. Tous faudrait qu'on s'engage ! Tous !

Le seul de la rue des Beaux-Arts qui me paraît pas enstalinisé jusqu'à la moelle c'est Pauwels. Louis Pauwels. Loulou comme l'appelle Suzanne son épouse qui travaille avec lui. C'est un personnage important. Secrétaire général du TEC. Et pas que ça. Il écrit. Dans *Combat*, qui est le seul quotidien lisible. Des livres aussi que je devrais peut-être lire.

Dire que je copine avec le Loulou serait trop dire. Il est plus âgé que moi et, circonstance aggravante, il a été instituteur. Comme les enseignants, pour moi, ça appartient à la même rebutante famille que les militaires, je lui fais pas souvent risette.

Mais, dès que la politique vient sur le tapis, le seul qui sombre pas dans le conformisme ambiant, c'est lui, le Loulou. Il lève pas le poing pour un oui pour un non, il siffle pas *L'Internationale* en pissant, il pense pas que boire du Coca-Cola c'est faire le jeu des va-t-en-guerre de la Maison-Blanche. Il lit pas que *L'Huma* et *Action* et *Les Lettres françaises* du commissaire du peuple Aragon. Il lit *Le Livre des Morts tibétains*, le *Tao* et des tas d'autres ouvrages si peu matérialistes que tous les clebs de la rue des Beaux-Arts lui aboient dessus.

Avec le petit Truffaut, qui arrête pas de faire tourner son patron, André Bazin, en bourrique, Pauwels c'est le mec du TEC avec qui je me sens le plus en connivence. Il est facile endormant quand il tente de t'expliquer ce que c'est que le zen. Mais, quand il te gratifie de tirades bien pensées bien senties sur les univers parallèles au nôtre, sur les grands secrets des mystiques indiens ou sur les motivations des derviches tourneurs, je suis tout ouïe.

C'est lui qui m'a tout appris ce qu'il fallait savoir de Gandhi le jour où des malfaisants l'ont assassiné. On mangeait des pains au chocolat et, posément, bien clairement, il m'a expliqué la non-violence.

C'était très intéressant.

Et voilà que je lui file le train dans la nuit très noire parce que sans lune. Et pas les mains vides. Un grand pot de colle je trimbale et un gros pinceau et des affichettes.

Sartre me verrait, il en reviendrait pas : engagé ! Je me suis fait engager par Pauwels. Pour coller des affiches pour défendre la cause de Garry Davis. Le « citoyen du monde ». Un Amerlot qui a détruit ses papiers d'identité, qui veut plus appartenir à aucune nation, ne plus jamais courir le risque d'être mêlé à une guerre. C'est un saint, ce Yankee. Un saint qui a ses partisans. André Breton en fait partie. Qui a ses ennemis aussi. À commencer par tous les cocos du TEC et d'ailleurs. Qui, eux, collent d'autres affiches. Pour un Congrès de la paix à leur sauce à eux. La paix vodka. Au cours de leur meeting, auquel j'assiste, le citoyen du monde Garry Davis, ils le foutent dehors à coups de pompes, ces cons de stals.

Colette est des leurs. Son trotsko de frère aussi. Avec de sérieuses réserves. Mais des leurs.

Et moi je charrie une saleté de pot de colle et un pinceau qui me dégueule sur les chaussures, le bas de mon jean. Et j'en ai marre de trotter derrière le Loulou Pauwels. Et j'ai une de ces trouilles. Suffirait qu'on tombe sur des flics…

Qu'est-ce que je voudrais qu'elles soient toutes collées, nos affiches. Je milite pour une cause de tout premier choix. Je me conduis en homme. C'est bien. Je peux être fier de moi.

Mais ma peur est plus grande que ma fierté. Beaucoup plus grande. Cette nuit sans lune elle est glaciale et je transpire. Et avec tout ce que je trimbale me reste même pas deux doigts pour sortir une cigarette et mon briquet de mes poches.

Je suis à fond pour le citoyen du monde Garry Davis. Mais qu'est-ce que je le lui en veux d'être à l'origine de cette randonnée.

En week-end chez les riches

C'est la maison de l'oncle.

Pas un pavillon de banlieue rabougri en pierre couleur poussière comme celui de l'oncle René, le facteur frère de maman chez qui on allait déjeuner une fois l'an avant une définitive grande engueulade.

C'est une maison insolente comme un château. Avec bien quinze chambres et autant de baignoires. Avec, tout autour, des arbres centenaires, des vaches obèses se pavanant dans de l'herbe qu'on croirait peinte par l'Anglais John Constable un jour de grande forme. Avec des paons la queue en éventail, des cygnes, des canards et des nénuphars avec leur étang. Et de la servante s'affairant.

Une propriété de richards. L'endroit idéal pour des vacances de rêve. L'os, c'est que je m'y sens mal, pas à ma place. Comme si, d'un coup de baguette, une fée m'avait bombardé dans un bouquin de Proust. Je l'ai pas lu, d'accord. Mais je l'ai quand même un peu picorée dans la bibliothèque de Bondy la pile de bouquins de *La Recherche*. Trois pages par-ci, deux par-là et une phrase embrouilleuse et une autre, sur la tasse d'eau chaude qui donna le branle au narrateur, sur le beau monde qui allait faire trempette à Balbec, sur Mme Verdurin et son rire. Eh bien je les verrais radiner dans ce coinstot, le Marcel, la mère Verdurin que ça m'étonnerait pas. Vrai : manque qu'eux pour la photo souvenir.

L'oncle, c'est l'oncle à Christiane Renty (née Dubillard) qui a invité et sa nièce et son neveu, Roland Dubillard, et l'époux de Christiane, Paul Renty, et la sœur de Paul, Colette, et –

c'est dire si c'est un brave homme d'oncle – le coquin de Colette, moi.

Pour le week-end. Qu'on va passer à s'emplir les poumons d'air normand, à s'empiffrer, à jouer les bien élevés.

C'est qu'il faut pas lui faire mauvaise impression à l'oncle. C'est que c'est quelqu'un dans le monde des affaires. J'ai pas bien fait attention quand on m'a dit quelles affaires. Mais c'est pas de la broutille. Des usines il a, ou des fabriques. C'est un employeur. Et capable. Pas un de ces magouilleurs qui s'emplissent les poches sans se donner de peine. Ben non. Son argent il le vole pas. Même Paul, tout trotskiste qu'il est, l'oncle il le respecte. Un capitaliste soit. Mais qui capitalise avec tant d'énergie, de science et de conscience que... Chapeau ! Des ennemis de classe de l'envergure du tonton, il les respecte, Paul.

Et y a pas que l'oncle. Il a une épouse, ce sac à fric. Une pas vilaine grosse, satisfaite de l'être, sachant causer à la valetaille, sachant bridger, placer son monde à table, dire ce qu'il faut quand il faut à propos de musique – ah ! Mozart, ah ! Mozart –, de peinture – ah ! Renoir, ah ! Renoir –, de littérature – ah ! Mauriac, ah ! Thérèse Desqueyroux, c'est d'un prenant et tellement vrai –, de religion même –, alors moi, les évêques qui se prennent pour des syndicalistes...

Tout ce qu'ils ont fait de valable, cet oncle et cette tante, c'est leur fille. Blonde, menue, un tanagra, des yeux célestes, l'oreille mignonne, la fesse fessable. Rien elle a de pas joli à voir. Mais d'un bête.

Que tennis elle parle. Qu'elle aille chier.

Mieux embouché que moi, Paul va taper dans une balle avec elle. Colette lit *Germinal* de Zola, à poings fermés, dans une chaise longue. Christiane est de corvée de visite de la roseraie avec sa tata. Roland, lui, est toujours pas descendu de la chambre où il a dormi. Il a déjà sauté le petit déjeuner, le repas de midi. Il est pas mort ou malade ? Ni l'oncle ni la tante, ni personne ne s'en inquiète.

Vu que j'ai rien de plus passionnant à faire, je vais voir. On a eu droit à chacun sa piaule à l'étage. À chacun son lit bateau avec édredons de manoir anglais et gravures anciennes aux murs. Moi c'est un saint Michel terrassant le dragon et un bienheureux Jean-Marie Vianney curé d'Ars qui, à en juger par sa bouille, n'a pas l'air si bienheureux que ça.

Je frappe, pas trop fort je demande à travers la porte à Roland si il est mort ou si il dort. Il me répond.

– Je suis encore un peu vivant. Tu peux entrer.

La fenêtre est fermée, les rideaux tirés, on y voit rien et c'est salement enfumé.

– Quelle heure il est ?

– Bientôt l'heure du thé.

– Quand ça sera l'heure du calva reviens me le dire.

– Pourquoi tu restes enfermé ?

– Être ou ne pas être enfermé…

Cela murmuré, il s'abîme dans un lourd silence et contemple les poutres du plafond.

Il est en pyjama. Pas peigné, pas rasé, pas lavé.

On entend dehors le top-top de la balle de tennis.

– Comment tu la trouves ma cousine ?

– Vachement jolie. Mais…

– D'accord avec toi.

Je pique une cigarette dans un paquet sur le plancher trop bien ciré.

– Tu viens souvent ici ?

– Faut bien. Les oncles c'est comme la vie, ça t'est donné. Alors faut faire avec. Faire quoi ? Personne ne le dit avec suffisamment de précision. Alors…

– Alors quoi ?

– Tu fatigues, Remo. Je suis là, tranquille, à essayer de devenir un bon fumeur de tabac, et tu me perturbes avec des questions.

– Ça veut dire quoi devenir un bon fumeur de tabac ?

– Merde ! C'est pas compliqué. Tu as des gens qui construisent des maisons, qui pilotent des avions, qui composent des symphonies. Et, en même temps, ils fument du tabac. C'est ridicule. Ça ne peut les mener à rien de bien. L'énergie qu'ils dépensent en fumant du tabac c'est de l'énergie en moins pour construire leur maison, composer leur symphonie. C'est du gâchis, du vol. Il faut avoir un seul but, courir un seul lièvre. C'est clair, non ?

– Toi tu veux plus rien faire que fumer, c'est ça ?

– Je voudrais devenir un bon fumeur de tabac. Et si je gaspille mes forces et mon temps à faire autre chose…

– Tu ne travailleras plus, ne mangeras plus, ne dormiras plus ?

– Je peux fumer, oui ?

Il ne regarde même plus le plafond. Il fume. Dans son nuage de fumée il est. C'est un curieux zigue, Dubillard. Capable d'être marrant comme tout. Capable de, sans prévenir, brutalement, me plonger dans l'ennui. C'est un talentueux. Il me fait lire des petits machins, des pensées décousues, insensées, des poèmes à sa manière. C'est de l'humour. C'est parfois trop de l'humour. Je me comprends.

Il a lu des auteurs que je lirai sans doute jamais. Il a fait des études que je ferai, y a pas de doute, jamais. Il peut se farcir *L'Être et le Néant* et presque tout comprendre. Pas moi. J'en suis resté à l'étage certif. Plus haut j'ai tout de suite le vertige.

Je le laisse se défoncer à la Gitane. Peut-être qu'on refera un jour un film ensemble. Qui sait ? Peut-être avec Resnais.

Paul m'a l'air de se faire torcher par la blondinette si jolie si conne. Colette dort toujours à la santé de Zola. Christiane fait semblant d'admirer des chrysanthèmes ou des dahlias. Ou peut-être qu'elle aime vraiment les fleurs. Les vaches et la volaille font toujours joli dans le paysage.

Et moi, assis sur un fauteuil en rotin sous un arbre qui est peut-être bien un chêne, je me demande ce que je fous là. J'ai l'impression d'être le pauvre. Le miséreux des vieux romans feuilletons qui avait droit à une part de la galette des rois, qu'il bouffait debout dans la cuisine en remerciant et le Bon Dieu et les généreux nantis qui lui faisaient l'aumône d'un bout de gâteau. Dans lequel, pas fous, ils s'étaient assurés qu'il y avait pas la fève.

Pourquoi je suis là ? Parce que, quand on invite Colette, on invite le grand glandeur qui la suit un peu partout. Et Colette on l'invite parce que c'est la sœur de Paul qui est le mari de la nièce. Suite logique. Ça s'enchaîne impec. Mais l'oncle, l'oncle ventru qui a des affaires, des immeubles un peu partout dans Paris, qui a des vaches et des cygnes, de recevoir un snobinard pas rasé et siroteur de calva comme Roland, un Paul et une Colette, qui sont moitié juifs, ça doit le contrarier plus qu'un peu.

Mais moi... moi ! À quel point ça doit le miner, cet homme, de m'offrir un lit et le manger, c'est pas imaginable. Et pour deux jours, deux jours pleins, il nous a sur le paletot. Deux jours qu'on leur gâche, à lui et à sa pouffiasse. Poor poor uncle ! Poor poor aunt !

Ça devrait me réjouir de les contrarier autant rien qu'en étant là. Eh ben non. M'en fous. C'est pas mon problème. Ce qui me ronge c'est d'être dans ce fauteuil. Sur leur herbe. D'être en week-end ça m'intéresse pas. De me taper autant que je veux de leurs très bonnes confiottes et leurs escalopes à la crème de leurs vaches, j'en ai rien à secouer. Les heures que j'ai à vivre c'est comme les giclées de sperme à ce brave crétin de Bébert en Allemagne. J'aurai droit qu'à mon compte. Y aura pas de rab. Et je paume du temps. Voilà ce qui me bousille. Je sais, je pourrais, comme Roland, profiter de ce séjour pour tenter de devenir un fumeur de tabac champion. Foutaise. Écrire, alors ? Tiens donc. Du papier, un stylo ou un crayon ça se trouve partout. Alors, vas-y Remo.

Prévert, il serait là, il ferait un poème. Il écrirait, je sais pas... Mettons : *les temps sont durs mais sur l'étang les cygnes me font signe*... Il fignolerait, d'accord. Fignoler je peux moi aussi. Je peux très bien.

Et je reste assis. À regarder des arbres dont je me fous. À regarder de l'herbe. Une sauterelle qui me tourne autour.

Autre chose : si je me sens si mal, si tellement pas à ma place, c'est aussi parce que je sais d'où je viens, qui je suis. Y a pas que cette baraque fastueuse, tout ici me fait sentir combien je suis miteux.

Papa, depuis toujours il fait une chose pas raisonnable du tout, qui énervait énormément maman quand elle était encore là. Si fauché qu'il soit, c'est plus fort que lui, il faut qu'il s'achète une cravate bien voyante ou un chapeau pas comme celui des autres, bien tape-à-l'œil. Et qu'il se coiffe avec le chapeau, noue la cravate autour de son cou et fonce au café Ferrero. Pourquoi ?

– Pour faire caguer Fougerolle.

Voilà ce qu'il répond. Et c'est la vérité. Fougerolle est un homme de son âge. Français. Qui, comme papa, a débuté en maniant la truelle. Mais il boit que de l'eau minérale, Fougerolle, et il touche pas aux cartes, n'a couru aucune femme jamais. Et il sait mener ses affaires, faire ses comptes. Et il est devenu riche à millions et il éprouve pour papa cet infect sentiment qui se nomme la pitié.

Et papa est prêt à se priver de tout pour acheter la cravate, le chapeau bien voyants qui, il en est convaincu, feront caguer Fougerolle.

Eh bien moi, moi qui n'ai peut-être aucune vocation, aucun don, pas même de véritables ambitions, faudra quand même que je devienne quelqu'un. Pour faire caguer Dubillard, sa sœur, la famille Renty au grand complet et Resnais et Charlot le borgne du soixante-quatorze avenue Ledru-Rollin et Roux et Hentschel et Noël et de Rudder et Vadim, Hossein, Prévert...

Les faire caguer. Tous. Beaucoup. Le plus vite possible.

Nulle part

C'est la nuit et je marche.

Dans Paris. Mais où ? Mettons entre Montparnasse et la gare de Lyon. De là à dire dans quelle rue... Je vais d'une rue l'autre, je zigzague.

J'ai très bien dîné avec Oscar qui est décidément un type de première classe. J'avais la tête farcie de sales pensées et je suis tombé sur lui pas mal enviné qui a senti que ça n'allait pas et m'a emmené dans un restaurant de poissons.

Il a demandé du requin, de la baleine, de l'hippocampe. Comme ils n'avaient pas de tout ça, il a demandé du homard. Leur plus gros homard. Qu'on a partagé. Il m'a débité un tas de menteries sur son enfance. Des trucs que soi-disant lui avaient appris des sorciers. Il m'a parlé de sa mort. Qui, il me l'a assuré, sera spectaculaire. Il était énorme le homard. Et on l'a tout mangé, suçoté. En trinquant avec du vin blanc.

Puis est arrivé Paul Eluard. Toujours de plus en plus mauvais poète. Mais si séduisant, si bel homme. Et avec un si émouvant soupçon de tristesse dans le regard. C'est Nush qui lui manque. Pas une chaisière comme l'Elsa à l'autre, Nush, pas une mère de Beauvoir. Une créature rêvable. C'est bien qu'il la pleure. C'est bien aussi qu'il ne se soit pas laissé mourir. Et qu'il…

Il n'est resté que le temps d'un café. À peine il a décanillé, Oscar m'affranchit. Paul il s'est trouvé une autre muse. Acrobate dans un cirque. Chez Pinder. Et entre deux virées chez ses camarades d'Albanie, de Pologne, de Pétaouchnock, de Saint-Trou-du-cul, l'Eluard il fait des sauts dans les villes où est monté le chapiteau. Et, pendant que sa mignonne voltige au-dessus de la piste, il aide la caissière à compter la recette. C'est Oscar qui l'affirme. En se boyautant si fort qu'il s'étrangle, crachote des miettes de homard, fait se retourner tous les clients.

Ça me fait du bien d'être avec Oscar. Ça me console de mes déboires de la journée. C'est que…

Pas le moindre petit travail. Et rien en vue. Rien. Si j'avais pas Colette je pourrais même pas m'offrir le métro. Mais le pire c'est pas ça. Le pire c'est qu'il faut que du lundi au samedi, à l'heure où les travailleurs se dirigent vers leur lieu de travail, faut que je fasse comme eux. Papa et maman Renty ils croient que je bosse. Alors, en même temps que Cocolo, je prends le bus. Et après, hein ? Après faut que je remplisse ma journée, que je m'occupe jusqu'à l'instant où je vais cueillir ma chérie rue des Beaux-Arts.

Et c'est long une journée.

Une fois de temps en temps je vais retrouver mon père sur un chantier. Je mange la moitié de son casse-croûte, on bavarde un brin. On se voit.

Ça m'arrive aussi de prétendre que j'ai quelque chose à chercher dans l'armoire familiale pour me retrouver avenue Ledru-Rollin avec l'opulente Simone Lola. Qui est décidément une pas mauvaise personne du tout. Un peu bêtasse, pas mal vulgaire. Mais franche, liante, et, ça crève les yeux, sincèrement amoureuse de mon pas commun papa. Elle aime me conter ses malheurs passés. Mais sans larmoyer, sans jouer les victimes. Elle aime me cuisiner une omelette, des patates sautées. Ce qu'elle aime par-dessus tout, c'est que je lui parle de maman. Ce qui n'est pas si bizarre que ça. Sa mère elle l'a si peu connue que c'est comme si elle en avait pas eu. Son père non plus ne l'a pas choyée. Et danseuse exotique, tout bien considéré, c'était pas un métier pour elle. Son rêve c'est d'être ménagère, de tenir une maison bien nette. Elle a des envies de marmots, ça aussi ça crève les yeux. Mais je vois mal le père Forlani me fabriquant des petits frères.

Aujourd'hui, à midi, je me suis fadé Truffert. Et ce coup-ci, pas dans un restaurant pour gros mangeurs à gros budget. À Ivry, dans le pavillon où il crèche dans une chambre grande comme une cabine de téléphone. Du jambon il avait acheté. Deux tranches. Chacun la sienne. Et du pain et pas de beurre. Et une bouteille de vin pas cher. Ah ! j'oubliais : un fond de boîte de crème de marrons.

Où il en est le Trutru ? En instance. Y a un temps mort. Mais qui doit surtout pas m'inquiéter. *Le Journal de Roland* se fera. Bientôt. Et dans les meilleures conditions. Édition française, édition italienne, édition anglaise.

Je vois que ses chaussures ont besoin d'un ressemelage, que le col de sa chemise est élimé, qu'il a une triste mine, les ongles sales.

Et il parle, il parle.

C'est trop déballant. Je le stoppe.

– Trutru, pourquoi tu continues à me vendre des pianos ? Pourquoi tu le dis pas que c'est foutu ?

Il se verse un verre de jaja de Prisu. Le boit.

– Parce que si je te le dis à toi, je me connais, je finirai par me le dire à moi aussi. Et alors là… Et alors là…

Il a les yeux bleu pâle, Truffert. Et voilà qu'ils pâlissent encore. On dirait de la flotte, ses yeux.

– Je suis malade, Remo.

– T'as quoi ?

– De savoir le nom de sa maladie, ça empêche pas de l'avoir.

– Ça peut aider pour la soigner. T'as quoi ?

– Pas envie de me lever le matin. Et des dettes partout. Les planches de Dominguez, votre histoire de petite fille dans la boule de cristal, je les ai plus. Vendues. Vendues trois fois rien, pour colmater. Mais ça fait eau de partout. Y aura pas de journal. Ça va ? T'es content ?

– J'y croyais plus tellement. Mais toi ?

– Quoi moi ? Quoi moi ? Au stalag j'ai eu trop soif. Alors, une fois sorti du stalag, j'ai trop bu. Regarde mes mains comme elles tremblent. Et tu verrais mon foie. Je vais caner, Remo. Voilà ce que je vais faire. Caner.

J'ai fait semblant de croire qu'il plaisantait.

Et j'ai filé. La tête dans le cul. Cassé.

Fallait d'urgence que je me refasse une santé morale. Et que je trouve de quoi m'acheter des cigarettes.

Visite à Colette au TEC.

Elle est débordée, car pas de Zézette pour cause d'eaux.

– D'eaux ?

– C'est arrivé ici. Truffaut a couru chercher un taxi. Elle doit être en train d'accoucher. Tu te rends compte ?

Franchement, je me rends pas bien compte. Mais je fais comme si.

– Tu crois que ça va être quoi ? Un garçon ? Une fille ?

– Comment je saurais ?

– Moi, je vois une fille.

Toto a téléphoné pas longtemps après que c'était un garçon.

Et Colette, qui pouvait pas abandonner la billetterie, m'a donné un gros billet pour que j'aille acheter un bonnet ou un burnous premier âge. Bleu, pas rose. À la Samaritaine.

C'était pas grisant comme mission mais ça m'a meublé un bon bout d'après-midi. Et avec la monnaie je me suis approvisionné en cigarettes et je me suis acheté un bouquin de Marcel Aymé, *Le Passe-muraille*, dont j'ai lu plusieurs nouvelles sur un banc du côté de Châtelet.

C'est bien Aymé. Il m'était un peu sorti de la tête. Avec Noël, de Rudder on l'avait drôlement à la bonne pendant l'Occupation. On ne manquait aucun de ses contes dans les canards collabos, *La Gerbe*, *Je suis partout.*

Avenue Junot, la nouvelle où il met en scène ses potes Céline et le peintre Gen Paul, c'est du grand art. Il est de droite, on dit. Alors faut pas l'aimer, on dit. Et pourquoi pas ?

De retour au TEC avec ma layette, je trouve Colette sur les rives de la crise de nerfs. Elle veut aller voir le bébé et Delarue veut qu'elle reste pour vendre des billets. Colette le traite de patron de droite. Il prend ça mal. Lui balance que si elle veut changer d'employeur c'est pas lui qui la pleurera. N'ayant rien de mieux à faire, j'y vais de ma B.A.

– Vendre des billets je peux le faire.

Et me voilà derrière un comptoir à fourguer des places pour *Le Cuirassé Potemkine*, *Yvan le Terrible* et autres joyeusetés. Et ça rend. On se les arrache les places. J'ai même pas le temps d'aller boire une bière.

Et j'ai mangé du homard avec Oscar. Et, ne sachant pas où trouver Colette et n'ayant pas le courage de rentrer tout seul dans mon logis provisoire de Bondy, je marche dans la nuit. Et je vais nulle part. À petits pas.

Si je rencontrais une fille belle du dehors et belle du dedans ça serait le rêve.

Mais c'est que des clodos, des travailleurs du soir qui rentrent chez eux, des vieux et des vieilles qui baladent leurs chiens que je croise. Et un curé. Tout petit avec un trop grand béret basque. Qui sifflote un air très entraînant.

Jusqu'au matin je vais marcher. Foutue promenade.

Une cérémonie sans cérémonie

Rue La Boétie. Une rue dans laquelle je n'avais pas remis les pieds depuis un certain retour de vacances. Un bien déplaisant matin. Mais c'est loin. Nous passons devant le douze. La galerie est toujours là.

Nous sommes six. Colette et moi. Et Toto et Zézette et Paul et Christiane. Soit les jeunes époux et leurs témoins.

Oui. Nous sommes mariés. Depuis ce matin.

Un des adjoints du maire du douzième a uni pour le meilleur et pour le pire Colette Renty et Remo Forlani. Que nous six, nous étions à la mairie. C'était bien suffisant. Le docteur Renty avait ses visites à faire, Mme Renty, que ça désolait qu'on ne passe pas par l'église, avait je ne sais quoi à faire. Peut-être rien.

Et mon père, mon frère, je ne les ai pas mis au courant.

Je connais le père Forlani. Je le sais capable de turbulences imprévisibles. Capable d'arriver rond à la mairie avec des bouteilles, de vouloir faire trinquer l'adjoint. Je lui ai rien dit. Nous n'étions que nous et nos témoins. Et habillés comme tous les jours.

Un peu miteux, tout ça. Disons discret.

Fallait que ça finisse par un mariage. C'est fait, c'est fait.

Elles étaient programmées depuis un certain matin nos épousailles.

Depuis le matin où le docteur Renty et moi avions eu des mots, des mots terribles et dits que par lui, dans le jardin de Bondy.

Faisait à peine jour et les chiens, la tendre Gazelle et le rutilant Usky n'en croyaient ni leurs yeux ni leurs oreilles de chiens. C'est que le papa toubib il s'était métamorphosé en dieu de la colère. Fallait le voir. En robe de chambre et pantoufles, avec à la main un de ses fusils de chasse. Pas pour jouer le shérif dans une parodie de western filmée par Resnais, le fusil.

Il m'aurait pas tiré dessus. C'était pas un homme à faire ça. Mais c'était un homme à dire qu'il allait le faire. Et il le disait, le criait. Fallait que tout Bondy soit au courant, que toute la banlieue le sache, que le saligaud qui avait déshonoré sa fille, que le petit merdeux qui avait failli la faire mourir méritait une balle dans la tête. Hors de lui il était. Et il y avait de quoi. Mettez-vous à sa place.

Le soir, à table, sa fille toute pâle, toute pas dans son assiette veut rien manger, même pas une petite côtelette d'agneau. Elle a pas faim. Le père médecin ça l'inquiète. Une fille, une grande fille, ça mange. Elle prétend qu'elle a mal au cœur, qu'elle a dévoré à son quatre heures un trop crémeux gâteau qui l'a barbouillée. Admettons. On va tous se coucher. Et, dans la nuit, des bruits le réveillent, le papa. C'est quoi, ces bruits ? Il se lève. Ça vient de la chambre de sa fille. Il va voir ce qui peut bien se passer. Il se passe que sa fille est par terre à côté de son lit, blafarde. Et qu'il y a du sang. Du sang d'hémorragie. Du sang en quantité.

Il met pas un siècle pour piger, le praticien. C'est du sang de fille qui a été se faire charcuter par une criminelle d'avorteuse de merde. Du sang de fille qui pourrait en crever sans l'intervention immédiate d'un médecin connaissant son métier. Il intervient. Et comme c'est un bon, un excellent toubib…

Mais l'ordure, l'ordure de Remo qui saute sa fille et qui, le monstre, n'a pas eu le courage d'accepter d'être père… Cette grande lavette de Remo pas fichu de gagner sa vie, bon qu'à engrosser une malheureuse et la pousser à aller chez une faiseuse d'anges…

En pyjama – un pyjama de Paul un peu petit pour moi – dans le jardin, tremblant de trouille et de froid, le fusil de chasse pointé sur mon bidon, au petit jour, à Bondy, avec les deux clebs n'en revenant pas… Et, en plus de la pétoche du pruneau dont j'allais peut-être écoper j'avais peur pour Cocolo. Parce qu'il me le disait pas, le papa docteur, qu'il avait tout arrangé, qu'elle était hors de danger.

Et la maman qui était en chemise de nuit à murmurer une prière.

Ce tableau !

Ma tête va éclater. Il peut la jouer, la grande scène du deux, le paternel, rouler des yeux. Ça pouvait que finir comme ça. C'était gagné d'avance. Ça avait commencé sur la plate-forme du bus direction mairie des Lilas, quand Colette m'avait dit que. Ça avait continué avec la recherche de la combine. Zézette avait entendu parler d'une dame obligeante. À Montreuil. Avait fallu aller la dénicher, la dame. Une toute vieille avec pas toutes ses dents dans un gourbi salingue derrière une usine désaffectée. D'avoir une bouche dépavée ça l'empêchait pas de sourire. Que non. Elle était rassurante au possible. Avec elle c'était aucun risque. Une partie de plaisir presque. En pas une demi-heure le tour était joué. Et pour une somme dérisoire. Pour venir en aide, elle faisait ça. Altruiste, elle était.

La somme dérisoire a fallu la trouver. Coton. Truffert, qui tournait de plus en plus à l'épave mais qui me devait du blé pour les petits poèmes écrits par moi et signés par lui qui étaient devenus des chansons, Truffert en dégota la moitié, de la somme dérisoire. L'autre moitié, je l'empruntai (sans dire pour quel usage) à Oscar et à Loris.

Et on fit le voyage à Montreuil, dans une bagnole empruntée à quelqu'un par Truffert qui savait tout juste conduire et qui s'était sévèrement alcoolisé pour pas être trop ému.

Tout ça, qui est d'une laideur absolue, me revient en cheminant avec ma toute fraîche épouse et nos témoins.

Mais bon.

C'est quand même un beau jour. Parce que Colette c'est Colette. Parce que c'est amusant de se retrouver époux.

Zézette et Toto le sont aussi. Et leur garçon se nomme Jérôme. C'est mon filleul. Il est trognon. Il marche un peu. Aujourd'hui il est chez sa mémée de Bagnolet. La mère de Zézette.

Une dame toujours à rire, fauchée, communiste militante, qui fait des tartes aux pommes admirables.

Toto a trouvé un boulot. Qu'il déteste. Il est employé à la Sécurité sociale à la porte d'Orléans. Dans un bureau où il reçoit à longueur de journée des toussailleux, des tubards, des éclopés, des faux malades aussi, qui viennent piailler, gémir, menacer de tout casser parce qu'on leur rembourse pas assez vite leurs sirops, leurs ventouses, leurs gouttes pour le nez, leurs suppositoires, leurs bas à varices, leurs anus artificiels, leurs yeux en verre.

Si on a le malheur de lui en parler, de la Sécu, il voit rouge. Et on le comprend.

Paul et Christiane (née Dubillard) Renty sont toujours enragés trotskistes mais nettement mieux lotis que Zézette et Toto. Dans le seizième ils vivent. Dans un petit appartement d'un immeuble dont le propriétaire n'est autre que l'oncle du week-end en Normandie. Rue Fantin-Latour près du viaduc d'Auteuil. Leur appart est aussi le siège social des Films de la Roue. Une petite affaire qui s'est agréablement consolidée depuis le tournage de *L'alcool tue* d'Alain Resnais. Paul a mis en chantier une série de documentaires sur les jardins de Paris. Il a trouvé – comment ? – des fonds et engagé Resnais, Dubillard, André Bazin, qui écrit des articles savants sur le cinéma et qui, armé d'une caméra, fait des images d'idiot.

Moi aussi il m'a embauché, Paul Renty. Comme homme à tout faire. Il paye un peu et s'accommode pas trop mal de mes humeurs. Ça va.

Comme on passe devant le surplus américain de la rue La Boétie, on rentre regarder les jeans, les blousons kaki. Je m'achète qu'un coupe-ongles. Ça sera mon seul souvenir tangible du trente décembre quarante-neuf. Pourvu que jamais je le perde.

Après, sur les Champs-Élysées on cherche un film à voir. Ça sera *Rendez-vous de juillet*. Un film sur la jeunesse de maintenant. Nous, donc. C'est pas mal. Et pas trop dépaysant. La plupart des types qui sont dans ce film, je les tutoie. Mon jumeau en âge, mon grand ami Maurice Ronct est encore plus beau que dans la vie.

Il est sur l'écran. En gros plan.

Moi je suis que dans la salle.

Et marié.

Premiers pas dans la pub

À Paris, depuis ma naissance au vingt-six de la rue Traversière, je n'avais dormi que dans le douzième arrondissement.

Et je me retrouve avec un lit dans le cinquième, aux Gobelins. Un pas grand lit, trop grand quand même étant donné la petitesse de la piaule. Et conjugal.

Rue des Fossés-Saint-Marcel dans une chambre de bonne, c'est là que roucoulent les jeunes époux Forlani.

Une pièce de trois mètres sur deux mètres quatre-vingt. J'ai mesuré. Avec un lavabo pour l'eau à toilette et à boire et une planchette pour poser le réchaud à alcool sur le lavabo, pour faire chauffer des œufs coque et le kawa. Pour les besoins c'est au bout d'un étroit couloir mal éclairé. À la turque comme avenue Ledru-Rollin. Mais mieux fréquenté. Pas de Charlot, pas de Mme Doré à l'horizon. Il m'arrive d'y croiser Charles Estienne, un critique d'art que je lis avec attention dans *Combat*, dans ce couloir. Il doit avoir une liaison avec une dame peintre de l'étage. Une fausse rouquine à poitrine outrancière.

Ce havre de grâce c'est à un Toulousain que je le dois. Marzelle, Fernand Marzelle. Encore un nanti de diplômes qui, au lieu de faire carrière dans l'enseignement a, preuve de sympathique folie, décidé de devenir grand cinéaste. Il est noiraud de peau et de poils, il a un accent bien de chez lui, il est tout sauf bête et on est devenus amis sitôt qu'on s'est vus.

C'était sur un tournage. Une production des Films de la Roue. Une publicité d'une minute pour un produit sans utilité fabriqué par des bricolos si peu argentés qu'ils avaient cherché et trouvé l'équipe la moins flambante de Paris.

Lieu du tournage : une route nationale. La sept. Du côté de la Vache noire. Direction des opérations : Renty. Premier assistant : Marzelle. Second assistant : moi. Moi qui ai pour mission de faire ralentir les automobilistes en faisant de grands gestes avec mes grands bras. Dix fois je manque me faire écraser. Cent fois je me fais traiter de tous les noms.

Au retour, sur la banquette arrière de la voiture du docteur Renty qui, une fois de plus, aura fait ses visites de la journée pédestrement, Marzelle me dit que j'ai l'étoffe d'un bon second assistant, qu'un garçon comme moi avec de si longues jambes a de l'avenir dans ce boulot qui consiste surtout à aller chercher des sandwiches et à cavaler après les uns et les autres quand vient le moment où le réalisateur va crier « moteur ».

Ça me fait rire.

Pas une semaine après, il téléphone à Bondy en me demandant de le rappeler. Ce que je fais.

Et des peu reluisants Films de la Roue, je me retrouve à la Lanterne magique. C'est aussi dans le seizième mais pas dans le seizième sinistre d'Exelmans. C'est dans le seizième classe, dans la rue où résident le duc et la duchesse de Windsor. Rue de la Faisanderie. Dans un immeuble puant l'artiche. Le patron des Films de la Lanterne magique c'est André Michel. Un monsieur cravaté Lanvin à costume croisé gris perle qui m'accueille avec bienveillance. Il me demande mes références. Je lui dis que j'en ai pas. Il me dit que si Marzelle croit que je peux convenir c'est que je peux convenir.

On a droit à un café bien serré bien noir servi dans des tasses modernes (on dit pas encore « design »), servi avec un sourire pas de commande par une opulente dame russe. C'est Lydia, l'épouse du patron des Films de la Lanterne magique, qui est aussi la gérante desdits films. Notons que le bureau dans lequel ces aimables personnes reçoivent est aussi leur chambre. Ils vivent dans le grand luxe mais petitement, ces gens. Mais ça j'aurai tout le temps de le découvrir. Et bien d'autres choses encore. Parce que les Films de la Lanterne magique et moi ça va être une longue longue histoire.

On en est pas là. On en est à mon engagement pour une journée de tournage au studio Photosonor à Courbevoie.

Marzelle est bien content. Dans l'ascenseur qui nous ramène sur terre il me le dit qu'il est bien content.

– T'as fait bonne impression. C'est dans la poche. Après ce premier tournage y en aura d'autres. Michel il est parti pour une grande carrière.

Parti d'où ?

Il m'explique.

– Michel c'est son nom de résistant. Pendant l'Occupation, il a vécu à Lyon. Caché parce que juif. Et résistant parce que courageux. Un vrai combattant de l'ombre, ça a été. Il est alsacien. Avant-guerre il a été assistant de pas mal de grands cinéastes allemands. Pabst, Ludwig Berger. Il est bilingue. Et, au moment où il allait enfin démarrer, faire ses films à lui, arrivent les Fritz. Depuis la Libération il a quand même fait parler de lui. Son court métrage *La Rose et le Réséda* a été sélectionné à Venise.

– *La Rose et le Réséda* c'est un poème de…

– D'Aragon, oui.

Archtung ! Je fais pas le mariole. Je lui dis pas à Marzelle et je le dirai pas à André Michel non plus ce que j'en pense de la rose, du réséda et du sale con qui les a mis en vers.

– Michel prépare un long métrage. En attendant il fait des documentaires, des films publicitaires. Celui sur lequel tu vas travailler c'est un film pour L'Oréal. Les produits capillaires, les teintures. Un de ses copains de lycée à Michel est un des directeurs de la boîte.

La journée de tournage au studio Photosonor a été déroutante. Il s'agissait de filmer une jeune femme dans sa baignoire, une pin-up faisant sa toilette avec immense satisfaction parce que utilisant des produits de L'Oréal. La jeune femme c'était un mannequin spécialisé dans la lingerie, bien faite de partout. Vraiment vraiment bien faite et vraiment vraiment de partout.

De se balader devant l'équipe technique avec sur elle qu'un slip modèle réduit ça la dérangeait pas. Ça ne dérangeait pas non plus André Michel, Marzelle, l'opérateur, son assistant, les électriciens.

Mais moi…

Moi on m'avait confié une mission précise. Fallait que je fasse de la mousse avec un fouet à pâtisserie dans une lessiveuse pleine d'eau savonneuse et que, avant chaque prise, délicatement je couvre les pointes des seins de la demoiselle avec ma mousse. Pour pas que l'image soit choquante.

J'aurais été tout seul avec la fille, de l'emmousser, ça m'aurait peut-être fait rire ou mieux que ça. Mais devant les autres… En plus, ça a vite fusé, les vannes. André Michel il était trop à ses cadrages, au timing de son film pour s'occuper de moi, Marzelle il était trop chic type pour se payer ma fiole. Mais l'opérateur, les électros… Et la fille. Elle s'y est mise aussi, la petite vache.

– Je te fais peur ?… Je te dégoûte ? Ils te mordront pas, mes nénés.

Rouge cerise, je devais être. Rougir, un homme marié ? Sûr que oui. Intimidé, péteux. Les filles, les femmes ça me fait toujours un peu peur. Surtout celles qui m'attirent. Et cette jolie chérie-là…

D'autres jours de tournage ont suivi. Marzelle ne voulait plus que moi comme second. Et comme il savait que Colette et moi on en avait notre claque de nicher à Bondy il me proposa de me louer la chambre de bonne qui ne lui servait à rien rue des Fossés-Saint-Marcel.

Comme ça il m'avait à portée de main. Comme ça, merveille, je redevenais parisien.

Parisien. Et assistant metteur en scène.

Enfin j'ai un métier.

Étant donné les lois en usage dans la profession cinématographique, lois féroces édictées par les dirigeants du Centre national du cinéma (pour la plupart des malins ayant fait leur beurre avec les occupants mais ayant viré à trois cent soixante degrés au bon moment), ma voie est toute tracée. Si je réussis à me faire engager comme second assistant sur trois films de long métrage, je pourrai faire une demande de carte professionnelle de premier assistant et, si je parviens à être premier assistant sur trois autres longs métrages, alors, seulement alors, je pourrai tenter de me faire confier la réalisation d'un film à moi.

En étant optimiste je peux espérer accoucher d'une œuvre personnelle d'ici une bonne dizaine d'années. Dix ans à ne pas confondre sandwich jambon beurre et sandwich jambon cornichon *sans beurre*, dix ans à être sous-ordre de gens pas forcément plus doués que vous, dix ans à être celui qui pue quand le réalisateur pète, ça fait un bail. Mais on ne discute pas le règlement quand il a été établi par des cinéastes (pas forcément talentueux) qui ont « libéré » le septième art et qui, comme les caïds du TEC, comme les caïds d'un peu partout, enstalinisent la culture à tour de bras.

Marzelle en est à sa sixième année d'assistanat et il a toujours la foi. C'est beau.

Moi, faudra voir.

En attendant je mange à ma faim et à mes frais, je paye mon loyer recta, je m'achète pas mal de bouquins d'occasion chez Thuélin, un libraire de la rue des Écoles. Où, souvent, je me retrouve avec un vieillard sale et grognochon dont Thuélin m'apprend que c'est Paul Léautaud, que c'est une des plus belles plumes de notre siècle. Il est sublime ce centenaire qui répond à mes bonjours en aboyant.

Si l'eau ne coulait pas tiédasse de notre lavabo on pourrait dire qu'on vit d'amour et d'eau fraîche. Pour ce qui est de l'amour, c'est pas de la passion, on ne passe pas des heures et des heures à rugir comme des fauves en rut. Mais je lui écris de gentils poèmes pompés sur Lorca, à mon épouse. Et on rit beaucoup. Et on se balade.

Ça va, quoi.

Oui. Ça va.

Dop, Dop, Dop, tout le monde adopte Dop

Colette est partie comme une dingue sans même avoir bu son café. Le réveil on l'a pas entendu. Elle a même pas pris le temps de se laver. Elle a enfilé ses vêtements d'hier, s'est allumé une clope et salut ! à ce soir.

Je me suis pas levé tout de suite, j'ai dégusté une cinquantaine de pages de Dos Passos (*La Grosse Galette*, chef-d'œuvre !), je me suis fait un petit déjeuner soigné et je me suis rasé à l'électricité.

Une affaire formidable : depuis que mes poils de menton se sont mis à pousser dru j'arrêtais pas de me taillader la gueule avec des lames, à pisser le sang, à ressembler à *Scarface* (quel film !). Et Marzelle, une vraie bonne fée, a racheté moins que son prix un rasoir électrique à Alexandre Astruc qui tenait cet engin up to date d'un copain ricain et arrivait pas à se dépoiler convenablement avec. Marzelle non plus. Et il m'en a fait cadeau. Sauvé, je suis sauvé.

Rien que pour avoir inventé le rasoir électrique, ils méritent autre chose que les go home qu'on voit sur tous les murs, les Ricains. Pour leur ciné aussi. John Ford, Billy Wilder, Capra, Lubitsch, c'est quand même autre chose que Delannoy, Becker, Daquin, Christian-Jaque. Il y a les Ritals aussi. Les néoréalistes.

Plus j'y pense et plus ça me désole de penser que, si tout tourne pas à la catastrophe, je deviendrai cinéaste français.

Des films je m'en avale le plus que je peux. Tous ceux qu'on peut voir à l'œil grâce au TEC, tous ceux qu'on se paye les soirs où notre nid d'amour est vraiment trop retrignolet pour deux zoziaux aussi volumineux et agités que nous, tous ceux que je vais voir tout seul les jours où Michel et Marzelle me lâchent un peu. J'achète les programmes, je fais mon choix, je coche, je cours Paris en tous sens pour trouver la salle où on donne un vieux James Cagney, un Charlie Chan, une comédie musicale trop sucrée mais qu'il faut connaître sous peine de se sentir inculte.

Je vais plus au ciné pour me distraire. Ça commence à devenir un vice.

Même que j'ai commencé à écrire autre chose que des poèmes qui font se pâmer Colette. Un scénario j'ai attaqué.

Dont le héros est un môme, paumé dans Paris. Mais dans mon Paris à moi. Avec des Parisiens qui ressemblent à des Parisiens. Pas des cabots de cinéma faisant les Parisiens. Ceux de mon film c'est des Charlot, des Toto, des Zézette, des père Forlani authentiques. Qui parlent le parisien du douzième arrondissement. Et mon petit garçon qui recherche une gamine – une Nadja de onze ans vachement belle, vachement pas comme les autres gamines –, il fait des rencontres. Dans des rues où toutes les chiottes sont encore à la turque. Et y a des rats, des chats. Et une musique un peu comme celle de *Quai des Brumes* et un clochard (ça serait Loris) qui...

Aujourd'hui, c'est sur un banc du Jardin des Plantes que j'y travaille à mon scénario. Souvent j'y viens au Jardin des Plantes. C'est à cinq minutes à peine de la rue des Fossés-Saint-Marcel et c'est un endroit que j'adore. C'est ici que j'ai appris à marcher, à faire des pâtés de sable, à chevaucher un âne, à prendre langue avec des petites filles. C'est ici que j'ai entendu parler de la mort pour la première fois. Par des dames qui expliquaient à maman pourquoi on verrait plus jamais un garçon qui portait toujours un costume marin et qui avait eu une diphtérie pas soignable.

Maman m'y emmenait tous les jours à beau temps, dans ma poussette, au Jardin des Plantes. Que j'ai longtemps pris, à cause de toutes ses plantes et de ses lions, de ses singes, de ses loups, de ses flamants roses, pour une succursale très réussie du Paradis terrestre dont me parlait mon tonton sacristain. Seul point noir : la fosse aux ours où, fallait toujours que quelqu'un en parle en passant devant, un jeune militaire qui était descendu dedans pour récupérer son canif qu'il avait laissé choir s'était fait dévorer tout cru.

Après, plus grand, j'y venais paresser, déconner avec de Rudder et d'autres copains de la gare de Lyon. Puis est venu le temps où, c'était un rite, j'y entraînais les filles sur qui j'avais des vues. Ma danseuse du Châtelet, une Rachel de l'avenue Ledru-Rollin qui m'allumait pour s'amuser, évidemment

Giselle. Elles pouvaient pas y couper à la virée au Jardin des Plantes. Et je leur offrais la même gaufre, je leur racontais à toutes le môme au costume marin mort de la diphtérie, le militaire bouffé par un ours pour un couteau de poche.

En prime je les régalais de la visite de la grande galerie aux squelettes de bêtes préhistoriques. Et, si ça marchait comme voulu pour moi, on finissait la visite par une grimpette dans le labyrinthe où on se roulait quelques pelles romantiques. Ça j'y tenais. Me fallait de la poésie, du rêve. M'en faut toujours, d'ailleurs.

Aujourd'hui, pas de fille à séduire au menu. Je suis un homme marié. Et fidèle.

Ce qui ne va pas sans mérite. Parce que des séances de camouflage de pointes de seins de poules ultra godantes, j'en suis pas privé. Des films publicitaires on arrête plus d'en faire. On continue à vanter les mérites des teintures de L'Oréal, ceux du savon Monsavon qui est le meilleur des meilleurs parce qu'il est au lait comme le riz au lait.

Et nous avons en chantier bien dix films pour le lancement d'un shampooing qui va mettre K.-O. tous les autres. Le shampooing Dop. Qui est pas en poudre, qui est en berlingot, ce qui est paraît-il fabuleusement fabuleux.

Une campagne géante ça va être. Comme, en France, on en a jamais vu. Avec des podiums dans les rues de toutes les grandes villes et des orchestres, des animateurs faisant chanter aux populations *Dop, Dop, Dop, tout le monde adopte Dop.* Avec des milliers de milliers d'affiches. Avec des filles plus sexy les unes que les autres. Qu'on sélectionne dans une salle de conférences du siège social de L'Oréal rue Royale.

À la chaîne on les jauge et juge les jeunes beautés. Des mannequins de haute couture, des élèves comédiennes, des nymphettes qui sont Miss Cancale ou Miss La Motte-Beuvron, des petites effrontées qu'ont eu vent de nos tournages et qui se pointent au culot en se trémoussant pour qu'on voie bien comment elles sont conditionnées. Pour les choisir, y a comme un jury composé d'André Michel, de Glass son ami d'enfance grand manitou de L'Oréal, d'un chef de publicité qui rigole pas et s'appelle François Cloteaux, et, à l'occasion, du big boss du trust, le milliardaire Eugène Schoeller, l'inventeur de la peinture Valentine et autres grandes et belles choses, qui est pas beaucoup plus haut qu'un nain, qui parle du nez et fait trembler tout le monde. Et y a Marzelle qui note dans un cahier à reliure spirale avec son écriture soignée d'enseignant qui a mal tourné, la taille des filles, leur tour de poitrine, de hanches, la couleur de leurs yeux, de leurs cheveux et ce qu'en disent (à voix basse) Michel, Glass, les autres.

Et y a moi qui joue les huissiers, qui fait patienter les mignonnes dans un couloir, qui les fait entrer à l'appel de leur nom dans la salle d'où elles ressortiront radieuses ou au bord des larmes. C'est nul comme boulot. Mais ça sent bon la chair fraîche et les parfums plus ou moins raffinés. Puis y a à voir.

Les élues sont pour la plupart pas dans mes goûts à moi. J'ai pas l'œil de MM. Michel, Glass, Cloteaux et Schoeller. Question demoiselles, on est pas sur la même longueur d'onde. Du tout du tout. Ils veulent de la poseuse sûre d'elle, de l'ado très prolongée, ayant pas mal d'heures de vol et sans rien de trop particulier, genre grain de beauté, nez en trompette ou fossettes.

Une danseuse que j'avais repérée dans des magazines et que je trouvais fantastique, Leslie Caron, M. Glass a dit qu'elle était pas assez belle pour faire vendre du shampooing. Que, vue de loin, dans un ballet, ça allait. Mais qu'elle supporterait pas les gros plans. Ce qui ne l'empêcha pas de faire carrière peu de temps après à Hollywood.

Moi, les filles qui m'émeuvent ce sont les mal dégauchies, les seulement presque belles, qui ont un léger zozotement dans l'œil, les bras un soupçon maigrichoux, la poitrine appétissante mais avec modestie.

Alors mes préférées, les pas pin-up qui se font sèchement jeter par le jury de vieux schnocks, je les console. Je leur offre une cigarette et du feu, je leur dis des banalités gentilles, je m'échine pour arriver à les faire un peu rire. Il m'arrive même de leur proposer de m'attendre dans un café pas loin pour leur offrir un citron pressé. Mais on fait que boire un verre. Jamais ça va plus loin.

Parce que je suis marié et fidèle.

Et, c'est presque un problème, pas assez viceloque ou retors pour tenter plus que le citron pressé.

Les élues, les trop glamoureuses à mon goût, qui vont être sur tous les écrans, on finira quand même par devenir amis ou tout comme. Et je les emmousserai sans la moindre arrière-pensée. C'est devenu mon job et je vais pas cracher dessus. D'autant que dans les replis profonds profonds de ma cervelle y a toujours une voix qui me dit que c'est pas pensable que je ne sois que ce que je suis, qu'il faudra bien qu'arrive le moment où Remo Forlani sera quelqu'un.

Mon ange gardien il bat des ailes à petite vitesse. Mais quand même.

Pendant que je fais ce boulot pas reluisant, mes amis et connaissances se démènent nettement plus. Resnais vient de se décrocher un Oscar. À Hollywood ! Pour un court métrage plutôt emmerdant sur Van Gogh. Dubillard a une pièce qui va se jouer au Théâtre de Poche (avec des décors de Jacques Noël). De Rudder expose dans une galerie et on dit dans un journal que ses toiles « ont des fulgurances ».

Et Forlani écrit vaguement un scénario avec un petit garçon paumé dans Paris. Mais ce scénario, qu'en est encore qu'à sa troisième page, il le finira peut-être même pas. C'est qu'un cache-misère. Que ça.

Il est l'heure d'aller voir un Bogart dans une petite salle de la rue Cujas. Forlani lève son cul du banc et quitte le Jardin des Plantes où il a tant pleuré dans le temps. Pour une pelle ou une balle perdue. Ou une beigne pas volée.

Le cinéma, le vrai

On dit que c'est la Seine mais c'est pas la Seine. C'est un étang. Et on dit qu'on est au temps de Maupassant. Mais on est en mil neuf cent cinquante.

C'est ça le cinéma.

Y a du soleil. Bonne chose. Y a aussi des saletés de petits nuages qui rappliquent quand y faut pas et qui font perdre un temps précieux. Et chaque minute compte. Lévy, qui est producteur du film, à force de la regarder, sa montre, il va l'user.

Lévy, Pierre Lévy, c'est un type que j'aime énormément. La première fois que je l'ai vu je l'ai trouvé moche. Avec un trop gros ventre, trop de cheveux trop bouclés. Puis il a parlé et tout de suite il m'a fait rire. Il a de l'humour comme peu de gens. Il est communiste. Mais aucunement con. Ça peut arriver. Comme son rêve d'enfance c'était d'être marin, de naviguer sur des mers lointaines, il a toujours une boussole dans sa poche et un bateau dans une petite crique pas loin de Fécamp. Son bateau, c'est le *Jabiru*.

Dans son bureau des Champs-Élysées il a un sextant et d'autres instruments bizarres qui servent aux navigateurs. Et, entre deux coups de téléphone, il se met à la fenêtre, se tourne vers l'Arc de Triomphe et il fait le point. C'est marrant. Il te dit à quelle latitude et quelle longitude on est. Il est un peu dingo. Des hommes un brin fou comme lui, dans le monde du ciné, ça pullule.

Autre signe particulier, Lévy est producteur mais pas argenté. Sa société c'est la Coopérative du cinéma. Une boîte de prod qu'il a montée avec des communistes comme lui. Louis Daquin, qui est devenu célèbre pendant l'Occupation avec *Nous les gosses*, Jean-Paul Le Chanois qui, c'était ficelle, a écrit des scénarios pour les Allemands alors que tout Paris savait que son vrai nom c'était Dreyfus, René Clément qui a réalisé avec des moyens ridicules *La Bataille du rail*. Pas des nababs à l'américaine. Des hommes bien. Comme André Michel.

Des gens avec qui on est sûr et certain de gagner que peu, mais de faire du ciné dont on aura pas honte.

Et on se retrouve au bord d'un étang normand qui fait est censé être la Seine pour tourner un des trois sketches, tirés de trois nouvelles de Maupassant, de *Trois femmes*. Réalisateur André Michel, premier assistant Fernand Marzelle, second assistant Remo Forlani.

Et le moment est venu de la chute de Mouche, une jeune Parisienne au cœur d'artichaut. Elle va tomber dans cette Seine qui n'est pas la Seine. Et à cause du choc, y perdre le bébé que lui ont fait les cinq canotiers avec qui elle fait des parties de campagne. Lesquels canotiers, qui croyaient être chacun le seul amant de la joyeuse luronne, lui diront dans un même élan : « T'en fais pas, Mouche, nous t'en ferons un autre. »

Scène pathétique que l'on mettra en boîte seulement le mois prochain. En studio.

Les canotiers ce sont Raymond Pellegrin, Mouloudji, Jacques Fabbri, Jacques François et Pierre Olaf. Mouche une petite coquine de théâtre, Catherine Errard.

Voilà le soleil. Les nuages se sont fait la paire. C'est bonnard. On peut tourner. Vite.

Michel hurle « moteur ». L'opérateur répond « ça tourne ». Michel rehurle « allez-y ». À cet instant précis les canotiers se mettent à ramer, Mouche gesticule inconsidérément. Le second assistant, moi, doit tirer sur la corde qui, ingénieusement accrochée sous le canot et camouflée avec du feuillage, permet audit canot de pas virer trop à gauche, ce qui foutrait l'image en l'air et mettrait l'opérateur dans la rage.

Six fois on le refait le plan. Pour cause de chapeau de paille qui s'envole, de moustache qui se décolle, de Mouloudji qui a trop manifestement la tête ailleurs, de second assistant qui se prend les pattes dans la corde. La sixième prise est la bonne. Quand même.

Mais le mec du son en voudrait bien une petite septième. Le « plof » de la chute il le trouve mou. Il voudrait un plof plus évident, plus musclé.

Faudrait qu'elle replonge la Catherine. Ça la barbe et elle le dit. Elle en a trop marre de se tremper, de se sécher, de changer de fringues. Michel, qui a des faiblesses pour elle, et on le comprend, trouve la solution à cet infime problème.

– Catherine elle va aller se boire un bon café bien chaud, et le bruit du plongeon, c'est Remo qui va…

Font chier !

Je me retrouve en slip. Et je plonge. Si un jour vous voyez le film *Trois femmes*, le bruit de la chute de Mouche dans la flotte, c'est moi. Pigé ?

Je râle pour le principe mais c'est paradisiaque un tournage en extérieur. C'est comme voyager mais sans les obligations débilitantes des vacances et du tourisme. T'es pas forcé de respirer gloutonnement parce que tu te retrouves dans du bon air, pas forcé de t'allonger sur du sable ou de l'herbe pour te détendre, pas forcé de t'extasier devant la mer, la montagne, un champ de blé, des meules, un moulin qu'a plus d'ailes. Tu peux même trouver tout tarte. C'est une des bases du truc, en fait. Si ça ressemble pas à ce qui est écrit dans le scénario, c'est tarte, inutile.

Et puis tu pique-niques, tu loges dans le même hôtel que des gens qui ont des tas de choses à dire sur le cinéma, tu finis par savoir qui couche, ou voudrait bien le faire, avec qui. C'est que les extérieurs, ça pousse à la baise.

Moi, Colette m'a suivi. Elle a fait ses adieux au TEC. Ça l'amuse de voir ce qui se passe sur un tournage et elle endosse toutes sortes de nippes d'époque pour faire la bourgeoise, le curé même, qui passent dans le lointain.

On ne tourne pas que des scènes de *Mouche*. On tourne aussi des séquences de *Boitelle*. Un autre conte de Maupassant qui décrit le drôle d'accueil que font des paysans normands arriérés à une moricaude qu'un conscrit a ramenée de son service en Afrique. La Noire c'est la chanteuse, Moune de Rivel, le conscrit un comédien du Grenier de Toulouse que Marzelle connaît depuis toujours, Jacques Duby.

Avec Duby, je copine à fond, avec Olaf et Fabbri aussi. Moulou c'est une vieille relation du Flore. Avec Pellegrin et Jacques François c'est moins chaud. Pellegrin qui vient du Midi, qui a été découvert par Marcel Pagnol, il fait sa star. Ce qui ne convient tellement pas à Michel qu'ils ont failli se colleter. Michel trouvait que Pellegrin avait pas la bonne intonation, Pellegrin l'a envoyé se faire mettre. On a frôlé la bagarre. Jacques François c'est autre chose. Il a le flegme british, la morgue d'un acteur qui est fait pour jouer du Shakespeare à la Royal Company et pas des films français à petit budget. Il revient de Hollywood où on l'avait pris sous contrat pour devenir vedette et il y est devenu rien. D'où sa désespérance. Il fait pas de boucan. Mais pour ce qui est de nous faire sentir qu'il est là que parce qu'il faut gagner son pain, il se pose un peu là. Les demoiselles, Catherine et Moune, elles se contentent de faire du charme un peu à toute l'équipe.

Et y a aussi Margot. Margot Capelier, déjà rencontrée chez Prévert, son vieil ami du groupe Octobre. Dès que j'ai un moment je vais fumer une clope à côté d'elle pour qu'elle me raconte leurs débuts à Prévert, Loris, au petit Jean-Louis Barrault, à leurs potes Queneau et Joan Miró, à tous ces rigolos qui allaient faire des pèlerinages chez les Soviets et danser au Bal nègre dans les années trente.

Pierre Lévy en a pas mal à raconter de son côté. Lévy il a un frère, Jean. Pas n'importe quel Jean. Jean Ferry, qui, lui, est carrément laid. Et ce qu'il écrit n'y changera rien. Il est laid et assez retors pour être à la fois un surréaliste bon teint et l'auteur de scénarios commerciaux. Il est auteur de films rebutants et du *Tigre mondain*, recueil de contes qu'André Breton porte aux nues.

André Breton qui gambada jadis avec son actuelle femme, à Ferry, une très ancienne petite merveille qui a dit adieu à sa beauté mais pas à ses sapes de nymphette. Pierre Lévy (qui l'appelle « la petite bohémienne » derrière son dos) la déteste. Moi c'est Jean Ferry que je déteste. Et je suis pas vraiment emballé par les dialogues de *Trois femmes* qu'il a écrits avec un grand étudiant attardé très sale et trop bruyant nommé Claude Accursi.

Allons au fond des choses. Faire l'assistant, le second assistant, je veux bien. Y a un début à tout. Mais, merde, pourquoi c'est pas moi qui l'ai écrit ce film ? Pourquoi ? Ou, au moins, un auteur de la trempe de Maupassant.

Quand le projet est né j'ai tout de suite suggéré à Michel de s'adresser à un vrai écrivain. C'est Marcel Aymé qu'il faut prendre, j'ai dit. Michel n'était ni pour ni contre. J'ai attaqué

Pierre Lévy, je l'ai tanné en lui récitant des passages de *Gustalin* que je connais par cœur. Aymé avait le ton qu'il fallait pour faire parler des paysans à l'ancienne. Marzelle était de mon côté. Ils ont fini par expédier à Aymé une des trois nouvelles. Et un chèque. Qu'il écrive un petit truc filmable, à sa manière.

Et le jour est arrivé où il fallait aller prendre livraison du travail. Pas à Montmartre, son coin, à Marcel Aymé. À Grosrouvre où il villégiaturait. Michel, Marzelle, ils avaient pas le temps, Lévy pas envie. Moi qui aime pas bouger de Paris vous m'auriez vu me porter volontaire. Aller visiter l'auteur des *Contes du chat perché*, de *Gustalin*... À pied, j'aurais fait le voyage.

Quand j'ai sonné à la porte de sa maison de campagne, à l'auteur bien-aimé, j'étais tout tremblant.

C'est la madame qui m'accueillit. Pas une reine de beauté. Une bourge rondelette et à peine gracieuse qui jurait pas avec la maison vue du dehors et vue du dedans. C'était propre, cosy, sans fantaisie, sans charme.

Et je vous raconte pas le bureau. Un burlingue d'instit à la retraite. Avec que des bouquins, rien d'un peu pas convenable, rien d'un peu fou. Sur le bureau, de quoi écrire y avait et un gros livre historique sûrement barbifiant, et un petit cahier d'écolier.

Marcel Aymé portait un blouson de daim fermé jusqu'au ras de son cou. Il avait des yeux pas franchement ouverts de Chinetoque et, ça se voyait tout de suite, il devait sourire que quand il se brûlait. Et encore. Il me désigna une chaise. Je me posais.

– Alors, c'est vous l'assistant ?

– Oui, monsieur.

Suivit un silence. De belle taille. Puis.

– C'est bien, Maupassant. C'est observé.

– Oh ! oui, monsieur.

Silence plus bref.

– Et c'est qui exactement votre André Michel ? Je n'ai jamais vu de film de lui.

– Ça va être son premier long métrage. Il a fait des courts. Mais il y a eu la guerre.

– Je sais. Il y a eu la guerre.

Je crevais d'envie de lui dire en long et en large combien j'aimais ses bouquins. Combien depuis que je l'avais découvert à treize, quatorze ans, je l'admirais. Que j'avais lu toute son œuvre. Mais il m'aidait pas, le salaud.

– Et cet André Michel…

– Oui ?

– C'est un Juif, non ?

Pourquoi il me demande ça ? C'est déplacé comme question. On s'en fout qu'il soit juif, mahométan ou petit chanteur à la croix de bois, Michel. Je réponds quand même.

– Oui.

Et je le trouve, l'enchaînement qui va me permettre de déposer à ses pieds tout le bien que je pense de lui.

– Dans votre nouvelle *En attendant*, c'est formidable, le Juif qui dit seulement « Moi je suis juif » alors que tous les autres qui font la queue font des discours à n'en plus finir sur leurs malheurs. C'est génial « moi je suis juif ». C'est…

– Quand on écrit un conte, il faut être lapidaire.

Et nous voilà repartis pour une minute de silence. Plusieurs minutes de silence.

C'est sinistre.

La maîtresse de maison me sort de là. Elle veut qu'on descende dans le jardin où le café est servi.

Aymé se lève, prend le cahier d'écolier sur la table, me le tend.

– Voilà ma punition. Dites à votre M. Michel d'en faire bon usage.

Le café est servi sur un petit guéridon comme au bistro. Aymé boit le sien en regardant le ciel. La madame me les casse avec des considérations sur les fleurs qui fleurissent quand elles veulent, les salades qui ont toujours besoin d'eau, des bêtes qui sont nuisibles qu'avec les rosiers et pas avec les œillets.

Je donnerais un milliard pour entendre hennir une jument verte.

Comme la madame connaît les horaires de tous les trains, de tous les cars, elle sait que j'ai plus d'une heure devant moi avant de songer à regagner Paris. Alors elle a l'idée qui tue.

– Si tu proposais une petite partie de boules à ce monsieur, Marcel.

– Si ça l'amuse.

Ça va m'amuser autant que d'assister à une projection de film suédois sans sous-titres. Mais mon grand écrivain sort déjà les boules du coffret, des boules de compète en cuivre qui brille comme de l'or, et le cochonnet en olivier.

Y a une allée prévue pour. C'est parti. Marcel Aymé plisse encore plus ses yeux, il vise avec soin le cochonnet, il balance je ne sais combien de fois sa boule avant de la lancer. La vache ! À deux centimètres du but elle stoppe. À moi de faire mieux. Ça traîne pas. À la une… À la deux… À la trois.

Un arrosoir qui traîne sur le gravier j'envoie valdinguer. Et c'est qu'un début.

La Nadja poupine de Grosrouvre compte les points. Pour une dégelée, je m'en paye une grandissime. Et on remet ça. Et on remet encore ça. À plusieurs reprises je tente de dire quelque chose de bien senti. Faut pas. Aymé me fait comprendre, du geste, que quand on tire on cause pas. Alors je la boucle. Je ferme ma gueule et je me fais laminer.

À l'heure pile, maman nous sert l'apéro, on trinque vite fait, on se dit au revoir. Et la visite est terminée.

Dans le train, je vais me repaître de la lecture du petit cahier. *Boitelle* de Maupassant adapté par Aymé. J'en salive d'avance. Mais j'en ai pas pour longtemps. Et la coopérative du Cinéma en a pas pour son argent. Il va l'avoir mauvaise Lévy. Et Michel pire encore. Je sais pas quelle mouche a piqué le cher Marcel mais, c'est net, il s'est contenté de recopier le conte de Maupassant et d'y glisser quelques répliques anodines.

J'ai l'air d'un joli con.

Dans mille ans d'ici je continuerai à tenir les romans et les contes de Marcel Aymé pour d'incomparables joyaux de la littérature française, dans mille d'ici je le tiendrai encore pour un titan des lettres comparé à ce sacristain provincial de Mauriac, à ce révolutionnaire de salon de Malraux et à cette gourdasse de Beauvoir. Mais le Marcel Aymé il m'a fourré. Et profond.

J'ai eu l'air d'une bille et Ferry et Accursi se sont rués sur la bonne aubaine.

Et j'arrête pas de pousser de si gros soupirs à l'énoncé de chaque réplique troussée par ces messieurs que Michel, excédé, finit par me laisser les retoucher un brin leurs dialogues.

Dans *Trois femmes* y a quelques beautés dont je suis l'auteur. Mettons une douzaine. Ou dix.

Et, je m'illusionne peut-être, mais je commence à croire que je vais devenir un scénariste-dialoguiste.

Un autre Prévert, c'est ça : un autre Prévert.

En attendant je marne comme une bête.

Quel métier de chiottes, assistant.

Après les extérieurs, les intérieurs

Le studio Photosonor à Courbevoie n'est pas le plus vaste ni le plus prestigieux des studios parisiens. C'est pas Joinville ou Épinay. Mais c'est un studio, une suite de hangars avec des décors. Et ça me suffit largement pour y vivre des instants inoubliables. Quand les sunlights sont allumés et qu'on y tourne. Et, encore mieux, quand il n'y a que moi, et des rats pour déambuler dans les décors.

Les jours où on tourne à midi, j'arrive à huit heures du matin. Pour faire ma balade de rêveur. Je dis pas que c'est pas benêt. Je dis rien. Je vais d'un plateau l'autre. Je passe de la chambre de Mouche à la fête foraine dans laquelle le soldat

Boitelle (Jacques Duby) se promène avec d'autres bidasses à shakos.

C'est mon décor préféré. Faut préciser qu'on m'a écouté et qu'on a fait affaire avec le professeur Lambert. Ni Michel ni Marzelle ne le connaissait même de nom. Lévy, si.

Quand j'étais môme, la ménagerie du professeur Lambert c'était une des baraques les plus courues de la fête du Trône à la Nation. Avec le cirque Fanny et le cirque Zanfretta. Le professeur Lambert, qui faisait sa parade vêtu en chasseur de fauves avec casque colonial, ceinturon cartouchière et bottes, laissait entendre aux badauds que, les bêtes sauvages qu'il exhibait, il les avait capturées lui-même dans des brousses impénétrables, des savanes introuvables, qu'il avait risqué bien des fois sa vie, qu'il avait failli être dévoré par des cannibales, capturé par des pygmées cruels, qu'il avait affronté des rhinocéros, des crocos et des lions, que des sorciers maléfiques au possible avaient cherché à l'ensorceler.

C'était forcément bidon. Il était sûrement professeur de rien du tout et il avait sans doute jamais mis les pieds en Afrique. Mais, dans ses cages, y avait de la bête, du fauve.

Et, pour le film, sur mon conseil, on lui a loué trois cages et leurs locataires.

Dont un lion. Royal.

Que – je jure sur mon âme que c'est vrai – j'ai vu de mes yeux vu, un matin que j'étais seul sur le plateau numéro deux du studio Photosonor – se lécher furieusement sa bite de lion. Je le jure. Et je le regardais et j'étais bien forcé d'en croire mes yeux. Et je l'ai vu éjaculer, ce lion de la ménagerie du professeur Lambert. Et gémir de plaisir et s'écrouler, assommé par le plaisir.

J'ai vu aussi, dans ce studio, un machiniste à casquette pousser la chaise roulante d'un vieillard très maigre, barbu, avec un collier d'ambre, un châle et un fort élégant chapeau de paille. Et ce monsieur, je l'ai salué bien bas et il m'a gratifié d'une sorte de baiser avec sa main squelettique. Sacha Guitry c'était.

Dans le décor de l'appartement du sketch *L'Héritage* on avait une équipe d'enfer. Michel Bouquet qui jouait un époux pas capable de faire un enfant à sa femme, la belle Agnès Delahaye, René Lefèvre, le beau-père rognard, Bernard Noël le bellâtre qui faisait un lardon à l'épouse pour qu'elle puisse palper un héritage coquet. Des comédiens mieux que bons.

Mais pas facile à cornaquer. Michel Bouquet, rien que pour ouvrir une porte et entrer dans une pièce, fallait qu'il se gratte l'intérieur de la tête pendant des heures, qu'il se pose et pose à Michel, à Marzelle, à moi, au concierge du studio, au chien du concierge du studio une tapée de questions. Mais quand il l'ouvrait, la porte, c'était extra.

Agnès Delahaye, elle, avait des peurs. Fallait que quelqu'un – généralement moi – lui tienne la main, qu'elle avait douce et brûlante, avant que retentisse le mot « moteur ».

René Lefèvre, il avait pas la queue d'une angoisse, ce vieux briscard du ciné qui avait fait ses classes avec René Clair (ah ! *Le Million*), qui avait tourné tant et tant de bons et de mauvais films, ce résistant et vieil anarchiste, il avait ses dégoûts et ses goûts. À commencer par celui de clamer haut et fort qui était pour lui bête à manger du foin ou salaud. Une ancienne glorieuse star, Florelle, la vedette de *L'Opéra de quat'sous* de Pabst, venait rendre visite à son amie Agnès Delahaye. Florelle avait eu, du temps des Allemands à Paris, des relations que René Lefèvre désapprouvait. Alors dès qu'elle se pointait, il claquait les talons, se figeait, et criait « Heil Hitler ». Et c'était la merde. Michel le priait d'arrêter de faire le clown. Agnès quittait le plateau. Florelle avait une crise de larmes. René Lefèvre attaquait alors un hymne nazi en marchant au pas de l'oie. Et fallait que le second assistant fasse la courette pour récupérer et remotiver ce joyeux petit monde. Saloperie de job.

Je cavale, je fais le tour des loges, je vais voir au bar du studio, puis ailleurs, en dehors du studio, dans Courbevoie qui est une banlieue triste comme cent banlieues, et j'en retrouve une qui déprime sur un banc, l'autre qui fait la gueule dans sa voiture garée au bout du monde. C'est cache-cache. C'est ridicule. Et y a le Lévy qui zyeute sa montre et pousse d'énormes soupirs. Le Lévy qui sait au centime près combien coûte chaque seconde paumée. Et le Michel qui veut tuer tout le monde parce qu'on l'empêche de créer, qu'on assassine son œuvre. Et tout me retombe dessus. Je cours pas assez vite, j'ai le cul en plomb, je suis nul.

Et merde !

J'ai le costard du second assistant, la panoplie complète j'ai : blouson de daim marron à col en tricot, lunettes noires, mocassins, cheveux en brosse.

Mais j'ai pas la mentalité, pas la flamme.

Les décors avec personne dedans c'est le rêve. Mais les tournages c'est crevant, énervant. Pas vraiment dans mes cordes.

Des films comme assistant j'en ferai qu'un. Celui-là.

Dans un appartement très habité

Un déménagement et l'emménagement qui logiquement lui succède c'est toujours bien du tintouin. Mais, nous, Colette et moi, on a atteint des sommets. Notre émigration du treizième au seizième, rocambolesque elle a été.

La chambre de bonne de l'ami Marzelle avec son trop peu de mètres carrés, on en pouvait plus d'y être l'un sur l'autre, coincés. Alors on se lamentait. On en avait tellement notre claque qu'on en venait à envisager des choses pas humaines, comme d'aller habiter en dehors de Paris. À Vincennes, à Juvisy, à Robinson. C'était désespérant mais que faire ?

Prier ?

Même pas on a eu besoin de le faire. Mon ange, mon secourable ange gardien nous aiguilla sur l'oncle.

L'oncle.

Pas un oncle à Colette ou à moi. L'oncle de Christiane et Roland Dubillard, le gros plein de fric chez qui on avait passé un week-end au temps de nos simulacres de fiançailles. Il possédait des immeubles un peu partout dans Paris, cet oncle. Dont un au vingt et un de la rue Fantin-Latour où Paul et Christiane avaient trouvé leur très habitable trois-pièces.

Au quatrième, ils logeaient.

Et, juste en dessous de chez eux, au troisième, le même petit appartement loi de quarante-huit, pas grand genre, sans confort excessif, tout à raproprier, à repeindre, exactement ce qu'on souhaitait, était louable.

Sollicité par sa nièce Christiane, l'oncle prit les choses en main. Ce qui revient à dire qu'il intima ordre à un de ses nombreux sous-fifres de régler le problème.

Car il y avait un problème. Conséquent, pas banal. L'appartement du troisième, vu que sa locataire était morte sans héritier aucun, l'oncle pouvait le louer à qui il voulait. À condition que…

Fallait que les sous-locataires de la locataire puissent trouver à se caser. Et ces sous-locataires, cinq ils étaient. Et noirs. Pas noir ébène. Mais du beau brun cuivré à la mode dans la Martinique ou la Guadeloupe d'où ils étaient originaires. Cinq. Quatre marmots de onze à dix-sept ans et une dame excessivement âgée qui était leur nounou. Leurs parents à ces enfants étaient retournés au pays pour cause de complications professionnelles. C'était pas clair et peu importe. Ni Colette ni moi ne voulions, bien sûr, que ces gamins et leur nounou soient jetés à la rue. On était ni racistes ni méchants.

Quand le commissaire – paraît que c'était légal et obligé –, quand le commissaire nous ouvrit la porte du logement sis au troisième droite du vingt et un rue Fantin-Latour, il nous fit signer un papier stipulant que nous nous engagions à laisser l'usage (à fin d'habitation) à ces occupants provisoires d'une des trois pièces ainsi que celui du point d'eau et des W.-C. Nous acceptâmes de bonne grâce. Il était aussi stipulé que ces « squatters » partiraient de bon gré dès que l'État aurait attribué un logement à leurs parents fonctionnaires.

Bon bref. C'était aussi humain que possible. On a signé, on a fait ami-ami avec la nounou et ses petits chéris et on a pris possession de deux des trois pièces. Qui abritaient sous leurs papiers peints des colonies de cafards en parfait état de marche. Et c'était sale sale sale et tout fissuré de partout. Aidés par Paul, Christiane, Toto, Zézette, un concierge bricolo et alcoolo, on a tout bien remis en état. En pas un mois c'est devenu le home qu'on voulait. Et nos coucous étaient si peu gênants que nous avons rapidement sympathisé. Quand l'une des filles, Olympe-Mélanie, a fait sa communion, nous avons été invités à la fête qui a suivi la messe et pu constater que leur tambouille gagnait à être ingérée plutôt que humée. Car, faut le signaler, quand elle faisait frire ses oignons et son poisson, la nounou, c'était redoutable. Et c'était à chaque repas qu'elle en faisait frire. Mais elle était gaie, toujours à chanter des chansons de ses îles ensoleillées, à danser même en tapant des pieds, en tapant des mains.

Il y avait d'inévitables petites tensions, des fois, à l'heure des besoins du matin, à l'heure du lavage de dents du soir. Mais ça allait.

Jamais de vraie prise de bec. Ils étaient dans leur piaule. Colette et moi on était dans les nôtres qui étaient notre chez-nous. Et c'était bien.

Bien aussi que Cocolo ait dit adieu à ses militants de la culture réaliste-socialiste de la rue des Beaux-Arts.

Elle s'est trouvé un autre job. Encore moins lucratif, mais plus reluisant. Bras droit d'un éditeur elle est devenue. Et pas n'importe lequel. Pas un fabricant de best-sellers avec des centaines d'employés. Il en a si peu, d'employés, l'éditeur de Colette, qu'elle est pas que son bras droit, elle est aussi son bras gauche et sa secrétaire et sa coursière et sa femme de ménage au besoin. Mais il est si doué, si attachant Jacques Damase. Pas vingt ans et déjà capable d'arracher à Sartre – qui est pourtant de plus en plus superstar – un inédit de quelques pages, qu'il fait illustrer par un peintre connu et qu'il relie à la main et qu'il vend. Pas assez cher pour pouvoir rétribuer convenablement son personnel composé de la seule Colette. Mais c'est de la belle ouvrage. De l'art.

Elle est si folle de son patron, ma femme, que je pourrais avoir des inquiétudes. Heureusement il préfère les garçons aux filles. Et une brochette d'hommes de la meilleure société, des grands noms de la haute couture, de la godasse à dix mille balles la paire, le préfèrent lui aux plus gouleyantes poulasses.

Moi, tout en étant d'une fidélité absolue à Colette, je vis dans un monde où pullulent les tentations.

Même sans sortir de notre home surpeuplé. L'Olympe-Mélanie qui a fait sa communion, elle a une grande sœur. Une Marie-Olympe de seize ans bientôt. Qui n'hésite jamais à se balader sous mon nez avec des camisoles qui cachent rien de ses appétissantes longues jambes maigrelettes.

Vu que je passe mes soirées à dévorer Caldwell et Faulkner dont les bouquins sont pleins de négrillonnes qui se font violer dans des champs de maïs, dire que j'ai pas de bizarres pensées serait mentir.

Puis y a encore et encore les filles de la publicité. C'est que tout en fignolant le montage de sa grande œuvre, *Trois femmes,* André Michel continue à gagner gros en tournant pour L'Oréal. Avec Marzelle et moi. Et ça y va les poupées nichons au vent dans des baignoires, sous des douches, sur de l'herbe. Et pas de la créature rebutante.

Une des petites dernières qui me fait gamberger tant et plus c'est la Mylène. Une comédienne future, joliment jeunette. Et malicieuse en plus, Mylène Demongeot, qui semble fort amoureuse du photographe qui en a fait une pin-up déjà un peu glorieuse. Elle a sa tête, avec une coiffe de paysanne, sur des boîtes de petits pois extra-fins qu'on trouve dans toutes les épiceries. Elle me plaît cette fille.

Et Yvonne Ménard encore plus. Yvonne Ménard, une bombe, tu la vois, te voilà comme Tyty Walden dans un bouquin de Caldwell, « t'as envie de te mettre à quatre pattes et de lécher ». Yvonne Ménard, vedette des Folies-Bergère. Elle a été notre Poppée. Nous en fallait une faisant trempette dans du lait d'ânesse pour vendre encore et toujours du Monsavon. Je me suis débrouillé pour que ce soit l'ami Marzelle qui trouve une ânesse, qui la prenne en charge pendant le tournage, pendant que moi je m'occupais de l'Yvonne. Bien dix fois je suis allé la voir dans sa loge aux Folies pour bien régler tout. Et que je rôdais dans les coulisses et que je reluquais et reniflais la chair fraîche s'y ébattant sans trop de nippes. Yvonne Ménard c'était mieux qu'une Poppée. Une Vénus.

Un jour, je lirai dans le journal qu'Yvonne Ménard, l'irrésistible des Folies-Bergère, s'est flinguée.

Pour l'heure, il y a Mylène qui m'émoustille terrible. Et la petite Trotelleau, une blonde qui sourit de tout son corps. Et Jacqueline Monsigny. Une attendrissante celle-là. D'une autre blondeur que la Trotelleau, plus virginale. Tu la vois se savonner chastement, tu triques. Mais respectueusement.

Ces filles, bon sang, ces filles.

Mais je fais que les voir, que me repaître de leurs charmes et de leur charme. Des aventures je pourrais sûrement en avoir. J'en ai pas l'ombre. J'ai ma morale. Et je dois être aussi un fieffé trouillard.

Et puis avec Colette on a beaucoup à faire. On peint les murs qu'on a décafardisés et rafistolés, on y fixe tant bien que mal des planches qu'on baptise étagères, on y accumule des livres qui se cassent si souvent la gueule qu'on finit par décider qu'ils sont aussi bien par terre qu'en l'air.

Ça meuble, ça remplace le petit guéridon qu'on aimerait avoir et qu'on a pas, la commode qu'on voudrait pour ranger le petit linge et poser dessus tourne-disque et disques, un ou deux fauteuils qu'on finira bien par faucher à Bondy...

On a pas de meubles, mais on a une tribu de cohabitants. Ceci remplace cela. Et comment.

Comme je me suis mis à ne plus lire que des romans traduits de l'américain, je me suis mis au jazz aussi, aux negro spirituals. Bouquiner *Le Petit Arpent du Bon Dieu* ou *Un patelin nommé Estherville* avec Armstrong en fond sonore et à fond la caisse, c'est l'extase. Et Nat King Cole. Si, en plus, t'as derrière la cloison quatre mômes et une nounou qui font chorus...

Les autres citoyens du vingt et un rue Fantin-Latour, Paris seizième, apprécient pas nos bœufs. Jusqu'à Paul et Christiane qui l'ont mauvaise, qui disent qu'ils vont demander à l'oncle de nous virer.

Ils font que le dire. Avec eux on voisine agréablement. On fait des dîners un coup à leur étage, un coup au nôtre. Des fois viennent Zézette et Toto et leur gamin. Colette y va d'une marmite de spaghetti, Zézette apporte une tarte. On bavasse, on fume comme des enragés. On se chamaille à propos de films que les uns aiment et les autres pas. Et aussi des Chinetoques, des Ricains, des bombes atomiques.

Autant de sujets qui méritent pas qu'on en parle. Mais faut bien causer quand on est avec des gens.

On est devenus des adultes.

Mais on s'en rend pas bien compte.

De drôles de gens qui font dans la publicité

Une rime. Je cherche une rime.

Une rime à lait.

Palais, galet, porcelet, agnelet, filet, balai, gringalet, maigrelet, pipelet, triolet… Ouah ! Triolet !

Ça, ça serait énorme.

L'épouse à Louis Aragon
plus vilaine qu'un dragon
en pas même une semaine
retrouva figure humaine
en prenant pour sa toilette
la reine des savonnettes
Fait'comm'Elsa Triolet
ach'tez Monsavon au lait !

C'est grand. C'est beau comme l'antique.

Tout le studio m'applaudit.

Tout le studio de la publicité L'Oréal-Monsavon, ça fait bien du monde. Et du beau. À commencer par Savignac.

Un pas grand avec une moustache de bougnat et des vestes d'artisan taillées sur mesure en tissus anglais coûteux. Avec une casquette en plus. C'est l'artiste du studio de publicité de L'Oréal-Monsavon. Un peintre qui pourrait jouer les Matisse, les Léger en tartinant des nus, des natures mortes à la guitare et qui préfère créer des étiquettes de flacons de teinture, des emballages de bigoudis. Il fait semblant d'être anar. Il parle argot. Mais il est en train de devenir vachement célèbre grâce à une vache. La vache rose dont le lait se transforme en savon Monsavon sur tous les murs. C'est un humoriste. Mais faut le prendre au sérieux. Il y tient.

Autre personnalité conséquente du studio : Chiappe. Jean-François Chiappe. Dont le tonton préfet de police de droite fit beaucoup parler de lui en faisant des crasses aux gens de gauche. Le Chiappe du studio, toujours fringué, cravaté comme si il allait prendre un drink chez la reine d'Angleterre, est royaliste et d'un snobisme révoltant. Tu le tutoies si tu veux, il te vouvoiera. Le « tu » il laisse ça aux gens du peuple, à la piétaille. Son job c'est de rédiger des slogans, des annonces. Avec des mots si précieux, des imparfaits du subjonctif si parfaits qu'on les donne à traduire en français actuel à une demoiselle qui se nomme Huguette et qui est très éprise de lui. À mon avis il l'aime et la culbute mais il ne convolera pas avec elle. Il n'épousera qu'une fille titrée. Il a tout pour m'être antipathique, mais on s'entend à merveille.

Il y a Lulu, le grand, l'énorme Lulu. La cinquantaine, de grosses lunettes d'écaille. Mal vêtu mais raffiné. Lui, c'est pas compliqué, il a tout lu. Des poètes de la Renaissance au dernier Simenon, d'Agrippa d'Aubigné à la mère de Beauvoir. Tout. On l'a aussi engagé pour faire de la littérature savonnière. Ce qui visiblement ne l'emballe pas.

Un type si cultivé et de son âge fignolant des slogans infantiles, ça m'épate. Ça m'épate d'autant plus qu'à de rares exceptions près tous les gens pas ignares que j'ai rencontrés jusqu'à lui se croient obligés d'être, sinon communistes fervents, au moins ennemis jurés des Américains, du général de Gaulle. Tous, comme ils se plaisent à le dire et redire, ont le cœur à gauche.

Pas Lulu. C'est qu'il a ses raisons.

Que je vais découvrir en allant prendre le café chez lui.

– Un petit café sans façon. Qu'on puisse bavarder tranquilles loin de ces illettrés qui croient que faire rimer dop et propre c'est faire de la poésie.

Je vais donc chez Lulu. Du côté de Saint-Augustin. Petit appartement sans luxe. Mais décoré faut voir comme. Au mur, une affiche allemande. Le Führer en grande tenue. L'Adolf en gloire. Une affiche comme celle de Grumberg mon brave petit Juif de l'infirmerie en Allemagne.

Et une de Pétain aussi. Souriant, paternel. Et des photos dédicacées de Céline, de Brasillach, de Drieu La Rochelle. « À Lucien, son ami son frère de combat », « À toi, Lucien Combelle, dans l'amour de la vérité »... Y a leurs œuvres complètes aussi à Brasillach, Drieu, Céline. Et des livres de Gaston Béraud, Henri Pourrat, Rebatet. Gide est là aussi. Tout Gide. En éditions originales.

– Mon premier employeur, Gide. Je lui dois énormément. Sans lui je n'aurais sans doute jamais su lire, ce qui s'appelle lire.

On boit le café. J'écoute. Combelle parle. Quelle histoire. Provincial, fou de livres il édite une petite revue avec des étudiants aussi sans le sou que lui. Il en envoie un exemplaire à Gide qui accuse réception. Il monte à Paris voir le maître. Le maître lui ouvre des portes. L'emploie comme secrétaire.

Et c'est la guerre et voilà les Allemands, Vichy. Et, de fil en aiguille, de *NRF* en *Je suis partout*, le très lettré Lulu se retrouve journaliste collabo. Et pas collabo mollasson. Avec Drieu La Rochelle à la tête d'un hebdo – *Révolution nationale* – dégueulassement pro-nazi. Dégueulassement c'est pas Combelle qui le dit, c'est moi.

Combelle tente de me faire admettre qu'on pouvait espérer que l'écrasement de l'hydre soviétique pourrait permettre l'édification d'une Europe pacifique et égalitaire. Foutaises ! Mais il y a cru franchement, lui. À preuve : sa photo en uniforme de la Légion des volontaires français contre le bolchevisme qui traîne sur son buffet.

Comment un homme aussi intelligent, apparemment aussi sensible, a pu se fourvoyer dans toutes ces crapoteries, dans l'horreur ? Question que je me pose sans la formuler. Combelle y répond quand même.

L'important c'était d'agir, selon lui.

Il a si bien agi, le Lulu, qu'il s'est retrouvé dans un cachot de condamné à mort. À côté de celui de son grand ami Brasillach. Brasillach a été exécuté. Pas lui. Il a fait de la taule. Moins que prévu. Et, sitôt libéré...

À L'Oréal, en fouinant dans un dossier que rien ne m'autorise à ouvrir, je découvre que pas mal d'anciens collabos se sont reconvertis dans la monsavonnerie. À croire que le patron, Eugène Schoeller, a des faiblesses pour les mauvais sujets des années de l'Occupation. Mais pourquoi j'irais croire ça. C'est comme ces bruits qui circulent sournoisement, qui disent qu'il aurait, avant la guerre, eu des largesses pour ce qu'on nommait la Cagoule. Tout ça c'est de la rumeur et les rumeurs, c'est jamais que des émanations de la malfaisance.

Et, au fait, pourquoi, si il est si porté sur la droite, M. Schoeller, pourquoi il aurait confié la direction de son magazine féminin *Votre Beauté* à un homme aussi intègre et pas de droite que l'avocat François Mitterrand ?

Un homme pas bien haut mais se tenant bien droit, coiffé comme un danseur de tango et peu souriant, qu'il m'arrive de croiser dans l'escalier du onze rue Boissy-d'Anglas. On se dit « Pardon monsieur je vous en prie » et pas grand-chose d'autre. Il a pas le genre maison, ce bonhomme qui est loin de se douter que le jeunot qu'il croise deviendra une célébrité. Et lui il deviendra quoi ?

À L'Oréal, à la publicité, j'y vais tous les jours car j'y suis salarié au jour d'aujourd'hui. Employé à mi-temps mais salarié.

Pour y pondre, comme Chiappe et Combelle, des âneries qui inciteront la France et ses banlieues à enrichir encore et encore le déjà excessivement enfriqué Eugène Schoeller. En se savonnant, en se shampooinant énormément.

C'est le chef de la pub de L'Oréal, François Cloteaux, un jeune monsieur élégant et très actif qui m'offre des verres au bar du Crillon, qui a eu l'idée de m'attacher à la maison. Un peu parce qu'il me croit talentueux. Beaucoup pour me mettre dans son jeu qui consiste à contrarier celui de Glass. Glass, l'ami de jeunesse de Michel. Je fais simple, là, je résume. Mais y a une guerre entre Glass et Cloteaux. Ça crève les yeux. D'un bureau l'autre, d'un service l'autre, rue Royale et rue Boissy-d'Anglas, on se tire dans les patoches, on se fait des vilenies. Ce qui doit arranger fort fort le père Schoeller qui sait que qui divise bien règne bien.

Eugène Schoeller je commence à le connaître un peu. Lui ne doit même pas se rendre compte que j'existe. Moi, je n'en perds pas une miette du comportement de ce papy riche comme Crésus.

Un de ses trucs favoris c'est d'arriver sans prévenir dans les bureaux, et de sauter sur le premier venu, chef de service ou balayeur, et de le mitrailler de questions qui ont souvent l'air sans queue ni tête.

– Votre couleur préférée, vous, c'est le rouge ou le bleu ? Qui c'est qui décide chez vous de ce que vous ferez pendant les vacances, votre époux, vous ? Le mot « prodigieux » ça vous dit quoi ? Et le mot « remarquable » ? Vous aimez mieux vous laver les mains ou les pieds ? Cent francs c'est beaucoup ?

Du tac au tac faut répondre. Si la réponse plaît à Schoeller, on a droit à un grand merci. Si elle lui plaît pas il hausse les épaules et détale.

Mieux encore : quand il trouve qu'un employé de L'Oréal a une idée vraiment bonne, mais alors vraiment, il sort de sa poche un louis d'or et le lui donne. Il en a toujours quelques-uns sur lui. Au cas où.

Je l'ai vu aussi flanquer son pied au derrière de qui lui répondait trop de travers.

Au derrière. Le pied.

Mais c'est un milliardaire.

Quand j'ai annoncé à Colette, à Toto et Zézette que j'entrais dans la publicité, que des vannes ça m'a valu, des réflexions hautement désobligeantes, des insultes, Toto, hors de lui ça l'a mis.

– Pourquoi tu te fais pas directos banquier, tant que t'y es ? Ou voleur. La publicité c'est des pièges pour piquer le peu qu'ils ont aux gagne-petit. Mais le temps que tu paumes à les fabriquer, à les poser, tes pièges, si t'y vas directement avec un couteau ou une mitraillette, tu l'économises. Tu me déçois, grand. Tu me déçois bonbon.

– Mais, triste connard...

– Mais quoi ?

Mais rien. Il avait raison, Toto. La publicité c'est du vent.

N'empêche que, rue Boissy-d'Anglas, avec ces foutus réactionnaires de Chiappe, de Combelle, avec Savignac, avec l'avocaillon Mitterrand qui vendait des conseils aux bonnes femmes pour qu'elles deviennent des beautés fatales, avec tous ces marchands de courants d'air, je me marre bien. Et puis ça me repose des marxistes-léninistes du TEC, des studios de cinéma. Et puis j'adore bouffer à plusieurs râteliers.

Papa Remo

Il y a pas six mois, cette pièce, celle de nos trois pièces qui ne donne pas sur la rue mais sur une cour, cette pièce grouillait de gens venus des îles lointaines. Ils y sont repartis. À l'heure qu'il est ici, ils doivent être cul nu et en plein grand soleil.

Moi je suis dans le noir de la nuit. Avec, pour toute lumière, les petites lampes de l'arbre de Noël qui clignotent et le rougeoiement du bout de ma clope.

Cette pièce c'est notre salon-chambre à coucher-bureau.

Colette dort.

Et Laurent aussi. Dans son petit lit dans la pièce à côté. Laurent qui est né le onze septembre. Laurent qui s'est appelé Laurent parce que nous n'avions, surtout moi, pensé qu'à des noms de fille. Dora, Clara, Dorothée, Évangéline, Émilie...

Quand la bonne sœur m'a accueilli en me disant que c'était un garçon j'étais soufflé. Comment pareille incongruité pouvait me tomber dessus ! Un garçon. Qui allait jouer avec des autos, des camions, des pistolets Solido, qui voudrait des ballons de foot ? J'étais si déçu, si horrifié que j'ai pas été fichu de trouver un prénom moins passe-partout que Laurent.

Et il est dans son petit lit et il dort, et c'est ce qui se fait de mieux dans le genre nourrisson. Il est beau, il chiale juste ce qu'il faut, il fait autant de rots et de pleurniches et de cacas qu'un bon garçon doit en faire. Et ça se voit qu'il sera très intelligent.

Il s'est mis à arriver pendant que nous étions dans un cinéma. C'était une comédie américaine avec Doris Day dont nous ne saurons jamais si elle finit bien. Tant pis.

Donc le petit trésor dort. Demain il trouvera un lapin orange à pois rouges et un machin qui fait drelin-drelin quand on l'agite dans ses petits chaussons. Le père Noël sera passé pour lui pour la première fois. Demain, oncle Paul et tata Christiane et leur fils à eux, Olivier, et maman et papa et petit Laurent s'entasseront dans une bagnole et iront à Bondy. Et on se tapera une dinde grosse comme un porc et des marrons et de la bûche écœurante. Tout ça parce qu'une nuit à Bethléem…

Il est né le divin enfant.
Jouez hautbois résonnez musettes
Il est né le divin enfant.
Fêtons tous son avènement.

Je tire sur ma clope – une Pall Mall, j'en suis aux Pall Mall – et je pense au petit Jésus. À des messes. À des odeurs d'encens. À ma robe rouge et à mon surplis brodé d'enfant de chœur.

Pourquoi, comme un con, je fais mine depuis des années de plus croire en Dieu ? Pourquoi ? Si c'est tout bêtement parce qu'une masse de gens sont trop lourds, trop bouchés, trop terre à terre, trop communistes ou existentialistes pour y croire, ça ne prouve qu'une chose : que je suis aussi lourd et bouché qu'eux.

Misère.

Mais misère dorée. Il commence à être bien meublé, bien bibeloté, notre trois-pièces. Le concierge bricolo et alcoolo a remplacé nos étagères branlantes par une bibliothèque solide.

Mes bons auteurs sont alignés. Pas par ordre alphabétique. Par affinités. Prévert est à côté de Queneau qui voisine avec Jarry qui côtoie Swift. Sur l'autre mur y a les Américains. Les surréalistes sont sur la cheminée.

Une cheminée qui ne sert à rien et sur le tablier de laquelle j'ai peint un chat avec des oreilles si pointues qu'on peut le prendre pour un lapin.

Ce que s'est empressé de faire Resnais. Resnais qui, bien qu'il ne soit pas très porté sur le marmot, est venu tirer le portrait de notre Laurent chéri. Une amie à lui est venue aussi photographier notre amour de garçon, Agnès Varda, la photographe officielle du TNP.

Au TNP j'y vais à chaque nouveau spectacle. C'est toujours solennel, un peu ennuyeux et très bien. Surtout quand c'est Jean Vilar qui joue. Il a exactement la même voix que l'abbé Joly, le curé de Rochefort-en-Yvelines où j'étais enfant de chœur pendant les vacances chez mes oncle et tante.

Vilar invectivant le prince de Hombourg c'est l'abbé Joly enguirlandant ses ouailles du haut de sa chaire. Qu'est-ce que j'aime ça.

Je me rallume une clope et, sérieusement, je me dis que je vais me remettre à la religion. Que c'est pas parce que des gens que j'admire, comme Prévert, Loris, Dominguez, Resnais, Marker et d'autres, sont des impies que je dois l'être moi aussi.

D'abord est-ce que je les admire toujours autant ? Prenons Prévert. Dès qu'il publie quelque chose, fût-ce un poème de trois lignes, je me jette dessus. Et… Des fois c'est bien. Des fois ça l'est moins. Depuis qu'il a chu d'un studio de radio en plein Champs-Élysées, chu sur la tête, si bien chu qu'on l'a cru mort, je le trouve moins Prévert qu'au temps de *Paroles*. Et puis il ne fait plus de dialogues de films. Et puis il est trop dans les magazines à poser en short avec les clients de la Colombe d'or, auberge pour gros cons cossus de Saint-Paul-de-Vence, ou avec Picasso.

Un qui, lui aussi, m'épate de moins en moins, Picasso. Il arrête plus d'être dans *Paris-Match*. Avec ses petits chapeaux de communiste milliardaire, dans son château avec sa dernière épouse, sur la plage avec sa nouvelle dernière épouse, à la corrida avec Cocteau, à des garden-parties avec Aragon et sa dame patronesse d'Elsa, avec Brigitte Bardot.

Elle, alors…

Je faisais le marché avenue de Versailles. J'allais avec mon cabas de pommes et de salade. On me tape dans le dos. Vadim. Vadim qui m'embrasse et qui me présente sa fiancée – putain la belle poule !

– Brigitte, je te présente Brigitte, il me dit.

Elle m'a fait un grand sourire, m'a serré la main. Elle est belle. Très.

Resnais, Marker, je crois toujours en eux. Même si on a des rapports pas bien nets.

Resnais est en train de devenir grand cinéaste incontournable. Depuis son Oscar il est coté en Bourse. On écrit des articles sur lui dans toutes les revues. Qu'est-ce qu'on le prend au sérieux, Alain.

Avec moi, Dieu merci, il l'est pas. On mange ensemble. Il m'a fait découvrir une cantoche féerique, au premier étage de la librairie anglaise Smith and Son, rue de Rivoli presque à la Concorde. On y déjeune british en buvant du thé noir noir. On parle du détective de BD Dick Tracy, dont Alain suit les aventures au jour le jour dans des journaux américains auxquels il est abonné. On parle des films qu'on a vus et de celui qu'on fera un jour ensemble. Un long métrage à notre manière à nous deux.

Si tout roule comme faudrait, le moment viendra où je serai le Prévert de Resnais qui sera mon Carné.

Chris Marker dirige une collection aux éditions du Seuil, rue Jacob. La collection Petite Planète. Des bouquins malins, originaux, qui disent ce qu'il faut savoir de l'Italie, l'Allemagne, la Chine. Et, ce salaud refusant obstinément de me prendre pour un écrivain, il me fait faire des dessins pour les illustrer, ses petits livres. À la fois ça me vexe et ça me réjouit. Je fais les cartes de géographie des pays. Comme je sais et ai envie de les faire. C'est pas laid à voir, c'est amusant. Mais si un touriste prend mes cartes pour des vraies cartes il risque, en allant à Berlin, de se retrouver à Pondichéry.

Il y est pas à plein temps, rue Jacob, dans son réduit encombré de tableaux insolites et de robots made in USA, Marker. Il voyage avec une caméra dès qu'il le peut. Et loin.

Demain ça sera Noël et j'irai pas voir papa. Je ne verrai pas non plus mon frère et Marguerite sa femme et leurs enfants, Marie-Hélène qui doit être grande à force et Jean-François qui est né presque en même temps que Laurent. J'ai pas l'esprit de famille.

Je l'ai si peu que, je m'en rends très bien compte, ça m'arrange de fêter Noël avec les Renty plutôt qu'avec les Forlani.

Ça m'arrange et j'ai un peu honte.

C'est moche la honte.

Faut que je mange quelque chose. Je vais dans la cuisine voir dans le frigo qu'on a récupéré à Bondy. Il se bloque à zéro, cet enculé d'engin, et sa porte veut jamais s'ouvrir. Alors je tire sur la poignée, je tire très fort et la cafetière qui est dessus ce frigo bon pour la casse, elle dégringole et ça fait un boucan qui réveille le petit Laurent chéri. Et Colette avec.

Elle est pas contente.

Paraît que je suis vraiment pas terrible comme père.

Au Radio Circus

André Claveau a une voix qui piège les femmes. Pas toutes. Mais suffisamment pour qu'il vende des centaines de milliers de disques. Quand il chante *Cerisiers roses et pommiers blancs* il y en a qui s'évanouissent. D'autres sont prêtes à mourir pour lui. D'autres encore tentent de l'approcher pour qu'il les prenne.

C'est pas à moi que ça arriverait.

À en croire les gens de son entourage, aux dames, il y touche pas, André Claveau. C'est un homme très bien élevé, qui a fait des études pour devenir peintre. Aux Arts déco, comme moi quelque temps. Mais il chantait trop bien. Fallait qu'il devienne crooner. C'était écrit. Il a une caravane. Ses chats, des chats de race, ont leur roulotte à eux. Et ils mangent que des petits plats cuisinés à leur intention. C'est des siamois ou des persans. Je les ai jamais vus. On ne les approche pas plus que leur papa.

L'autre caravane grand standing c'est celle de Zappy Max. Lui, on l'approche quand il est de bonne humeur. C'est même pour le voir que je suis là, dans le Nord. Sous une pluie battante. Au cirque.

Le Radio-Circus. Un vrai cirque à la Pinder qui appartient à une famille très honorée chez les gens du voyage, les Grüss. Un cirque qui, en plus de son excellent spectacle traditionnel, propose à ses spectateurs et le tour de chant d'André Claveau et les jeux, retransmis sur Radio-Luxembourg et financés par L'Oréal qu'anime Zappy Max. Un ancien fantaisiste de l'orchestre Jack Hélian, un amuseur monté sur ressorts qui a la tête de la vedette du muet Max Linder. C'est lui qui mène le célébrissime jeu « Quitte ou double ».

Une épreuve qui peut en quelques semaines rapporter une fortune. On te pose des questions de plus en plus vachardes. Si tu réponds bien, tu décides si tu t'arrêtes et empoches ton gain ou si tu continues pour peut-être le doubler.

Le « Quitte ou double » est devenu une institution nationale depuis qu'un ratichon loqueteux, l'abbé Pierre, y a gagné beaucoup de sous pour les distribuer à des miséreux.

Les questions c'est pas Zappy qui les invente. Y a des spécialistes pour ça rue Boissy-d'Anglas. À commencer par une Mme Sadoul, proche parente de Georges Sadoul ex-surréaliste devenu critique-flic de la presse communiste. Combelle aussi en rédige. Et Chiappe. Et moi.

Des questions sur le cinéma, je fais. Dans quel film Gabin dit à Morgan « T'as d'beaux yeux tu sais », dans quel film

Charlot fait danser des petits pains, sous quel nom René Chomette est devenu un grand cinéaste ?

À cette question c'est René Clair, qu'il faut répondre. C'est une question un peu difficile. On peut trouver pire, salement pire. Pour que le jeu accroche les auditeurs faut doser. Faut qu'il y ait de très gros gagnants de temps en temps. Pas trop.

Toujours est-il qu'on m'a envoyé voir sur place comment ça se passe. En voiture on est venus. Avec Guyot. Un gros bras de la rue Boissy-d'Anglas plutôt du clan Cloteaux que du clan Glass. Il conduit à toute allure. Surtout après la pause apéro. Il va d'ailleurs se tuer au volant dans pas longtemps, ce cher Guyot.

Mais il l'est pas encore, mort sur une route. Il est attablé avec moi devant une copieuse portion de moules-frites. Il y a Zappy aussi. Qui ne mange pas, qui ne boit même pas un verre, qui ne s'assied même pas. Il a pas le temps. Il veut bien nous accorder quelques instants. Et à condition qu'on les lui brise pas. Les élucubrations des penseurs de la rue Boissy-d'Anglas il n'en a rien à secouer. Lui il fait son travail. Du mieux qu'il peut. Et c'est pas un travail facile. Tenir à bout de bras des centaines de spectateurs, leur faire avaler des publicités alors qu'ils ont payé, cher, une place de cirque, leur faire chanter en chœur « Dop dop dop Dop dop dop » et crier, toujours en chœur « la bise à Zappy » et des trucs comme ça, c'est duraille. Alors qu'ils viennent le faire, une fois une seule, pour voir, les petits et grands chefs de L'Oréal, les Glass, les Cloteaux. Qu'ils l'animent, eux, le « concours de mousse » ! Qu'ils y viennent !

Guyot qui est baraqué comme un lutteur de foire et gracieux comme un CRS, je me dis qu'il va lui coller un pain au comique. Absolument pas. Il est là pour mettre du liant. Il s'énerve pas. Il mâche frite sur frite, laissant Zappy vider son sac. Il attend qu'il s'arrête pour reprendre son souffle et glisse doucement :

– On est juste venus comme ça, Zappy. Pour que Remo Forlani…

– Raymond comment ?

Il n'a faim ni de moules ni de frites, Zappy. Mais, c'est net, il va se jeter sur moi et me bouffer.

Je lui fais un sourire, un large sourire d'idiot.

– C'est pas Raymond, c'est Remo. Comme San Remo, la ville. Je suis fils d'Italien. Et ça fait longtemps que je vous admire. Vos disques avec l'orchestre Jack Hélian je les ai tous. J'adore ça.

Je viens d'être bon. Très bon.

Zappy s'assied, s'attrape un verre et se verse une larmichette de notre bordeaux, il va jusqu'à piquer une frite dans l'assiette de Guyot.

Et on bavarde.

C'est pas le mauvais bougre. C'est un type doué pour la chansonnette et la farce qui a déjà salement ramé et qui se retrouve tout en haut de l'affiche. Son problème c'est que c'est pas pilpoil l'affiche dont il rêve. Il voudrait être vedette de cinéma, être un Fernandel, un Bourvil. Et il n'est que la star qui vend du savon. Ça le mine. Et on le comprend. Ça le contrarie mais ça lui rapporte un fric monstre. Pour lui au « Quitte ou double » y a pas de suspense. Il a les réponses à toutes les questions. À tous les coups il gagne, Zappy.

Assis au premier rang, ras la piste, le soir, je me farcis le spectacle. C'est du bon cirque. Ça me rappelle le Cirque d'Hiver et Médrano. Les clowns Dédé et Manetti valent pas Grock et les Fratellini de quand j'étais petit. Mais j'ai grandi.

– Môssieur Manetti.

– Oui, Môssieur Dédé.

– Vous avez de l'argent dans vos poches.

– Non Môssieur Dédé. J'ai pas d'argent.

– Alors montrez-moi vos papiers.

– J'ai pas de papiers, Môssieur Dédé.

– Pas d'argent, pas de papiers ! Allez vous laver les pieds !

Un dialogue de ce tonneau, plus quelques seaux de flotte que le Manetti se prend en pleine poire, et les rires fusent. Et les bravos.

Dédé c'est André Gruss, le fils du patron. Une pointure. Capable de faire des choses étonnantes sur un trapèze, de dresser un cheval, de calmer un tigre qui a ses nerfs, et de mener à la baguette la bonne centaine d'hommes de peine qui conduisent les camions, dressent le chapiteau, le démontent et dorment quand ça se trouve et pas longtemps. Manetti c'est un Macaroni mélancolique qui passe ses journées à picoler du vin pour oublier les tonnes de flotte qu'il avale le soir sur la piste.

Y a un éléphanteau qui joue *Au clair de la lune* avec sa trompe sur un piano rose. Y a des acrobates. Des dompteurs habillés en dompteurs. Ça sent le crottin et la sueur. C'est du cirque.

Et y a André Claveau qui susurre ses niaiseries et des fillettes et leurs mamans et leurs mémées qui trépignent, roucoulent, se pâment, se liquéfient de partout.

Et y a Zappy.

Zappy qui m'éblouit tant il le fait bien son boulot à la con. C'est un pro. Un prodigieux pro.

Grâce à lui, comme le chantent les foules, *Tout le monde adopte Dop !*

Et un peu grâce à moi aussi.

Comme dirait mon cher Toto :

– Si ça t'empêches pas de dormir d'être du côté des fumiers qui pourrissent le monde, te gêne pas, Remo, continue

– Je dors mes huit heures, mec. Quand cet amour de Laurent le veut bien.

Salut, Staline !

Quand mon fils sera en âge de gagner son pain je n'aurai qu'un conseil à lui donner, qu'un seul.

– Des boulots, fils, arrange-toi pour en avoir toujours plusieurs en même temps. Quels qu'ils soient. Garde-toi de n'avoir qu'un seul patron.

Moi j'en ai de plus en plus. Je picore ci, je picore là. En gros je collectionne les mi-temps. J'ai un job à L'Oréal rayon publicité. Un job chez André Michel aux Films de la Lanterne magique où on baigne dans les projets mirifiques. Un job aux éditions du Seuil où Marker me commande de plus en plus de dessins. Un avec Resnais avec qui, à la petite semaine, on esquisse le portrait-robot du film qu'on finira forcément par faire. Un job à la Coopérative du cinéma avec Pierre Lévy qui continue à inventer des histoires pour me les raconter pour que je les écrive.

J'en sors de la Coopérative. J'y ai trouvé Lévy en train d'écouter les heures des marées sur sa radio de flibustier.

Il est toujours gros, toujours pas beau, toujours amical.

Et toujours convaincu qu'on va, nous deux, devenir de grands scénaristes.

Tous les jours une idée lui vient, qu'on développe ensemble en une dizaine de pages. Des idées qui doivent, c'est gagné d'avance, séduire stars et financiers.

Il en a une pour un comédien rigolo en pleine ascension : de Funès. C'est l'histoire d'un adjudant de cavalerie dans une caserne en province. Et voilà qu'une circulaire l'avise qu'on va lui donner une moto pour remplacer sa jument. Sa jument bien-aimée. Cocotte. Et le juteux qui est trop attaché à sa compagne de toujours se taille de la caserne sur le dos de sa cocotte. Il déserte par amour. On se marre comme des tarés en écrivant ça. Le titre : *Opération Cocotte*. Le réalisateur Gilles Grangier est partant. Il fait lire notre synopsis à de Funès. Qui nous envoie bouler, ce con !

Pas grave. On oublie. On passe à autre chose.

La nouvelle idée de Lévy est géniale. Ça serait un film tourné en URSS. Une coproduction. Une histoire rocambolesque se déroulant dans la ville de Gorki du temps où Gorki s'appelait Nijni-Novgorod. C'était là que se tenait le plus important marché mondial de la fourrure. Et y a un personnage qui, pour en ruiner un autre, lâche une colonie de mites dans un entrepôt de fourrures et…

Il s'emballe. Celui-là de scénario, on va l'écrire en entier et le film il va le monter. Avec les Russes. Là-bas ça se tournera, avec de gros moyens. On ira faire les repérages ensemble. Tout ce caviar qu'on va se taper. Et la vodka. Et des filles. De la camarade bien blonde toute en fesses. L'URSS il connaît. Il a des camarades là-bas. Des filles de l'Intourist. Des Sonia, des Natacha, des Irina. Des baiseuses.

C'est que c'est un queutard, le Lévy. Toujours prêt pour la chose. Même que son copain, Jan de Hartog, le type qui a écrit *Maître après Dieu,* l'a surnommé Pine d'Ours.

Son truc à Lévy pour coucher énormément, il est d'une simplicité évangélique.

– Toutes les femmes que tu rencontres, toutes, tu leur proposes de les sauter. Et t'en as une sur quatre, mettons sur cinq, qui dit oui.

Ça doit être la bonne méthode. Parce que tout pas bel homme qu'il est, il couche beaucoup et avec, parfois, des filles qui en valent la peine.

Non content de me donner des conseils pratiques dans le domaine des rapports humains, il m'en donne aussi pour mes lectures. Que je me repaisse que de romanciers américains vivants, ça lui paraît léger.

– Tant qu'à avaler des traductions, essaie Melville. *Moby Dick*, *Mardi*, *Bartleby l'écrivain.* Ça te fera voir du pays, découvrir un monde.

– Les vieilleries, moi…

– *La nouveauté…*

– *… C'est vieux comme le monde !*

C'est papa Debureau qui dit ça dans *Les Enfants du paradis.* Et, avec Lévy, on se le ressert à chaque occasion.

Ah ! Il voudrait aussi que je m'attaque aux deux plus grands, selon lui : Dickens et Balzac. Il le veut tellement qu'il retrouve, dans le foutoir de son bureau, pour me l'offrir, une édition très esquintée d'*Oliver Twist*. Il m'offrirait bien *Pickwick* aussi. Mais impossible. Il est accroché à une ficelle qui pend du plafond de ses cabinets pour que, qui use de son trône, puisse grappiller dans ce livre que lui connaît par cœur.

Au moment où je sors du bureau de Lévy, arrive le réalisateur Louis Daquin.

Daquin avec son nez en patate et les larmes aux yeux.

– T'es au courant, Pierre ? Tu connais la nouvelle ?

Non, Lévy n'est pas au courant. Il se passe quoi ?

– Staline. C'est fini.

– C'est pas vrai ?

Voilà Lévy tout blême. Il se rue sur sa radio, cherche un poste, le trouve. Un journaliste à voix sépulcrale est en train de retracer la prodigieuse carrière du glorieux défunt.

C'est vrai. Le petit père des peuples, Joseph Vissarionovitch Djougachvili Staline a définitivement quitté cette vallée de larmes.

Et alors ? Les Soviets ça crève comme tout le monde.

Daquin s'est assis et il verse des larmes. Lévy s'est allumé machinalement une Gitane qu'il ne fume pas. Il la contemple, désolé. Le comptable, un gros chauve coco comme pas permis et peintre non figuratif à ses heures, se tord les mains comme une veuve corse, la dactylo renifle à s'en détraquer les narines. C'est pas tenable.

– Faut que j'y aille, moi.

Pierre me fait signe que je peux partir. Cette tête qu'il fait.

Comme je passe devant lui, Daquin me dit :

– Il va nous manquer, petit. C'est terrible comme il va nous manquer.

Pourquoi ce dictateur-là nous manquerait plus que Hitler, Mussolini, Attila, Napoléon ou Gengis Khan ?

Sur l'autre trottoir des Champs j'ai rendez-vous avec François Truffaut. L'ex-coursier qui a pas grandi mais qui a mûri. Il a été soldat, artilleur comme moi, en Allemagne comme moi. Mais lui, il a un peu déserté et s'est fait piquer, encabaner.

Et il est plus cinéphage que jamais. Ses cinq six toiles par jour, il lui faut. Ce qui lui laisse un peu de temps pour gagner un peu d'argent et écrire des articles pétaradants dans des petits torchons comme *La Gazette du cinéma* qu'on ne trouve dans aucun kiosque. Un jour on s'est rencontrés, à la cinémathèque, où passait un vieux Fritz Lang que j'ai trouvé tartignole et que lui a trouvé admirable et on s'est engueulés et c'était si plaisant qu'on a pris l'habitude de déjeuner ensemble de temps en temps.

Comme aujourd'hui c'est lui qui invite, on fait ça au bar du sous-sol du Prisunic. Et on mange ce qui coûte le moins cher. Hachis Parmentier et yaourt. Arrosé d'eau de carafe. Et on s'engueule. On est venus pour ça. C'est Autant-Lara le sujet du jour. Truffaut le casse. Je le porte aux nues. Puis on passe à Delannoy. La tension baisse. On est deux à le trouver nullard. Une fois rassasiés on remonte l'avenue. On va aux *Cahiers du cinéma*, la revue qu'a créée il y a peu Bazin qui est devenu le père de substitution de Truffaut et l'héberge dans son appart de Bry-sur-Marne.

Aux *Cahiers* il y est, Bazin. Ne pas le déranger S.V.P. En train d'écrire. Il y a aussi Doniol-Valcroze, Pierre Kast, Rivette, que des types que je connais et qui me gonflent avec leur culture. Chabrol est là aussi. Lui il me fait rire.

Je me tire. D'un peu partout surgissent des crieurs de journaux avec l'édition spéciale sur la mort de l'autre cosaque qui va tant manquer à Daquin.

Quel cirque !

Me voilà au Fouquet's. Un sale troquet puant le pognon avec que des consommateurs pas de ma paroisse. Ça, non. Producteurs de nanars, réalisateurs à pardessus poil de chameau tentant de leur fourguer des scénarios qui craignent, poulasses prêtes à tout pour voir leurs gueules maquillées vulgaire sur de la pelloche.

J'exagère. Y a quand même parfois un Raimu, un Pagnol, un Gabin qui viennent boire un verre ici. Mais je les vois jamais. C'est pas de chance.

J'ai rendez-vous avec un agent. Pas un à pèlerine qui fait la circulation. Un imprésario. Bénébar. C'est tout ce qu'il a conservé de son patronyme pour qu'il soit prononçable. D'on ne sait pas d'où en Europe, il vient. Et encore moins d'où il fait venir les filles dont il gère les intérêts moyennant de déshonnêtes pourcentages. Mais il a un catalogue que même Casanova et le marquis de Sade rougiraient en le feuilletant.

– Ce èdre de la pelle fille, hein ? Chamais elles ont vait ni photo ni ciné. Fierges bour la belligule. Et boidrineuses, hein ?

Ça, pour être poitrineuses… Je lui pique une dizaine de clichés. Mais ni Cloteaux, ni Glass, ni personne de L'Oréal ne voudront de ces mangeuses d'hommes. Faut que ça cause au sexe la pub. Mais sournoisement.

Ayant siroté un scotch payé par Bénébar, je descends les Champs. Direction la Concorde, la rue Boissy-d'Anglas.

Je croise une bande de demeurés dont l'un brandit un drapeau soviétique avec un crêpe noir noué à sa hampe.

Du Fouquet's à L'Oréal la route est pas bien longue. Et faut que je me creuse la tête, faut que je trouve une idée.

Une idée de film pour Dop qui fasse bien comprendre au genre humain que ce shampooing mousse aussi abondamment avec de l'eau de source, de puits, de pluie même, qu'avec de l'eau de robinet. Faut une idée de film agreste. Avec des gens en vacances, des campeurs, des soldats en manœuvre. Le Petit Poucet et ses frères paumés dans la forêt.

Non. Là, je débloque.

Faut faire dans le crédible. Alors ? Les campeurs ça peut être pas mal… Et des paysans, des moissonneurs ou des vendangeurs qui ont de la sueur, de la paille, de la boue, de la bouse plein leur tête… Ils avisent un ruisselet… C'est riant un ruisselet… Et, comme par hasard, une paysanne s'écrie : « Oh ! mes braves compagnons de labeur, si nous étrennions ce berlingot de shampooing que j'ai dans mon panier ? »

Je déconne encore. Mais bien rédigé, bien tapé à la machine par Huguette, ça peut coller.

Quand j'arrive au studio, des idées j'en ai un paquet. À taper d'urgence.

L'os c'est que Huguette est occupée à boire les paroles de Chiappe qui explique à qui veut l'entendre que, ce cochon de Staline s'étant enfin décidé à crever, la seule chance de sauver l'Occident chrétien c'est de vite vite le remplacer par un tsar.

L'Œil en coulisses

Un matin très tôt : un pneumatique de Lévy me priant d'être à midi pile à la Coopérative.

À onze heures j'y suis.

Et qu'est-ce qu'il m'annonce, Pierre Lévy ? Que, ça y est, c'est fait, je suis scénariste.

– Scénariste ?

– Oui, Remo. T'en crevais d'envie. Dis pas non. Ton rêve c'est de voir un générique de film avec, en toutes lettres, SCÉNARIO DE REMO FORLANI. Eh bien ça y est.

– Vous voulez dire que le film en Russie avec les mites qui dévorent les fourrures à la grande foire de Nijni-Novgorod… ?

– Celui-là on le fera plus tard. Avec ce qui est arrivé. Sans Staline, l'Union des Républiques socialistes soviétiques elle ne sait plus où elle en est. Les nouvelles qui nous viennent de là-bas ne sont pas rassurantes. Les impérialistes de la Maison-Blanche préparent quelque chose. Au Pentagone c'est le branle-bas de combat. Ça va mal, Remo. Mal pour la terre entière. Staline c'était la paix dans le monde, la justice, l'espoir pour les travailleurs de la terre entière. Maintenant qu'il n'est plus là…

Pierre s'allume une cigarette qu'il ne fume pas. Long silence.

– Le film dont je te parle, il va se tourner. C'est sûr. On va le faire. Et très rapidement. Pas vraiment un film dans la ligne de la Coopérative. Mais une affaire rentable. Une comédie. André Berthomieu, tu vois qui c'est ?

– Oui. C'est un type qui fait des grosses grosses merdes.

– Si tu démarres comme ça… Il réalisé un machin génial une fois. *Le Mort en fuite*. Avec Michel Simon et Jules Berry, c'était en trente-cinq ou trente-six. Il a un peu perdu la forme. Mais c'est un excellent technicien. Un homme charmant. Qui s'en tient toujours au devis. Qui tourne très vite. Financièrement parlant c'est exactement le genre d'opération dont la Coopérative a besoin. Berthomieu a un sujet très drôle, il a pensé à une distribution cohérente et, ce qui ne gâte rien, il a déjà la presque totalité des décors. Alors je t'engage pour écrire le scénario en partant du synopsis que voici. Ça te va ?

– Bien sûr.

– Alors en route. Il nous attend pour déjeuner chez l'Italien rue Marbeuf.

On va chez l'Italien. On mange des ravioli. On fait connaissance.

Berthomieu c'est le type même de l'homme quelconque dont t'oublies la tête dès qu'il a quitté la pièce. Il est gros et il peut pas manger de tout, parce que devenu diabétique pour avoir trop sucé de bonbons quand son médecin lui a interdit de fumer. C'est un forcené rigolo. Mais rigolo popu, rigolo de bistro de quartier, de chambrée. Le bonhomme qui te balance à jet continu des « C'est pas gravc, Gustave », « Faut pas gâcher la pellicule, Ursule », « On va torcher un bon scénario, Mario ».

Son sujet, en le développant en dix pages, il a gâché du papier. L'envers d'un ticket de métro aurait suffi. C'est l'histoire d'un gars du Sud-Ouest qui vient deux jours à Paris pour disputer un match de rugby. Il loge chez un vieux copain. Et, comme il se casse une jambe pendant le match et qu'il est plâtré, il repart pas le soir du deuxième jour. Il reste. Il s'incruste. Et il empoisonne la vie de son copain et de sa femme.

Voilà.

Débrouille-toi avec ça, Remo. Fais-en un scénario.

Lévy me l'a signé mon contrat. Sans aller jusqu'à me couvrir d'or il me donnait quand même une coquette petite somme. Plus que j'avais jamais touché.

Et je m'y suis mis. Tous les après-midi j'allais chez Berthomieu, dans un vilain appartement dans un beau quartier. Il m'installait à un petit bureau et fallait que j'écrive. En me grouillant.

Il avait sa vision bien à lui du ciné, Berthomieu, sa méthode, ses principes. Pour lui un film c'était trente séquences. Pas une de plus, pas une de moins. Vu qu'un film durait quatre-vingt-dix minutes, ça nous laissait une moyenne de trois minutes par séquence. Étant donné que la dame qui lui tapait ses sujets s'arrangeait pour que chaque page corresponde à une minute de film, suffisait de neuf pages par jour, soit grosso modo trois séquences, pour qu'en dix jours on en ait vu le bout, de notre chef-d'œuvre.

Ajoutons que, chaque matin, le dialoguiste, Paul Vandenberghe, venait prendre livraison de neuf pages qu'il dialoguait pour le lendemain. Le dialoguiste c'était un ancien jeune homme tout pâlot, tout faiblard qui s'était illustré pas mal d'années avant en écrivant et interprétant une pièce de théâtre à succès, *J'ai dix-sept ans*.

Il était aussi jovial que Berthomieu. Mais c'étaient pas des lumières.

Ajoutons que chaque séquence, avant même d'avoir été concoctée, a déjà son décor puisque le film va être entièrement tourné dans ceux d'un film commencé mais pas terminé, son producteur s'étant taillé avec l'argent de la caisse.

Ces décors – un logement avec sa cuisine et sa salle de bains, un escalier d'immeuble, une loge de concierge… – Berthomieu en a punaisé les plans aux murs de son bureau pour que ça m'inspire. Autre gâterie : il m'a emmené assister à un match de rugby et m'a tout bien expliqué : quel joueur fait quoi, qu'est-ce que c'est un essai, une mêlée… J'ai pas tout bien compris. Peu importe.

Mes séances d'écriture c'est l'horreur. Pas que j'aie pas l'inspiration. Mais il me lâche pas, le Berthomieu. Il lit par-dessus mon épaule. Et, dès que je gamberge un peu trop, dès que j'imagine quoi que ce soit d'un peu original, il me stoppe.

– Non, Forlani. Non. Pas une bagarre dans un café. Une bagarre ça prend un temps fou. Faut la régler, faut des cascadeurs. Et puis pourquoi un café ? Ce qu'ils ont à se dire ils peuvent se le dire dans la cuisine.

– La cuisine on a déjà quatre scènes dedans.

– Mets-les dans la salle à manger. Et fais-leur faire quelque chose de drôle. Je sais pas, moi… Le rugbyman à la patte dans le plâtre, il fait pas attention et il fait tomber tout le sel de la salière dans son potage. C'est comique ça. Ou il s'est trompé. Il a cru prendre la salière en mettant le couvert et c'est du sucre en poudre. Plus tu fais simple, plus t'as de chances de faire rire.

Alors je fais simple. À chaque page je balance un gag niveau école maternelle. Qu'est-ce qu'il va se boyauter le public. Mais moi je déprime. C'est quoi ce que j'écris ? Ça va être quoi, ce film ?

Même pas un nanar assez pittoresque pour rester dans les mémoires. C'est rien. C'est *L'Œil en coulisses*, un film d'André Berthomieu, sur une idée d'André Berthomieu, scénario de Remo Forlani, dialogues de Paul Vandenberghe.

Avec Henri Genès, Jeannette Batti, Jean-Marc Thibaut, Paulette Dubost.

Le seul soupçon de gloire que j'en tire de *L'Œil en coulisses*, c'est d'avoir écrit un rôle (son plus minable peut être) pour Paulette Dubost, l'inoubliable bonniche friponne de *La Règle du jeu.* Paulette Dubost qui fut aussi *Bécassine.*

N'empêche que c'est avec le très oubliable *L'Œil en coulisses* qui ne fit même pas de bonnes recettes que je suis devenu scénariste.

Comme quoi, les voies de Dieu…

Marianne Oswald

L'hôtel Lutétia. La chambre sept cent.

Quand je longe le couloir qui y conduit à cette chambre, je suis loin de me douter de ce qui m'y attend.

Qui m'y attend, ça je le sais.

C'est Marianne Oswald. Une chanteuse qui ne chante quasiment plus mais qui a fait sacrément parler d'elle. Avant la guerre, avant son départ pour l'Amérique. C'est Lévy qui m'a fait connaître cette artiste pas banale. Une drôle de voix éructant, écorchant les drôles de paroles de drôles de chansons. Il a tous ses disques Lévy. Ceux où elle chante les airs de *L'Opéra de quat'sous* de Brecht – *La Complainte de Mackie*,

La Fiancée du pirate –, d'autres trucs encore plus décousus comme *Mon oncle a tout repeint.* Celui où elle récite, en vraie folle, la chanson parlée que Cocteau a écrite sur mesure pour elle, *Anna la bonne*.

Jeune homme, Lévy allait la voir dans des salles disparues, oubliées. À l'Alcazar, aux Folies Wagram. Elle a même été un peu vedette et a chanté à Bobino, à l'ABC. Mais, alors, c'était le bordel. À part les bravos d'une poignée d'inconditionnels qui l'adoraient, elle n'avait droit qu'à des sifflets. Et les critiques la traînaient dans la boue.

Elle est née à Sarreguemines, Marianne, elle a chanté du Brecht dans des cabarets malfamés de Berlin à l'époque où personne savait qui était Brecht. Puis y a eu Hitler. Et le temps devint si sale pour Brecht et ceux qui le chantaient, qu'ils émigrèrent, partirent loin, le plus loin possible.

Lévy les écoute souvent les disques de Marianne Oswald. Mais elle, il la fuit comme la peste. Il dit que, comparées à Marianne Oswald, les sorcières de *Macbeth* sont de douces petites fées.

C'est André Bazin qui lui a donné mon nom et mon adresse à cette dame redoutable. Elle fait de la radio et elle a besoin de quelqu'un pour écrire avec elle. Et Bazin et Cerise, la copine de Colette et Zézette au TEC, Cerise devenue Mme Bazin, ont pensé que j'étais l'homme de la situation.

Et j'ai reçu un pneumatique assez inquiétant, écrit avec des lettres énormes, avec des mots soulignés, soulignés trois fois, quatre fois, me disant qu'il fallait que j'accoure d'urgence « pour sauver Cette Marianne qui va cesser de vivre si on l'aide pas ». Au secours elle m'appelait. Et c'était signé « Cette Marianne ».

Alors me voilà.

Je frappe, j'entre. Elle est minuscule la chambre sept cent du Lutétia. Et Cette Marianne est dans son lit. Cette Marianne est une dame ayant franchi la cinquantaine avec une crinière d'un roux extrêmement rouge, trop de rouge sur ses lèvres, une chemise de nuit pas très nette et, sur sa couverture, une masse de feuilles de papier, de cahiers, de livres, de crayons, de paquets de biscuits éventrés. Des bas aussi et des serviettes de toilette, une brosse à cheveux avec des cheveux rouges dans ses poils. Un vrai foutoir.

À ses murs, sous verre, encadrées, il y a des lettres, des cartes postales. Et pas de n'importe qui. Cocteau, Prévert, Vlaminck, Mauriac, Aragon, Camus, des ministres. Elle a des correspondants choisis et elle est pas cachottière.

Et elle a un accent. Allemand ? Pas franchement. C'est son accent à elle. À Cette Marianne.

M'ayant hurlé de poser sur la moquette, où je veux, où ça voudra bien tomber, tout ce qu'il y a sur l'unique fauteuil de sa piaule et de m'asseoir dessus, elle m'explique.

– André Bazin et sa femme, je trouve qu'ils vont pas très bien ensemble mais ça me regarde pas, ils m'ont dit que vous alliez m'aider.

– Si je peux, ça sera avec plaisir. Tout dépend de...

– Commencez pas à vous défiler. Je suis quand même Marianne Oswald. Je suis pas de ces arrivistes sans talent qui font de la radio et de la télé parce qu'ils ont des relations. Vous savez ce qu'il a dit de moi Jean Cocteau ? Il a dit...

Deux minutes que je suis là et déjà elle me saoule.

– Ça vous dérange si je fume ?

– Non. Ça va ça va. Juste vous ouvrez la fenêtre.

J'ouvre la fenêtre. Plein de papiers s'envolent.

– C'est pas grave.

Elle saisit une feuille au vol.

– Justement. C'est ça qu'on va écrire ensemble. C'est un conte de Noël. Un conte radiophonique. Mais il va falloir faire vite. Lundi ils l'attendent. Ça nous laisse trois jours. C'est pour le jeudi après-midi. « Terre des Enfants », c'est mon émission. Alors vous emportez ça et...

Sur la feuille il y a une vingtaine de lignes de l'énorme écriture. Qui disent que c'est le vingt-quatre décembre et qu'il neige sur une petite maison dans la montagne et qu'une petite fille a sa grand-mère malade et qu'il lui faut du sirop et que la petite fille en demande dans une lettre au père Noël et puis on cogne à la porte et c'est pas le père Noël c'est un brigand et la petite fille croit que c'est le père Noël et elle est si gentille avec lui que le brigand a des larmes et devient un brave homme.

Point. C'est tout.

Je trouve ça un peu mince.

Cette Marianne me laisse pas le temps de le lui dire.

– Vous voyez, il faut que ça soit très poétique pas cucul. Vous faites des belles répliques pour le brigand. La petite fille c'est une comédienne, Rosine Favet. Elle fait très bien les fées et les petites filles. Moi je suis la grand-mère. C'est pas la peine que je parle beaucoup. On peut mettre un personnage en plus. On a deux hommes dans l'émission. C'est tous les jeudis. Bazin dit que vous écrivez facilement. Ah ! ça doit durer trente minutes pas plus. Si vous pouvez le faire avant lundi ça sera mieux.

Elle rêve ou quoi, la chanteuse qui chante plus ?

J'ai pas que ça à faire. Et quand bien même. Il est tout à inventer, son conte de Noël. Et je n'ai aucune envie de…

– Alors c'est d'accord, vous finissez d'écrire ça avant lundi ? Si ça pouvait être dimanche ça serait très bien.

Je n'ai pas le courage de dire non. Je dis pas oui non plus.

Je dis au revoir bien poliment et je quitte la chambre sept cent de l'hôtel Lutétia.

Pour toujours.

Quand je rentre, le soir, rue Fantin-Latour, deux pneumatiques m'attendent. De Cette Marianne. Le premier me précisant que dimanche ça sera trop tard et qu'il faut *absolument* que je lui donne le texte *samedi*. *Absolument !!!* Le second confirme notre rendez-vous le *samedi*. Et me demande de trouver un moyen pour que le brigand devenu gentil fabrique un sirop (ou une tisane) qui guérira la grand-mère.

Colette veut savoir qui m'expédie deux pneumatiques à pas une heure d'intervalle.

– Marianne Oswald. La dingue à qui Bazin et Cerise m'ont recommandé. Chouette cadeau ! C'est comme Berthomieu, elle veut que j'écrive des pages et des pages à partir de rien. Et, elle, en prime, c'est une exaltée.

– Dis-lui non.

– Ça pour être non…

Le lendemain matin un télégraphiste nous réveille à pas d'heure. Ce qui fait pousser à Laurent des cris de cochon qu'on égorge et met Colette en rage.

C'est Marianne qui tient à me faire savoir que :

RENDEZ-VOUS DIRECTION RADIO AVANCÉ TEXTE DOIT ÊTRE DONNÉ VENDREDI.

C'est trop. Pas même le visage passé à la flotte pour me désensommeiller, sans prendre le temps de boire un café, sans m'allumer une clope, je mets un pantalon, des chaussures, un imper par là-dessus et je descends au putain de tabac de l'angle de l'avenue de Versailles pour lui téléphoner d'arrêter immédiatement de m'emmerder à la vieille diva berlinoise.

Ils viennent d'ouvrir. À la caisse la fille qui me vend mes Pall Mall tente de me sourire mais elle est encore trop ensuquée pour y arriver.

– Il veut quoi, monsieur Forlani, un paquet, deux ?

– Un jeton.

Je descends à la cabine.

Un an passé qu'on l'a demandé le téléphone. Mais dans ce pays de cons avoir le téléphone… Des matinées entières j'ai passé dans ces chiottes de tabac quand je faisais l'assistant. J'achetais les jetons par vingt. Et des gens me tapaient à la vitre pour que je leur laisse la place. Et je le suis plus, assistant. Je suis scénariste. Un type qui vit de sa plume, s'il vous plaît. Et qui va l'envoyer paître de belle manière, cette chieuse de Marianne.

Je la réveille. Après m'avoir expédié le télégramme, madame s'est rendormie.

Je lui dis même pas bonjour. J'attaque sans préambule. Je lui dis que ça sera ni vendredi, ni samedi, ni jamais. Que son conte de Noël elle se l'écrive toute seule, que…

Elle crie pas.

Toute calme elle est. Elle comprend que je n'ai pas le temps, qu'elle m'a demandé trop tard. Mais c'est pas grave. C'est vraiment pas grave. De toute façon elle en a assez de se donner autant de mal pour faire proprement son travail. De tout elle a assez. Alors c'est pas grave. Pas grave du tout. Elle va faire ce qu'elle a envie de faire depuis longtemps. Elle va prendre des cachets. Douze elle va en prendre. Et on la trouvera morte dans son lit. Voilà tout. Mais elle m'en veut pas. Elle m'embrasse. Douze cachets et elle sera en paix. Pour toujours.

Elle a raccroché. Merde.

Je fonce acheter un autre jeton. Je redéboule dans la cabine. C'est un employé du Lutétia qui me répond. Qui me répond que la chambre sept cent ne répond pas.

La saleté !

Et me revoilà chez moi. Toujours pas lavé, pas rasé. Avec devant moi un bol de café qu'a fait Colette pendant que j'étais au tabac. Et clopant clopant clopant.

Et écrivant une niaiserie d'histoire de petite fille qui demande au père Noël du sirop pour sa bonne mémée qui a une vilaine maladie.

Sept ans ! Pendant sept longues années de douze mois chacune je vais écrire pour Cette Marianne.

Des textes de radio. De télé.

Des milliers de pages.

Mais je le sais pas, je peux pas imaginer quelque chose d'aussi insensé. Si je le savais, avec le café de Cocolo, c'est moi qui les avalerais, les douze cachets.

Le taxi à Francis Poulenc

C'est moi qui ai les plus longues jambes, c'est moi qui suis assis à côté du chauffeur. Un taxi de campagne qui fait aussi ambulance. À l'arrière, y a Colette, Zézette, Toto, leur gamin et petit Laurent qui dort le nez enfoui dans la veste en tricot de sa maman.

On ne sait pas exactement où on va, mais le chauffeur sait, lui, où elle se trouve qu'on a louée par correspondance. C'est un type à la redresse ce chauffeur. Il a une moustachette coquine et un petit chapeau de noceur de film d'avant-guerre. Il a surtout un accent pas bien tourangeau. C'est un Parisien bon bec qui a fait taxi trente ans dans la capitale avant de se retirer au bord de la Loire. Tout le long de la route qui va de Tours à Noisay, on bavarde. Il l'a bien pendue cet homme. Et il est liant. Si liant qu'il nous propose, comme on passe devant sa gentille maisonnette à l'entrée de Noisay, de faire une petite halte, le temps du goûter un vouvray si goûteux que ça l'étonnerait qu'on l'aime pas.

Coquette sa maison. Avec de la fleur en veux-tu en voilà sur son devant. Et les chaises de jardin, la table, le parasol. Et sa dame, de son prénom Céline, qui est contente comme tout d'avoir de la visite.

Et voilà la boutanche de Vouvray à la température qui convient, l'assiette de biscuits secs. On papote. La dame Céline donne à Zézette et Colette une foule de conseils précieux. Elle leur dit que, les œufs, si on les veut du jour, faut aller les prendre chez la vieille qu'on appelle la mère aux chèvres, que le fromage de chèvre c'est surtout pas à elle qu'il faut l'acheter, que ceux de la ferme Gandon sont moins chers et meilleurs que les siens, que les rillettes et les rillons faut les acheter à Vouvray plutôt qu'à Noisay.

Son mari, le taxi, lui, il nous propose à Toto et à moi de nous faire voir des choses qui valent le détour pendant que ces dames causent de choses de dames.

– Je vais vous faire visiter mon petit musée. J'ai tout de suite flairé que vous étiez le genre artiste, vous deux. Des gens capables d'apprécier.

D'apprécier quoi ? C'est quoi son musée ? Un hangar dans lequel il collectionne des manches de râteaux, des harnais, des crottes de biques, des mulots et des écureuils empaillés ?

Ce n'est pas un hangar. C'est la cave de sa maison et, alors là, sur nos culs on tombe Toto et moi. Et y a de quoi.

Il ouvre la porte, sacrément verrouillée, allume la lumière. Sur les murs de la cave : un Dali, un deuxième Dali, un petit

Max Ernst, deux dessins de Hans Bellmer, un minuscule admirable bronze de Giacometti.

– C'est pas le Louvre, le musée Destouches, mais y a quand même à voir, hein ?

On voit. On voit aussi des bouquins. Des éditions rares, sur grands papiers d'Eluard, de Dali, de Benjamin Péret.

– C'est le palais des merveilles.

– Oui, monsieur Remo. J'ai entendu que votre dame vous appelait Remo, alors je dis Remo. C'est la cave au trésor. Et quand vous reviendrez, je vous ferai voir d'autres livres, des gravures. Là vous n'avez pas le temps. Faut que vous vous installiez avant la nuit.

On quitte le musée du taxi, on regrimpe dans la tire. Dix minutes après on se retrouve dans ce qui reste d'une demeure de vigneron. Avec de la pierre, de la poutre, de la cheminée. Et du courant d'air, pas de gaz, pas d'électricité, un puits pour la flotte avec sa corde mais pas de seau, des toiles d'araignée. Et des chiottes troglodytes peuplées de chauves-souris.

Mais ils en rêvaient, Colette, Zézette et Toto, d'une cahute cent pour cent campagnarde. C'est qu'avant de me connaître, Colette elle s'est taillé la route bien des fois. Avec Zézette, Toto, d'autres assoiffés de nature, de pureté. Et ne dormant même pas sous des tentes. Bivouaquant, ces allumés !

Ça les ravit cette maison des champs. On va dormir dans des sacs de couchage, faire du feu dans une grande cheminée. Qu'est-ce que ça va être bon.

Je les laisse organiser l'inconfort.

Je vais m'asseoir dans l'herbe avec petit Laurent et je reluque le paysage. Qui m'a l'air bien beau. T'as de l'arbre à profusion, de la vigne, du champ avec de la vache. Y a des petites routes qui serpentent. Y a une rivière un peu loin. La Loire. Non, demain on m'apprendra que c'est la Brenne. De la flotte, quoi.

Petit Laurent – qui commence à jacter à peu près correctement – me demande de l'emmener voir les meuh-meuhs. Je refuse. Je lui explique qu'aucun animal de la campagne il faut approcher. Jamais. Parce que ça mord.

– Elles mordent pas les meuh-meuhs.

– Si, elles mordent. Surtout les petits garçons.

Écœuré il me lâche et va retrouver les autres qui s'affairent.

Je fume et refume en me demandant qu'est-ce que c'est que ce chauffeur parigot qui a dans sa « villa mon rêve » des Dali et un Max Ernst.

Le lendemain je le sais. Comme on petit-déjeune sur l'herbe, avec des putains de fourmis plein nos tartines, on entend un klaxon. C'est le chauffeur d'hier. Qui va quelque part et qui demande si M. Remo veut venir avec lui faire connaissance avec quelqu'un qui mérite d'être connu.

Et comment que M. Remo veut. Ça lui évitera d'être de corvée de bois à brûler dans la grande cheminée.

Il a un galure de mac, le taxi Destouches. Mais pas le même qu'hier. Il roule doucement. Il a une chose captivante à dire à propos de chaque lopin, de chaque bosquet.

– C'était le pré d'un M. Harion. Il est mort l'année dernière. Accident de la route. Tué net et la dame qui était à quatre pattes en train de lui faire une gâterie aussi. Et c'était pas la sienne de dame. C'était celle de son cousin. La ferme sur la gauche elle a brûlé deux fois. C'était le fermier qui les allumait les feux. Pour toucher la police d'assurance. Il est en prison. Et voilà le château.

C'est un vrai château. Vieux. Et c'est là qu'on s'arrête. Et c'est là que tout s'explique.

Le châtelain a une tête que j'ai vue quelque part. Bien sûr. C'est Francis Poulenc. Le compositeur des *Mamelles de Tirésias*. Un du groupe des Six.

Et avec Destouches ils s'embrassent sur les deux joues. Et se tutoient. Des amis, des frères, cul et chemise, de longue date. Comme je finirai par le savoir. Ils se sont connus au régiment. Et la légende veut que, quand Francis faisait le mur de la caserne pour aller s'encanailler avec Cocteau et leurs petits amis au Bœuf sur le toit, dans des boîtes à tantes, c'était Destouches qui répondait pour lui à l'appel. Ce qui s'est exactement passé entre eux deux, Dieu seul le sait. Mais leur complicité, c'est du solide.

Poulenc a de la bedaine, il est à la fois bonhomme et précieux. Il se déclare enchanté, vraiment enchanté de faire ma connaissance. Il tient absolument à me faire goûter des confitures maison qu'il tartine lui-même sur des tranches de pain brioché. Sans fourmis, ces tartines-là. Il nous fredonne la mélodie qu'il a composée cette nuit. Enfin, quelques mesures.

Il veut savoir ce que je fais dans la vie.

– Ah ! scénariste. Ça peut être très beau un film.

Ça peut, oui. Je me garde bien de dire au maître que, pour l'heure, je n'ai encore à mon actif que cette connerie d'*Œil en coulisses.*

Qu'est-ce qu'il est séduisant, charmeur, agréable, cultivé, Poulenc.

Comme il me dit qu'il sera ravi que je vienne le visiter en voisin, j'y retournerai souvent dans son château.

Sans Toto et Zézette qui n'ont pas de temps à perdre avec une tantouze qui fait de la musique pour vieux croûtons qui vont à l'Opéra.

Avec Colette j'y retournerai. Et même seul. Et, toujours, Poulenc sera délicieux avec moi. Et drôle, si drôle. J'assisterai à ses coups de téléphone quotidiens à son grand ami Marcel Achard. Pourquoi ils s'appellent chaque jour ? Pour savoir lequel des deux a trouvé le premier toutes les erreurs du jeu des Sept Erreurs de *France-Soir*.

Marrant de découvrir que deux célébrités ont de ces amusements-là.

Plusieurs fois il me laisse fumer mes sèches assis dans un de ses fauteuils Grand Siècle, le maître Francis Poulenc, en l'écoutant improviser au piano. Moi qui suis pourtant pas un affamé de grande musique, je ressens des choses. De l'émotion, j'ai. C'est que c'est à la fois grand et léger sa musique. Poulenc, il va faire partie à tout jamais de mon panthéon.

Le jour le plus beau, celui où je le trouve le plus magnifique, c'est celui où – comme chaque année – la fanfare du patelin vient jouer quelques-unes de ses œuvres dans son jardin. Avec flonflons et couacs qui ne font qu'ajouter un peu de poésie champêtre à la fête.

Et il y a le goûter. Avec des confitures de cerises, fraises, poires, prunes, abricots à profusion, de la brioche, des sablés, des tartes confectionnées avec art par la cuisinière à tablier blanc du château. Et les épouses des trompettes, des tambours de la fanfare et leurs mômes. Habillés en dimanche. Et le Destouches. Et sa Céline dans ses plus beaux atours. En belle robe et escarpins, maquillée, frisottée, elle a un peu l'air d'une pute à la retraite. Mais elle est très très sympathique.

Toto peut pas les blairer, les Destouches.

Il peut pas blairer grand monde. À commencer par les indigènes du coin. À personne il veut parler. Ce qu'il veut c'est profiter de ce qu'on est dans de la cambrousse pour faire son sauvage. Se balader entièrement nu, se laver pas souvent à l'eau glacée du puits, bouffer des kilos de rillettes sans pain, dormir à la belle étoile pas plus vêtu que dans la journée, noyer des colonies d'insectes avec son pipi.

Colette et Zézette font des balades. Elles cueillent des fleurs, ramassent des pommes tombées, emplissent des sacs en plastique de mûres. Deux gamines. Nicolas, mon filleul, apprend à Laurent, mon fils, à taper dans un ballon de foot, à tenter de dégommer des oiseaux au lance-pierre, à dire des gros mots.

C'est les vacances.

Mais moi, j'ai à faire. D'abord mon conte de la semaine pour l'émission radio de Cette Marianne qui, chieuse émérite à qui je commence à m'attacher, ne peut plus se passer de moi, enfin, de mon stylo agile. Plus une série de scénarios pour Dop-Monsavon où je suis toujours écrivain à gages. Plus la rédaction – soignée S.V.P. – d'un synopsis – d'une vingtaine de pages – tiré d'une œuvre – à mon sens conne comme la lune – d'un certain Jean Sarment intitulée *Les Plus Beaux Yeux du monde*, en vue d'un film que réaliserait André Michel pour une dame productrice – Mme Gouze-Rénal – qui est la belle-sœur du fameux François Mitterrand, ex-directeur du magazine *Votre Beauté* devenu un homme politique ni vraiment de droite ni vraiment de gauche, qui s'arrange pour faire pas mal parler de lui.

Alors j'ai apporté plein plein de papier.

Et je suis pas foutu d'écrire une ligne. Pas une. Comment, je vous le demande, arriver à pondre, à trouver ses mots, le cul dans l'herbe, avec trop d'air, de vent, de soleil, loin de son bureau à soi, de son fouillis, de ses bouquins, avec sans arrêt des mouches, des insectes aussi inquiétants qu'ils sont petits, qui vous tournicotent autour, qui vous frôlent, des pourritures de bestioles avec leurs zinzinements insupportables, et les oiseaux, leurs cuicuis imbéciles et les bêlements, les meuglements, les hennissements ?

Vous me direz : et Giono alors ? Giono bien sûr. Mais je vais quand même pas me mettre à tartiner des bluettes insipides comme *Colline* ou *Regain*. On a sa dignité.

Alors je m'énerve.

Et je m'invente un besoin urgent d'encre à stylo. Bleue. J'en ai que de la noire et c'est sûrement pour ça que je suis en panne.

De l'encre bleue comme il me faut c'est à Tours que je vais en trouver. Facile. Suffit que Destouches m'y conduise en bagnole. Ça me fera toujours une échappée. Tours c'est une ville. Pas assez grande, sans métro, sans assez de monde, de magasins. Mais c'est quand même mieux que de la campagne.

Destouches m'attend en buvant une bière à une terrasse. Je fais les deux trois librairies possibles. J'achète quatre cinq bouquins que je lirai pas. Je me regarde dans les glaces de boutiques. Tiens ! Un truc qui manque terriblement dans les campagnes : les vitrines.

Dans un coin à faculté, à étudiants, je trouve la papeterie qu'il me faut. Avec de l'encre bleue. J'en prends même de la violette. Ça peut aider. Et tant que j'y suis, j'achète aussi une boîte d'aquarelle. Anglaise. Qui tient dans la poche. Et les pinceaux qui vont avec. Et un bloc de papier torchon.

Et me voilà redevenant peintre. Je peins à l'eau du puits. Et je biche. Manier un pinceau, c'est autrement bandant que manier un stylo. Si Montblanc soit-il. Je m'énerve plus, m'emmerde plus. J'exulte.

Je peins la maison, notre bicoque de location, notre palais des courants d'air, avec son puits, l'entrée de la caverne-chiottes, le grand arbre qui a plus une seule feuille parce qu'il a été foudroyé et la masure de la mère aux chèvres au loin et le clocher de l'église de Vernou. Des heures et des heures je passe là-dessus. Je dessine et colorie chaque brin d'herbe, chaque tuile de toit. Je suis tellement pris par mon aquarelle que j'en oublie de fumer. Sans blague. Je me suis trouvé une grosse pierre sur laquelle je me suis assis et j'en bouge plus. Et c'est bien ce que je fais. C'est ressemblant. Ça fait un peu ouvrage de vieille dame. C'est limite gonzesse, litho mil neuf cent. Mais ça me va. Je suis bien, je vais bien.

Et Marianne et Michel et Lévy et Monsavon et Dop ?

Qu'ils attendent.

Dieu m'a pas créé pour que je m'use les nerfs, la santé, le moral en noircissant du papier.

Là, le papier, je le noircis pas. Je l'illumine.

Y a du vert, cinq six verts différents, du rose, de l'ocre, un bleu réellement céleste, sur ma feuille.

Je suis un artiste. Enfin.

Depuis le con de jour où un con de Roux m'a envoyé un con de pneumatique me convoquant dans cette conne de rue La Boétie je n'ai fait qu'errer, vadrouiller vaseusement dans un monde qui n'est pas mon monde à moi. Pour gagner trois francs six sous j'ai fait la pute.

Voilà la vérité.

Mais ça suffit. Basta.

Je suis redevenu moi. Pour fêter ça je file avec Toto chez les vignerons les plus proches. De braves braves gens chez qui on prend le lait tous les soirs. Six bouteilles de leur meilleur vouvray j'achète. Du pétillant un peu sécot. Et, avec Colette, Zézette et Toto, on se noircit pour fêter ma re-naissance.

Le lendemain, quoique la gueule en bois, j'attaque une deuxième aquarelle. Encore notre bicoque mais vue de dos. Avec un ciel orangé parce que le soleil va aller se coucher.

Encore une œuvre dont je tire une fierté on ne peut plus légitime.

Le lendemain...

Je ne sais pas comment cette vampiresse s'est débrouillée pour trouver notre adresse, mais elle l'a trouvée. Et elle m'a envoyé un télégramme que le facteur à bicyclette vient me remettre alors que je vais m'attaquer à une troisième aquarelle. Une vue panoramique des vignobles côté ouest. Avec la Brenne et des pêcheurs.

Marianne me dit, assez sèchement, que si je ne l'ai pas appelée avant midi, elle va sauter par sa fenêtre, que c'est la seule chose qui lui reste à faire.

Daumesnil, avenue Daumesnil

Sur terre, il n'y a pas que des exaltés comme la Marianne Oswald pour vous plomber la vie. On peut tomber aussi sur des bipèdes sérieux comme des papes, calmes, disant pas un mot plus haut que l'autre et vraiment très très bons bougres qui, quand même, vous compliquent fichtrement l'existence. Ainsi Daumesnil.

Daumesnil c'est pas le nom de ses parents. Ses parents victimes de l'holocauste, ils avaient un nom avec deux W et un K. Il a décidé de s'appeler Daumesnil parce que c'est avenue Daumesnil, tout près du bois de Vincennes, qu'il a trouvé où loger. Au fond d'une cour fleurie. Un pavillon avec assez de pièces pour y vivre bourgeoisement, y avoir des bureaux et une salle de montage. Son industrie c'est les films documentaires. Il en produit une bonne vingtaine par an. Des opus pas folichons sur la construction d'un barrage, la pêche au thon, le filtrage des eaux dans les égouts. Ça peut rebuter. Mais ça paye gros.

Et, un jour, comme il cherchait une plume véloce et enjouée, son camarade Lévy lui a envoyé Remo. Un zigue capable de pondre à toute allure un scénario cohérent sur un sujet lui étant totalement étranger et capable aussi, une fois des tonnes d'images mises en boîte par des cameramen appliqués, de trousser, toujours à toute allure, un commentaire didactique et sonnant bien.

Notre première œuvre commune à Daumesnil est à moi ça a été un quarante minutes sur les pâtes alimentaires. Film destiné à des écoles techniques. Pour mettre ce truc sur pied j'ai dû me farcir des entretiens d'un ennui à couper au couteau avec des minotiers, des concepteurs de nouilles, des sculpteurs de coquillettes, des façonneurs de vermicelle, et même visiter une fabrique dans le Maine-et-Loire.

Un calvaire. Mais le chèque avait belle allure.

Et Daumesnil, qui n'a pourtant aucun humour, est un être très fréquentable. Sa femme, monteuse à ses heures, cuisine comme une reine. Et leur gamine, Lilou, est supportable. On va souvent chez eux. Ils viennent dîner dans notre chez-nous. Pour Colette, ils ont un plus, ils sont communistes bon teint.

Pendant qu'ils causent politique, moi je bavasse avec la fillette. Elle me fait des confidences de petite écolière maligne, point niaise. Puis de fillette qui commence à s'intéresser aux garçons. C'est gentil. Je lui conseille des bouquins que j'ai lus à son âge et jamais oubliés. *Sans famille*, *Le Capitaine Fracasse*. *Mickaël chien de cirque* de Jack London. Je la console de ses gros chagrins d'amour et autres.

Avec les Daumesnil je fais quelques voyages. En Bretagne pour voir comment on met en boîte la sardine et le maquereau. Sinistre. En Camargue pour un projet (tombé en carafe) sur les flamants roses.

Comme tous mes employeurs, quand c'est le coup de chien, la charrette, il m'exaspère Daumesnil. Tout se passe alors dans l'urgence. Et c'est jamais intéressant. Et faut s'avaler en une nuit un bouquin style collection Que sais-je ? pour comprendre ce que c'est que la « vulcanisation » ou la « houille ».

Je hais les documentaires.

J'aime le blé y afférent.

Et les Daumesnil sont de plus en plus des amis sincères.

Mais y a cette chiennerie de politique.

C'est qu'ils y croient à leur Parti. De toute leur âme. Bien que n'en ayant pas, puisque matérialistes.

Cent mille fois Daumesnil me relance, me supplie de l'accompagner à une réunion de cellule.

– Ça t'engage à rien, grand. Tu passes deux heures avec nous. Tu t'imprègnes de l'ambiance. Et, si ça te dit, on te demande même pas de prendre ta carte du Parti. Pas du tout. Mais tu peux devenir un compagnon de route. Ce qu'on appelle un sympathisant.

Parce que c'est Daumesnil, un soir, je cède.

Nous y voilà. Ça se passe dans un fond de cour, dans ce qui a dû être un atelier de couture. Ça schlingue le mégot de cigarettes pas américaines, c'est mal éclairé. Aux murs, nous regardant non sans hauteur, y a Marx, Lénine, Staline. Les camarades sont une quinzaine. Des vieux qui ont dû entendre Marianne Oswald chanter pendant les grandes grèves des années trente, une fille jolie comme un cœur avec un chandail tricoté main que je vais pas arrêter de reluquer, des hommes graves à lunettes, sûrement des enseignants, et une dame sans âge qui somnole.

Et ça démarre. Un des à lunettes sort de sa poche des feuilles avec un texte tapé à la machine qu'il nous lit sans chaleur, un texte qui parle de l'inévitable Vingtième Congrès, des résolutions prises à Moscou par le Comité central, résolutions qui, à en croire le lunetteux, sont les bases de l'édification d'un socialisme à visage humain qui gnagnagna… gnagnagna…

Succède à l'ennuyeux une dame minuscule, que je n'avais pas vue, qui se lève et demande à ses camarades ce qu'elle doit penser de ce qui se passe en Chine, elle leur demande parce que, vraiment, elle ne sait que penser de ce Mao Tsé Toung qui…

– Mao Zedong, rectifie un des hommes graves.

Troublée, la dame n'est plus fichue de continuer à formuler correctement sa question. Elle se rassied.

C'est au tour de la fille jolie comme un cœur de se lever. Elle a un cheveu sur la langue. C'est mignon comme tout. Elle vient de lire un ouvrage très bien documenté sur les syndicats américains et nous le résume. C'est presque intéressant ce qu'elle débite, chiffres à l'appui, sur le financement des briseurs de grève d'une dizaine d'États dont le Texas, l'Oregon et le Nebraska, par la Maison-Blanche.

Un homme âgé demande le titre du livre pour l'acheter et il dit que :

– Si on les stoppe pas une bonne fois pour toutes, les buveurs de Coca, ils finiront par nous enculer si fort que…

La dame qui ne saura jamais ce qu'elle doit penser de Mao (Tsé Toung ou Zedong) demande à cet homme de bien vouloir s'excuser parce que, vraiment…

Il reconnaît que le mot enculé n'était pas de mise. On l'absout.

Et on passe à la partie la plus vivante, la plus humaine de la réunion.

La trésorière de la cellule fait le bilan des ventes du mois passé. Cent trente *Huma Dimanche*, le quatre, cent vingt-deux le onze, cent cinquante-sept le dix-huit, cent trois le vingt-cinq… Aucun almanach. Ce qui laisse donc le total des almanachs à quatre cent quatorze… Pour ce qui est des dépenses, il y a le loquet pour la porte de la cour… Et il y a encore et toujours le problème des stencils.

– Alors là, les stencils, si vous voulez l'avis de quelqu'un de qualifié…

Le quelqu'un de qualifié c'est un petit chauve. Qui travaille dans une imprimerie, qui sait tout ce qu'on peut savoir sur les papiers, les encres. Et comment qu'on en veut, de son avis. Il le donne. C'est long, ça piétine.

Même Daumesnil bâille.

Quand on la quitte, la cellule, je suis lessivé. J'ai été sympathisant communiste pendant deux heures et demie.

Autant dire un siècle.

Repas de famille

Je suis revenu aux Lucky.

J'en grille une au soleil. On a un bel été. Mon vingt-neuvième. Et je suis assis sur le banc où maman s'asseyait pour bavarder avec la concierge d'avant Mme Doré.

Elle m'aura jamais vu fumer, maman.

Ça c'est pas dommage. Mais ce qui l'est c'est qu'elle n'aura pas connu son petit-fils Laurent, qui est un fichu petit diable que j'adore. Le matériel d'aquarelliste acheté à Tours c'est lui qui s'en sert. Il fait des pâtés bleus ou jaunes. Les bleus c'est des toutous. Ou des éléphants si ils ont un grifouillis noir en guise de trompe. Les jaunes c'est Colette.

Il appelle sa mère Colette et moi Némo.

Maman, il l'aurait appelée comment ? Mémée ? Flavie ?

Dommage aussi qu'elle ne soit pas là pour entendre mon nom à la radio. Sûr que ça l'aurait emplie de fierté. Même de le lire sur le générique et les affiches de *L'Œil en coulisses* ça lui aurait fait chaud au cœur. Elle aurait été jusqu'à trouver que c'était un bon film. Moins bon que les films sentimentaux avec Charles Boyer, Gaby Morlay, Victor Francen et autres stars selon son cœur qu'elle allait voir le mercredi au Novelty. Mais quand même.

Ça me chiffonne toujours autant de penser à elle.

Si elle est au Ciel, comme ça se peut, et qu'elle voit ce qui se passe dans ce monde d'où elle est partie, ça lui fait quoi que je sois là sur son banc à elle, à attendre papa et sa Lola pour aller déjeuner avec eux ?

Tiens voilà Charlot.

– Ben alors, toi, qu'est-ce que tu fiches là ? T'attends ton paternel ?

– Tout juste, Auguste.

Je retrouve le Charlot qui n'a qu'un œil et je retrouve aussi sec la manière de parler qui va avec. Si je suis avec Resnais, avec Lévy, avec mes marchands de savon de la rue Boissy-d'Anglas, j'ai pas les mêmes mots, le même ton. Marrant, ça.

– Paraît que tu grattes dans le cinéma, que tu fréquentes les vedettes.

– Ouais. Et tes amours avec la bignole ?

– Y a lurette que j'ai fait une croix dessus. Je suis marida, Remo.

– Pas vrai.

– Ça fait six mois. Avec la veuve d'un ami à moi qui a eu un cancer du foie. Carabiné. Une Normande vendeuse aux Galeries. Pas une reine de concours de beauté. Mais bonne fille. Et toi ?

– Papa t'as pas dit que j'étais marié, que j'avais un garçon ?

– C'qu'y dit, le père Forlani, on en prend et on en laisse.

C'est pas lui qui arrive comme prévu avec près d'une heure de retard. C'est Lola. Toujours gracieusement obèse, avec un imper vert criard qui l'avantage. Mais sourieuse, aimable. Elle est désolée de m'avoir fait poireauter. Elle était chez sa voyante à la Nation et ça en finissait pas de durer. Pour une fois que les cartes causaient, n'est-ce pas. Et papa nous attend dans un restaurant rue Parrot.

Ça me gêne de passer devant l'église Saint-Antoine où a été dite la dernière messe de maman en compagnie de cette fille qui lui a succédé. Cette fille si ronde qu'elle a l'air d'un bonbon à la menthe géant avec son imper.

Ça fait une paye que je l'ai pas vu, papa. On s'embrasse. On s'assied à une table. Je lui donne son cadeau.

– Un cadeau ? Pourquoi un cadeau ? C'est pas la Saint-Jean, c'est pas mon anniversaire, c'est pas Noël.

– Ouvre le paquet.

Il défait soigneusement les nœuds du ruban, déroule le papier. Et n'en croit pas ses yeux.

– Mostarda di frutti ! Où t'as trouvé ça ?

– Ricordo di Milano.

Ben oui. C'est à Milan que j'ai trouvé ce pot de moutarde de fruits, la douceur préférée de papa dont il se faisait rapporter un pot de temps en temps par un de ses copains contrôleurs des wagons-lits.

– T'es allé à Milan ?

– Oui. Une semaine. T'as pas reçu ma carte ?

– Pas encore… Mais depuis qu'il y a plus Mussolini, la poste, en Italie…

C'est pour rire qu'il dit ça. Mais pas seulement.

On mange du risotto et je raconte notre séjour chez l'oncle et la tante de Colette, les musées qu'on a visités, la soirée à la Scala.

Mais l'Italie que j'évoque n'est pas celle de papa. Il vient d'un patelin perdu, lui. Proche de Milan, d'accord. Mais les pauvres des villages n'allaient pas en ville en son temps. Et la Scala, les musées, c'est pas ses oignons. Et la famille de Colette c'est quoi ? Des négociants en tissus venus d'on sait pas où qui ont échoué à Milan, qui parlent italien, vivent en Italie et fredonnent *Rigoletto* en faisant leur toilette. Pas des Macaroni.

Papa m'écoute. Papa sourit. Il y a de l'indulgence dans son sourire. Je crois que j'ai vu l'Italie. Mais non. L'Italie c'était autre chose.

Tout en parlant j'ai liquidé tout le riz de mon assiette. Ni Lola ni papa ne viennent à bout de leurs portions.

Lola c'est parce qu'elle sait qu'elle risque de finir un jour par éclater. Papa c'est parce qu'il a de moins en moins besoin de nourriture parce qu'il a de moins en moins besoin de vivre. Il ne le dit pas mais ça se voit.

Il ne s'est servi qu'un verre de chianti. Et ne l'a pas tout bu.

Je l'ai détesté pour son ivrognerie. Terriblement détesté. Mais de le voir devenu sobre, ça me flanque un de ces bourdons. Quand on se quitte j'ai envie de lui dire que je l'aime. Je le dis pas. C'est bête. Je devrais.

Un film d'art et d'essai

M. Julien Caïn est le patron de la Bibliothèque nationale.

Et il n'est pas que ça. Pierre Braunberger qui produit le film que Resnais va faire sur la BN a passé des heures à me chanter les louanges de cet érudit, de cet humaniste. Resnais aussi m'en a dit un bien immense.

Et nous sommes dans son bureau à cet homme exemplaire, Resnais, Braunberger et moi. Et il nous fait l'insigne honneur de nous parler.

Et je m'emmerde, je m'emmerde.

M. Julien Cain débite, à coup sûr, des paroles qui mériteraient d'être gravées dans le marbre. Mais aucune ne s'imprime dans ma mémoire.

Drôlerie suprême : le film que nous allons faire pour lui finira par s'intituler *Toute la mémoire du monde*. Titre, il me semble, suggéré par moi. Ou peut-être pas. Je sais plus et peu importe. On s'en bat. L'œil et le reste.

Ce film dont l'immense M. Cain a l'incommensurable magnanimité de nous passer commande deviendra un modèle du genre – le genre documentaire admirablement réalisé. Et mon nom à son générique me vaudra la considération de bien des cinéphiles.

Mais – passons aux aveux – je ne suis pour rien dans ce film. Pour rien.

Resnais n'est pas qu'un grand cineaste, c'est aussi un chic type. Je sais, chic type, ça fait scout. Mais justement. Il y a chez ce Breton à l'œil clair un goût profond pour la justice, l'honnêteté. Il est bon. Il passe son temps à faire des B.A. C'est plus fort que lui. Il aurait pas eu de mauvaises lectures il ferait un catho impeccable. Intelligent comme un singe, le Resnais, mais pas roublard.

On est copains, je le fais bien rire, on a bricolé ensemble des petits machins sympa. Le voilà devenu un réalisateur reconnu grâce à son *Van Gogh,* à son *Nuit et Brouillard*, à son *Guernica*. On lui propose ce film sur la Nationale. Il n'a aucun besoin de moi pour le faire. Aucun aucun. Mais le chic type qu'il est adjure Braunberger de m'engager.

Et me voilà dans le bureau de M. Cain. Et ce qu'il dit ne m'intéresse pas.

Suit l'écriture du scénario. Étape consécutive à une visite de fond en comble du fort Knox de la rue de Richelieu. Tout on nous montre. Des caves au grenier. De l'enfer à la cantoche. Tout on nous apprend sur le fonctionnement de cette bâtisse où l'on engrange aussi bien les magazines de cul que les bouquins indécryptables des prix Nobel de physique. Six millions de publications au bas mot. Étiquetées, cataloguées, choyées, chouchoutées, préservées des rongeurs, de l'humidité et de la sécheresse. Préservées de tout. Sauf du pire ennemi des livres : le lecteur. Tout on voit. Y compris les camions du dépôt légal qui apportent chaque jour trois exemplaires de chaque organe de presse. Trois. Un qui va en salle de lecture. Un aux archives. Un au pilon pour cause de manque de place. Tout ce qu'on voit, Resnais et moi, je le note sur des bouts de papier.

Resnais, lui, il le visualise.

Son film il se le fait dans sa tête. Il conçoit des travellings. Plein plein de travellings. Le travelling aurait pas existé, Resnais l'aurait inventé pour filmer la BN.

Moi, j'ai des idées. Mais c'est que des idées. Du vent. On en parle de mes idées. J'en parle. Resnais fait celui qui m'écoute. Un chic type, c'est poli.

On finit par avoir un scénario, des pages que Maguy, la secrétaire souffre-douleur de Braunberger, tape à la machine.

Et Resnais tourne. Un film remarquable.

Dont le commentaire signé Forlani sera largement réécrit par un autre chic type. Chris Marker.

Je n'ai servi à rien. À rien. Mais me voilà devenu scénariste « d'art et d'essai ».

Et je me suis fait de précieux amis : Cloquet l'opérateur, Maurice Jarre le musicien, un exquis gagne-petit de ma trempe qui est loin de se douter qu'un jour il aura, à Hollywood, une piscine à l'eau plus bleue que celle de Rudolph Valentino.

Et j'ai touché des sous. Peu. Parce que Pierre Braunberger est un producteur avisé. Capable de vous faire signer un contrat qui dit, en toutes lettres, que la somme de dix mille francs vous sera versée *en trois versements de trois mille francs*. Faut le faire. Il me l'a fait.

Est-ce parce que je pressens ce qui va suivre que je m'ennuie autant dans le bureau du vieux père Caïn ? Ou est-ce simplement parce que Forlani, le vrai, se sentira toujours plus à son aise avec un Toto, un Charlot, avec des joyeux drilles qui n'ont fait que la communale qu'avec des érudits ?

Resnais, Michel, Marianne

Déjeuner à l'anglaise avec Resnais, rue de Rivoli, chez Smith and Son, la librairie qui fait tea-room à l'étage.

J'avale mes œufs bacon. Il mange avec application les siens. Faut le voir mâcher son manger. Il fait ça avec la même rigueur qu'un panoramique ou un travelling. Il fait tout à la perfection. C'est agaçant au possible.

Pas étonnant qu'il soit le premier de la classe.

Et moi, même pas le dernier. Le dernier c'est un phénomène, un cas, on le montre du doigt. Mais les dans mon genre, qui sont dans la queue mais pas au bout de la queue, personne ne fait cas d'eux.

Fréquenter Resnais ça me déprime. Mais je peux pas me passer de lui.

Souvent on se voit.

Et il continue à être chic type avec moi. À tous ses projets il m'associe.

Et pourtant, on le sait, ça crève ses yeux aussi bien que les miens, on a pas les mêmes ambitions, les mêmes aspirations.

Et ce qui m'arrive avec Resnais, avec pas mal d'autres gens ça m'arrive.

Prenons André Michel. C'est un homme charmant. Pas un immense réalisateur, mais un valeureux artisan du ciné. On s'habille pas pareil, je fume comme une loco, il a le tabac en horreur, il aime les bagnoles, j'ai même pas mon permis et je l'aurai jamais, il aime Aragon, je chie sur Aragon, je tiens Céline pour un génie, il fait l'écœuré dès qu'il entend le nom de Céline. Sur rien on est d'accord. Et lui aussi m'associe à tous ses projets. J'étais son assistant, il me traitait comme tel, m'envoyait chercher ses fringues chez le teinturier de la rue de

Lonchamp ou sa gamine à la sortie de son école rue des Bellefeuilles. Maintenant, je suis un des scénaristes.

Et Marianne, cette folle pas si folle que ça de Marianne. Avec elle c'est comme une passion que je vis. Comme une liaison amoureuse, sans tendresse, sans jambes en l'air. Avec que des crises, que de la jalousie, que de la haine. Mais ça dure.

Tous les jeudis il y a notre émission de radio « Terre des enfants ». Et on fait aussi de la télé. Des productions de Cette Marianne, écrites par Cette Marianne (qui ne va jamais au-delà de deux trois pages avec des énormités en lettres énormes et des soulignages de cinglée) et Remo Forlani (qui écrit des pages et des pages que Cocolo tape à la machine en râlant). De plus en plus on en fait des émissions. Généralement destinées aux jeunes téléspectateurs. Des documentaires romancés, décousus. Sur les éléphants, le cheval, les peintres naïfs, Charles Cros qui était poète et inventa le phonographe.

Ça démarre sur une idée fumeuse que Marianne chope en feuilletant un journal, une couverture de bouquin qui lui tombe sous les yeux. Alors elle me hèle, m'envoie cinq six pneumatiques m'adjurant de rappliquer dare-dare au Lutétia chambre sept cent.

Ou, pire, c'est elle qui rapplique.

Chez nous rue Fantin-Latour. À n'importe quelle heure. La crinière en broussaille, hors d'elle parce que le chauffeur de taxi roulait pas assez vite ou trop vite ou parce qu'il avait pas la monnaie sur un trop gros billet. Toujours hors d'elle. Et avec, dans le bordel de son sac, une barquette de céleri rémoulade, une de cornichons molossol, une de salade de cervelas, des gâteaux à la crème écrasés. Une dînette pas appétissante. Et un joujou pour Laurent. Et son idée *merveilleuse* !!! Qu'elle va m'expliquer en mangeant.

– Nadar, Remo. On va faire une émission sur Nadar. Aucune émission y a eu sur lui et c'est une honte. J'ai téléphoné ce matin à Magnin, ce sale crétin qui dirige les émissions pour les jeunes. Je lui ai dit que c'était une honte. Alors il faut vite vite écrire le scénario. Nadar mérite une émission. On va la faire avec René Lucot pour la réaliser. J'ai téléphoné à Lucot, je lui ai dit que Magnin voulait une émission sur Nadar.

– Parce que Magnin, il est d'accord ?

– C'est un incapable. J'ai téléphoné à...

Compris. La méthode Oswald je la connais sur le bout des doigts. Elle téléphone au chef d'un des multiples services de la télé. Elle lui propose quelque chose. Il ne dit pas oui. Il ne dit pas non non plus. Marianne crie trop fort pour qu'on lui dise non. Puis elle téléphone à quelqu'un de haut placé. Elle connaît (ou fait comme si) une nuée de gens haut placés. Si elle les connaît pas elle leur dit qu'elle les appelle de la part de quelqu'un, qu'elle ne connaît pas forcément non plus. Et elle est si tenace, si impérative, si suppliante et harassante et hurlante qu'elle finit par tomber sur un très très haut placé à qui elle révèle (en glapissant) que Magnin meurt d'envie de faire quelque chose avec elle mais qu'il a des problèmes. La personne supérieurement haut placée ne peut pas ne pas comprendre que Marianne va la faire chier énormément. Alors elle craque, la personne haut placée. Et ça démarre.

Me voilà donc avec Marianne sur le râble. C'est parti. Nadar je sais qui c'est. Ça tombe bien. Je sais même ce que Marianne ignore. Que, non content d'avoir fait des photos de Victor Hugo, Sarah Bernhardt et tout le gratin de son temps, il a été caricaturiste. Et qu'il a été un pionnier de l'aéronautique.

– De la quoi ?

– Il a volé en ballon, Marianne.

– En ballon ?

– Oui. En ballon. Dans le ciel. Il a même fait les premières photos aériennes. D'ailleurs son ami Jules Verne a fait une anagramme avec son nom pour baptiser le héros de son roman *Cinq semaines en ballon*. Ardan, il s'appelle. Ardan c'est les mêmes lettres que Nadar.

Une rondelle de cervelas piquée au bout de sa fourchette, Marianne me regarde comme si je lui parlais chinois.

– Vous me racontez quoi ?

– On parle de Nadar. Qui, en réalité, se nommait Felix Tournachon. Qui fut aussi aéronaute. Et ça peut être chouette à évoquer. Faudrait trouver un ballon. Faire des prises de vues aériennes.

– Si vous croyez que c'est bien. Le principal c'est qu'on ait quelque chose à faire lire rapidement. Poétique. Original. Avec des poèmes de Victor Hugo et d'autres poètes qu'il a pris en photo. Il rencontrerait une femme avec un très beau costume de cette époque-là. Ça sera moi. Mais faut me trouver des poèmes pas trop longs. Jolis. Vous allez vous y mettre tout de suite, hein.

– Faut me laisser le temps de...

– On l'a pas, le temps. Dans deux jours, le scénario, il faut que Magnin l'ait.

Il l'aura. Je vais bâcler ça à la vitesse de l'éclair. Ça sera n'importe quoi. Et tant pis. La télé je l'ai pas, jamais je la vois. Alors...

Ce qu'on bricole avec Marianne, neuf fois sur dix ça vaut pas tripette. Mais vu qu'elle traite aussi tyranniquement les journalistes qui écrivent sur la télé que le reste de ses amis et connaissances, on finit toujours par avoir de bonnes critiques. Des papiers complaisants qui, une fois sur deux, ne font aucun cas de ma collaboration.

Encore tant pis.

Marianne c'est comme une croix dont le Très-Haut m'aurait fait don.

Pour expier quel crime ?

Elle me gâche la vie. Mais, par moments, je l'aime énormément. Je lui trouve du charme à cette mante religieuse. J'aime écouter ses chansons d'antan. J'aime quand, dans sa chambre sept cent, elle me révèle des bribes de sa vie pas banale. Comment c'était en Allemagne quand elle chantait Brecht dans les bouibouis à travelos avec les SS qui rôdaient dans les strasses. Comment c'était quand elle allait pousser la chansonnette chez les prolos en grève en trente-six trente-sept avec la môme Piaf. Comment elle a fait l'Amérique, en van, avec son amant le poète Carl Sandburg qui faisait la tournée des salons de thé dcs petites villes de province où, avec Sa

Marianne, il épouvantait des vieilles dames en récitant ses œuvres.

Marianne, Michel, Resnais, Daumesnil…

Y a pas qu'eux.

Y a Rodolphe aussi.

Le petit Rodolphe

Rue Boissy-d'Anglas. Le grand maître de la publicité de Monsavon de L'Oréal, François Cloteaux, avec qui j'ai rendez-vous n'est pas encore là.

Ça me laisse le temps de bavasser un peu avec Chiappe et Combelle. Chiappe, qui aujourd'hui a un monocle, me fait lire une page supérieurement torchée qu'il vient d'achever, pour une revue confidentielle. Sur Cadoudal. Ce qu'il dit des Chouans est très convaincant. Vus par lui c'étaient des vrais petits Jésus. Ah ! il est très remonté contre le comte de Paris qui, il le sait de source sûre, est un triste sire indigne de son titre. Titre que d'ailleurs il n'est pas loin de contester. Il me dit des choses sur les Valois et les Bourbons. J'ai du mal à le suivre.

Combelle aussi est très remonté. C'est qu'il s'est trouvé un nouveau chouchou. Mao. Ouais. Comme mes copains de gauche, mais pour d'autres raisons, la Révolution culturelle, la politique des cent fleurs, ça le fait bicher, Lulu. Ça lui plaît ce qui se passe en Chine. Il me propose de me prêter un recueil de poèmes du Grand Timonier. Merci, Lucien, ça me dit pas de lire ça.

Ah ! Il me propose aussi de m'emmener un de ces quatre rendre visite à ce pauvre Louis-Ferdinand dans la banlieue où il vit avec sa Lucette et ses chats et ses chiens.

Ça, ça me tente plus que les élucubrations de Mao. Ça me plairait de le voir de près l'auteur de *Mort à crédit*. Vachement ça me plairait. Et, d'un autre côté…

Il me fait peur, le Ferdinand.

Cloteaux est enfin là. On va s'enfermer dans son bureau. Il a à me parler. Et sérieusement. De Rodolphe.

C'est qui Rodolphe ? Un gosse que Marzelle a déniché dans un hôtel pouilleux de banlieue. Le fils d'une petite dame, une Olga, qui a plusieurs bambins, pas de sous et de folles ambitions. Ses enfants, elle veut les vendre à la publicité. Marzelle entasse la marmaille dans sa bagnole direction le studio où Michel est en train de filmer des poules qui se shampooinent avec Dop. On profite d'une pause pour faire un bout d'essai avec la progéniture à l'Olga. Et l'un des enfants, le Rodolphe, crève l'écran.

Pour une fois tout le staff est d'accord. De Schoeller à Cloteaux en passant par Michel, Glass, Dalle, tous veulent Rodolphe. On fait un film avec lui, une petite minute de Rodolphe qui se savonne avec un énorme Monsavon qui lui glisse des mains. Drôle comme tout ! Fa-bu-leux !

Le film passe dans les salles. Le bonheur. Les spectateurs en bavent de joie. En pas trois mois Rodolphe devient la superstar des films publicitaires.

L'Oréal Monsavon signe un contrat avec l'Olga. On lui trouve un endroit plus décent que son hôtel à poux pour gîter avec sa marmaille. Rodolphe, ses frères, sa petite sœur encore nourrissone, sont habillés de pied en cap, on leur achète des jouets de gosses de riches au Nain bleu.

On tourne deux films, deux autres. Avec Rodolphe. Qui est de plus en plus épatant.

J'écris de si beaux scénarios (de moins d'une page), pour le gamin si trognon, que papa Schoeller me donne un louis d'or.

Tant et si bien que…

Cloteaux me regarde droit dans les yeux.

– Je n'irai pas par quatre chemins, Remo. Est-ce que vous vous sentez capable d'écrire chaque jour un épisode de feuilleton radiophonique ?

– De la radio, j'en fais. Vous savez, l'émission pour les enfants avec Marianne Oswald.

– Je sais. Mais ce que nous voulons faire c'est du quotidien. Cinq jours par semaine. Sur Radio-Luxembourg. Quelque chose d'aussi important que « Sur le banc » ou « La famille Duraton ». Des petites histoires vivantes, divertissantes qui collent à l'actualité. L'actualité vue par un enfant. À Radio-Luxembourg ils sont emballés. Et j'ai pensé que vous…

Je dis oui. Ça sera, c'est gagné d'avance, un peu con. Mais je dis oui.

À Radio-Luxembourg

Au vingt-deux de la rue Bayard, pas loin des Champs-Élysées, il y a Radio-Luxembourg. Un petit bâtiment vieillot qui fut jadis une maison close. Le Panier fleuri. Dont je franchis le seuil avec émotion. Car je sais que c'est là qu'avant-guerre, pour gagner de quoi croûter, des hommes aussi prometteurs que Robert Desnos, Armand Salacrou, Jean Aurenche, Jean-Louis Barrault enregistrèrent ce qu'on appelait alors des réclames. Là qu'ils mirent aussi en boîte *La Complainte de Fantômas*, paroles de Desnos musique de Kurt Weill.

Rien à voir avec la radio nationale pour laquelle, sous la férule de Cette Marianne, je ponds chaque semaine un conte merveilleux.

Ici, à Radio-Luxembourg, on ne travaille pas pour l'État mais pour des annonceurs. Des marchands de Boldoflorine « la bonne tisane pour le foie », de Monsavon « au lait ». Qui paient fort cher leur temps d'antenne et font la loi.

Satisfait de mes écrits, Cloteaux m'envoie voir Manuel Poulet. Le type qui va mettre en ondes Rodolphe dans la série quotidienne « Salut Marcel ».

« Salut Marcel ! » C'est ce que dira le petit Rodolphe au début de chaque émission. Il le dira à son partenaire, son clown blanc, Marcel Fort. Un chansonnier qui, comme Zappy Max, anime des jeux sous le chapiteau du Radio Théâtre, copie conforme et bien populaire aussi, du Radio Circus. Je ne connais pas Marcel Fort. Je ne connais pas non plus ce qui se fait à Radio-Luxembourg.

Comme le dernier des ploucs, je débarque vingt-deux rue Bayard.

Et me voilà face à face avec M. Manuel Poulet. Un homme bien sapé, avec des lunettes. Plus l'air d'un prof que d'un mitonneur de radio popu. Et pas si ravi que ça de faire ma connaissance.

– Donc c'est vous. C'est vous que François Cloteaux... Il m'a donné vos textes. Je ne dis pas qu'il n'y a pas quelques jolies trouvailles par-ci par-là. Mais...

– Mais ?

– Vous n'avez sans doute pas bien mesuré l'ampleur du problème. Il s'agit de faire jouer, jouer comme un comédien, un garçon de cinq ans. Un garçon qui ne sait pas lire.

– Rodolphe, je le connais mieux que personne. Ça fait des mois qu'on fait des films avec lui.

– La radio, cher monsieur...

Ça démarre tragique. Si il se figure que je suis venu pour entendre une causerie édifiante sur la radio, le Poulet...

On n'a pas le temps d'en arriver à la prise de bec. Il a à faire, ce monsieur qui me prend pour un cave, un débutant.

Il m'envoie pas bouler. Mais c'est tout comme. Il m'engage à traverser la rue Bayard. À aller en face. À la « succursale ». Au restaurant Savy. Où un professionnel est en train de les réécrire mes textes.

Je le hais, ce Poulet.

La rue Bayard je la traverse, très sur les nerfs. J'entre dans le bistro enfumé, plein de buveurs, de mangeurs. Je demande si un M. René Marc... Oui. Il est là. C'est le moustachu qui est à la table près du comptoir. Il va m'entendre, le pro. Pour m'entendre il va m'entendre.

Je me laisse choir sur la banquette qui fait face à la sienne.

– Bonjour. Je suis Remo Forlani. L'auteur des émissions avec Rodolphe.

– Heureux de vous voir.

Il a un sourire de mec qui sourit. Rien à voir avec la risette de commande du Poulet.

– C'est bien vos trucs. Je vois pas pourquoi ils veulent que je les tripatouille.

C'est gentil de me dire ça. Je sens qu'on va devenir une paire d'amis, ce moustachu et moi. On s'allume des clopes. On se raconte qui on est. Lui il est comédien. Un peu raté, il l'admet. Mais il gagne plus que bien sa vie avec la radio. Il joue dans des tas de feuilletons, il en écrit des épisodes. Il me dit, en toute honnêteté, qu'il comprend parfaitement que ça me défrise qu'on me colle de force un coauteur, mais que, si on arrive à s'entendre, ça peut être cool.

C'est net, avec lui ça va rouler mieux qu'avec une Marianne ou un Berthomieu.

Alors on trinque à notre collaboration. Et, ensemble, on écrit les cinq premiers sketchs de « Salut Marcel ». Ça se passe bien. Ça colle.

Poulet, je le prends moins pour un connard quand je vois le boulot que c'est de faire faire de la radio à Rodolphe. C'est épique l'enregistrement. Y a un micro. Y a Marcel Fort qui dit une réplique. Y a Manuel Poulet qui répond à Marcel Fort. Et y a Rodolphe qui répète ce que Manuel Poulet a répondu à Marcel Fort. Après quoi, des monteurs, champions du coup de ciseaux, taillent dans la bande magnétique pour faire disparaître toute trace de Poulet.

Pour cinq minutes de radio, c'est des heures et des heures de travail.

Mais ça paye.

Un mois suffit pour que « Salut Marcel » soit au top. Comme c'est diffusé à l'heure du repas de midi, des millions de pékins se régalent avec nos petites amusettes.

Résultat des courses : en plus de tous mes jobs, faut que deux ou trois fois la semaine j'aille noircir du papier avec René Marc à une table de chez Savy.

Un rade où on côtoie tous les jacteurs de Radio-Luxembourg, et les vedettes qui viennent y cachetonner. Ce qui fait que je me retrouve à faire ami-ami avec des valeurs aussi sûres (et surestimées) que Raymond Souplex, Jean Nohain, Pierre Dac, Fernand Raynaud qui pinte énergiquement au comptoir. Et qui qui me dit un cordial « à la tienne Étienne » quand je m'abreuve ? Luis Mariano. Ou Jack Hélian. Ou Gilbert Bécaud qui est en train de devenir la star des stars, le « monsieur cent mille volts » des ondes et de la scène. Y a Georges Guétary, y a Édith Piaf, la petite Line Renaud. Et la pythie de Radio-Luxembourg, Mme Geneviève Tabouis, qui prophétise tous les grands événements depuis la guerre de Cent Ans. Et les journalistes de la station comme Jean Grandmougin. Avec tous je relationne. Dans l'amitié. C'est agréable.

Je fréquente aussi des gens, pour moi d'un exotisme absolu. Comme les virtuoses du piano à bretelles Louis Ferrari ou André Verchuren.

Dédé Verchuren qui, un demi de bière à la main, vient nous prier René Marc et moi de lui écrire les paroles d'une chanson qui s'intitulerait *Salut Marcel*. Quelque chose d'optimiste, qui mette de bonne humeur.

On s'y colle aussitôt. Le temps de boire, René Marc son apéro, moi un crème, c'est bâclé. Et d'une gaieté folle.

Deux jours après, il nous la joue et nous la chante, notre chanson, Verchuren. C'est pas du Poulenc sa musiquette. Mais elle fait bien la paire avec nos rimes trop riches, joyeusement bébêtes. Bravo Dédé ! Il nous donne à signer une déclaration pour la Sacem.

Jamais aucun chanteur digne de ce nom l'inscrira à son répertoire cette œuvre exagérément mineure. Mais Verchuren la jouera des milliers de fois dans les bals de banlieue, de province. Et les fêtards la reprendront en chœur. *Salut Marcel Tsoin tsoin tsoin*… Et les droits tomberont. Comme des pièces de vingt ronds dans une sébile de mendiant.

Pour ce qui est des finances ça va de mieux en mieux.

À chaque râtelier son salaire. Alors ça douille.

Alors ça y va les fringues, les bouquins, les disques, le frigo de la rue Fantin-Latour archi-bourré, le coffre à jouets à mon fils idem.

Colette a laissé choir son éditeur Damase. Elle est maman à plein temps. Et elle se contente pas de l'emmener s'aérer au bois de Boulogne et dans le jardin de Bondy, son adoré Laurent. Lui faut de la chlorophylle.

No problem. On est en fonds. On téléphone en Touraine, à Destouches, qu'il nous trouve une location à l'année. Il nous la trouve. C'est « la Robinière » entre Noisay et Vouvray. Une maison ancienne, cassée, moussue. Où Colette séjourne autant qu'elle le peut en compagnie de Zézette. Zézette qui a rompu avec le TEC et va de travail dérisoire en bricolages désastreux avec une vélocité stupéfiante. Secrétaire de faillités chroniques, assistante d'un astrologue qui la laisse répondre ce qu'elle veut à qui le consulte, dame pipi dans une boîte de goudous. Elle adore le changement, Zézette. Elle adore surtout rien foutre de sérieux.

Toto de même. Mais il est rivé à sa Sécu comme le forçat à son boulet. Ce qui ne lui ensoleille pas la mentalité. Quand nos femmes sont aux champs, dès qu'il quitte le bagne (comme il appelle la Sécu), il me retrouve où que je sois. Et qui que je voie à ce moment-là, il lui fait la gueule.

C'est pas toujours bien agréable. Mais c'est mon ami, Toto.

De mes connaissances, la seule qui lui aille c'est Loris, le si attachant sans métier de la bande à Prévert. Quand on se retrouve à boire le coup tous les trois du côté de Saint-Germain-des-Prés, il jubile Toto. Faut les entendre démonter la mécanique de la société, cracher sur tout, le Toto et le Lolo. Sur tout et surtout sur ceux « qui gâchent leur talent et leur existence en faisant des émissions de merde sur une radio commerciale ».

Y a pas que ces deux anars à me reprocher « Salut Marcel ». Y a Michel, Daumesnil, Lévy, Resnais, Marker, Renty et Marianne donc. Tous ils estiment que je me déshonore, que je m'en relèverai pas, que je devrais avoir honte.

J'ai pas honte.

Je fais ce qu'on me demande de faire. Plutôt proprement. Je gagne mon pain. Je m'occupe. En attendant.

Comme un Prévert qui a pas encore vu se pointer son Carné.

Forlani broie du noir

Seul. C'est la nuit et je suis seul.

Avec sur le tourne-disque du jazz de la côte Ouest. Qui me colle le blues. C'est bon.

J'ai failli crever étouffé en mangeant, debout devant le frigo, une grande boîte de crème de marrons. Même pas à la cuiller. Avec les doigts. Pas mangeant. Bâfrant. À force ça a coincé. Je pouvais plus déglutir, plus respirer. Infernal. Je me suis vu trépasser sur le lino de la cuisine.

Ils me pèsent encore dans l'intérieur, les marrons. Mais ça va. La boîte vide, récurée à fond, je l'ai balancée par la fenêtre. Y aurait eu d'autres vivants que moi dans la rue Fantin-Latour, je les aurais réveillés en sursaut. Ça aurait gueulé. Mais ils sont tous partis. En vacances, tous les habitants de la rue. Des autres rues aussi on dirait. Je vois aucune lumière nulle part. Que celles glauques des réverbères.

Et il fait une de ces chaleurs. C'est que c'est l'été et que je viens de faire une flambée dans la cheminée.

Mon roman. Ce récit épique, décoiffant, à la Henry Miller, auquel je travaillotais depuis des mois. Parfois avec rage. À plus de cent pages j'en étais. Cent vingt-trois exactement. Écrit petit. Avec des scènes très réussies, des personnages croqués avec art. Des phrases qui pouvaient faire rire. Et de l'émotion un peu.

Je viens de le brûler.

Jamais je serai un écrivain comme Miller, Céline. Et comme ceux que je me suis mis à lire parce que Lévy insistait. Balzac, Dickens.

Comme il décrit Paris, Balzac. Lui, le soixante-quatorze avenue Ledru-Rollin, il en aurait fait Babylone. Charlot, Mme Doré, le père Forlani, il te les aurait portraiturés garantis ressemblants garantis grandioses. Le salaud. On a l'impression qu'il a écrit pour vous dégoûter d'écrire après lui. Je me suis enfilé d'un trait *Goriot*, *Les Illusions perdues*, *Splendeurs et misères des courtisanes*. Des classiques, des livres du passé j'en avais jamais ouvert un. Paraît qu'on force à s'en farcir dans les lycées, les facs. Mais moi, n'est-ce pas... Et j'avais de la méfiance. Et tu te mets à *Goriot* un soir que Cocolo et le chiard sont à Bondy chez papy mamie et tu décroches plus. La pension de maman Vauquer, tu t'y crois. Avec Lévy on se téléphone pour en parler de Balzac. Et de Dickens. On se dit : « T'as le bonjour de Vautrin » ou « Gaudissard te salue bien ».

Alors mes pauvres écritures à moi...

La crème de marrons n'en finissant pas de m'embourber le système digestif, je bois un demi-verre de scotch. Du quinze ans d'âge. Une folie. Un cadeau que j'ai fait à Cocolo un jour où ma visite mensuelle à la caisse de la Maison de la Radio m'avait rapporté le pactole. Des arriérés, des cachetons en souffrance.

Tous les deux du mois j'y vais. Des fois la dame derrière son hygiaphone m'annonce que, à mon compte, y a rien de rien. Des fois c'est juste convenable. Et des fois t'as décroché la timbale. Ces fois-là au lieu de rentrer direct rue Fantin-Latour par l'autobus soixante-douze, je mets le cap sur Saint-Germain, les libraires, les disquaires, les boutiques de sapes. Et j'y écorne mon avoir plus ou moins sauvagement.

Là où je lésine pas, c'est au Minotaure, la librairie qui a ouvert juste face au TEC rue des Beaux-Arts. C'est tenu par deux types qui connaissent vraiment les livres. Et pas que ceux qui ont eu le Goncourt ou un quelconque prix de consolation.

Tout ce qu'écrivaient les surréalistes, tous les bouquins un peu malins sur le cinéma, le théâtre, tous les livres d'art, même anglais ou américains, ils ont en magasin, Cornaille et Laclos. Roger Cornaille c'est le patron, il a le crâne moins velu qu'un œuf et il a tellement l'air d'une folle que c'en est forcément une. Michel Laclos, son vendeur, a fait un peu le comédien et il écrit et a lancé une revue qui mérite bien son nom : *Bizarre*. Ils sont accueillants, vous laissent lire debout autant de temps que vous voulez et ont la clientèle la plus smart de Paris. Tu vas au Minotaure, t'es sûr d'y rencontrer à qui causer. Un coup Prévert, un coup Labisse.

C'est au Minotaure que je lie connaissance avec des dessineux qui se nomment Roland Topor, Wolinski, Siné, des gens de télé pas tarés, comme Jean-Christophe Averty, Pierre Tchernia, Gilles Margaritis, des comédiens pas goitreux.

Avec les uns je sympathise. Avec les autres c'est, d'emblée, le froid. Ça peut aller jusqu'à la haine.

En fait, la haine, je commence à la cultiver. Pas la haine impitoyable qui peut t'amener à tuer, pas la haine du chat pour la souris. Une haine raisonnable, qui console de bien des déconvenues. La haine du jaloux.

C'est qu'ils sont légion à me foutre dans la rogne. Des amis on ne peut plus amicaux, qui me font du mal.

Quel ? Celui de me faire bien sentir combien je suis minable.

Pourquoi j'ai brûlé ce gros morceau de roman ?

Encore une petite lampée de whisky. Encore une giclée de jazz de la côte Ouest. Et de la clope.

Et si je profitais de ce que j'ai enfin le téléphone – Bagatelle 88 44 (primesautier, n'est-ce pas) – pour faire un coucou nocturne à quelqu'un ? À part Toto, qui ne l'a pas, lui, le téléphone, je ne vois personne à qui faire cette sale farce.

En fait je n'ai pas ce qui s'appelle un ami. Comme les amis dans les livres qu'on lit étant petit. Quelqu'un à qui on a envie de tout dire. Quelqu'un avec qui on a envie de tout partager. Pour qui on se couperait un doigt. Ou deux.

À part Colette et Laurent…

Et papa d'une certaine façon.

Bientôt, il va mourir. C'est écrit dans le Grand Livre.

Et je ne saurai jamais pourquoi il a tant bu. Qu'est-ce qu'il a cherché toute sa vie à noyer dans l'alcool, mon père ?

Et Truffert ?

La dernière fois qu'on s'est parlé avec Trutru, c'était dans un chinois de la rue Monsieur-le-Prince. Un chinois à riz collant et à poulet caoutchouteux. Ça devait faire un an qu'on ne s'était pas croisés et il avait vieilli de cent ans. Il avait plus de joues, plus que des rides, ses yeux n'avaient plus de couleur presque. Les poignets de sa chemise étaient élimés. Il avait une odeur. La poussière, il sentait. Et quand même pétant le feu. Me jurant ses grands dieux qu'on allait les faire, tous les journaux qu'on devait faire ensemble. Je lui ai dit que oui, bien sûr.

Un mois après, Noël me disait qu'on l'avait enterré à Ivry, sans cérémonie, qu'il était mort d'un coup, autant tué par un cancer que par la cirrhose qu'il se cuisinait depuis son retour de captivité.

Bon ben voilà. J'ai bien ruminé tout ce qui pouvait me casser le moral. Je crois que je vais en rester là. Je stoppe le tourne-disque, je m'allume une dernière cigarette et le Prévert qui attend toujours son Carné va dormir.

Rue Campagne-Première, un matin de mil neuf cent cinquante-sept

Oscar.

Oscar Dominguez.

J'étais un jeune merdeux bon à nib, fainéant à plein temps, pas franchement honnête et fou des fringues et sans grand-chose de bien dans le crâne et tellement désireux de me frotter à qui m'épatait. Et il m'a accueilli comme un petit frère, Oscar, et fait tant et tant rire et ouvert bien des portes et abreuvé et arrangé des coups et appris des choses.

On ne se voyait plus guère. Ça m'arrivait de le croiser au Flore, à la Coupole. On se prenait les mains, on se faisait l'accolade, on s'embrassait à l'espagnole.

Le courant continuait à passer. Mais il vivait sa vie, je vivais la mienne.

J'avais vieilli, un chouïa mûri.

Il s'était assagi. Une dame de la haute l'avait pris en main, Oscar, l'avait dégoûté des boissons, dégoûté de ses folies.

Et l'autre matin, au plafond du hall de son immeuble de la rue de La Grande-Chaumière, la concierge a vu une tache. Inquiétante. Qui s'agrandissait.

C'était le sang d'Oscar. Le sang d'Oscar qui faisait au plafond comme une « décalcomanie automatique ». Sa géniale invention.

Le sang d'Oscar qui s'était cisaillé les veines.

C'était dans le journal. Un petit article de rien du tout.

J'ai lu ça, ça m'a fait mal. Mais mal.

Me voilà devant l'immeuble à Oscar qui n'est plus de ce monde. Je suis là clope au bec. Je serais encore à dire des prières, j'en ferais une bien sentie. Je demanderais à Dieu de lui pardonner tout, à Oscar.

Mais je dis plus rien à Dieu. J'ose plus.

C'était le meilleur, le plus insolemment vivant des vivants que j'ai connus, Dominguez. Et il s'est tué.

Ce qui serait bien ça serait que je rigole un bon coup en pensant à une de ses géniales conneries.

J'y arrive pas.

Trente ans déjà

À force, voilà que j'ai trente ans.

À trois repas d'anniversaire j'ai droit.

Le dîner que m'a préparé Colette avec amour. À l'issue duquel petit Laurent m'a fait de gros gros baisers et remis le cadeau. Comme il est beau ce chandail, comme il va être élégant douillet le papa qui écrit ses quarante ou cinquante pages de conneries par jour.

Puis il y a eu le déjeuner dimanche à Bondy avec, en l'honneur des trente ans du gendre, un balthazar à tout casser. Huîtres, faisan, saint-honoré, trois vins, le porto au dessert. Avec Paul, Christiane et même le glorieux Roland Dubillard pour me chanter happy birthday. Et les bougies à souffler toutes d'un coup pour avoir autant d'années de bonheur que de bougies.

Et nous voici à Châtenay chez Toto et Zézette. Où on se fait une ventrée anniversaire de boudin pommes en l'air.

C'est bon d'être ainsi fêté. Mais qu'est-ce que ça me déballe d'être arrivé à cet âge-là.

J'aurai beau faire j'aurai beau dire, fini, râpé, je suis plus un jeune homme.

Pas que je regrette mes dix, mes onze ans et la communale et la mouise qui est, un jour, tombée brutale sur la famille Forlani, pas que je regrette mon adolescence avec des salopes d'Allemands et les rats la nuit avenue Ledru-Rollin et papa saoul et maman trop souvent pas gaie, pas que je regrette les années Giselle, les galères, les incertitudes.

Je suis un type qui gagne sans malaise sa vie, j'ai une femme avec qui tout va bien très bien, une demeure à mon goût avec maintenant le téléphone, un garçon comme j'en souhaite à tous ceux dont Dieu bénit l'union.

Mais me voilà quand même avec une sale bizarre sensation. Comme si une partie – conséquente – de ma vie venait de me lâcher. Et c'est pas comme quand vos dents de lait se font la malle. Aucune petite souris ne dépose quoi que ce soit sous votre oreiller, la nuit de vos trente ans.

Me voilà un homme. Et ce qui préoccupe les hommes, ce qui fait apparemment le sel de leur vie, m'intéresse si peu. Je devrais, je devrais sûrement avoir des opinions politiques, être pour ou contre les conflits qui ébranlent la planète, font des victimes un peu partout, savoir si je suis pour l'émancipation des peuples qui en ont ras le bonbon d'être colonisés, l'Algérie par exemple, ce qui se passe en Algérie devrait m'indigner, je devrais lire *Le Monde* chaque soir et prendre tout ça au tragique en bouffant mes nouilles, et l'affaire Rosenberg, se peut-il que je sois insensible à l'injustice dont sont victimes ces si honnêtes citoyens américains, et la Chine, c'est extraordinaire ce qui se passe là-bas, tout le monde le dit, extraordinaire, les invités à Mao, ils vont là-bas huit jours, un mois, faire un petit coup de tourisme avec des guides armés jusqu'aux dents pour les driver, et ils en reviennent émerveillés, ayant tout compris de l'immense géniale humanité du tout-puissant Timonier, et ils publient de volumineux volumes pour glorifier ce nouveau Christ qui multiplie les bols de riz comme l'ancien multipliait les poissons et qui ne marche pas sur les eaux mais nage si bien dedans que la mère Beauvoir et l'ancien royaliste devenu communiste Claude Roy crient au miracle. Même l'ami Marker a vu de ses yeux vu comme la Chine de Mao est belle et paradisiaque et il le prouve avec son joli film *Dimanche à Pékin.*

Et moi, de tout ça, je n'en ai cure.

Et j'ai trente ans et je bois une coupe du champagne que nous avons apporté et que Zézette avait mis au frais sur le rebord d'une fenêtre. Et Laurent veut y goûter. Il a juste droit à tremper un doigt dans mon verre et à le sucer.

Une fois sifflée la bouteille, on met les manteaux, les cache-nez et en route.

À Châtenay c'est la coutume, qu'il fasse chaud ou qu'on pète de froid comme aujourd'hui, faut se farcir une balade dans le bois. Le bois de Verrières. Pas loin de la belle maison où – j'ai appris ça dans *Paris-Match* – le tiqueux André Malraux fait des galipettes avec la poétesse de luxe Louise de Vilmorin. Mais Toto et Zézette, leur orée à eux, c'est celle qui borde les HLM. C'est pas si affreux qu'on pourrait le croire. C'est que du béton. Mais rose. Et y a des arbres. Des écureuils s'y laissent voir parfois.

On marche. Les deux femmes devant. En chantant à tue-tête une rengaine, une niaiserie soviétique en V.F.

Ma blonde entends-tu dans la plaine
Siffler les usines et les trains
Allons au-devant de la vie
Allons au-devant du destin

Les deux gamins se couraillent après. Le grand à petite vitesse pour pas semer le petit.

Toto et moi on clope. On parle pas.

On finit par tomber sur les Cornu. Les Cornu c'est Max, un imprimeur, qui est marié avec celle des sœurs de Zézette qui a pas mal tourné au point de devenir bonne sœur comme la troisième, la cadette, bénédictine en Vendée. Ils ont deux enfants, les Cornu.

Nous voilà huit à marcher dans le bois. On finit par arriver à la maison d'un copain à Cornu qui est prof de dessin dans des communales. Un grand très sec qui s'est aménagé une sorte d'atelier dans lequel il passe tout son temps libre à peindre des bols et des bouteilles dans les tons gris. C'est un frappé de première. Un jour il a acheté un bouquin – en italien – sur Morandi et, depuis, il fait des Morandi.

Il a une femme et tellement de gosses que j'ai renoncé à les compter. Comme on est gelés, la femme du prof artiste du dimanche nous offre une tournée de café au lait dans un living accueillant comme une salle d'attente de dispensaire. Il est quatre heures à peine et déjà voilà la nuit qui s'amène.

Avec Toto on sort pour aller pisser contre des arbres. Après quoi on s'allume lui sa Gitane, moi ma blonde.

Je parlerais bien, mais pour dire quoi ?

C'est Toto qui s'y colle.

– Pourquoi tu tires la gueule ? C'est tes trente ans ?

– C'est ça et le reste.

– C'est quoi le reste ?

– De voir l'autre grand sifflet qui peint toujours les deux mêmes bols et le même litron, c'est déprimant, non ?

– Tu voudrais qu'il peigne quoi ?

– Rien. Déjà que Morandi ait passé toute sa vie à faire que ça, ça me dépasse. Mais qu'il y ait un mec pour prendre la relève…

– Qu'est-ce que je fais d'autre, moi ? Y a un mec dans les temps anciens qui a inventé le tampon en caoutchouc pour tamponner des formulaires imprimés et moi, pauvre bille, du lundi matin au vendredi soir, je tamponne des formulaires imprimés avec un tampon en caoutchouc. Toi, au moins, t'as un boulot sympa. Tu inventes des histoires. Tu vois des gens marrants.

– C'est vrai. J'invente des histoires et je vois des gens marrants.

– Ben alors. De quoi tu te plains ?

On a « déroulé nos boas » comme dit Toto, on a fumé une cigarette. On va récupérer nos femmes, nos garçons, on va se refarcir la traversée du bois dans la lumière sinistre du chien et loup. Puis on prendra le bus pour la porte d'Orléans où nous attend un autre bus et on se retrouvera rue Fantin-Latour où m'attendent la fin d'un conte – poétique, Remo, joyeux ! – pour la merveilleuse émission « Terre des enfants » et la rédaction des cinq « Salut Marcel » de la semaine qui vient. Sans oublier un synopsis pour un documentaire sur la médecine du travail, une corvée que j'ai pas pu refuser à l'ami Daumesnil et encore deux trois chienneries du même tonneau. De quoi je me plains ?

Rédacteur en chef, enfin !

Avant d'attaquer mon jus de pamplemousse, mentalement, je porte un toast à Truffert. Où que tu sois, Trutru, sois heureux, tu n'avais pas tout faux. Le journal pour enfants, c'est fait. Et j'en suis le rédacteur en chef !

Et ça s'est passé si vite, si aisément. Rodolphe étant devenu l'enfant chéri des auditeurs de RTL, il a d'abord fallu créer son club. Le Club des Enfants propres. Une combine de taille. Chaque jour, Rodolphe lance un appel sur Radio-Luxembourg, il adjure petits garçons et petites filles de rejoindre son club. C'est gratuit. Suffit d'envoyer à l'adresse indiquée un certain nombre d'emballages de savonnettes Monsavon (au lait). En échange de quoi, petits amis, vous recevez sous huitaine votre carte de membre du club signée par son président : Rodolphe. Elle vous donne droit à quoi, cette carte ? À pouvoir vous prévaloir du titre enviable de membre du club. Et à rien d'autre.

C'est par milliers, par dizaines de milliers, que des gosses tarabustent leurs parents pour en être, du club. Et les savonnettes, ça dépote. À l'usine c'est à peine si ils peuvent suivre. Qui c'est qui est content comme tout ? M. Schoeller. Je sais plus si c'est Chiappe, Combelle, Cloteaux ou un clown quelconque que l'a eue, l'idée du Club. Mais son louis d'or il l'a pas volé.

Les voisins d'en face, Palmolive, ils en bavent des ronds de chapeau. Faut dire que c'est grand comme gougnaferie. Une carte de membre c'est un misérable petit bout de carton. Ça coûte si peu qu'on peut dire que ça coûte rien. Tandis qu'un pack de savonnettes...

Mais on va faire plus fort. *Le Journal de Rodolphe*. Ben tiens !

Souvent avec Cloteaux, qui est décidément un type avec qui je m'entends, impec, même s'il a une bagnole de m'as-tu-vu et moi pas, même s'il éprouve comme de l'admiration pour papy Schoeller, alors que moi, il me fait que rigoler le big boss. Souvent on a parlé de nos lectures d'enfance. Cloteaux il est plus âgé que moi, plus sérieux, mais on a quand même lu les mêmes numéros de *Benjamin*, l'hebdo de bon ton par Jaboune (Jean Nohain) pour les gamins à éducation. Pas vulgaire comme *L'Épatant* des gosses de prolos.

Bon. Quand l'idée lui vient de faire un journal pour les chiards en se servant du personnage de Rodolphe – qui, entre parenthèses, est très brave petit garçon – il s'empresse de m'en parler. Et on gamberge.

De nos palabres naît une maquette de maquette. Avec même des dessins. Pas de Dominguez et Noël et de Rudder comme au temps du *Journal de Roland*.

Des dessins de Dagues, un jeune homme doué qui gratte à l'atelier de la rue Boissy-d'Anglas dans le sillage de Savignac.

Ça m'excite sévère. J'aligne trouvaille mirifique sur trouvaille mirifique. On va les écraser, tous les hebdos pour les petits et les un peu moins petits. *Tintin*, *Spirou*, *Mickey* même, ils vont souffrir. Cloteaux en parle à Schoeller qui est pour. Les barons, Dalle et Glass, ne sont pas contre. Cloteaux déjeune et redéjeune avec des pontes de Radio-Luxembourg que ça allèche rudement. C'est la follo, tout le monde en veut de notre publication.

Comme pour faire un hebdomadaire suffit pas d'un rédacteur en chef, fût-il aussi partant et inspiré qu'un Forlani, Cloteaux contacte des connaissances à lui qui ont une certaine expérience de la presse, de la bande dessinée.

Et nous voilà au Crillon, au bar. Et je bois mon jus de pamplemousse en compagnie de Cloteaux. On attend un ami de Cloteaux, Hébrard, qui a une petite agence de presse. Un type bien, Hébrard. Qui arrive avec une demi-heure de retard. Et pas tout seul. Il a amené deux jeunes messieurs qui travaillent avec lui. Des mecs capables, qui ont déjà une solide expérience. Et bons zigues avec ça.

L'un des deux est corpulent, blond et belge. Il s'assied et commande une bière d'une marque bien précise. Et des chips. Le plus possible de chips. L'autre est frisotté, il a un charmant sourire de vampire qui fait patte de velours ! Il commande un apéritif.

Ah ! leurs noms ? Le frisotté c'est René Goscinny. Le blondinet dodu Jean-Michel Charlier.

Ils font des bandes dessinées publicitaires. Ils sont loin d'être cons. Ils ont de l'humour. On bavarde, on parle de choses et d'autres. J'apprends comme ça que Charlier est un mordu des avions, qu'il a un brevet de pilote, qu'il écrit des scénarios. Que Goscinny a vécu en Argentine, aux États-Unis, qu'il a pas mal dessiné. Enfin, comme il le précise en s'esclaffant « pas mal ça veut pas dire *bien* dessiné, ça veut dire *beaucoup* ». Maintenant il veut plus qu'écrire. Des choses qui fassent rire.

Alors on parle on parle on parle. On boit et reboit. Et on se quitte meilleurs amis du monde.

Je suis, ça y est, c'est officiel, rédacteur en chef du *Journal de Rodolphe*.

André Michel n'est pas content

André Michel monte sur ses grands chevaux. Il est furieux. En rage. Et il y a de quoi. Alors qu'il a enfin et non sans peine, en se donnant un mal de chien on peut le dire, alors que, contre vents et marées, il a réussi à m'imposer comme scénariste, je lui claque dans les mains.

Tout rouge de colère, il me toise. Et son épouse de même. Lydia, la si avenante dame russe qui me fait mille mamours et de grandes tasses de chocolat chaque fois que je viens travailler avec son mari dans leur bureau-chambre si raffiné si propret. Elle non plus elle ne comprend pas comment je peux être aussi incorrect et si peu soucieux de ma carrière.

– Car enfin enfin, Remo. Ce n'est pas possible que tu renonces à écrire un scénario, le scénario d'un film important, d'un film avec un gros budget, d'un film qui sera un film de qualité, pour continuer à perdre ton temps à faire de la publicité.

– C'est pas de la pub, là. C'est un journal. Un journal dont je suis le rédacteur en chef.

– Mais bon sang, Remo. Ton avenir c'est le cinéma. Tu le sais. Comment peux-tu hésiter un seul instant entre une ânerie de journal pour enfants et…

Et un film qui a neuf chances sur dix de ne jamais se faire.

C'est que, des projets, on en a eu tellement déjà. À commencer par *Les Plus Beaux Yeux du monde* que devait produire la belle-sœur de l'ex-dirlo de *Votre Beauté*. On a passé pas mal d'après-midi chez l'aimable Mme Gouze-Rénal à bavasser. Même qu'elle nous faisait des cakes de première bourre. Mais son beauf François Mitterrand (l'avocat qui se faisait du blé chez le vieux Schoeller) est plus ficelle qu'elle. Il a eu le temps d'être plusieurs fois ministre sans qu'on ait jamais impressionné un millimètre de pellicule. Après, elle a fait des films avec Bardot. Et fortune. Mais sans nous.

Il y a eu aussi tous les sujets, les bons sujets que je lui ai trouvés dans des bouquins, à Michel. Comme *Du rififi chez les hommes*. Une Série Noire en or. Il a fait la fine bouche, trouvé ça trop quelconque, trop voyou pour un réalisateur de son rang. Et un Ricain chassé de chez lui par le sénateur McCarthy, un cinéaste-sorcière, Jules Dassin, l'a tourné le *Rififi*. Et bingo ! The big success.

Et *Au bon beurre*. Pareil. Je lis ce bouquin de Jean Dutourd. Ça raconte tellement drôlement l'Occupation comme je l'ai connue quand je pédalais sur un triporteur pour livrer des salami vendus au black, que je force Michel à le lire. Coup de chance, il aime. Alors on contacte l'auteur. Un gaulliste pur et dur, M. Dutourd. Mais avec tellement d'humour. Ce coup-là c'est côté production que ça foire. Aucun financier à cigare du Fouquet's veut mettre un kopeck dans l'affaire. Une histoire de crémier et de crémière c'est pas assez glamoureux. On va pas faire vendre des camemberts à Michèle Morgan et Jean Marais, tout de même !

Et, ça fait quelques mois que ça traîne, un marchand de pelloche, vraiment pas con pour un producteur, semble vouloir produire une version nouvelle et en couleurs de *Sans famille*. Un des quatre livres qui me dédommagèrent de la peine que je m'étais donnée pour apprendre à lire. Les autres étant *L'Île au trésor*, *La Case de l'oncle Tom* et *Le Capitaine Fracasse*.

Sans famille je connais si parfaitement que je pourrais le scénariser sans avoir à le relire. Ce que j'ai d'ailleurs commencé à faire. Évidemment que je crève d'envie de faire parler Rémi, Vitalis, la mère Barberin, évidemment que ce doit être moi et nul autre pisseur d'encre qui doit découper la mort du singe Joli-Cœur.

Mais rien n'est signé, décidé.

Et je ne peux pas louper le coche du *Journal de Rodolphe*.

Tout démarre si bien, si joyeusement avec Charlier, Goscinny et leurs amis dessinateurs. Uderzo, Sempé. Faut voir comme on fait bien équipe. C'est le rêve. On arrête plus de faire des orgies de steaks frites. De se raconter des blagues énormes. Ce qu'il peut être drôle le Goscinny. Fourmillant d'inventions pissantes. Je ris avec Goscinny comme avec personne.

On verra bien. Je vais dire oui au film d'André Michel. Oui au *Journal de Rodolphe.*

Ça va être coton, faudra jongler. On jonglera.

J'ai un lit à baldaquin

Encore pas loin de la Loire qui est un fleuve avec si peu d'eau et tant de si belles rives finirait par me faire aimer les fleuves. Mais pas dans la maison cagneuse dans laquelle Colette, Zézette, leurs gamins, et Toto et moi à l'occasion, jouons les Parisiens aux champs. Dans une antique demeure seigneuriale devenue auberge.

Mon lit est à baldaquin, c'est dire.

Et, allongé tout habillé, crottant sans gêne la courtepointe brodée par des dames du temps jadis, j'y fume, sur le lit à baldaquin. Sèche sur sèche. Pour tuer l'ennui.

C'est que je m'emmerde plein pot, à Beaugency.

C'est Bob Amon, le producteur de *Sans famille*, qui a pensé que, pour bien travailler, Michel, Pierre Véry et moi, fallait qu'on soit loin de la ville et de ses bruits.

Faut reconnaître que Beaugency, beau beau bled, en hiver c'est d'un calme pas supportable.

Il pense à tout, Bob Amon – qui a une femme sublimissime, la fille de la vedette du cinéma muet Gloria Swanson, rien que ça. Il a pensé, par exemple, qu'un Forlani et un Michel ça suffirait pas pour adapter comme il convient l'œuvre du regretté Hector Malot. Il a donc engagé Pierre Véry. Un auteur de polars facétieux à qui l'on doit *L'Assassinat du père Noël*, *Les Disparus de Saint-Agil,* films cultes de mon enfance, et aussi quelques nanars. Il va toucher dix fois plus que moi pour en faire pas plus que moi. Mais c'est une signature.

C'est aussi un homme comme je les aime. Blagueur, prenant rien trop au sérieux. Pas épais, un peu cardiaque, il est nanti d'une épouse qui fait énormément plus de bruit que lui et qu'il craint si fort qu'il me charge de faire le guet pour qu'elle ne lui tombe pas dessus quand il fume en cachette une de mes cigarettes.

À l'auberge à vieux murs et à sangliers cuits à la broche dans une cheminée renaissance où nous gitons Michel et moi, Véry a préféré le Rondon.

Le Rondon ! Fameux clapier. C'est un petit château qui appartient à la Société des Auteurs et qui accueille les vieux sociétaires ayant besoin de repos. Moyenne d'âge des pensionnaires : au bas mot quatre-vingts piges. Faut les voir, ces anciens seigneurs du Boulevard, ces ergotants ayant connu Sarah Bernhardt, ayant troussé des couplets égrillards pour Mistinguett, ayant soupé chez Maxim's avec Feydeau et Courteline, faut les voir avec leurs panamas, leurs chic vestes blanches devenues jaunasses qu'ils mettaient quand ils couraient la gueuse sur les planches de Deauville, faut les voir mâchant leur soupette gratos de gloires déchues avec le peu de ratiches qui leur reste.

Véry, ça l'amuse. Moi, ça me glace les sangs.

Au Rondon on y va tous les jours dans la voiture de Michel. Pour prendre les pages que j'ai noircies, revues, corrigées par Véry.

C'est pas le mauvais travail. Je le fais pas avec de mauvaises personnes.

Mais je m'ennuie. De Laurent et de Colette. De Paris.

Et j'ai à digérer une déconvenue. Pesante.

Le Journal de Rodolphe c'est fait. Il est en vente dans tous les kiosques. Et il se vend très bien.

Mais il s'appelle *Pilote*.

C'est qu'il y a eu de l'anicroche.

Mes chers copains Goscinny, Charlier et Hébrard, le si sympathique Hébrard, ils m'ont, le plus amicalement du monde, éjecté.

Comment ? Pas vilainement, pas grossièrement. Y a eu de la vaseline. Le petit journal né dans le cerveau fertile de Cloteaux, et le mien et celui de Dagues et de Combelle qui s'en était un peu mêlé aussi, est devenu un grand journal. Un vrai.

Et des financiers sont entrés dans le jeu. Et les pontes de Radio-Luxembourg.

On a mangé beaucoup de bonnes choses dans beaucoup de bons restaurants avec beaucoup de gens. Et il s'est avéré que *Le Journal de Rodolphe* c'était pas un si bon titre que ça. D'autant qu'il y avait des embrouilles entre la maman de Rodolphe, la très incivile et un peu louf Olga, et la direction de L'Oréal.

C'est qu'elle a son style de vie bien à elle, cette maman de babies surdoués. Qu'elle a fait scandale. Qu'elle a été jusqu'à braquer un revolver (chargé ?) sur des bureaucrates de la pub. Bref : on a jugé bon – en haut lieu – de plus jouer la carte Rodolphe.

Cloteaux avait un autre titre dans ses archives. Un titre qu'il avait déposé avant de faire de la pub et qu'il rêvait au journalisme. *Pilote.* Un titre qui a convenu à tout le monde. Sauf à moi.

Mais moi, j'ai été le dernier à l'apprendre. C'est la vie. Au moment de l'adoption du titre, j'étais déjà tricard.

Rendons justice à l'équité et à l'amitié (indéfectible) de Goscinny, Charlier et Cie : je suis et serai toujours bienvenu à *Pilote*, je déjeunerai copieusement et à leurs frais autant de fois que ça me chantera, et il y a dans *Pilote* une bande dessinée, *P'tit Pat*, dont je suis l'auteur et Dagues le dessinateur.

Je reçois même un numéro de *Pilote*, gratuit, chaque mercredi. Mais ils m'ont quand même sacqué, salement dégagé, mes bons chers amis.

C'est la vie. Je voulais être scénariste. Je suis scénariste. Avec lit à baldaquin et, à chaque repas, du cuissot de chevreuil, du marcassin. Et Pierre Véry me donne des leçons de billard au Rondon.

Jouer au billard avec l'auteur de *L'Assassinat du père Noël* c'est presque aussi sinistre que de jouer aux boules avec celui de *La Jument verte.*

Jamais content, le Remo. Il voudrait quoi ? Faire une partie de crapette avec Balzac, de nain jaune avec les sœurs Brontë, jouer au docteur avec George Sand ?

Dans le London de Mayo

Cette étrange baraque est forcément dans une rue. Une rue de Londres. Mais qui saurait laquelle ? Sur le scénario, que j'ai écrit de ma propre main, il y a juste marqué « Chez les Driscoll ».

Et Mayo l'a concue si artistement, ce décor, qu'on se croirait réellement dans l'antre des deux fripouilles du Londres d'Hector Malot, calque fidèle de celle de Dickens.

J'ai toujours la même passion pour les décors de cinéma, le même plaisir à errer dedans aux heures où le studio est vide. Et, cette fois, c'est un décor dont j'ai décidé, moi, qu'il aurait un escalier en colimaçon, une porte là, une autre au fond et un poêle rougeoyant et une table de guingois avec, posé dessus, le chapeau de l'infâme mister Driscoll.

C'est Pierre Brasseur qui est ce chenapan de Driscoll.

Et l'Italien Gino Cervi, devenu célèbre en campant le maire communiste Peppone de la série des *Don Camillo,* c'est Vitalis, le saltimbanque qui entraîne Remi sur les routes.

Rémi le petit orphelin c'est Joël Flateau, un comédien de pas dix ans, émouvant à souhait. Il y a encore Roger Pierre et Jean-Marc Thibaut. Jean-Marc que j'ai connu au temps du regrettable *Œil en coulisses*. Paulette Dubost aussi joue dans *Sans famille*. Elle faisait la concierge dans mon premier navet. Et la voilà devenue la mère Barberin, la paysanne, qui a fait des crêpes le soir où son pignouf de mari, campé par Raymond Bussières…

Et n'oublions pas Marianne. Quand elle a eu vent de ce film elle m'a fait une telle vie que j'ai harcelé Véry et Michel pour qu'elle soit de la distribution. Michel, qui savait qui elle était, a dit non cent fois non.

Mais Pierre Véry et moi nous avons doté Brasseur-Driscoll d'une compagne aux cheveux rouges qui ne pouvait être que Marianne, qui s'est confondue en remerciements, qui a quasiment baisé les pieds de Michel tant sa gratitude était immense et qui – dès la première minute de tournage – a été si râleuse, si indisciplinée, si crispante que Pierre Brasseur, son vieil ami qui a eu de si belles scènes avec elle dans *Les Amants de Vérone*, a failli l'étrangler.

Pourtant il était si tôt qu'il était presque à jeun.

Mayo aussi a eu ses nerfs. Pour une histoire de guenille, qu'elle trouvait trop guenilleuse pour elle. De « salope hors d'âge » il l'a traitée et elle de « couturasse de merde ». Michel voulait les virer et l'un et l'autre.

Mayo c'est encore une trouvaille à moi. Pour qu'il soit de l'équipe, j'ai, une fois de plus, fait chier et rechier Michel. Je trouvais ça tellement classe d'être sur le même générique qu'un monsieur qui a fait les costumes des *Enfants du paradis,* des *Portes de la nuit*, qui a illustré un livre de Prévert, un livre de Camus.

Pour moi c'est une figure, Antoine Malliarakis, dit Mayo. Un Grec de Port-Saïd qui a dirigé le cabaret le Jockey à Montparnasse quand à Montparnasse ça chauffait, qui peint des toiles très belles. Et qui, en prime, vit rue de Seine, à Paris, dans une maison, pas un immeuble, une maison avec un jardin dans lequel il cultive des tomates.

J'en ai mangé des tomates à Mayo. En salade. Et, un jour où il était bien luné, ce qui ne lui arrive pas tous les jours, oh que non, il m'a laissé fouiner dans un carton à chapeau plein de vieilles lettres qu'il ne se décide pas à balancer à la poubelle. Des lettres d'anciennes connaissances à lui… James Joyce, Henry Miller, Dos Passos, Hemingway…

Sa seule faiblesse à Mayo, c'est son gamin. Yani il l'appelle. Un môme archi-gâté-pourri qui répond à tes bonjours une fois sur dix et te balance sans raison, sans préavis, de méchants coups de tatane. Et faut pas prendre ça mal. Mayo tolère pas qu'on le critique son rejeton. Son rejeton élevé comme il convient par un papa de la bande à Prévert. Qui deviendra, un jour, membre très actif des factions de la droite la plus extrême. Curieux n'est-ce pas ?

Le voilà, Mayo. Son chapeau italien gris perle coquinement posé sur son crâne bien lisse, cravate blanc cassé sur une chemise bleu marine, tremblant de rage. Souvent il tremble des mains. Même quand il peint.

Qu'est-ce qui ne va pas encore ?

– Alors, Remo, permettez-moi de vous le dire : le jour où vous avez réussi à vous procurer mon numéro de téléphone, vous auriez mieux fait de crever. Parce que vraiment… Dieu sait combien Carné peut être tyrannique, stupidement tyrannique. C'est un monstre, Carné. Mais votre André Michel… Ce décor, « the Driscoll House », c'est demain qu'il devait être prêt à tourner. Et on m'annonce que, dans une heure, on y plante la caméra.

– Ils ont fini avec Joli-Cœur ?

– Joli-Cœur il l'a bien eu, votre Michel. C'est un singe, Joli-Cœur. Et ils avaient trouvé comment le calmer un peu pour la scène de sa mort. Un suppositoire. Léger. De quoi le faire dormir une petite heure. Et il a fait quoi, le singe ? Le suppositoire il l'a récupéré là où on le lui avait mis et il l'a mangé. Comme un bonbon. Et il a trouvé cela si délectable qu'il a fauché la boîte entière de suppositoires dans la mallette que son butor de dresseur avait omis de fermer à clef. Tous les suppositoires il a mangés, Joli-Cœur. De quoi endormir un troupeau d'éléphants. Alors, en attendant qu'il se réveille, si il daigne se réveiller, on va tourner ici dans ce décor qui n'est même pas terminé.

Et Mayo rameute les peintres pour qu'ils salissent les murs, qu'ils les salissent autant qu'ils peuvent. Et il veut que l'accessoiriste aille d'urgence chercher son engin à fabriquer des toiles d'araignée.

Arrive Pierre Brasseur. Qui me demande à moi – comme si j'y pouvais quelque chose – la permission de dormir un moment.

– Juste dormir, mon gars. Pas longtemps. Le temps de dessaouler. C'est que j'ai eu une nuit très… Enfin, une nuit.

Il tient pas bien bien sur ses jambes, mister Driscoll. Marianne va encore gueuler, dire qu'elle ne veut pas qu'il lui souffle une odeur de vin dans le nez en lui disant ses répliques. Et Michel va pester et Bob Amon pester encore plus.

Et le singe Joli-Cœur va dormir cent ans comme la Belle au bois dormant.

Et je m'amuse, je m'amuse.

C'est le bonheur ce film, ce tournage.

Je commence à me prendre vraiment pour un scénariste.

J'ai d'ailleurs un polo de chez Arny's, rue de Sèvres, qui est aussi smart que ceux de Prévert.

Et je suis tellement plus grand, plus beau mec que lui.

Comme une idylle à la poste

C'en est pas une. Mais ça pourrait passer pour une romance.

Un flirt, au moins.

Peut-être que c'en est un après tout. Je sais pas. Et si je savais, j'ai pas le temps de jouer à ça.

N'empêche que, c'est devenu un rite, je ne vais jamais à la poste de Vernou, qui est à plus de deux kilomètres de notre bicoque de location, la Renardière, sans être d'abord passé chez le boulanger près de l'église où j'achète deux pâtisseries. Ça peut être deux éclairs, deux millefeuilles, deux babas au rhum. Un pour la postière, un pour moi.

C'est que j'y vais tous les jours pour téléphoner, à la poste. À bicyclette. Et qu'elle est jeune et bien appétissante, la préposée.

Aujourd'hui c'est des tartes. Une aux pommes, une aux prunes. Elle choisit celle aux prunes.

On mange en se souriant. C'est gai de se retrouver entre gourmands qui s'empiffrent.

Je ne connais pas son prénom. Pas grave.

Elle, elle connaît et mon nom et mon prénom et les noms et les numéros de tous ceux qu'elle appelle pour me les passer dans la cabine.

Aujourd'hui c'est Daumesnil. Qui a besoin d'un commentaire pour un docu sur une fabrique de rotors. C'est quoi des rotors ?

Second appel. André Michel. Il n'est pas là. C'est madame qui me répond. On papote.

Puis Marianne. Qui m'annonce que Camus, Albert, son cher Albert avec qui elle a passé de si belles heures à New York autrefois, Albert, son grand grand ami Albert veut faire une télé avec elle. Alors *d'urgence* il faut que je rapplique. Camus, Albert Camus ! Vite. Urgence.

Je promets que je reviens le plus prestement possible. Et je raccroche. En me marrant doucement à la pensée des affres auxquelles doit être en proie l'auteur de *L'Étranger*. Elle a dû le rencontrer dans un dîner ou bêtement dans la rue. Et le voilà piégé. Fait comme un rat, l'Albert.

Resnais est content que je l'appelle. Il a deux choses à me dire. Primo que le film documentaire sur le polystyrène pour lequel il voulait que j'écrive un commentaire, finalement, c'est avec Raymond Queneau qu'il va le faire. Merci Resnais, merci Queneau ! Secundo qu'on va déjeuner dès mon retour avec Pierre Braunberger qui, c'est décidé, va produire le premier long métrage d'Alain Resnais dont le scénario sera de Remo Forlani. Ça c'est de la nouvelle.

Je serais moins arriéré – y a pas d'autre mot – la postière je l'embrasserais. Parce que c'est dans la poche. J'écris un scénario de toute beauté. Braunberger aligne l'oseille. Resnais réalise comme il peut le faire. En route pour la gloire !

La postière se contente d'un « au revoir mademoiselle à demain ». J'enfourche ma bécane et je pédale.

Et comme je passe devant l'église de Vernou, je ralentis. C'est que ce que j'entends est tout bonnement admirable. Des voix, des voix de fillettes, haut perchées, cristallines. Et un chant que je connais si bien pour le passer et repasser à longueur de nuits sur mon tourne-disque. *Nobody Knows.* Deux versions j'en ai de ce negro spiritual. Celle de Nat King Cole et celle d'Armstrong. Et l'une comme l'autre me bouleversent, me font venir les larmes aux yeux.

Les petites pisseuses de Vernou chantent ça en français : *Personne ne sait*… Le curé, même moi qui ai pas d'oreille je m'en rends compte, n'est pas un cador de l'harmonium. C'est quand même du nanan.

Le ciel de Touraine est bleu comme jamais. Y a ce chant, ce chant divin. Y a Resnais et Braunberger qui m'attendent à Paris pour une grande entreprise.

Et le Remo va sur sa bécane. Heureux comme un mortel dont l'ange s'occupe bien de lui.

Dessine-moi un renne

Le bureau de Chris Marker aux éditions du Seuil est de plus en plus fouillis. Et de plus en plus agréable à hanter. Seul souci, ce matin, ça pue la peinture. C'est qu'on repeint les couloirs, l'escalier. On repeint tout et on va meubler neuf, moquetter.

C'est que la modeste maison d'édition catho est en train de devenir une boîte importante. Grâce à Don Camillo. Fernandel aidant, les livres de Giovanni Guareschi sont devenus des best-sellers.

Marker est pas très amateur de cette littérature. Mais tant pis. Du moment qu'on le laisse concocter les bouquins malicieux de la collection Petite Planète, qu'on le laisse traduire l'humoriste James Thurber, écrire ce qu'il veut sur son auteur de chevet Jean Giraudoux et, c'est le principal, qu'on accepte qu'il disparaisse, au gré de ses coups de cœur, pour aller faire du ciné comme il veut là où il veut à Pékin ou à Cuba.

Il revient de Sibérie. Avec des bobines et des bobines de pellicule. Et une vision pas convenue du tout du paradis (que beaucoup tiennent pour un enfer) soviétique. Et il faut que je lui dessine un renne. Un renne qu'il découpera et animera.

– Un renne comment ?

– Si je dessinais, je le dessinerais moi. Tu le fais comme tu le vois. Un renne. Et vite.

– T'es bon, toi. Un renne. Avec tout ce que j'ai à faire.

– Tu n'as que deux choses à faire, Remo. Ce renne. Et le scénario pour Alain. Le reste n'a aucun intérêt. Aucun.

Il plaisante pas, Marker. Ça se voit à sa tête qu'il plaisante pas. Sérieux comme un pape. Pire : comme j'imagine André Breton tançant un de ses compagnons ayant fait des fredaines pas dans la droite ligne du surréalisme. C'est ça, pour moi, Marker. Une conscience. Jiminy Crickett faisant les gros yeux à Pinocchio.

– Honnêtement, Remo, tu fais quoi de tes dons ? Honnêtement ? Sans aller aussi loin, sans descendre aussi bas que tes publicités, tes collaborations avec des Berthomieu, tes enfantillages avec Marianne…

– Tu la connais. Cent fois je lui ai dit que je voulais arrêter, que…

– On ne dit pas. On fait. Et toi tu ne fais que des âneries. Prenons, entre autres abominations, ta version pitoyablement moralisatrice de la chanson *Davy Crockett*…

Le fumier ! Comment il sait ?

Comment il a découvert que, pour une somme à peine convenable, j'ai, en douce, sans en dire mot à personne, rédigé, en deux temps trois mouvements, une chanson de propagande pour la Ligue antialcoolique. Sur l'air d'un tube.

L'alcool est un poison qui rend les hommes fous. Gna gna gna gna, gna gna !

Il y a aussi, pour la Société Purodor j'ai commis ça, deux autres chansons honteuses. *Les mites mortes se ramassent à la pelle, les poux, les puces et les cafard-z'aussi* sur la musique de Kosma pour *Les Feuilles mortes.*

Et *Les Gars de la narine.* Un sommet.

C'est des petits travaux rapidement bâclés, copieusement rétribués que j'exécute en cachette. Pour gâter le petit Laurent et Cocolo et m'acheter de beaux habits.

Et Marker le sait. Alors il me houspille, me fait la morale. Me fait chier, quoi.

Son renne, je vais pas le lui dessiner.

Qu'il crève, ce sententieux, ce curé laïque. Il est bien comme tous ces marxistes à la mords-moi-le-nœud qui n'arrêtent pas de traiter les autres de capitalistes et s'achètent de belles bagnoles, ont des apparts grand standing et des résidences secondaires dans des coins de rêve. Lévy est comme ça. Et Daumesnil. Et tous les cinéastes cocos de la Coopérative. Et, le comble, c'est qu'ils sont sincères. Que, vraiment, dans leurs demeures à moquette épaisse et à bonniches, tout en bouffant du meilleur à la louche, ils se font du mouron pour les mal-nourris, les crevards du tiers-monde.

Marker, soyons juste, il loge dans du pas cher et il a pas de bagnole. Une moto seulement. Et pas luxueuse. Et quand on mange ensemble c'est dans des rades où t'as intérêt à pas être gourmet. Au moins, il vit en accord avec ses idées, Chris.

Mais qu'est-ce qu'elles sont vite pénibles ses idées.

C'est quand même un type bien.

Il a raison. Je lui dis qu'il m'emmerde. Mais c'est pas vrai.

Il l'aura son renne. Promis, juré, craché.

Il me remet un cadeau. Sibérien. Un badge de Staline. Qu'il épingle solennellement au col de ma veste – encore de chez Arny's, encore très au-dessus de mes moyens.

Le type qui occupe le bureau voisin, un écrivain aimant la grande musique et ayant la gueule de Cocteau, François-Régis Bastide, me salue en levant le poing quand je le croise en sortant.

Je vais aller boire un café. Au Flore. Pas parce que j'ai envie de café. Parce que ça se fait.

À Saint-Antoine

Qu'est-ce qu'il avait la cote, saint Antoine, dans mon enfance. C'était le saint qui te faisait retrouver ce que tu avais perdu. Ton parapluie ou ton porte-monnaie. Ton amour même. Ma mère, tante Hélène, toutes les dames croyantes à leur façon n'arrêtaient pas de l'implorer, de lui mettre des cierges.

Et puis c'est dans son église, l'une des plus moroses de Paris, que j'ai été baptisé, que j'ai fait mon caté, ma communion, qu'on a dit la messe quand maman est partie.

Il a son hôpital aussi. Saint-Antoine. Où maman est morte.

Et j'y erre, je vais de salle commune en salle commune. À la recherche de papa.

Lola m'a téléphoné. Bafouillant, trouvant pas ses mots, catastrophée. Une ambulance est venue le chercher, papa. Au petit jour. C'est grave. Faut que je prévienne mon frère.

Je finis par trouver la bonne salle, le bon lit.

Un lit très mauvais en fait. En fer. Un lit de malade pauvre. Et papa avec une pauvre tête.

– Te voilà, toi. C'est la petite qui t'a prévenu. Je lui ai dit d'embêter personne. Mais a fallu qu'elle t'empoisonne.

– T'as quoi, p'pa ?

– Rien. C'est hier. On a fini un petit chantier. Deux cuves à Chartres. Avec Julio. Tu sais le Julio chez qui on avait été cueillir des cerises une fois à Champigny. Julio il a une camionnette. On est revenus tranquilles. On avait tout notre temps. Lola, de pas me voir rentrer elle s'inquiétait. Et quand je suis arrivé elle m'a fait une scène de bonne femme. Alors je lui ai dit qu'elle aille se coucher dans le grand lit, dans la chambre, et moi j'ai dormi dans ta pièce et, comme y a plus ton lit, j'ai dormi par terre, sur le carreau et, je m'en suis pas rendu compte, les fenêtres étaient ouvertes et paraît qu'elle m'a trouvé tout gelé, tout froid, quand elle s'est réveillée. Mais c'est rien. J'ai rien. Niente.

Tout à l'heure je réussirai non sans mal à alpaguer un toubib qui me dira que c'est une bronchite et que ça risque fort de dégénérer, c'est que c'est un monsieur âgé, mon père, et dans un état pas reluisant.

Mais il fait son fanfaron.

– C'est comme pour les coureurs du Tour de France, les maestri, Bottechia, Alfredo Binda, quand le moment il arrive de la dernière étape. La plus dure parce qu'on a déjà beaucoup beaucoup roulé. Alors va falloir me trouver un cimetière pas trop loin. Que j'y arrive en forme. Saint-Antoine-Ivry ça irait comme étape.

– Dis pas des horreurs pareilles.

– Perché no ? E finita la commedia. Allora…

Peut-être qu'il a vraiment pas peur de la mort. Allez savoir.

Il s'était un peu redressé, il cale sa tête dans son oreiller.

Il n'a plus envie de parler. Il a sommeil. Il me demande de ne pas m'inquiéter.

Comme je m'en vais, il me fait quand même une prière.

– Pour l'enterrement, les fleurs… Trouve quelque chose de mieux que des chrysanthèmes… Des fleurs qu'on voit jamais. Trouve-moi des fleurs spéciales. Pour faire caguer Fougerolle.

On y pensera. Des fleurs qui feront crever de rage Fougerolle. Mais ne crève pas, toi, papa. Ne me fais pas ça.

Ça s'appellera *Un dimanche tous ensemble*

Ni bien ni mal il va. Il est dans son lit, dans cette salle où il y a trop de lits. Ni gai ni triste il est. Bien rasé, une fois sur deux. Ou trois. Quand le type du lit d'à côté du sien veut bien lui faire la barbe avec son coupe-chou.

À force de poser des questions aux infirmières, à des internes, à qui veut bien prendre le temps de me répondre, j'ai fini par savoir. Le problème avec papa c'est qu'à tant boire il s'est si bien détruit le foie qu'il en a pour ainsi dire plus. Alors c'est compliqué comme tout de lui faire assimiler des médicaments, même un bol de tisane, une soupe.

Alors il fait que maigrir.

Je viens lui faire une petite visite quand je peux. Petite parce qu'on a pas tellement à se dire. Nini vient le voir aussi. Et Lola. Des fois on se rencontre. Et on va boire un café dans le coin. À Aligre.

Aujourd'hui il n'y avait que moi.

Papa m'a reparlé des fleurs pour faire caguer Fougerolle.

J'aime pas ça.

Je vais du côté de la gare de Lyon. Je prendrai le métro là. Ça me fait bizarre de revenir rôder dans ce quartier où j'ai tant galvaudé. Je revois le square Trousseau, mon école, la rue Abel. Je repense aux amis d'antan. À Bourdet qui m'a appris à me branler dans l'atelier de son père, au-dessus duquel roulaient les trains de la gare de la Bastille, à Duval, à Mounier, à Crotta qui découpait partout où il pouvait en trouver des photos de l'actrice américaine Loretta Young. À Démolisse qui était si niais. À Rochette qui volait des sous dans la caisse de la boulangerie de ses parents et qui s'achetait avec des stylos, des porte-mines. En or. Je pense à des filles aussi. À Adrienne Piscetta à qui je dois la première raclée que m'ait flanquée papa. Raclée due au fait que je l'avais déculottée, Adrienne. Ce qui était aussi une première. Et elle m'avait cafté, la petite salope.

Arrivé rue de Lyon je regarde l'heure à l'horloge de la gare. Trois heures de l'après-midi.

Tant que j'ai pas eu de montre à moi, c'était cette horloge qui me disait si j'avais encore du temps à perdre ou si il fallait que je rentre. Elle m'en a évité des engueulades cette tocante démesurée. Artistiquement parlant c'est zéro la gare de Lyon et sa pendule. Mais pour moi c'est plus causant, plus émouvant que le Parthénon, Versailles ou le Sacré-Cœur.

D'ailleurs c'est à la gare de Lyon que ça commence mon scénario pour le long métrage de Resnais.

Il est treize heures. Et c'est dimanche. Et des adolescents, une petite bande, des adolescents d'aujourd'hui, partent à pied direction les Grands Boulevards. Et ils font des rencontres, se fâchent, s'aiment, se perdent, se retrouvent, font des pitreries, se fichent des gnons, se rabibochent, rêvent.

Je dis pas que c'est pas très inspiré par le néoréalisme italien. C'est très inspiré par De Sica. Par Fellini. Oh ! Fellini. C'est le plus fort, lui. *Les Vitelloni*, quoi de mieux ? Il y a, bien sûr, quelques films américains qui m'époustouflent. Pas ceux qui marchent le mieux. Pas ceux qu'encensent *Les Cahiers du cinéma*. Des films américains sans Ava Gardner, sans Bogart, sans Marilyn. Mais avec des rues populeuses de Frisco, de New York. Avec la petite Italie, Chinatown. Et des clochards, des paumés.

Donc c'est un dimanche et, partant de la gare de Lyon, des petits mecs et deux trois filles, pas des stars, des filles pas forcément belles, des filles maigrichonnes, habillées comme on s'habille quand on a quinze ans et pas de fric…

Plus je marche dans Paris, dans des rues comme ici dans le douzième, plus j'ai d'idées pour ce film à faire.

Le titre, qui m'est venu comme ça et qui me plaît et plaît aussi à Resnais, c'est *Un dimanche tous ensemble*. Braunberger le trouve sonnant bien et, ce qui ne gâte rien, plutôt vendeur. Et il m'a signé un contrat et déjà donné une avance.

Braunberger, que je vois souvent, est un producteur si lettré, si fin, si beau parleur qu'on a l'impression qu'il s'est gouré de métier. Il a un glorieux passé. Avec, notamment, Jean Renoir. Ensemble ils ont fait leur premier film « sonore et parlant », *On purge Bébé*, avec Michel Simon et un débutant nommé Fernandel. Et ils sont à l'origine de *La Partie de campagne*. Ce chef-d'œuvre mélancolique avec Sylvia Bataille dont Braunberger, Renoir, tout le monde était amoureux. Ce qui compliqua fichtrement le tournage. Son seul horrible défaut à Braunberger : il est amateur de corrida.

Resnais lit mes pages sitôt écrites. Et il a l'air d'aimer ça. Marker va être enfin content de moi.

Je me fous de ce que va penser Marker. Mais penser qu'il va être content de moi, c'est très réconfortant.

Papa

J'étais à Gambais. Oui, le patelin de Landru. Ce petit barbichu ridicule qui séduisait des dames nanties et pas forcément laides, qui devait sans doute les baisouiller galamment, puis les faisait cuire dans sa cuisinière pour leur piquer leur fric.

J'étais à Gambais avec André Sallée, un réalisateur d'émissions de radio. Un des quelques beaux esprits de Radio-Luxembourg. Il m'avait mis sur un coup « de prestige » – comme on dit rue Bayard. Une série d'émissions sur les couples d'amants célèbres. Rodolphe et Marie Walewska, Marie-Antoinette et Fersen, le général Boulanger et Mme de Bonnemain (sur la tombe de laquelle ce bouillant militaire se suicida)... Des figures d'images d'Épinal. De belles âmes. Fallait que j'écrive les textes en pompant sans vergogne dans des bouquins d'Histoire. Que je les écrive grand style, romantique. C'est que c'était fait pour être dit par un comédien grand style, romantique et flanquant, rien qu'en apparaissant, les dames et les demoiselles dans un état de sudation extrême. Jean-Claude Pascal.

Un homme bel homme et le sachant. Mais d'une politesse... Un imbu sachant recevoir.

Mes textes, avant de les dire au micro, il veut, il exige qu'on les lise ensemble. Qu'on les relise et re-relise. Et il gomme un mot, en ajoute un autre. Ça me plaît qu'à moitié. Mais c'est « de prestige ». Ça me sort un peu de tout ce qu'on me fait faire rue Bayard. Ça me change du « Roman de l'accordéon », saga popu du piano à bretelles, de « Vas-y Zappy », de conneries pires encore dont je trousse des épisodes à l'occasion.

Toujours est-il que nous voilà à Gambais. Où Jean-Claude Pascal nous reçoit dans sa bicoque de don Juan chichiteux. Bel endroit, avec de l'antiquaille à profusion, du tableau ancien, de la dorure en veux-tu en voilà, du velours rouge sang, de la vaisselle Louis XV, de la petite cuillère en or massif. On boit du thé de Chine, on croque des croquignoles. Sallée fait des ronds de jambes, Jean-Claude nous fait le numéro de la star qui fait pas sa star. Moi je vends ma salade aussi joliment que faire se peut. Et ça marche.

Gambais étant assez éloigné de Paris, on rentre si tard que je ne vais pas passer dix minutes avec papa à Saint-Antoine.

Le lendemain, parce qu'il est mort dans la nuit, je vais voir son corps à la morgue de l'hôpital.

Papa est parti. Sans un au revoir.

Un préposé en blouse blanche me laisse, en échange d'un pourliche qu'il quémande du regard, embrasser le crâne glacé de mon père.

C'est mon premier mort. C'est papa.

C'est la première fois que je vois un mort.

C'est affreux.

Affreux aussi les palabres avec un trop urbain vendeur de chez Roblot qui me force à feuilleter ses catalogues sur papier glacé et à choisir telle ou telle poignée de cercueil.

Puis il y a la messe, le cimetière.

Et la malheureuse grosse Lola qu'il faut consoler.

Puis tout.

Et, ce matin, un matin à grand soleil, nous sortons, mon frère et moi, d'une banque place de la Bastille. La banque où papa avait un coffre. Il avait pas de sous, rien il possédait et il avait un coffre. C'était tout lui, ça.

On y trouve que de vieux papiers, un permis de conduire datant des années trente, une carte plus que périmée de membre du Touring Club de France, des tickets de pain de l'Occupation. On y trouve tellement rien que, le notaire (parce qu'on visite avec un notaire) est formel : faut refuser l'héritage. Qui consiste en quelques pelles, deux brouettes, des seaux, des caisses vides, un phonographe marchant plus, une pile de vieux vieux *Canard enchaîné* remisés dans un hangar du côté de Bercy. Autant de bricoles qui, même fourguées à des aveugles particulièrement abrutis, ne rapporteront pas de quoi éponger le passif. Parce qu'il y a des dettes. Coquettes.

Au soleil, à une terrasse, on boit des cafés Nini et moi. On fume.

On essaye de parler d'autre chose que de papa. Et de la mort. Et de maman.

Comme on y arrive pas. On s'en va.

Chacun de son côté.

Aux bains de mer

Laurent est un grand garçon. Sept ans ça commence à faire. Il est parti à la plage avec sa mère, Toto, Zézette et leur fiston qui, lui, tourne carrément au jeune homme.

J'irai les rejoindre une fois terminées mes écritures. Comme toujours j'ai trente-six œuvres en chantier. Je dis œuvres, ça fait plus smart que corvées. Ce que je peux pisser comme encre ! Ce matin j'ai scénarisé cinq pages pour la bande dessinée qu'on publie dans *Pilote*, Dagues et moi.

P'tit Pat. Un gamin de Paris qui doit ressembler pas mal à celui que je fus. Mais lui, il a la télé.

Si bien que tout commence avec une histoire d'antenne sur un toit et l'intrusion d'un vieil homme sentencieux que j'ai baptisé « l'Ancêtre ». C'est pas mal. Il arrive que des lecteurs m'écrivent pour m'en dire du bien. Comme faut faire son miel de tout, je raconte, dans les pages que je viens de boucler, ses vacances à l'île de Ré, à P'tit Pat.

Pendant que je turbine, tranquille, en solo, dans la bicoque que nous loue un pêcheur qui ne pêche plus mais qui continue à bien boire du pineau, la tribu est à la plage.

Je le fais participer à la course au canard qui a réellement lieu ici. Une tradition cruelle qui condamne des canards attrapés par des gamins nageant très vite à être bouffés.

Ah ! ce que j'ai fait de très réussi pour *Pilote* c'est une suite d'articles sur l'histoire de la BD. Enquête pas trop sérieuse – je ne fais rien jamais très sérieusement – qui m'a permis de rencontrer des gens qui me faisaient gamberger féroce étant môme. Je suis allé rendre visite à Alain Saint-Ogan, le créateur de *Zig et Puce* et de leur pingouin Alfred. Il m'a fort bien reçu. On a ri et bu des coups de rouge. J'ai aussi fait connaissance avec Loulotte. Loulotte la petite fille dont Bécassine était la nounou. C'est aujourd'hui une dame distinguée qui servit de modèle au dessinateur Pinchon au temps où il publiait ses planches dans l'hebdo pour fillettes bien élevées *La Semaine de Suzette*. C'était le papa de cette dame distinguée qui écrivait les histoires de Bécassine. À propos de Pinchon, illustrateur de génie qui, hélas, n'est plus de ce monde, sa veuve m'a révélé que ses initiales J.-P. n'étaient pas les initiales de Jean-Paul ou Jean-Pierre – comme je me plaisais à le croire – mais de Joseph-Porphyre.

Ces précieuses informations et mon érudition pas mince m'ont valu bien des compliments. Même que les éditions Gallimard m'ont contacté pour me proposer d'écrire un livre entier sur l'Histoire de la bande dessinée. Faire un livre, moi ! ça c'était de la proposition. J'ai tout de suite accepté. Ça a été un oui tonitruant. À l'œil je l'aurais écrit ce bouquin. Un bouquin pour Gallimard. L'éditeur de Caldwell, de Marcel Aymé, de…

Et je ne l'ai pas écrit. Comme jamais je n'ai terminé le scénario du fim *Un dimanche tous ensemble*. Que Resnais attendait. Que Braunberger m'adjurait d'écrire, allant jusqu'à me donner des avances de plus en plus conséquentes.

Resnais, toujours chic type, ne m'a pas fait de scène. Quand il en a eu marre d'attendre, il a demandé à quelqu'un d'autre de lui écrire un scénario. À une dame de gauche un peu célèbre pour avoir narré, dans un style à mes yeux abominable, sa jeunesse en Indochine. Marguerite Duras. Elle en a accouché vite fait du scénario pour Resnais. Un mélo d'avant-garde avec une fille qui s'est tapé un Fritz à Nevers quand il fallait pas et qui se tape un jaune au Japon. Avec des dialogues comme on en entend dans les petits théâtres du Quartier latin, des dialogues de roman de gare, mais pompeux. Et Resnais a fait des images ultra-soignées. Et la critique a déliré. Ça s'appelle *Hiroshima mon amour* et ça a été catalogué chef-d'œuvre.

Resnais m'avait invité à la première projection. On était peu de spectateurs et triés sur le volet. Quand ça a été terminé, tout le monde a applaudi. Et pas qu'un peu.

Sauf moi. Moi, je lui ai dit à Alain que c'était très chiant, trop chichiteux, qu'il me décevait.

Pourquoi j'aurais menti à un aussi grand ami ?

Amis on l'est toujours.

Il sera jamais le Carné d'un Prévert qui serait moi, voilà tout. Mais j'aurai jamais de Carné, on dirait. Parce que je serai jamais un Prévert.

Un Forlani je suis en train de devenir. Que ça.

Colette, Zézette, Toto, pas mal de mes proches pensent que devenir un Forlani c'est déjà pas si mal.

C'est vrai que, sur ma feuille d'impôts, il y a imprimé que je suis « homme de lettres ». C'est vrai que je vis de ma plume. C'est vrai qu'il se passe pas un jour sans qu'on appelle Bagatelle 88 44 pour me réclamer des pages et encore des pages de ma prose si spirituelle.

Cette farce !

Elle vaut pas tripette ma prose. C'est du tout-venant. Du facile facile. Mais ça leur suffit. Ils font avec. Ils font de la radio qui mange pas la tête, de la télé pépère, des films de série B. Et tout le monde est content.

Sauf moi si j'y pense.

Mais, pas fou, je m'arrange pour y penser que très peu. Mon esprit je l'occupe autrement.

En lisant les bons auteurs. En faisant des orgies de lecture. *La Comédie humaine*, je me la suis avalée. Toute. Le volume un de la Pléiade pour commencer. Puis le deux, puis les autres. Sitôt un terminé, je fonçais chez le libraire. Dostoïevski aussi. Et Zola. Et Stendhal. Pléiade après Pléiade.

Et j'ai des activités parallèles. Faut pas croire. Ainsi le Club de la bande dessinée. Un groupuscule de lecteurs d'illustrés attardés créé par un fonctionnaire d'Alès (Gard), Francis Lacassin. Une inondation ayant mis à mal sa collection de journaux illustrés d'avant-guerre entreposés dans la cave de ses parents, ce vieux jeune homme met sur pied un réseau de chercheurs. Resnais est contacté. Puis d'autres. Ça fait tache d'huile. Et un club naît. Dont je fais bientôt partie. Et un bulletin est édité avec des moyens de fortune, le *Giff Wiff*, en souvenir d'un bestiau pour rire dessiné par Segar, le créateur de Popeye.

Et je finis par me retrouver rédacteur en chef du *Giff Wiff*. Un canard qu'on ne trouve nulle part et dont aucun collaborateur n'est rétribué. Mais... rédac chef. Cette fonction me vaut de perdre bien du temps avec bien des allumés.

Ainsi Georges Fronval. Un gros bonhomme allant vers la soixantaine. Un peu journaliste, beaucoup polygraphe. A si peu voyagé que je le soupçonne de n'avoir jamais dépassé les boulevards extérieurs. Mais c'est l'homme de l'Ouest, du Far West. Coiffé d'un chapeau de cow-boy, botté, il va de rédaction en rédaction pour proposer des confidences inédites de Buffalo Bill, des révélations sensationnelles sur la mort de Billy the Kid, des daguerréotypes jusqu'alors inédits de Géronimo, des recettes de cuisine de Calamity Jane. Il a bossé dans tous les magazines pour la jeunesse, surtout les plus crapoteux. Mais c'est une sommité.

Je l'ai rencontré à *Pilote* où il joue les shérifs – vouant aux pires sévices le dessinateur qui n'a pas tracé la bonne peinture de guerre sur la tronche d'un Cheyenne ou a emplumé un Sioux comme un Mohican. C'est un maniaque à sa manière. N'ayant ni femme ni enfant, ni chien ni chat et encore moins de cheval, je le soupçonne d'être une grosse tantouze. Mais passive. Il vit dans un sixième du seizième dans des vieux papiers qui sentent, c'en est suffocant, le vieux papier. Avec un authentique bureau de chef de gare de Salt Lake City et une bonne vingtaine de tomahawks en parfait état de marche.

Un matin à cinq heures il me réveille en sursaut au téléphone. M'intime l'ordre de me pointer sur l'instant dans sa rue pour, devant le numéro trois, m'emparer d'un trésor. Je l'envoie péter. Je raccroche le téléphone. Il rappelle, insiste. Je capitule. Je me loque comme je peux, je cavale à la porte Saint-Cloud, je trouve un taxi, je lui donne le nom de la rue, le numéro.

Bon Fronval ! Dans les poubelles du trois, il y a une brassée de suppléments du dimanche du *New York Herald Tribune* de l'année mil neuf cent quatre. Le mot trésor était le bon mot.

Des Fronval il en sort de partout. Et quels ! Des quinquagénaires vivant encore chez leur maman et possédant la collection complète du *Journal de Bébé* et du *Bon Point amusant*.

De bons époux bons pères, manifestement bien dans leur tête ayant, dans leur cave nickel comme un bloc opératoire, des deux à trois mille Mickey ou Félix le chat sous toutes leurs formes – poupées de différentes tailles, pantins articulés ou pas, taille-crayons, cendriers, bols à porridge ou à thé, lampes de chevet, casquettes… capotes anglaises ! Officiel. Des godemichés Betty Boop et Superman aussi j'ai vu. Et ça valait le coup d'œil.

Le Club de la bande dessinée, *Giff Wiff*, ça me mange du temps.

Et si c'était du temps gagné ?

Gagné sur quoi ?

Pendant que je turbine, tranquille, en solo, dans la bicoque que nous loue un pêcheur qui ne pêche plus mais qui continue à bien boire du pineau, la tribu est à la plage.

Colette, Zézette, Toto, les deux garçons ça les ravit, les bains de mer. Ils nagent, ils bronzent, ils ramassent des coquillages. Ils s'amusent. Étendre des serviettes-éponges sur du sable, avoir du sable plein les yeux, plein la raie des fesses, faire trempette, se sécher, refaire trempette, cramer au soleil, pour eux, c'est l'extase.

Moi, d'être à La Noue, ça me cause à peu près autant de plaisir que d'être soldat en Allemagne

L'île de Ré ! Ben en voilà une affaire !

Je compte les jours qui nous séparent de celui, tant désiré, du retour.

Allez. Assez mélancolisé. Je mets une chemise qui en jette, un jean, je chausse des espadrilles. Et j'y vais.

Mais je vais pas aller rejoindre ma petite troupe sur son sable. Je vais mettre le cap sur un des troquets pas trop peuplé du bled. Celui où j'aurai peut-être la chance de trouver Bougrain-Dubourg. Un député gaulliste et snob qui a une grande villa dans le jardin de laquelle il y a une volière avec des oiseaux exotiques et un dromadaire. Un vrai, avec sa bosse. Qu'il a ramené d'Afrique où, à ce qu'il raconte, il construit des voies de chemin de fer.

Un de ses fils, à ce politicien saugrenu, Alain, aime tant les animaux qu'il passe son temps à engueuler les vacanciers qui vont aux moules ou à la crevette. Il leur fait honte d'attenter à la vie de ces humbles créatures du Bon Dieu. Un jour viendra où il fera ça à la télé. Avec la Brigitte à mon ami Vadim. Un jour.

Si je tombe pas sur Bougrain-Dubourg, le père, je tomberai peut-être sur Schwob d'Héricourt. Encore un îlien moins rebutant que les campeurs et champions de ski nautique en shorts fluo. Schwob est un patapouf avec pantalon crème à pli, godasses de chez le bottier toujours fraîchement cirées et veste impec et pochette. Il est cossu et pas regardant. Toujours prêt à vous offrir des huîtres et le vin blanc pour les accompagner.

À en croire Toto c'est un possédant, donc une ordure.

Et alors ?

Il est milliardaire. Mais il nage pas, lui, au moins.

Camus (Albert), Losfeld (Éric)... et Cie

Elle l'a eu !

Elle s'est donné du mal, Cette Marianne. Des pneumatiques elle a bien dû en expédier cent. Et les coups de téléphone... À la terre entière elle a dû dire allô de sa voix qui peut épouvanter. Mais elle l'a eu. Il a dit oui. Il est là dans le salon du Lutétia.

Albert Camus.

Marianne n'est pas là, elle. Elle m'a laissé le soin de lui expliquer ce qu'on, ce qu'*elle* attend de lui.

Vu de près, autrement qu'en photo de futur prix Nobel, de philosophe incontournable, il est mignon Camus. Il a l'imper de Humphrey Bogart, un sourire un peu voyou, une façon de parler comme les séducteurs dans les films tournés au bord de la Méditerranée.

– Alors c'est vous l'alter ego de notre chère Marianne. C'est quelqu'un. C'est bien de travailler avec elle. Mais ça ne doit pas être toujours facile.

Il me plaît. Il est jovial, pas bêcheur. Prêt à rire. Alors on rit. J'aurais cent mille questions à lui poser à ce monsieur. Sur l'Algérie, dont il parle si bien dans ses petits textes sur les boxeurs amateurs oranais, sur ses positions politiques, qui me semblent parfaitement saines chaque fois que je le lis dans des canards.

J'aimerais aussi qu'il m'éclaire sur ses rapports avec Marianne, aux USA. Elle, si on l'écoute, si on fait le tri dans tout ce qu'elle laisse échapper quand elle a un verre dans le nez, à New York, des nuits d'amour ils ont vécues, l'Albert et elle. Vrai ? Pas vrai ? Ça me plairait de connaître le fin mot de tout ça. Mais je vais pas lui demander : « Cette Marianne, monsieur Camus, au lit, elle est chaude ? »

Si j'avais l'aplomb de m'aussi mal conduire, ça l'amuserait peut-être. Peut-être qu'il me raconterait leur idylle avec des détails bien juteux. C'est qu'il n'a pas l'air hostile au péché de chair, ce grand auteur de chez Gallimard. Ce qui semble le motiver le plus dans notre entreprise, c'est pas tant la perspective de pouvoir chanter les louanges de Marianne que celle de nouer à la faveur du tournage, des enregistrements, quelques relations intéressantes. Il me demande si il y aura des filles dans l'équipe. Scripts, assistantes, monteuses ? Et de quelle sorte ? Jeunes, pas jeunes ? Jolies ou non ?

C'est pas compliqué, au bout d'un petit quart d'heure, on parle cul. Mais sans vulgarité. En hommes qui savent qu'un cul de dame c'est une des belles choses de la vie.

Je conserverai à tout jamais un excellent souvenir de l'auteur du *Mythe de Sisyphe*.

Quant au commentaire dont il agrémenta le téléfilm sur Marianne réalisé par Marcel Bluwal, il ne figurera jamais dans ses œuvres complètes.

Autre connaissance que je dois à l'infatigable Marianne : Georges Franju, réalisateur très moyen qui fut un des fondateurs de la Cinémathèque française. Nous avons fait avec lui

La Première Nuit, court métrage poétique entièrement tourné dans le métro. « Une belle œuvre », ont dit et écrit plusieurs connaisseurs. Je n'ai jamais trouvé ça bien reluisant, moi. Et je n'ai guère aimé Franju. Et je ne comprendrai jamais pourquoi ce mal embouché, cette grande gueule se faisant servir vin blanc sur vin blanc dans la chambre sept cent du Lutétia, a laissé un nom dans les Histoires du cinéma.

Le chanteur canadien Félix Leclercq, lui, me botte immédiatement.

Je ne sais pas où Marianne l'a pêché. Mais quand il s'amène au Lutétia avec son parler de paysan Louis XIV et sa chemise de bûcheron c'est le coup de foudre. Et quand il me fait part de sa passion… Il collectionne les outils, Félix Leclerc. Quelle que soit la ville du monde où il chante, faut qu'il en rapporte des marteaux, des tenailles, des rabots, des pioches, des vilebrequins. Dans sa cabane au « vieux pays » il a des limes siciliennes, des pinces chiliennes, des varlopes russes, des tournevis malgaches, ce fou. D'où des fortunes dépensées dans les aéroports en suppléments de bagages. On travaille dans la joie avec lui. Pour une émission de télé qui ne verra jamais le jour. Peu importe. Il nous quitte heureux comme un pape parce que, grâce à nous, il a pu magasiner à son aise au sous-sol du BHV.

Souvent souvent, en quittant le Lutétia, je vais respirer une goulée d'air, pas forcément pur mais à coup sûr révolutionnaire, à deux pas de là, rue du Cherche-Midi, dans la librairie de Losfeld.

C'est, comme le Minotaure, une boutique où on ne fait pas qu'acheter, où on vient choper des idées, rire un bon coup, retrouver ou découvrir du beau monde.

Le patron de cette librairie, Eric Losfeld, ne fait pas que diffuser une certaine littérature, il est éditeur, en plus ou d'abord. Et pas d'œuvres bien pensantes, de romans à l'eau de rose. Lecteurs de Sagan, gaffe ! si vous entrez chez lui vous allez vous faire jeter.

Je continue à faire mes délices de Céline dont Gallimard publie enfin la chronique de ses tribulations à Sigmaringen avec les affreux de la collaboration. *D'un château l'autre*. Ce livre que la plupart de mes amis, l'ayant ou pas lu, vomissent, je le trouve superbe. Si féroce. Si désabusé. Je sais qu'il y a de bien moches idées derrière ce jeu de massacre. Mais l'écriture, bordel, les petits points, les tournures. Et ces fantoches... Pétain, Laval, les seigneurs du nazisme et leurs mémères se gavant de caviar, de foie gras, et se faisant au froc. C'est le plus grand raconteur du siècle numéro vingt, Céline.

Mais jamais j'ai été le voir à Meudon avec Combelle.

Il est fait pour être lu. Pas pour être fréquenté, Louis-Ferdinand.

Tout en savourant Céline, tout en faisant des boulots pas vraiment reluisants, j'ai toujours bien du penchant pour mes vieux bien-aimés surréalistes. Et chez Losfeld on trouve des revues où Breton continue à faire son pape. Il a pas perdu un atome de sa hautaine furie. Comme Céline de son côté, il persiste et signe. Ça, pour signer, il signe. Des manifestes. Dont pas grand monde a connaissance. Mais c'est noble.

Alors j'achète *Le Surréalisme même* et *Néon*. Des revues confidentielles pensant « selon Breton ». Que j'ai grand peine à lire tant c'est hermétique et fabriqué.

J'ai des altercations avec Losfeld, ou des familiers de sa boutique. Les petits nouveaux du surréalisme, des mecs pas bêtes, il s'en faut, mais aussi sectaires, aussi flics et curés que les flics et les curés qu'ils fustigent.

Je deviens quand même bien ami avec Adonis Kyrou et Robert Benayoun. Ils bavent sur les néoréalistes italiens et croient que le génie du ciné c'est Buñuel. Foutaise !

Buñuel j'aime pas du tout ses « satires-cruelles-de-la-bourgeoisie ». Et lui non plus je l'aime pas.

Croyant me faire une fleur, un soir, Lévy m'a invité à dîner chez lui avec Buñuel qu'il connaît depuis l'époque où les fans du *Chien andalou* se foutaient des peignées avec les gens de droite. On a bien mangé bien bu. Mais le pontife du ciné mexicain... Ouille ouille ouille. Sourd comme un pot. Pas causant. L'ouvrant à peine. Et que pour nous les briser avec des généralités sur la misère des Mexicains pauvres.

Et les pas Mexicains pauvres ils en ont pas de la misère, vieil imbécile ?

Oublions cette soirée gâchée. Oublions le señor Buñuel dont je crois et croirai toujours que, séparé de Dali, il n'a plus rien fait de génialement déroutant. De surréaliste, quoi.

Dali c'est le nom qu'il faut pas prononcer chez Losfeld. Je le prononce quand même. C'est mal vu. Tant pis. On va dire que c'était pour rire. Et on rit.

On rit toujours chez Losfeld. Sauf quand des casseurs de la droite extrême balancent des boulons, des pavés dans la vitrine du Terrain vague.

Michèle Morgan n'aime pas

Encore une demeure sentant le fric. Et le bon goût. Et pas dans un quartier tartignolle. Dans l'île Saint-Louis.

Et la maîtresse des lieux, une grande dame. Une étoile du septième art. Et pas n'importe quelle. La Nelly de *Quai des Brumes*.

Et moi dans un fauteuil. Moi le scénariste. À qui la star a servi de ses blanches mains une tasse de café. Si ma mère me voyait.

Ils parlent, ils papotent – Michèle Morgan, François Villiers, Alain Poiré. J'écoute pas. Je tète une cigarette que j'ai pas osé allumer dans la crainte de faire choir ne fût-ce qu'une miette de cendre sur le somptueux tapis et je songe.

Je songe au chemin parcouru. Une ascension.

Nous voilà loin de *L'Œil en coulisses*. C'était il y a six ans. Suivirent deux films d'André Michel, *Sans famille* et un truc pas exaltant avec Philippe Noiret, une comédie loupée, *Comme un poisson dans l'eau*. Dont, la tête sur le billot, je serais infoutu de raconter la trame. Et il y eut *La Verte Moisson*.

Curieusement ça m'est arrivé. Au nombre de mes innombrables relations, il y avait un petit mec de mon âge que je croisais à la Coopérative du cinéma et dans les troquets les moins élégants des Champs-Élysées. À le voir on aurait juré qu'il était tourneur en usine ou menuisier, typographe. Pas du tout. Il écrivait. Il avait écrit et le roman *Jeux interdits* et son adaptation pour le film tourné par René Clément. Un film qui m'a, sur le moment, enthousiasmé. Alors je lui ai dit, à François.

Son nom c'est François Boyer. Il a une femme gentille, des enfants gentils. Il vit dans une banlieue ni gentille ni riante. C'est un gagne-petit du ciné. Doué et bûcheur.

Avec lui je parle bien. On a des goûts communs. On devient des potes.

Et voilà qu'il me téléphone pour m'annoncer que Gaumont cherche un dépanneur et qu'il leur a donné mon nom.

Ça s'emmanche rapide et pas mal. Je me retrouve dans le bureau d'un des cerveaux de Gaumont, Alain Poiré. Pas le look Boyer. Pas gagne-petit. Vieille France. Cravate, blazer. Aimable sans excès.

Il m'affranchit. La Gaumont a racheté les droits d'une histoire vraie. Celle de jeunes lycéens qui, pendant l'Occupation, ont eu une conduite héroïque. Comme il avait bien fait parler les enfants de *Jeux interdits,* Poiré a engagé Boyer pour tirer un scénario de cette pathétique tranche de vie. Et, le Boyer, piqué par on ne sait quelle mouche, a fait parler les lycéens patriotes comme des charretiers, il les fait coucher avec des lycéennes... Il a tout gâché, tout saboté, si je vois ce que Poiré veut dire.

– Oui oui. Je vois.

– Alors ? Vous vous sentez de taille ? C'est qu'il y a tous les dialogues à revoir. Plusieurs scènes à supprimer, à réécrire de A à Z. Un travail monstre. Bien sûr le réalisateur François Villiers sera avec vous. Mais faudrait mettre les bouchées doubles. C'est que le tournage doit débuter dans quinze jours. Les comédiens sont engagés, les techniciens aussi.

– Je peux m'y mettre tout de suite.

– Si vous trouvez le ton juste...

Fallait le trouver absolument, le ton. Je rentre chez moi avec le manuscrit de Boyer. C'est pas mal. Ils sont criants de vérité ses lycéens. Ils disent con, merde, chier, couille, bite à chaque plan. Et ça baisouille avec vraisemblance. Mais faut pas.

Alors ?

Alors je passe une nuit blanche à tellement cloper qu'au matin je suis aphone. Mais j'ai eu l'idée qui tue. Comme réécrire tous les dialogues ça serait un taf de titan, je te colle un récitant. Et pour que ça devienne bien-pensant, patriotard, le récitant je décide que ça sera l'aumônier du lycée. Un curé racontant l'histoire, c'est pas de l'idée, ça ?

Le lendemain Poiré me serre sur son cœur. C'est plus dépanneur que je suis : c'est sauveur.

Avec François Villiers le réalisateur de *L'Eau vive* pour me regarder écrire on s'y colle. Et ça y va. À temps il aura son scénario édulcoré le père Poiré.

Pour jouer l'aumônier ils ont engagé Pierre Dux de la Comédie-Française. Qui mettait en scène *La Reine morte* à l'époque où je frimais.

Et il dit du Forlani !

Le film *La Verte Moisson* a été joliment réalisé par François Villiers. Dans un vrai lycée peuplé de jeunes comédiens prometteurs : Claude Brasseur, Jacques Perrin, Jacques Higelin, Dany Saval. Et il a été bien accueilli.

D'où excellente entente avec François Villiers, agréable fumeur de pipe, marié à une belle et charmante Indienne, père d'enfants aussi beaux que bien élevés et frère de Jean-Pierre Aumont. Qui lui aussi fume la pipe, a été l'homme de Marlene Dietrich, est marié avec la fascinante Marisa Pavan et me raconte autant que je veux the secret life of Hollywood où il a longtemps vécu.

Tout va. Tout va si bien que, quand Gaumont engage Villiers pour réaliser un film tiré du roman de Jean-Jacques Gautier *Le Puits aux trois vérités*, il tombe sous le sens que c'est l'estimable et talentueux Remo Forlani qui en sera le scénariste.

Beau, non ?

Me voici donc en ce beau jour de l'an mil neuf cent soixante attendant que pleuvent des compliments, à mon sens, bien mérités.

Mme Morgan et MM. Poiré et Villiers en ayant terminé avec leurs échanges de banalités à propos de sports d'hiver, bagnoles et pluie et beau temps, on en vient au scénario.

Michèle Morgan l'a lu. Lu et relu. Et qu'est-ce qu'elle en pense, cette légende vivante ?

Michèle Morgan sourit. Ce qu'elle fait avec une grâce indescriptible.

– Ce que j'en pense ?

Elle prend son temps. Elle sait ménager ses effets. On voit la pro.

– C'est une histoire très forte. Très... Je vous l'ai dit, je trouve ce roman captivant. Mais...

Il y a un mais. J'allume ma cigarette.

– Ce scénario...

Quoi ce scénario ? Elle fait la moue on dirait. Qu'est-ce qu'elle lui trouve au scénario, l'étoile ?

– Je suis déçue. Voilà. Déçue.

La vache.

– Et... les dialogues. Avec la meilleure volonté du monde, les dialogues...

C'est foutu. C'est d'autant plus foutu qu'il y a un gros père tassé dans un fauteuil dans ce salon. Un gros père qui n'a pas encore parlé. Mais il va le faire. Il va le faire parce que Poiré, Poiré qui a préparé son coup, à mon insu, évidemment, mais aussi sans y mettre Villiers dans son coup, Poiré se tourne vers lui, vers le gros père.

– Pour ce qui est des dialogues, vous êtes d'accord, Henri, pour les retravailler ?

Henri. Henri Jeanson.

C'est lui le gros père. Jeanson, l'homme qui a fait dire à Arletty « atmosphère » dans *Hôtel du Nord.* Jeanson le soi-disant anarchiste, au franc parler qui me fait des fois rire avec ses articles dans *Le Canard enchaîné*.

Jeanson qui, ce jour-là, chez la grande Mme Morgan, s'est conduit avec moi comme le dernier des fumiers.

Il n'a même pas eu la délicatesse de me trouver des circonstances atténuantes. Il aurait pu. Ça lui coûtait rien de faire mine, d'être bon zigue avec un jeunot. Mais non. Ce vieux con m'a, dès qu'il m'a vu, assimilé aux dynamiteros des *Cahiers du cinéma*, à ces petits loups qui veulent la mort des éléphants sacrés du ciné de papa. Alors il m'a sauvagement flingué. Mis à mort. Il a dit que mes dialogues faisaient plus que friser l'indigence. Que c'était zéro, mon boulot.

J'ai été dégommé. J'aurai un peu mon nom au générique du *Puits aux trois vérités*. Mais qu'un peu. En tout petit. Celui du gros pépère flingueur sera en lettres énormes.

Vu que ça n'a pas été un film qui a fait date, rien de grave à ça.

Mais je me revois sortant de la belle demeure de la belle Michèle Morgan. Profil bas. Lessivé. Écœuré. Par la star devenue beaucoup moins belle. Et par le pépère Jeanson dont les bons mots ne faisaient que cacher une mauvaise mentalité. Dieu ait son âme !

Petit lot de consolation : Jean-Claude Brialy qui partageait la tête d'affiche avec la grande dame du cinéma français m'a dit que, mes dialogues, il les regrettait.

Il m'a pas dit, alors, qu'un jour il me ferait écrire ceux d'un des films qu'il réaliserait : *Les Volets clos*. Il pouvait pas savoir.

Mais il a été correct, lui. Merci, Jean-Claude.

Hergé angoisse. Moi aussi

Alain Resnais devient un grand homme. Pas moi.

Mais nous sommes toujours amis. La preuve : André Barret, avisé éditeur d'art, organisateur de croisières fastueuses pour touristes raffinés, décide un beau matin de faire du cinéma. Il a envie de produire un film, avec des personnages de chair et d'os, tiré d'une des aventures de Tintin. Visant au plus haut, il contacte celui que la critique, et pas seulement française, tient pour le plus doué des nouveaux cinéastes : Resnais.

Resnais qui, on ne le dira jamais assez, est l'homme au monde qui connaît le mieux la bande dessinée.

La proposition de Barret l'intéresse. Il y réfléchit longuement et finit par se déclarer prêt à mettre en film l'album *L'Île noire*.

À condition que le scénario soit écrit par Forlani.

M. Barret m'offre un bon déjeuner dans un bon restaurant. On parle. On se convient. C'est oui pour Forlani.

Après quoi Resnais pense comme il sait le faire et en arrive à la conclusion que des acteurs de chair et d'os ne seront crédibles dans un *Tintin* que nantis de masques. En gros il a un rêve fou : celui d'inventer un genre cinématographique.

Barret est conquis. Barret est très excité. Son ami et coproducteur l'éditeur Robert Laffont aussi. On remange dans de bons restaurants. On s'entend à merveille. Tout roule.

Puis ça foire on sait pas bien pourquoi.

Resnais se lance sur un autre projet.

Barret veut toujours faire un *Tintin*. Hergé est hésitant. Un coup c'est oui. Un coup c'est non. Ça traîne. On va le faire ce film ? On va pas le faire ?

On va le faire. Sans Resnais, c'est réglé. Et pas d'après un album de Hergé qui a, finalement, trop peur d'être trahi. D'après une idée de Barret. Qui fait appel à ce décidément très sympathique Forlani.

Ça va s'appeler *Tintin et le mystère de la Toison d'or*. Et Barret et Forlani se retrouvent dans une classique auberge, proche de Paris mais loin de son tumulte et de ses tentations, où les écrivaillons du ciné sont censés travailler. Avec un réalisateur (presque aussi talentueux qu'il croit l'être) nommé Serge Bourguignon. On est bien. On mange bien. On écrit pas trop mal.

Mais tout doit convenir à Hergé. Lui seul sait ce que peut faire Tintin, ce qu'il peut dire, penser. Il sait quels jurons peut proférer le capitaine, quel couac peut sortir ou pas de la gorge de la Castafiore. Chaque mouvement de la queue de Milou devra aussi avoir l'imprimatur du maître. Arrive l'instant où Hergé doit donner, ou pas, le top du départ. Il le donne et nous invite en Belgique.

Bruxelles je connais. Bien dix fois j'y suis venu pour assister à des enregistrements d'un de mes feuilletons radiophoniques. Un soap opéra comme disent les Américains. *Le Chemin du bonheur*. Des semaines, des mois, des années, je tricote au petit point le récit des fortunes et infortunes d'une tendre héroïne répondant au suave nom de Cécile. Une fille jolie. Mais jolie. À la radio on peut les faire aussi belles et bandantes qu'on veut, les filles.

Mes incursions à Bruxelles étaient courtes et toutes taillées sur le même patron. Une séance de studio, un gueuleton de poisson et une virée en ville avec dégustation de bières variées. Une fois elles le furent tellement que je me suis retrouvé raide rond dans un quartier où tout le monde me parlait que flamand. L'angoisse. Une autre fois, ayant loupé le train de retour, je me suis payé Bruxelles by night. Encore l'angoisse. Les petites rues avec des putes dans leurs vitrines comme tue-le-désir on peut pas faire mieux.

Il y a aussi une incursion avec Braunberger. Qui voulait extorquer des capitaux à un gros brasseur. Ce qu'il n'a pas réussi à faire. Mais on s'est consolés en allant visionner des films pornos dans la cave d'un estaminet. Putain de virée.

Mais je n'en suis plus là. Le scénariste Forlani et son producteur sont reçus avec tous les honneurs. Une voiture est venue nous prendre au train, une voiture de riche. Le maître Hergé nous attend dans sa maison des champs. On peut appeler ça un château. Meubles, tableaux, carpettes, bimbeloterie, tout est rupin à souhait. Et quel accueil. On se donne du « cher ami ». On fait assaut de mots d'esprit. On complimente Mme Hergé sur la verdeur de sa main car c'est fleuri tout plein. Germaine elle se nomme, Mme Hergé. Une épouse aimante et aimée qui a mangé de la vache maigre avec le maître (du temps qu'il était scout catho et dessinait *Totor et la patrouille des hannetons* pour des curetons diaboliquement anticommunistes) et qui s'apprête à vieillir avec lui dans le luxe, le calme et la volupté.

Hergé aime beaucoup beaucoup notre travail. Il y a cent petites corrections à y apporter, certes. Mais petites. Si petites.

C'est vendu. Pas de coup de Jarnac à attendre. Y a pas un Henri Jeanson planqué derrière un paravent.

En réalité, il y a des fouille-merde qui vont mettre des bâtons dans nos roues, il y a autour de Hergé toute une faune de sous-fifres, de nains de la BD qui n'admettent pas que d'autres qu'eux s'approchent de leur gamelle. Il y a tous les employés des studios Hergé de l'avenue Louise à Bruxelles. Il y a des gros jaloux méchants, comme par exemple Greg qui, non content de signer les lourdingues albums d'*Achille Talon*, est un peu homme à tout faire de Hergé, un peu conspirateur. Il y a des ennemis. Plein.

Mais, pour l'heure, ils ne sont pas là.

Alors on devise plaisamment avec Hergé. Qui est un être exquis, qui a foule d'autres choses en tête que Tintin et sa vertigineuse commercialisation. D'ailleurs il fait plutôt roue libre ces temps-ci. Pas de nouvel album en chantier. On réimprime les anciens. On les tripatouille pour qu'ils soient moins « colonialistes », pour que les négros deviennent des blacks et ne parlent plus petit-nègre, pour que les bagnoles que pilote le reporter du *Petit Vingtième* soient moins ringardes. Mais laisse ces menues besognes à son studio.

Hergé fouette d'autres chats. Il étudie avec application la guitare. Il a des lectures qui inquiètent vivement ses proches. Des livres sur le bouddhisme, des livres de sagesse indiens.

De ça on parle, Hergé, Barret et moi pendant que Germaine veille à ce que les servantes dressent la table avec art. Et ça me branche nettement plus que notre projet de film.

Quelque chose me dit que M. Georges Remi est, à sa manière à lui, en train de se poser d'extravagantes questions qui m'assaillent moi aussi de plus en plus.

Ça me plaît comme tourne l'entrevue. On oublie *La Toison d'or* et son mystère pour louvoyer vers d'autres mystères.

La vie, la mort, tout ça.

Des problèmes métaphysiques. Voilà ce qu'il a Hergé. Et ça me botte.

Buvant des liqueurs sur sa pelouse, nous naviguons de conserve dans des contrées moins périlleuses certes que le Congo, l'Amérique, la Syldavie ou l'île noire. Mais plus fascinantes.

Nous nous rencontrerons encore et encore, avec Hergé et, l'air de rien, nous évoquerons nos vagues à l'âme respectifs.

C'est qu'il angoisse terrible le brave louveteau devenu le plus célèbre cartoonist d'Europe. Qu'il a deux vies. Celle de châtelain qu'il mène avec la rondelette et si brave Germaine, et celle d'amant culpabilisateur qu'il mène avec une belle et jeune Fanny. Pas au château. Dans des hôtels bruxellois. Des clandés. Où il se métamorphose en guitariste qui se demande si Dieu existe et si il châtiera au soir du jugement les époux infidèles et les scouts ayant manqué à leur promesse. Il fait de la peinture aussi. Abstraite. Qu'il ne montre pas. Surtout pas. Et il va loin loin consulter un psy proche de Jung.

L'Hergé qui dessinait Tintin en noir et blanc dans *Cœur vaillant* que je lisais quand j'étais enfant de chœur, je m'en fous un peu. Mais l'Hergé tourmenté que voilà m'intéresse furieusement.

Du château nous gagnons Bruxelles, l'avenue Louise, le studio Hergé. Nous avons repris nos esprits. On ne parle plus que cinéma.

Seul bref intermède : comme, devant la très parlante fausse peinture ancienne représentant un flibustier ancêtre du capitaine Haddock qui pend au mur du bureau du maître, je demande à Hergé s'il saurait m'indiquer où trouver un livre conséquent sur Magritte, il décroche un téléphone et appelle Magritte. Qui est un cher ami à lui. Une demi-heure plus tard, un coursier m'apporte un superbe ouvrage, à moi dédicacé par Magritte.

C'est grisant de naviguer dans les hautes sphères.

L'art et la manière de saloper un bon sujet de film

Février. On le sait que c'est un mois froid. Court mais froid. Mais qu'il le soit même dans l'île de Beauté, ce paradis où des milliasses de vacanciers vont s'ensoleiller… Faut le voir pour le croire.

Faut dire que, non contents d'y traînailler dans les courants d'air glacé, d'y vadrouiller dans la neige, on l'a mal, très mal préparée, notre virée.

Trop brusquement ça s'est fait.

Je raconte : à la Gaumont, encore la Gaumont, Alain Poiré décide de confier à Villiers la réalisation d'un film tiré d'une nouvelle du très estimable écrivain italien Elio Vittorini.

Villiers, qui (comme Resnais, comme tant de loyaux amis que je ne mérite peut-être pas) est d'une fidélité à toute épreuve, me met dans le coup.

Je lis la nouvelle et la trouve émouvante à souhait. Un pauvre paysan sicilien a déjà beaucoup d'enfants. Sa femme lui en pond un de plus. C'est trop. Il décide de se débarrasser de l'aîné. Ça fera une bouche de moins à nourrir. Cela étant décidé, il court la Sicile avec son gamin pour lui trouver UNO POSTO AL SOLE. Une place au soleil.

Beau sujet. Y a rien à dire.

On se met donc à écrire. Et on touche une solide avance. Et tout va bien.

Le frère de Villiers, le charmant Jean-Pierre Aumont, à qui on raconte l'histoire en mangeant du poulet au curry, a une idée sensationnelle. Comme il est sur le point d'aller tourner à Hollywood il nous propose d'emmener un petit quelque chose à faire lire à son grand grand ami Anthony Quinn, qui serait formidable en Sicilien pas fortuné. Villiers manque de s'étrangler avec un petit os.

– Quinn ! Grand, c'est génial.

Il dit « Grand » à Jean-Pierre Aumont parce que, dans leur famille, tout le monde appelle Jean-Pierre Aumont « Grand ». Et il dit que c'est génial parce que c'est vrai : c'est génial.

Poiré, à qui Villiers téléphone, hurle de joie.

On écrit, sur mesure pour Quinn, une dizaine de pages que Grand traduit en anglais.

Comme dans la nouvelle de Vittorini il y a une femme, une marchande ambulante qui parcourt la Sicile en camion et prend le papa miséreux et son gamin en stop, on se dit que ce qui serait fameux, ça serait de trouver une star qui fasse la paire avec Quinn.

Grand a encore le déclic : Melina Mercouri !

On l'embrasse, Grand. Imaginez l'affiche : Quinn et la vedette de *Jamais le dimanche* ! On tient le grand truc. THE film !

Aumont s'est envolé avec notre synopsis bien tapé, bien relié. Moi, je me retrouve – tout seul, Villiers ayant eu un empêchement – dans une suite de l'hôtel George V. Où – comme tout s'enchaîne, Jésus ! – mademoiselle Mercouri séjourne le temps de promouvoir un film grec.

J'ai pour mission de lui remettre notre synopsis en main propre et, of course, de la convaincre du bonheur et de l'honneur que ça va être pour elle de conduire un camion en Sicile sous la conduite de François Villiers. Un camion avec, comme passager, Anthony Quinn.

J'ai mis mon costume le plus coûteux, noué avec art ma cravate la plus soyeuse (achetée pour l'occasion au Chardon d'Écosse rue de Marignan, là où, je l'ai lu dans un magazine, le très talentueux et très smart écrivain François Nourissier achète les siennes). Je me suis parfumé comme une cocotte. Et, comme dirait Toto que, hélas, je vois trop peu ces temps-ci, je bande que d'une.

Un groom m'a accompagné jusqu'à la suite de la star hellène, une camériste me prie d'attendre un moment. Aux frontières de la pâmoison, je suis.

Et la voilà. Melina.

Dieu seul sait pourquoi, cette Clytemnestre au cul marmoréen est en déshabillé. Mules à talons hauts, combinaison noire, bas noirs que laisse entrevoir une robe de chambre non moins noire et largement entrebâillée.

Je bandais que d'une. Je bande plus du tout. À peine j'arrive à articuler un pitoyablement obséquieux « bonjour madame ».

Elle doit me prendre pour un parfait crétin, un attardé mental. Non, c'est net, elle me prend pour rien du tout. Une star comme elle n'a pas de temps à gaspiller en se faisant une opinion sur le commun des mortels. Elle est une déesse, je suis rien. Point final.

Alors elle veut quoi, la petite merde ?

Ah ! oui, un scénario, un projet de film de plus. Un film de qui ? De François Villiers ? C'est qui, c'est quoi François Villiers ? Ah ! le frère de Jean-Pierre Aumont. Ça, ça lui dit quelque chose.

Elle a soif. Et le débile mental ? Il a soif aussi ?

Elle appuie sur le bouton « room service ». Arrive un maître d'hôtel avec une bouteille de champagne.

On fait pas tchin-tchin. Quand même pas.

– Et c'est quoi comme histoire ?

J'avale de travers une gorgée de Clicquot. Je me lance. J'ai l'impression que je l'ensommeille. Mais pas trop. Je finis même par l'intéresser un peu. En prononçant le nom d'Anthony Quinn.

– Oui. Mon camion. Et Tony au bord de la route avec la petite fille. Oui oui.

– C'est un petit garçon.

– C'est pareil. Et le camion s'arrête. J'échange un regard avec Tony… Un long long regard… Il faut que ce soit sensuel… Très sensuel.

Je jure à Melina que ça sera d'une sensualité renversante. Tout ce qu'elle veut, je le lui jure.

Je quitte le George V en faisant des claquettes (c'est une image). Ça a marché, je crois. Miss Sirtaki va le tourner, notre scénar.

Et alors là, c'est le gros lot : Aumont téléphone à Villiers que Quinn est partant.

Poiré nous refait des chèques. Tels que je vais pouvoir m'acheter toutes les cravates du Chardon d'Écosse et les pochettes se mariant avec.

Je fais une razzia au Nain bleu. Laurent n'est plus enfant gâté. C'est pourri qu'il est. Et, le dimanche, je débarque chez Toto et Zézette avec du foie gras et des petits-fours de chez Carette.

Toto, à qui je raconte le George V, me traite de lopette parce que la Grecque je l'ai pas tirée. Mais Toto c'est Toto.

Chez Gaumont on met en route notre voyage en Sicile. Faut aller repérer d'urgence. Je préviens Marianne que je vais m'en aller deux bonnes semaines. Ça chie dans la chambre sept cent du Lutétia. Je lui jure sur tout ce que j'ai de plus sacré que je vais écrire avant de partir tout ce qui est prévu.

Je l'ai juré, je le fais. Les nuits blanches succèdent aux nuits blanches. Je vais me tuer à la tâche.

Mais… Antony Quinn… la Melina… Un film international… Written by Remo Forlani !

Putain.

Ah oui, putain. Au petit jour, le téléphone. C'est Villiers. Villiers que j'entends à peine. Villiers avec une toute petite voix. Villiers qui vient d'avoir son frère qui est dans un bureau à Hollywood, son frère qui lui annonce que, de plus en plus alléché par notre script, Quinn veut le coproduire, le film, en faire une superproduction, the best movie…

Naturellement réalisé par un grand metteur en scène américain !!!

Moralité : exit Villiers.

Deux heures plus tard on se retrouve dans le bureau de Poiré. Qui marche de long en large. À grands pas. Qui pèse le pour et le contre.

Villiers et moi on pipe pas mot. On attend la sentence. On a les flûtes.

Trois heures plus tard on est fixés.

On oublie Quinn. Melina aussi.

Poiré a pris la décision qui convenait. On va le faire européen notre film. Avec Lino Ventura. Il vaut tous les Quinn de la terre, non ? Ah, ça oui ! Et pour conduire le camion on a le choix. C'est pas les belles poules sachant conduire un camion qui manquent du côté de Cinecitta.

On part plus en Sicile. On va à Rome. Tout de suite.

Nous y voilà. Via Veneto. Aux Ambasciatori. Un palace. Une suite on se partage avec Villiers. On est là pour rencontrer le signor Gancia. Lequel signor Gancia, éventuel coproducteur, vient de filer en Espagne où il a en tournage une grosse connerie hispano-italo-américaine avec Burt Lancaster et des chevaliers du Moyen Âge. Qu'on l'attende.

On l'attend.

Villiers ayant maintes fois parcouru Rome en tous sens, il s'allonge sur le plus grand des lits de la suite, il allume sa pipe et c'est tout.

Moi je bouge. À nous deux Roma. Je trotte jusqu'au Vatican. C'est vaste. Ça ressemble à s'y méprendre au Vatican des cartes postales. Je pénètre à l'intérieur du sanctuaire des sanctuaires, je regarde bien tout. Je me fais la Sixtine. Michel-Ange est aussi pomplard en vrai que dans les bouquins. Ces masses de viande rose barbouillées au plafond, c'est d'un laid.

Quand je regagne les Ambasciatori je trouve Villiers pipe éteinte et ronflant. Je le réveille. Il grogne. Il va prendre un bain qui n'en finit pas. Il a encore sommeil. Il veut qu'on se fasse servir un repas dans la piaule. Je veux pas. On s'engueule. Il finit par craquer. On va manger en ville.

Dans un restau qu'on lui a recommandé, une trattoria cent pour cent romaine où graille le tout-cinéma mondial. Avec un patron qui t'embrasse quand tu entres. D'autorité il nous sert de faramineuses portions de pasta faggioli. Villiers n'en veut pas de la pasta. Surtout avec des haricots dedans. Je liquide et ma portion et la sienne. Et je bois tout le chianti. Villiers préférant s'abreuver au scotch. Il n'a pas envie de parler. Alors on parle pas. Mais j'ai mieux à faire que bavasser. J'ai les yeux rivés sur les occupants de la table voisine. Qui mangent aussi des pâtes aux fayots. Fellini, Mastroianni et une signora avec des mammelles comme des ballons de foot. Peut-être la vedette d'un prochain chef-d'œuvre. Une louve ? Una putana ? Ils parlent, eux. Et ont l'air de s'amuser.

Je suis dans la béatitude. Pensez, je mange à la même cantine que deux de mes idoles. Et le même plat qu'eux. Grisant, non ?

Il signor Gancia, sa coproduction espingote elle lui donne du souci, sa visite éclair à Madrid s'éternise. Un jour on l'attend, puis deux, puis trois.

Villiers se rase même plus. À quoi bon se raser quand on ne quitte jamais sa chambre et pour ainsi dire pas non plus son lit. Il se fait monter des sandwiches.

Moi, aux Ambasciatori, je cafarde. Alors, sitôt avalés café et panini, je vais me balader. Je fais les musées. J'y vois des splendeurs comme personne n'en peindra plus jamais. Je fais les magasins pour hommes de la via Veneto et de ses environs. Où je trouve des cravates plus fastueuses encore qu'au Chardon d'Écosse. Et de ces polos. Enfoncé, Prévert !

Et c'est pas tout. Je me suis découvert un pas banal passe-temps. Au Vatican il y a une tripotée de petites chapelles. Dans chacune desquelles on dit chaque matin la messe. Dans l'une pour les Italiens. Dans l'une pour les Anglais. Dans l'une pour les Allemands. Même les Papous ou les Esquimaux ils ont droit à leur saint sacrifice parlé comme chez eux. Et je décide que, chaque matin que je passerai dans cette sainte ville, je m'offrirai une messe différente.

Et c'est au Vatican, en attendant Gancia, Gancia qui est depuis cinq jours à Madrid, puis six, que je me rends compte que ma soi-disant rupture avec l'Église, avec mes croyances d'enfant, c'était pas sérieux.

Que, comme un grand connard abusé par le guignol surréaliste, l'athéisme primaire de Prévert et compagnie, par la philosophie de communale de Sartre et consorts, par la niaiserie des laïcs, j'ai connement renié mon Créateur, trahi ma foi.

Et, agenouillé dans une chapelle du Vatican avec une ribambelle de Teutons bardés d'appareils photo, je prie. Malhabilement. Mais je prie.

Pas question de mettre Villiers dans la confidence. Pas question de lui dire que j'ai allumé des cierges, que j'ai regardé les peintures de Michel-Ange d'un autre œil. Ça le ferait que ricaner.

Le producteur Gancia, quand on le voit enfin, dans un bureau qui donne sur une riante piazzetta avec des arbres et des oiseaux qui chantent en romain, il est très partant pour mettre de l'argent dans le film. Mais Lino Ventura il le voit pas dans le rôle du papa. Il le trouve pas assez gai.

Il préférerait un comique. Toto par exemple. Pas mon pote de banlieue, mais la superstar des comédies italianissimes, le descendant des empereurs de Byzance. Antonio Furst de Curtis Cagliardi Ducas Commeno dit « Toto », qui tourne ses cinq six navets à succès par an. Ou encore Ugo Tognazzi. Un acteur qui dédramatiserait cette histoire qu'il trouve sinistre, lui, Gancia. En gros : il douille si on fait un film qui fasse rire.

Retour à Paris on rend compte de notre entrevue à Poiré. À Poiré qui ne veut ni Toto ni Tognazzi. Mais qui alors ?

Bourvil. Poiré veut Bourvil.

Et je me retrouve stylo en main, truffant notre synopsis de drôleries. Le camion du papa sicilien tombe en panne. Bourvil est pas fichu de le faire redémarrer même à la manivelle. Un troupeau de moutons lui barre la route. Ça suffit pas. J'en rajoute. C'est plus un bébé que la maman pond au début du film. C'est des jumeaux. Mieux que ça encore. Des triplées. Et toutes les trois elles louchent.

Ça fait rire Villiers. Ça fait rire Poiré.

Vittorini lirait ça il me tuerait.

Mais ça convient à Poiré. On peut donner mon nouveau paquet de feuilles à lire à Bourvil.

Villiers le voit. Sans moi. Bourvil tournerait volontiers ça. Mais il a des contrats. Il est pas libre avant des mois. On oublie Bourvil.

Quelqu'un de chez Gaumont pense alors à un chanteur qui a une telle personnalité que, vraiment, c'est péché de pas lui faire faire de ciné. Brel.

Je fais remarquer que, pour camper un paysan sicilien, prendre un Belge c'est peut-être un peu…

– Un peu quoi ? Tu veux qu'il se fasse ce film ou pas ?

– Je veux qu'il se fasse.

– Alors tu réécris le synopsis en supprimant tes gags débiles. Et on va faire un dîner avec Brel.

On le fait ce dîner. Chez Villiers. Avec encore du curry. Et des bons vins. Et de la gaieté.

Brel j'ai acheté plusieurs de ses disques. Autant je déteste Brassens qui fait, ce lourd poète provincial, rimer Pénélope avec salope, autant j'aime Brel et sa *Valse à mille temps*, son *Jeff qu'est pas tout seul* et sa *Madeleine avec qui il ira chez Eugène*.

Et qu'est-ce qu'on s'entend tout de suite bien.

En sortant de chez Villiers, à Saint-Cloud, alors qu'il est minuit passé et bien passé, il me propose de me raccompagner dans sa voiture.

Et, en bas de chez moi, rue Fantin-Latour, bien deux heures, on parle, Brel et moi, dans un nuage de fumée, on parle pas chanson, ni du film à faire. On parle de Dieu. Il est contre, Brel. Il en veut pas. Moi si. Et on se dit pourquoi. Et on se chamaille et se marre. Et il me traite de con parce que je lui balance des vérités glanées depuis mon retour de Rome dans un livre de Teilhard de Chardin, piqué aux éditions du Seuil lors d'une visite à Marker.

– Ton Teilhard c'est un agent secret du Vatican, il me dit Brel.

– Tu parles. Le pape il est contre. Ses livres ils sont à l'index.

– Ça prouve rien. Au contraire. Ils font semblant d'être pas d'accord. Mais ils sont de mèche. Pour mieux bourrer le crâne des naïfs comme toi. Tu veux que je te dise, Forlani, t'es un naïf. Mais je t'aime bien.

Brel m'aime bien. Mais il n'aime pas trop notre projet. Se balader avec un lardon sur des routes désertes, ça le branche pas. Et, tant qu'à faire du ciné, il veut en faire à son gré. Il fera *Frantz*. Un bath film. Tant pis. Il se déguisera pas en Sicilien, le Jacques. Mais il deviendra mon ami. J'y gagne.

Un qui commence à perdre patience c'est Poiré. Il veut ou que Villiers tourne dans les plus brefs délais ou qu'on abandonne cette maudite histoire.

Abandonner ? Plutôt mourir.

À l'issue d'interminables palabres, Poiré veut bien ne pas laisser tomber. Mais il demande qu'on révise à la baisse. Pour commencer on va renoncer à la Sicile. Trop loin. Trop compliqué. Trop onéreux. On a une Corse. Ça vaut largement une Sicile, une Corse.

Nous y voici. Il fait un froid de canard. À Ajaccio j'achète et une grosse veste de marin et un pull. Villiers, lui, loue une bagnole. Et avanti !

La Corse c'est pas gigantesque. On va quand même s'enfiler plus de quatre mille kilomètres. Faut dire qu'on zigzague, qu'on tournicote. But du périple : trouver tous les lieux où se déroule l'histoire. Des routes de campagne, de la montagnette, du maquis sauvage, de la chapelle en ruine, du cimetière désolant dans de la nature désolée, une forge, une plage désertique, une bergerie avec ses bestiaux… Suffit de rouler pour en trouver. Et pour rouler on roule. Sur des routes secondaires, tertiaires, des routes de montagnes russes.

On s'en tape du tapecul. On en visite des villages. On en recense des refuges de bergers, des huttes abandonnées.

Et on dort où on peut. Dans des hôtels quand ils sont pas fermés parce qu'on est pas « en saison ». Chez l'habitant aussi. Un photographe de *Paris-Match*, copain de bistro de Villiers, lui a fourni un itinéraire et des adresses d'amis accueillants. Certains de ces amis le sont vraiment. Qui nous offrent des dîners folklo, nous beurrent avec des vins de chez eux. D'autres le sont moins. On couche des fois à la dure. On passe une nuit dans une grange avec de la volaille qui nous asticote. On en passe une dans un presbytère avec un curé qui veut pas qu'on fume sous son toit et qui veut surtout qu'on accorde à la Corse son indépendance.

Puis y a de la neige. Deux jours on est bloqués tout en haut de l'île. Au col de Bavella. Bloqué dans une auberge de film d'épouvante. Avec Villiers qui veut pas que j'ouvre la fenêtre et moi qui veux l'ouvrir. Même qu'on se fâche à mort. Définitif. On se cause plus. Ennemis jurés on devient.

Puis on repart et on reroule. Et nulle part en Corse on trouve de mine de soufre. Y en a pas. Y en a jamais eu. Et, dans notre histoire, y en a une. C'est même un des clous du drame l'épisode de la mine de soufre. Quand le malheureux gamin pousse un wagonnet dans des boyaux sans air.

Mon frère peut tirer des larmes à qui il veut en racontant son stalag. De grands auteurs émeuvent des milliers de milliers de lecteurs en décrivant leur goulag. Moi, si je veux casser une ambiance, plonger un auditoire dans la plus noire des tristesses, je raconte mon voyage en Corse.

Voilà. C'est fait.

Et le film ?

Il a été tourné. Sans Anthony Quinn, sans Lino Ventura, Bourvil ou Brel. Avec Pierre Mondy. *Jusqu'au bout du monde*, ça a fini par s'appeler. Restait plus rien de la belle histoire de Vittorini.

Prévert peut dormir tranquille. C'est pas encore avec ce scénario-là que je vais le déboulonner.

Année nouvelle, Remo nouveau

Depuis maintenant une heure nous sommes en mil neuf cent soixante-trois.

J'attaque donc ma trente-sixième année.

Colette dort, Laurent dort. Moi, je recopie, avec de magnifiques pleins et de non moins magnifiques déliés, des noms et des adresses dans mon agenda tout nouveau tout beau.

C'est Aumont (Jean-Pierre) qui ouvre le bal. En queue il y a Yanne (Jean), un ami de Radio-Luxembourg, une sorte de chansonnier vachard qui me fait vachement rire.

Je n'ai aucun Z. Désolé.

Désolé aussi de devoir supprimer l'adresse du docteur Renty à Bondy. Comme papa, le docteur est parti. L'un buvait l'autre pas. Et la mort a bien voulu et de l'un et de l'autre.

Mme Renty va s'exiler à Fontenay-aux-Roses. Aucune idée de ce que vont devenir les deux toutous. Gazelle et Usky.

Si tout se passe comme prévu, cette année je vais changer de métier. *Tintin et le mystère de la Toison d'or*, réalisé, non pas par Serge Bourguignon, mais par Jean-Jacques Vierne, ayant été pas trop mal accueilli et Hergé ayant plutôt bonne opinion d'André Barret et de moi, il devrait y avoir une suite. Avec le même jeune Belge pour jouer Tintin, un autre Haddock que Georges Wilson trop pris par son théâtre. Et, ça c'est l'événement pour moi, un réalisateur nommé Remo Forlani.

Rien n'est vraiment décidé. Mais…

Passer à la mise en scène ça me fait peur. Très peur. Mais continuer à écrire des histoires qui toujours me déçoivent une fois mises en images pas comme je le rêvais, j'en ai ma claque.

Signalons que j'ai un film de plus à mon palmarès. *Le Roi du village.* Une bluette écrite à la va-vite d'après un texte d'un écrivain provençal, Jean Canolle, produit par la veuve du grand producteur Osso, réalisé par un type au poil, Henri Gruel, joué par le sympathique Marseillais Henri Tisot, le garçon aux joues rondes qui se fit connaître en imitant de Gaulle à la perfection. Un film bien dans ma ligne. La bonne ambiance, des chèques rondelets tombant à l'heure prévue. Et, à l'arrivée, une niaiserie. Une de plus.

Et j'ai déjà en chantier un autre scénario. Pour Villiers. *L'Autre Femme.* Qui sera interprété par Girardot (Annie, dont je note l'adresse dans mon agenda). Et ça sera encore une affaire, pas mauvaise financièrement parlant, que mes bons amis me reprocheront.

C'est que je suis toujours très copain avec Truffaut, qui est devenu un critique dont chaque papier fait délirer les clients du Flore et provoque des crises de nerfs chez ceux du Fouquet's. Je suis à tu et à toi avec ses potes Godard, Chabrol, Rivette. Je continue aussi à fréquenter, et qu'est-ce qu'on s'engueule et qu'est-ce que c'est jubilatoire, les cinéphages surréalistes, piliers du Minotaure et du Terrain vague de Losfeld.

J'en ai des noms, des numéros de téléphone à calligraphier. Celui de Brel, avec qui je bois un coup et déconne supérieurement quand on se croise. De Pauwels, devenu patron de *Planète*, une revue mystico-délirante qui fait grand grand bruit. De Jacques Bergier qui, avec Pauwels, a publié *Le Matin des magiciens*, livre culte pour les uns, monument de fumisterie réac pour plein d'autres.

Moi, *Le Matin des magiciens*, *Planète* je suis pas contre. J'en prends et j'en laisse. Mais j'en prends. Ça fait hurler Marker, ça fait hurler Toto. Resnais hurle pas mais n'en pense pas moins. Qu'ils pensent ce qu'ils veulent. Je bouquine ce que je veux.

Et ce que je veux lire, depuis quelque temps, c'est pas les pensées de Mao, ça non, ni le dernier Sartre. Je lis William Saroyan, un Arménouche d'Amérique qui fait rire et pleurer. Joyce, qui, si t'arrives à passer le cap de l'indigeste chapitre un de *Ulysse*, te promène, avec son Leopold Bloom, dans un Dublin à s'en lécher les babines.

Pas mal de romans de science-fiction aussi, je lis. Bradbury j'adore. Et Asimov, Frédéric Brown, Sheckley.

Même que Jean Dutourd, qui m'estime pas mal je crois depuis que j'ai fait tout ce que j'ai pu pour que son roman *Au bon beurre* devienne un film, Jean Dutourd me passe des épreuves de romans de SF, qu'il est censé lire pour Gallimard. Et que je lui résume, pour qu'il rédige les textes de quatrième de couverture. Grâce à quoi, une fois de temps en temps, je vais le voir dans son bureau rue Sébastien-Bottin et j'en repars avec une pile de bouquins. Bonne combine. Et cher Dutourd. Paraît qu'il est réactionnaire. Possible. Mais il est tellement plus fréquentable que tant et tant de pas réactionnaires.

D'accord, être ami avec Dutourd et ami aussi et en même temps avec Marker, c'est presque louche. Et après ?

Leur gauche, leur droite, moi… Staline, le petit père chéri de tant de gens bien, on peut le dire maintenant, presque partout et à haute voix que c'était à sa manière un fumier aussi fumier que Hitler.

Mais j'ai pas mal de copains qui croient encore dur comme fer que le Goulag c'est une sorte de colonie de vacances comparé aux camps de concentration. Peut-être pas le Club Med. Mais une colo. Un peu stricte, d'accord. Mais fallait ce qu'il fallait.

Les cons !

Pour en revenir à mes lectures, je fais mon miel de bouquins que même Colette ouvrirait pas pour un milliard. Et Toto et Zézette non plus. Plusieurs volumes de Teilhard de Chardin j'ai achetés et je parcours. Les lire en entier j'y arrive pas. Et des ouvrages sur l'hindouisme, le *Tao*, Bouddha, Gandhi aussi. En voilà un qui m'époustoufle, Gandhi. Avec sa biquette qu'il trimbalait partout, son rouet…

À tel point que…

J'ai une adresse que je recopie. Précieuse. L'adresse d'un certain Mahaleshi. Un Indien des Indes. Et, présentement, de la rue Vaneau, Paris septième. Qui donne des cours de yoga. C'est une vieille amie du Centre du spectacle, rencontrée il y a peu, qui me l'a donnée cette adresse. Simone. Simone Arland. Elle voulait être comédienne. Elle avait du talent. Autant de talent que Gréco, Loleh Bellon, maintenant des vedettes. Elle, elle est dactylo. Voilà ce qu'elle est devenue. Et elle s'en plaint pas. Loin de là. Elle gagne de quoi se payer du pilpil, du boulgour, des carottes qu'elle mange crues, un fruit de temps en temps. Elle fait partie d'une secte qui se shoote à l'eau de source et chante les louanges de Krishna. Et elle est béate. Un peu fêlée peut-être. Mais béate.

Et son adresse de gourou du septième arrondissement, je compte bien en tirer parti.

Car il faut que cette nouvelle année soit celle de ma métamorphose.

Le cul dans l'eau froide

T'as couru, t'as couru comme un dératé. Bien vingt minutes t'as couru. À en perdre le souffle. D'ailleurs tu l'as perdu. À genoux sur de l'herbe pelée tu cherches à le retrouver. Tu suffoques, tu ahanes, ça va craquer dans ta poitrine, elles vont exploser, tes éponges.

Et l'autre sadique te dit de te relever, de te ressaisir, de pas mollir. Il voudrait que tu te remettes sur tes pattes, tes pieds chaussés de grolles en cuir qui pèsent des tonnes, des chaussures de course Lama. Il veut que tu te redresses et que tu redémarres. Au pas de course encore. Il veut me faire trépasser ou quoi ?

L'autre c'est Fournier. Un prof de gym, un peu kinési aussi, que m'a recommandé le docteur Routard. Trois fois la semaine il passe me prendre en bas de chez moi avec sa Simca et on va au bois de Boulogne faire des choses exténuantes qui, à en croire le docteur Routard, vont me rendre sans tarder ma belle humeur.

C'est que je la perds de plus en plus depuis quelque temps. Surmenage, a décrété d'abord le toubib. Qui m'a bourré de fortifiants et conseillé de plus boire de café, de passer de trois paquets d'américaines par jour à moins d'un. Puis, comme ça s'arrangeait pas, il m'a dit de plus fumer du tout et il a ajouté aux fortifiants du Valium. Des petites doses. Comme pour un bébé. Puis il les a doublées, les petites doses. Puis triplées.

Je le crois assez nul, le docteur Routard. Mais il vient à domicile à des heures qui sont les miennes. Et il est causant. Trop presque. Il peut rester une heure ou plus à me demander quels films il faut voir et à me raconter les bobos de tous les mal portants qu'il a visités avant moi.

Il tourne autour du pot, il invente des maladies à la noix, des affections qui ont jamais jamais existé et qui existeront jamais, au lieu de me dire tout simplement que je suis en train de sombrer dans la déprime.

Si c'est pas ça, ça y ressemble bougrement.

Mettons que je sois victime du syndrome du scénariste ne collaborant qu'à des navets alors que ses amis et connaissances, eux, baignent de plus en plus dans la gloire. Tout le monde réussit en ce bas monde. Sauf moi. Alors forcément…

Je broie du noir toute la journée et, la nuit, je trouve pas le sommeil tellement je suis occupé à remâcher la journée pénible que je viens de passer.

Peut-être qu'en faisant la courette au bois en survêt bleu ciel, des Lama aux pieds, avec un prof de gym, je finirai par trouver l'issue.

Le gourou indien de la rue Vaneau, deux fois par semaine je vais prendre des postures grotesque sur son plancher. Avec sur moi que mon slip, assis sur mes talons, face à une image de dieu à tête d'éléphant qui me fixe en ayant l'air de se payer ma gueule, je tente de faire le vide en moi. Rude tâche. Puis je fais le poirier et, un asana poussant l'autre, j'en arrive à un étourdissement mâtiné d'envie de vomir qui est, dans la mesure où je pige le charabia du Maître, une étape nécessaire sur la Voie.

Pour faire bon poids, le Mahaleshi m'a interdit la viande, les vins et alcools et tous les aliments rouges. Même une tomate ou une fraise ça peut t'assassiner, il prétend, mon Hindou à trois cents balles la séance.

Sur les conseils de mon amie Simone je me suis mis aussi à prendre des bains de siège. Paraît que c'est radical pour stabiliser son Véhicule. Le Véhicule c'est le bonhomme, en gros et à l'indienne. Alors, chaque soir avant de me coucher, j'emplis une bassine d'eau froide que je refroidis un peu plus en y plongeant une douzaine de glaçons du frigo et j'y trempe mon cul. Ça saisit. C'est vite intenable mais faut tenir. Je tiens.

Ça amuse fort mon petit garçon de me voir le postère au frais.

Et c'est pas tout. Je fais pas que plonger mes arrières dans une bassine, je me replonge, moi tout entier, dans ce que cette impie de Colette appelle les bondieuseries. Quand Laurent va au caté je l'accompagne. Je vais rôder solitaire dans la moche église moderne de la porte Saint-Cloud.

Dire que j'y prie comme il faudrait, dire que j'ai des frémissements comme ceux qui poussèrent ce verbeux de Paul Claudel à retrouver sa foi perdue serait mentir. Mais j'espère.

Et j'ai des lectures. Pas folichonnes. Mais sûrement salvatrices. Les Saintes Écritures. *Le Génie du christianisme.* Et tout ce que je trouve sur le soufisme, saint Augustin, le curé d'Ars.

Ça peut faire rire. Je sais.

Mais je suis mal. Très.

Faut l'être pour courir et courir encore, si matin au bois de Boulogne. Avec le prof de gym, le Fournier, qui m'aiguillonne. Avec mon corps qui pèse des tonnes et, pour me lester encore plus, la mort dans mon âme.

Au secours, camarade Jésus !

Je le sais depuis ma petite enfance que Dieu est partout. Même dans cette brasserie bourrée de connards qui jouent avec des flippers et qui hurlent leur rage au moindre tilt ?

Parce que c'est Lui que je cherche. Lui seul qui pourra me tirer du gouffre dans lequel je m'enfonce chaque jour un peu plus. Lui qui m'aidera, qui me donnera le truc pour chasser ces saloperies d'angoisses qui m'empêchent de vivre joyeusement ma vie. Ces angoisses qui me foutent en l'air, à l'improviste, n'importe quand, n'importe où.

Le métro, fini, je peux plus le prendre. Même le bus. Et dans les taxis, si le chauffeur veut pas me faire l'aumône d'un brin de causette, c'est la panique.

Le docteur Routard, qui est passé à la dose maximum de Valium, plus quelques saletés du même tonneau en rab, il y perd son latin. Mais comme il est bon zigue il cherche ce qui pourrait m'aider. Sa dernière trouvaille c'est l'abbé Garnier.

L'abbé Garnier c'est un curé pas tout à fait curé. Un prélat déguisé en laïc. Avec costard de confection, col roulé et gros cache-nez groseille tricoté main. Il a dans son attaché-case en imitation cuir tout le fourniment pour dire sa messe quotidienne où il se trouve. Fût-ce dans le train ou dans un snack. Il est un peu aumônier dans des entreprises, un peu confesseur de putes du quartier des Halles. Un peu pédé peut-être bien aussi.

Et on se voit. On a des entretiens. Dans des brasseries. Il boit ses trois quatre bières, mange volontiers deux trois sandwiches à mes frais et il me réconforte à sa manière. En m'affirmant que le Christ, qui est l'ami, mieux que l'ami, le pote de chaque vivant, va me guérir. Que, vu que le pote Christ a le max de cas désespérés sur les bras, ça peut durer un peu. Mais il faut pas que je m'inquiète, que les angoisses c'est que des angoisses et qu'à côté de celles que le camarade Jésus a eues au jardin des Oliviers, les miennes c'est de la roupie de sansonnet.

Il est tonique l'abbé Garnier.

La semaine dernière il est venu manger rue Fantin-Latour.

J'ai jamais vu quelqu'un reprendre autant de spaghetti, ni boire autant de jaja de consommation courante. Il a beaucoup sympathisé avec Colette et, ensemble, au dessert, ils ont chanté des chansons qu'elle chante des fois avec Zézette. Des trucs plutôt communistes.

Les voies de Dieu sont vraiment vachement impénétrables.

Et ça va de plus en plus mal. J'arrive encore à écrire pour Marianne. Parce qu'elle est aussi angoissante que mes angoisses.

Mais mes autres clients s'énervent. Même écrire, en m'en foutant, des âneries, j'y arrive de moins en moins.

Où je vais ?

Déballé sur un banc de jardin

Il y a des enfants sur des petits ânes. C'est mignon tout plein. Il y a des arbres verts. C'est beau. Il y a des fleurs multicolores. C'est féerique.

Mais si vous saviez comme je m'en branle des enfants, des petits ânes, des arbres et des fleurs.

Même la cigarette – j'en suis aux Pall Mall – que je viens d'allumer ne m'intéresse pas.

Qu'est-ce que je fous sur terre ?

Je suis au Luxembourg, prostré sur un banc, pour me remettre du rendez-vous que j'avais à l'église Saint-Jacques-du-Haut-Pas.

L'abbé Garnier j'en avais ma claque. Rincer dans des rades inhospitaliers un ratichon honteux de l'être et faisant l'article pour un Christ pas communiste mais presque, ça a fini par me gonfler. Le docteur Routard s'est aussitôt mis en chasse et m'a débusqué un directeur de conscience de qualité nettement supérieure. L'abbé Pézeril. Le curé de Saint-Jacques-du Haut-Pas. Qui fut le confesseur de Georges Bernanos en personne.

Et il vient de me recevoir dans un petit bureau enténébré. Fort aimablement. Et il m'a écouté. Patiemment. Et il m'a parlé de la Mort et du Ciel et de l'Enfer et du Purgatoire.

De belle manière. Comme devaient en parler un Fénelon, un Bossuet. Ça a été instructif. Ce berger ne prend pas ses ouailles pour des imbéciles. Le problème, c'est ce qui ressort de son speech impeccablement balancé, c'est qu'avant d'être mort et enterré (de préférence se repentant de toutes ses fautes et muni des sacrements de l'Église), on est à peu près obligatoirement dans les soucis, mais que c'est pas grave, vu que notre vie sur terre n'est qu'un bref préambule à une autre vie qui nous réserve une infinie quantité de bonnes surprises.

Je sais pas comment il en sortait, Bernanos, de ses cinq à sept avec le curé Pézeril. Mais, moi, il m'a enlevé toute illusion. Mortel, je suis. Et rien d'autre.

C'est d'un gai.

En route vers quoi ?

– À la pelle on les ramasse les putes. On irait aux champignons ou aux escargots qu'on en ramasserait pas plus. Après, bien sûr, faut faire le tri. C'est comme les champignons. Y a les vénéneux. Alors on t'embarque tout ça. Une fois au commissariat, on fignole. La pute pute, la morue de base, on connaît. C'est sans surprise. Ça taille ses quinze vingt turluttes par nuit, ça se fait limer devant derrière à tout va. C'est son métier. Ça le fait proprement. Rien à dire. Mais vous avez les cas. La trop jeune qui est pas encadrée, qui se met à bazarder son cul pour se faire de l'argent de poche ou par vice. Souvent de bonne famille. Alors celle-là, attention, y a danger. Il y a aussi les poulasses que, quand tu les passes à la fouille, tu fais des découvertes. Tomber nez à nez avec un gourdin sous une jupe, la première fois ça étonne. Mais c'est que vous en avez de plus en plus des petites ordures de mecs qui s'habillent rayon fillette pour aller se faire miser au bois de Boulogne. À Vincennes, moins. Mais à Boulogne. Du Noir, du Brésilien. De plus en plus. De la fiotte si bien maquillée que, tu la vois, tu lui dis « bonjour madame ».

L'agrément avec mon voisin du dessus, c'est que, tout en exécutant aux petits oignons des travaux d'électricité, il fait sa Schéhérazade. Ses mille et une nuits de flic du seizième arrondissement, il peut vous les raconter pendant des heures et des heures. Flic la nuit et bricolo dans l'électricité le jour, le brigadier Martin.

Une fois – dans longtemps longtemps – j'apprendrai qu'au nombre de ses clients il a un locataire de l'immeuble voisin du mien. Un certain Robert Sabatier, qui lui aussi fait appel à ses services. Rigolo, ça. Un mur, rien qu'un mur, me sépare d'un type de mon âge qui, pendant que j'écris mes conneries, rédige, lui, un roman que j'adorerais, *Les Allumettes suédoises.* Le monde est petit.

Qu'est-ce qu'il fait chez moi, aujourd'hui, le brigadier électricien Martin ? Il m'installe des fils et des prises dont, soyons franc, je n'ai nul besoin.

Mais la solitude me plonge si fort dans l'angoisse que, Colette et Laurent étant partis s'aérer dans notre dépendance tourangelle, j'invente tout ce que je peux pour être le moins souvent seul à la maison. Quand Martin se tirera avec sa perceuse qui me brise les tympans et ses évocations croustillantes de la vie sexuelle des noctambules du bois de Boulogne, arrivera une autre éminente figure du vingt et un rue Fantin-Latour. Le concierge, M. Baguette, un émérite sac à vin qui va repeindre, dégueulassement, je le connais, notre cuisine.

Puis je recevrai Jean-Claude Romer et Francis Lacassin. Deux des piliers du Club de la bande dessinée. Et nous allons, avec gravité, parler de Félix le Chat, vénérable et vénérée icône à laquelle Marcel Brion (de l'Académie française) a dédié un brûlant hommage que nous allons publier dans notre revue *Giff Wiff*. Publication de plus en plus lue par de distingués attardés mentaux.

Après quoi j'irai rôder au Minotaure. Dans cette chère rue des Beaux-Arts où se tient toujours le TEC où, des vieux de la vieille, ne reste que le camarade Delarue plus rouge (et donc emmerdant) que jamais.

Si ça se savait que le docteur Jekyll Forlani qui déconne au Minotaure et chez Losfeld se double d'un Forlani Hyde qui court après Dieu et fréquente des curés, ils me cracheraient à la gueule Topor, Siné, Wolinski (qui a en poche un chouette petit carnet de dessins de culs qui vont faire sa gloire) et les frères Prévert et Loris et…

Je les aime bien tous. Et sincèrement. Mais je suis convaincu que, si malins soient-ils, ils se gourent, se plantent, font fausse route.

Tandis que moi…

Ma route n'est pour l'heure même pas une ruelle, une sente, que je fais que chercher sans la trouver. Mais. Mais même aux pires instants, même quand je perds totalement pied, même quand gavé à en gerber de tranquillisants je fourre la tête sous mon oreiller en appelant je sais pas qui ni quoi au secours, je sens que ma vie de raté ou tout comme, d'angoissé, de trouillard chronique a un sens.

J'ai, dans mon appart, une Colette qui écope sans râler l'eau de mes bains de siège, me tient la main quand j'ai besoin qu'on me tienne la main. Qui me supporte. Et c'est pas rien. J'ai le Laurent. Qui est beau à voir, et est écolier méritant en plus.

Si méritant qu'un jour, pour lui faire une surprise, je suis allé avenue de Versailles acheter une télé que j'ai payée comptant et très très cher (c'est une télé dernier cri) à condition qu'elle soit livrée chez moi sur l'instant, tout de suite, tout de suite, de façon que, rentrant de l'école, il puisse voir le feuilleton dont tous ses copains lui parlent. *Rintintin*. Il s'y attendait pas. Cette joie !

Maintenant, quand il est à Paris, il en loupe pas un épisode. Et pour que son bonheur soit complet, je lui ai acheté aussi la tenue de Rusty, le jeune maître de Rintintin. Tenue qu'il revêt pour s'installer devant la télé.

Ça m'émeut.

Laurent m'émeut, Colette est la meilleure des compagnes. Je ne peux pas me passer d'eux. J'ai une demeure où me sentir bien. Très bien.

Alors pourquoi je m'y sens si mal ?

Je pose la question à d'autres toubibs que le très nul docteur Routard, à d'autres gourous que l'Indien de la rue, à d'autres ratichons que mon prêtre coco et le saint curé Pézeril. Je me suis abonné à *L'Arche*, la revue que le disciple de Gandhi Lanza del Vasto rédige et imprime dans son ashram de Bollène dans le Vaucluse. Je vois souvent ma vieille copine Simone qui me prodigue de curieux conseils pour sortir de ma coquille et me fondre dans le Grand Tout.

Je vais où ?

Lilou, Lilou Daumesnil

Un lundi de mille neuf cent soixante-trois. À quinze heures à Publicis. Aux Champs-Élysées. Pas pour boire un verre au drugstore. Pour voir, avec Colette, un film dans une salle de projection. Le dernier Chris Marker.

L'avant-dernier c'était *La Jetée*. Impeccable poème de science-fiction en noir et blanc. Que des images fixes. Sauf une. Une femme qui s'anime le temps d'un regard. Du Marker de toute beauté.

Aujourd'hui c'est *Le Joli Mai*. Encore un documentaire pas si documentaire que ça, merveilleusement troussé, qui dit des vérités sur le climat politique français. Vérités que je crois fausses archi-fausses. Mais quel talentueux, ce Chris.

La salle est pleine de gens que je connais. Lévy et madame. La famille Michel au grand complet. Les trois Daumesnil, père, mère, fille. Que des gens que j'aime et qui n'ont pas les mêmes pensées, les mêmes angoisses que moi.

Après la projection on va le boire (le verre) au drugstore. Avec des gens qui tous délirent sur Marker et son film. Ce film qui, si astucieusement, fustige le capitalisme, la saloperie de la droite. Moi je dis pas grand-chose. Ça m'arrive de plus en plus souvent de dire pas grand-chose. À tel point que tout le monde, loin de soupçonner que je patauge dans la mélancolie, croit que je fais la gueule.

À un moment j'en ai tellement assez que je me lève et que je dis qu'il faut que j'y aille. Où ? À Saint-Germain-des-Prés. À un rendez-vous pour mon travail.

Et la fille Daumesnil, la petite Lilou devenue grande, se lève aussi.

– Si tu veux je t'accompagne. Je suis en voiture.

– Tu as une voiture toi ?

– Pas à moi. À une amie. Mais comme faut que j'aille rue d'Ulm. C'est sur mon chemin, Saint-Germain.

J'embrasse Colette. Je serre plein de mains. On s'en va.

C'est une Austin mini, la charrette de l'amie de Lilou. Bien cabossée. Et Lilou conduit comme une folle.

– Tu ne vas pas nous tuer, au moins ?

– On mourra ensemble. Mourir à deux, ça doit être plus supportable que de faire ça tout seul.

Drôle de fille. Cette gniasse que j'ai connue écolière est maintenant étudiante. Et sûre d'elle, délurée. Elle me chambre à mort quand je lui dis que j'ai toujours pas de voiture et même pas le permis.

– T'es un cas, Remo. Ah ! au fait, c'est vrai ce qu'il m'a raconté, Chris, que tu te mets à sombrer dans la religion ? Que tu finiras moine ou dans une lamasserie au Tibet.

– Si Chris le dit…

La Lilou, comme nombre de « tounettes », a un penchant pour Chris. C'est connu. C'est qu'il est bel homme et qu'il a une grosse moto et fait son mystérieux. Il y touche sûrement pas à ses jeunes fans. Mais il les fait rêver.

– C'est où exactement ton rendez-vous, Remo ?

– J'en ai pas. Tu me laisses tomber où tu veux.

Lilou freine si sec que je me cogne le crâne dans la vitre avant.

– Quand je disais que t'allais me tuer.

Sans même prendre le temps de se garer, elle me fait un gros baiser sur le front. Elle sent bon.

Puis nous avons roulé jusqu'au bois de Vincennes. Elle a oublié qu'elle allait rue d'Ulm, à l'École normale, chercher des documents. Moi, j'ai oublié que j'allais nulle part.

Les lèvres de Lilou ont goût de miel.

Lilou. Lilou Daumesnil, cette sale môme, qui ne m'a jamais rendu le volume sept du Balzac de la Pléiade. Lilou Daumesnil qui, c'est pas si vieux que ça, me racontait, en ricassant, ses premières couchailleries avec des lycéens que j'imaginais en proie à l'acné et nains et d'une crétinerie insondable. Elle m'horrifiait avec ses confidences. Je lui faisais un brin de morale en ayant l'air de plaisanter. Et c'est elle que ça horrifiait. Je la prenais pour une petite pisseuse trop dessalée. Elle me prenait, à tous les coups, pour un grand con coincé.

Lilou.

Elle était du voyage quand avec son père j'avais été regarder de près les flamants roses de Camargue.

Son corsage c'est elle qui le déboutonne.

Elle. Lilou.

Si c'est là le moyen qu'a trouvé mon ange gardien pour me désembourber, chapeau !

On ne s'embrasse plus. Mais on ne se dit rien.

Si ça se trouve elle est aussi étonnée que moi, Lilou.

Mais certainement pas aussi émerveillée.

Et c'est le matin

Lilou dort encore.

À la fenêtre de la chambre trois d'un hôtel donnant sur le jardin du Luxembourg, je grille ma première cigarette du jour. Il va faire beau. Froid mais beau.

Logiquement, je devrais me sentir très mal, très mal et très nul. Mais je me sens heureux. Qu'heureux. Pourtant un type de trente-six ans qui vient de passer une nuit, une première nuit, avec une fille de vingt-deux ans et qui n'a pas été fichu de lui faire l'amour…

On va dire que mon ange, mon fameux ange gardien n'est secourable que jusqu'à un certain point, que sa mansuétude a des limites.

– T'es déjà debout à fumer ?

– Bonjour, mademoiselle Daumesnil.

– Bonjour.

– Tu veux que je demande le petit déjeuner ?

– Oui. Avec au moins dix croissants.

– T'es pas fâchée pour… ?

– Pourquoi je le serais. J'ai même trouvé ça plutôt attendrissant.

Je commande le breakfast. J'attaque ma deuxième cigarette.

– T'as l'air d'un grand gamin au lit.

Je regarde Lilou. La fille de mes si bons amis Daumesnil.

– Ça va nous mener où ?

– On verra bien. Si ça pouvait nous mener à Venise je serais ravie. Ou en Chine. On va voyager nous deux ?

– Avant d'aller en Chine ou à Venise va d'abord falloir aller, moi rue Fantin-Latour, et toi…

– Je sais, Remo, je sais. Si tu venais t'allonger tout contre moi au lieu de parler pour ne rien dire.

Je jette ma clope par la fenêtre et je fais comme veut Lilou. Des croissants il n'y en a que quatre. C'est elle qui les mange tous.

Et sa bouche sent le croissant.

Chez les sœurs bénédictines

Puis tout se met à s'emboîter si dinguement qu'un cochon y retrouverait pas ses petits.

C'était prévu, arrangé depuis des semaines, ce voyage en Vendée. Avec Zézette. Sans Toto, qui garde leur gamin à Châtenay-Malabry. Et avec celle des sœurs de Zézette qui n'est pas bonne sœur. Les billets de train étaient pris, les chambres réservées à l'auberge du couvent.

Chez les bénédictines. Où l'autre sœur de Zézette, celle de ses trois filles qui a pas tourné comme leur maman femme de gauche l'aurait voulu, est devenue religieuse.

C'était trop prévu pour que j'y coupe.

Et me voilà dans une campagne peinte, à quelques pins parasols près, par Fra Angelico ou un de ses pieux confrères. Dans un silence apaisant, trop apaisant, juste troublé par les roucoulis d'un zoziau de bonne humeur et un âne qui fait l'âne.

Sœur Marie de Jésus, enfin celle qui est devenue sœur Marie de Jésus, a le nez de sa sœur Zézette et le sourire de sa sœur

Huguette. Elle nous attendait au portail. Elle nous a emmenés dans une salle tout en bois sentant l'encaustique et l'encens où nous avons dû ingurgiter de grands bols de café avec trop de lait. Après quoi nous avons assisté à une messe. De taille moyenne pour des bénédictines, d'une longueur terrifiante pour nous. Avec, quand même, de bien beaux chants.

Puis Laurent, qui est du voyage, a eu la permission d'aller jouer au ballon dans un jardin. Jouer au ballon tout seul ça l'a modérément amusé.

Pendant ce temps-là nous avons eu droit, nous les adultes, à une visite de tout ce qui est visitable dans le couvent. Ce qui se réduit à pas beaucoup d'endroits, étant donné la « clôture ». On a vu des sœurs relieuses, des sœurs tapeuses à la machine, des sœurs faisant des confitures, des sœurs contempleuses, des sœurs disant des chapelets dans un bosquet – parce que trop âgées et trop gâteuses pour faire quoi que ce soit d'autre.

Puis on a déjeuné. Veau aux haricots verts du jardin du couvent, fromage blanc, une pomme par tête de pipe. Une petite pomme.

Puis je suis allé fumer plusieurs cigarettes dans un champ, parce que le tabac, chez les bénédictines, c'est pas d'usage.

Un champ grand grand avec des meules. Je m'y suis allongé sur de la terre. Et j'ai gambergé. Et ce fut rude. Autant cet entracte chez les sœurs m'aurait comblé il y a peu. Autant, maintenant que j'en suis où j'en suis, c'est du temps perdu.

Qu'est-ce que je fais chez des bonnes sœurs alors que je voudrais, je devrais être à Paris avec Lilou ! C'est que Lilou je peux plus m'en passer. Elle est pas d'une beauté suffocante, elle a le nez de son papa, ce cher Daumesnil qui va m'exécrer quand il va savoir. Elle a le cheveu trop frisotté. Elle est toujours, et ça lui passera certainement jamais, sale gamine. Elle a des idées qui sont à l'opposé des miennes. Incroyante forcenée, lectrice passionnée de Sartre, Beauvoir et une foule de philosophes dont j'ignore même l'existence. Elle glousse comme une volaille quand je lui parle de Teilhard de Chardin et de Lanza del Vasto. Elle fume pas et tousse exprès dès que j'allume une cigarette.

Mais elle me plaît à un point que je ne saurais dire.

Ce que je ne sais pas non plus c'est comment mettre Colette au courant de ce qui m'arrive.

Parce qu'il faut qu'elle sache.

Pas une fois, pas une seule, je lui ai été infidèle depuis le premier jour. Même pas quand la femme de Garadec, avec qui j'ai écrit des épisodes du *Roman de l'accordéon*, m'a, cette ravissante truie, supplié, seins au vent, de lui « mettre mon machin » dans un parking.

Ou quand… Mille fois, j'aurais pu la tromper mon épouse. Mais non.

Et voilà que.

Ce sac !

C'est plus des angoisses que j'ai. C'est un problème. Aussi dévorant qu'un wagon, qu'un train d'angoisses.

Une cloche m'informe que le moment est arrivé du salut.

Retour à la chapelle. Prières. Chants. Je me laisse bercer et, ayant atteint un état qui ressemble vaguement à de l'apaisement, je demande au Seigneur de m'aider à me conduire aussi dignement que possible.

Ce qui m'amène, après avoir dîné d'une soupe aux légumes du jardin bien aqueuse pour une soupe, d'une assiettée de fromage blanc et d'une pomme (petite), à aller faire une trotte avec Colette, laissant Laurent jouer aux petits chevaux avec Zézette et celle de ses sœurs qui n'est pas bonne sœur.

Colette est d'excellente humeur. Elle gambade. La campagne elle aime. On s'allume des clopes. Elle se lance dans des considérations sacrilèges sur la vie monacale. Elle va jusqu'à improviser une chansonnette lamentable sur l'air d'un des cantiques du salut qu'elle a parfaitement retenu.

Et j'y vais. Mon paquet, je le déballe.

– J'ai quelque chose à te dire, Cocolo. Quelque chose d'embêtant. De très embêtant.

– T'as oublié tes pilules calmantes ?

– Non. Elles sont dans ma poche. D'ailleurs ça fait une semaine que j'en prends plus.

– C'est malin. Tu sais parfaitement que d'arrêter brusquement le...

– C'est pas ça. C'est grave, je te dis. J'ai couché avec une fille.

Colette fait une grimace. Pas terrible. Mais une grimace.

– La salope ! C'est Zézette. Je m'en doutais. Ça devait arriver. C'est pas d'hier que je le prévois. La vache.

– Non. C'est pas Zézette.

– Comment ça, c'est pas Zézette ?

– Zézette c'est Zézette. Je l'aime bien. De là à...

– C'est qui alors ?

Elle grimace plus. Ses yeux brillent comme je les ai jamais vus briller.

– C'est qui ?

Quand j'ai prononcé le nom de Lilou, elle a jeté sa cigarette par terre, l'a écrasée d'un talon rageur et elle a foncé droit devant elle. Elle voulait plus m'entendre.

Pendant la cérémonie du soir – re-prières, re-chants –, assis, debout, à genoux, debout, assis, l'un à côté de l'autre, on avait et l'un et l'autre tant de pensées qui nous bouillonnaient dans le crâne que toute la communauté a dû renifler la tempête.

Le jour où Kennedy

Le docteur Routard m'a prescrit de quoi liquider cette sorte de grippe qui me cloue au lit. Il a prescrit à Colette de quoi, sinon liquider, du moins atténuer cette sorte de neurasthénie qu'elle traîne depuis notre retour de chez les sœurs.

Elle est digne, pas méchante. Elle passe son temps à répéter que voir un homme beau et brillant comme moi ramper devant une petite roulure comme la fille Daumesnil, ça dépasse l'entendement. Mais elle le crie pas. Elle fait que le constater avec amertume.

Laurent fait celui qui voit rien, entend rien, pige rien. Habillé en Rusty, il fait régner l'ordre et la loi à l'ouest de sa chambre.

Moi, je transpire, j'ai la tête dans un étau et...

Et à la télé, flash spécial : le président John Kennedy vient de se faire dégommer à Dallas. Images choc. La voiture. La Jackie en tragédienne. Je n'ai aucune affection pour JFK. À peine je sais qu'il est président des USA. Mais ça ébranle, pareil coup de théâtre.

Colette se sert un scotch. Elle s'installe dans le fauteuil face à la télé.

Ensemble, oubliant ce qui nous obsède, nous déchire, on voit et revoit et revoit encore des images comme même Hitchcock sait pas en bricoler.

Puis le téléphone sonne. C'est Lilou, qui se lance dans un discours enflammé sur la décadence de l'Amérique. Je l'envoie paître.

Ce qui n'empêche pas Colette de se servir un autre scotch. Et un autre. Et un autre.

Au minet-galant

Encore grippeux mais surpris d'être où me voici.

À savoir dans ce que Lévy, grand connaisseur du théâtre de Feydeau, nomme un minet-galant.

Un minet-galant c'est un hôtel pas fait pour y loger, y dormir. C'est un hôtel où des couples de fortune vont s'ébattre une heure ou deux. Ou un après-midi entier, si passion vraiment ardente.

C'est abominable un minet-galant. C'est contre nature. C'est choquant, ces chambres et ces lits pour tout y faire, sauf roupiller. Des chambres sans âme, avec aux murs de laides gravures licencieuses, des cochonneries comme j'en voyais dans les magazines que je feuilletais en douce en attendant chez le coiffeur Léon, rue Traversière. Avec, à la caisse, une vieillarde, à mi-chemin entre la chaisière d'église et la mère maquerelle, qui vous pique vos sous sans un mot, vous susurre un numéro de chambre et vous tend une clef et deux serviettes-éponges. Et il y a deux escaliers. Un pour monter, un pour descendre. Que personne risque de croiser qui que ce soit. Ça fait penser au décor de *Huis clos*. C'est dire si c'est désolant.

Si Lévy m'en avait pas une fois parlé j'aurais jamais pensé que ça existait ce genre d'endroit.

Et Lilou en connaissait un de minet-galant. Rue du Général-Aubé. Dans le seizième.

Lilou, cette môme.

Dans quoi je me retrouve ? Dans quoi ?

Nu. Avec Lilou Daumesnil, entièrement nue elle aussi. Dans des draps qui ont enveloppé des centaines et des centaines de tireurs de coups. Et après un coup tiré, bien très bien, amoureusement, oh oui, la petite Lilou Daumesnil savoure, sans aucunement tousser, des bouffées de ma clope. Et elle me dit qu'elle croit qu'elle m'aime. Que ça lui a tout l'air d'être sérieux ce qui lui arrive avec moi. Et elle se blottit. Et je suis tout retourné. Et on se dit des drôleries. On rit.

Puis, de plus en plus blottie, elle me raconte. Son étudiant en pharmacie pour commencer. Teddy. Pour ses parents, ce jeune homme, c'est son fiancé. Pas pour elle. Elle le considère que comme son meilleur ami. Elle prétend aussi que, coucher avec lui, depuis des mois elle le fait plus. Va savoir. Et ses amis de la rue d'Ulm elle me raconte. Les normaliens elle les collectionne. Et d'autres garçons. Des amis, des camarades, des flirts, des plus que flirts. Plein de garçons.

Ça me défrise de constater que cette gamine a déjà eu plus d'hommes dans sa vie que, moi, de femmes.

Je lui dis. Ça la fait rire.

Elle rit joliment.

Pendant combien de temps je vais la faire rire ?

Écrivain, la nuit, rue d'Ulm

J'écris.

Enfin j'écris.

Et pas des pages qui seront cosignées par la Marianne, pas du dialogue de film de série B ou Z, pas du feuilleton sirupeux pour Radio-Luxembourg. J'écris un livre. Un roman qui, si Dieu le veut, sera publié chez Gallimard. Un roman qui me ressemblera.

Ça aura été long, pénible. Mais basta. Toutes ces années paumées, gâchées on les oublie. Mon chemin de croix ça aura été. Et c'est le terminus. Alors tout le monde descend. Et avanti !

Le titre je l'ai pas encore trouvé. Mais il est en route le bouquin. Un roman. Qui sera, en gros, mon *Mort à crédit* à moi. Avec tout ce que j'ai vécu depuis ma naissance vingt-six rue Traversière, Paris douzième. Avec ma mère, qui accoucha dans le bel appartement cossu où vivaient alors les Forlani parce que seules les femmes pauvres allaient, dans ces années-là, pondre dans des hostos. Puis vint la faillite de papa. Puis l'avenue Ledru-Rollin et ses rats. Et la guerre et Roux-Hentschel, Oscar qui est mort depuis, Grumberg, le si brave pauvre Grumberg, dans l'infirmerie en Bochie, Giselle, Colette, les chiens du docteur Renty…

Tout y aura dans ce livre. Trente pages déjà sont écrites. J'attaque la trente et unième.

Mes angoisses, ma gadoue mentale, tout ça, tout ça, j'en connais la cause maintenant. Une vocation j'en avais une. Un écrivain j'étais. Mais qui tournait autour du pot, qui se racontait qu'il voulait être peintre, qui se racontait que des foutaises. Je suis fait pour écrire comme le chien est fait pour aboyer, le mouton pour bêler et la voiture de pompiers pour faire pim-pon. Et je voulais pas le savoir.

Il a fallu qu'une môme de quatorze ans de moins que moi…

C'est d'un bizarre la vie.

Et d'un beau.

– Une vie, Remo, on n'en a qu'une. Qui dure ce qu'elle peut. Et, quand elle est finie, c'est pour toujours. En admettant même qu'il y ait un Ciel, un enfer et autres fables inventées par ceux qui depuis toujours oppressent le pauvre monde, Proust l'a dit : comme, dans un autre monde, tu n'auras certainement plus la mémoire de celui-ci, à quoi ça t'avancera ? À rien. Alors ton existence ne la gaspille pas. Fais-en un poème. Aussi beau que possible.

Vivre comme on fait un poème. C'est du Lilou craché, ça.

Je ne sais si c'est de se frotter à des normaliens ou la lecture d'auteurs que j'ignore ou, tout simplement, un don, mais elle a un langage bien à elle. Volontiers savant, un peu ampoulé. Mais l'écouter parler de ce qui lui importe ça me sort de mon ordinaire. C'est qu'on ne fait pas que l'amour. L'amour délicieusement. Et partout. Dans le lit de ses parents quand ils sont pas là, dans le glauque baisoir de la rue du Général-Aubé, dans un autre baisoir rue du Bac – où on peut voir entrer et sortir des écrivains connus parce que c'est à deux pas des éditions Gallimard –, dans des hôtels, dans l'escalier de l'immeuble d'un de ses profs de philo chez qui on a dîné l'autre soir. Où on peut.

C'est comme écrire. Maintenant que je sais qu'écrire ce n'est pas que pisser de l'encre pour de l'argent, je le fais dès que je peux et où je peux.

Ma page trente et un c'est dans une voiture que je la noircis. Encore une voiture d'amie à Lilou. Une autre amie que le jour de notre premier baiser et une autre voiture. Une Dauphine pas cabossée. Avec une radio qui diffuse du Johnny Hallyday. C'est ni bien ni mal, ça se laisse écouter. Paraît qu'il est belge. Et il en chante une autre. D'accord. Une chanson de Johnny ça va. Mais plusieurs… Je tritouille la radio. Et je tombe sur de l'encore moins audible que du Hallyday. Ça doit être Anthony Richard. Ou Richard Anthony. Qui, comme tous ces Presley de Prisu qu'on entend de plus en plus, doit s'appeler Dupont ou Duval. Ou Blumenstein ou Cohen. Cette mode yéyé durera sûrement moins longtemps que celle du yoyo. Mais pour l'heure ça cartonne.

Je lui coupe le sifflet au rocker mollasson. Ma montre me dit qu'il est neuf heures passées. Et moi, je me dis que ma page trente et un, au train où je vais, j'en verrai le bout à Noël. Ça colle pas, ça.

Ce qui colle pas non plus c'est que les dix minutes avec Régis elles s'éternisent. Son Régis, à Lilou, il commence à salement me puer au nez. Je veux bien que ce soit une lumière, un Descartes, un Spinoza, un Heidegger et qu'une étudiante en philo ait les meilleures raisons du monde de lui coller aux fesses. Mais, l'étudiante, c'est Lilou, *ma* Lilou. Et ce Régis, il a couché avec elle. Elle me l'a pas caché. Loin de là. À tous les détails j'ai eu droit. Comment, à l'aube d'une nuit qu'ils avaient, dans la turne du petit génie, colloqué comme des bêtes sur Auguste Comte et le positivisme…

Et ils font quoi, pendant que je marne dans une bagnole trop petite pour mes grandes jambes ? Et y a pas que ce petit bourge savant de Régis Debray dans cette école. Y a le Balibar aussi. Étienne Balibar. Encore un QI extralarge. Et qui tourne autour de Lilou avec frénésie. Sans compter tous les autres cerveaux à pattes qui grouillent à Normale. Comme ce prof vénéré, Althusser. Paraît que comparé à lui, Sartre c'est un minus, un zéro. Deux fois je l'ai entrevu en accompagnant Lilou à ses cours. Je lui ai trouvé une tête de déchaîné de la bite, à ce professeur Althusser. Navré. Mais, grand penseur ou pas, il a l'air que de ça : d'un fourreur de queue. Et pas joli joli.

Mais je suis mauvais juge. Parce que jaloux. Très très.

Lilou a beau me jurer et rejurer qu'elle est folle perdue de moi, que ses ébats sexuels avec des étudiants c'est du passé, je hais tous les forts en thème qui l'approchent de si près.

Et qui, c'est criard, me voient tel que je suis : un vieux débauché qui se fait une des leurs et qu'a pas l'ombre d'un diplôme.

Et alors, mes petits merdeux, c'est avec une licence, une agrèg, qu'on lime ?

Je m'énerve. Faudrait pas, mais je m'énerve. Au lieu de peaufiner le grand roman qui leur prouvera à tous qu'un fils de cimentier illettré ayant récolté de justesse un modeste certif les encule profond, je fais des petits dessins sur ma page. Je griffonne des normaliens à grosses têtes et à petites bites, des Régis Debray, des Balibar, des Sartre, des Althusser pas plus grands que des poux. Et moches mais moches.

Et quand elle rapplique enfin, Lilou, j'éclate. Qu'elle me fait chier, que chier, je lui dis, et que Dieu m'a pas créé pour passer ma vie à attendre qu'une petite salope ait fini de sucer des philosophes boutonneux et que c'est à cause d'elle que j'ai plongé une épouse aussi digne et méritante que Colette dans le malheur et pas qu'elle, mon fils aussi.

Et non content de la cribler d'injures, je lui balance une mornifle et une autre. Et elle se rebiffe. Elle est pas costaude mais elle a du nerf. Ça y va, dans la tire à la copine. Ça y va si frénétiquement que je me retrouve en train de lui casser un doigt à la fille Daumesnil. Le petit doigt de la main droite. À angle droit avec sa si mignonne main il est. Et elle hurle, elle hurle.

Quand je me mets à jouer les cons, moi…

Me voilà déambulant comme un fou rue Gay-Lussac pour trouver un taxi pour, d'urgence, mener Lilou, hurlant de plus en plus fort, dans un hosto.

C'est Necker. Sans trop se hâter un interne des Urgences lui reboute le didi, lui bricole une attelle, lui fait avaler un calmant.

Elle hurle plus, elle chiale.

Pas parce qu'elle a mal. Parce qu'elle a le cœur brisé à la pensée qu'elle aime éperdument un salaud qui ne lui fait aucune confiance.

Pauvre Lilou. J'ai honte. Je me repens. Je veux pas qu'elle soit malheureuse.

On se farcit hôpital Necker rue d'Ulm à petits pas. Faut aller récupérer la voiture.

Paris dort. Je tiens Lilou par la main. L'autre main. Pas la massacrée par une sale brute. Je lui demande pardon. Elle m'accorde son pardon, ma petite Lilou. On est bien ensemble.

Dans la voiture, dans cette saleté de rue d'Ulm, on ne fait pas vraiment l'amour. Mais c'est aussi beau, aussi bien.

Qu'est-ce que c'est chouette d'être écrivain.

Un jour, faudra que je devienne chauve. Comme Henry Miller.

Grand écrivain catholique, place de Valois

Moi, je le trouve bel homme. Je le vois très bien en mystique espagnol peint par le Greco. C'est un écrivain, lui. Reconnu. Qui publie des romans qui se vendent à des centaines de milliers d'exemplaires. Son *Chiens perdus sans colliers* est un best-seller. Qui est même devenu un film de Jean Delannoy. Qui a eu droit à des monceaux de vacheries de Truffaut dans *Arts*.

Je n'ai pas vu le film, pas lu le livre. Des livres de Gilbert Cesbron, aucun j'ai lu. Et ça vaut sans doute mieux. Comme ça rien ne peut altérer la bonne opinion que j'ai de lui. C'est qu'il est pas qu'écrivain catho de première bourre. Il est aussi, plus de quarante heures par semaine, le « Monsieur Feuilleton » de Radio-Luxembourg. C'est lui qui cornaque les plumassiers dont je suis. Lui qui sépare le bon grain de l'ivraie, décrète ce qui est vulgaire ou ne l'est pas, ce qui est tout public ou ne l'est pas. Lui qui m'a fait une scène terrible quand, étant à court d'idées, j'ai – pour qu'il se passe quelque chose dans un épisode – fait mourir de mort subite la grand-mère de Cécile la tendre héroïne de mon feuilleton *Le Chemin du bonheur*. J'étais à la bourre dans ma livraison, j'ai sauté l'étape Cesbron, j'ai donné directement le texte au réalisateur et… Il m'a pas injurié. Parce que aucun mot grossier ne sort de la bouche de Cesbron. Mais il a été mécontent. Très.

Même qu'il a fallu, et ça a été coton, la faire réapparaître la mémée. Il m'a pas laissé le choix. Ou je me dépatouillais pour faire gober à l'auditeur que ce regrettable trépas n'était pas un vrai trépas, ou je passais mon stylo à un autre polygraphe. Je me suis dépatouillé. L'auditeur a gobé.

Et Cesbron m'a invité à dîner. Chez lui, du côté de l'Odéon. Dans un appartement bourgeois avec rien, absolument rien qui donne à penser qu'on était chez un monsieur qui se ramasse des montagnes de droits d'auteur. Et on a becté comme chez les bénédictines. Petit steak purée, le yaourt ou une petite tranche de gruyère et la pomme. Petite. Son argent il en fait quoi Cesbron ? Ses chemises, pour vous dire, il les porte avec des reprises aux manchettes et au col. Qui les ravaude ? Sa dame, très belle dame, ou la vieille bonne balzacienne qui nous a servi chichement la purée.

C'est un vrai catho. Qui ne prend ni le métro ni le bus pour faire le trajet Odéon-place de Valois aller et retour cinq fois la semaine. À pied, il va. Et en lisant sa bible de Jérusalem édition de poche. Que d'ailleurs il connaît par cœur.

C'est ça que j'aime chez lui. Sa foi et, surtout, sa manière de vivre. En accord avec cette foi. Ce qui lui vaut d'être un objet de moquerie pour quasiment tout Radio-Luxembourg. L'abbé, on l'appelle rue Bayard, le révérend.

Mais il y met pas souvent les pieds. Ses bureaux sont place de Valois. C'est là qu'il se tient avec Monique Lemarcis, une bûcheuse peut-être pas catho, mais pas trop farceuse, qui grimpera les échelons et deviendra une talent-girl de renommée mondiale. La découvreuse de Julio Iglesias, de Mike Brandt et autres sex-symbols de la variétoche.

Leurs bureaux, à Cesbron et à Monique Lemarcis, donnent sur les toits d'un immeuble qui doit dater de Louis quatorze. Dessus, souvent, on voit des rats qui se baladent. Des rats pansus. Rien à voir avec ceux, faméliques, mal embouchés de l'avenue Ledru-Rollin. Mais ils me font quand même frissonner.

Pas Cesbron. À l'en croire aucune créature du Bon Dieu n'est malintentionnée. Aucune. Pas même moi. Et pourtant…

Pourtant y aurait à dire. Et il me le dit. D'urgence fallait qu'il me voie. Moi, bonne pomme, j'ai cru qu'il voulait me brancher sur un nouveau feuilleton. Pas du tout.

– Pas du tout du tout, Remo. C'est par pure amitié que, ce matin… Je vous aime beaucoup et vous le savez. J'apprécie vos qualités d'auteur. J'apprécie aussi vos qualités humaines.

Vous m'avez fait assez confiance pour me faire part, à plusieurs reprises, de vos soucis, de vos inquiétudes, disons pour être plus précis, de ce besoin qui vous tenaillait de retrouver la foi de votre enfance, de votre adolescence. Et j'ai prié pour vous. Oui. Prié. Et voilà que des bruits, des rumeurs… Je sais le peu de crédit qu'on doit accorder à des ragots de couloir, à des on-dit qui, bien souvent, ne sont que médisances. Mais… Simplement, si vous avez envie de parler un peu avec votre vieil ami…

Il veut quoi, le catho à gros tirages, me confesser ?

Je m'allume une clope. À ma grande surprise il sort un paquet de petits cigares du tiroir de son bureau et en allume un avec le briquet que je lui tends.

– Je croyais que vous ne fumiez pas.

– J'avais fait le vœu de ne plus toucher au tabac tant que durerait cette désastreuse guerre d'Algérie. Maintenant, je peux.

Il est trop parfait ce type. Ça énerve. Son blé il doit le poster au docteur Schweitzer pour qu'il offre des gueuletons à ses petits Noirs de Lambaréné.

Il veut que je lui déballe tout ce qui est ma faute, ma très grande faute. C'est vendu ! On s'y met. Vu que ce qui m'arrive (et qui me dépasse et pas qu'un peu) je peux le raconter à personne de mon entourage, c'est le révérend Cesbron qui va y avoir droit. Et avec tous les détails, toutes les incongruités afférentes.

– Alors voilà… Y avait une projection à Publicis sur les Champs…

À tout il a droit. Jusqu'à la façon dont on fait l'amour dans tous les lits qu'on trouve, Lilou et moi. Et ailleurs que dans des lits.

Il me coupe pas, il m'écoute en tétant son ninas et en faisant des ronds de fumée. Parfaitement ronds. Qui lui flottent au-dessus de la tête. Comme autant d'auréoles. Et ça lui inspire quoi, l'étalage de mes péchés mortels, à saint Cesbron ?

– Vous vivez là une grande grande aventure. C'est important dans la vie d'un homme une grande aventure.

– Ça…

– Vous êtes père aussi. Et époux.

– Je suis père d'un gamin adorable. Époux d'une femme parfaite. Et je suis fou de Lilou. Et, Dieu, je continue à lui courir après. Ajoutons que j'ai plus la queue d'une angoisse. Mais que je baigne dans le remords…

Son cigarillo il l'écrase dans son cendrier. Il me regarde droit dans les yeux.

– Pensez à l'enfer, Remo.

Il se lève. L'entretien est terminé. Il me serre la main. Chaleureusement.

– Pensez à l'enfer.

J'entre dans le premier bistro venu. Je commande un café. Ça m'a fait du bien de la raconter de A à Z ma drôle d'idylle. Mais tout ça pour en arriver à me faire dire de penser à l'enfer. Merde.

Si ça se trouve, saint Cesbron, il en a lui aussi une Lilou. Avec qui il fait des cochonneries diaboliques. Si ça se trouve chaque homme a sa Lilou comme il a son ange gardien.

Si ça se trouve, le ciel et l'enfer c'est ici-bas.

En prime, ça me fait peine qu'il m'ait pas proposé des écritures, Cesbron. Parce que, chapitre finances, ça va plus. Mon compte au Crédit Lyonnais il bat de l'aile. Les rentrées s'amenuisent.

Le second film Tintin, qui s'appellera *Tintin et les oranges bleues*, j'en serai pas le réalisateur et même pas le coscénariste. André Barret, qui est et sera toujours un ami solide, a écrit tout seul comme un grand le scénario, et fort bien compris que, depuis Lilou, je suis incapable de m'atteler sérieusement à un vrai travail.

Côté Villiers, rien en vue pour l'heure. Rien de précis, rien qui justifie une avance même infime. Côté Marianne ça grince. Lui échapper totalement je peux pas. Personne pourrait. Même si je prenais la tangente, la vraie, si j'allais me tapir dans une chambrette discrète dans une rue inconnue d'une banlieue si reculée qu'elle serait desservie par aucun bus, aucun train, j'y recevrais des pneumatiques m'avertissant qu'elle va le faire son ultime plongeon boulevard Raspail, Cette Marianne.

Bien dix fois le jour elle téléphone à cette malheureuse Colette. Marianne, j'écris toujours pour elle. À la sauvette. Et mes cachets de l'ORTF continuent à tomber. Mais ça fait pas bézef. Quant à mon filon films documentaires, cinoche alimentaire…

Là, c'est Waterloo morne plaine.

Faut les regarder en face, les choses. J'avais comme qui dirait un père nourricier, Daumesnil. Un père que j'aimais comme un père et qui, lui, m'aimait peut-être pas comme un fils, mais comme un petit frère. Et, fumier que je suis devenu, je lui pique la chair de sa chair. Sa Lilou. Sans crier gare je le métamorphose en beau-père de vaudeville. C'est de la saloperie pure. J'en suis bien conscient. Et ça me navre.

Son enfer à Cesbron, si je le mérite, c'est pas pour faire l'amour, aussi bellement que possible, à Lilou. C'est pour faire la crasse que je fais et à Colette et à Daumesnil. Sa femme, romanesque comme elle est, le coup, elle l'a encaissé plutôt bien. Lilou me l'a dit. C'est pas qu'elle bénit notre union. Mais elle a le nez assez fin pour renifler que, sa fille et moi, on se paye une grande lampée de bonheur. Et elle a l'esprit assez large pour pardonner.

Mais Daumesnil, lui…

Depuis la projection du film de Marker et ses séquelles, on s'est pas revus. Chacun de son côté on fait le mort.

Jusqu'à quand ?

Qui vivra verra. Tout à l'heure, je vais retrouver Lilou. Elle sortira de sa fac avec un peu plus de savoir dans son crâne. Elle me gonflera en me débitant des miettes de ce qu'elle aura appris. Et je tenterai de lui clouer le bec avec ma langue. Et…

Pour tuer le temps et oublier que je suis dans la panade, je vais écrire un peu de mon roman pour Gallimard.

À la page cinquante-neuf j'en suis. C'est un peu trop visiblement pompé sur Céline et Miller. Mais ça se laisse lire. Y a même des cocasseries dont je suis assez fier. Sur papa, sur mes enculés d'instituteurs de l'école Charles-Baudelaire. Écrire sur eux c'est facile. Ma haine de gamin qui a passé des jeudis entiers à faire des lignes est encore intacte. Ça aide à trouver ses mots, la haine.

Fumetti

Tous mes Balzac j'ai vendus. Sauf celui que Lilou m'avait emprunté et jamais rendu et qu'elle a, cette dévergondée, offert en cadeau – elle me l'a dit – à un des lamentables ados avec qui elle a couchaillé. Et pas que mes Balzac, toutes mes autres Pléiades aussi, j'ai bazardé. Et des bouquins surréalistes numérotés pour lesquels je m'étais ruiné. Et des livres sur la peinture. Une razzia j'ai fait dans ma bibliothèque. Un pillage. Avec Colette me regardant, atterrée, emplir des sacs, des valises.

Fallait, fallait absolument. Pour acheter des chaussures de ski à Laurent et un anorak et des fourbis pour sa classe de neige.

Je fais de ces trucs.

Par exemple : je vais en Italie.

Pas chez les accueillants oncles et tantes et cousins et cousines de Colette comme lors de notre voyage à Milan. Pas via Veneto comme lors de notre séjour à Rome avec Villiers.

Je suis à Bordighera. Invité à un congrès. Parce que scénariste ayant travaillé avec Hergé et membre éminent de cette assemblée de vieux fous qu'est le Club de la bande dessinée. Tous frais payés. L'aubaine. Un congrès de spécialistes des fumetti, comme disent les Ritals. La première manifestation du genre. Un événement qui fera date chez les collectionneurs de petits miquets. On est logés dans un immense hôtel. On est nourris plus que bien.

On. Soit une centaine de dessinateurs, de scénaristes d'histoires en images (avec des bulles ou, pour faire savant, des phylactères), d'éditeurs. Et de grands penseurs de diverses provenances. Qui rédigent des thèses sur « Le sens du tragique dans le *Tarzan* de Hoggarth », « L'humour destructeur de *Pim Pam Poum* », « La tapisserie de Bayeux et les origines de la figuration narrative », « *Il riso crudele di Braccio di Fero* ».

Faut les entendre disserter, colloquer, tous ces beaux esprits italiens, américains, français, belges. Il y a même deux Japonais et un Néo-Zélandais. Pour eux, Hergé c'est Balzac. En mieux. Et ils trouvent plus humains les *Peanuts* que *Les Frères*

Karamazov. Et les tâcherons qui dessinent à la chaînc des Batman, des Spiderman, des Hulk, sont autant de Tiepolo, de Jérôme Bosch, de Géricault.

Ça extravague à outrance.

Avec les quelques pas trop frappés qui sont de la fête, on prend nos distances. On déserte la salle de conférences pour aller nous empiffrer de polpette et de gnocchi. C'est en mangeant et en buvant sec que je deviens copain comme cochon avec Forest. Jean-Claude Forest qui fait scandale avec sa *Barbarella.* Une demoiselle qui trimbale ses fesses de Vénus polissonne dans d'improbables galaxies. Il se contente pas de dessiner aussi bien que les cracks américains – Alex Raymond, Milton Caniff –, Forest. C'est aussi un auteur qui a son monde bien à lui, un monde parallèle au nôtre. Peuplé d'obsédés sexuels farceurs.

Même Lilou lui trouve de l'esprit, à Forest.

Parce qu'elle est du voyage. Elle n'a que mépris pour la BD, mais elle aime les trains, elle aime bouger. Et elle m'aime moi. Alors on roucoule. On s'aime et on se déchire aussi éperdument que la maman Sand et son Alfred à Venise.

Et j'écris. Le romancier que me voilà devenu noircit à l'encre bleue des pages et des pages. Mon manuscrit, tel que me voilà parti, faudra une brouette pour le livrer à Gallimard.

Et puis on fait des virées. On sèche certains débats pour visiter la région. En voiture. Dans la tire d'Umberto Eco qui me semble avoir des visées sur Lilou qui bave devant cet érudit. Hier il nous a fait visiter Turin et Gênes. Ses villes à lui. Même qu'il a tenu à nous faire déguster la plus raffinée des douceurs de sa province natale. La galette de farine de fèves. Une de chez le pâtissier où sa mère l'achetait. Une autre de la pâtisserie attenante à son lycée. Une autre dans la trattoria la mieux cotée chapitre galettes de farine de fèves. Et une quatrième achetée dans une rue.

Suite à quoi je peux certifier que la galette de fèves est un gâteau pas fameux fameux, indigeste comme pas permis qui, en outre, fait abondamment péter.

Eco finira par devenir un des plus célèbres écrivains du siècle numéro vingt. Pour moi il sera à tout jamais l'homme en compagnie de qui j'ai le plus pété.

Partout et nulle part dans Paris

Réveillé place de la Sorbonne. Par une femme de chambre du Sélect Hôtel qui nous apporte nos petits déjeuners. Je me tourne du côté de Lilou pour lui dire d'aller ouvrir la porte. Lilou n'est pas, n'est plus dans le lit avec moi. Elle doit être dans la baignoire. Je crie « entrez ». C'est une femme de chambre. Accorte, écrirait un auteur à l'ancienne. Comme mes vêtements sont entassés sur le guéridon elle pose le plateau sur le pied du lit et décampe.

Lilou aimant que son café soit brûlant je vais frapper à la porte de la salle de bains. Aucun écho. Elle a dû s'endormir dans la flotte. Ça lui arrive. J'ouvre la porte. Pas de Lilou.

Dans la chambre il n'y a que mes habits à moi.

Je m'assieds sur le lit et, buvant du café et clopant, je me demande à quoi elle joue encore.

On a échoué dans cet hôtel après une soirée intello friquée dans un appartement d'au moins quinze pièces avenue Montaigne. Une soirée avec beaucoup à manger et trop à boire. Les gens qui recevaient c'étaient M. et Mme Bourdier ou Bradier ou Brady. Je me foutais tellement de savoir qui étaient ces gens que j'ai pas fait gaffe pendant les présentations. La dame était belle femme à cheveux gris. Lui beau type plus jeune qu'elle. Un traducteur connu soi-disant. Très bien connu par Lilou en tout cas. Ils fêtaient quelque chose les Bradier ou Bourdet. Quoi ?

Il y avait là Régis Debray, Balibar, d'autres jeunots de Normale sup. Des hommes et des femmes dont Lilou m'a dit qu'ils étaient journalistes au *Monde*, à l'*Observateur*. Un journaliste suisse qui m'a longuement parlé. De Ionesco. Pour lui le plus grand auteur vivant de langue française. J'ai fini par le planter après lui avoir dit combien *La Cantatrice chauve*, ce ramassis de blagues pas drôles, m'emmerdait.

Et j'ai bu tout seul trois coupes de Mumm et bouffé autant de canapés que j'ai pu. Puis j'ai cherché Lilou. Que j'ai trouvée cheek to cheek, sur un canapé, avec le maître de maison. Ce qui m'a vivement contrarié. Ils faisaient peut-être que philosopher. Allez savoir.

J'ai quitté le salon, le gigantesque salon. Dans la salle à manger des gens bavardaient avec d'autres gens. Dans une chambre avec aux murs des tableaux infects mais valant bonbon – un Poliakoff, deux de Staël, un Klein, un Soulages – un vieux bonhomme fricotait avec une fillette. Dans la salle de bains, une femme qui se remaquillait m'a fait un sourire de morue quand elle m'a aperçu dans la glace. Une rousse. À fesses bien causantes. Elle m'a demandé avec un accent (allemand ? suédois ?) si je ne voulais pas aller chercher de quoi trinquer avec elle dans le calme. Je lui ai dit que j'y allais. Mais j'ai continué ma virée en solitaire, ouvrant toutes les portes que je trouvais. Dont celle d'une chambre d'enfant avec un lit-bateau à courtepointe ornée de perroquets, avec une tour Eiffel en Meccano aussi haute que moi et tout un zoo de peluches. Avec un ours borgne.

Un ours comme mon Popaul quand j'avais l'âge des peluches.

Je me suis assis à côté de lui sur la carpette et je lui ai parlé. Comme je parlais à mon Popaul.

Sauf que lui, le borgne, il a pas eu droit à des extravagances de gniard. Je lui ai expliqué comme c'était dur à vivre un amour fou pour une fille cent fois plus instruite que toi et s'étant, en six sept ans, tapé une quinzaine de mecs quand, toi, en près de vingt, tu n'as connu que trois filles. Je lui ai pas parlé que de ça. J'ai enchaîné avec l'énoncé de mes problèmes d'argent, de mes embrouilles aussi. De Colette qui était dans le désespoir par ma faute, de Laurent qui se retrouvait déboussolé.

Il me regardait si gentiment de son seul œil, le nounours, que je me suis retrouvé sur le point de pleurer. Aurait fallu que je fume. Mais j'osais pas. Dans les chambres d'enfant y a pas de cendrier.

Au bout d'un long couloir j'ai trouvé la cuisine. Dans laquelle trois filles jeunes – des étudiantes en quoi ? – jactaient en espagnol. Des moukères très baisables. Qui mangeaient du foie gras. Sans pain. Avec les doigts. Et que ça faisait grassement rire.

Je me suis assis à leur table et j'ai fumé. Avec une assiette en guise de cendrier. Comme elles buvaient du vin blanc, j'en ai bu aussi.

Puis elles sont parties, les Espingotes.

Puis une autre fille a débarqué. Que je connaissais pour l'avoir rencontrée avec Lilou. Blonde. En quête d'un truc mangeable qui soit pas du foie gras, du caviar, des saletés avec de la mayonnaise ou des pâtisseries écœurantes.

J'ai pris une pomme dans une corbeille qui était sur la table et je la lui ai lancée. Elle l'a saisie au vol.

– Merci. On se connaît, non ?

– On s'est vu avec Lilou Daumesnil. Au Balzar.

– C'est ça.

Elle a mordu dans la pomme. Ça lui allait bien de mordre. Elle avait des dents parfaitement alignées. Des quenottes de petite fille.

– Ça vous va bien de manger des pommes. Vous devriez ne faire que ça.

– Faudrait laisser tomber mes études. Dans ma famille ça serait très très mal vu.

Quand Lilou est arrivée dans la cuisine, je l'embrassais la croqueuse de pommes. Lilou a fait celle que ça ne dérangeait pas. Elle m'a annoncé qu'il fallait qu'elle rentre, qu'elle avait une interro très tôt aujourd'hui et que, si je voulais profiter de la voiture qu'elle avait empruntée à son père…

J'ai même pas pris le temps de dire au revoir à Isabelle. Je le savais d'ailleurs pas qu'elle s'appelait Isabelle. C'est Lilou qui me l'a appris en route. Et aussi qu'elle étudiait le chinois aux Langues orientales, Isabelle. Et que son père était un magnat de la fabrication de fourrure synthétique.

Puis, faute d'avoir où finir la nuit, on est entrés dans cet hôtel. Puis on s'est endormis amoureusement. Puis me voilà seul avec deux breakfasts. Et il est huit heures du matin. Et merde.

La chambre je la quitte une fois grillée ma dernière cigarette.

À midi je me pointe au restaurant Savy rue Bayard. Je n'ai ni faim ni rien de précis à faire dans le coin. Mais justement… Ça s'appelle aller à la pêche.

Si un des rigolos qui se tape son entrecôte pouvait me refiler un tuyau un peu consistant.

Je salue Manuel Poulet, André Sallée. Je paie un apéro à René Marc. Je ris aux éclats à une blague vaseuse de Fernand Raynaud. Je serre la main à Pierre Dac. Qui aligne toujours des loufoqueries mais a de plus en plus un regard de chien battu. Avec Roger Kreicher aussi je prends langue. C'est un des cerveaux de Radio-Luxembourg. Rayon variétés. Il a le moral et pas le moral. C'est qu'il y a malaise rue Bayard depuis qu'est née Europe n° 1.

Luxembourg, la radio préférée du bon peuple de France, a pris, en l'espace d'un matin, un sacré coup de vieux. Il se passe des choses durailles à encaisser. Comme la fiesta de la place de la Nation, organisée par Europe, y a pas une semaine, avec cent cinquante mille ados venus s'exploser autour de Johnny.

Une guerre est déclarée. La guerre des yéyés. La guerre des jeunes contre ceux qui le sont plus ou vont bientôt ne plus l'être.

Chez Savy on se demande si le navire de la rue Bayard est pas en train de sombrer, si Zappy Max, les Duraton, tout ça va pas crever vite fait de sa belle mort.

René Marc envisage de se recycler, de laisser tomber les feuilletons et d'ouvrir un lavaupoids en province.

Pour me faire détruire le moral je pouvais pas trouver mieux qu'aller rôdailler chez Savy.

Maintenant, la Mouffe. Rendez-vous chez Joudioux. Un type que j'ai connu avec Resnais. Un mordu du ciné qui a fait l'électro dans des productions au rabais, s'est payé des projecteurs avec le peu de blé qu'il glanait, a loué ses projecteurs à ceux qui l'embauchaient comme électro. Et qui, ceci amenant cela, a aujourd'hui son studio à lui, ses salles de montage. Pas à Hollywood. Rue Mouffetard. Au fond d'une cour mal pavée. On tourne pas des westerns ou des films historiques avec des milliers de frimants, chez Joudioux. Mais on tourne. Et même il commence à être un peu producteur.

Et, vu qu'on est bien copains lui et moi, je le pousse aux fesses pour qu'il investisse dans un film que voudrait réaliser un charmant jeune Hongrois. Peter Kassovitz. Que Lilou m'a fourré dans les pattes.

Ce dont je ne me plains pas parce que c'est un gars très causant, drôle. Fils d'un dessinateur humoristique paraît-il fort prisé à Budapest, Kasso fait lui-même de bons dessins. Et il raconte, avec un accent pas désagréable du tout des blagues parfois hilarantes. Parfois impigeables si t'es pas magyar. Mais ça va. Son but étant de devenir un nouveau Marker, et donc de combattre artistement les misères du monde, il veut aller tourner un documentaire en Amérique du Sud. Dans des bidonvilles où des gamins se disputent de vieux croûtons et des rognures avec des oiseaux de proie. Et pas tout seul. Avec Régis Debray il veut faire ça. Régis Debray ayant des relations avec des révolutionnaires chiliens ou brésiliens. Enfin, du sud de l'Amérique.

Moi, l'idée de savoir Debray séparé de Lilou par un océan de belle taille m'enchante si fort que je pousse Joudioux au crime. C'est que le Régis et la Lilou, j'aime pas leur amitié d'après l'amour. Pas du tout du tout. Alors je me suis même engagé à écrire le commentaire du docu de Kasso et Debray si Joudioux se mouille.

Je sors de chez Joudioux un peu requinqué. Il va tout faire pour que Kasso et Debray aillent impressionner de la pellicule pour prouver que le Pérou c'est vraiment pas le Pérou.

De Mouffetard je vais à pied au Balzar. Avec un peu de chance je risque d'y trouver ma chérie. Elle en pince pour ce rade pas gai où il est de bon ton d'aller lire son *Monde* en buvant son thé. Je trouve pas Lilou. Mais deux de ses amies,

Florence Delay et Martine de Rougemont. L'une des deux est plutôt belle fille. Et toutes les deux sont des filles à papa célèbre. Elles me gratifient de sourires qui disent clairement « on te fait risette parce qu'une amie très chère a la faiblesse de se laisser chevaucher par toi. Mais n'en abuse pas, manant ».

Ben si. J'en abuse. Je m'installe à leur table. Et je commande un chocolat. Et je leur fais la causette. Je demande à la Florence où en est son film. Parce qu'elle se contente pas de faire dans l'érudition, cette fille d'académicien, elle est aussi celle que l'un des plus chiants cinéastes du monde, Bresson, Robert Bresson, a choisie pour être sa Jeanne d'Arc.

En guise de réponse, j'ai droit à un autre sourire. Qui signifie celui-là : « Qui t'autorise, lourdaud, à te mêler de ce qui se trame au pays des merveilles ? »

Message reçu. Je la boucle. Je m'occupe de mon chocolat. Qui est bien épais, bien foncé. Qualité avant-guerre. Qualité goûter du dimanche à Rochefort-en-Yvelines avec Madeleine et Jeannine, mes deux cousines aujourd'hui Sœurs de la Sagesse. L'une en Espagne, l'autre pas loin de Nantes. Avec le chocolat y avait les tartines grillées sur la grosse cuisinière en fonte. Et les confitures. De fraises, de pommes, de prunes. Des fraisiers, des pommiers, des pruniers de l'oncle André. Et, après le goûter, en route pour le salut. Tous ensemble à travers bois jusqu'à l'église. Et moi en enfant de chœur. Et…

Je bois mon chocolat, je pose des pièces sur la table. Je me lève.

– Vous n'attendez pas Lilou ? Elle devrait plus tarder.

– Non. Pas le temps. Vous pouvez lui dire que…

– Que ?

– Non. Rien. Salut.

Je plante les deux précieuses. Tchao bonsoir.

Qu'elles crèvent les copines à la fille Daumesnil. Mieux : qu'elles pourrissent sur place en attendant de finir profs au Collège de France ou académiciennes.

Et Lilou avec.

Je l'aime. Je saurais pas dire exactement de quelle sorte d'amour. Mais je la veux, je veux la voir le plus possible. Et l'embrasser, la caresser, la chérir. Mais…

La tasse de choco du Balzar, on va pas dire que c'est la tasse de tisane à l'autre fiotte de Proust.

Mais…

Faire sa route c'est savoir sauter sur les occases quand elles se présentent. Et voilà que Lilou m'a filé entre les pattes, que rue Bayard les rats sont sur le point de quitter le navire, que j'ai loupé le coche du film Tintin numéro deux, qu'avec Daumesnil j'ai déconné trop fort…

Alors alors alors.

L'heure a sonné de prendre une résolution. On fait une croix sur tout. Lilou, la rue Bayard avec sa station de radio qui joue les *Titanic*, le cinéma qui veut même plus de moi pour écrire des films qui intéressent personne. Et on fait plus qu'une chose une seule et de toute son âme. On l'écrit, le roman.

Et plus à la sauvette. On s'y met vingt-quatre heures sur vingt-quatre. Plus qu'à ça on pense. Qu'à ça.

S'enfermer rue Fantin-Latour, vu l'ambiance que j'ai créée en sautant la Lilou, faut pas y penser. Mais y a en Touraine cette bicoque dont je continue à payer recta la location. Je peux y vivre pour trois fois rien. En me nourrissant de lait et d'œufs de la ferme d'à côté, de fromages de la mère aux chèvres, de nouilles que je sais faire cuire. Et tranquille je serais. Nullement distrait. Par rien.

Y a que ça à faire. Que ça.

Je file rue Fantin-Latour, je prends trois chemises, un jean, ma paire de grosses grolles à footing, du chandail en cas de coups de froid, du papier en quantité.

C'est comme un pari. Ou je le gagne ou je le perds. Ou je reviens – quand Dieu le voudra – avec le paquet de pages assez bien torchées pour devenir un bouquin Gallimard. Ou je suis le zéro que je veux pas être.

Mais, le pari, je vais le gagner.

Et c'est la nuit. Une nuit qui prouve que, si elles se suivent, les nuits, elles se ressemblent vachement pas. Je suis dans le lit avec Colette. Qui dort. Rassérénée. Comme Laurent dort dans son lit qui commence à être trop petit pour lui.

Moi, j'insomnise. Mais calmement. J'attends qu'il soit l'heure de me lever pour filer prendre le train de huit heures quarante pour Tours. Avec mon sac de voyage. Que Colette m'a aidé à boucler. Toutes les dispositions sont prises. Je lui posterai mes écritures pour qu'elle les tape. Mon roman et aussi les textes pour Marianne. Grâce auxquels il tombera assez de blé pour que Colette et Laurent vivent à l'aise et que, moi, je puisse aussi croûter dans ma retraite d'écrivain.

J'emporte un transistor. Mais je sais bien que la radio, je l'écouterai pas là-bas. J'écouterai que les oiseaux chanter et les mouches voler. À l'occasion j'irai me repaître d'une giclée de musique du grand Francis Poulenc. Et j'écrirai.

Les week-ends Colette et Laurent viendront. Et peut-être Toto et Zézette et leur grand garçon. Et on fera des tartes aux pommes, des balades. On chantera, aussi faux que possible, les hymnes cocos du temps du TEC. Je me taperai un thé chez Poulenc quand ça se trouvera. J'irai manger des pâtisseries avec la postière. J'irai, c'est très possible, à la messe à Noisay.

Foutue longue route pour en arriver là. Et sinueuse. Mais m'y voilà.

Enfin.

Avec les yéyés

– Mais, Gérard, si la bombe explose, le Chinois est tué et l'inspecteur aussi. Le Chinois je veux bien. Mais l'inspecteur on a encore besoin de lui. C'est lui qui a le document qui prouve que…

– Tu te noies dans un verre d'eau, Remo. Ta bombe… Je sais pas, moi… ça se désamorce une bombe.

– C'est pas *ma* bombe. C'est la bombe à Conchon. C'est lui qui a eu cette idée merdique. Le Chinois on pouvait le faire crever de mille façons. Mais aller foutre une bombe dans un avion… Si elle pète, l'avion il se désintègre et tous ses passagers avec… Je vois pas comment…

– Si tu vois pas, tu laisses tomber. Tu fais taper ce que t'as écrit à Odette. Et cet épisode je le finirai moi. Je m'en occupe du Chinetoque. Et toi, tu prends le texte que j'ai écrit à cent à l'heure sur Napoléon et sa Marie Walewska et t'en coupes la valeur de cinq six pages.

– Napoléon c'est pas bien dans mes cordes. Je sais vaguement qu'il a été empereur, qu'il avait un petit galurin de gendarme et qu'il est mort à Sainte-Hélène. Mais si faut entrer dans des détails un peu historiques…

– T'as un dico ? Allez zou ! Pierre Fresnay sera là à dix-huit heures pile. Et faut qu'il soit à son théâtre une heure et demie après. Vu ?

À Pilote Production c'est l'usine.

Une usine qui fait plus penser à la cabine des Marx Brothers qu'à Renault ou Citroën. Mais, pour dépoter, ça dépote. Tous les jours sur le coup de neuf heures, le patron, Gérard, Gérard Sire, est au bistro qui jouxte sa boîte de production. Pour boire son kawa très fort et nous dire ce qu'il attend de nous.

Nous c'est une petite bande de rigolos bons à tout qui se nomment Jean Yanne, Jacques Martin, Yves Jamiaque, Georges Conchon et moi. Sans oublier Bonnecarère. Un grand beau mec qui, lui, s'occupe plus spécialement des « castings ». Ce qui revient à dire que, à l'heure du café-croissants, il nous annonce qui aura du temps dans la journée pour venir enregistrer les épisodes de feuilleton qu'on aura pondus.

Les interprètes des feuilletons de Pilote Production c'est pas des comédiens. C'est que des chanteurs dans le vent. C'est Johnny Hallyday, Claude François, Danyel Gérard, Sacha Distel, Pierre Vassiliu, Eddy Mitchell, Dick Rivers…

À Radio-Luxembourg, pour donner la réplique aux stars maison – Zappy, Rodolphe, Souplex, Jane Sourza, Ded Rysel –

y avait des bons comédiens de théâtre. Pierre Mondy, Maurice Chevit, le tout jeune Antoine Vitez, qui venait cachetonner en faisant la gueule, entre une répète de théâtre d'avant-garde et ses traductions d'auteurs soviétiques. On faisait jouer Jean Poiret, Jacqueline Maillan, Jean Richard.

À Pilote Production, vu qu'on travaille surtout pour Europe, on préfère un gratteur de guitare parlant faux à un vrai acteur ayant raflé tous les prix du Conservatoire.

Pour moi tout a commencé avec Sylvie Vartan.

À peine si je savais qui c'était, celle-là. Faut dire qu'elle faisait que débuter, que Daniel Filipacchi, le grand manitou de *Salut les copains* venait tout juste de persuader cette demoiselle de bonne famille que son destin c'était d'être chanteuse de rock'n'roll.

Moi, j'en étais à un moment crucial de mon existence. J'étais sur le point de partir m'enterrer dans notre bicoque de location en Touraine pour y écrire un roman – d'ailleurs toujours en cours. C'était réglé mon départ. Mon sac était bouclé.

Et le téléphone a sonné.

Lilou. Fallait qu'on se voie. Qu'un petit moment. Juste le temps de se parler.

Dans un café à Odéon on s'est parlé. J'avais mon sac avec moi. Une fois Lilou vue pour la dernière fois je fonçais à la gare. C'était réglé. Y avait pas à revenir là-dessus.

Et on a parlé. Surtout Lilou.

Suite à quoi je me suis retrouvé dans un appartement place Victor-Hugo. L'appartement des parents d'une danseuse amie de Lilou partie faire des entrechats en province et dont les parents sont en cure pour leurs intestins qu'ils ont turbulents.

Mais un de ces appartements. Aussi spacieux que la place Victor-Hugo ou peu s'en faut. Il est à nous pour deux semaines.

Lilou m'a proposé de les vivre passionnément, ces deux semaines. Après je partirai faire l'ermite en Touraine. Mais qu'on aille d'abord jusqu'aux tréfonds de notre passion. Parce que c'est pas de l'amour. C'est de la passion.

Elle m'a cajolé. J'ai craqué.

Il y a sept chambres dans l'appartement des dérangés des entrailles. Toutes on les essaye. Pour y faire les amants enfiévrés.

Lilou me plaît follement. Je plais énormément à Lilou. Mais tout nous sépare. Même sans mettre les années en ligne de compte. Elle trouve que Proust écrit lisiblement, elle veut faire la révolution…

Elle veut tellement la faire qu'elle invite du drôle de monde place Victor-Hugo. Une Maria chilienne avec des cheveux noirs tout tortillés et huileux qui lui tombent aux genoux. Un Vénézuélien recherché par la police pour avoir participé à des attentats. Un Niçois beau comme un dieu grec, avec qui Lilou a sûrement couché au moins une fois, qui dit pas un mot. Elle leur fait des omelettes à ces envahisseurs, elle les fait dormir dans les chambres où on ne dort pas nous.

Par moments je la hais. Je voudrais l'étrangler.

Puis je l'adore.

Mes feuilles de papelard : je les noircis un peu. Mais ça part dans tous les sens mon grand roman. Ça zigzague.

Et j'ai Colette au fil. J'ai bien été forcé de l'appeler pour lui dire que j'avais été empêché de prendre le train.

– Empêché par qui ? Par ta petite salope ?

– C'est plus compliqué que ça, ma Colette. Faut que je t'explique.

Elle m'a raccroché au nez.

J'ai rappelé. On a pas décroché rue Fantin-Latour.

Vu que, de Victor-Hugo, c'est à deux pas, j'ai décidé d'y faire un saut, chez moi.

Et dans la rue, sur qui je tombe ?

Jean Yanne.

– Salut.

– Salut ?

– Ça va ?

– Quand ça va pas…

On prend même pas le temps de prononcer le rituel « on le fait aller ». On se marre et on fait un brin de parlote. Il a la super forme le Yanne. Et toujours son humour méchant, ses moues de professionnel de la bougonnerie. Il me demande ce que je deviens. Et je lui raconte. À la rigolade. Mais quand même. Que je sois en train de faire le Roméo avec une Juliette qui pourrait presque être ma fille dans un appart de rupin, en compagnie de révolutionnaires d'opérette, ça le fait se tordre. Puis comme j'ajoute qu'en plus de tout je suis sans un rond, il me demande pourquoi je bigophonerais pas à Sire.

– À qui ?

– Gérard Sire. Il a une boîte de production de radio. Ça serait bien le diable si il trouvait pas deux trois bricoles à te faire faire.

De la rue Fantin-Latour – où Colette me tire une gueule longue comme une route nationale – j'appelle Sire. Qui me dit que, justement, il cherche un stylo avec quelqu'un de pas trop illettré pour le tenir.

Et me voilà rue Croix-des-Petits-Champs. Pour écrire, avec Gérard Sire, un feuilleton qui sera signé ni par lui ni par moi. Mais par une dame dont on va inventer le nom. Un feuilleton pour passer tous les jours sur Europe 1. Dans le cadre de l'émission top du top de Frank Ténot et Daniel Filipacchi *Salut les copains*.

Mon ange gardien, il vient de faire très fort en me faisant rencontrer Gérard Sire.

Un homme de mon âge. Avec qui, d'emblée, je me sens en totale confiance, avec qui, d'emblée, je peux parler sans chercher mes mots, comme avec Ronet, de Rudder, Noël, Loris, Resnais, comme avec ce fou d'Oscar qui, c'est certain, est maintenant au paradis du Bon Dieu.

Comme moi, Sire est un enragé de la lecture, un qui a toutes les qualités requises pour être un écrivain, et qui écrit écrit écrit, mais n'est pas foutu d'accoucher de ce qui s'appelle un livre. On pourrait être frères. On va se contenter de concocter ensemble *Les Malheurs de Sylvie*. Un feuilleton au goût du jour. Aussi fondamentalement bêtaud que les feuilletons avec Zappy Max de Radio-Luxembourg, que « Salut Marcel » avec le petit Rodolphe, aussi Bibliothèque rose. Mais mode.

Me voilà recyclé. Me voilà réargenté. Et bien.

J'ai brisé le cœur de Colette, plongé petit Laurent dans un désarroi de gamin dont il se remettra peut-être jamais. Mais, au moins, ils se morfondront dans une certaine aisance. Désespérés. Mais de luxe.

D'accord, pour se dire de pareilles choses faut être un tantinet salaud. Mais je vais pas me mentir, hein ? Je sais que je suis égoïste, tortueux dans ma tête, pas mal salaud. Et con comme une malle, ajouterait le toujours délicat Toto.

Immature, dirait Chris Marker. Mauvais sujet, dirait maman.

Peut-être que papa, lui…

Bon. On est pas là pour philosopher.

J'ai un tout petit bout de temps devant moi pour cisailler le manuscrit de Jamiaque sur les amours du dictateur corse et de la nympho patriote polaque Marie Walewska.

Après quoi, faudra que je retricote les pages des *Malheurs de Sylvie* que Sire est en train de dicter à une tapeuse.

C'est comme ça qu'on bosse. L'un accouche une page, l'autre la relit et la truffe de bricoles à son idée et l'un récrit ce qu'a écrit l'autre et…

Avec *Les Malheurs de Sylvie* on en a eu un de malheur. Spectaculaire. La petite Vartan, qui est vraiment une fille agréable, pas emmerdante, a tant d'engagements pour faire des disques, des télés, aller se faire photographier, aller répondre des imbécillités à des idiots de journalistes, qu'elle peut plus venir enregistrer avec nous. Alors – trouvaille de Gérard Sire qui n'en est jamais à court – au bout de dix épisodes on l'a fait disparaître. Et, depuis des semaines que ça dure, ses partenaires lui cavalent après. On a kidnappé Sylvie. Où qu'elle est ? Va-t-on la retrouver ? Excellent suspense. Les minets accro à SLC en redemandent.

Ah ! On m'interrompt dans mon travail. C'est Louis Jouvet.

– Alors, Forlani, on se gratouille ou on se chatouille ?

Même le vrai Jouvet jouant *Knock* il devait pas le faire aussi génialement.

C'est Jacques Martin. Son truc c'est de parler avec des voix pas à lui. Il te fait Montand, Trenet, Aznavour, tu t'y croirais.

Il se contente pas d'imiter. Il fait son Martin aussi. Et c'est poilant comme tout. Avec Yanne ils t'improvisent de ces conneries. Et ils sont pas que marrants. Chez Gérard Sire, où tout le monde carbure à cent à l'heure, l'ambiance est agréable comme nulle part. Personne a l'impolitesse de se prendre au sérieux. Capital, ça. Même le romancier Georges Conchon, qui a un Goncourt qui le guette, il fait pas son important. On pisse tous notre encre dans la gaieté.

Et les idoles qui viennent gratter avec nous se la pètent pas non plus. Johnny, Cloclo, Eddy, Dick, les copains de « Salut les copains », ça devient tout de suite des copains. Marrants, braves. D'avoir leurs têtes (photographiées par le petit Jean-Marie Périer) à la une des magazines ça leur a pas encore donné la grosse tête. Pourvu que ça dure.

C'est que c'est encore des mômes, ces fistons franchouillards de Presley et de Bill Haley, qui font sauter les plombs avec leurs guitares électrifiées et poussent des hordes de morveux, plus morveux qu'eux encore, à bousiller les fauteuils de l'Olympia.

Évidemment, y a leurs chansons. À l'américaine. Bonnes et pas bonnes. J'aime assez *Noir c'est noir*. Françoise Hardy j'en suis très client. Mais voir Cloclo se trémousser comme un perdu sur ses petites guiboles, ça me gonfle. Le gros Richard Anthony je le trouve mauvais mauvais. Et quand c'est Frank Alamo qui attaque, je mets mes oreilles en berne. Je déteste Frank Alamo. Cela dit, feuilletonner pour eux, faire du studio avec eux, ça me va.

Ce qui me va aussi c'est de flirtailler avec les petites rockeuses – avec ou sans avenir – qui viennent dire deux trois répliques dans nos sagas stupides. La petite Tini Young, une Viet dont la maman a un restau à rouleaux de printemps, m'allume faut voir comme. Et Betty B. Une Suissesse. Quand elle chante c'est une vraie pitié. Mais quand elle consent à se déchaîner un peu avec moi, dans les lavabos de Pilote Production… Un quarante-cinq tours elle fera la Betty B. Un seul. Mais, pour ses séances de lavabos, elle mériterait d'avoir au moins cent lignes dans les dictionnaires du rock'n'roll qu'on finira sûrement par publier un jour.

Autre figure éminente du gang à Gérard Sire : Claude Lelouch. Lelouch il se mêle pas de faire de la radio. Cinéaste depuis sa petite enfance, parce que son papa avait une caméra Pathé Baby, il réalise pour Pilote Production de bizarres petits machins qui commencent à rapporter pas mal d'oseille. Des scopitones. Il chope des chanteurs, leur trouve un décor insolite, leur fait entonner leur tube de la semaine, et il les filme astucieusement. Avec un peu d'esbroufe.

Et les gens regardent ça dans les bistros comme ils écoutent les romances des juke-box.

Lelouch fait aussi des films. De long métrage. Dont aucun distributeur, aucun directeur de salle ne veut. En noir et blanc. Des films dont il est l'auteur, le producteur, le réalisateur, l'opérateur, le monteur. Dont les bobines envahissent son gîte sur les boulevards. Plein sa baignoire il en a, des bobines.

Il m'a projeté un de ses films maudits, *Le Propre de l'homme*. C'est pas un chef-d'œuvre. Mais ça a un style, des images à sa manière. Il a tourné aussi *La Femme spectacle*. Trop insolent, trop putassier. Pas sorti. Mais il se décourage pas. Il écrit des amorces de scénario sur tous les bouts de papier qu'il trouve. Et il fait son beurre en tournant, caméra au poing, autour de Johnny, de Dalida. Les sœurs Kessler, les jumelles du Lido, il a scopitonisées aussi.

Ce qui est prodigieux, c'est sa santé, à Lelouch, son assurance. Ce type, il croit dur comme fer que, le ciné, les frères Lumière ils l'ont inventé pour lui. Que pour lui.

J'aime bien Lelouch et Sire, tout le petit peuple de Pilote Production. Johnny inclus.

Lilou, elle supporte pas que je lui parle de ces douteuses fréquentations que je me suis mis à avoir. À part Johnny, qu'elle trouve « charismatique », elle les tient tous pour des zéros.

C'est un fait acquis, avec Lilou on est pas faits pour s'entendre.

Mais pour l'amour, ça va.

En famille

Mme Renty. Devenue Mme veuve Renty. Des siècles qu'on ne s'était vus.

Elle n'a pas changé. Si. Un peu quand même. Elle est moins tendue, moins croulant sous le poids de ses responsabilités de maîtresse de maison bien tenue, de femme de toubib de banlieue contrainte de prendre trop de rendez-vous, avec trop de mal fichus en attente de la pilule qui guérit, de catho militante.

Elle a un minuscule pavillon avec des bégonias et des pétunias à arroser. Elle a le temps de relire les admirables livres reliés qui enchantèrent ses jeunes années. Loti, Claude Farrère, Mauriac, Proust.

Et elle a mis les petits plats dans les grands. La dinde de Noël est dodue à souhait. Il y a des marrons. De la bûche. Du champagne.

Il y a Paul Renty. Désormais réalisateur à la télévision, avec une veste en tweed de bonne coupe, avec des idées post-staliniennes de toute beauté. Il y a Christiane (née Dubillard) son épouse. Qui est devenue psy ou quelque chose d'approchant. Leur fils n'est pas là. Il doit être en Angleterre. Il y a Roland Dubillard. Que son statut de grand auteur dramatique français n'empêche pas d'être toujours pince-sans-rire. Il y a Colette, apparemment heureuse d'être là. Et Laurent. Laurent qui boude un peu parce qu'on n'a pas voulu qu'il trimbale sa guitare toute neuve pour jouer un air à sa mamie.

Cette guitare c'est mon cadeau à moi. Je l'ai achetée hier après-midi chez Paul Beuscher. Avec du fric que Sire, mon copain Sire, m'a avancé. C'est que, même devenu auteur radiophonique dans le vent, je cours un peu après le blé ces temps-ci.

Mais j'ai quand même apporté rue Fantin-Latour et la guitare que désirait mon fils et un cadeau pour mon épouse et le rituel panettone di Natale et des chocolats. Et Colette avait acheté le sapin et l'avait enguirlandé et bien arrangé la crèche.

Un beau soir de Noël ça a été.

Enfin, on a fait comme si.

Le seul os c'est que j'avais la tête pas mal ailleurs. Du côté d'une villa du seizième. La villa d'un des parents d'une des innombrables (et, à mes yeux, détestables) amies de Lilou. Où une bande de jeunes païens se foutant de la Nativité comme de leur première culotte réveillonnaient. J'ai eu le choix.

– Ou tu passes le soir de Noël avec moi…

– Ou ?

– Ou tu vas jouer les époux et père affectionné dans ta déprimante rue Fantin-Latour avec ta veuve et ton orphelin. Et alors là…

– Et alors là quoi ?

– Je suis invitée chez Corinne. Tu veux la liste des invités ?

Non. Je l'ai pas voulue. Tout ce dont j'étais certain c'est que Régis Debray ne réveillonnerait pas chez cette hideuse (hideuse et plus qu'un peu goudou) de Corinne, vu qu'il était (pour beaucoup grâce à moi) avec Peter Kassowitz chez les clodos d'Amérique du Sud.

Mais il pouvait y avoir la Florence Delay, le Balibar, les squatters révolutionnaires de l'avenue Victor-Hugo, et Schnitz.

Schnitz c'est un nouveau venu dans le cercle des abominables amis de Lilou mon amour. Un licencié de lettres et de philo. Un licencié de tout, leader d'un syndicat d'étudiants, zélateur éperdu du Grand Timonier Mao Tsé Toung et – le comble ! – amoureux déclaré de Lilou. J'en suis sûr. Je suis tombé sur des lettres de ce crevard. Des lettres indécentes. Dégueulasses. À en rougir. De honte. De jalousie.

Et j'y pense en buvant le champagne de Mme Renty, ma toujours belle-mère. Je pense que – et pourquoi pas ? – pendant que je fais le bien élevé, le rieur, à cette table, la fille que j'aime est peut-être en train de baiser. Avec un Schnitz !

Après le champagne, le café. Et même de la liqueur. De la prune. Que Dubillard et Colette apprécient vivement.

J'en bois pas, moi. C'est fini les alcools.

Encore en famille

Il en finit pas d'être né le divin enfant.

C'est rue de Flandre que nous sommes maintenant. Pour un dîner. Léger, c'est prévu. Mais avec quand même de la dinde. Froide et sur un lit de salade. Et de la bûche. Pas au chocolat celle-là. Au café.

Et je suis encore heureux et malheureux.

Malheureux d'être loin d'une Lilou qui est, j'en crève, en train de faire d'inimaginables saloperies avec le Schnitz. Heureux d'être chez Nini mon frère et Marguerite et leur grande fille Marie-Hélène et leur petit Jean-François. Qui a le même âge à quelques jours près que Laurent.

Deux bien charmants bambins. Qui s'aiment comme les chiens aiment les chats. À peine leurs cadeaux déballés, ils se chamaillent. Sans autre raison que la haine qu'ils ont l'un pour l'autre.

On les laisse s'empoigner. On interviendra qu'au moment des pleurs.

Alors où on en est chez les Forlani de la rue de Flandre et de la rue Fantin-Latour ?

Nini, qui pour Laurent est devenu tonton Nini, Nini fait toujours de la représentation. Des briquets, des porte-cigarettes, des fume-cigarettes, des porte-clefs, dont un nouveau modèle très demandé – une tour Eiffel en plaqué or qui joue *La Valse brune*, il vend. En Europe et en Afrique.

Non content de nous faire admirer sa pacotille, il nous gratifie d'une projection de diapos. Il a tout le matos dernier cri. Projecteur automatique, écran large satiné antireflets. Le marché d'Abidjan, les souks de Casa, les façades de tous les bureaux de tabac de Dakar et de Yaoundé il nous donne à voir. Avec commentaires. On a droit aux noms des buralistes, au nombre de briquets (à essence ou à gaz) qu'ils écoulent par an…

– Et toi, petit frère ?

– La radio. Les yéyés.

Suit une discussion sur lesdits yéyés. Johnny fait l'unanimité. On le trouve beau. Mais beau. Et chantant pas si mal que ça. Sylvie, tata Marguerite la trouve fadasse. Tonton Nini trouve ses jambes jolies. Cloclo il se remue trop. Et puis ses Clodettes. Il les a trouvées où ? Rue Saint-Denis ? Richard Anthony plaît énormément à Marie-Hélène. Elle a aussi un faible pour Frank Alamo.

– Et tous ces jeunots tu les connais ?

– Bien forcé. On travaille ensemble.

– Ça doit être prétentiards et compagnie.

– Non. Ils sont un peu dépassés par ce qui leur arrive. Mais c'est des mômes, encore.

– Et leur boîte... le Golf Drouot, tu connais ?

– J'y suis allé, oui. Ça chauffe. J'aime bien.

Tata Marguerite me pose soudain une question à laquelle je m'attendais vraiment pas.

– Avec toutes ces relations que t'as, tous ces artistes que tu connais, pourquoi t'es pas devenu acteur ?

– C'est vrai. T'as une gueule.

Mon frère trouve que j'ai une gueule. Moi, j'aime bien la sienne. Je l'aime bien Nini. Je suis bien avec eux. Mais qu'est-ce que je voudrais être ailleurs.

J'aurais des couilles, je me lèverais, je leur dirais la vérité. Que Colette et moi c'est fini. Qu'on leur joue la comédie comme on l'a jouée à la mère Renty dans son pavillon de veuve presque joyeuse. Que faut que je parte et presto pour tenter de retrouver la fille avec qui...

Mais j'ai pas de couilles. Elle se tue à me le dire, Lilou.

Je m'allume une clope de plus avec le dernier-né des briquets à gaz de la collection de tonton Nini. Et on bavarde. On parle de maman qui serait si contente de voir ses petits-enfants.

C'est Noël. On est en famille. Nini va faire des photos. De souvenirs pour plus tard. De doux souvenirs.

Déjà pris une cuite à l'ouzo ?

Si vous vous êtes beurré, serait-ce qu'une fois, avec de l'ouzo, cette infection, vous savez de quel bois on a la tête le lendemain au réveil et le boxon que ça vous colle à l'étage des boyaux. Dans cet état, me voilà. Si je pouvais crever je le ferais. Mais impossible. Dans pas vingt minutes faut que je sois sur le pont. Bien rasé, bien frais, l'œil vif. Et avec le costume raccord.

Sur le pont du *Romantica*. Un navire de croisière pour cinq cents passagers et du marin en veux-tu en voilà. Battant pavillon grec.

Qu'est-ce que je fous sur ce rafiot ?

Accrochez-vous au bastingage, j'en ai pour un bout à vous narrer le cheminement.

On se reporte au mois dernier. À février donc. Début février. Je suis toujours feuilletoniste pour « Salut les copains » chez mon très cher Gérard Sire. Les affaires vont bien. On n'arrête pas d'écrire pour les ados. *Les Malheurs de Sylvie* qui tiennent toujours la route. Et d'autres admirables épopées.

Comme *Dick Lapointe*. Ça c'est une sorte de polar. C'est financé par Bic. Les stylos à bille. Pour promouvoir un nouveau modèle, le Bic « noir de Chine », qui écrit plus fin que fin, on a inventé avec Gérard le personnage de Dick Lapointe. Que campe Sacha Distel. Il est coureur automobile dans notre histoire. Et il a un mécano. Rôle attribué à Jean Yanne. C'est marrant à écrire, ça fait marrer les auditeurs. Ça paye. Tout le monde est content.

Mes amours ?

C'est toujours la passion. La passion du gros vieux clébard en rut et de la si séduisante petite chatte chiante. Un coup je te chéris, un coup je te hais. Seule modification considérable : on a changé de décor. Plus précisément on en a planté un, de décor.

La maman, l'excellente Mme Daumesnil, en ayant assez de savoir sa fille unique et tant aimée en perpétuelle cavale, a décidé de la mettre dans ses meubles. Elle lui a déniché un petit deux-pièces rue d'Assas tout près du Luxembourg. Deux pièces proprettes donnant sur un jardin vaste comme une cabine téléphonique. Avec des herbes folles, un arbre rabougri et cinq six piafs. Bel endroit. Plaisant à habiter. Car j'y habite.

Lilou et moi sommes dans nos meubles. Meubles achetés par la meilleure des mères aux Puces de Saint-Ouen. Elle a acheté aussi de la vaisselle dépareillée, des chaises dépaillées, une commode à l'anglaise, des casseroles, une bouilloire, une pendule à balancier qui ne se balance pas. Que du beau. Cette aimable dame a installé on ne peut mieux sa fille et son vieil amant.

Je dis pas que c'est pas dingue. Mais c'est.

Et nous voilà dans les délices d'une sorte de lune de miel.

J'ai été au magasin Le Hêtre de la Bastille, acheter une armoire en bois blanc que j'ai ornée d'un coq et de guirlandes de fleurs à la peinture acrylique. Très réussi. Lilou s'est fait refiler par des relations à elle une gazinière, un perroquet portemanteau, un tabouret de cuisine auquel il manque un pied. Elle a punaisé aux murs des posters de Mao, de Castro et du Che.

Et elle s'est lancée dans la cuisine. On fait des orgies de riz à la cubaine, de chili con carne et – quand même – de pâtes.

Elle s'est pas mise qu'à cuisiner. Elle a aussi lancé des invites. Tous les soirs, la pitance, on la partage avec des amis à elle. Les squatters de la place Victor-Hugo, des normaliens et des militants. Qui militent pour Mao.

C'est que ma Lilou d'amour, sous la maudite influence de mauvais bougres dont le fameux et repoussant Schnitz, ma Lilou veut qu'au plus vite arrive chez nous la Révolution culturelle.

Et y a pas qu'elle pour souhaiter pareille monstruosité. Le Quartier latin, Saint-Germain-des-Prés, d'autres quartiers de Paris apparemment paisibles et des banlieues, et d'honnêtes villes de province sont peuplés de jeunes et moins jeunes connards qui souhaitent de toute leur âme que notre République, pas mirifique certes mais vivable, se mue en dictature.

Je fabule pas, je débloque pas pour faire l'amusant. C'est du réel. Lilou et ses amis à diplômes rêvent de pelotons d'exécution, de terreur.

Comme dirait ma mémée Eugénie, si elle était pas condamnée à l'éternel silence au cimetière de Rochefort-en-Yvelines, « ça leur passera avant que ça me reprenne ». Mais les faits sont là. Dans notre nid d'amour de la rue d'Assas, on rédige des tracts, on fomente une émeute, on peaufine des expéditions sanglantes, voire meurtrières, dans le but de pékiniser Paris.

Ce qui me fait un peu ricaner, pas mal peur et prodigieusement chier.

Et y a l'affaire Schnitz. Car ça tourne à l'affaire. Il la quitte plus ma Lilou, il lui colle aux miches. Pour le soi-disant bon motif. Qu'il faut qu'ils aillent ensemble distribuer leurs tracts. Qu'il faut qu'ils aillent à telle ou telle manif. Avec Kouchner, avec les mao-spontex de La Garenne-Colombes, avec la milice clandestine de Saint-Trou-du-Cul…

D'où des scènes. Que je fais de plus en plus souvent à ma maîtresse. Qui se terminent parfois au lit, dans des étreintes d'une sauvagerie succulente. Parfois ça tourne si mal que Lilou se tire en claquant la porte. Et va dormir je sais pas où et je sais pas avec qui. Parfois c'est moi qui me taille. Pour aller me requinquer au whisky à la Closerie des lilas.

On est en train de devenir un vrai couple.

Et je suis de moins en moins en train de devenir un écrivain.

Dans ma tête, ça tourne à l'aigre. Ça y tourne d'autant plus que, suffit d'ouvrir un canard pour le constater, tous mes petits copains y compris les moins prometteurs, y compris ceux sur qui j'aurais pas misé une pièce de vingt ronds, sont tous devenus des stars. C'est un grand tant mieux pour eux. Et un encore plus grand, tant pis pour moi. C'est que ça me mine de voir dans la presse des photos de Vadim se tannant le cuir au soleil de Californie avec, faisant trempette dans l'eau de sa piscine de great cinéaste, une Jane Fonda encore plus bandante que sa B.B. Et l'attendrissant Truffaut, le grouillot ramiauleur du TEC, devenu grande figure du Septième Art. Et Resnais. Toujours mon grand copain, toujours partant pour qu'on se fasse une bouffe en bavassant. Mais déjà si célèbre qu'il finira au Panthéon à coup sûr. Et Astruc. Et d'autres aimables branleurs des *Cahiers du cinéma*, Rivette, Chabrol, Kast, dont les films font que me faire bâiller. Leurs noms sont devenus des noms connus. Même Godard. Godard qui a bâclé un film ni fait ni à faire, *À bout de souffle*. Paraît qu'il a révolutionné le ciné. Je rigole.

Et Lelouch. Des scopitones il en fait plus. Il tourne avec Sire à Deauville. *Un homme et une femme*.

Et moi, rien. Moi, que Lilou. L'amour. Et les embrouilles qui vont avec.

Alors quand William Magnin, de la télévision, mc convoque pour me parler de Palinos et de ses diamants…

– Un feuilleton, Remo. Un feuilleton écrit par Marina Gray. C'est qui ? Une dame qui écrit. C'est quoi comme feuilleton ? Un policier. Avec une excellente idée au départ. Au lieu de se contenter de tourner dans des décors construits aux Buttes-Chaumont, on va le tourner sur un bateau et dans des îles, des îles grecques, ce polar. À Venise aussi. Tout est prévu, organisé. On a le bateau. On a l'itinéraire. On a la distribution. Alors quinze épisodes, Remo. Tournés et sur le bateau et dans une dizaine de lieux différents. Au Pirée et à Santorin, en Crète, à Rhodes… Un voyage du tonnerre. Même Ulysse a pas fait mieux.

– Qu'est-ce que je viens foutre là-dedans, moi ?

– Son scénario à Marina Gray il est pas mal. Seulement faudrait le muscler un peu. Y ajouter de l'humour. Et le dialoguer.

– Et c'est pressé ?

– Urgent.

– Ça veut dire quoi urgent ?

– C'est pas compliqué. Le bateau lève l'ancre dans dix jours. À Venise. Un bateau grec. Une croisière. Alors, et c'est pour ça que j'ai pensé à toi, il faut que le petit malin qui va peaufiner le scénario et le dialogue soit du voyage. Et qu'en plus, comme on n'a droit qu'à un nombre de places limité à bord, il faut que cet adaptateur dialoguiste il s'écrive un rôle, qu'il fasse l'acteur. Avec ta tronche tu peux être le tueur, le mafieux de service.

– Attends, attends... T'es en train de me raconter quoi, là ?

– Que, si t'es d'accord, et tu vas l'être parce que sans ça je suis dans une panade noire, tu pars dans trois jours pour Venise avec Marina Gray. Les chambres sont déjà retenues dans un très bon hôtel. La Fenice, tout côté du théâtre. Comme un pacha tu vas être. Venise, Remo, les îles grecques... Le soleil...

– T'es dingue. Je peux pas, comme ça, tout planter.

Et j'ai tout planté.

Tout. Sire et ses yéyés. Lilou et ses maoïstes. Colette et Laurent. Tout.

J'aime pas les voyages, j'aime pas les bateaux, je sais même pas à combien de jours de Paris c'est la Grèce. Et j'ai dit oui à Magnin. J'ai signé le contrat qui était tout prêt sur son bureau.

Jamais personne pourra m'expliquer pourquoi j'ai dit oui à ce qui va devenir *Les Diamants de Palinos*.

D'abord, l'île de Palinos elle existe pas.

Et Marina Gray est faite pour écrire des romans policiers comme moi pour jouer du Couperin à la viole de gambe. Cette dame bien élevée, élégante et baronne (ou comtesse) et d'origine russe, est – surprise ! – depuis peu l'épouse de mon vieux camarade du studio de publicité de L'Oréal, Jean-François Chiappe. Qui est devenu historien. De droite. Et n'a rien perdu de sa verve, de son esprit.

Je fais connaissance avec la baronne (ou comtesse) dans leur home grand siècle à deux pas du château de Versailles. On prend le thé. On se fait mille politesses. En pas dix minutes, Mme Chiappe (née Gray) et moi baignons dans une amitié de bon aloi.

N'empêche que son scénar c'est de la crotte. Y a tout à écrire. En disant oui au père Magnin je me suis fourré dans un pétrin colossal.

Pour commencer, faut que je m'invente un rôle. Le méchant je vais être. Le méchant à humour. Et sapé pas au rabais. Scarlatti il va s'appeler, ce malfaisant. Et il aura un costard blanc et un panama. Et, pourquoi lésiner tant qu'on y est, des gants. Noirs, les gants.

Les autres personnages, faut les faire agir, parler en fonction de leur physique. Le jeune premier c'est le comédien Charles Belmont. Je le connais. Il a joué, avec de l'allant et de la fraîcheur, dans un film de Chabrol. Une des filles qui seront du voyage est une pensionnaire de la Comédie-Française, Danièle Volle. Pas mal. Pas mal non plus Jacqueline Corot que j'ai vue très bonne dans une télé. Y a un comique chauve, Muller. Et un comédien de théâtre de boulevard spécialiste des rôles de milliardaires snobs et de valets de chambre stylés.

Dépatouille-toi avec cette vaillante petite troupe, Remo. Et surtout, arrange-toi pour que chaque épisode permette au réalisateur d'exploiter au maximum les beautés de chaque escale. Plus coriace, ça. Faudrait savoir comment c'est Rhodes, Cythère, tous ces coinstots si attrayants dans les dépliants des agences de voyage. Marina Gray a de vagues notions. Elle a déjà fait le voyage. Elle sait qu'à Santorin y a des petits ânes, qu'en Crète y a le palais du Minotaure, qu'à Delos... Elle me raconte un peu n'importe quoi. Et me refile, pour que je les bouquine, des guides, de la documentation.

J'écris. J'écris dans le wagon-lit qui va à Venise, j'écris à des terrasses de trattorie en sirotant des vermouths.

J'écris n'importe quoi. Comme ça me vient. Ça me rappelle les cartes de géographie que je dessinais pour Marker, où je foutais le sud au nord et l'est à l'ouest. Le réalisateur du feuilleton, pour s'y retrouver, va lui falloir une sacrée boussole.

Vient le moment d'embarquer. Sur un vraiment grand paquebot. Avec vraiment des centaines de touristes. Tous anglais. Fortunés, ça se voit. Et pas de première fraîcheur, ça se voit encore plus. C'est un asile de vieillards flottant, le *Romantica*. Mais luxueux. Avec une salle à manger que tu te croirais au Ritz. Avec une salle de bal avec des lustres de cristal qui se balancent si fougueusement que t'as l'impression d'être à l'Opéra pendant un tremblement de terre. Et ces cabines !

Dans une double je vais naviguer. À partager avec le réalisateur des *Diamants de Palinos.* Un type un peu plus âgé que moi. Genre séducteur. Qui se nomme André Pergament et qui, outre pas mal de téléfilms pas géniaux, a mis en scène une adaptation pas assez canaille du vieux roman de Francis Carco, *Jésus la Caille.*

Jamais on ne s'était rencontrés avant de nous retrouver dans cette cabine double que nous allons partager durant toute la croisière. Et nous sommes là en train d'ouvrir nos valoches, nos sacs, de ranger nos petites affaires dans nos placards. Et il me fait un sourire qui tue, le Pergament.

– Je peux vous poser une question, Remo ?

– Et comment que vous pouvez. Vu que nous voilà partis pour ne plus nous quitter.

– Elle est toute bête ma question. Rue Cognacq-Jay, on m'a dit que, quand vous avez appris que c'était moi le réalisateur, vous avez déclaré : « Pourquoi ce minable, pourquoi vous avez pas engagé un bon ? » Vrai ou faux ?

Elle est vache sa question. Il attend ma réponse.

Je fais quoi ? Je démens ? Je louvoie ? Je sors un joker de ma poche ?

– Vrai ou faux ?

– J'ai dit ça. C'est vrai.

Il l'a voulu, il l'a eu. On va où maintenant ? Il va me balancer à la gueule la paire de mocassins qu'il a en main, aller demander au capitaine de me mettre aux fers à fond de cale, ouvrir un hublot et me jeter aux requins ? Il se contente de sourire. À un sourire fielleux, j'ai droit.

– On est faits pour faire équipe, alors. Parce que ce que vous écrivez avec l'autre piquée de Marianne Oswald, c'est nul. Mauvais et Nullard sont dans un bateau. Lequel des deux tombera à l'eau ?

C'est tout ce qu'il a à me dire le réalisateur. On en restera là. Il range bien ses nippes. J'enfourne les miennes n'importe comment.

En silence.

Et on va pas bavarder bézef durant la croisière. Quand on a des choses à se faire savoir concernant le tournage on passe par l'assistant, Riquet, un homo bon apôtre.

Le tournage c'est l'horreur. Sans char. L'horreur pour de multiples raisons. D'abord et de une, l'opérateur, un technicien connaissant parfaitement son boulot, n'a pas le matériel qu'on lui avait promis. Lui manque des projos, des réflecteurs, des volets, grâce à quoi – et vu qu'on navigue sous un soleil aveuglant – on ne travaille sur le pont que de quatre à neuf heures du matin. Et défense absolue de s'exposer au soleil pour pas trop se noircir la couenne. Autre source de pépins préjudiciables à la bonne marche des opérations : le manque total de cohésion entre nous – l'équipe de tournage – et la régie. La régie étant composée de deux comiques qui sont censés nous précéder à chaque escale et tout bien organiser en vue de notre arrivée. Par radio on les joint. Quand la radio de bord fait pas sa capricieuse. Pour leur demander ce qu'on doit trouver en débarquant. Ça peut aller d'une voiture américaine à quai à dix evzones en grande tenue en passant par dix ânes sellés à Santorin. Tout ça pour être filmé en temps réel par l'opérateur et son assistant qui nous précèdent en canot à moteur, de manière à pouvoir être prêts à tourner quand nous débarquons.

Ça a l'air compliqué. Ça l'est.

Ça l'est d'autant plus que les scripts de chaque épisode, je les bâcle au fur et à mesure. Avec la Marina Gray qui me fait des scènes parce que je saccage son œuvre et André Pergament qui dénigre tout ce que j'écris parce qu'il me hait.

En résumé : on tourne très mal une histoire pas bonne. Et ce, dans les pires conditions.

Avec, en plus, les passagers anglais cossus et gâteux qui supportent pas qu'une équipe de télé les emmerde pendant leur périple. Avec de la chaleur pas supportable. Avec les états d'âme de tout le monde. Pergament qu'est presque aussi pas content d'être là que moi. Riquet qu'a ses humeurs de Riquet. Charles Belmont qui trouve son rôle pas à la hauteur de son talent et mes dialogues salopés. Danièle Volle qui est pas au mieux avec Jacqueline Corot qui n'apprécie guère la compagnie de Danièle Volle. L'opérateur qu'arrête pas de dire qu'il veut pas que son nom soit au générique d'une série aussi mal éclairée. Les deux électriciens qui trouvent que la bouffe chichiteuse du *Romantica* vaut pas celle de leur cantoche des Buttes-Chaumont.

Alors on boit. On boit d'autant plus allégrement que – pour cause de micmacs de conversion de lires (touchées à Venise) en drachmes et de modicité des tarifs en vigueur au bar du *Romantica* – le grand verre d'ouzo coûte moins cher qu'un dé à coudre d'eau du robinet.

D'où des muffées quotidiennes.

Cette nuit, le roulis aidant, j'ai trébuché et crevé la grosse caisse du petit orchestre qui fait valser et tangoter les angliches en robes longues et smokings.

Ah ! j'oubliais la script. Tania. Un peu polonaise. Format cover-girl. Une bombe. Que je drague avec rage. Et qui ne me manifeste qu'indifférence.

C'est odieux tout ça. Odieux.

Pourquoi j'ai dit oui à William Magnin dans son bureau de Cognacq-Jay ?

Je suis rasé. Bichonné. Bien beau. C'est fait. J'ai revêtu le seyant costume du cruel et cynique Scarlatti.

Faut y aller. On va tourner le maximum de plans. À toute allure avant que le pont soit inondé de lumière.

Le temps de vomir un bon coup dans le lavabo, de coiffer mon panama et j'y vais. The show must go on !

C'est quoi, la Grèce ?

Je me demande. Je me demande comment Henry Miller, Henry Miller qui est pourtant pas une bille, pas un abruti de touriste, pas une larve de vacancier, comment il a pu avoir le coup de cœur qu'il a eu pour la Grèce. Je dis même pas avoir le coup de cœur, mais le supporter, ce pays. Comment il a pu écrire *Le Colosse de Maroussi* ? Comment ? C'est quoi la Grèce ? Une Corse un peu plus vaste, une côte d'Azur sans Croisette, sans promenade des Anglais. Sans rien. Avec que de la mer trop bleue, trop calme, avec pas de vagues. Une mer comme morte. Et de l'olivier, des arbres secos, rabougris. Et des moustachus, des filles noiraudes. Et des ruines. Le jour où il a distribué les ruines, le Père tout-puissant, il les a sacrément privilégiés les Grecs. Et des débris de Parthénon par-ci et des restes de théâtre antique par-là et une Acropole complètement foutue et un temple de Jupiter et un d'Epidaure. De la pierraille, de la colonne cassée, des chiures de marbre à t'en flanquer la nausée.

En partant, j'avais glissé dans ma valoche *L'Odyssée*. Pour picorer dedans sur place. Je me promettais de bonnes petites extases culturelles. Ça a foiré sévère. S'avaler du Homère dans le métro c'est déjà pas folâtre. Mais le faire le cul posé sur un quignon de colonne dorique…

Je m'attendais pas à tomber en admiration devant les vestiges du passé. Pas dans mes cordes, ça. Mais trouver tout si quelconque, si peu exaltant, je m'y attendais pas non plus.

Prenez la Crète. La Crète ! Minos et Pasiphaé. La mythologie. Les dieux et leurs baises homériques. Une terre qui a fait bavocher des nuées de poètes. Ah ! la Crète. Ça vaut le détour, la Crète, à ce qu'on en dit depuis toujours. Eh bien, pour moi ça le vaut pas plus que Concarneau, Pornichet ou Bougival. C'est un lieu. Qui comme tous les endroits de la planète Terre te paraît ou beau ou moche selon que t'es bien ou mal luné.

Et mal luné, depuis qu'on a levé l'ancre, j'arrête pas de l'être. Et y a de quoi.

Fait, ce matin, une chaleur à pas supporter un panama sur sa tête. Et, déguisé en Scarlatti, faut que je cavale comme un dératé dans un dédale de ruelles puant le poisson pourri. Avec Charles Belmont qui me poursuit. C'est qu'il a flairé, ce sagace jeune premier, que c'est moi le pas honnête qui veux s'emparer des diamants.

Alors – qu'est-ce qu'il est cul notre scénario ! – la poursuite. Au Pirée. Filmée caméra au poing.

– Coupez !

On stoppe net. Pergament lève les bras au ciel.

– On lui a pas demandé de faire l'autruche, à ce grand taré ! Pourquoi il tortille de la croupe. Il sait pas courir ? C'est pourtant pas compliqué de courir. On la refait. En place.

Le grand taré qui tortille de la croupe c'est moi. Moi que plein de Grecs regardent en se bidonnant. Des jeunes, des vieux. Les uns sans moustache, les autres avec. Mais crasseux tous. Ils se payent ma tronche. Y a une mémère qui me dit en se poilant que je suis Anthony Quinn. Ça doit être le costard, le chapeau de paille.

– Moteur ! On tourne !

Et je repars. Et j'aime pas courir. Et je m'essouffle et j'entends Pergament qui me crie de pas m'arrêter, de courir, de courir…

Si bien j'ai couru droit devant moi que me voilà sur un quai à bateaux et que, si je continue, je vais me retrouver dans la flotte.

Je freine sec. Je m'efforce de retrouver mon souffle. Quand c'est fait, je m'allume une Lucky. Que je vais tranquillement griller loin de Pergament et de son équipe de nullards. Je regarde les bateaux, des hommes qui charrient du poisson si fraîchement pêché qu'il grouille dans les nasses, une bonne femme assise sur un vieux sac à patates qui propose aux passants des petits morceaux de papier qui doivent être des billets de loterie, des mioches qui donnent des coups de pied à un clébard encore plus mioche qu'eux.

Puis j'avise une échoppe avec un gros téléphone en plastique jaune citron collé sur sa porte.

Miracle. Je vais enfin pouvoir donner un coup de fil à Paris. C'est que, sur le bateau et dans la panique des escales filmées, téléphoner, jamais j'y suis encore arrivé. C'est que, depuis Venise, j'ai pas la moindre nouvelle de Lilou, de Colette, de Laurent.

Qu'ils m'attendent avec leur caméra, les téléastes. Je vais téléphoner aux miens. J'ai le droit, non ?

Le préposé ne pige pas un seul mot de français. Il fait semblant d'en connaître quelques-uns d'anglais. Langue que je ne parle point. On finit par baragouiner en italien. Ou presque. J'ai assez de monnaie locale sur moi pour payer d'avance – c'est qu'il est pas qu'illettré, il est cupide le préposé – mes éventuelles communications.

Rue d'Assas, dans notre nid d'amour, ça répond pas. Où est Lilou ? M'aime-t-elle encore ? Rue Fantin-Latour, à Bagatelle 88 44, Colette décroche. Je l'entends mal. Assez pourtant pour apprendre que la santé ça va, que Laurent s'est battu à l'école avec son copain Philippe, qu'il a un gros gnon sur le front, qu'une lettre est arrivée des impôts, une lettre recommandée qui dit que…

On est coupés.

Et pas moyen de ravoir Bagatelle. Je m'énerve. Le préposé encore plus que moi. Je gueule. Le préposé tape du poing sur son comptoir. Des moustachus prennent parti, en grec, pour le préposé.

Je bats en retraite. Pas satisfait par mes téléphones. Et pas foutu de savoir si c'est la ruelle à ma gauche ou la ruelle à ma droite que je dois emprunter pour me retrouver là d'où je suis parti à toutes jambes.

Paumé. Au Pirée. Avec même pas de carte d'identité sur moi. Sont dans la poche de mon autre veste, restée à bord du *Romantica*, mes papiers.

Le mal embouché de l'échoppe à téléphone m'a laissé assez de ferraille pour m'offrir une bière. Je m'assieds sur un tabouret branlant à la terrasse d'une espèce de taverne et j'en commande une. Que je bois en fumant. Assis à côté d'un patapouf huileux qui égrène un chapelet à gros grains en rotant béatement.

C'est peut-être un philosophe. Un Socrate. Un Platon.

Et moi je suis quoi ?

En plus, elle est tiédasse leur bière grecque.

La nuit où un Grec m'a roulé une pelle

Jamais été aussi loin de la gare de Lyon, de la rue Fantin-Latour, de la rue d'Assas, de mon monde. Rhodes c'est presque déjà plus la Grèce. Tu frôles l'Orient. T'as déjà un pied dans les Mille et Une Nuits.

L'ultime étape ça s'arrose. On fait ça Charles Belmont, l'assistant Riquet et moi, dans une gargote salingue avec des verres même pas à moutarde, des bancs de guingois, une seule table longue à n'en plus finir. Avec, affalés dessus, deux barbus loqueteux qui roupillent. Y a un chien baveux, efflanqué, pelé qui joue au foot tout seul avec une espadrille désencordée. Et des jeunes guenilleux qui s'agitent autour d'un phono à manivelle.

C'est moi qui régale et c'est moi qui ai opté pour cette taverne d'un autre âge. Y avait quelques bistros proprets pour touristes. Mais autant donner à fond dans l'exotisme, si répugnant soit-il. Cette vacherie de croisière autant la boire jusqu'à la lie. C'est bien évidemment à l'ouzo qu'on se beurre. Mais du fabrication locale. Qui doit décaper à fond les intérieurs. Goûteux cependant. Particulier, mais goûteux.

Riquet fait plutôt la tête. Les tournages en extérieurs il aime. Penser qu'il va retrouver les studios parisiens, sa chambre de bonne porte de la Chapelle, sa vie de tante solitaire, ça le désole. Belmont il a hâte de revoir la danseuse avec qui il vit un grand beau roman.

Moi je sais pas trop.

La cabine partagée avec Pergament, avec qui on se sera pas dit cent mots en un mois, mes écritures à l'arraché, la Grèce, berceau de notre si belle civilisation, je vais en faire mon deuil facile facile.

Mais je vais trouver quoi en arrivant ? La rue d'Assas transformée en PC des vaillantes brigades clandestines du glorieux président Mao, Schnitz en train de baiser Lilou, Colette s'étant trouvé un coquin, Laurent ayant renié à tout jamais son père indigne ?

Un ouzo poussant l'autre, nous voilà assez ronds pour entrer dans la danse des jeunots, pas saouls, eux, mais très en verve. Le sirtaki faut connaître. On se tient par la main. Que des hommes on est. Et ta ta ta, ta ta, ti ta ta, ta ta. Et va et va et va. L'autre vamp de Melina Mercouri qui m'avait fait entrevoir sa marmoréenne intimité au George V, elle serait là, elle bicherait.

Et qu'on lève la patte en cadence. Et qu'on fait des grâces avec son mouchoir. En cadence. Allegro presto. Ça y va. Ça y va.

Depuis la gavotte à Pont-Aven quand j'étais en vacances chez Dudule le charcutier breton, jamais je me suis agité autant et, à coup sûr, aussi grotesquement. Mais ça me plaît. On s'amuse on s'amuse. Et ti ti ti, ta ta, ti ti ti, ta ta. C'est encore plus enivrant que l'ouzo maison.

Je m'écouterais, je resterais ici, à Rhodes, dans cette buvette tocarde, à plus rien faire que sirtaker.

Tout d'un coup, Riquet se fige, cassant le rythme, brisant la chaîne. C'est que Riquet entend la sirène. Loin. Mais stridente. La sirène du *Romantica*. Faut s'esbigner rapide si on veut pas que notre beau navire lève l'ancre sans nous.

Nous voilà galopant sur les quais, nous trois et les jeunots qui veulent nous voir embarquer. On danse plus, on filoche.

À bout de souffle, on y parvient, au quai. Ric-rac on y arrive au bateau. Ils vont escamoter l'escalier. Vite. Vite.

Me reste plus grand-chose de mes esprits. Mais m'en reste suffisamment pour me rendre compte qu'un des jeunes danseurs malpropres m'agrippe avec ses mains calleuses et, en guise d'au revoir, me fait un bestial bécot. Sur la bouche.

Je jure que c'est vrai. Un Grec. À Rhodes. Dans la nuit. Qui m'a roulé un pelot.

Pipi au lit

– Tu sais ce que j'ai fait hier ? Je suis entré dans une librairie. Et j'ai demandé si ils avaient le roman de Remo Forlani. Le roman de qui ? elle m'a demandé la vendeuse.

Cela dit, Toto s'envoie une lampée d'Heineken.

Et il ajoute, avec large sourire :

– Note que moi personnellement, que tu l'écrives jamais ton chef-d'œuvre je m'en bats les boules. T'as des milliards de gaziers et de gazières qui savent même pas écrire leur nom et qui sont aussi intéressants que Faulkner ou Émile Zola.

– Alors pourquoi tu me fais chier en me faisant remarquer que je suis un écrivain qui n'écrit pas ?

– Que pour te faire chier, mon Remo.

Ça c'est parler en copain. On peut rester des semaines, des mois sans se voir, Toto et moi, mais le fil n'est jamais, le fil ne sera jamais coupé. On a l'amitié inusable. Tout en naviguant de moins en moins dans les mêmes eaux, on est toujours sur la même longueur d'onde. Un exemple : lui, d'apprendre que de m'être retrouvé sur l'Acropole, ça m'a pas fait planer, ça ne l'étonne ni ne le choque.

– De toute façon un pays où les écrivains écrivent que pour être publiés dans les classiques Larousse, ça peut être que fanant. Et, question gonzesses, maintenant que te voilà devenu un Casanova ?

– Sur le bateau, rien. J'ai même pas réussi à bécoter la script. Et pourtant j'ai souqué ferme. Je devais vraiment pas lui plaire à cette Polaque dont j'avais tant envie. Côté épanchement, y a eu que ce va de la gueule qui m'a carrément violé sur un quai à Rhodes. Quand même, à Venise, sous le pont des Soupirs, dans une gondole, une des comédiennes. On s'est embrassés parce qu'il fallait le faire. La tradition, n'est-ce pas. Et puis… À l'hôtel de la Fenice on s'est retrouvés dans la même piaule. Y a eu le wagon-lit aussi. Elle est jolie. Un peu jetée, dans la marge. Bien, quoi. Alors on se revoit. De temps en temps. Je suis bien avec elle. De temps en temps.

– Et ta Louloute alors ?

– Pas Louloute. Lilou. Elle c'est autre chose. Quand elle veut bien oublier cinq minutes qu'elle est philosophe et de gauche, c'est ce qu'on peut rencontrer de mieux dans le genre fille. On a des moments, des moments… Mais c'est que des moments. Le reste du temps faut qu'elle complote et délire avec sa bande de fils et filles à papa qui veulent sauver l'humanité. Tu connais pas la dernière. Sous le lit rue d'Assas, j'étais à quatre pattes pour tenter de retrouver mon briquet. Pas de briquet bien sûr. Mais un paquet je trouve. Un gros paquet. Je le sors de là, je le pose sur une chaise. J'oublie que je l'ai mis là. Elle rentre. Elle voit le paquet sur la chaise. Elle se met à glapir. Que je suis un inconscient. Un danger public. Que ce paquet, fallait surtout pas qu'on le voie. Que c'était un dépôt que des « camarades de sa section » lui avaient demandé de planquer. Une bombe, c'était. Juré, mon pote. Une bombe. Pas amorcée, pas en état de péter. Mais une bombe. Alors on a rompu. C'était la goutte qui… Je me suis taillé. Dans la nuit.

– T'es retourné dormir chez Colette ?

– Tu sais bien qu'elle est en Touraine. Et elle a changé la serrure de notre appart.

– T'as dormi où ? Sur un banc ?

– Chez une Isabelle, une amie de Lilou. Qui a un studio place Monge.

– Tu te la fais aussi celle-là ?

– Non. Ça aurait pu. Et puis non. On a passé presque toute la nuit à regarder par la fenêtre.

– À regarder quoi ?

– Place Monge y a un marché. Et les éboueurs n'étaient pas passés. Alors t'avais des trognons de chou en pagaille, des salades trépassées, de la patate flétrie, de la pomme purulente, de la poire blette. Et c'était la pleine lune. Et t'as un métro place Monge. Et j'étais à la fenêtre à cloper et qu'est-ce que je vois ? Un rat qui montait les escaliers du métro. Un rat tranquille qui montait. Et un autre. Et un autre. Fascinant. Des rats, la masse de rats qui s'est mise à pique-niquer. C'est peut-être à cause d'eux qu'avec cette fille, il s'est rien passé.

Tu nous aurais vus trembler de trouille tous les deux. C'était il y a bientôt une semaine. J'ai pas repris le métro depuis.

– Moi, c'est pas les rats qui me paniquent. C'est les cons. À ma cantine, à la Sécu, tous les midis, j'ai un type qui vient s'asseoir en face de moi. Jamais ailleurs. Tu lui dis bonjour, tu lui demandes si ça va, tu lui dis des choses vachement sensées sur les nouilles ou les endives béchamelle que t'as dans ton assiette, jamais y te répond. Et, tous les jours, il se remplit son verre avec son demi-carafon de rouge, il lève son verre et il dit, pour lui, pour lui tout seul, « à la tienne mon vieux Robert ». Et il boit son gorgeon. C'est pas pire qu'un rat un taré pareil ?

Je trouve rien à lui répondre à Toto.

Il fait bon chaud. On regarde les gens qui passent. Surtout les femmes, les filles. Qui ont des jupes de plus en plus courtes. Ce qui les arrange fabuleusement si Dieu leur a pas fait la sale farce de les nantir de jambes courtaudes et de fesses trop importantes.

J'ai plus de cigarettes. J'en pique une dans le paquet de Toto. Une Gitane. Une bouffée me suffit.

– L'île de Ré, t'y viendras, ou tu passes l'été avec ta révolutionnaire ?

– Je viendrai pour la communion de Laurent. Mais que deux trois jours.

– Vos histoires de communion, si tu veux mon avis...

– J'en veux pas, Toto.

– Parce que ta courette après le Bon Dieu, elle est pas finie ?

– Elle le sera jamais.

– Tu largues ta femme et ton fils, pour aller fourrer la fille d'un cher ami à toi, tu trompes cette poulette tant que tu peux. Mais t'es toujours le bon et honnête catho.

– Qui ira en enfer. Je sais. Gilbert Cesbron me le dit à chaque fois qu'on se croise. Et tu veux que je t'en rajoute une louche ? Eh bien, depuis mon retour de Grèce, j'ai attaqué une psychanalyse.

– C'est pas vrai ?

– Si, monsieur. Deux séances par semaine. Avenue de Versailles, Paris seizième. Chez le docteur Wildocher. Un freudien. Qui fume la pipe pendant que moi, allongé et ne le voyant pas, je lui déballe tout ce qui m'encombre les méninges. Et pas un mot il me dit. Juste, quand il en a marre, il me réclame ses deux cents balles et au revoir à la prochaine.

– Tu le sais aussi bien que moi que c'est de la clownerie.

– Rien je sais. À part que je suis mortel. Tout le reste, absolument tout le reste, plus ça va, moins j'y pige quoi que ce soit. C'est fort possible que l'analyse ça soit qu'un moyen de plus pour se consoler de rien comprendre à rien. Mais...

– Y a un mais ?

– Oui, mon Toto. Je me suis retrouvé sur son divan au docteur Wildocher parce que Lilou, parce que d'autres personnes m'y ont poussé. J'y croyais pas plus que toi aux théories de papa Freud. Et j'y vais. Je m'allonge sur le divan. Je fais ce que j'ai vu faire aux autres allongés dans les films. Je raconte mon enfance. Je parle de ma maman, de mon papa. J'évoque. J'évoque la rue Traversière où je suis né. Mes jouets. Ma poupée Titine et mon nounours Popaul. Mes goûters de pain et de chocolat. L'ours empaillé qu'on avait dans le couloir qui me faisait si peur. La Sainte Vierge lumineuse dans la salle de bains qui me faisait aussi salement peur. J'évoque, j'évoque tant que je peux. Et, à la quatrième séance, je me mets à évoquer mon petit lit. Mon petit lit laqué blanc avec des croisillons en osier. Blancs et bleus. Et je les revois comme si ils étaient encore là, les croisillons. Et le petit lit. Et puis la séance se termine. Je file ses deux cents balles au monsieur. Et je vis ma vie. Je vais à la Maison de la Radio qui est pas loin de chez Wildocher toucher des sous pour mon job sur *Les Diamants de Palinos*. Je vais me pointer chez Gérard Sire pour voir si y a pas un petit boulot pour moi. Je retrouve Lilou à Saint-Germain-des-Prés. On dîne dans un restaurant italien. On rentre rue d'Assas. On fait l'amour comme des grands. On s'endort. Et, au milieu de la nuit, qu'est-ce que je fais ? Je pisse au lit. Comme du temps où je dormais dans le petit lit à croisillons. Pisser au lit, à mon âge. Dans le lit que je partage avec une fille. Tu m'entends, idiot ? Je revois le petit lit qui m'était sorti de la tête depuis une éternité, à quatre heures de l'après-midi, et, douze heures plus tard… Pipi au lit ! Depuis, la psychanalyse, j'y crois.

Qu'est-ce que je le fais rire, Toto.

N'empêche que la psychanalyse, moi, maintenant…

Le photographe américain des Baléares

Le docteur Wildocher étant parti en vacances les prochains pipis au lit sont remis à une date ultérieure. Mes visites rue Fantin-Latour aussi. J'ai vu Colette à l'île de Ré où j'ai passé un bout de semaine pour la communion de Laurent. Cérémonie sans grand faste. Avec Zézette, Toto – qui est resté à fumer ses Gitanes sous le porche de l'église pendant la messe. Avec la famille du politicien gaulliste un peu maboul Bougrain-Dubourg. Avec le très couvert d'or Schwob d'Héricourt qui nous a tous copieusement arrosés au champagne. Laurent était touchant avec son aube et la certitude qu'il avait qu'il allait sortir de tout ça sanctifié à tout jamais.

Donc me voilà sans psy, sans Colette, sans Laurent. Et sans Lilou.

Et en plein drame.

Que je vous dise. Je revenais de l'île de Ré. Assoiffé d'amour. Lilou m'attendait dans son chez-elle qui est notre chez-nous. Elle m'attendait on ne peut plus sagement. En potassant des textes signifiants. Je toque à la porte. Elle m'ouvre. On s'embrasse. On s'embrasse debout. Puis sur le lit. On se chuchote des tendresses. Une caresse poussant l'autre, nous voici enlacés. Elle est belle, très belle. Et je pense que, pour elle, je suis beau très beau.

À peine avons-nous mis fin à nos ébats, le téléphone sonne. Elle se lève, décroche. Elle parle. En anglais. Ça dure. Elle fait sa gracieuse. Elle a des petits rires polissons. Ça s'éternise.

Quand elle raccroche elle est radieuse.

– C'était Mike.

– Mike ?

– Je t'en ai parlé cent fois. Ce photographe que j'ai connu aux Baléares.

Aucun souvenir de ce photographe des Baléares. Pas grave.

– Il est à Paris. Il repart demain. Il nous invite ce soir. Il loge chez un ami peintre qui a un atelier rue Delambre et ils font une sorte de petite fête.

Ma gueule doit s'allonger car elle s'empresse de me rassurer.

– Tu n'es pas obligé de venir. Il n'y aura que des Américains.

Je le sais que je ne suis pas obligé d'aller faire la fiesta rue Delambre chez le copain d'un photographe ricain. Mais elle, elle y est obligée ?

– T'es fatigant, Remo. Je ne t'ai pas empêché d'aller faire des bondieuseries avec ta bourrique de bonne femme à l'île de Ré. Alors tu viens, tu viens pas. Mais moi, pour une fois qu'il est à Paris, je veux le voir, Mike. Ce type je l'adore.

Nous voici arrivés à l'instant précis où il y a une question que je ne devrais pas poser. Je la pose.

– Vous avez couché ensemble aux Baléares ?

– Oui, Remo. Énormément. Et très bien. Si je t'avais répondu non tu ne m'aurais pas crue. Alors…

Elle s'enferme dans notre salle de bains. Elle en ressort au bout d'un interminable bout de temps, vêtue de sa robe la moins décente, maquillée comme une prétendante au titre de miss Putasserie. Et ruisselante de Shalimar.

– Bon, ben, bonsoir. Si tu as une petite faim il y a du pain frais et du tarama dans le frigo. Dors bien.

Je vais dormir. Mais mal.

Et me réveiller encore plus mal. Seul dans ce lit pour deux. Et passer ma journée à aligner toutes les bonnes, les excellentes raisons que j'ai de mettre fin à cette désespérante liaison.

À huit heures du soir toujours pas de Lilou. Je vais me taper quatre scotchs à la Closerie.

Et, après un crochet chez l'Arabe du coin où je me paie une bouteille de vodka, je rentre pour constater que cette petite salope n'est toujours pas rentrée.

À minuit je chiale. Je chiale parce que je l'aime, parce que je ne peux pas me passer d'elle, parce que, même comme elle est, il me la faut.

À deux heures je mange le tarama du frigo et j'appelle ses amies. Florence Delay qui ne répond pas. Nina que je réveille en sursaut et qui m'envoie paître. Anna aussi. Et Cécile. Et Martine. Et Sonia. Et Fortunia. Toutes les pétasses de son carnet d'adresses. Aucune d'elles ne peut me renseigner, me dire où Lilou est passée.

Le lendemain, soit hier, pas lavé, pas rasé, puant sans doute la saleté et le désespoir, je vais acheter des cigarettes et du chocolat, du thon et des petits gâteaux chez l'Arabe. Qu'est-ce que je peux faire d'autre ?

Quand je rentre, le téléphone sonne. Je saute dessus, je décroche. C'est elle.

Qui me dit, bien posément, que je vais être très très surpris mais qu'il faut surtout pas que je m'énerve, qu'elle m'aime toujours beaucoup beaucoup et que…

– Et que quoi, merde ?

Et qu'elle a eu une opportunité qu'elle ne pouvait pas laisser passer, que l'assistant de Mike ayant eu un accident, pas grave mais l'immobilisant, il y avait un billet d'avion qui…

– Mais tu m'appelles d'où, bordel !

– Prends un papier et un crayon. Tu notes le numéro de téléphone. Et tu me rappelles tout de suite. O.K. ?

Il y a un papier et un Bic sur la table. Je note. Elle raccroche. Je rappelle. La pute, la sale pute ! À New York elle est. Dans le studio de Mike.

– Oui, Remo. À New York. Et tu sais quoi ? Mike, il me fait des photos. Pour un calendrier. Non. Pas nue. Des photos de charme. Mais pas nue. Pas entièrement.

Mais que je m'inquiète pas. Elle va revenir très vite. Et elle m'aime toujours.

Vous avez déjà bousillé un miroir de salle de bains avec une bouteille de vodka vide ? Non. Dommage pour vous. Parce que ça soulage bougrement.

Ce qui soulage aussi pas mal c'est de se démerder pour se taper deux des petites pisseuses qui sont dans le carnet d'adresses de la salope qui est partie aux États pour se faire mettre par un photographe new-yorkais. La Cécile. Et la Fortunia. La Cécile dans son studio de la rue de la Harpe. La Fortunia carrément dans le lit de la rue d'Assas. Ça empêche pas d'avoir le cœur déchiré. Mais ça vous venge un peu.

Et ça fera des trucs à raconter à Toto.

La seule mauvaise affaire de Filipacchi

Filipacchi, Daniel Filipacchi. Belle binette d'acteur américain. Sapé Américain smart. Sourire dents blanches. Pas causant causant. Mais aimable. Dans son bureau, clean très clean, il y a des Magritte, un Dali, plein de Max Ernst, un Dominguez, un Bellmer. Il a une collection du tonnerre, le Daniel.

C'est Forest qui m'a demandé de venir avec lui. Forest le créateur de Barbarella, devenu ami sincère depuis le séjour à Bordighera. Souvent on s'est revus et on a tiré des plans sur la comète. Il les dessine si bien, les comètes, Forest. Et encore mieux leurs habitantes.

Comme Filipacchi lui a proposé de diriger un canard de bandes dessinées, il m'a proposé de le diriger avec lui. L'aubaine. Depuis ma participation à cette connerie noire de *Diamants de Palinos*, j'avais rien bricolé et rien en vue. Et j'étais raide très très.

Et ça voudrait être quoi comme canard ?

Un hebdo pour les ados. Pas un *Spirou* ou un *Tintin* de plus. Une sorte de *Pilote* alors ?

Autre chose.

Parce que *Pilote*… Depuis les temps héroïques de l'invention d'un journal pas niais pour les gamins, depuis mon éviction par le génial (et terrifique) Goscinny et ses acolytes, Charlier et Uderzo, ça a bougé *Pilote*. C'est plus scout du tout du tout. Peu à peu des dessineux très doués et n'ayant pas le gentil esprit maison se sont infiltrés… Gotlieb, Brétecher, Cabu, Fred…

Et la publication bien-pensante vous a pris un petit air voyou, gaucho qui ne plaît pas forcément aux lecteurs et à leurs papas mamans. Ce qui déstabilise pas mal le rédac-chef Goscinny. Lequel Goscinny est devenu, avec son *Astérix*, l'auteur le plus lu de France. Ben oui. Du général de Gaulle au crémier du coin, tout le monde, absolument tout le monde se reconnaît dans son petit Gaulois chauvin, cocardier, mariole.

Alors *Pilote* on le laisse mourir de sa belle mort qui (à en croire de méchantes langues) ne saurait tarder. Ce qu'il veut Filipacchi c'est un canard dans la ligne de ceux qu'il dirige et qui font un malheur. *Salut les copains,* que les jeunes s'arrachent, *Mademoiselle Âge tendre,* la presse yéyé comme la qualifient avec mépris ceux qui n'ont pas la rock'n'roll attitude.

Le titre ça sera *Chouchou,* nous dit Filipacchi.

Chouchou, je le sais pas, Forest non plus, c'est le nom de la mascotte, du totem de l'émission de radio « Salut les copains ». Un garçon l'a dessiné. Fix, un Alsacien. Qui dessine, à mon sens, plutôt mal. Mais ça s'appellera obligatoirement *Chouchou.* C'est un titre qui ne nous plaît pas. Mais bon.

Filipacchi est remonté à bloc. Et son associé Frank Ténot encore plus.

– Faut faire une maquette. Si elle est bonne, on y va. Lazareff marche avec nous. À des centaines de milliers d'exemplaires on va tirer.

Filipacchi, Lazareff. On est à mille lieues des magnats fantômes qui devaient selon le pauvre Truffert financer *Le Journal de Roland.*

Pour la mettre au point la maquette on a droit à une pièce rue Clément-Marot, près des Champs-Élysées, dans les locaux des Éditions de Presse et d'Information, la société à Frank

Ténot et Daniel Filipacchi. Juste à côté, la rédaction de *Lui*. Où trône Jacques Lanzmann, un écrivain avec une moustache de colonel de l'armée des Indes du temps de Kipling, qui pond des paroles de chanson pour Dutronc et qui terrorise ses jolies petites secrétaires, aidé en cela par une canne de pèlerin et un énorme chien.

Scarlatti est mort. Paix à son âme douteuse de malfrat de télé piteuse.

Longue vie au corédacteur en chef Forlani.

Avec Forest on met pas deux jours pour devenir un couple à la Laurel et Hardy. Il est aussi petit que je suis grand, aussi discret et organisé que je suis braillard et brouillon. Mais on a des tonnes de goûts communs. On a eu les mêmes lectures à l'âge où on savait à peine lire. Nos idoles c'étaient Popeye et son popa, Charlot dessiné par Thomen dans le journal *Cricri* et que Forest a dessiné, lui aussi, à ses débuts.

Lui et moi, on se contenterait bien de publier des traductions des bandes actuelles de ces interminables sagas made in USA. Ça nous flatterait d'accueillir dans notre canard les vieux Pim Pam et Poum et l'immortel Félix le chat. Mais faut créer, innover. Inventer des personnages, des mythes sur mesure pour les minets de maintenant qui se shootent aux quarante-cinq tours.

Forest rameute des pointures. Paul Gillon qui a à son actif la BD fleuve *13 rue de l'Espoir,* Lob, Gigi, le vieux Raymond Poïvet, star du journal pour gamins communistes *Vaillant* avec *Les Pionniers de l'Espérance*, Mouminoux, qui a un passé pas banal de « malgré nous », qui s'est battu avec les soldats fritz en Russie et qui a un coup de pinceau admirable. On propose à Adonis Kyrou, le surréaliste cinéphile, de nous pondre une histoire. Je convaincs Lilou de s'y mettre elle aussi. Elle minaude, fait son outrée, refuse de collaborer avec des capitalistes qui cocacolisent la jeunesse et finit par accepter de rédiger une vie de Kennedy. Qu'elle signera d'un pseudo parce que faudrait pas que ça se sache chez ses camarades.

La maquette est réalisée en peu de jours. Avec une BD sur Sylvie. Scénario de Forlani, of course. Elle me lâchera quand, celle-là ? Avec du Forest pur sucre, *Bébé Cyanure*, une poulette encore plus triquante que Barbarella. Avec des textes de Momo (c'est moi), de Nick Filderman (c'est moi). Avec quand même du *Dick Tracy* inédit en France.

Pour de la maquette c'est de la maquette. Frank Ténot la trouve parfaite. Filipacchi l'apprécie aussi. Ce qui le chiffonne quand même, c'est le format qu'on a décidé d'adopter. Le format d'un quotidien comme *Le Figaro* ou *France-Soir*. Aucun hebdo pour les jeunes n'est aussi grand. Justement, on lui rétorque, à Daniel, ça va sortir *Chouchou* du lot, ça sera autre chose que tous les petits « billustres » avec des images riquiqui. Frank Ténot est pour le journal géant.

On discute ferme. On frise l'empoignade. Filipacchi fait son grand seigneur. Il donne son O.K.

– C'est vous les spécialistes. Vous avez carte blanche.

Merci, Daniel. Notre journal on le sort grand format. Le douze octobre soixante-quatre, dans tous les kiosques il est en vente.

Et quelle pub. Sur Europe 1, dans tous les canards de la maison. Et ces rumeurs… Lazareff nous appelle « mes enfants », il nous dit à Forest et à moi qu'on vient de tourner une page de l'Histoire de la presse. Dans le métier on le donne gagnant notre *Chouchou*. Paraît qu'à *Pilote* ils ont les flûtes. Que Goscinny, Charlier craignent un raz de marée qui va tout engloutir, qu'ils construisent un radeau pour Astérix et Obélix et Tanguy et Laverdure.

Une date, le douze octobre soixante-quatre. Se retrouver corédacteur en chef d'une publication qui va casser la baraque, ça s'arrose.

Vu qu'oncle Daniel ne paie pas avec un lance-pierre, que me voilà enfin plus que confortablement argenté, la tournée que j'offre est vraiment générale. Alcools pour tout l'immeuble. Même les balayeuses de la rue Clément-Marot trinquent à la santé de *Chouchou*.

À minuit on picole encore, Forest, moi et notre équipe de génies de la BD.

À minuit on boit pour se remonter. C'est que les nouvelles ne sont pas bonnes. Filipacchi vient d'avoir les messageries au téléphone. Chez les dépositaires, dans les kiosques, des *Chouchou* on en a si peu vendu que…

Filipacchi ne trinque pas. C'est pas un soiffard. Mais, comme c'est un sourieur, il sourit. Il nous fait pas la gueule à Forest et à moi. Il pourrait. Avec notre super canard « format géant » on est responsables de sa première mauvaise affaire.

Faire perdre du pognon – plutôt beaucoup – à un gagneur comme Daniel Filipacchi, faut le faire.

On l'a fait.

N'empêche qu'il y avait de belles choses dans *Chouchou.*

Et voilà une Japonaise

Avec papa jamais j'ai eu ce qui s'appelle une vraie conversation. On s'est parlé et pas qu'un peu. Normal un père et un fils. Mais aucune fois comme on aurait dû, comme on aurait sûrement pu.

Pourquoi il a passé sa vie à boire ? Il avait ses raisons. Mais quelles ? Si je me le demande de plus en plus, c'est parce que, de plus en plus, je bois.

Pour l'heure c'est du rouge. Au ballon. Trois ballons en pas une heure. Du bojo à Delbouy.

Delbouy c'est le bougnat type. On voudrait commander à un Rodin une statue du bougnat inconnu pour orner une place, pour planter dans un square, faudrait demander à Delbouy de poser. Tel quel. Avec son tablier bleu, sa casquette juste un soupçon de traviole, sa moustache à la Pierre Laval, ses yeux ni trop ni trop peu globuleux et sa Gauloise éteinte collée à sa lèvre inférieure.

Son boui-boui, le plus tristounet de Paris, il est face à l'hôpital Tarnier, qui est l'hosto le plus tristounet de Paris. Ça tombe bien. C'est dans cette bâtisse mortifère qu'cst né Jean Genet.

Delbouy sait pas qui est Jean Genet. Delbouy sait pourtant bien des choses. Il sait qu'en avril faut pas se découvrir d'un fil, qu'à bon chat bon rat, qu'une hirondelle fait pas le printemps. Il sait tout ce que savent les cons.

Et son bojo vaut pas le prix qu'il nous le fait payer.

Nous, c'est moi et de Rudder et Heinrich.

Heinrich, juste au-dessus du café Delbouy il demeure. C'est un triste. Rieur mais triste. Il fume une pipe pas plus longue que son petit doigt. Et qui schlingue. On a travaillé ensemble sur les films de Resnais. Il faisait l'assistant, le directeur de production. Très bien. Il est présentement le bras droit de Jean-Pierre Mocky, ce voyou du ciné qui a été très bel acteur et réalise, avec que des acteurs très laids, des farces aussi peu convenables que faire se peut. Heinrich connaît, et vénère, Prévert. Il est à la gauche de toutes les gauches. Il vit dans un appart avec que des livres et des tableaux bizarres. Volets fermés, il vit. Avec que quelques ampoules nues qui pendouillent au plafond. J'arrive pas à savoir si c'est un gentil qui veut passer pour un méchant ou le contraire.

De Rudder c'est Jean-Luc. Un de mes plus vieux et plus grands amis. Que j'ai connu aux Arts déco, le peu de temps que j'y ai été rôder à l'époque de mes rêves de peinture. Ensemble on a été frimants dans *La Reine morte* et *Le Soulier de satin.* Ensemble on a lu Céline et cherché des Nadja. Ensemble on a jeté notre gourme et débloqué avec art. Puis je suis devenu ce que je suis. Soit un artiste en rien. Et Jean-Luc de Rudder a fait le peintre. Connu, célébré.

Et allant acheter une plaque de Milka Suchard chez l'Arabe ouvert à pas d'heure, j'y trouve mon de Rudder qui, nanti de lunettes que je ne lui ai jamais vues, déchiffre des étiquettes de paquets de biscuits.

– Jean-Luc. Mais tu fais quoi ici ?

– Je compare les taux de glucides. Tu savais, toi, que les petits-beurre Lu… ?

– Tu fais quoi, à cette heure-ci dans mon coin ?

– Je demeure derrière. Rue d'Assas.

– Comment ça rue d'Assas ?

– Ça fait deux ans maintenant. Au cent vingt-quatre.

– Tu veux dire qu'on est voisins ?

– Parce que, toi aussi... ?

On en revient pas. L'Arabe non plus.

Et on va s'asseoir chez Delbouy pour fêter au vin rouge cette extravagance. De Rudder au cent vingt-quatre, moi au cent vingt-six. Ça alors, ça alors.

Mais il y a plus surprenant encore. Mon camarade de presque toujours n'est plus peintre connu célèbre. Plus peintre du tout.

– Mais pourquoi ?

– C'est difficile à formuler. Mettons que j'étais arrivé au bout de...

– Au bout de quoi ?

– Ça t'ennuierait qu'on parle d'autre chose ?

– Non. Mais tu faisais des expositions. J'ai lu pas mal d'articles sur toi. T'étais glorieux.

– Laisse tomber.

D'accord. On oublie le peintre. Et il fait quoi, au jour d'aujourd'hui, de Rudder ? Critique gastronomique. Un peu nègre des réputées fines gueules Gault et Millau, il passe ses journées à bouffer et à noter de zéro à vingt des navarins, des blanquettes, des quiches, des flamiches. J'apprendrais qu'il s'est fait hara kiri ou engagé dans la Légion que ça me soufflerait pas plus.

Mais... les autres... même des autres qu'on croit connaître...

Depuis qu'on s'est retrouvés voisins on recopine sauvagement. Je vais lui rendre visite dans le sous-sol enténébré où il crèche en solitaire avec de vieux livres et une souris qui squatte sur une de ses étagères. Et, souvent, on va s'alcooliser, avec Heinrich. Chez Delbouy.

Et je bois pas que là et avec ces deux très chers marginaux.

Je bois avec Colette quand je vais faire un peu le père rue Fantin-Latour. Elle aussi s'est prise d'affection pour le vin. Blanc ou rouge.

On est de moins en moins fâchés, mon épouse et moi. Et de plus en plus distants.

Elle vit sa vie, qui ne m'a pas l'air très folichonne, je vis la mienne. Rue d'Assas. Avec Lilou. Et sans Lilou.

C'est qu'elle enseigne, maintenant. La philo. Au Mans. Trois jours par semaine. Et deux nuits. Deux nuits qu'elle passe dans la villa de ses parents, les chers Daumesnil que j'ai toujours pas revus. Ce qui lui évite de prendre train sur train. Ce qui me laisse le champ libre pour pas mal de conneries.

Conneries ou turpitudes ?

On panache.

Je suis toujours un peu employé chez Filipacchi. Toujours bien payé même si *Chouchou* dépérit faute de lecteurs. Avec Forest, Gillon, Mouminoux on continue à faire des BD de trop grand format. Et Lanzmann me demande des articles pour *Lui.* Et je me fais des amis. Jean-Marie Périer, le photographe surdoué des idoles, qui m'emmène souper chez son pote Jacques Dutronc avec l'espoir que je vais écrire un scénario sur mesure pour le chanteur narquois de *Il est cinq heures Paris s'éveille*. René Château. Un bricolo du journalisme qui fait des castings de filles pas farouches pour les « sujets de charme » de *Lui* et rêve de devenir un caïd du cinoche – sa passion. Les nouveaux patrons des *Cahiers du cinéma* (que Filipacchi et Ténot viennent de racheter). Pour eux aussi j'écris. Notamment un article incendiaire sur *Help* un film anglais avec les Beatles, dont je dis que j'espère que « c'est la dernière fois que ces peu talentueux natifs de Liverpool font parler d'eux ».

Article qui indigne mes amis et connaissances. Mais c'est pas du char. Les Beatles j'aime pas du tout du tout leurs dégaines et leurs chansons.

Je continue à écrire un peu avec (c'est-à-dire pour) Cette Marianne. Des téléfilms que je ne regarde surtout pas.

Et je fais des frasques. Genre virées dans des boîtes de Pigalle appartenant à un certain James Arch rencontré dans un bistro. Arch parce que, comme le papa Daumesnil, il lui fallait un nom qui rebute moins le bon peuple que son vrai patronyme. Ses parents demeurant rue des Archives, il a pris Arch. Des nuits et des nuits je vais m'arsouiller dans son Dracula à Pigalle. Un dancing décoré comme les façades des cinémas spécialisés dans les films d'épouvante. Avec des lavabos bourrés de gars et de filles fumant pas du tabac de la régie et manipulant de la seringue. C'est dans ce lieu mal fréquenté que je tombe sur Marie-France Manteau.

Une brunette de seize ans maximum. Un cas. Elle y faisait son plein de je ne sais pas quoi dans ces toilettes enfermées. Elle m'a vu passer pour aller pisser, elle a prié James Arch de me dire qu'elle voulait « être à moi ». Il me le dit. Ça me flatte un peu et me surprend énormément. J'ai assez bu. Elle est assez appétissante. Je donne suite.

Dans le taxi qui – Lilou étant partie professer dans la Sarthe – nous mène rue d'Assas, les préliminaires sont tels qu'ils laissent entendre que nous allons atteindre les cimes de l'extase.

Rue d'Assas, après avoir liquidé tout ce qui s'y trouvait de buvable, nous nous endormons comme deux bestiaux.

Je n'ai pas fait l'amour à Marie-France Manteau. Qui était potelée à souhait et avait un éléphant tatoué sur le derrière. Je suis peut-être passé à côté de quelque chose de fantastique.

Ce que je fais aussi plus que de raison, c'est de découcher les soirs où Lilou dort dans la Sarthe. Un coup je dors chez sa bonne amie Fortunia. Un coup je dors chez sa bonne amie Cécile. Un coup chez des amis que j'ai ici ou là.

Puis arrive Koumiko.

Encore un soir sans Lilou. On sonne. J'ouvre. C'est une Japonaise dont la délicate silhouette ne m'est pas inconnue. Où je l'ai vue cette beauté ? Benêt que je suis, c'est la fille du film de Chris Marker *Le Mystère Koumiko*. Un court métrage récent et étrange sur une fille – une tounette comme il dit – de Tokyo.

Et elle vient d'arriver à Paris. Et elle cherche Chris Marker. Partout elle le cherche. Et il n'est pas chez lui. Dans aucune des salles de montage où il a ses habitudes on ne sait où il est. Koumiko parle avec un accent à se pâmer un français impeccable agrémenté de tournures d'une préciosité tordante. Quelqu'un lui a donné l'adresse de Lilou qui peut-être pourrait la renseigner au sujet de Marker. Elle semble en être très amoureuse, du camarade cinéaste. Je lui dis que Lilou est dans les fins fonds d'une province et que, à ce que j'en sais, Marker est en Afrique noire où il filme des indigènes et des fauves.

Mais elle peut s'asseoir si ça ne la gêne pas de s'asseoir dans une piaule aussi fouillis.

– Cela signifie quoi fouillis ?

Si je lui dis que ça signifie que c'est le bordel elle va pas piger. Erreur, grossière erreur.

– Bordel est un mot que je connais. On dit aussi maison close ou lupanar ou boxon. Mais boxon est le mot mal élevé.

Elle est plus mignonne encore, assise dans l'unique fauteuil de notre home, que dans le film de Chris. Si elle veut, on déjeune ensemble. Elle veut.

Le père de mon fils est un alcoolique

Laurent apprécie vivement les films de Jerry Lewis. Moi pas. Je trouve cet acteur de seconde zone exaspérant. Ce qui me vaut des engueulades des potes cinéphiles comme Robert Benayoun. Pour eux, ce grimacier vulgaire est le digne descendant de Lewis Carroll. Soit dit en passant, ils me font de plus en plus caguer mes amis – et ils sont nombreux – cinéphiles. Qu'ils soient adorateurs de Fritz Lang ou rosselliniens fervents comme les intellos des *Cahiers*, tous ils m'exaspèrent.

Peut-être c'est le résultat de tant d'années consacrées au ciné, qui m'a fait vivre mais valu qu'embrouilles et déceptions, mais le Septième Art m'ennuie tant que, des films, j'en vois de moins en moins. Et quand j'en vois un, c'est ou une nouveauté tchèque ou albanaise que Lilou ne veut louper à aucun prix parce qu'on en dit grand bien rue d'Ulm, ou une bluette que je crois susceptible de plaire à mon gamin.

Comme je le vois aux anges devant la lourde bouffonnerie de Jerry Lewis, je lui chuchote à l'oreille que je vais donner un coup de téléphone important pour mon travail, qu'il reste bien sage dans son fauteuil, que je reviens tout de suite, tout de suite.

J'ai aucun coup de fil à donner. Mais j'ai à boire. Deux ballons de rouge au comptoir, dans le troquet le plus proche du ciné. Étant donné que les contrôleurs et les ouvreuses ont des consignes très strictes, faudra que je me refende d'un ticket pour rejoindre Laurent. Tant pis. J'ai tellement soif.

Pas soif. Envie de boire.

Lilou me le dit souvent que je suis en train de devenir alcoolique. Et elle, elle devient quoi ?

Une petite bourge, fille de bourges pleins aux as, qui se prend pour une révolutionnaire parce qu'elle va aux manifs comme d'autres bourges vont au golf ou à la chasse.

C'est vilain, caca, de dire ça. C'est faire montre de sa saloperie intrinsèque de réactionnaire.

Vu. Je suis alcoolo et réactionnaire. Et quoi encore ?

Ben voyons : raté. Un branleur qui va sur ses quarante ans – parce que j'y vais à grands pas – qui se veut écrivain et qui écrit pas une ligne lisible, dans le genre raté, on peut pas trouver mieux.

Alcoolo, réac limite facho, raté notoire selon Lilou. Ce à quoi on peut ajouter : mari pourri même pas assez courageux pour divorcer, père indigne qui plante son fils dans un ciné des Grands Boulevards pour aller biberonner, amant infidèle qui trompe Lilou avec toutes les créatures qui veulent bien de lui, faux ami qui drague sans vergogne la Jap de Marker.

Parce que la Koumiko, qui crèche où elle peut avec une compatriote en attendant le retour de l'autre qui en revient pas, d'Afrique, je la drague. Et comment.

Comme je le disais hier encore à l'estimé docteur Wildocher, qui continue à me piquer deux cents francs les trois quarts d'heure pour l'entendre suçoter sa pipe, j'essayerais de devenir aussi mauvais sujet que mon père que je m'y prendrais pas autrement.

C'est qu'il m'obsède le père Forlani. Le nombre de nuits où il est dans mes rêves.

Même, ça m'a frappé y a pas longtemps, je me laisse pousser les ongles. Et je les ai pas nets. Comme lui.

C'est peut-être un passage obligé. Avant la guérison.

Mon vin bu, je vais récupérer Laurent et on va manger des glaces.

Lui une à trois boules. Moi une à une.

Il est beau petit garçon. Blagueur. On rit pas mal tous les deux.

Il me donne la main pour traverser. Je crois qu'on s'aime bien.

Sur le divan

... les autres je sais pas comment ils se dépatouillent pour parler comme ça dans le vide pour raconter des histoires leurs histoires à eux qui leur trottent dans le cigare comment ils y arrivent pendant vos trois quarts d'heure vos putains de trois quarts d'heure moi là je cale j'ai qu'une idée la fermer me taire plus rien vous dire ou alors alors je vous raconte ma vie ce qui m'arrive oui ce qui m'arrive ces temps-ci que des trucs pas bien intéressants la vie quoi les gens que je vois tous ces gens que je vois pour mon travail chez Filipacchi Lanzmann qui me commande un papier sur Tarzan pour *Lui* puis il me téléphone pour annuler puis il me rappelle et me dit de le faire quand même ce papier sur Tarzan qu'il passera ou passera pas dans le numéro du mois prochain et j'écris ce papier et ça m'amuse écrire même des niaiseries n'importe quoi ça finit toujours par m'amuser j'ai fait comme ça un article pour *Bizarre* une revue faite par Laclos le type de la librairie le Minotaure rue des Beaux-Arts un article sur Superman où je dis que Superman c'est un ersatz du Christ pour les connards d'aujourd'hui qui sont même plus foutus d'y croire au Christ je raconte ça d'une manière marrante si ça se trouve ça me fera encore un truc de jamais publié mais tant pis il l'a dit

Queneau que c'est en écrivant qu'on devient écriveron Queneau j'aime plus trop ça mais ça a été ma passion avec Dubillard Roland Dubillard l'auteur de pièces de théâtre que j'aime pas trop avec lui on était des fous de Queneau dans un de ses livres Queneau appelle un plat de la brouchtroucaille alors tout ce qu'on mangeait à Bondy chez la mère de ma femme Colette on appelait ça de la bien brouchtroucaille mais pourquoi je vous raconte tout ça non je sais c'est pas à vous que je raconte faut parler parler sans se demander ce qu'on va dire se laisser aller mais c'est dur c'est pas commode c'est comme ce que les surréalistes appelaient l'écriture automatique ça aussi qu'est-ce que ça a pu m'épater et le surréalisme maintenant je trouve ça dépassé inutile et toutes mes idoles de mes dix-sept ans Breton Gracq Max Ernst je les trouve démodés pas bien et pas seulement les traîtres comme Eluard Aragon qui ont viré communistes staliniens et qui se sont parjurés mais tout leur bazar je continue à acheter des revues des bouquins surréalistes mais je les lis pas en entier c'est comme *Planète* le patron de *Planète* Pauwels je l'ai bien connu à la Libération il était pour Gandhi pour la non-violence paix amour et compassion il répétait tout le temps puis il a cette revue maintenant avec Jacques Bergier j'achète tous les numéros et je crois toujours que je vais trouver dedans les choses formidables et c'est toujours la déception pourquoi on va toujours de déception en déception pourquoi enfin moi je le fais pas exprès mais c'est comme y en a qui attrapent des poux ou des puces moi faut toujours que j'attrape des déceptions lundi dernier j'ai été déçu par des gens que j'admire que je rêvais de connaître d'abord Jean Vilar au TNP j'y vais à chaque nouveau spectacle j'aime le TNP d'abord l'endroit Chaillot le palais de Chaillot pourquoi je parle du palais de Chaillot oh oui il y a André Michel un réalisateur avec qui j'ai pas mal travaillé il a une idée de film avec un rôle pour Gérard Philipe il prend rendez-vous avec lui dans sa loge à Chaillot et il m'emmène voir Gérard Philipe il tourne des films que j'apprécie pas forcément mais au théâtre il est grandiose le Prince de Hombourg ça m'a bouleversé bon on est dans sa loge il se démaquille nous reçoit bien comme il faut on lui vend notre salade il fait celui qui trouve ça au poil on se fait risette il est pas fier jamais on fera de film avec lui tant pis je l'emmerde Gérard Philipe et la porte de sa loge s'ouvre après un petit toc-toc c'est Vilar Vilar en imper Vilar avec sa voix ah cette voix Vilar Jean Vilar c'est plus fort que moi je lui dis combien je l'admire combien chacune de ses mises en scène chacune de ses prestations m'a ébloui et tout ce qu'il trouve à me dire c'est ah bon et il nous salue d'un coup de tête et exit Vilar il est parti et je me suis retrouvé con mais con con comme la fois mais j'ai déjà dû vous le raconter où je me suis planté avec Picasso y a eu aussi Braque le peintre je me suis allé chez lui avec un bonhomme qui a écrit sur lui Stanislas Fumet un philosophe catholique il m'emmène chez Braque dans son atelier pour faire un scénario et Braque a bu son thé devant nous sans nous en offrir et a été ennuyeux mais ennuyeux il m'a déçu mais déçu oh là là c'est grave pour moi c'est grave les gens tous les gens je les aime pas tellement je les trouve pas passionnants à part quelques-uns quelques artistes quelques créateurs que j'admire qui me semblent savoir des choses que je sais pas et que je voudrais savoir des gens qui je dis une connerie tant pis des gens qui auraient le mode d'emploi de la vie et ceux-là jamais j'arrive à nouer avec eux une vraie converse jamais et ça me déçoit même vous vous que je paye pour ça pourquoi je peux pas parler avec vous parce que le père Freud a décidé que le psy fallait qu'il la boucle c'est affreux affreux je viens ici pour comprendre je sais pas quoi mais le fait de venir ici ça rend mes angoisses encore pires ça aussi c'est décevant non…

Horreurs en montagne

Cinq heures du matin. C'est plutôt l'heure d'être dans un lit. De venir de s'y pieuter après des séances de bavassage bien arrosées avec de Rudder, Heinrich et autres traînards. Mais je suis debout. Et guère vaillant. Et attendre un taxi dans une gare, si t'es pas debout, qu'il y a une horde de brutaux qui en veulent autant que toi du taxi et que t'as le pied gauche cassé, foutu, te faisant un mal atroce.

Accident de ski.

Oui. Moi. De ski.

Même pas de ski pour être précis. Skier j'ai pas eu le temps de tenter de le faire. J'ai eu que le temps de fixer les lattes aux grosses chaussures de location et de me lancer. Hardiment. C'est que c'était une grande première. Jamais j'avais vu la montagne d'aussi près.

Et jamais j'avais eu des skis aux pattes. Et je me lance.

Et voilà une des deux énormes chaussures de location, pourries archipourries, qui se déboîte et le pied qui fait de même. Comme si j'étais catcheur et que mon adversaire me l'ait mis à l'équerre, mon pied. Horrible la douleur. Me voilà prostré dans la neige. Avec Lilou, des skieurs avec leurs bonnets à pompons, tout le monde qui vient à mon secours. Cette honte. Ce mal surtout. Ces gueulements que je pousse.

On me manipule, on me transporte comme un paquet. On m'allonge sur une table de bistrot. Un toubib en survêt me fait une piqûre et une autre. Rien de bien grave, il paraît. Pas de cassure. Qu'un froissement. Mais interdiction de reprendre les skis. De toute façon, avec plus qu'une seule godasse…

Tout ça à L'Alpe-d'Huez où, lâchement, je me suis laissé entraîner par Lilou. Une combine de toute beauté. Pour ainsi dire gratuit le séjour. Grâce à une association d'étudiants, de gauche, comme tous les étudiants. Moi me faisant passer, vu mon âge, pour un enseignant. Que le train a fallu payer. Et Lilou connaissait le système pour que ce soit des billets tarif réduit. Tout le reste gratos. J'ai bien sûr renâclé. Mais Lilou quand elle a une idée en tête. Et c'était, j'y ai cru avec empressement, une occasion d'être enfin loin de Paris, loin de tous nos problèmes, loin de tout ce qui nous empêchait de le vivre dans la splendeur, notre roman d'amour. Une occasion d'être en tête à tête dans un grand chalet. À l'entendre cet intermède dans la neige, une honeymoon ça allait être.

Elle avait pas menti, le chalet était typique pimpant comme le décor de *L'Auberge du Cheval blanc* au Châtelet. Notre chambrette bien chauffée, bien faite pour s'y frottiller amoureusement.

Mais faire des mignonneries avec un pied déglingué, enflé comme une citrouille, vous élançant à chaque mouvement, c'est impossible. Alors je m'y suis retrouvé solitaire dans le pimpant chalet, Lilou, elle, sitôt le soleil levé, elle filait en direction du téléphérique et, jusqu'au couchant, elle skiait sur les hauteurs. Avec toute une bande d'étudiants et d'enseignants, avec des touristes, des mordus de la glisse, du slalom. Avec des filles. Avec aussi plein de mâles pétant la santé, de sportifs excités par l'air trop pur qui, une fois gagné les hauteurs, se la tapaient sûrement tous. Bites au vent dans la neige !

Dans la chambre cosy j'avais qu'une chose à faire. Écrire. Toujours mon chef-d'œuvre pour Gallimard.

Le chapitre un il doit en être à sa centième mouture. Un chapitre d'une dizaine de pages qui m'a bien déjà coûté sept ou huit cents feuilles de papelard. Et alors ? Les grands Céline, Joyce, Proust (que je peux toujours pas blairer mais qui quand même)..., ils les ont pas écrits d'un jet, comme on torche un texte pour la télé, pour la radio, leurs bouquins. C'est connu qu'il faut cent fois sur le métier... Alors j'écris, j'écris. Je polis et repolis l'évocation de mon enfance avec le papa alcoolo, la maman rieuse quoique mélancolique.

C'est bien, c'est très bien venu. Quand elle revient de ses équipées à des trois mille mètres au bas mot, Lilou lit. Elle me trouve écrivain. Pas exactement écrivain dans ses goûts. Mais écrivain. Elle va jusqu'à me faire des compliments auxquels elle m'avait vraiment pas préparé.

– Tu vois, quand je lis ça... Je me rends compte que je me suis trompée à ton sujet.

– Trompé. J'aime pas ce mot.

– Sois sérieux pour une fois. Ce que je veux dire c'est que, si je t'ai aimé, si je t'aime toujours, c'était pour ta gueule de second rôle de film américain, tes jambes de héron, tes mains de grand type à grandes jambes. Je te trouvais beau. Comparé à tous mes amis, amis et amants, t'étais le beau mec, toi.

– Le beau mec un peu con, c'est ça, hein ?

– Le Rital pas cultivé. Oui. Le Rital qui a eu que de mauvaises lectures. Comparé à Régis Debray, à Florence Delay, à Étienne Balibar, à Pérec, à Jean Edern Hallier, à Huguenin, à tous mes amis qui ont, eux aussi, des ambitions littéraires, tu faisais pas le poids… Et voilà que tu te mets enfin à… C'est bien comme tu décris ton père, ta gare de Lyon…

Je monte en grade. Je vais cesser de n'être pour elle qu'un analphabète bien balancé, qu'un étalon doué pour les tendresses. Ça commence à me plaire la montagne.

Le soir, péniblement, j'arrive à descendre dans la salle à manger. Pour la fondue. C'est bon, la fondue, c'est nourrissant. Mais ce qui gâche tout, c'est le rituel.

La table commune, avec des bafreurs énervés parce que s'étant goinfrés de trop d'oxygène. Qui trempent leurs mouillettes dans la même marmite que toi. Qui te huent si t'as le malheur de laisser choir ton croûton dans le fromage bouillant. Qui te donnent des gages. Comme à la récré dans les maternelles : des gages. Celui qui l'a trop fait choir, son putain de croûton, il a droit à des hou-hou, faut qu'il fasse un bisou à sa voisine, faut qu'il monte sur son tabouret et chante une tyrolienne. *La itou trou la la itou*. Et tout le monde reprend en chœur. Et quand le vin blanc aigrelet leur monte à la tête, à ces tarés de sportifs, ils attaquent *Là-haut sur la montagne l'était un vieux cha-a-let*.

L'ambiance sports d'hiver c'est kif-kif le goulag. Et t'as même pas la consolation de te dire que tu te feras des couilles en or en publiant un bouquin de douloureux souvenirs, une fois sorti de là.

La nuit, faute de mieux, avec Lilou on se pelotonne. On s'aime nettement plus tendrement qu'à Assas. Mais, au petit matin, le réveil sonne. Et ma chérie se déguise en sportive et prend même pas le temps de faire un peu durer le café viennoiseries avec moi.

Et les jours se suivent. J'écris, j'écris. Talentueusement.

Par la fenêtre je vois les Alpes. Qui sont en train de devenir ce que fut le Kilimandjaro pour un certain Hemingway Ernest.

Sauf que moi, je tape pas sur une vieille Underwood pour dire au lecteur combien j'ai canardé de tigres ou d'éléphants.

Je gratte si bien que je viens à bout de mon bloc de papier. Me faut aussi des cartouches d'encre bleue des mers du Sud pour mon stylo.

C'est coton, mais, en boitillant, je parviens à me traîner jusqu'à la librairie de L'Alpe-d'Huez. Ils ont mon encre. Et du papier qui fera l'affaire. Ils ont ausssi du bouquin. Je m'achète une Série Noire. Un Hadley Chase. La libraire, qui l'a lu, me dit que je vais me régaler.

Elle est toute jeunette, toute maigrichonne. Elle a une petite bouille attendrissante.

On fume en bavardant. Près du gros poêle. C'est qu'il fait pas chaud à L'Alpe. Si je veux un thé brûlant, elle a une bouilloire et du chine très noir, la libraire. J'en veux. En trempant des biscuits dans le thé brûlant, car elle a aussi des biscuits, elle m'apprend qu'elle est ici que pour la saison, qu'elle est du Midi, qu'elle est étudiante, que libraire c'est pas ce qu'elle veut devenir. Elle voudrait devenir savante. Dans les sciences. Et moi ?

Ça l'émerveille positivement de faire connaissance avec un écrivain.

Bien deux heures on bavarde.

Et, le lendemain, bien qu'ayant pas même ouvert le James Hadley Chase, je vais acheter un autre livre. Le premier qui me tombe sous la main. Un volume relié avec des photos de montagnes. Que j'ouvrirai évidemment pas.

Mais la libraire…

C'est dans l'arrière-boutique, ma langue dans la bouche de la libraire fort dépoitraillée que Lilou – redescendue de ses sommets plus tôt que prévu en raison d'une menace d'avalanche – me trouve.

Elle traite la libraire de putain. À moi elle me dit rien. Ce qui s'appelle rien.

Et, puisque tout était fini entre Lilou et moi, j'ai pris le premier train que j'ai pu. Et j'ai passé la nuit accroupi contre la porte des toilettes avec plein de gens qui m'ont marché dessus, qui ont rudoyé mon pied en souffrance.

Et y a pas de taxi.

Et je suis à la gare de Lyon.

À un jet de pierre du café la Consigne où le petit Remo a été commis d'un marchand de marrons. L'année de la guerre.

Et je suis malheureux.

C'est un grand malheur que d'être malheureux. Mais pour un romancier c'est de l'aubaine, de la pure aubaine.

España

La vie continue. Mais pas telle quelle.

Mon pied gauche est redevenu comme avant. Mais pas moi.

C'est que j'ai pris des résolutions importantes. Celle de ne plus jamais jamais jamais coucher avec Lilou, pour commencer. Il se peut qu'un jour nous redevenions amis. Il se peut. Mais qu'amis.

J'ai décidé aussi de ne plus qu'écrire. Oui. Le roman. Le livre. Que ça je vais faire.

Et l'argent ?

Dieu y pourvoira. Il me l'a assez répété, papa, que les petits oiseaux ils se contentaient de ce que le Ciel leur accordait pour se caler le ventre.

Je vais faire comme eux. Au besoin me nourrir de crottin ?

Je sais pas. On verra. J'ai un ange gardien oui ou merde ?

Et comment que j'en ai un. Je suis pas enfermé solitaire depuis trois jours à ne faire qu'écrire et ne bouffer que les pâtes et les conserves du placard de kitchenette de la rue d'Assas que le téléphone sonne.

Je décroche avec l'intention bien arrêtée de même pas dire allô si c'est Lilou qui est au bout du fil. C'est une voix d'homme.

– Oui.

– Salut, crapule. Ça va ? Tu n'es pas encore mort ?

– Ça va et je suis encore pas mal frétillant. Mais vous êtes qui ?

– L'ordure ! Tu reconnais pas ma voix ?

– C'est-à-dire que…

– Maurice.

– Maurice ?

– Pas mort mais déjà gâteux alors. Maurice. Maurice Ronet.

– Momo !

Des années qu'on s'est pas vus, pas parlé. Mon ami Ronet. Mon plus ancien et absolu copain avec de Rudder. Maurice Ronet qui est mon jumeau à un mois près. Que j'ai connu au Centre du spectacle où il étudiait la comédie quand moi je faisais mine d'apprendre le métier de décorateur de théâtre. Maurice qui était comme moi un des quatre bouffons en culottes bouffantes qui trimbalaient *La Reine morte* sur son brancard à la Comédie-Française au temps des Allemands.

– Faut être vraiment salaud pour ne pas reconnaître ma voix.

– Désolé. J'étais en train de bosser, d'écrire. Et des Maurice j'en connais quelques-uns.

– Pour toi, je suis et devrais toujours être le seul Maurice.

– T'as raison. Pardonne-moi.

– Je vais te poser une question. Une seule. Si tu y réponds mal je raccroche. Si tu as la bonne réponse on prend l'avion après-demain.

– L'avion ? Quel avion ?

– C'est moi qui questionne. Prêt ?

– Oui.

– Qu'est-ce que je t'ai raconté, un soir où il neigeait, en buvant du rhum dans un bistro de la place de la République ? En quarante-cinq. En juillet ça devait être. Ou en août.

– Attends… On sortait pas de voir un film au ciné-club de la rue Yves-Toudic ?

– Tu brûles.

– *La Symphonie des brigands*, on venait de voir. C'est ça ?

– Je te retrouve, Remo. Et je t'ai raconté quoi ?

– C'est vieux, c'est vague… Mais… Je te revois. T'avais un chandail marron.

– Lie-de-vin. Tricoté par ma mère.

– C'est marrant. Je nous revois. Une histoire de voleurs tu m'as raconté. Qui ressemblait un peu à celle du film. Un voleur qui…

– Formidable ! J'avais peur que tu ne te souviennes plus.

– Elle était duraille ta devinette.

– T'as trouvé. C'est ça qui compte. Alors tu viens à midi, midi pile, au Fouquet's.

– Pour faire quoi ?

– Midi pile. Je t'embrasse.

À midi, j'y étais au Fouquet's. Maurice aussi. Et avec un type que je connaissais de vue. Que j'avais croisé dans les bureaux des *Cahiers du cinéma*. Louis Malle.

On a déjeuné. Ils m'ont affranchi.

Malle et Ronet se connaissaient depuis *Ascenseur pour l'échafaud*. Ils venaient de faire ensemble une manière de chef-d'œuvre. *Le Feu follet*. Malle n'était pas que réalisateur. Il était producteur aussi. Et il avait décidé de produire la première réalisation de Momo. Et Momo qui avait écrit un scénario avec son pote Jean-Charles Tacchella s'était mis en tête de me faire écrire à moi les dialogues du *Voleur de Tibidabo*.

– C'est quoi le Tibidabo ?

– Bien sûr, tu ne connais pas Barcelone ?

– Non, Maurice. L'Italie ça va. La Grèce j'en ai vu plus qu'assez. Mais l'Espagne…

– Je vais te la faire découvrir. Et, meilleur guide que moi, tu ne peux pas trouver. L'Espagne c'est ma seconde patrie. Attends d'être avec moi aux arènes, côté ombre, et de recevoir en hommage la tête et la queue.

Les arènes, la tête, la queue…

J'en suis sorti sonné du Fouquet's. Y avait de quoi. Le surlendemain, avec Maurice on prenait l'avion. Pour une pas banale villégiature.

Point de chute : Casteldefels. Un patelin au bord de la mer, à une quinzaine de kilomètres de Barcelone. Dans ce patelin, un hôtel pour touristes à gros comptes en banque. Un monument hispano-mauresque qui voulait en jeter. Avec bien cent chambres, une salle à manger pour deux cents mangeurs. Et que deux clients. Ronet et moi. Pourquoi seulement deux clients ? Parce que c'est pas « la saison ». Aux beaux jours, on y refuse du monde dans cet hôtel trop somptueux. Mais on en est loin de « la saison ».

Et – c'est curieux mais c'est comme ça – le señor Mattas, qui va coproduire le film, ayant des accointances avec la direction de cet hôtel, on va crécher là tout le temps dont on aura besoin pour polir et repolir le scénario et le dialoguer.

Et fastueusement on va crécher. On aura chacun sa suite royale. Avec terrasse sur la mer, la plage déserte. Et on peut manger et boire tout ce qui nous chante. Et user à notre guise de la conduite intérieure noire de l'hôtel et de son chauffeur. À tout ce qui peut figurer sur la note de l'hôtel on a droit. À tout. Mais…

Mais, suite à l'accord passé entre MM. Malle et Mattas, pas un rond on touchera pendant la durée de notre travail. Les chèques ils viendront que plus tard. Une fois donné le premier tour de manivelle. Si premier tour de manivelle il y a.

Ce qui fait que me voilà dormant, mangeant, picolant comme un milliardaire. Mais sans un sou vaillant. Tout ce que j'avais comme blé je l'ai laissé à Colette et au petit Laurent.

Je voulais changer de vie. C'est fait. Mon ange gardien y a mis le paquet. Merci, bon ange.

Sonné j'étais en sortant du Fouquet's, je vais continuer à l'être fichtrement.

Déjà y a la surprise – et la joie – de retrouver mon ami Maurice. Qui, comme moi, s'est pris plus de vingt ans depuis l'Occupation, les coulisses de la Comédie-Française, les filles qu'on draguait à deux et que ce si séduisant salaud se tapait tout seul.

Quand la vie nous avait séparés il avait décidé de ne pas être comédien comme ses père et mère, les Robinet, mais de faire le Van Gogh en Provence avec sa jeune et belle et marrante épouse Maria Pacôme. Dans un patelin reculé et fleurant l'ail, ils avaient fait de la barbouille et de la poterie. Puis ils s'étaient trop emmerdés et étaient revenus dans la capitale. Et Maria avait opté pour le théâtre qui fait rire et Momo pour le ciné. Et sa belle gueule, ses yeux d'un bleu à faire gamberger les dames de tous âges aidant, il était devenu jeune premier craquant. Comme Hossein, comme Gélin, comme Henri Vidal. Comme Delon avec qui il fit trempette dans *La Piscine*. Une star quoi. Et jouant bien. Qui tournait à Paris et à Rome et à Madrid. Et qui, c'était la rumeur et une rumeur fichtrement fondée, faisait son don Juan encore plus vaillamment à la ville qu'à l'écran. Toutes les dames et demoiselles qu'il croisait il baisait, à ce que j'en savais. Un marathonien de la cuite aussi. Le plus grand buveur de la planète. Un personnage de légende, en gros.

Et me voilà en tête à tête avec lui.

Qui est bien tel qu'on le prétend.

Je me trouvais un poil alcoolo. Avec mon délicieux, mon adorable Maurice, je vais le devenir tout à fait.

Dans l'avion ça a commencé. Au champagne servi par l'hôtesse aux passagers first class. Au scotch acheté à l'aéroport. Qu'il importe de liquider avant de toucher terre. À l'atterrissage à Barcelone je suis déjà presque à point.

Non content de me forcer à pinter, Maurice m'a fait la morale durant tout le vol. Il n'est pas devenu que bel acteur à succès et trousseur de haute volée. Il s'est forgé un personnage qui peut séduire ou irriter. Mais prestigieux. Toujours tiré à quatre épingles, cravaté et ne titubant point même saoul comme une vache. Faisant son important, son digne. Snob comme devaient l'être un Brummel ou un Milord l'Arsouille. Méprisant tout ce qui, de près ou de loin, fait peuple. Abhorrant les touristes, les marxistes, les pêcheurs à la ligne, les hommes portant des shorts, les joueurs de belote, les buveurs de pastis, les gens qui envoient des cartes postales, ceux qui sucrent leur café, reprennent du dessert, supportent l'accordéon, croient que Prévert a du talent, n'ont pas lu Barrès et Drieu.

Il est, j'ai l'impression, plus royaliste que l'est un Jean-François Chiappe et n'a rien contre le régime franquiste. Du moment que c'est espagnol, espagnol à l'ancienne, pour lui c'est bien. Même l'Inquisition a pour l'ami Momo un certain charme.

– Qu'on le veuille ou non, c'était une entreprise salutaire. Et quelle leçon de rigueur, de dignité.

– Ça a été une belle boucherie, oui.

– Le sang lave tout, Remo. Mourir c'est d'abord et avant tout se purifier. C'est la mauvaise parole qui dégrade, pas le coup d'épée. Et encore moins le bûcher.

On est à dix mille mètres. Mais la pensée de mon pote vole bien plus haut que ça. Trop haut pour moi, j'en ai peur.

Donc me voilà dans un hôtel très très au-dessus de mes moyens. Et choyé. À mon premier réveil je demande ce qu'on me propose comme petit déjeuner. Une voix suave me conseille, dans le plus raffiné des français, de goûter au chocolat. D'accord.

Vingt bonnes minutes plus tard, on frappe. Je dis qu'on entre. *Ils* entrent. C'est qu'ils sont deux. Le maître d'hôtel et le garçon qui pousse la table à roulettes. Avec tasse en porcelaine fine, chocolatière, pot à lait en argent massif. Et de la brioche, des toasts grillés, une motte de mantequilla et des marmelades et des fruits. Et le chocolat. Le chocolat, je croyais connaître. Mais celui-là… Beau à voir. Épais. Tu plantes ta cuillère dedans elle y reste bien droite. Et d'un bon.

Quand Maurice, qui entre sans frapper, me voit, il voit rouge. Le chocolat à l'espagnole c'est pour ce qui se fait de plus affligeant dans le genre touristes, pour les congés payés. Je ne vais pas commencer à me mal conduire. Je veux quoi ? Le déshonorer en montrant à ces larbins que le señor Ronet fréquente des gens infréquentables ?

– Tu prends quoi toi le matin ?

– Du café. Trois tasses. Noir. Sans sucre. Sans rien.

C'est vrai. Mais, avant son kawa, il avale son revitalisant quotidien. Une mixture composée de jaune d'œuf, d'aspirine écrasée à la petite cuillère, d'Alka-Seltzer, de jus de citron. Délicatement aromatisée avec un soupçon de vodka.

Et, après le café, whisky ou vin rouge. C'est selon l'humeur.

Ses humeurs, va falloir que je m'en accommode. C'est que nous voilà rivés l'un à l'autre pour un bout de temps.

Le premier jour on travaille. Le scénario qu'il a écrit avec Tacchella on le découpe en séquences. On l'analyse. On se pose des questions sur ce qui est bien ou pas. On est d'accord sur à peu près tout.

Sur la terrasse de la suite à Maurice, on bosse. Avec de gros chandails et un peu de soleil. Pas chaud mais qui rend guilleret.

C'est agréable. Je suis heureux d'être là. Loin d'Assas, de Paris. Avec ce drôle de Momo.

Arrive l'heure de la soupe.

Qu'on ne prendra pas à l'hôtel mais à Barcelone. Dans un endroit que Ronet connaît et où il tient à m'inviter. Il a de l'argent, lui. Beaucoup. Ça rapporte d'être vedette de ciné. Et, son blé de vedette, il met un point d'honneur à le gaspiller, à le claquer le plus rapidement possible et surtout pas à bon escient. Faire des économies étant, pour lui, le comble de la vulgarité.

On gagne Barcelone dans la limousine de l'hôtel. Arrogante comme un corbillard pour obsèques nationales. Ayant revêtu nos plus beaux habits et cravatés. Ronet a veillé à ce que je sois aussi « présentable » que lui.

Son restaurant a le genre petite auberge bon enfant avec coloquintes qui pendouillent du plafond et patron en bras de chemise qui tutoie sa clientèle. Mais c'est un établissement cher, très cher, où il faut retenir sa table un mois à l'avance. Sauf si on s'appelle Maurice Ronet. C'est qu'à force de tourner dans ce pays des navetons qui ne sortent jamais en France il est superstar à Barcelone comme à Madrid, le Momo.

Il connaît le patron. Il connaît aussi bon nombre de clients. Dont un gnome à fine moustache et cheveux qui m'ont l'air plaqués à l'encaustique et qui est le marquis de Zaragoa. Un grand d'Espagne, ce nain. Un Don. Que nous reverrons souvent. Ainsi que sa dame. Une blonde teinte loquée par Chanel et bijoutée place Vendôme, qui me tend sa main à baiser. Comme on tend une pièce de dix balles à un mendiant. Il y a aussi Fabiolo. Un fantoche ridicule. Fabiolo parce que frère de la Fabiola, cousin de roi ou prétendant au trône ou tout bonnement bouffon. Je sais pas et je m'en moque. Il embrasse Maurice et m'embrasse aussi. Il est beurré. Son français est très convenable mais il fait qu'aligner des phrases décousues de poivrot. C'est un ennuyeux bon à jeter. Mais c'est Fabiolo. Et faut le traiter comme tel. Avec révérence.

Nous mangeons du gibier. Nous buvons du vin bouché. Un vin rare.

J'aurais volontiers goûté à la friture maison. Maurice m'a vivement déconseillé de commettre cet impair.

– Tu n'es pas ici pour te conduire comme un Parisien en goguette. Tu es ici pour dialoguer un film de qualité. Sois digne, Remo, sois digne.

Quand il veut être chiant, le Ronet, il fait ça à la perfection. J'aime pas.

Je mange comme il veut, je bois comme il veut. Je fais le distingué, le hautain. Quand on a décidé de changer de vie, on ne se cramponne pas à ses habitudes.

Prendre un dessert ça aurait été aussi une faute. Dont acte. Mais se taper trois cognacs c'était de bon goût.

On les a dégustés en devisant avec le marquis aux cheveux trop luisants et le Fabiolo. Ce qui m'a très moyennement diverti. Car c'était en espagnol qu'on devisait.

Il était trois heures du matin quand Maurice m'a appris que « la nuit étant jeune » il allait m'ouvrir les portes de l'Espagne de Goya.

Alors en route pour le Barrio Chino. Le quartier chinois à l'entrée du port, le luna-park suintant le vice des marins en bordée, des détraqués locaux ou de passage. Faut connaître.

Pigalle, les pires rues à putes de Paris, comparés, c'est des jardins d'enfants.

Pour commencer on va au Molino, un cabaret pourrave, fréquenté que par de la lie et du voyeur pas net dans sa tête. Un cabaret dont tous les numéros, tours de chant, duo de banjo, jonglage, claquettes sont exécutés par des mâles et des femelles pour le moins octogénaires. C'est le musée des horreurs, des horreurs déjà un pas dans la tombe. Mais qui bougent encore ! Froid dans le dos ça vous colle. Des grand-mères aux seins tombant bien plus bas que leur nombril, aux jambes variqueuses, avec des tutus, qui exécutent des fragments du *Lac des cygnes*, un pépère avec même pas de dentier pour camoufler ses gencives sans dents, bouffées par les vers, qui fait le jeune homme et loupe des tours de magie, un unijambiste qui se cramponne au pied de son micro et susurre *Ramona*, des acrobates obèses que tu t'attends à voir clamser en musique. Et le final ! Tous ces vieillards déguisés en bébés, avec des couches-culottes, des tétines géantes, qui tourbillonnent, exécutent un cancan endiablé. Je sors de là atterré, pas bien. D'autant qu'on a rebu du cognac. Infect.

Et on s'engouffre dans un labyrinthe de ruelles sentant les cabinets. Avec trop d'enseignes, trop de néons. Trop de soulards. Trop de tantouses jouant les tantouses. Des marins qui se châtaignent.

Au milieu de ce vilain monde, Maurice est plus gentleman que jamais. Il cherche quelqu'un du regard. Qui ?

Curt Jurgens, il me dit.

L'acteur allemand qui fricotait avec B.B. dans le premier film de Vadim ? Oui. Lui. Il est mort, non ?

– Mort ou vivant il faut que je le retrouve. C'est lui qui m'a fait découvrir le Barrio Chino. Je n'y viens jamais sans y choquer le verre avec lui.

Il se fout de moi, Maurice. Ou non ?

Il a de drôles d'yeux. Une drôle d'expression. Toujours aussi beau. Grave. Mais inquiétant.

Tant il marche vite, j'ai peine à le suivre. Il va me semer si ça continue. Avec tout ce monde.

Un bonhomme à chapeau noir posé de traviole sur son crâne me harponne.

– English ? American ?

– Non. Je suis français.

– Français. C'est bon aussi pour les Français. Ils aiment beaucoup, ça, les Français. Beaucoup.

– Ils aiment quoi ?

Il me lâche pas. Il me prend par la taille. Colle sa bouche à mon oreille.

– La chose que vous trouvez qu'ici. Sensationnel. Même à Hongkong, ils ont pas.

– Mais quoi ?

Il m'énerve, ce crampon. Et j'arrive pas à m'en dépêtrer. Et il finit par me mettre au parfum. En faisant le mystérieux. Ce qu'il me propose c'est d'entrer dans un petit bar où il y a une salle au fond. Discrète. Une salle où tu peux enculer un canard.

– Oui, monsieur, un canard. Vivant. Lui fourrer dans le cul. Un canard qui peut pas te faire mal parce qu'il est coincé dans un tiroir de buffet. Il a que son croupion qui sort, le canard. Alors tu lui plantes dedans. Et tu as de la sensation plus qu'avec une femme ou un homme. Et t'as les cris du canard.

Il me les imite, ce monstre. Coin coin coin, il fait, avec l'accent espagnol. Et il ajoute qu'une fois balancée ta purée, le canard tu peux l'emporter et le faire cuire. Et que c'est pas cher.

J'arrive non sans peine à m'en dépêtrer de ce mac de poulailler. Et je me trotte fissa.

Sodomiser un canard, et puis quoi encore ?

Et, fallait s'y attendre, plus de Ronet à l'horizon.

Et les boissons de la journée, le vin rare avec Fabiolo, les cognacs… ça a fait son chemin. Je suis poivré.

Bien poivré.

Je m'assieds sur un bout de trottoir. Une pute vient s'asseoir à côté de moi et me demande – en anglais, puis en allemand – une cigarette.

Je lui en donne une. Et du feu.

On fume en silence.

Et voilà Maurice.

– Je te cherchais. Tu faisais quoi ?

– Si je te dis que j'enculais un canard, tu me croiras ?

– J'aurai peine à te croire. Pas pour le canard. Pour la sodomie. Trop raffiné pour toi.

La pute pousse un cri. Elle l'a reconnu.

– Ronetté. Mauricé Ronetté.

Elle l'a vu au cinéma. Dans un film d'amour avec Sarita Montiel. Elle l'admire. Si il veut elle lui fait une passe gratuite. Ou une pipe. Il refuse poliment. Il lui baise la main. Et nous allons boire un verre avec elle. Qui, à la lumière, se révèle d'une laideur pas commune. Nous buvons du champagne.

Et la virée continue. Maurice cherchant toujours Curd Jurgens qui, mort ou pas mort, est sûrement dans les parages. Je ne tiens plus sur mes jambes. J'ai froid. J'angoisse. N'en pouvant plus j'implore Ronet de me ramener à l'hôtel.

– Tu n'es pas mûr, Remo. Pas apte. L'Espagne, la vraie, ça se mérite.

Je ne sais pas qui m'a voituré, déshabillé, couché dans mon lit à l'hôtel.

Quand je me réveille je n'ai qu'une idée en tête : prendre immédiatement congé de Maurice, le laisser en plan avec son film et demander à la réception qu'on me trouve un avion, un train. Je veux quitter au plus tôt ce pays avec trop d'alcoolos, de canards pédés et d'Espagnols.

Les jours qui suivent on travaille plutôt beaucoup. En buvant plutôt de trop. Elle est pas mal ficelée leur histoire de voleur à Jean-Charles et Momo. Et j'accouche de répliques qui sonnent juste et devraient faire rire.

Pour nous détendre nous faisons des balades le long de la plage. C'est venteux. Ça fouette le sang.

Puis, poussé par Maurice, je consens à grimper sur un cheval. Et, miracle, je n'en dégringole pas. Je tiens sur le canasson espagnol. Je vais même jusqu'à trouver cela plaisant. Quoique très mortifiant côté cul.

Puis c'est le week-end. Et une visite. Anna Karina. L'épouse de mon ami Jean-Luc Godard. Qui sera la partenaire de Ronet dans *Le Voleur de Tibidabo*. Qui est aussi, je l'apprends pas, sa dame du moment. Une grande passion ils vivent.

Elle est danoise, très belle grande poule, rigolote à sa manière. On soupe à trois. Elle ne mange pas. C'est une chipoteuse. Mais elle boit. Le vin rouge, elle aime ça. Et fumer du tabac brun.

Nous allons tous les trois dans un théâtre à Barcelone, sur la rambla, voir une pièce de boulevard dont la vedette est le fameux Fabiolo. Ceux qui comprennent le texte rient énormément. Je m'ennuie ferme.

Après le spectacle on va se saouler dans une boîte ultrasélecte bourrée de fastueux et ridicules échantillons de la gentry franquiste. Maurice, qui connaît tout le monde, nous abandonne, Anna et moi, pour aller parler tauromachie avec une vieille vieille portant monocle qui a, jadis, couché avec Hemingway.

Furieuse, Anna me dit des choses horribles à propos de Maurice. Elle est folle de lui, ça elle peut pas le nier, folle à en crever. Mais c'est un con. Encore plus con que ce con suisse de Jean-Luc. Elle parle de Godard, là. Elle me dit que c'est le seul génie de toute l'histoire du cinéma. Mais que c'est un époux pas drôle. Et puis elle se tait. Elle dit plus rien. Elle boit du vin et encore du vin. Et elle fond en larmes.

Et quand Ronet revient vers nous, la vieillarde à monocle ayant levé l'ancre, et qu'il voit Anna en larmes, il l'engueule. Pleurer en public c'est tellement tellement commun.

Anna finit par aller dormir dans un hôtel de Barcelone. Maurice et moi regagnons Casteldefels dans la tire de l'hôtel.

Le lendemain, dimanche, nous déjeunons tous les trois. Très agréablement.

Après déjeuner, sur ma terrasse à moi, Anna et Maurice font une lecture de mes dialogues. Ils disent très bien des répliques très bien écrites. Ouais ! Très bien écrites.

La vie est belle.

Enfin je suis sur un bon coup.

Un jeudi, arrivée inattendue de Tacchella. Il avait envie de savoir où nous en étions. Relecture de mes dialogues. On trouve ça mieux que bien. On se congratule. On se beurre à la tequila.

J'envoie des lettres, des cartes postales à Laurent et à sa maman. Je n'ai aucune nouvelle de cette fille surnommée Lilou (alors que son prénom c'est Gilberte) avec qui j'ai vécu une histoire à la fois éblouissante et perturbante.

Qu'a-t-elle pu devenir ? Avec lequel de ses compagnons de lutte, de ses maoïstes à la mie de pain s'est-elle consolée ? Avec lesquels ?

Je m'en contrefous, non ?

Non. Mais je fais comme si.

Et vient le samedi où, alors que nous sommes allés, Maurice et moi, attendre Anna à l'aéroport, je la vois qui rapplique elle aussi. Elle. Lilou Daumesnil. Ma Lilou.

Toute pimpante, toute guillerette, avec un sac de voyage et une jupe ras-le-puits-d'amour que je ne lui connais pas.

Et se ruant sur moi.

– Enfin je te retrouve !

Et m'embrassant. Sur la bouche. Fougueusement.

– J'en pouvais plus. Tu me manquais trop.

Maurice elle le connaît. Elle l'a vu plusieurs fois à l'époque où il faisait un film coproduit par son père, Daumesnil. Anna, elle a lié connaissance avec elle dans l'avion.

Et nous voilà quatre dans la voiture de l'hôtel. Et quatre à table pour le dîner. Avec du poisson, des petits légumes. Et du bavardage. Pour commencer, frivole. On parle de tout et de rien. De cinéma. Lilou et Anna commentent les derniers films sortis à Paris. Et ça s'envenime.

Lilou citant avec admiration le nom de Milos Forman, Ronet lui cloue le bec. Il n'a pas envie d'entendre parler de ce « communiste mal cuit ». Lilou prend la mouche. Elle n'a pas envie d'entendre insulter un créateur talentueux. Surtout par un « suppôt du franquisme ».

Maurice se lève.

– J'ai trop d'affection pour Remo pour vous dire combien je vous trouve stupide et repoussante.

Il s'en va. Comme on quitte la scène après la grande tirade. Celle qui réduit l'antagoniste en charpie.

Lilou me sourit. Angélique.

– Pauvre Remo. Sincèrement, je te plains de devoir supporter des semaines encore ce si vaniteux acteur de seconde zone.

– Lilou !

Anna se fend la pipe.

Entrée du sommelier qui apporte enfin la bouteille de xérès commandée il y a un bon moment.

Je sers ces demoiselles.

Qui se remettent à papoter.

Je vais voir où est Maurice. Sur la plage. Dans la nuit. Il marche à grands pas.

Qu'il marche. Qu'il crève. Son numéro de gentleman de droite est aussi minable que le numéro de révolutionnaire de Lilou. Se bouffer le nez à propos de Forman ! Ça ressemble à quoi. On l'emmerde Forman. Et tous les cinéastes cocos avec. Et les pas cocos aussi.

Une belle nuit je me promettais. Et, par la faute de ces deux abrutis… J'aime Lilou. J'aime Momo. Mais pour deux fameux chieurs !

Et quel besoin elle avait de se pointer, la philosophe aux idées avancées ? On avait rompu à la montagne. Elle a oublié que je l'ai trompée avec une libraire ?

Ça me déchirait que ce soit fini. Mais c'était reposant.

Je vais pas jouer les grandes figures romantiques en faisant du footing sur du sable, moi. Fait trop frisquet. Je monte dans ma piaule. Regarder la télé. Voir des Espingots qui jouent à un jeu auquel je bite rien. Puis un film de Bergman doublé – peut-être en catalan.

Quand Lilou vient me rejoindre, bien gorgée de xérès, je dors.

C'est au matin, à l'heure du chocolat avec la cuillère qui tient debout dedans qu'on renoue comme il convient. Et c'est mieux que bon.

À midi, fruits de mer. Avec Lilou et Anna. Le grand Maurice n'a pas daigné nous faire l'honneur de déjeuner avec nous. Tant pis pour lui. Lilou et Anna disent un mal fou des trop beaux mecs qui font du cinéma. On se marre comme des bossus.

Je ne le retrouve qu'à la nuit tombée, Momo. Une fois les filles parties en avion. Il m'ennuie copieusement en m'expliquant pourquoi *Au-dessus du volcan* de Malcolm Lowry est le plus grand livre de tous les temps. Il en connaît des pages par cœur. Qu'il me récite. Elle a raison Lilou, c'est un vaniteux.

Vaniteux ou pas, c'est Ronet. Mon copain. C'est aussi le mec grâce à qui j'écris pour la première fois des dialogues à ma manière à moi. Le Prévert qui végétait, merdait, faute d'avoir trouvé son Carné, l'aurait trouvé ?

On va dire que oui.

Et on bosse énormément. À fond on se donne.

Mattas, le producteur, qui vient de temps en temps casser la graine avec nous, est enchanté de ce qu'on lui donne à lire. Il veut toujours pas nous signer le moindre chèque. Mais il nous trouve talentueux. C'est toujours ça.

On retourne au Barrio Chino. Pour y manger des crevettes géantes dans l'arrière-salle d'un lupanar dont les pensionnaires ont toutes un petit quelque chose de particulier. Une plus-value pour baiseurs tordus. T'as une pute borgne. Une albinos. Une manchote. Une aveugle – qu'est la plus demandée. Des jumelles aux cheveux teints en bleu.

C'est spécial. Ça fait peur.

Mais on ne fait que manger. Et boire.

On va aussi dans un bar à gouines. Où Ronet se lance dans une partie de poker qui va jamais finir. Comme je m'ennuie je vais faire un petit tour. Pas loin du bar à gouines.

Je regarde un moment des marins défoncés qui rouent de coups un marin qu'a pas le même uniforme qu'eux. Y a du sang. C'est pas beau à voir.

Puis je tombe sur quelqu'un que je connais. Un garçon qui fait des bandes dessinées dont je suis très amateur : Copi, l'homme de « La femme assise » dans l'*Obs*. Il a une veste blanche d'un chic monstre. On se fait une accolade. Il veut absolument m'offrir un alcool de son Amérique du Sud dans une boîte où il a ses entrées.

Sa boîte elle a la taille d'un hall de gare. Et elle est bourrée de mecs qui dansent le tango, de mecs tendrement enlacés qui, barbus ou pas barbus, se roulent des pelots, se fourragent dans les braguettes. De voir ma gueule, ça le fait pouffer Copi.

– Ça te fout la trouille, tous ces mecs ? Tu veux que je te trouve une cavalière ?

Il m'en trouve une. Et qui vaut le coup d'œil. Une poulette dans les seize ans. Aux cheveux de soie noire, aux cils longs. Avec une fossette, la chérie, et une robe à fleurs qui couvre à peine ses bas résille. Chiquita, c'est. Elle parle pas le français. Pas grave.

Copi nous abandonne, cette fillette et moi, sur un canapé pas loin de l'orchestre. Lui il va danser. Avec un costaud tatoué. Bel homme, très bel homme.

Cette Chiquita c'est forcément une putain. Les putains c'est pas mon truc. Mais je suis pas mal bourré. Et elle si belle. Elle a l'air si jeune. Si pure presque. Et qu'est-ce qu'elle sent bon. Et puis…

Je lui caresse un peu une main. Et son bras. Elle c'est une de mes jambes qu'elle caresse. Délicatement. Et sa bouche s'approche de la mienne. Qu'est-ce qu'elles sont douces ses lèvres. Et cette petite langue…

Pas possible que ce soit une professionnelle. Au pire c'est une fille du coin qui vient dans ce dancing infect pour se faire des types. Une pauvresse qui veut de l'argent ? Une salope, une nympho. Et après ? Qui je suis pour lui refuser de flirter avec elle ? D'ailleurs je voudrais, que je pourrais pas m'empêcher de la toucher. Une fille comme ça c'est un don du ciel. Elle a pas beaucoup de sein. Mais cette taille, ce cou que j'embrasse et réembrasse. Chiquita. Ce qui serait bête ça serait d'en tomber amoureux, de basculer dans le sentiment…

Je vois Copi qui a changé de cavalier. Il me fait un petit salut, de loin.

Avec la si belle, si troublante Chiquita on continue notre petit jeu. C'est d'un bon. D'un bon. Elle doit crécher pas loin. Avoir une piaule où nous allons finir. C'est dément ce qui m'arrive. Je suis peut-être en train de prendre des risques insensés. C'est qu'une gamine. Se retrouver dans un lit avec une fille en âge d'être au lycée, en Espagne, chez Franco, ça peut peut-être te conduire en taule. Mais qui risque rien, n'est-ce pas… Trop bandante elle est, cette poupée.

Trop bandante, ça oui.

Comme je vais trop loin, juste un peu trop loin, je découvre le sexe de la poupée sous la robe à fleurs. Un sexe de garçon. Et balèze. Elle a la trique, la Chiquita.

Je suis censé faire quoi, là ?

Je l'ai lâchement abandonné *le* petit poupée d'amour. Avec les consommations pas bues, pas réglées.

Sans un adieu à ce farceur de Copi, j'ai pris le large.

Comme le grand couillon pas aventureux que je suis.

Et c'est dommage. Car mieux valent remords que regrets.

Il n'y a pas que d'affriolants travelos en Espagne. Il y a aussi – et ceux-là sont de vrais monstres – des toreros.

Avec Ronet pas moyen d'y échapper. Des fiottes déguisées en figurants de *Carmen* zigouillant un gros bestiau ébloui par le soleil dans une arène bondée d'abrutis criant olé, pour un milliard il n'aurait pas loupé ça. C'est que ce noble spectacle le grisait. Aficionado il était. Abonné à toutes les courses, accro, ne loupant pas un étripage. Et aux meilleures places. Dans la loge à l'ombre, de face, au rez-de-chaussée, là où tu sens le sang. Et où les goulus patentés de la boucherie boivent du cognac, lèvent leur verre à chaque mouvement de cape, à chaque coup d'épée, à chaque sinistre fanfaronnade réussis.

Fallait me traîner pour que j'aille aux arènes. Il me traînait, Momo.

Le dimanche. À cinq heures. Avec, dans sa loge hors de prix, ses relations de la haute. Le marquis, le baron, un duc centenaire qui arrêtait pas de baver sur sa cravate en soie et sa jeune femelle si distinguée (que Maurice tirait à l'occasion), un colonel dur à cuire qui avait massacré du républicain à la grande époque, le

Fabiolo, ce paillasse de droite, une Dolorès à gros nichons, un peu cover-girl, un peu comtesse, qui s'asseyait toujours tout contre moi et se laissait palper les cuisses qu'elle avait brûlantes dans l'extase consécutive à la mise à mort.

Des toros j'en ai bien vu massacrer cent. Et des toreros valeureux et vaniteux j'en ai rencontré plusieurs. C'est que Ronet en connaissait, qu'il avait ses entrées dans les coulisses, dans les cellules éclairées à la bougie où ces bourreaux se fringuaient en lopettes à dorures, s'agenouillaient pour prier le Bon Dieu de les aider à pas se chier au froc, ni se faire encorner.

J'aimais pas la corrida et les corrideurs et la nuée de fans de tous âges et de toutes classes qui les idôlatraient. Mais, quand t'écris une histoire qui se déroule en Espagne, faut le connaître aussi bien que possible ce pays.

Barcelone je m'y suis bien baladé. J'ai vu ses grandes belles avenues et ses ruelles salingues. J'ai été y transpirer dans un hammam. J'ai été dans un ciné de quartier où les spectatrices avaient toutes l'air de bonniches d'Auteuil ou de Passy. J'ai été dans les églises. J'ai grillé des clopes sur un banc bizarre du square à Gaudi. J'ai bouffé en cachette de Momo des platées de paella dans des rades popus.

C'est une ville, Barcelone. Avec des maisons, des artères, du monde. C'est beau et pas beau. C'est comme Rome, comme Athènes, comme Milan. Comparé à Paris, ça vaut pas un clou.

J'y ai passé plus de deux mois. Avec le séduisant et exaspérant Maurice Ronet. Et on y a pondu un scénario dont j'aurai jamais honte.

À sa sortie à Paris, *Le Voleur de Tibidabo* fera pas délirer les spectateurs. Tant pis pour eux.

Beuveries avec plein de gens, spaghetti avec Godard

Même si ton chez-toi c'est un chez-Lilou, ça fait plaisir de s'y retrouver. La rue d'Assas, qui n'a pourtant aucun charme, je la trouve d'une infinie beauté. Et aller m'abreuver chez Delbouy avec de Rudder et Heinrich me fait un bien immense.

Delbouy est toujours aussi bougnat, aussi à pas prendre même avec des pincettes. Mais son bojo est plus goûteux que celui de l'an dernier.

Heinrich est avide de détails sur les crapuleries auxquelles on peut se livrer dans le Barrio Chino. Je lui en donne pour son argent. Non content de lui laisser entendre que j'ai baisé des nuits entières avec le Chiquita, je lui fais croire que je me le suis tapé le canard coincé dans un tiroir.

De Rudder donne plus que jamais dans la gastronomie. Il fait ses six repas par jour. Dans les meilleurs restaurants. Il rédige des articles fignolés comme du Théophile Gautier sur les pieds de porc panés, le hareng mariné patates tièdes et la raie au beurre noir.

Lilou a pris du galon. Désormais elle enseigne la philo dans les provinces, non plus trois, mais quatre jours par semaine. Ce qui la retient loin de Paris trois pleines nuits. Ce qui me laisse bien du loisir pour les turpitudes. Et l'écriture.

L'écriture c'est du neuf, du pas prévu. Le gros magnifique roman pour Gallimard, il attendra. Je me consacre à la rédaction d'un petit texte commencé dans l'avion qui me ramenait en France. Une longue nouvelle, on va dire, sur ce que j'y ai vu, vécu en Espagne. Avec des envolées sur Lilou, l'amour, les toreros, les grands d'Espagne très cons, le chocolat épais. *Ma vie maintenant*, on va intituler ce modeste ouvrage. J'en suis à la page cinquante.

Ça en fera cent à tout casser.

Question turpitudes ça dépote. À la Henry Miller je fais. « Toujours vif et joyeux » comme il dit dans *Printemps noir*. Comme lui, j'ai pas d argent, comme lui, je vais où le vent me pousse. Pour m'y épanouir.

Il me pousse fortement du côté de la Jap Koumiko. L'éperdue de Marker. Qui, lui, n'a toujours pas réapparu. Je l'ai retrouvée, dans un appartement à côté de l'église de La Trinité, Koumiko. Avec toujours sa colocataire de Tokyo qui veut devenir mannequin ou faire du cinéma. Un meublé de cinq pièces elles occupent. Dont elles ont remisé tous les meubles dans la plus petite des pièces. Ce qui leur en fait quatre, des pièces, avec que des nattes sur le plancher, et cinq six casseroles, une bouilloire, des bols, un saladier et leurs nippes pendues à des clous un peu partout. À la mode de Tokyo elles vivent. Leurs dînettes c'est pas banal. Elles achètent des bottes de radis dont elles ne consomment que les fanes frites dans de l'huile, du pâté de foie qu'elles découpent en cubes de la taille de dés à jouer et qu'il faut tenter de glaner avec des baguettes.

Elles me plaisent. Surtout Koumiko. Que j'emmène au spectacle. Où elle se comporte de curieuse façon. Ensemble on est allés voir *Les Idoles* de Marc'O dans une boîte de la rue Saint-Benoît. C'est comme du théâtre mais c'en est pas. C'est tendance happening, avec une boutanche de gros rouge qui circule parmi les spectateurs et qu'on tète au goulot. Cette satire fendante des us et coutumes de Johnny, Sylvie et autres champions du hit-parade l'a bouleversée. Elle l'a reçue comme une tragédie. M'a fallu lui bisouter l'occiput et les oreilles (et même le bec) pendant des heures pour la consoler. Ce à quoi j'ai pris un plaisir extrême.

Vu par moi, ce qu'on fait cette Jap et moi, c'est du flirt.

Mais vu par elle ? Une énigme c'est, cette Nippone. Avec un de ces petits derrières.

Il y a une Sonia aussi et depuis peu. De parents russes. Danseuse. De la compagnie d'un jeune Massine dont le papa Léonid fut la glorieuse aventure des Ballets russes avec Diaghilev, Stravinsky, Nijinski. C'est une compagnie pas connue qui se produit dans une salle peu fréquentée de l'impasse Récamier.

Sonia, j'ai dîné avec elle un soir chez Charles Belmont, le jeune premier des calamiteux *Diamants de Palinos*. On a renoué. Il m'a présenté sa compagne. Une danseuse faite comme une danseuse, recevant très bien. Et de fil en aiguille…

Sonia a tout de la petite fille qu'on voit sur la couverture des recueils de contes pour gamins de la vieille Russie. Même visage rond, mêmes yeux éblouis, même bouche en cœur, mêmes pommettes bien roses, bien rondes. Elle le sait et en rajoute. Elle a un chignon, un foulard pastel sur la tête, des vestes avec de la fourrure, des bottines à talons. Elle pourrait être en pain d'épice et faire de la figuration sur des arbres de Noël.

Chez Belmont, en mangeant du bortsch, je colle ma jambe contre celle de ladite Sonia. Nos mollets fraternisent sans problème. Ça semble lui convenir. Quand Sonia prend congé, je prends congé. On fait taxi commun. On se dit bonsoir lèvres sur lèvres.

Et on se revoit. On boit du thé à Saint-Germain-des-Prés. Du thé russe. On parle de Tchekhov, de Gogol. Pas de Tolstoï ou de Dostoïevski. Elle n'a lu que deux auteurs. Et ça lui suffit amplement. C'est une fille simple, Sonia. Et pas avare de confidences. À notre troisième thé je sais tout d'elle. Y compris, ce qu'elle n'a jamais confié à personne, qu'elle peut coucher avec qui elle veut mais que, jamais, elle n'éprouve la moindre sensation.

C'est quoi qu'elle me fait là ? Un appel ou une invitation à surtout ne pas tenter de la sauter ?

Je la revois et la revois encore pour le savoir.

Et je revois des perdus de vue. Jacques Noël, Dubillard qui, non content d'être un auteur aussi coté, adulé que Ionesco ou Adamov, se met à faire l'acteur dans des films. Jean Yanne aussi. Qui fait de la télé démente avec Jacques Martin. Je revois Brel avec qui nous reprenons, en réglant son compte à une putain de choucroute, notre interminable débat sur Dieu. Il y croit de moins en moins, le Jacques, au Seigneur Tout-Puissant. Mais il ne fait rien pour m'en dégoûter.

Avec Fabien Loris aussi je me fais un restau. Il s'est trouvé une compagne. Adorable. Christiane Verger. La femme qui avait mis en musique mes chantefables que feu Truffert m'avait volées. Elle a fait des chansons avec Prévert.

Qu'elle ait et le grand Jacques et moi à son catalogue, ça me flatte terrible. En plus, elle a une fille comédienne, Nadine Alari, qui me plaît plus que de raison.

Il est toujours d'une sagesse exemplaire, Lolo. Comme Brel, il dit que y a pas de Bon Dieu. Mais il ajoute que « c'est pas une raison pour ne pas le remercier de nous avoir créés ».

Ça c'est de la philosophie comme j'aime.

Plein d'autres plus ou moins potes je revois. Le comédien de *Trois femmes* Jacques Fabbri, qui est devenu directeur de la Compagnie Jacques Fabbri qui me présente à son pote Raymond Devos. Michel Bouquet qui m'a tant ébloui dans *Pauvre Bitos* d'Anouilh et qui est toujours aussi soucieux de bien faire et y parvient. Averty qui fait de la télé un art, Mouloudji... Je les revois parce que je me démène pour les retrouver ou, tout simplement, en allant rôder dans les bons endroits. Au Flore, aux Magots, à la Coupole, à la Régence, chez Ruc.

Et je me fais de nouveaux copains. Bulle Ogier, Pierre Clementi, Jean-Pierre Kalfon. Trois des interprètes époustouflants des *Idoles*. Trois zozos bien décidés à conquérir Paris. Je fais un brin de cour à Valérie Lagrange, beauté un peu comédienne, un peu rockeuse. Je vais dans les troquets d'un certain Jean Bouquin, qui deviendra le king de la sape quand ça sera la mode baba. J'y croise Michel Auclair, beau comédien soiffard. Bohringer, un jeune rien du tout qui pinte autant qu'il peut en attendant de se trouver. Edelman, un ex-surréaliste du Flore qui vient de se faire virer du pays africain où il était devenu ministre de la Culture, virer parce qu'ayant une histoire de viol sur le paletot.

Je sors, je vais partout.

Je me montre.

C'est ça qui me pousse aux miches : le désir de faire voir à un max de bipèdes un peu pensants qu'il y a un nouveau Forlani. Qui tire plus à la ligne, qui va, bientôt, être au top.

Ah ! Godard aussi je vois. Le petit intello suisse qui palabrait avec Chabrol, Truffaut, Rivette dans les couloirs des *Cahiers du cinéma* et qui tourne film sur film.

C'est pas moi qui l'ai cherché. C'est lui qui m'a couru après, Godard. Pour qu'on mange ensemble des pâtes rue Marbeuf, à La Mamma. J'aime les pâtes, j'ai rien contre Godard même si je suis pas fana de ses films. Mais *Bande à part* m'a quand même bien plu. *Les Carabiniers* aussi. Quand il fait son blagueur il est fort, très fort.

Nous voici mangeant. Des spaghetti.

Il me regarde en pêcher dans mon assiette et, d'une seule main d'une seule sans m'aider d'une cuiller, les entortiller impec autour des dents de ma fourchette.

– Vous faites ça rudement bien.

– C'est inné. Mon père était bergamasque.

Il saupoudre les siens, de spaghetti, avec du parmesan. Et on mange. En silence.

Il va se décider quand à me dire ce qu'il me veut ?

Rien ne presse on dirait.

Après la pasta, le fromage. Moi c'est provolone. Lui gruyère.

Je bois du chianti. Lui de l'eau.

Je tiens plus.

– On se voit pourquoi, au fait ?

– C'est bien de se voir. De parler.

– On se parle pas tellement.

Il rit.

Et nous revoilà à mâchouiller sans rien nous dire.

C'est une fois allumée sa Boyard puante qu'il m'affranchit.

– Georges de Beauregard, mon producteur, il est très actif, très soucieux de ne laisser échapper aucun talent. Je pense que ça serait bien que vous le connaissiez.

– J'ai rien contre.

– Il y a un petit travail à faire sur un livre. Un polar américain. Alors je me disais...

C'était donc ça.

C'était pas seulement ça.

Cette invite à becter des pâtes à La Mamma, elle n'avait pas pour but de permettre à Beauregard de découvrir le si talentueux Forlani. En loucedé, à la suisse, il y vient le Jean-Luc à ce qui le tarabuste.

– L'Espagne avec Maurice Ronet, ça s'est bien passé ?

– À merveille. Maurice est un copain de plus de vingt ans. On ne pouvait pas ne pas s'entendre.

– Ce que vous avez écrit pour Anna c'est bien ?

– Il me semble.

– Vous l'avez vue, Anna ?

– Oui.

Pigé. Ce qu'il veut c'est que je lui raconte comment ça se passe entre elle et Momo. Combien de fois elle a fait le voyage Paris-Barcelone. Et si ils s'aiment beaucoup ou qu'un peu. Et si ce coureur de Ronet la rend heureuse ou pas.

Il est peut-être encore amoureux d'Anna, Jean-Luc. Jaloux à en crever peut-être. Ça me plaît de voir que cet intellectuel a du sentiment. Je me mets à bien l'aimer Godard. Ses films je vais les regarder d'un autre œil. Je réponds à ses questions du mieux que je peux. Et on prend date pour une autre spaghetti-party.

Comment je me retrouve comme fou, la nuit, à Montmartre

Le producteur Beauregard je l'ai vu.

Un monsieur sans suffisamment de cheveux et à lunettes. À la fois imposant, précieux et vulgos. C'est un Marseillais. Et pas de la plèbe. Edgar Denys Nau de Beauregard. Mais on dit Georges de Beauregard. Même Bobo, des fois. Ça prend moins de temps.

Le jour où un pisse-copie trouvera utile d'écrire une histoire de ce que la journaliste Françoise Giroud a baptisé « la nouvelle vague », il sera forcément question de lui. Il a produit *À bout de souffle*. Et *Lola* de Jacques Demy, *Cleo de 5 à 7* d'Agnès Varda, *La 317e Section* de Schoendoerffer. Il vient de terminer *La Religieuse* de Rivette. Et il y aura des suites.

Je suis pas depuis cinq minutes dans son bureau que je l'ai entendu envoyer se faire foutre deux personnes au téléphone et donner à une troisième le numéro de fil (confidentiel) d'une dame qui peut lui fournir les call-girls les plus compétitives rapport qualité-prix de Paris. Il a aussi eu le temps de me faire savoir que je tombe mal parce qu'il est au bord de la faillite, que ses caisses sont vides, que tous ces petits gangsters de réalisateurs pour qui il se saignait l'ont ruiné.

Après quoi il m'annonce que, Jean-Luc le lui ayant vivement conseillé, il va me confier la rédaction d'un scénario tiré d'un bouquin de la Série Noire. *Obsession* de Lionel White. Qui deviendra, si tout va bien, un film de Godard avec Belmondo et Karina. Pour que tout aille bien il faut que mon adaptation, de quatre-vingts pages maximum (et livrable dans deux semaines) plaise aux distributeurs.

Voilà, tout est dit.

– Si vous êtes d'accord, ma secrétaire a un contrat tout prêt. Vous le signez et au boulot !

Le contrat est ce qui peut se faire de plus infâme dans le genre contrat. Il stipule que le réalisateur développera ou pas, à son gré, le texte rédigé par moi. Qu'au cas où il n'utiliserait pas ce travail, il nc serait pas fait mention de mon nom au générique. Etc. Et, c'est le bouquet final, la somme qui me sera allouée est d'une telle modestie que ça a l'air d'un pourboire. D'un petit petit pourliche.

Et je le signe.

Et je me boucle rue d'Assas. Et je fais de mon mieux. Godardisant à fond la caisse le polar pas mauvais du tout de ce Lionel White qui ne se doute certainement pas de ce qui l'attend. Pour commencer, je baptise le héros de l'histoire Ferdinand. Hommage à Céline et clin d'œil à Jean-Luc qui, comme moi, trouve génial l'auteur du *Voyage*.

Lilou est folle de joie de me voir gratter pour Godard. Je monte encore de dix crans dans son estime. Ce qui me fait monter de vingt dans la mienne.

Beauregard m'avait accordé quinze jours. Douze me suffisent. Il s'empare de mes quatre-vingts pages avec une joie non feinte. La secrétaire s'empresse de me refiler mon mini-chèque.

Le film de Godard, tiré du roman de Lionel White *Obsession*, ça sera *Pierrot le fou*. Jean-Luc m'a dit et redit que mes quatre-vingts pages il ne les a jamais lues. C'est sûrement vrai.

Mais Bébel s'appelle pourtant Ferdinand dans le film.

Dans lequel – soit dit en passant pour les amateurs de petite histoire – on n'entend pas une chanson (paroles de Forlani, musique d'Antoine Duhamel) spécialement écrite et composée pour le film et enregistrée par Anna Karina. Chanson qui évoquait la valse-hésitation d'Anna entre Mic et Mac, deux prétendants dont l'un symbolisait Godard et l'autre Ronet.

Ce qui a si peu diverti Godard qu'il l'a censurée, foutue à la poubelle, ma chanson.

Avec les pauvres sous de ce boulot, voulu par Godard qui n'en avait pas l'usage, j'ai un peu renfloué mon compte au Crédit Lyonnais de l'avenue de Versailles.

Et ça m'a valu de lier connaissance avec Beauregard. Et avec un jeune grand brun tout maigre qui a fait l'assistant dans pas mal de ses productions. Fourastié.

Si je pense à tout ça c'est parce que me voilà sur la terrasse de son appartement, à Fourastié. Une terrasse sur laquelle on danse au son d'un accordéon, d'une guitare et d'un cornet à pistons.

C'est tout Fourastié de décider que, pour le quatorze juillet, il aurait son bal à domicile. Dans sa cagna de bohème qui surplombe la butte Montmartre, avec la place du Tertre à un jet de pierre et le dôme du Sacré-Cœur à hauteur d'œil.

Fourastié, Philippe Fourastié, lui il les a lues mes quatre-vingts pages pour Godard. Mon script traînait sur une table, il l'a bouquiné. Ça l'a fait marrer. Il a demandé à la secrétaire du boss comment il pouvait joindre le bonhomme qui avait écrit ça. Et on s'est vus. Et comme il allait réaliser son premier long métrage après des années d'assistanat, il a dit à Beauregard qu'il me voulait comme coauteur.

Il a bondi sur l'occase, le big boss. Au prix que coûtait le Forlani, pas l'employer ç'aurait été une grave faute professionnelle. Encore un contrat inique et prestement signé, celui de *Un choix d'assassins.*

Encore une Série Noire. Un policier pas mal construit, avec suspense solide. Et pas cher à mettre en images.

Comme Fourastié, quoique tout jeune, avait déjà une réputation de pochetron plus souvent accoudé à un zinc qu'à se tuer au travail, on nous a expédiés lui et moi dans un hôtel pas beau, pas coûteux, dans un bourg normand où on aura rien de mieux à faire que marner sur le scénario.

La première semaine de notre exil on a écrit sans trêve ni repos. À peine si on prenait le temps de se toiletter, de manger un morceau et de s'octroyer de courts roupillons. Et ça a été dimanche.

Fallait marquer le coup. On est allés se biturer dans l'épicerie-buvette du bled. Après six jours de turbin effréné ça nous a fait le plus grand bien.

Mais se rebiturer le lundi aurait pas fallu. Et le mardi encore moins.

C'est qu'on s'entend si bien que c'est trop. Mais qu'y faire ? Il a treize ans de moins que moi, Fourastié. Il a un père ponte de la publicité cinématographique qui lui a fait fréquenter des écoles bien supérieures à ma communale. Il joue au tennis, se démolit aucun pied quand il chausse des skis. N'empêche qu'on rit aux mêmes blagues et que les mêmes mots nous viennent au même instant.

Les jours qui succèdent au dimanche et au lundi à poivrade, on picole encore autant qu'on peut. C'est la dérive.

Plus une ligne on écrit. Tout ce qu'on arrive à faire c'est, moi, roupiller, et Fourastié tellement secouer le flipper de l'épicerie buvette pour battre ses propres records qu'il le détraque.

Et survient Beauregard qui s'inquiète de plus avoir de nouvelles de ses écriveurs. Il nous rapatrie et nous menace de pas produire *Un choix d'assassins* si on s'y colle pas sérieusement.

Le temps de dessoûler chacun dans son coin et on se remet au taf. À l'Evian et au Vichy. Fourastié tient à le faire son premier « long ». Et je le veux aussi.

Pour un film sans blé, sans star, sans rien de ce qui permet de faire du ciné qui en jette, c'est une réussite. Une bonne affaire, en plus. Beauregard, qui oublie parfois d'être chien, nous couvre pas de blé, mais de fleurs.

Lilou qui voit le film en projection privée le trouve aussi désastreux que tous ceux auxquels j'ai participé depuis *L'Œil en coulisses*.

Et elle apprécie Fourastié encore moins que son film. Elle donnerait sa tête à couper qu'il a sur moi une influence désastreuse.

Je lui jure que non, du tout du tout, absolument pas.

Mais elle a vu juste.

C'est un fripouillard de première, un voyou d'élite. Il fait pas que s'alcooliser comme un vieux, ce jeunot. Il a tant de vices qu'on fabulerait pas en affirmant qu'il les a tous. Et des vices contagieux. Non content, comme Ronet, de me pousser à boire toujours plus, il m'entraîne sur les sentiers bourbeux de la luxure. C'est que c'est un impénitent queutard. Et pour cause. La nature a fait de lui très exactement le contraire d'un éjaculateur précoce. Il peut, comme il me le confie, limer des cinq six heures d'affilée avant d'arriver à terme.

Ce qui, précise-t-il, fait le bonheur des poulettes qui aiment faire durer le plaisir.

J'ai peine à le croire. Mais des demoiselles de son entourage me certifieront que c'est la pure vérité, qu'il est un amant prodigieux qui mériterait d'être dans le *Livre des records*.

Et il en a en pagaille, dans son entourage, des demoiselles. Et des dames. Et pas vilaines à voir.

À commencer par toutes ses petites camarades qu'il a fait engager par Jacques Rivette – dont il était l'assistant – pour porter cornette dans *La Religieuse*.

Film inspiré par un assez médiocre roman de Diderot, que des bien-pensants veulent faire interdire. Ce qui scandalise des intellectuels et des politiciens qui s'estiment bien mieux pensants que les bien-pensants. D'où coups de gueule, campagne de presse, ministres qui s'empoignent. Et Beauregard qui se frotte les mains en voyant toute cette pub qui lui coûte pas un fifrelin.

Avant sa sortie en salle (qui risque de n'avoir jamais lieu) il y a des projections. À celle où je suis invité j'emmène Lilou qui veut absolument voir cette œuvre « d'utilité publique ».

Moi, je crains le pire. Rivette est un type très fréquentable, qui a tout lu, tout vu, qui a de l'humour, qui est poli, gentil. Mais ce qu'il filme c'est, généralement, copieusement barbant. Et un film qui dénigre les bonnes sœurs, même avec notre chère Anna Karina, ça va pas me plaire, j'en suis certain.

Et ça me plaît pas.

Mais ce qui me ravit c'est ce qui m'arrive dans le noir de la salle pendant le film. Fourastié s'est arrangé pour qu'à ma droite s'installe une de ses petites camarades. Une Géraldine qui a fait de la figuration dans le film. Blonde. Pas souriante. Faisant avec charme sa mélancolique. Roulée faut voir comme. Elle est à ma droite, donc. Et Lilou à ma gauche. Et on est pas au bout du générique que la main gauche de cette Géraldine qui fait dans la mélancolie commence à me triturer avec art le bas du corps. Sans un mot, sans un regard, comme si elle était à mille lieues de moi, cette obligeante personne me branle bel et bien.

Abrégeons. Le lendemain, Fourastié m'ayant donné son adresse rue des Grands-Augustins, dans une bâtisse qui a dû être construite au temps de Diderot, je vais lui rendre visite à cette experte caresseuse.

Elle me reçoit en déshabillé à l'ancienne. M'offre du thé et du cake. Pelotonnée sur un canapé de la même époque que son logis, me laissant voir bien plus que ses genoux, elle me raconte en long en large tous les malheurs qui se sont abattus sur elle depuis que son époux (dont elle était amoureuse folle) l'a abandonnée avec sa fille de cinq ans qui, cette minouchette, ne s'en remet pas. Elle veut me faire pleurer ou quoi ? C'est qu'il est attendrissant à souhait son monologue de femme dans le désespoir. C'est autre chose que du Rivette. En plus elle me révèle qu'elle est pas partie pour faire de vieux jours, qu'elle a une maladie. Je saurai pas laquelle. Une maladie grave qu'on peut pas guérir, qui tue à petit feu. Mais pas sexuellement transmissible. Absolument pas.

De me faire de pareilles confidences ça l'amène à se tortiller, à me montrer, sans bien sûr le faire exprès, qu'elle n'a rien sous son déshabillé et que ses seins ont bien belle forme, bien ravissante pâleur. Une aguicheuse consommée, c'est. J'ai l'impression de me retrouver propulsé dans un chapitre des Mémoires de Casanova, d'être dans la ruelle de la chambre d'une salope de roman libertin.

C'est divin. Mais j'ai aucune envie de faire quoi que ce soit avec cette frimeuse.

Je bois son thé. Je mange son cake.

Il est évident que, si je me décide à lui sauter dessus, ça va déboucher sur une partie de jambes en l'air de première bourre.

Mais ça me dit pas.

Cette Géraldine me met pas plus en appétit que le canard du Barrio Chino.

Trop rouée, trop ficelle pour moi.

Alors je me lève. Je dis que j'ai un rendez-vous à l'autre bout de Paris, que…

Elle se lève aussi. Vient vers moi. Se presse contre moi. Me tend ses lèvres entrouvertes.

Je pose un bon gros baiser sur son front. Qui, manifestement, la contente pas.

– Ça t'embête si je te pose une question embarrassante ?

– Non.

– T'es homo ?

– Non.

– Je suis pas ton genre. C'est ça ?

– J'ai pas de genre. Mais… coucher pour coucher…

– Faudrait que tu sois amoureux ?

– Ben oui.

– On peut quand même se revoir. Déjeuner. Aller voir un film.

– Si tu veux.

On s'embrasse quand même un peu sur la bouche. Et je m'en vais. Je la reverrai, Géraldine. On déjeunera. On verra des films. Rien de plus.

Dans l'escalier, dans l'escalier de pierre avec une rampe en fer de toute beauté, qui je croise ?

Eric Losfeld.

Il monte là d'où je descends.

On se salue. Juste un petit salut. Sacré Losfeld !

Il va mieux s'en occuper que moi de la Géraldine du troisième.

Fourastié ça l'a bien fait rire que je me sois contenté de lui manger tout son cake à sa copine allumeuse.

Mais il désespère pas de me convertir à la coquinerie.

La preuve : il m'a sommé de venir à son bal du quatorze juillet. Avec ou sans Lilou.

Je suis venu sans. Mais pas tout seul. Ma cavalière c'est Koumiko. Lilou elle avait plus important à faire qu'aller guincher sur un toit de Montmartre avec des bourges avinés. Elle allait, à l'en croire, dans une banlieue peuplée de sous-alimentés illettrés distribuer des Petits Livres rouges.

Les bals, la danse c'est pas mon truc. Je laisse Koumiko en tête à tête avec un gros père qui se figure qu'il parle japonais parce qu'il a passé une semaine à interviewer des rescapés de l'atomisation à Hiroshima et je vais rôder du côté où y a des bouteilles et des verres.

J'y trouve de quoi rondir toute la population de Montmartre.

Je me sers une double double vodka. Je trinque avec Beauregard. Je bécote des filles du harem à Fourastié. Un barbu me tend un joint. Je tire deux biffes, ce qui est vraiment pas dans mes habitudes. Je bavarde avec un assistant opérateur. Je mange une saucisse lilliputienne chopée sur un plateau qui me passe sous le nez. Je dis bonjour au décorateur de *Un choix d'assassins.* Je retire une biffe du joint du barbu. Je tousse. Un plateau me repasse sous le nez. C'est des canapés pas bons. Je vais faire le plein de mon verre qui s'est vidé comme par enchantement. J'embrasse sur les deux joues une chanteuse connue chez Gérard Sire dont j'ai oublié le nom. Je vois que Koumiko danse avec un machino grand copain de Fourastié qui a une casquette rouge sur la tête. Je serre la main de je sais pas qui. Je trouve que les musiciens feraient bien de la mettre en sourdine. Je mange une olive dont je crache le noyau sur la place du Tertre. Le barbu me tend un joint tout neuf. Je tire trois biffes. Je sens que ma tête commence à tourner. Un Nord-Africain que je ne connais que de vue me lance un jovial « Alors, grande pédale, ça roule ? » J'ai les jambes lourdes. Je voudrais m'asseoir. Je cherche l'escalier qui va de la terrasse à l'appartement. Je tombe sur une petite Anglaise que je vois souvent dans les bureaux de Beauregard.

– Ah ! Remo.

Son nom me revient. C'est Jane. Elle aurait pas d'aussi volumineuses lunettes elle serait peut-être baisable. Comme elle descend des marches je lui emboîte le pas. Elle arrive à une porte qu'elle ouvre. Je la suis. Dans une salle de bains on se retrouve. Machinalement je referme la porte derrière moi. Ce qui ne semble pas la troubler.

Et la voilà qui relève sa minijupe.

Elle va quand même pas faire son pipi devant moi ?

Elle se contente de glisser la main dans son slip vert et d'en sortir un petit paquet. Dont elle extrait une sorte de bonbon. Comme un berlingot. Translucide.

– Ça vient de Londres. Ramené par une amie. T'en veux ?

– C'est quoi ?

– Tu le casses d'un coup sec, tu te le mets sous le nez et tu le respires aussi fort que tu peux. Tu vois. Comme ça.

Elle casse son bizarre bonbec. Se le colle dans une narine et respire de toutes ses forces. Et elle me le colle sous mon nez à moi.

– À fond. Bien à fond.

Je respire aussi fort que je peux. Ça sent rien. Ça fait un peu froid au pif. C'est tout.

– C'est censé faire quoi ?

– I don't know. C'est la première fois pour moi aussi.

Elle jette l'espèce de bonbon dans les chiottes, tire la chasse et s'en va.

Les Anglaises c'est spécial.

Je m'allume une cigarette. Je m'assieds sur le rebord de la baignoire. Je bois un petit coup de vodka dans le verre que j'ai toujours en main. Et ça se met à me chauffer dans les narines. Derrière les yeux aussi. Et ça me monte dans la tête. C'est chaud. Très chaud. Dans les oreilles aussi. Ça fait comme un grésillement. C'est pas vraiment désagréable. C'est étonnant.

Bon. Je vais pas passer la nuit dans cette salle de bains à bouillir de la cafetière. Je me lève, j'ouvre la porte, je pose mon pied sur la première marche de l'escalier. C'est-à-dire que j'essaye de poser mon pied. Mais mon pied, qui commence à chauffer du dedans lui aussi, il veut pas se poser.

Un bon moment je reste au pied de cet escalier à pas arriver à faire ce que je veux du mien, de pied.

Et le chaud est de plus en plus chaud.

C'est une belle saleté son bonbon à la British.

C'est peut-être aussi le joint de l'autre poilu. De la mauvaise herbe.

Et j'ai chaud. Mais chaud.

Et l'escalier se disloque. Sans char. Les marches se marchent les unes sur les autres. La rampe se tortille le long du mur. Ce branleur de Fourastié aurait pas dû lever l'ancre par gros temps. Une tempête sur Montmartre. Nous voilà bien. Et les musicos qui jouent toujours.

Et ça tangue et ça tangue.

Courage. Si c'est pas sur deux pattes que je me le fais, l'escalier qui se déboîte et chavire, ça sera sur quatre.

Comme un gnard qui ne sait pas encore que, marcher, on fait ça debout, je me lance. C'est ardu, c'est long. Mais je prends de la hauteur.

Une fois sur la terrasse j'ai bien moins chaud. Y a foule. Et, c'est du jamais vu, le Sacré-Cœur se disloque comme l'escalier. Comme un tableau de Chagall ça fait. Un clocher en dix morceaux, un dôme qui éclate.

Faut que j'aille voir ça de plus près. Je pose une main sur la rambarde. Et je vais sauter.

J'entends très distinctement une voix qui hurle « fais pas le con, Remo ».

Pot-au-feu chez un maestro

C'est nu, tout nu que j'ai retrouvé mes esprits.

Avec Koumiko pas plus vêtue que moi. Tous deux allongés sur son vaste matelas de plancher dans son logement à la japonaise de la place de la Trinité.

Elle m'a forcé à avaler un bon litre de thé vert et m'a raconté que, si ils s'y étaient pas mis à plusieurs pour m'en empêcher, je faisais un pas convenable plongeon dans le vide.

J'avais même pas la gueule de bois. Frais et dispos j'étais. Je me suis souvenu de mes bouffées de chaleur et du Sacré-Cœur qui se déglinguait.

Puis, comme nous étions nus, j'ai demandé à Koumiko si nous avions fait l'amour.

Pas de réponse. Elle s'est contentée de rire comme rient les Japonaises malicieuses. En secouant la tête comme un chien mécanique.

Je lui ai dit qu'elle avait de bien beaux seins.

Elle m'a dit que si, avec de la vraie sincérité, je les trouvais très magnifiques, je pouvais les embrasser.

Comme je les trouvais sincèrement très magnifiques je les ai embrassés. Et je lui ai dit que je trouvais aussi ses fesses très magnifiques et, encore plus sincèrement magnifique, sa touffette de fillette.

Elle n'a pas ri. Elle a haussé les épaules et a filé s'habiller.

Comme c'était jour férié et qu'il était midi passé, je me suis douché, pas rasé faute d'un rasoir, j'ai remis mes fringues plus très nettes et au revoir Koumiko. À un de ces quatre.

Paris étant peu peuplé, j'ai trouvé facile un tacot.

Quand je suis arrivé à Sèvres, chez Duhamel, il ne restait pas grand-chose du pot-au-feu de fête à la dégustation duquel j'étais invité. Deux carottes, un os avec encore sa moelle, un soupçon de plat-de-côtes avec son gras et des poireaux et des navets que je ne mange pas. Qu'est-ce qu'ils devaient avoir la dent les invités du musicien.

Antoine Duhamel c'est lui qui compose la musique du *Voleur de Tibidabo*. Il me bat de six ou sept centimètres en hauteur et il est pas plus gras qu'une canne à pêche. C'est le fils d'un académicien dont j'ai jamais lu aucun bouquin.

Avec Antoine Duhamel on s'est un peu vus déjà. Mais il a estimé que, pour faire sérieusement connaissance avec lui, fallait que je goûte à sa bouffe. C'est un cuistot de classe. Spécialiste de l'entrecôte poêlée sans beurre sur un lit de gros sel. Il est bon aussi pour les ragoûts qu'il fait mitonner des heures dans des vins capiteux.

Les vins il les connaît tous, j'ai l'impression.

Et ses invités aussi. Toute une bande ils sont. De ma génération. Mais pas nés dans le même quartier. Y a des natifs du seizième arrondissement dans le lot, du provincial à parents cossus. Et ça boit sec. Et tout le monde parle en même temps. Pour ricaner en disant des horreurs sur les uns et les autres. Ça casse du sucre. C'est marrant.

Il a une épouse, Antoine Duhamel. Béatrice Moulin. Qui est suissesse et chanteuse. Elle est belle, grande. Avec d'immenses abattis comme son homme. Et, comme lui, comme tous les hôtes de ce chouette coin de banlieue, elle s'agite autant qu'elle peut.

Elle veut savoir si j'ai connu Boris Vian. Je lui réponds, ce qui est pure vérité, que j'ai passé six ans de ma vie à avoir les mêmes copains que lui, à hanter les mêmes troquets, à faire la cour aux mêmes filles, mais que je l'ai vu qu'une seule et unique fois. Sur la scène de la Fontaine de Grenelle. Et qu'il chantait *Le Déserteur*.

Ah ! *Le Déserteur !*

Béatrice l'entonne, ce tube longtemps interdit sur toutes les radios. Et tous ceux des dévoreurs de pot-au-feu qui sont pas encore assommés par ce qu'ils ont pinté font chorus.

Bonne ambiance. Ça fait un peu patronage. Mais bonne ambiance.

Elle est pas banale la maison des Duhamel. Avec des bouquins à profusion, des partitions sur tous les meubles, par terre, partout. Avec le piano du maestro.

Qui me fait l'honneur de m'exécuter, en virtuose, des larges extraits de la musique du *Voleur de Tibidabo.*

Il a du talent le fils d'académicien.

Comme je lui fais des compliments – aussi sincèrement sincères que ceux faits à ma petite Jap sur ses seins et son tutu – il se trémousse sur son tabouret. Il est friand de louanges, Duhamel. Mais comme il les mérite amplement, les louanges, rien de grave à ça.

Sa musique me plaît et il me plaît aussi.

Et je ne dois pas lui déplaire non plus.

– Faire un opéra ça vous amuserait ?

– Comment ça faire un opéra ?

– L'écrire. Écrire un livret comme Da Ponte en écrivait pour Mozart.

– *Don Juan* ? *La Flûte enchantée* ?

– Quelque chose à notre idée. Un récit, une fable. Avec des personnages qui chanteraient. Un opéra. Mais pour aujourd'hui. Dont moi je ferais la musique.

Un travelo qui chante, une maoïste qui pleure

Né en mil sept cent quarante-trois à Palerme, Giuseppe Balsamo se fit connaître à Paris et à Versailles sous le nom de Cagliostro. Il se disait comte, était plus ou moins docteur en médecine, il pratiquait l'occultisme et joua un rôle pas bien reluisant dans l'Affaire du collier de la reine.

Tout ça c'est dans Alexandre Dumas. Et, vrai ou faux, ça me va.

L'important pour moi, c'est qu'il passait pour immortel, le bouffon un peu escroc, qu'on le croyait quand il prétendait avoir trouvé, dans de vieux très secrets grimoires, la combine pour jamais calancher.

Cela étant posé, je suppose un Italien, grand beau bel homme, baratineur de première, embobinant qui il veut comme il veut. Et je dis, ce Rital, c'est Cagliostro. Qui est pas mort. Qui suit son petit bonhomme de chemin dans le Paris de maintenant. Bon personnage.

Pour qu'il devienne le héros d'un opéra, faut qu'il les chante ses divagations. Faut lui trouver un décor aussi. Comme il y aura des chants, de la musique, une boîte, un night-club, ça tomberait pile. Mais pas une boîte rupine des Champs-Élysées. Une boîte qui fasse un peu *Opéra de quat'sous.*

De Rudder, à qui je raconte en sirotant chez Delbouy mon embryon de livret pour Duhamel, il l'a mon décor.

– Au métro Blanche. Un bistro. Avec un travelo que tu le vois tu meurs. Armando. Je suis tombé dessus en allant voir où en étaient les fruits de mer chez Charlot place Clichy. Quand tu veux, on y va.

Je veux le soir même.

Il m'a pas menti mon vieil ami. L'Armando c'est la crème des crèmes. Un monument, ce bonhomme. Dans les cinquante balais. Avec un poil de joues très noir qui transparaît sous une épaisse couche de fard rosâtre. Avec un toupet collé de traviole sur son crâne chauve. Un tee-shirt jaune citron avec, en guise de nibards, deux oranges qui tressautent dessous. Et un tutu de rat d'opéra cachant pas tout à fait un caleçon écarlate et des cannes poilues.

Faut le voir perché sur le comptoir du bistro sordide. Avec pour clients une douzaine d'Arabes très crades et deux concierges du quartier se dopant au café arrosé.

Sec, il démarre.

– À la demande générale d'un spectateur (qui n'est d'ailleurs pas là), et en hommage à mes maîtres Enrico Lachiasse et Mireille Maqueue, je vais vous interpréter...

Qui n'a pas assisté au tour de chant d'Armando n'a rien entendu, rien vu. Il imite sans talent aucun, désastreusement, Dalida, Piaf, Mme de Gaulle dansant le french cancan, Zizi Jeanmaire.

Énorme. Je suis preneur.

Une fois son exhibition terminée, il boit un pot avec nous, le trave. Un homme pathétique une fois démaquillé. Qui a une épouse, deux enfants. Qui a fait des tas de petits boulots. Et qui a découvert sur le tard sa vocation : artiste.

Sitôt regagnée la rue d'Assas, je le couche sur le papier. Il m'inspire. Lulu la Cochonne il s'appellera, le travelo de mon livret d'opéra. Et, une idée en amenant une autre, je décrète qu'un soir où le pianiste qui l'accompagne sera empêché de venir, ça sera mon Rital qui le remplacera. Suffit de bâtir une suite de scènes qui s'emmanchent bien, d'écrire les paroles des chansons. Non. Des chants. Ça fait plus opéra.

Suffira aussi de vendre mon livret à Duhamel et, surtout, au type qu'il connaît qui produit ce genre de spectacle.

C'est bientôt presque déjà le jour quand Lilou rentre.

– Te voilà, toi. Je croyais que tu étais dans ta cambrousse à faire apprendre *Le Capital* par cœur à tes bouseux.

– Le vendredi je n'ai jamais cours. Jamais.

– Exact. Tu faisais quoi alors ?

– Tu tiens vraiment à savoir que nous sommes en pleine scission ? Tu vas ricaner, je le sais. Tu vas me faire ton ridicule et éternel numéro de vieil apolitique qui ne sait pas qu'il y a des exploiteurs et des exploités. Fais ce que tu veux. Je m'en moque. Je suis tellement, tellement… Je suis à bout, Remo. À bout.

Sans même avoir pris la peine de déboutonner son manteau – le vieux, celui qu'elle met pour militer, pas le Saint Laurent que sa mère lui a offert pour ses vingt-deux ans –, elle se laisse choir sur le lit. Elle a une pauvre mine.

– C'est dégueulasse. C'est si dégueulasse.

J'allume une cigarette. Je la lui tends. Elle la prend. Signe que cette non-fumeuse convaincue est vraiment dans la panade.

Je m'assieds sur le lit, tout près d'elle.

– C'est quoi, c'est qui, qu'est dégueulasse ?

– Les trotskistes. On avait une réunion à Nanterre. Importante. Le but de cette réunion c'était d'arriver à fédérer le plus d'étudiants possible. Bien cinq cents nous étions. Tout commence bien. Les prises de parole se succèdent. On sent que le courant passe. Et voilà que surgit Graffier.

– C'est quelqu'un que je suis censé connaître ?

– Une pourriture. Un garçon qui a mariné et magouillé à Assas. Le vrai facho. Et qui se retrouve secrétaire du RPGO. Un groupuscule fantoche. Des manipulateurs qui noyautent les sections marxistes-léninistes de pas mal de facultés de province et de banlieue. Et il monte à la tribune, s'empare du micro…

Elle est tellement nouée, secouée que voilà les larmes. Je prends une de ses mains. Brûlante.

– Faut pas te mettre dans des états pareils. Ça vaut pas le coup de…

Elle en grimace.

– Si, ça vaut le coup !

Elle va nous faire quoi ? Des convulsions ? J'attrape la bouteille de scotch. Je lui en sers dans mon verre. Elle fait cul sec.

– Des tigres de papier ! il braillait dans le micro. Des tigres de papier ! Le salaud. Nous : des tigres de papier !!!

Elle hoquette. Pleure plus fort.

Elle s'accroche à moi.

Qu'est-ce que je peux faire d'autre que d'être gentil avec elle, tendre.

Au quatrième scotch cul sec, elle s'endort. Malheureuse. Très. Trop malheureuse.

Je finis par m'endormir moi aussi.

Malheureux pour elle. Mais pas fâché à la pensée que la Révolution culturelle, nous, les Parisiens, on n'y aura pas droit de sitôt.

Écrivain dans la turpitude

Il est pas d'heure. Normal. Plus ça va, moins je me lève et me couche aux heures auxquelles le commun des mortels se lève et se couche. Mes repas de midi je les fais ni à midi ni à quatorze heures. Je les fais quand ça se trouve. Et ceux du soir aussi. Je peux même ne pas en faire.

Ou en faire deux coup sur coup. Comme aujourd'hui où j'ai déjeuné avec Laurent et Colette rue Fantin-Latour et, tout de suite après, déjeuné avec Ronet et Duhamel dans un chinois à Neuilly.

Avec Laurent et Colette, une blanquette on s'est tapé. Nanan la blanquette, et dans la bonne humeur. Laurent nous mettant au courant de tous les potins de son lycée. Où le maoïsme va bon train.

Avec Maurice et Antoine, ce fut canard laqué pour quatre. Et on a parlé que de notre film.

Et nous avons retrouvé Anna Karina dans un auditorium et enregistré la chanson du *Voleur de Tibidabo.*

Beau texte. De moi.

Elle a du chien, Anna. Une voix pas de chez nous qui gratouille assez sensuellement l'oreille.

Le preneur de son estime que « ça sent le tube à plein nez ».

Dieu l'entende.

Et que des millions de millions d'humains entendent notre chansonnette.

Elle dure trois minutes. Près de huit heures ça a pris pour l'enregistrer.

Ronet nous emmène dîner dans un restaurant des Halles.

J'avais pas grand faim. J'ai quand même cassé le cou à deux douzaines de belons et à une bécasse.

Ronet ne peut s'alimenter que dans des établissements à grands chefs. Et à vins ayant un pedigree. Et jamais seul. C'est monsieur je t'invite, le Maurice. Les millions que lui rapportent ses films, c'est des millions pour les marchands de tortore célébrés par de Rudder.

Et, c'est obligé, pour Castel.

Castel où on a fait un saut après le restau.

Castel où, grâce à Maurice, je commence à être connu.

C'est fait, il me dit tu, Castel. Et bien des piliers de cette boîte aussi. Françoise Sagan qui a l'air de jouer les prolongations d'un flirt qu'elle aurait avec Ronet depuis toujours. Christian Marquand, Marlon Brando (le grand grand ami très cher à Marquand), Pierre Bergé, Yves Saint Laurent, qui sont glorieux parce qu'ils vendent des fringues, très belles faut reconnaître, Richard Bohringer, de plus en plus clochard céleste à la Kerouac, Romain Gary, vieux beau paraît-il très lettré, Jean Seberg, sa femme que Godard nous a fait connaître dans *À bout de souffle*, Pierre Bénichou, Paul Giannoli, Robert Scipion, des journalistes qui valent mieux que leurs articles. Et, faisant une apparition à l'occasion et te tutoyant le temps d'une cuite, des têtes d'affiche, de la star si star que ça touche plus terre : Mick Jagger et sa Bianca, Andy Warhol, Rudolph Noureev, William Burroughs, Peter O'Toole.

Je me frotte à eux. Ça prouve rien. Mais, sur le moment, c'est flatteur.

Pilier de poids de chez Castel : Jean-Daniel Pollet. Un réalisateur qui fait, sans bruit dans son coin, des films pas commerciaux qu'on encense dans les canards qui pensent. Son *Méditerranée*, avec un commentaire de l'écrivain Philippe Sollers et une musique de l'ami Duhamel, est pour certains le chef-d'œuvre des chefs-d'œuvre. Comme je suis l'ami de Duhamel, je suis d'office l'ami de Pollet. C'est la loi du clan.

Il l'est si bien, mon ami, qu'il me propose de monter dans sa Jaguar. Car il n'a pas de cravate, pas de briquet, pas un rond en poche, mais il a une Jaguar ce bohème à culotte de velours fripée. Il va à une fête. Et déteste aller tout seul dans des fêtes.

C'est où, c'est la fête à qui ?

Il sait pas. On verra bien.

Comme Ronet il roule vachement trop vite. Ça doit être une tradition chez les mecs à Jaguar de rouler à toute blinde et de griller les feux. Et même de fermer les yeux aux carrefours. Ronet le fait parfois. Et bourré en plus. C'est son pote l'écrivain hussard Roger Nimier qui lui a appris à le faire. Paraît que c'est la grande classe. Que Kleist, Nerval, Baudelaire l'auraient fait si le père Jaguar avait pas tant tardé à la fabriquer, sa tire.

Pollet, là, il sait pas où il va. On en fait des rues de Neuilly, grandes et pas grandes. On manque d'écraser quantité de chats et de noctambules. On finit par stopper. Devant une villa années vingt devant laquelle stationne une Ferrari rouge. Vu que c'est la tire de Gottfried Schneider, c'est forcément là que ça se passe.

Schneider, m'informe Pollet, c'est un sculpteur autrichien. Qui fait des pyramides en néon qui s'allument et s'éteignent. Le plus grand sculpteur vivant.

Ah ! bon.

Le plus grand sculpteur vivant est rouquin et sur le point d'en venir aux mains avec un autre plus grand sculpteur vivant (dixit Pollet), le Polonais, très bel homme très chevelu, Piotr Kovalski.

Cette altercation de génies ayant pour cadre une demeure de bien cinquante pièces aux murs peints en noir, sans meubles ou presque. Mais avec des tableaux abstraits, des monstres en fer forgé, en polystyrène, en plâtre, partout partout partout. Chez un toubib on est. Qui ne soigne que des mal portants de la jet-set. Et qui a l'air d'un minet et d'un faux cul. Il y a à boire et à grailler à profusion. Et des invités en grande tenue et des invités crasseux. Dont beaucoup de fillasses qui pourraient avoir leurs photos dans *Vogue*. Avec corsages transparents et jupes plus minis que minis.

Pollet s'étant emparé d'une bouteille de old scotch, d'un verre et s'étant affalé dans un fauteuil en cuir, je l'abandonne et fais quelques pas. Personne je connais. C'est pas des clients de chez Castel. À l'étage au-dessus, on est. En plein Bottin mondain.

Une dame noire (pas noire saoule, noire d'Afrique), dans les cent trente kilos (sans compter ses bagues, ses bracelets et son lourd collier), me prend par la main et me demande si je suis sculpteur ou peintre.

– Je suis rien, je lui réponds en me dégageant.

Et je gagne la sortie. Je me tire.

Et me voilà dans des rues de banlieue trop propres, trop sans âme.

Sans taxi non plus.

Et je me demande où je vais.

Où je vais, pas dans Neuilly, dans la vie.

Je suis pas peintre et encore moins sculpteur. Et, même si je suis plus écrivain à gages pour la radio, la télé, le ciné au rabais, même si j'ai un opéra en chantier et que je fréquente de plus en plus le Tout-Paris qui pense, danse et frétille, je suis quoi ?

L'auteur d'un excellentissime petit texte de quatre-vingt-sept pages intitulé *Ma vie maintenant.*

Petit texte qui a été tapé par Colette qui, preuve qu'elle n'est pas rancunière, l'a trouvé me ressemblant et drôlement drôlement bath. Qui a été lu par Lilou qui m'a complimenté. Que j'ai envoyé à ce cher Jean Dutourd chez Gallimard et, sur la recommandation de Florence Delay, à l'éditeur Christian Bourgois.

Deux lettres ça m'a valu. Une charmante de Dutourd. Une très courtoise de Bourgois. Deux lettres de refus.

Y a pas de quoi pavoiser.

Si encore j'avais des dispositions pour jouer les poètes maudits. Si j'avais assez confiance en mon talent pour me dire : pas grave c'est des lourdauds pas fichus de se rendre compte que je suis le nouveau Miller, qu'en ne m'éditant pas ils font la gaffe du siècle.

La vérité, c'est qu'ils me trouvent mauvais. Point c'est tout.

Écrivain au grand air

– Alors adieu, pauvre vieux !

Cela braillé, elle claque la portière et démarre en trombe.

Oui.

Elle a hurlé « alors salut » et mis en marche, et démarré si sec qu'on aurait cru qu'elle voulait bousiller sa mécanique. Et le tournant qui mène à la route elle se l'est avalé comme un malfrat de film américain qui a le FBI aux fesses.

À croire qu'elle voulait se payer un arbre.

Elle ne voulait que prendre congé de moi. À tout jamais.

Et me voilà, moi, planté comme le vieil abruti que je suis, sur la route défoncée qui mène à la maison de Jean-Charles Tacchella. En espadrilles, avec qu'un jean et une chemise même pas boutonnée. Avec que ça, rien que ça.

Mon sac, mes affaires, mes papiers, ma veste avec mon blé, mon portefeuille, mon stylo, mes cigarettes, tout est parti avec la voiture et Lilou.

Cette virée en Provence je la sentais mal. Quitter Paris alors que j'ai tant de poêles sur le feu, je voulais pas.

Mais Lilou voulait changer d'air. Elle avait des vacances de prof à prendre et une envie furieuse de humer de la lavande, d'entendre des cigales faire leur crincrin.

Elle avait à se remettre de la Tunisie. À oublier.

La Tunisie c'était l'aller et retour à Sidi Bou Saïd. Décidé dans la panique parce que c'était là et pas ailleurs que les camarades de sa faction révolutionnaire se faisaient délivrer en cas de grossesse leur tombant dessus sans prévenir.

Logiquement avec un bon pessaire made in London et une bonne giclée de spermicide, enceinte, plus aucune fille pouvait l'être. Mais il avait fallu se rendre à l'évidence. Il y avait bébé à l'horizon.

Il avait alors fallu trouver la somme rondelette pour l'avion et la clinique et le toubib de là-bas.

Une semaine atroce on avait vécu.

Lilou en était sortie toute défaite, toute pâlichonne. Et elle méritait bien que je dise oui à la semaine que Tacchella nous proposait de passer dans son accueillante baraque de Roussillon.

Nous n'étions pas les seuls invités. Il y avait Ronet aussi. Et Choublier. Et Paul Gégauff. Deux scénaristes comme moi. Et pas comme moi. Pas comme moi parce que plus snobs, plus fieffés buveurs et plus foncièrement vicelards. Et mieux cotés que moi à la bourse aux scénarios parce que ayant été associés aux premiers triomphes de la Nouvelle Vague avec Chabrol, avec Vadim, avec…

Choublier je ne copine pas bézef avec lui.

Et moins encore avec Gégauff qui a le vin provocant comme d'autres l'ont triste. C'est un sentencieux, un monsieur je-saistout. En plus il fait des choses exagérément vilaines. Comme le salut nazi en entrant dans un restaurant chic. Comme de laisser la parole à personne et de faire chier la terre entière en se croyant l'intelligence faite homme. Comme d'avoir une vie sexuelle pas dans mes idées. C'est-à-dire de baiser le plus de femmes possible fût-ce dans des partouzes. Auxquelles d'ailleurs participe volontiers Ronet. C'est, il s'en vante Gégauff, un libertin.

Qui finira d'ailleurs très mal. Criblé de coups de couteau par une jolie fille. Dans un pays nordique. Finlande. Ou Norvège. Mais pas tout de suite.

Pour en revenir à Lilou et moi, nous avons pris la route dans la voiture que Daumesnil avait prêtée à sa fille. Toujours chérie bien que s'obstinant à être la maîtresse d'un salaud trop âgé.

À Beaune, nous avons visité les Hospices et bu du vin à goût de très bon vin. Et découvert, avec ravissement, que nous nous aimions toujours beaucoup. Que nos dissensions, politiques et autres, n'étaient qu'infimes foutaises en regard de notre passion. Que, oui oui oui, nous étions faits l'un pour l'autre. Qu'un autodidacte trouvant du génie à Céline et une collectionneuse de diplômes proustienne pouvaient parfaitement cohabiter. Suffisait qu'ils s'adorent. Comme nous.

La nuit entière, dans une chambre à lit à baldaquin, on a parlé, que parlé. Mais si calmement, si doucement.

Au petit jour on a pris la route. Pour aller à Bollène.

À Bollène où – ça faisait des années que j'en rêvais – je voulais aller visiter Lanza del Vasto dans son Arche.

Lilou, que je sois abonné à la revue de ce gourou ayant fréquenté Gandhi et jouant les pater familias dans un ashram, que je gobe les « fadaises » qu'il écrivait sur la non-violence et tout ça tout ça, ça la mettait hors d'elle. Mais nous étions si fort en amour ce matin-là que, sans se moquer, sans rechigner, elle m'a déposé devant le portail de bois de l'Arche avant de se rendre, elle, à L'Isle-sur-Sorgue pour y faire un petit coucou au poète René Char, grand ami de son amie Florence Delay.

Rendez-vous était pris à midi. Dans un petit troquet à pécores et à chèvres au bord de la nationale.

L'Arche. C'est un bel endroit. Avec une vache qui me regarde entrer. Je l'intéresse, c'est net. Elle m'a l'air brave vache mais je garde quand même mes distances. Puis je vois des dames. En longues robes agressivement tissées main. Elles ont les pieds nus. Elles sont cinq. Dont quatre avec des ventres de dames qui accoucheront dans pas longtemps.

L'une d'elles s'approche et me sourit pire que Prévert. On jurerait qu'elle m'attendait depuis toujours. Qu'est-ce que ça lui fait plaisir qu'enfin je me pointe, à cette dame.

Les autres dames se réjouissent aussi vivement de ma venue.

Et qu'est-ce qu'elles pourraient faire pour moi ?

Je leur dis que je suis de passage dans leur contrée et que, grand lecteur des œuvres de Lanza, grand admirateur, je…

Déjà qu'elles étaient ravies, elles battent pas des mains mais c'est tout juste.

Est-ce que je veux les suivre jusqu'à la ferme, pour y boire un bol de lait de chèvre ?

Honnêtement, je préférerais un ballon de petit vin de pays. Mais c'est pas des choses à dire ici et maintenant.

On va jusqu'à ce qu'elles appellent la ferme. Des ruines, bien récurées, dans lesquelles une dame énorme et en sari fait la classe à une poignée de marmots le cul nu sur de la tommette. Ils n'ont pas de cahiers, pas de pointe Bic. Des ardoises et de la craie, ils ont, ces mignons.

Le lait de chèvre, c'est à peu près aussi savoureux que du pissat d'âne. Mais je bois tout le bol. Pour faire passer cette saloperie faudrait fumer deux trois cigarettes d'affilée. Mais Gandhi était contre le tabac et Lanza doit pas être très pour. Je m'abstiens donc.

Elles m'ont regardé laper leur sirop de biquette. Manifestement très heureuses de me voir si bien boire.

Quand je leur dis que je voudrais voir le Maître, ne fût-ce qu'un instant, elles lèvent les bras au ciel. C'est que c'est hors de question. C'est qu'il est en méditation.

– Je peux attendre. Je ne veux bien sûr pas le déranger.

C'est que ça fait déjà deux jours qu'il est dans son silence, sans manger sans boire. Et que ça peut durer deux trois jours encore.

– Quand il nous revient de ses méditations, il rayonne. D'un soleil il a l'air. Que de le voir on est réchauffés.

– Nourries on est. Il a du manger et du boire dans son regard.

Même les bonnes sœurs que je connais ne m'ont jamais semblé aussi paisiblement déjantées que ces chères dames. Rien je trouve à leur dire, moi. Rien.

Pour me consoler de ma déception de pas pouvoir ne serait-ce qu'entrevoir Lanza, elles me mènent voir une ânesse qui vient de mettre bas.

Puis – qu'est-ce qu'elles pourraient me proposer de plus exaltant ? – elles me conduisent à la boulangerie où, sur une table en chêne, une douzaine de miches de pain attendent d'être enfournées.

– Ça, monsieur, c'est une des plus belles choses qui se puissent voir. Du pain qui lève.

– Du quoi ?

Elles m'expliquent, posément, comme on doit expliquer une vérité élémentaire à un enfant pas encore éveillé, qu'une fois pétri, le pain vit sa vie de pain, qu'aidé par la levure (naturelle, pas chimique, surtout pas chimique) le pain lève. Et que voir le pain lever…

Les miches je les ai longtemps contemplées. Sans les voir bouger d'un poil. Je dois pas avoir le bon œil pour ce genre d'exercice.

Les dames de l'Arche s'étant tirées pour aller manier leurs binettes, leurs arrosoirs, leurs quenouilles, leurs rouets, j'ai moi aussi pris le large.

Déçu et pas déçu.

Déçu de ne pas avoir rencontré le fameux Lanza dont *Le Pèlerinage aux sources* – best-seller des années d'Occupation – m'a longtemps fait rêver à des Indes paradisiaques, à la Sagesse. À une effarante tapée de conneries, dirait Lilou.

Pas déçu parce que, tout en m'obstinant à faire semblant de croire que j'attends la Révélation, si elle me tombait dessus, si je devenais brusquement un saint homme, il est évident que je m'ennuierais à périr.

Alors on oublie le gourou du Vaucluse et on va attendre Mlle Lilou Daumesnil dans le petit troquet rural.

Elle n'y est bien sûr pas.

On avait dit midi. Au milieu de l'après-midi elle arrive. Qu'est-ce qu'elle a fichu encore ? Le grand poète de L'Isle-sur-Sorgue l'a pas tirée, j'espère. C'est que René Char, à en croire la rumeur, est encore plus porté sur les demoiselles que son copain Camus Albert.

Non. Ils ont rien fait de mal. Lilou m'assure qu'ils ont que causé. D'Héraclite d'Éphèse, de Parménide.

Ben voyons.

Arrivée à Roussillon à l'heure de l'apéro. Tacchella nous reçoit les bras ouverts. Il est amical, franc, bon vivant. Et bavard. Avec lui c'est pas les philosophes de l'Antiquité qui sont au menu. C'est Fellini, Comencini, les comédies italiennes. Lilou nous laisse nous enscotcher en chantant les louanges du *Pigeon* et va s'empourprer les pattes en se promenant dans la campagne alentour où tout est rouge. Même l'herbe des champs.

Puis arrivent les autres pèlerins. Qui sont plus que prévu et qui métamorphosent en un clin d'œil la terrasse de la maison de Tacchella en succursale de chez Castel. Suffirait que les cigales swinguent un peu plus franchement pour que la ressemblance soit parfaite.

À l'heure de la soupe, on se rend chez David, le bon cuistot de l'endroit, pour y faire honneur à sa spécialité. Le coq en pâte. Fameux. Et fameux aussi les vins qui vont avec.

Quant à la discussion qui va avec les vins qui vont avec… C'est plus Castel. C'est un meeting à la Mutualité. Avec Gégauff dans le rôle du leader du néo-nazisme flamboyant et Lilou dans celui de la pasionaria. L'horreur.

Sur le coup de trois heures du mat, je parviens à ceinturer une Lilou, qui « préférerait crever que dormir sous le même toit qu'un fils dénaturé d'Hitler et du Duce », et à la fourrer dans le lit qui nous est dévolu.

Beurrée, elle est encore plus de gauche qu'à jeun.

Et, au petit matin...

Nous y voilà. Nous y sommes.

Et Lilou, ma Lilou avec qui tout allait si bien à Beaune, vient de partir dans la voiture. Avec toutes mes affaires, cibiches incluses.

Parce que, pendant le petit déjeuner, elle a dit son fait à Gégauff et que Gégauff l'a traitée de communarde mal baisée et que, moi, je n'ai pas saisi le couteau à beurrer des tartines pour poignarder Gégauff.

Dire que nous pataugeons dans la connerie noire serait peu dire.

Comme il faut que je grille une cigarette au plus vite, je retourne dans la cuisine de Tacchella. Qui est en train de lire le journal du département en mangeant du saucisson. Et qui trouve que c'est un coup de chance pour moi, que Lilou soit enfin sortie de ma vie.

– C'était un boulet que tu trimbalais, Remo. Un boulet.

– C'est elle qui me trimbalait. Je fais quoi maintenant, sans chemise de rechange, sans mes papiers ?

– Chez moi, des papiers tu n'en as pas besoin. Et vu que le temps est au beau, tu peux aussi te passer de chemise. Alors tu goûtes à ce saucisson, tu l'arroses avec un verre de ce petit bandol qu'est léger comme un pet de Jésus. Et tu te laisses vivre.

La leçon de sagesse à laquelle j'espérais avoir droit dans l'Arche de Lanza, c'est Tacchella qui me la donne.

Merci, Jean-Charles.

Comment on devient une sorte de Shakespeare

Dans le sac de voyage posé sur la banquette arrière de la voiture de papa Daumesnil disparue avec Lilou, il y avait la masse de papiers qui me suit partout. Dont les brouillons de l'opéra sur Cagliostro. Et les centaines de pages qui seront peut-être, un jour, mon grand roman pour Gallimard.

Cette petite salope les aurait pas embarquées, mes feuilles, je pourrais profiter de ce séjour forcé et d'une durée indéterminable chez l'ami Tacchella pour travailler.

Mais sans stylo, sans mes feuilles, mes chères feuilles…

Peut-être que ma mémoire, et le petit vin de Bandol aidant…

Sur le toit de la maison je suis installé. Au soleil qui me cuit doucement. Tacchella m'a prêté de quoi écrire.

Alors ?

Alors je me dis et redis des phrases, des bouts de phrases qui me reviennent. Des phrases de moi. Certaines que je trouve vraiment bien tournées, coulant bien, faites pour être lues avec plaisir, évoquantes en diable.

Des phrases décrivant le café Ferrero. Avec ses clients d'alors, quand j'étais un petit garçon à qui sa mère disait d'aller prendre un pain de deux livres chez le boulanger et de passer voir chez Ferrero si papa y était et de lui dire qu'il fallait qu'il rentre dîner, qu'il y avait des côtelettes de mouton.

Et chez Ferrero, il y avait les deux garçons, Nicolas et Léon. Et la dame à la caisse.

Sur cette terrasse, avec le soleil qui se fait de plus en plus chaud, les yeux mi-clos, je m'y revois chez Ferrero. Et je réentends la voix de Nicolas et celle de la dame à la caisse.

La caissière elle dit à Nicolas :

– On a toujours un père, Nicolas. Oui, toujours.

Et voilà que je me rends compte que ce qu'elle dit, la caissière, c'est un vers. De douze pieds. Un alexandrin.

Comme dans une tragédie de Racine. Ou une comédie de Molière.

Suffirait d'en accoucher d'un autre pour que… Essayons. Ça coûte rien.

– Le mien était tailleur rue de la Tour-Maubourg.

Y a le compte de pieds. Et ça rime. Rigolo, ça.

Si jubilatoirement rigolo que j'en aligne d'autres, des vers.

– J'entends toujours sa voix. Mais, voyez si c'est bête,
La tête de mon père m'est sortie de la tête.

C'est mieux que rigolo. C'est...

Quand Tacchella m'appelle pour qu'on aille chez David manger un morceau, j'en suis à mon cinquantième alexandrin. Et j'ai compris que mon roman pour Gallimuche, jamais je l'écrirai.

Que j'ai mieux à faire. Bien mieux.

Que si je patauge depuis tellement de temps, si mon roman j'arrive pas à en accoucher, c'est que je fais fausse route.

Brusquement, là, tout d'un coup, tout s'éclaire, tout s'explique. Je suis pas un psychologue, pas un aligneur de belles phrases bien tournées. Pas un romancier. Je suis un jacteur.

Mon talent, c'est la converse, le bavassage. Écrire, ce que je fais à tort et à travers depuis tant d'années, c'est pas vraiment mon affaire. C'est l'affaire des gens qui ont étudié pour, qui ont de l'orthographe, des connaissances en grammaire. Mais parler... Parler, ça, je sais le faire. Bavard. Tous mes maîtres d'école l'ont écrit sur mon livret : Forlani est un bavard.

Et c'est où qu'on parle ?

Au théâtre.

Hamlet, l'Avare, Don Juan, le prince de Hombourg, Mère Courage... Des bavards !

Et mon père dont je voulais tant faire le héros d'un roman ?

Une sorte de Falstaff, toujours à bavocher.

Alors.

Alors merci Lilou de m'avoir abandonné presque tout nu à Roussillon (Vaucluse).

Merci la vie.

L'auteur dramatique compte ses pieds

Lilou a fini par revenir.

Elle me l'a pas dit tout de suite, mais j'ai fini par le savoir, qu'elle avait passé une journée dans la propriété des Balibar à Gordes. Avec le jeune homme si savant à cause de qui je lui avais un soir assassiné un doigt, une nuit rue d'Ulm.

On s'est réconciliés. On a fait l'amour. Mais ça ne prouvait plus grand-chose. Notre si douce nuit à Beaune c'était le chant du cygne.

Je suis toujours rue d'Assas. Où Lilou est de moins en moins. Elle découche de plus en plus souvent pour cause d'enseignement intensif dans la Sarthe.

Enseignement intensif mon œil ! Un matin qu'elle était sous la douche, en cherchant partout mon stylo, j'ai découvert dans son sac de voyage le pessaire made in London et un tube de gelée anticonceptionnelle. Vous en connaissez beaucoup, vous, des établissements scolaires où faut se munir de ce genre de camelote pour aller donner des cours ?

Ma religion est faite : Lilou, ma Lilou chérie, a un coquin qui la saute dans la Sarthe. Et, j'en donnerais ma tête à couper, c'est l'infâme Schnitz, le syndicaliste étudiant fou d'elle.

De mon côté, il y a toujours la Jap. On ne couche point. Mais on va ensemble dans des tas d'endroits. On a des attentions l'un pour l'autre. Je m'occupe pas mal de ses seins et de son tutu que je m'acharne à trouver sincèrement magnifiques.

Il y a aussi ma petite danseuse d'origine russe que je vois souvent et qui a des bontés pour moi dans l'appartement de ses parents et dans sa loge au théâtre Récamier.

Il y a eu aussi une dame de publicité pour qui je viens de tourner une série de films comme réalisateur. Une Mme de Peyrolles. La trente-cinquaine, tirée à quatre épingles, pas rigolarde. Mais qui, sortie de son bureau de chef de service et dépouillée de ses fringues trop bon genre, trop clean, doit être une vraie pin-up.

Je la connais depuis l'époque Monsavon-L'Oréal. Je la croise dans la rue. Elle me demande ce que je deviens et si je voudrais pas faire du ciné pour elle. Étant on ne peut plus fauché, je lui donne mon téléphone. Elle me convoque et je me retrouve en train de tourner des films pour une marque de café totalement inconnue. Avec un comique nommé Bernard Haller et, pour me donner un coup de main, un futur réalisateur tout jeunot, très débrouillard, dévoué au possible, Jean-Jacques Annaud. Les films sont assez nuls. Mais le chèque est beau à voir.

Comme nous sortons d'une salle de projection avec des marchands de café éblouis par nos misérables œuvrettes, Mme de Peyrolles me demande et de l'appeler par son prénom – Odette – et de lui faire mal.

Dans un ascenseur ça se passe. Persuadé d'avoir entendu de travers, je lui demande de répéter.

– J'ai envie, *très* envie que vous me fassiez mal. C'est clair. Non ?

Ça l'est. J'hésite un soupçon de seconde. Et je lui colle une beigne. Bien sèche. Qui fait voler une de ses boucles d'oreilles Carticr. Ce qui me vaut un baiser bouche à plus retrouver mon souffle.

Le soir même Odette vient prendre un drink rue d'Assas. Qu'une seule et unique fois nous baisons. Mais comme il faut.

Il y a aussi les belles plantes de chez Castel, les amies des amies d'Anna Karina et de Maurice Ronet. Avec qui je passe de nombreuses soirées. Toutes à l'identique. On se retrouve sur le coup de huit heures chez Maurice. Avenue Montaigne, dans un immeuble qui abrite aussi les rejetons à André Malraux. Je le croise parfois dans le hall, clope au bec, mèche sur l'œil, agité, marmonnant des choses. Peut-être une oraison funèbre qu'il mijote. Il fait peur, ce grand homme.

Chez Ronet on picole, on parle, on joue au mah-jong avec Vadim et sa Jane (Fonda) qui est bandante à souhait. Avec Gégauff que, décidément, je hais. Avec Malle, Astruc, Duhamel. On cherche quel restau on pourrait investir. Quel restau *cher*. On s'y rend. On mangeote de la grande cuisine. On se poivre.

Je vais aussi glander avec Pollet. Et son copain préféré Pierre-André Boutang. Qui est sympa comme tout, cultivé comme personne et qui fait de la télé d'art et d'essai. Souvent un petit Allemand qui a tout lu, Volker Schlöndorff, est de la partie. Et Barbet Schroeder aussi réalisateur. Et Philippe Collin. Un beau type, intelligent, pince-sans-rire qui a lui aussi tout vu, tout lu. Un dandy. Avec eux, la converse vole haut. Très haut.

Et j'ai toujours mes voisins. De Rudder et Heinrich. On se retrouve chez Delbouy. On devise. On est bien ensemble.

Ah ! De Rudder m'a trouvé une fiancée.

Officiel. Convaincu que Lilou n'est pas l'égérie qu'il me faut, il veut absolument que je rencontre une Dominique – mais on dit Do –, une Dominique d'Ajoncourt. Qui fut un temps sa bonne amie. Qui est belle, cultivée, malicieuse, qui a posé pour David Hamilton, photographe de nymphettes qui l'a draguée dans une rue de Londres. Une fiancée idéale, selon Jean-Luc.

Je n'ai nulle hâte de la rencontrer, cette minette, car, après tout ce qu'il m'en a dit, de Rudder, je serai forcément déçu.

Et puis j'ai pas le temps d'en rajouter dans le marivaudage. Je gaspille assez de jours et de nuits comme ça. Faut que j'écrive.

Que j'écrive ma pièce.

J'en ai trouvé le titre. *Guerre et paix au café Sneffle.* J'ai déjà aligné six cents alexandrins.

Et c'est déjà un petit bijou.

Alors j'écris.

Il pleut sur la rue d'Assas. Pas de Lilou cette nuit. J'ai de la vodka de chez l'Arabe. J'ai une cartouche de Pall Mall à peine entamée.

Je compte mes pieds.

Cinoche

Je suis vêtu en pompiste et j'attends.

Assis sur une chaise de bistro. Dans un bistro de Boulogne ou de Courbevoie. On m'y a emmené en voiture et je sais pas où on est. J'attends.

Aujourd'hui, mon job, c'est comédien.

On m'a fait revêtir une combinaison à bretelles, on m'a mis du fond de teint et, depuis neuf heures ce matin, et il est deux heures de l'après-midi, j'attends. C'est l'assistant de Godard qui m'a contacté.

– Jean-Luc tourne un film. *Made in USA*. Il a pensé à vous pour un rôle. Si vous êtes d'accord, c'est mardi prochain. On passera vous prendre. Je vous fais déposer le texte chez vous.

Le texte c'est un monologue. Même pas tapé. Écrit à la main par Godard. Quand je le lis j'ai l'impression de l'avoir déjà lu. Ou entendu. Cette farce ! C'est du Godard pur jus. Il s'est contenté de recopier deux pages d'une pièce de Ionesco.

Par cœur je le sais, le texte. Et j'attends.

Dans ce film il y a Jean-Pierre Léaud, Laslo Szabo et même la colocataire de Koumiko, la Japonaise qui avait des ambitions de mannequinat ou de cinéma. Il y a aussi le journaliste Philippe Labro qui, en toute simplicité, interprète le rôle d'un journaliste nommé Philippe Labro.

Faire l'acteur, j'y avais renoncé depuis ma catastrophique prestation dans *Le Marchand d'étoiles*. Mais jouer dans un film de Jean-Luc Godard ça vous pose un homme. Et il y aura un cachet. Et le fric, je cours toujours après.

C'est que j'ai toujours un Laurent et une Colette qui comptent énormément pour moi, même si je les ai salement plantés.

C'est à moi. On va tourner ma séquence.

On me replâtre au fond de teint. Jean-Luc me dit où je dois me mettre. Devant le comptoir. Là. Comme ça. Le type de l'autre côté du zinc – c'est le comédien Marc Dudicourt – me sert un ballon de rouge. Je le bois. Et je débite la tirade de Ionesco-Godard.

– On y va. Moteur. Action.

Heureusement que y a le ballon de rouge. Ça va noyer mon trac.

Je lape. Je balance ma tirade.

– Coupez ! Remo, t'es pas mal. Mais…

On y re-va.

Le ballon. Je lape. La tirade.

– Coupez ! C'est mieux, Remo, mais… Ton verre, faut le boire plus vite. D'un trait.

Jean-Luc est pas chiant. C'est juste un réalisateur qui sait ce qu'il veut.

C'est reparti.

Neuf prises on fait.

Neuf prises à un ballon de rouge la prise.

À la dernière, Jean-Luc m'a trouvé parfait.

Mais il a fallu me raccompagner et m'aider à fourrer ma clef dans le trou de la serrure de la rue d'Assas.

Et voilà Do

Drôle de garçon, mon vieux Jean-Luc de Rudder.

Quand j'avais quinze ans et lui à peine plus, dans notre douzième arrondissement natal, il m'a carrément éduqué. Une sorte de gourou il a été pour moi. Me faisant honte des Arsène Lupin, des illustrés pour la jeunesse d'avant les Allemands que je dévorais, et m'obligeant à lire Cocteau, Montherlant, Giono. Me faisant découvrir De Chirico, Picabia, Matisse. Allant jusqu'à me bassiner avec Poussin, Watteau, le Caravage. Et Paolo Uccello, qui inventa la perspective et réveillait son épouse la nuit pour lui dire combien c'était une belle chose.

Je renâclais. Je l'envoyais bouler, de Rudder, avec ses livres pas divertissants et ses peintres de musée de merde. Et je finissais toujours par trouver formidables et Cocteau et Montherlant – bien chétif écrivain et bien grand preneur de poses, pourtant – et De Chirico, Picabia, Poussin, Uccello.

Et de Rudder est devenu peintre connu tandis que moi je devenais polygraphe, Dieu soit loué, pas connu du tout.

Et voilà qu'il est un vague chroniqueur gastronomique. Alors que je deviens un auteur digne de ce nom.

Et il a l'aplomb d'encore et toujours vouloir m'instruire. Il me parle de ragoûts, fritures, avec la même autorité avec laquelle il me parlait de littérature, de peinture. Il me fait la leçon sur les sauces, les coulis, le beurre blanc et le noir.

Comme il parle bien, je l'écoute.

Et, quand ça le prend, il faut que je l'accompagne.

Dans tel ou tel établissement à bonne bouffe. Pour apprendre enfin ce qu'est un vrai couscous, une vraie potée, une vraie soupe à l'oignon.

Ce midi c'est au *Nègre de Toulouse* qu'il m'a entraîné. Pour y déguster un cassoulet « sans façon mais de bon aloi ».

Il a réservé une table.

Avec quatre couverts.

Là, il me baise, ce roublard. C'est qu'il y a le cassoulet et aussi et surtout la fameuse, sa fameuse Do. Cette minette à qui il veut me fiancer.

Elle débarque pas seule. Un type l'accompagne que j'ai connu quand il était assistant metteur en scène. Il ne l'est plus, assistant. Il est devenu réalisateur. De films engagés. Engagés à gauche. Marin Karmitz, c'est.

Est-il ou pas le jules de la petite Do ?

Pour être petite, elle l'est. Et drôlette. Blonde avec des lunettes comme j'en ai jamais vues, bleues de partout, vêtue comme un petit marquis de conte de fées. Avec un pantalon à carreaux vert pastel et violet pastel, serré aux mollets, et des collants d'un mauve délicat. Pas vilaine poulette et pas commune. Originale, on va dire.

Appétissante ? Ma foi...

Mais si elle est maquée avec Karmitz, à quoi ça sert que de Rudder me la présente ?

C'est, bien sûr, cassoulet pour tout le monde. Et un pinard dense, qui te cimente la gueule, choisi par de Rudder.

Vin qu'il faut boire avec toute l'attention qu'il mérite et cassoulet qu'il faut savourer.

Personnellement, le cassoulet, je trouve ça étouffant, trop gras, indigeste. Mais je me garde bien de le dire.

Karmitz a l'air d'apprécier. Et la minuscule Do s'en pourlèche carrément les babines. Et le vin dense, elle crache pas dessus.

Et, pour causer, elle cause. Elle a l'air de connaître tous les gens qu'il faut connaître, de sortir tous les soirs, d'être dans les petits papiers du Tout-Paris.

Elle semble aussi frivole que son cavalier, Karmitz, est sérieux.

Il me félicite vivement d'avoir participé à un Godard. Dont chaque œuvre, dit-il, est un pas vers le cinéma de demain. Une révolution.

La microscopique Do rit à s'en étouffer. Les révolutions elle est pas pour. Elle trouve que c'est si vulgaire de couper des têtes.

Ah ! elle aussi elle a fait l'actrice. Une fois. La première fois où, avec sa meilleure amie, Marielle de Lesseps, une élève comme elle du lycée Jules-Ferry, elles avaient séché un cours pour aller à la découverte de Saint-Germain-des-Prés.

– Et figurez-vous que nous n'avons pas le temps de finir de boire notre premier café du Café de Flore qu'un grand type avec un grand nez pointu s'approche de nous et nous demande si nous voulons faire du cinéma. Nous avons répondu que oui. Nous nous sommes retrouvées devant la caméra d'Eric Rohmer. Le film c'était *Le Signe du Lion.*

Ce que je saurai plus tard, c'est que le grand type à grand nez c'était Philippe Collin. Le copain dandy très cultivé, très rieur de Pollet et de Boutang.

Do et sa meilleure amie, Marielle, sont vite devenues des habituées du Flore. Et des Deux Magots. Et de buvettes plus smart encore. Comme les Petits Pavés. Où elles ont passé le meilleur de leur adolescence à trinquer et bavocher avec de beaux esprits. Claude Bourdet, Roger Vailland, Pagliero, le Rital qui a fait du cinoche affligeant avec Sartre, Philippe Alexandre, bref avec qui il fallait. Et chez Régine, en pas un mois elles ont lié connaissance avec une bonne moitié des stars du *Who's who* et des « Potins de la commère ».

Elle me scie cette contemporaine de Lilou. Au lieu de paumer son temps avec des suppôts du marxisme, des savants pas marrants, elle, elle a fait la fiesta. Que ça. Que la fiesta.

Ce qui laisse à penser que, sa potesse Marielle et elle, elles ont dû dormir dans bien des lits.

Quand on se sépare, sur les cinq heures de l'après-midi, j'ai un cassoulet sur l'estomac et une Do d'un mètre soixante, talons inclus, dans la tête.

Rue du Bac, chez Pierre-André Boutang

Tout s'est mis à se bousculer. À aller si vite que c'était trop vite.

Il y a eu Duhamel d'abord. Qui m'a sommé au téléphone de le rejoindre sur l'instant dans une brasserie place du Châtelet. Pour y déjeuner avec un certain Raymond Vogel.

J'étais à poil rue d'Assas, alignant des alexandrins forlano-shakespeariens pour ma pièce de théâtre. J'ai abandonné mon grand œuvre. Je me suis douché et pas rasé. Je me suis vêtu. Je me suis farci rue d'Assas-Châtelet à pinces parce que j'avais pas sur moi de quoi me payer un ticket d'autobus.

Raymond Vogel, un Alsacien, fait dans le lyrique. Il met en scène des opérettes, des opéras. Un peu partout en France. *Ciboulette* à Strasbourg. *Les Cloches de Corneville* à Nantes. *La Vie parisienne* à Fouillis-les-Oies. C'est pas une grande figure du spectacle. Mais il a des relations dans les municipalités, il connaît tous les maires de France et il a de l'allant. En plus, il a l'air bon bougre.

Avec sa petite troupe de belles voix, il est d'accord pour monter un opéra de Duhamel, avec livret de Forlani, à Strasbourg.

Bonne, excellente nouvelle.

Mais faut qu'on se grouille. Si on se grouille pas, la subvention qu'il peut obtenir à Strasbourg lui passera sous le nez.

On va se grouiller. Promis juré.

Il y a Fourastié aussi. Fourastié que j'avais pas vu depuis la sortie d'*Un choix d'assassins*. Il a levé un producteur. Que je connais. Un alcoolo qui s'est offert trois faillites et qui repart pour un tour. Ce producteur a racheté pas cher les droits d'un scénario, bâclé par Godard, sur l'anarchiste Bonnot. Il veut en faire un film. Avec Bruno Crémer. Et réalisé par Fourastié. Et Fourastié veut qu'on tritouille ensemble le script de Godard qui est, paraît-il incompréhensible.

On sera payé chichement. Mais on le sera.

Et faudra faire vite, comme toujours.

Et voilà que Jean-Daniel Pollet en rajoute une bonne louche.

Hier sur le coup de minuit, fuyant notre nid d'amour envahi par des Sud-Américains, camarades à Régis Debray, en cavale à Paris, je vais chez Castel voir s'il s'y trouve quelqu'un qui cherche quelqu'un à qui offrir un verre.

Et je tombe sur Pollet. Des verres, il m'en paye plusieurs. Il me dit qu'il a à me parler. Mais pas sur l'instant parce qu'il a pas la tête à ça. Il a la tête à quoi ? Avec lui faut pas chercher à savoir. Il peut passer des journées entières à rien dire, rien faire. À regarder droit devant lui, l'air tristement songeur. Ce qui excite grandement pas mal de filles. Son mutisme doit leur laisser croire que c'est un romantique, une sorte de Lamartine. Nombre d'entre elles finissent d'ailleurs grimpées par lui. Peut-être que, pendant le coït, il dévoile un peu de son mystère. J'en donnerais pas ma main à couper.

Toujours est-il qu'il me dit que, ce qu'il a à me dire, il me le dira demain. Dans l'après-midi. Chez Boutang.

Chez Boutang c'est rue du Bac. Dans son appartement très accueillant et très fréquenté. Il a un si grand sens de l'amitié, Boutang, qu'il ferme jamais sa porte à clef. Que qui veut aller passer un moment ou quelques jours chez lui y va. Sûr d'y trouver de quoi boire, car il a toujours quantité de bonnes bouteilles qui demandent qu'à être débouchées, quantité de livres – de l'intégrale des *Pieds nickelés* à la dernière plaquette de poèmes d'Yves Bonnefoy et des disques, du lit, du canapé, du divan, Boutang.

Des tripotées d'écrivains et écrivaines connus, des cinéastes et des comédiennes et comédiens célèbres, des miteux de la rue Saint-Benoît et de ses alentours ont fait l'amour dans l'appartement de Boutang. Son immeuble mériterait une plaque de marbre qui donnerait leurs noms. Ça édifierait utilement les passants des siècles à venir.

Chez Boutang, on peut, en y débarquant à l'improviste, y trouver des journalistes de *L'Observateur* ou du *Monde* en train de picoler ou de faire la sieste, ou des peintres pop en train de se sodomiser avec entrain.

Moi, quand je suis arrivé, il y a une heure, j'ai entendu, venant d'une petite chambre, comme des cris de bête. Poussés par des gens. Qui étaient une vedette de cinéma dont je dirai pas le nom et un opérateur que je ne nommerai pas non plus. On a ses pudeurs.

Puis Pollet est arrivé. Pour me dire – enfin ! – qu'il était tombé sur un bouquin chez sa sœur. Et qu'il l'avait lu. Un bouquin de Michel Tournier. *Vendredi ou les limbes du Pacifique.* Et que ça lui avait donné l'idée de faire un film.

– Tu veux adapter un livre qui est déjà une adaptation de *Robinson Crusoé ?*

– Je veux pas l'adapter. Je veux faire un film. Avec un homme tout seul. Sur une île.

– Robinson Crusoé ?

– Pourquoi Crusoé ? Robinson ça suffit. J'en ai parlé à Barbet Schroeder. Il est d'accord pour nous donner un peu d'argent pour l'écriture.

– Tu veux qu'on réécrive *Robinson Crusoé* ?

– T'es con ou quoi ? On va écrire l'histoire d'un naufragé. Seul sur une île. J'ai le comédien idéal pour jouer ça. Tobias.

Tobias je vois qui c'est. Un grand maigre insolent qui traîne dans les bars du quartier.

– Et on lui ferait faire quoi à notre Robinson qui serait pas Robinson ?

– Rien. On serait un peu dans ses pensées. Dans sa solitude. Ça peut être beau.

Voilà. C'est fait. Il m'a dit tout ce qu'il avait à me dire, Jean-Daniel Pollet. Reste plus qu'à écrire. Et à toucher un peu de l'argent que Barbet Schroeder a fait miroiter.

Ce qui nous porte à trois manuscrits à pondre. Sans compter celui de ma pièce de théâtre.

Ce boulot ! J'en bâille d'avance.

L'adieu au divan

– C'est fini, monsieur Forlani.

Fini ? Qu'est-ce qui est fini ?

J'étais dans un train. Un train pour la Suisse. Un train pour la Suisse dans lequel j'étais monté avec mon père, élégant comme je l'avais jamais vu, coiffé d'un Borsalino flambant neuf, avec Daumesnil, très élégant lui aussi, et avec Oscar Dominguez, carrément en smoking, lui.

Et je les avais laissés dans le compartiment pour aller au wagon-restaurant chercher du riz au lait. Une pleine marmite de riz au lait.

Et je ne retrouvais plus le compartiment où j'avais laissé papa, Daumesnil et Oscar. Je bousculais les voyageurs dans les couloirs, j'avais grand peine à me frayer un chemin avec ma marmite de riz et…

– C'est fini.

C'est le docteur Wildocher qui me dit que c'est fini. Le docteur Wildocher, pipe au bec, debout, pas content, devant le divan sur lequel je m'étais endormi.

Ce n'est pas la première fois que ça m'arrive de sombrer dans le sommeil sitôt allongé sur cette chiennerie de divan. Et de rêver.

– Je suis désolé, docteur. La fatigue. J'ai un travail monstre en ce moment. Et…

Wildocher s'assied à son bureau. Du geste il me désigne un fauteuil.

– Nous pouvons parler cinq minutes, oui ?

– Oui.

Je m'assieds. Il pose sa pipe dans un cendrier.

– Vous êtes fatigué. Fatigué parce que travaillant énormément.

– Ça. En ce moment…

– Et si, tout simplement, vous étiez fatigué de l'analyse.

– Vous croyez que… ?

– Je ne crois rien, monsieur Forlani. C'est à vous de vous poser la question. Nous avons, il me semble, beaucoup progressé. Qu'en pensez-vous, vous ?

Les cinq minutes ont duré une demi-heure. Très longue. Et c'était la première fois que je quittais ce cabinet sans une certitude de retrouvailles.

Dans l'escalier je me suis senti comme jamais dans l'angoisse.

Et je me retrouve dans un bistro avec un ballon de rouge que je ne bois même pas. Et une grande bêtasse de serveuse me regarde, rêveuse, en se mordillant un ongle.

Des mois et des mois d'analyse, la sérieuse, la freudienne, pour en arriver là.

Où ça, là ?

Le mieux que j'ai à faire c'est de me grouiller de retourner chez le docteur W. et de lui expliquer qu'il y a gourance, que…

Faut pas.

Faut surtout pas.

Parent c'est pas un job facile

Quatre ans d'analyse. Ça fait quand même un laps.

Quand Toto, avec qui j'ai bu un verre à la Closerie des lilas, m'a demandé ce que j'avais tiré de tout ça, j'ai eu peine à lui dire. À vue de nez, comme ça, ça m'a apporté rien. Je suis toujours aussi beau et pas beau, bon et pas bon, pas con et con. Et incapable de résister aux tentations genre alcool, tabac, chocolat, petits gâteaux, incapable de résister aux filles qui me font, ne fût-ce que minusculement, du rentre-dedans, incapable de pas croire en Dieu et à ses curés tout en me comportant comme un incroyant, un fieffé pécheur. J'ai toujours mon content d'angoisses. Toujours des peurs de môme.

– En gros, l'artiche que t'as filé à ton psy, tu me l'aurais filé à moi, t'aurais aussi bien fait. C'est ça ?

– Je sais pas, mon Toto.

– Et Laurent ? Tu t'en occupes toujours aussi peu ?

Toto il est feignasse comme pas permis, il aime tellement pas son boulot à la Sécu qu'il le fait mal exprès, il saute – comme il dit – sur la moindre occasion de planter sa queue ailleurs que dans sa femme, il fauche dans les magasins, il reste assis dans le métro même s'il y a, debout, dix femmes enceintes et cinquante invalides. Mais il est bon père.

Moi, je dois avouer que…

Il est pourtant parfait comme fils, mon fils.

Ça lui fait treize ans maintenant. En quatrième à Claude-Bernard. Il n'a pas M. Poirier comme prof. Dommage. M. Poirier qui enseigne l'Histoire et la Géographie, je crois, à dix-sept ans j'ai adoré ses bouquins. Qu'il signe Julien Gracq.

Comme, pour une fois, parce qu'il revient de passer un mois à la mer en Italie avec sa mémée de Fontenay, Mme Renty, je déjeune rue Fantin-Latour, Laurent me le raconte, son lycée.

– Ça va, ouais. Les cours c'est des cours, c'est chiant, mais on a des activités avec des mecs qui se démènent. Y en a un qui s'appelle Michel Field il veut absolument nous politiser. Y m'a embringué. Je suis chargé de la section socio-culturelle. Même qu'un autre, un marrant, tout minus, Pessis, Jacques Pessis, qui s'occupe du ciné-club, il m'appelle Président.

– Et les filles ?

– Quoi les filles ?

– Vous avez bien des amoureuses, non ?

Colette estime qu'au lieu de dire des âneries on ferait mieux de liquider le rôti.

Après, quand Laurent est dans sa chambre en train de régler son compte à un problème de maths très au-dessus de mes compétences, elle me chuchote des choses. Des choses qui se seraient passées à la mer en Italie.

– Je sais que ce que je sais. Mais…

– Mais ?

– Maman m'a dit qu'il a eu une histoire avec une petite. Marina.

– Une affaire… une affaire… Je vais pas être grand-père quand même.

– Idiot. Une belle histoire. D'enfants. Ils se quittaient pas. Ils ont pleuré en se quittant. Maman croit qu'ils se sont acheté des bagues dans un bazar. Des bagues à trois francs six sous. Des alliances. C'est mignon, tu trouves pas ?

Je trouve que c'est attendrissant.

Colette aussi, à sa manière, elle m'attendrit. Elle a été un temps marchande de pacotille exotique du côté du Palais-Royal. Boubous, bracelets en ficelle et éléphants porte-bonheur sculptés à Bamako. Elle est maintenant hôtesse d'un salon de coiffure, Lady Godiva, rue de Berry. Elle a des amies. Des dames gentilles, bavardes. Des amants ? On parle jamais de ça.

Son Laurent elle en est dingue. Elle est pas mal mère juive. Et ça lui va très bien. Elle est aussi pas mal picoleuse.

Quand on se voit comme ça, on s'engueule plus. On potine, on se souvient de la rue des Beaux-Arts, des frites, du Flore, de tous les pissaillons comme nous qui sont devenus des personnalités qu'on voit à la télé. On se moque d'eux, on se paie des crises de rire même. Oui, ça nous arrive.

Laurent en ayant terminé avec ses maths, on joue à des jeux.

Alors je m'efforce de jouer mon rôle de père. Mais je suis moins doué pour ça que pour le creuse-nénette.

Il m'a guéri de quoi, l'excellent docteur W. ?

Ce qui est net c'est qu'il a fait de moi, en me laissant filer, un orphelin encore plus orphelin. C'est peut-être pour ça que je suis pas foutu de me prendre pour un père.

De Rudder, qui a deux filles et un garçon, il l'est guère mieux que moi. Et Duhamel et sa Béatrice qui ont une telle progéniture qu'on s'y paume, avec leurs rejetons ils vont d'embrouille en embrouille.

Parent c'est un job pas facile facile.

L'autre fois je suis allé déjeuner avec une comédienne avec qui j'avais ébauché une romance chez Gérard Sire, à Pilote Production, Ada Lonati. Elle avait amené son garçon. Qui a l'âge de Laurent. Il s'appelle Roberts comme son père américain. Jean-Marc Roberts. Il a l'air sacrément futé. Qu'est-ce qu'il m'a fait la gueule.

Autres enfants qui me gobent pas : ceux de Nina Peinado. Que lui a faits son époux, infidèle ô combien, l'écrivain-catho-de-gauche-plus-chiant-et-pompeux-que-lui-tu-meurs : Maurice Clavel. Je me suis vu contraint de leur payer le Cirque d'hiver un dimanche après-midi. Deux morpions qui n'ont pas arrêté de me dire des méchancetés et de me foutre des coups de pied pendant les clowns et les chevaux qui tournaient en rond. Mais c'était un tel bonheur pour moi de sortir avec Nina. Nina dont j'avais été fou éperdu quand elle venait aux vernissages chez Roux-Hentschel. Et on s'est retrouvés. Le hasard. Et je lui ai avoué cette passion qu'elle m'avait inspirée. Et on en a ri.

Et elle est devenue une merveilleusement belle femme triste.

Ah ! toujours les lardons : Kassowitz m'a annoncé au téléphone qu'il venait d'être père. D'un petit Mathieu.

Mathieu Kassowitz. Encore un nom à coucher dehors. S'il veut faire son chemin dans la vie, ce poupon, il aura intérêt à se trouver un bon pseudo. Parce que, Mathieu Kassowitz...

Premier de l'an d'un verseau

C'est le premier janvier. J'ai été réveillé par un coq. Qui fait son criard. Pas spécialement pour annoncer l'an nouveau. Parce que Dieu a décidé que le coq agresserait l'homme tous les matins.

Après un réveillon chez les Teissier du Cros. Dans le seizième.

C'est qui encore ceux-là ?

Le monsieur est un jeune type « dans les affaires ». Elle, Élisabeth, c'est une beauté. Je vois pas d'autre mot. Grande, brune, des yeux qui font bander. Et pas que des yeux.

Je sais pas où Lilou l'a pêchée. Mais je l'ai trouvée tout à fait dans mes goûts dès la première rencontre. Un manteau de fourrure blanche elle portait. De chez je ne sais plus quel grand couturier. Parce que, avec le physique qu'elle a, elle est mannequin. Mais c'est que pour l'argent. Elle est d'abord étudiante. Son truc c'est l'allemand, la littérature allemande. Non contente d'être une pépée on ne peut plus désirable, elle connaît pour les avoir étudiés dans le texte Novalis, Kleist, Hölderlin, Hoffmann. Alors on en parle.

Et elle a une marotte, Elizabeth Teissier. L'astrologie. Je savais pas que j'étais verseau. Elle me l'apprend. Et elle me fait mon thème astral. Je crois pas à tout ça. Mais tout ce qui peut créer des liens entre cette Elizabeth et moi me convient.

Lilou qui, c'est de plus en plus visible, est en train de se caser dans un autre lit que le nôtre rue d'Assas, Lilou, pour qui je ne compte plus, nous pousse au crime.

Crime qui n'aura jamais lieu. Et c'est grand dommage.

Toujours est-il que nous voilà en train de réveillonner chez Elizabeth et son mari. Et leur très réussie fillette.

Quoique l'ayant coincée dans la cuisine, contre le frigo, j'arrive pas à mes fins avec la maîtresse des lieux. Faut croire que Saturne, Jupiter et toutes les autres putains de planètes sont pas pour.

Quand on prend congé, pour aller dans la Sarthe où nous attendent papa et maman Daumesnil, Elizabeth me prête un bouquin. Qui, m'assure-t-elle, me plaira.

Et, au lit, dans une confortable et bien chauffée maison de campagne, ne trouvant pas le sommeil, alors que Lilou, qui supporte moins bien les alcools que moi, ronfle comme une chatte ronronne, je lis le livre de la si tentante Elizabeth Teissier. *Histoire d'O.*

Bouquin qui me révolutionne si fort les méninges et les sens que je trouve pas le sommeil.

Qu'au petit matin mes yeux consentent à se fermer. Et le coq, cette engeance, me casse mon premier rêve de l'année. Qui avait pour cadre un château comme celui du livre. Avec des filles comme celles du livre. Des filles plus que consentantes. Dont l'une était Lilou et l'autre Elizabeth. Y avait aussi ma Jap, ma petite danseuse russe. Même Giselle était réapparue. De choix, ce rêve.

À midi, à peine si j'ai pu avaler une miette de dinde. Mme Daumesnil m'a cru malade. Lilou m'a engueulé. Daumesnil a fait celui qui se rendait compte de rien. Pour Daumesnil c'est comme si j'existais plus. En devenant l'amant de sa fille, pour lui, je suis mort.

Seul être compréhensif assis à la table superbement dressée : Jean-Marie Serreau. Mon copain du TEC, mon metteur en scène du *Marchand d'étoiles*. Il est devenu un des hommes de théâtre les plus loués d'Europe. Il a son théâtre. Le Théâtre de Babylone. Il y monte des choses inouïes. Avec l'ami Piccoli. Ah ! il n'est plus l'homme de Geneviève. Qui est devenue une écriveuse de gauche à grande gloire et à petits tirages. Il vit, lui, avec une jeune Noire et met en scène des comédiens noirs. Dont un certain Douta Seck, un homme âgé un peu griot un peu louf. Et Med Hondo qui a une gueule de négro lover à se pâmer. Ils sont là parce que Daumesnil a un projet de documentaire sur le théâtre en Afrique.

Serreau prend ma défense. Serreau, qui a toujours des théories renversantes, dit que « l'homme qui a la gueule de bois doit être aussi sacré qu'un totem ». Ses camarades à la peau noire sont de cet avis eux aussi.

Une fois le repas terminé, vautré dans la paille d'une grange, je raconte ma pièce de théâtre à Serreau et à ses comédiens. Je leur en récite des tirades. Ils me font l'honneur de se bidonner.

Puis Serreau m'enseigne un truc que même Ronet ne connaît pas. Un truc pour retrouver ses esprits quand t'as abusé du vin de palme. Tu chopes un œuf, frais pondu, dans un poulailler. Tu le troues comme pour le gober. T'en aspires une goulée que tu recraches. Tu remplaces ce que tu viens de cracher par de l'alcool bien fort. Tu touilles avec une brindille. Après quoi tu gobes et avales.

C'est très efficace.

Un Forlani contre un manteau en poulain

La tequila, pour la consommer dans les règles faut le coup de main. Y a les grains de gros sel, que tu dois rafler d'un coup de langue sur le dos de ta main, le zeste de citron à mâchouiller, le cul du verre qu'il faut cogner sur la table sans, si possible, le faire voler en éclats.

Do elle fait ça comme une pro. Elle doit avoir du sang de gaucho dans les veines, cette blondinette.

Après la tequila, vino tinto avec les boulettes de viande à la pistache. Et du guacamole. Et des galettes de maïs brûlantes. Et une musique d'ambiance soulante. Guitares, bandonéon, trompette. Tu te croirais à Rio. Au carnaval. Flippant.

Do ne connaissait pas cette gargote sud-américaine. Mais on lui en avait dit merveille. Son ami – qui serait son fiancé s'il n'était pas pédé comme tous les phoques de la banquise –, son ami Felicio lui avait refilé l'adresse.

Une folle affolante, de la fine équipe des nouveaux génies de la sape, qui a fait ses classes avec Lagerfeld et Saint Laurent et s'est spécialisé dans la petite culotte à dix mille balles, le soutif pour altesse royale. Tout en lapant son vino tinto, elle me raconte Felicio. Qui héberge Do dans son loft de trois cents mètres carrés. À Saint-Germain-des-Prés. Où elle organise des fêtes. Avec des caïds de la haute couture, des peintres.

Elle s'y connaît en peinture. Et – ça, ça m'en fout plein la vue – elle connaît très bien Dubuffet. C'est qu'elle a été, un temps, secrétaire de son musée privé de la rue de Sèvres, c'est qu'elle a été la gardienne des trésors de l'Art brut.

C'est pas n'importe qui, mademoiselle Do.

Comment on s'est retrouvés à jaffer à la sud-américaine en tête à tête ?

Je récapitule. Comme avec Lilou qui me détruit de plus en plus l'existence avec ses micmacs maoïstes et le Schnitz, cette lopette de gaucho avec qui elle me double, ça se mettait à aller de plus en plus mal, j'ai décidé de casser. De casser pour de bon.

Et pour ce faire, j'ai pris la résolution d'aller crécher ailleurs.

Chez une Annie. À Vincennes.

Annie c'est la secrétaire du producteur roi de la faillite qui veut faire réaliser à Fourastié un film sur la bande à Bonnot. Annie tape des pages et des pages de moi. Elle déchiffre parfaitement mon écriture qu'elle trouve belle à s'en pâmer.

Quand je lui apprends que je me la suis façonnée en contrefaisant celle d'Eluard, elle me confie que c'est son auteur favori. Et nous voilà partis à réciter, à deux voix, *L'Amoureuse,* dans le bureau au loyer jamais payé du producteur fripouillard.

Moi, ça me fait que sourire, elle ça la bouleverse.

C'est qu'elle est fraîche émoulue du lycée, Annie. Et mûre pour une grande passion.

Je l'invite à manger des sandwiches dans des bars des Champs-Élysées. Je l'emmène au musée d'Art moderne où je lui fais un cours magistral sur la peinture moderne. Un vieux numéro mis au point du temps où tous les moyens m'étaient bons pour me faire mousser aux yeux des filles.

Ça avait marché avec Giselle, avec Colette.

Ça marche encore. Devant un paysage de Pont-Aven, et suite à ma grande tirade sur les nabis, Annie ferme les yeux pour que je l'embrasse. Ce que je fais. Et c'est délectable.

Quatre salles plus loin, là où il y a des Dali, des Brauner, un Dominguez, elle me dit qu'elle est amoureuse. De moi.

Et elle me révèle qu'elle vit, toute seule, dans le pavillon d'une grand-mère morte il y a peu. À deux pas du métro porte Dorée.

– Si ça vous dit de venir y dormir un soir…

– Si je viens tu me diras tu ?

– Je ferai comme vous voudrez.

– Comme *tu* voudras.

– Comme tu voudras.

Encore une occasion à saisir par les cheveux. Ceux d'Annie sont châtains avec comme de la rousseur, ses yeux sont clairs, ils brillent, elle a des fesses de lycéenne engageantes à souhait. De bonnes joues roses. Elle sent le bon savon et l'eau de Cologne. Elle n'aime pas qu'Eluard. Elle aime les films qui font pleurer et le chien Snoopy quand il soliloque sur le toit de sa niche.

Et je la sens toute prête à devenir la compagne fidèle – et admirative – d'un auteur contemporain. Et je me sens capable de la rendre encore plus admirative.

Le musée d'Art moderne c'était il y a deux jours. Ce soir, j'ai fourré dans mon grand sac de la chemise, de la chaussette, du chandail, mon rasoir électrique, mes divers manuscrits en cours. Et en voiture !

– Porte Dorée, j'ai dit au chauffeur de taxi moustachu qui clopait une cigarette encore plus puante que celles de Godard.

Et ça a été l'embouteillage du siècle.

J'aurais dû passer un coup de fil à la belle Elizabeth Teissier du Cros avant de partir. Elle m'aurait sûrement dit que les astres disaient que c'était un jour néfaste pour les verseaux en vadrouille.

Une grève des bus et des métros, il y avait. Alors faire rue d'Assas-porte Dorée…

Passé Bercy, au bout d'une heure de surplace et de chauffards s'injuriant, j'ai lâché prise. J'ai demandé au moustachu malodorant de faire, si c'était possible, demi-tour.

J'ai remis le chapitre un de mon roman avec la petite Annie à plus tard.

Ce qui signifiait à jamais. Mais je pouvais pas le savoir encore.

Quand le taxi m'a largué, à Port-Royal, devant le square Marco-Polo, il a fallu que j'aligne tout ce que j'avais en poche pour payer cette maudite course.

Et qui je trouve rue d'Assas ?

Lilou qui n'est pas partie faire le prof dans les campagnes. Et Do.

Toutes les deux assises sur le lit.

Et ricassant comme deux copines d'enfance. Do enseignant à l'enseignante comment se faire une banane.

Une banane ? Il s'agit de marquer la frontière entre la paupière supérieure et l'arcade sourcilière d'un magistral trait de crayon à maquillage, bien ferme surtout. Do commentant doctement : comme chacun sait, ou devrait savoir, la banane a été lancée par Garbo dans les années 30, et relancée par Twiggy il y a peu.

Je pose discrètement dans un coin mon sac de fugueur ayant renoncé à fuguer, et je fais la bise à ces demoiselles.

Et Do m'en sort une bien bonne.

– Tu sais ce qu'elle était en train de me proposer, ta Lilou ? De m'échanger mon manteau.

Le manteau de Do, je le connais. C'est de l'article de grand luxe. Du poulain. Cadeau de son chéri homo Felicio qui dessine des modèles de fringues en peaux de bêtes pour Révillon.

– De me l'échanger contre tu sais quoi ?

– Comment je saurais ?

– Contre toi.

Amusant.

Superbement « bananée », très en beauté, Lilou disparaît dans la salle de bains. Le temps de se vêtir comme il convient pour aguicher les populations.

– T'es d'un chic, dis donc.

– Quand on sort, on s'habille en conséquence.

– Tu vas où ?

– À une fête. Chez Patricia.

– J'en suis de cette fête ?

– Non, Remo, tu n'en es pas. Mais rien ne t'empêche de la faire avec Do, la fête.

– Tu dis ça pour avoir le manteau ?

– Je dis ça parce que je n'ai aucune envie que tu viennes avec moi.

Ces bonnes paroles balancées, elle s'en va. Vêtue d'un manteau à elle. Celui des grands soirs. Le noir.

Avec Do nous buvons un petit scotch. Puis un deuxième petit scotch.

C'est une bavarde, Do. Comme moi.

Et on ne dit rien.

On se regarde.

Faut qu'il se passe quelque chose.

Mais quoi ?

J'ai fini par suggérer qu'on aille manger un morceau. Quelque part. Do a trouvé que c'était une pas mauvaise idée. Et elle a parlé de ce nouveau restaurant sud-américain, rue de l'Échaudé.

De la rue d'Assas à la rue de l'Échaudé, à pied, c'est dix minutes à peine.

Mais y avait un mais. Le blé.

On a pris un taxi et fait un crochet par la rue de la Convention. Do m'a attendu dans le taxi pendant que je montais sonner à la porte de ma chère vieille amie de cœur et de corps, la comédienne de la croisière en Grèce, du baiser sous le pont des Soupirs. Elle était en train de se regarder à la télé dans un feuilleton où elle joue une hôtesse de l'air. Ça l'a surprise que ce soit moi qui sonne à sa porte. Je lui ai dit qu'il me fallait deux ou trois cents francs. Tout de suite. Question de vie ou de mort. Elle m'a traité de salaud et donné deux billets de cent. C'est une gentille.

Et me voilà mangeant avec Dominique Do. Qui répond à mes questions sur Dubuffet et son épouse Lili et sur les cinglés prodigieux du musée de l'Art brut et me dit grand bien d'Alexandre Vialatte qui a écrit sur Dubuffet.

Celui-là je ne sais pas qui c'est.

– Vialatte. *Les Fruits du Congo.* T'as pas lu ?

– Non.

– Tu connais quand même ses chroniques. Dans *Marie-Claire.*

– Non.

– Ce qu'il fait de mieux c'est dans *La Montagne.* Un quotidien auvergnat. Je m'y suis abonnée, à *La Montagne*. Pour Vialatte. Je les découpe toutes les semaines, ses articles. Le problème c'est de trouver une colle qui fasse pas jaunir le papier journal en vieillissant.

Elle est spéciale, cette fille. Elle me raconte qu'avec son grand grand ami Dubuffet, Vialatte qui était toujours à la bourre dans ses écritures, ils faisaient la courette dans une gare pour choper le dernier train partant pour l'Auvergne et qu'ils jetaient l'enveloppe avec l'article de Vialatte au mec du wagon postal qui l'attrapait au vol.

Peut-être qu'elle se paie ma gueule. Mais je l'écoute. Et je la crois.

Elle me raconte aussi que Dubuffet jouait de l'accordéon et qu'il allait en Angleterre avec Jean Paulhan ou je ne sais plus qui. Que pour y manger du hareng. Puis elle me fait avaler des tas de trucs épastrouillants sur les fous à Dubuffet. Séraphine, Aloïse, Jeanne Tripier, Adolf Wölfli, Gaston Chaissac…

La Do c'est pas la fille que tu peux vamper en lui faisant le coup de la visite du musée d'Art moderne.

Elle est haute comme mes bottes, elle était en couches-culottes quand j'étais déjà maréchal des logis et elle en sait autant que moi sur tout. Si pas plus.

Et plus je la regarde plus je la trouve à mon goût.

Mais son manteau chicos en poulain elle doit y tenir.

En attendant la gloire

Rue Maître-Albert, à un bout de la longue table se tient le maître des lieux. Lucien Bodard. Un bouddha qui ne laisse personne en placer une. Faut l'écouter, que l'écouter raconter la Chine, l'Indochine, le Mékong, le fleuve Amour, des saouleries dans des maisons closes du bout du monde, les mandarins avec qui il a mangé du ragoût de chien.

Bien que pas du tout du tout de la même école, Bodard me fait furieusement penser à Combelle, le collabo déchu de ses droits civiques de L'Oréal. Ce sont deux « Lulu ». Massifs. Péroreurs. Te regardant sans te voir. Ayant vécu des vies bien à eux.

Son épouse à Lulu Bodard, Huguette, est toute ronde, jeunette, enjouée. C'est une grande amie de Do. Do qui m'a introduit chez les Bodard. Où bien des pique-assiettes viennent manger souvent et très bien en faisant semblant de boire les paroles du bouddha Lulu.

Avec l'autre ancienne élève du lycée Jules-Ferry, Marielle de Lesseps, Do est reçue partout où il convient de l'être. Un soir, ces deux délurées luronnes soupent à Verrières chez Louise de Vilmorin. Le lendemain elles s'arsouillent chez Régine avec des photographes de mode et leurs cover-girls favorites. Et, le soir qui suit ce soir-là, elles dorment au Moulin d'Andé. Un refuge champêtre où Louis Malle, Adamov, Jean-Paul Rappeneau, Georges Perec, Truffaut (encore et toujours lui) et autres belles figures du gratin vont méditer. Et, Do le dit pas mais ça tombe sous le sens, faire des siestes crapuleuses.

C'est qu'elles sont de bonne compagnie, Do et Marielle, Marielle et Do. Jolies filles, la tête bien pleine, snobinardes juste ce qu'il faut et renâclant pas à la déconnade.

Et, comme me voilà homme de Do, des portes s'ouvrent pour moi.

Maintenant Régine me dit tu et me fait la bise, Saint Laurent me serre la main, la Callas me dit « à votre santé » quand je bois du whisky de la même bouteille qu'elle, Aristote Onassis me tend son briquet pour allumer ma clope. Et Jacques Chazot me tire la langue quand on se croise au pipi-room.

Donc je suis des dîners de Lulu. Avec, assis sur le même banc de ferme que moi, Pierre Schoendoerffer, avec qui mon pote Fourastié a fait *La 317e Section*, et Raoul Coutard, le chef op de génie de la Nouvelle Vague, et l'inévitable Alexandre

Astruc que je finis par trouver bon zigue. Et Pollet et Boutang.

Pollet, qui n'est pas fou du lapin à la moutarde, spécialité d'Huguette Bodard, et boit sans manger, m'annonce que c'est in the pocket, qu'il commence dans huit jours le tournage de notre version – bizarre, bizarre, bizarre – de Robinson Crusoé.

Ça c'est de la nouvelle.

Autre grande et réjouissante nouvelle : depuis hier, je sais que les contrats pour le film sur la bande à Bonnot sont signés. C'est Annie qui me l'a appris. La gentille petite Annie qui m'a renouvelé son invite pour une nuit à Vincennes.

Pour ne pas la peiner je lui ai laissé entendre que, plus tard peut-être…

En ce moment je travaille autant que je peux. Sérieusement. Mon opéra avec Duhamel prend corps. On répète avec des chanteurs d'opéra, des voix d'or, à la Scola Cantorum rue Saint-Jacques. C'est exaltant de voir sa prose devenir du bel canto. Ma pièce de théâtre *Guerre et paix au café Sneffle* a déjà cinquante pages. Soignées. Je suis fier de moi. Je fais mon Artaban.

Avec Do nous avons jeté l'ancre au Select Hotel, place de la Sorbonne. Ouais, là où j'ai dormi une nuit avec Lilou. Y a une éternité de ça, on dirait.

C'est que c'est du passé, Lilou la militante. Place à Do la frivole.

On ne se contente pas d'y jouer les amoureux, au Select Hotel.

Une commande de scénario pour une série télé franco-italo-hispano-allemande m'étant tombée dessus par le truchement de Gilbert Cesbron – qui me promet toujours un fauteuil d'orchestre en enfer –, nous écrivons à quatre mains, mademoiselle Dominique et moi.

Le héros de la série étant Fernandel, il faut que ce soit hilarant et typiquement français.

Dans notre cambuse enfumée, en buvant de la bière et croquant des petits-beurre nous torchons une historiette fernandelesque à souhait. *Le Trombone*. Ça devrait faire rire dans les chaumières. C'est pas de très haute volée. Et alors ?

Ça paye la chambre du Select. Et ça nous permet d'attendre fortune et gloire. Qui vont pas tarder à rappliquer.

Si maman me voyait

Qu'à ça je pense. À la tête que ferait ma mère si elle était petite souris, sous la table sur laquelle nous mangeons, lui un steak-frites et moi une omelette aux champignons. Fernandel et moi. À la cantoche du studio de Boulogne.

Fernandel. Qu'avec ma mère nous avons tant aimé dans *Ignace*, *Les Rois du sport*, *Les Cinq Sous de Lavarède*. Qui a si fort ému maman, quand il faisait le couillon au cœur énorme dans les films de Pagnol. Fernandel qui, quand j'étais petit garçon, était quelqu'un d'aussi important, d'aussi fabuleux que le pape, Mistinguett, le professeur Nimbus, Stavisky, Violette Nozière, Bébé Cadum ou le Négus.

Fernandel qui me sourit de toutes ses dents de Fernandel.

– C'est bien ficelé votre histoire. Je l'ai lue avec grand plaisir. Vous avez très bien pigé le personnage. Ce trombone qui ne sait pas jouer du trombone et qui se retrouve avec un trombone dans une fosse d'orchestre, c'est excellent. En le lisant, je me suis demandé si des cymbales ou une contrebasse, ça ne serait pas mieux. Et puis non. Un trombone c'est parfait.

– T'entends ça, maman ?

Et il me sert du vin, Fernandel. Me demande ce que j'écris d'autre. Ah ! une pièce de théâtre. Il me demande ce que ça raconte. « Cher monsieur Forlani », il m'appelle.

Je lui dis combien on l'admirait, ma mère et moi, et toute ma famille et tous les citoyens du quartier gare de Lyon, avant guerre. Je lui parle du cinéma le Novelty avenue Ledru-Rollin, du Lyon Palace.

Honnêtement, Fernandel n'est plus du tout, pour moi, une vedette. *Don Camillo* c'est de la petite bière. Et les autres nanars qu'il tourne je ne vais pas les voir. Mais Fernandel…

D'être là avec lui ça me fait le même effet que quand, la nuit chez Castel, je papote avec Danièle Darrieux qui, sortant de jouer au théâtre, vient chercher son traînard de mari. Elle est tout effacée, aimable, pas faiseuse de manières. Et c'est Danielle Darrieux, merde ! Encore une idole de maman.

C'est con, c'est cruellement con qu'elle soit plus des nôtres, ma mère, pour que je lui raconte cette omelette aux champignons avec le Schpountz. Qui me fait des tas de sourires.

Qu'est-ce que ça l'épaterait, maman.

Et – soyons sincère – qu'est-ce que ça m'épate, moi.

Le petit bout de temps à la galerie Roux-Hentschel, avec Picasso, les dimanches matin chez Prévert, l'apéro aux Deux Magots avec Breton… ça a été des grands moments pour moi. De l'inoubliable. Mais ce tête-à-tête avec Ignace, avec une légende vivante de mes dix ans, c'est plus encore.

Vous voyez ce que je veux dire ?

On se quitte après une cordiale poignée de main. C'est vendu. Fernandel tournera *Le Trombone*.

Avec Do on démarre en fanfare.

Tout va bien, tout va mal

Le chèque pour le scénario du *Trombone* on l'a touché, bien touché et vite fait dépensé. Ce n'était qu'une provision en attendant les droits conséquents qui seront versés aux auteurs à cl aque diffusion de ce petit joyau sur les chaînes françaises, italiennes, allemandes, canadiennes, sur toutes les chaînes des pays où le nom de Fernandel est connu. Quasiment la terre entière.

Ces droits, nous n'en verrons jamais la couleur. Car cette série de prestige ne sera jamais tournée.

Mais on ne le sait pas encore.

Et on vit. Et on rit.

Non contente d'être nantie de tout ce qui en fait une très plaisante compagne de chambre, Do ne croit ni en Mao, ni en Marx, ni en Sartre.

Même pas en Dieu elle croit. Ce que je lui reproche. Mais elle s'en moque.

En attendant, comme moi, d'être encore plus célèbre que les célébrités qu'elle côtoie, elle écrit. Pour les canards à Filipacchi notamment. C'est qu'elle l'a connu avant que je le connaisse, le Daniel. Qu'elle allait avec lui écouter du jazz dans des clubs privés (et flirter ?). Que même, au début de la déferlante *Salut les copains*, il a sérieusement songé à faire de sa copine Marielle et d'elle des chanteuses yéyés. Mais c'était pas leur truc à ces demoiselles. Elles veulent être Virginia Woolf ou rien. Mais attention, pas des Virginia Woolf qui se mettront des gros cailloux dans les poches pour aller se noyer. Des Virginia Woolf qui feront la bringue, qui s'éclateront et qui écriront des machins aussi drôles que raffinés. Et qui deviendront des best-sellers, elles le savent.

Elle a un chic coup de plume, Do. Elle écrit des articles pour *Mademoiselle Âge tendre*, *Pariscope*. Elle a même fait le courrier du cœur dans un magazine pour gamins. Elle écrit des nouvelles aussi. Un peu fantastiques.

En gros, elle et moi, en moins ennuyeux et arrivistes, on est partis pour prendre la relève d'Aragon et d'Elsa, de Sartre et de sa Momone.

On l'est si manifestement que Jacques Sternberg, qu'on croise devant le Flore, nous propose de faire un bouquin pour une nouvelle collection qu'il dirige. Des anthologies. On va dans son bureau. Aux Champs-Élysées. Dans les locaux de *Planète*. Où je retrouve Louis Pauwels devenu maître à penser de nuées de follingues qui attendent que les Martiens se décident à venir donner des leçons de sagesse aux Terriens. Et Jacques Bergier – vrai ou faux super-cerveau ? – qui vit sur un tas de papiers, de revues scientifiques comme Job sur son tas de fumier. J'ai peine à croire qu'il soit aussi extraterrestre qu'il prétend l'être. Mais je le trouve d'excellente compagnie.

L'anthologie qu'il veut qu'on fasse, Sternberg, c'est une anthologie de belles et bonnes choses écrites pour les enfants. Ça nous va ? Ça nous va.

Banco.

Nous partons à la chasse aux fées, aux lutins, aux ogres, aux elfes, aux ânes qui parlent et aux grenouilles qui n'attendent qu'un baiser sur leur nez tout froid, tout gluant pour redevenir d'avenantes princesses.

Je croyais en avoir terminé avec ces créatures-là, puisque ayant enfin largué à tout jamais Cette Marianne. Mais c'est reparti.

Soyons juste : c'est surtout Do qui se surmène, qui relit tous les frères Grimm, Andersen, Dickens. Je joue un peu les macs. Mais ça n'a pas l'air de la déranger.

Et puis je n'ai pas que ça à faire. Côté affaires courantes, ça s'emballe pas, mais ça continue à avancer.

L'opéra prend forme. Toutes mes pages sont devenues des chansons. Que Duhamel me susurre au téléphone avec sa voix de perroquet enrhumé.

Ma pièce, *Guerre et paix au Café Sneffle*, est aussi en bonne voie. Jusqu'au rideau final j'ai été. Quatre actes en alexandrins. Dont beaucoup sont bancals. Mais c'est voulu. Cinq actes qui décrivent les humeurs, les coups de folie, de rage, de tendresse d'un Macaroni grand soiffard du quartier gare de Lyon. Avant, pendant et après la seconde grande guerre mondiale. C'est mon père. Mais à la sauce Falstaff. Si ça se joue un jour – et ça se jouera, j'y crois ! –, qui sera le père Forlani, mon Babo ? Faudrait un Raimu.

Je me la joue tout seul, à haute voix, dans notre chambre d'hôtel, en marchant dans les rues, ma pièce. En tentant de faire Raimu. Ça rend. C'est du vrai théâtre. Mais il est mort, Raimu. Quel vivant alors ? Le faudrait gigantesque, pesant, gesticulant, éructant. Une idée me vient : Wilson. Georges Wilson qui a été le capitaine Haddock de *Tintin et le mystère de la Toison d'or*.

Ma foi. Le TNP… Wilson… Il a un côté père Ubu mon Babo.

Me voilà avec Wilson en tête.

Et – encore un coup de mon ange gardien ! – je dîne chez des amis d'amis. De bons intellos qui crèchent dans une des dernières maisons garanties médiévales qui tiennent encore debout près de Notre-Dame. Un dîner pour le plaisir. Sans façon. Que je vais me farcir parce que Do doit absolument aller ce soir-là chez son Felicio qui me déteste depuis qu'elle a quitté son loft pour le Select Hotel.

Et, à ce dîner, qui est assis à ma droite ? Un monsieur Paris. Comme la ville. Et Jean. Comme le saint. C'est un nom tout quelconque. Mais qui me dit quelque chose.

Pendant les fromages ça me revient. Jean Paris. Il a écrit un livre sur Shakespeare, ce monsieur.

– Je peux vous poser une question ?

– Bien sûr.

– Le *Shakespeare par lui-même* de la collection Écrivains de toujours, au Seuil, c'est vous ?

– Oui.

Et qu'est-ce que j'apprends en picorant du chabichou ? Qu'il est lecteur de manuscrits pour le TNP, Jean Paris. Et il est excité comme un pou quand je lui révèle que je viens d'achever une pièce avec un héros à la Ubu et que je rêve de Wilson pour l'incarner. Il me demande, le cher homme, de lui faire parvenir dans les heures qui suivent l'ouvrage en question.

C'était il y a quelques jours.

Et nous sommes aux Deux Magots, le cher, très cher Jean Paris et moi. Ma pièce il l'a lue, relue.

– Et autant être franc, n'est-ce pas ? Je la trouve injouable. Injouable parce que mal construire, sans âme, sans poésie. Le théâtre, n'est-ce pas… Votre héros, ce Babo, c'est un fantoche, un guignol, un vulgaire guignol. Et ces vers de mirliton. On croirait du mauvais Sacha Guitry. Désolé de vous le dire. Mais. C'est bâclé. Cette scène où vous faites intervenir le maréchal Pétain… On jurerait qu'elle est écrite par un chansonnier montmartrois d'avant-guerre. C'est lourd, sans esprit. Il y avait une idée de départ. Une idée intéressante. Mais vraiment… Brecht peut-être aurait fait une bonne pièce en partant de votre schéma. Peut-être.

Mon manuscrit, il l'a criblé de notes dans les marges. Il ment pas quand il dit qu'il l'a lu et relu, ce sale con.

Aucun des instits qui m'ont houspillé, sermonné, humilié à la communale ne m'a aussi sadiquement traîné dans la boue. Aucun.

Plein la gueule, j'en prends.

Dans cent ans encore, quand je passerai devant les Deux Magots, je serrerai les poings et me demanderai pourquoi j'ai été assez pleutre, assez minable pour ne pas le massacrer, le Jean Paris, en faire de la chair à pâté.

Ma pièce il n'en touchera évidemment pas mot à Georges Wilson.

À Georges Wilson qui – alors que je le rencontre une nuit à Aix-en-Provence, à l'issue d'une représentation du *Songe d'une nuit d'été*, trois ans plus tard – me reproche vivement de ne pas lui avoir fait lire *Guerre et paix au Café Sneffle*, qu'il aurait volontiers monté et joué.

Mais nous n'en sommes pas là.

Nous en sommes au jour où M. Paris…

Il va sans dire que je le sodomise profond, ce fin lettré.

Mais il m'a flingué le moral.

Quand Do me demande comment il a trouvé ma pièce je lui réponds qu'il y a plus de pièce. Que tout ça c'est des rêvasseries, que j'ai mieux à faire que de me prendre pour Shakespeare, que…

Boutang me fait une proposition pas banale

On boit du rosé de Provence. Fruité. Et Pierre-André Boutang me demande où j'en suis.

– J'en suis que, ça y est, on a trouvé où crécher, avec Do. Rue de Babylone. Cher mais classe. Avec du tapis dans les escaliers, un studio coquet meublé comme on aime et avec vue imprenable sur les jardins de Matignon. Et Do se lance dans la cuisine. Si tu n'as rien contre le porc à l'ananas, tu viens quand tu veux. Elle prétend qu'elle connaît d'autres recettes. Mais elle fait si bien le porc à l'ananas… À part ça, c'est couilles sur couilles. Ton cher Pollet a terminé le montage de *Tu t'imagines Robinson.* C'est superbe. C'est du Pollet. Mais… Tu le connais mieux que moi. Il est pas satisfait. Il se pose des questions. Il encule les mouches. Il dit que ça manque de… De quoi ? Je sais pas. Et lui encore moins. Toujours est-il qu'il a décidé de rajouter un commentaire. Sur mon texte que, moi, je trouve plutôt bien, il va rajouter une voix qui dira des choses. Ce qui me fait râler c'est que le texte qui va gâcher mon texte, il l'a demandé à un branleur d'intello. Thibaudat. Un mec qui écrit comme Sollers, des trucs que j'arrive pas à lire. D'accord. C'est aussi un pote à toi. Mais pas à moi. Et… J'adore Jean-Daniel. Mais, là, il me fait un coup tordu. Autre couille. Et maousse. Le film de Fourastié, *La Bande à Bonnot*. Ça se tourne. Mais pas dans la bonne humeur. Au scénario de Godard, entièrement réécrit par Fourastié et moi, l'autre pochetron de producteur de mes fesses a fait ajouter des scènes par d'autres scribouillards. Moralité : sur le plateau, les comédiens, qui en ont marre de recevoir sans arrêt des paquets de scènes écrites et réécrites et encore réécrites, se bouffent le nez. Heureusement que, dans le lot, j'ai un chaud partisan. Mon copain Brel. Lui, il veut dire du Forlani. Que du Forlani. Annie Girardot aussi est cliente de ma prose. Mais pas Bruno Crémer. Alors le tournage, c'est la guerre. Fourastié il rigole pas tous les jours. Et, pour ce qui est des chèques… Balpo.

– Et ta pièce de théâtre ? C'était bien ce que tu m'as fait lire.

– La pièce on l'oublie.

– Dommage. Et l'opéra avec Duhamel ?

– Sa musique est fantastique. Ça se jouera un jour. Mais, en attendant…

– Justement.

– Justement quoi ?

Boutang remplit les verres. Il me regarde d'un drôle d'œil.

– Je vais te poser une question. Tu me réponds oui ou non. Oui ou non. Tu ne fais pas de commentaires. Tu me dis oui ou non.

– C'est quoi ? C'est un jeu comme leurs âneries avant les infos à la télé ?

– T'es pas tombé loin. C'est de la télé. Une émission que je vais produire avec Daniel Costelle à partir du mois prochain. Pour la seconde chaîne. Tous les dimanches après-midi. Une émission de variétés. Avec des sujets filmés, des reportages. Et du direct. Avec des chanteurs connus. Peut-être pas les Beatles. Mais on aura du beau monde. En direct. Et pas façon Guy Lux ou les Carpentier. Pas de la télé ringarde. C'est Raoul Sangla qui réalisera. Alors caméra qui se balade, impro. Le bordel, faut s'y attendre. C'est un pari. Si on se plante, un dimanche suffira pour qu'on soit lourdés. Mais ça peut marcher. Pour animer ce Barnum, on a engagé un jeune mec qui fait des étincelles à la radio. Gérard Klein. Tu connais ?

– Non.

– Il a vingt berges. Il est culotté, pas con. Il est en prise directe avec tous les chanteurs qui font bander les ados. Il faut quelqu'un pour présenter avec lui. Quelqu'un de culotté, de pas con, ayant du bagout. Quelqu'un d'une autre génération. Parlant un autre langage. Connaissant ce que, lui, il connaît pas. Lui c'est notre Jerry Lewis, si tu veux. Nous faut trouver son Dean Martin. Pour mener le jeu. En direct. Tous les dimanches. Très correctement payé. Alors ?

– Alors quoi ?

– No comment, Remo. Tu me dis oui ou non ?

– T'as pensé que… ?

– À ta place je dirais oui.

– C'est dément ton truc. Jamais je saurai faire ça.

– Oui ou non ?

Le dimanche où Dali

Dans le genre saugrenu, la question à Boutang elle battait tous les records. Il aurait aussi bien pu me demander si je voulais danser *La Mort du cygne* à l'Opéra ou opérer quelqu'un de l'appendicite. À chaud. Même le dépravé du Barrio Chino qui voulait savoir si j'étais désireux de fourrer de la volaille, il avait pas fait pire.

Faut croire que j'ai répondu oui puisque je me suis retrouvé avec Gérard Klein sur un plateau de télé à Issy-les-Moulineaux. Maquillé, habillé en dimanche, suant la trouille. Avec, pas une, mais dix caméras, plus dix micros, braqués sur nous. Et une petite lampe rouge s'est allumée et il a fallu parler à des téléspectateurs, chez eux, on savait pas où. A fallu leur sourire, leur vendre notre camelote. Notre camelote c'était des chanteurs, des musicos. Des yéyés pour qui j'avais écrit des feuilletons chez Gérard Sire. Des yéyés qui avaient fait bien du chemin, comme Johnny, qui coiffait Brel, Brassens, Mariano au poteau du hit-parade. Et Sylvie et Vassiliu. Et bien d'autres. Gérard Lenormand, Gainsbourg, Charden, Nicoletta, Moustaki. Et de la star internationale. Les Electric Prunes. Les Bee Gees. Joe Cocker. Et pas qu'eux. Des mémées de l'Opéra qui venaient beugler en direct combien ça les faisait se bidonner de se voir si belles dans leurs miroirs. Des cuistots qui étaient en tête de liste dans le *Gault et Millau*. Des couturasses qui étaient « à la une » pour avoir lancé sur le marché des jupes plus mini que la mini ou des sous-tifs sans bretelles et sans bonnets. Des écrivains, des peintres, des designers qu'il fallait absolument découvrir d'urgence parce que, sans ça, ils allaient être très très vite oubliés…

Boutang, Costelle et André Morice (talent scout de génie), et le si pince-sans-rire Philippe Collin et leur assistant (beau comme un dieu grec et sapé comme un prince et fils du peintre Balthus) Thaddée Klossowski, composaient des menus qui changeaient sacrément les téléspectateurs de leur ordinaire.

Avec Gérard Klein, la peur des débuts surmontée, on se met presto à sympathiser. On aurait pu opter pour l'inimitié.

On fait pas ça. C'est un garçon franc, joyeux. Il en veut, d'accord. Mais pas au point de tirer la couverture à lui. Moi je suis là, je saurai jamais pourquoi. Mais j'y suis.

Alors… On devient pas copains copains. Mais complices. Et ça roule.

Se farcir un direct de plusieurs heures sous la direction d'un réalisateur aussi brouillon (et parfois divinement inspiré) que Raoul Sangla, c'est de l'acrobatie sans filet, c'est rouler sur une bécane sans frein. Moralité : ou tu te fais hara-kiri, ou tu te dis « après moi la fin du monde » et tu fonces.

On fonce.

Klein, qui est l'ami de tous les pousseurs de chansonnette, cornaque les rockers, les sous-Beatles parlant english, les cadors du Bus Palladium. Moi, je fais mon instruit en dialoguant avec les étoiles des Arts et Lettres.

Des fois c'est pur plaisir. Des fois faut ramer terrible. Quand – un exemple – je dois être le monsieur Loyal d'un infatué comme le peintre Mathieu. Qui vient accoucher d'un immonde barbouillage en direct et qui exige, ce sous-doué chéri du père Pompidou, que je l'appelle Maître.

Puis il y a les invités de toute beauté. Comme Bob Marley. Avec qui je me retrouve en train d'errer aux abattoirs de Vaugirard. Belle balade. Belle séquence.

Et arrive Dali.

Il a accepté de venir sur notre plateau tout un dimanche après-midi. Dali. Avida Dollars – comme l'a baptisé Breton. Dali qu'il est de bon ton de mépriser parce qu'il est devenu aux États-Unis pendant la guerre un milliardaire de la peinture qui conchie ses vieux camarades surréalistes et, surtout, parce qu'il peint des Christ et fait risette à Franco.

Bien sûr que c'est pas bien d'être franquiste. Mais ses ex-potes, ils sont devenus quoi, eux ? Beaucoup vivent aux crochets de gonzesses de la haute. Beaucoup ont donné dans le stalinisme. Ce qui n'est ni ragoûtant ni glorieux. D'autres – comme André Breton, qui n'est plus de ce monde depuis peu – ont fini dans l'occultisme, la magie de pacotille.

Et ce qui les guette tous – Aragon, Eluard, Gracq, Desnos, Queneau, Prévert... – c'est de se retrouver reliés cuir dans la Pléiade. Devenus des classiques. Comme Blaise Pascal, Pierre Corneille, Paul Claudel et Charles Péguy. C'est surréaliste, ça ?

Dali, lui, au moins il est toujours en marge, toujours à faire son clown, à épater le bourgeois. Bourré de pognon. Mais en marge.

Raoul Sangla, qui porte un béret basque parce qu'il est basque, qui trouve qu'Aragon est le plus grand écrivain vivant parce que, comme lui, il est inscrit au Parti communiste, Raoul Sangla exècre Dali. Il dit pis que pendre de lui.

Mais comme Boutang et moi, il est très honoré d'être reçu dans sa suite de l'hôtel Meurice.

Faut dire que ça mérite une visite. Au-dessus du lit de Dali il y a une chemise de trois mètres de haut qui descend du plafond. Et Dali, en tenue de soirée, mange un œuf coque. En présence de la sublimissime Amanda Lear. Qui se démerde pour avoir l'air et d'une fille et d'un garçon et que, dans les deux cas, je me ferais volontiers. Et d'un vieux débris qui se prétend colonel. Et d'un guépard en laisse qui grince des dents. Et de plusieurs grotesques pouffiasses emperlousées.

Et Sangla et Philippe Collin prennent des notes.

Ils notent tout ce que Dali exige pour son « happening ». Il lui faut des musiciens anglais, une machine à faire de la barbe à papa, des oiseaux vivants et pas vivants dans des cages, des Saintes Vierges lumineuses, une strip-teaseuse, une photo de Mao de cinq mètres sur trois...

Faut voir avec quel sérieux il énumère, il exige.

Et tous à plat ventre devant lui, on est.

Et ça me réjouit.

Je le trouve admirable quand, toujours sans rire, il nous dit qu'il faut absolument qu'il y ait à sa disposition une baguette de pain, ni trop ni pas assez cuite, de quatre mètres de long.

Trois fois il nous convoque au Meurice. Trois fois il nous joue – à la perfection – la comédie de Dali.

Nous assistons même à un cours de dessin, très privé, qu'il donne un soir. Il nous apprend à dessiner des « anges pédérastiques » !

Et arrive le grand jour, le dimanche à Dali sur la seconde des deux chaînes de la télé française.

À la direction, on panique pas mal, à ce que je sais. Paraît qu'un technicien est prêt à appuyer sur un bouton qui fera démarrer un montage de dessins animés s'il y a la moindre « bavure » pendant notre direct.

Je suis énervé. Fou de joie et dans la trouille. Y a de quoi. Gérard Klein m'a prévenu qu'il me laissera me débrouiller tout seul avec l'autre dingo. Je suis énervé et d'une élégance insurpassable. J'ai pris livraison hier, chez Coriolan à Saint-Germain-des-Prés, d'une veste d'un vert audacieux et j'étrenne une cravate Saint Laurent large comme un bavoir, cadeau de Do.

Arrive notre invité très spécial. La moustache brillantinée à mort. Bien pomponné, bien chic lui aussi. Et escorté par l'Amanda, le soi-disant colonel et son fauve, les pouffes à bijoux, une douzaine de travelos, un Noir et son tam-tam, des minets et des minettes. Une foule de créatures comme on en voit jamais sur les petits écrans.

Dali demande où est le pain.

Il est là. Sur une table de la bonne longueur. Un pain de quatre mètres. Tout frais. Le boulanger – qu'on a eu un mal de chien à convaincre – vient de le livrer, son pain de quatre mètres.

Dali s'en approche. Tend la main. Le palpe.

– Trop couit !

On peut se le bouffer notre pain pour Gargantua. Dali n'en veut pas. Outré, Raoul Sangla menace de ne pas diriger l'émission. Boutang l'adjure de ne pas partir. Sangla reste aux commandes.

D'autres invités de notre invité rappliquent.

Le plateau a bientôt l'air d'un grand magasin un jour de soldes. C'est l'embouteillage.

Micro en main, collé à Dali, j'attends de voir la petite lampe rouge s'allumer.

Elle s'allume.

Et c'est barré.

J'ai préparé cent belles phrases, cent questions d'une pertinence magistrale. Mais Dali se fout de mes questions, de moi, de tout. Il va, vient, dit n'importe quoi. Je m'efforce de ne pas me laisser semer. Quand je vois qu'une caméra est braquée sur moi, je bredouille ce que je peux.

C'est l'horreur. Ou c'est épatant. Je sais pas.

Y a de la musique, de la barbe à papa, du tumulte, ça bouge.

Je suis paumé, à côté de mes pompes, largué comme jamais. Mais je suis ravi d'être là où je suis. Avec Dali.

Ce qui se passe exactement je pourrais pas le dire.

Tout ce que je sais c'est que le cher grand homme veut les œufs.

Où sont les œufs ? Il avait exigé douze douzaines d'œufs frais pondus. Ils sont là. Dans un panier. Je prends Dali par la main et je l'entraîne en direction du panier. Alors commence le sacrilège.

Tout en proférant des imprécations, Dali bombarde la photo de Mao avec des œufs.

C'est spécial. Dans pas mal de chaumières on doit être indigné.

C'est spécial et dangereux.

Ma veste neuve est bientôt recouverte de jaune, de blanc.

Tout poisseux, dégueulasse, puant l'omelette crue, je dois avoir fière allure.

Mais c'est de la télé hors normes. Grande. Qui fera les délices des bidouilleurs de zapping dans cinquante ans encore.

Boutang est content.

Ça va.

Histoires drôles

« C'est un type qui est en prison. Pour longtemps. Tout seul dans sa cellule. Un jour une mouche se pose sur le banc où il a son assiette de ragoût immangeable. Il trempe un doigt dans le ragoût et le tend en direction de la mouche. Qui se jette dessus et trouve ça bon. Les repas se suivent et la mouche revient. Et le taulard la nourrit. Et il se met à lui parler. Elle l'écoute. Et elle reste dormir sur sa couche. Ils deviennent amis. Des années ça dure. Puis il est libéré. Bien sûr il emmène la mouche, perchée sur son épaule. Et, pour fêter ça, il dit à la mouche : “On va se taper un bon gueuleton.” Et ils vont dans un restaurant classieux. Et il commande ce qu'il y a de mieux. Foie gras, canard à l'orange. Et du vin de première bourre. Du chambolle-musigny. Le sommelier emplit le verre du taulard libéré. Qui trempe son doigt dans le verre et en dépose une goutte sur la nappe bien blanche. La mouche se précipite et se met à boire la goutte de vin. Et le taulard, fou de joie, s'écrie : “Elle boit !” Alors le sommelier dit : “Désolé monsieur.” Et d'un bon coup de pouce il écrase la mouche. »

Pour une histoire horrible… Mais je n'en attendais pas moins de Gainsbourg.

Qui nous reçoit dans sa piaule avec vue sur la Seine. Une piaule d'étudiant en musique dans la débine. Il pourrait vivre dans le luxe rien qu'avec les droits du *Poinçonneur des Lilas*. Mais ça l'amuse de jouer les fauchmen.

Pourquoi il m'a raconté cette blague ? Parce que je réalise une série pour Boutang. « Les bonnes histoires. » C'est con comme la lune. Je vais chez les gens avec un opérateur, un preneur de son, et je leur demande de me raconter la blague qui les fait le plus rire. C'est pas tuant et ça fait du rab de rentrées. D'autant que j'ai une assistante : Do.

Mon idée con comme la lune, plus tard, d'autres gens de télé me la piqueront. Mais des gens tellement plus importants que moi que ça coûtera très cher, que la presse en dira grand bien, que…

Moi, je m'en tape. Je veux pas faire mon chemin sur les petits écrans. Je veux du blé. C'est tout. Des chèques pour voir venir. Alors je bricole.

En sortant de chez Serge, j'irai demander à n'importe qui qui passe dans la rue de m'en raconter une bien bonne. Ce matin, c'est le patron d'un restau chinois de Saint-Michel qui y a été de la sienne. En pékinois. Et elle passera telle quelle.

Sans sous-titres. Guy Béart m'en a raconté une. Régine aussi. Et Johnny. Et Duhamel. Et un veilleur de nuit de la télé rue Cognacq-Jay. Une blague en flamand. Le plus huppé des participants à cette série ça a été André Maurois (de l'Académie française). Qui nous a reçus dans son appartement luxueux en bordure du bois de Boulogne. Très bien reçus. Dans son bureau de grand écrivain. Avec un costume bleu marine, sa Légion d'honneur. Et en pantoufles.

Et, après nous avoir dit qu'il la tenait d'un autre immortel, il nous a gratifiés d'une histoire que même mon pote Bébert au régiment en Allemagne, il aurait pas voulu tomber aussi bas.

« C'est un monsieur âgé qui ne peut pas s'endormir sans tenir à pleine main le sein de son épouse très âgée elle aussi. Et…

Et ils font chambre à part. »

Sacré pépé Maurois !

Avec Gainsbourg, une fois mise en boîte la sinistre histoire du taulard et de sa mouche, on s'humecte au bourbon. Et on jacte. Comme moi il est un peintre qui a pas peint. Ça crée des liens. Des points communs on en a la masse. On a lu les mêmes billustres étant petits. On a été amoureux en même temps de Laura Palmer, la fiancée du Fantôme du Bengale. On a rôdé dans les mêmes rues. On parle le même patois. Ça va être un copain pour toujours, Serge.

Quand c'est fini c'est fini

Lilou a fait du café. Qu'on boit en parlant bien calmement.

Ça fait drôle d'être en visite dans cette piaule où j'ai vécu. Et vécu ce que j'y ai vécu.

J'avais téléphoné. Fallait que je passe récupérer des fringues oubliées, mon édition de luxe de *La Philosophie dans le boudoir* payée la peau des fesses dans la librairie de ce vieux gredin de Losfeld, quelques autres bouquins. Les polars achetés à la si mignonne libraire de L'Alpe-d'Huez, entre autres.

– Tu l'as revue, celle-là ?

– Non, Lilou. Jamais.

– Et Koumiko ?

– Je l'ai rencontrée avant-hier. À Montparnasse. Avec un homme. Un Allemand. Photographe. Elle m'a pas dit si c'était ou pas son homme. Mais il m'a semblé que.

– T'as pas arrêté de me tromper, en fait.

– Et toi ?

– Tu les manges pas les macarons que j'ai achetés exprès pour toi ?

– Si.

Je prends un macaron. Je le mange.

– Et Régis Debray ? Tu crois qu'il va en sortir, de sa geôle sud-américaine ?

– Ça te plairait qu'il y croupisse jusqu'à la fin de ses jours.

– Pas vraiment. Mais quel besoin il avait de…

– Commence pas, Remo. Tes boniments d'anar de droite ne m'ont jamais fait rire. Tu le sais.

Je la boucle. Elle est belle. À sa façon, elle est belle. Mais qu'est-ce qu'elle a vite fait d'avoir l'air mauvais.

– Inutile de te demander si tu es toujours militante.

– Inutile, oui.

Je repique un macaron.

Elle prend une cigarette dans mon paquet. L'allume. La tète comme la fumeuse d'occasion qu'elle est. Elle redevient la petite Lilou qui…

– Ça a quand même été bien, nous deux. Non ?

– Ça a été bien. Mais…

– Mais quoi ?

– L'autre dimanche je t'ai vu faire ta télé. Avec ces garçons épouvantables qui font des grimaces et chantent des crétineries.

– Les Charlots. Je les trouve en dessous de tout.

– Mais tu te pavanes avec eux.

– Je gagne ma vie.

– Les tueurs à gages et les banquiers aussi. Il n'y a pas de sot métier. Mais il y en a de sales. Je t'ai connu ambitieux. Je couchais avec le futur Henry Miller. C'était grisant. Ta Do elle se contente de peu.

– J'écris toujours. Ma pièce, *Guerre et paix au café Sneffle*. Je la retravaille. Elle sera jouée, fais-moi confiance.

– Jouée par les Charlots ?

– T'es vraiment toujours une méchante petite conne, Lilou Daumesnil.

On se retrouve. On rit du même rire.

On s'aime plus. Du tout du tout. C'est fini fini. Mais on peut boire un café ensemble. Avec des macarons.

Au moment de l'au revoir, elle m'annonce qu'elle va se marier. Avec sa pourriture de Schnitz.

– Voyage de noce à Pékin alors ?

– Si nous arrivons à avoir les papiers nécessaires nous pousserons jusqu'au Yunnan.

– Tous mes vœux, Lilou. Et bon voyage.

En 68, au mois de mai

Ça continue. Pareil.

La rue de Babylone avec Do et ce qu'il faut de sexe, de porc à l'ananas, de séances de rigolade, de travail dans la joie pour l'anthologie de Sternberg. Et ma télé du dimanche.

Avec – on a mis ça au point peu à peu avec Gérard Klein – des bouteilles de pinard planquées un peu partout sur le plateau pour se shooter un poil, pendant le direct, quand les caméras peuvent pas nous voir.

Avec des invités plus ou moins faciles à manier. On a eu Trenet. Qui nous fait baver d'admiration Boutang, Collin, Sangla, Klein et moi. Mais qui est un rien chochotte à caprices. On a eu Don Cherry et d'autres étoiles naissantes du free jazz.

Et Barbara. Que Klein m'a laissé cuisiner parce qu'il préfère les yéyés aux chanteurs qui font pas péter les plombs. Et ça a été un vrai bonheur.

Une heure j'ai été en tête à tête avec Barbara. Elle à son piano. Moi, debout. Que nous deux dans un halo de lumière. Elle a chanté, à merveille, des merveilles. Et on a dialogué. Si bien, si à l'aise, que j'ai oublié qu'on était au vu et au su de Sangla, d'une tripotée de techniciens et, j'allais les oublier ceux-là, de milliers de milliers de téléspectateurs.

C'était à mi-chemin de l'interview et du flirt.

Barbara, ses chansons je peux les fredonner – épouvantablement – à peu près toutes. Et j'ai un rapport particulier avec elles. Un jour, ayant découvert que Lilou m'avait fait une entourloupette des plus consistantes, j'avais décidé de lui rendre la pareille. Elle m'avait emmené voir un film de mon toujours pote Lelouch, qu'elle avait déjà vu la veille avec un garçon avec qui elle était « en affaire ».

L'ayant appris, je lui offris Bobino, le music-hall de la rue de la Gaîté où passait Barbara. Mais, en allant louer les places, je louai les deux mêmes places pour trois soirs d'affilée. J'y allai donc le mardi avec Lilou. Puis le mercredi avec ma danseuse russe et le jeudi avec la petite Annie.

C'était bien de la dépense. C'était puéril. Mais je suis comme je suis.

Résultat des courses : le spectacle de Bobino, je me le suis dégusté trois fois. Trois fois j'ai vu l'otarie qui faisait des espiègleries avec une baballe, et Vallardy racontant le petit chaperon rouge avec des accents différents et Reggiani chantant que *les loups sont entrés dans Paris*.

Et la grande dame brune.

Si bien on s'est comportés pendant notre interview-flirt que j'ai eu droit à des bravos de toute l'équipe du « Nouveau dimanche ». Et à un coup de fil de Barbara m'invitant à venir prendre un verre avec elle dans sa demeure où elle vit avec une nounou de couleur.

Ce que je fis avec bien du plaisir.

C'était tout beau chez elle, tout noir. Et elle était toute fascinante. Une Sarah Bernhardt avec deux pattes pas en bois et passant du tragique au fou rire le temps d'un battement de cil.

On se revoit de temps en temps. Elle me fait miroiter un projet auquel elle souhaiterait m'associer. Qui deviendra *Madame.* Une pièce un peu bouffonne, un peu poétique, écrite sur mesure pour elle. Un bide à venir. Un bide à se flinguer. Mais on ne le saura qu'en temps voulu.

Où on en est, début mai soixante-huit, elle se contente de me faire manger des cornichons molossol et du chocolat. Et de me faire des confidences sur ses galères, sa Belgique natale.

Sangla aussi est de ses copains. Ensemble on va la voir dans les coulisses de l'Olympia quand elle y chante. On est un peu au courant de ses amours, de ses suicides – toujours manqués et c'est tant mieux. C'est quelqu'un Barbara.

Je continue à filmer des raconteurs de blagues. Je fais aussi, avec Do et Jean-Claude Romer, une série de petits films sur les héros mythiques de la bande dessinée. Superman et Cie.

Et Claude Santelli, à l'issue du tournage d'un spécial *Bicot président de club* – son héros préféré – me fait une commande. Comme il est chargé de superviser les programmes des fêtes de fin d'année pour la seconde chaîne, il me demande de réaliser des portraits d'humoristes.

Splendide. Avec Do on se met en chasse. On contacte Cabu, Sempé, Folon, Topor, le vieux Savignac, Desclozeaux, qui m'aiguille sur l'Anglais Ronald Searle et un Américain chaudement recommandé par Folon : Burt Blechman. Et, bien sûr, le cher Copi.

Le portrait de Cabu est vite tourné. Chez lui en banlieue avec sa femme Isabelle et leur quantité de gosses. Cabu nous éclaire sur la genèse du *Grand Duduche*. Il exécute des crobards féroces, cocasses, pour la caméra. Il dessine la binette de Do en deux coups de plume. On se quitte amis pour la vie.

Topor nous reçoit dans son capharnaüm où l'on s'attend à voir des crapauds sortir de sous les meubles. On y trouve la cover-girl Marie-Laure de Decker, qui dort par terre. À un moment elle se relève pour aller se rendormir, lovée dans un lit d'enfant 1900 à barreaux et à moustiquaire. Topor rit pour nous. En gros plan. Le rire de Topor étant le rire le plus rieur qu'on puisse entendre, ça mettra de la bonne humeur chez les téléspectateurs. En prime, il nous invente des jeux de mots savamment vaseux et nous fait découvrir ses escargots qui font peur, ses peintures porno pour rire.

Searle nous reçoit à l'anglaise. Avec tea, scones, muffins. Et sa femme, Monica, profite de notre visite pour nous inviter pour le prochain réveillon. Qui aura lieu dans huit mois.

Sempé, membre fondateur de *Pilote* avec son *Petit Nicolas*, est joyeusement distant. Comme d'habitude.

Vient le tour du New-Yorkais Blechman. Qui dessine si petit qu'il faut une loupe pour déchiffrer ses planches d'un humour qui laisse pas mal de gens rêveurs et me fait délirer.

Il est pour peu de jours à Paris et il nous faut nous contenter d'un entretien d'une heure à la terrasse du Flore. Il parle qu'anglais. Do traduit.

Il est parfait, Blechman.

Mais pas très courageux.

Comme déboulent sur le boulevard une centaine de jeunes gens que poursuivent une centaine de CRS casqués, bâtons à massacrer et boucliers en mains, il blêmit :

– What's going on ?

Do a beau lui expliquer que c'est rien du tout, que c'est des étudiants qui se défoulent et des flics qui leur cavalent après pour le fun, il veut regagner son hôtel.

Comme un pavé – lancé par qui ? – choit à ses pieds, il se taille à toute allure.

Jamais on n'aura d'interview de Blechman.

Mais on a un beau mai soixante-huit.

L'emperruqué à qui Louis XVI disait, en quatre-vingt-neuf, quand ça s'est mis à chier, que c'était une émeute lui répondit, paraît-il : « Non, sire. C'est une révolution. »

À Colette que j'ai au téléphone et qui me dit qu'elle se fait un sang d'encre pour Laurent qui va de manif en manif avec des excités comme Michel Field parce que c'est la révolution, je réponds que c'est même pas une émeute.

C'est vrai quoi. Qu'est-ce qu'ils ont tous à se mettre à faire comme si on était au matin du grand soir, comme si le grand

Charles allait se retrouver dans une charrette direction place de la Concorde pour y être guillotiné ?

Y a agitation, on peut pas le nier. Au Quartier latin ça chahute, à la télé, dans les radios on entend des incongruités qui peuvent foutre les boules, le Parisien prend les épiceries d'assaut pour faire provision de nouilles et de râpé pour mettre dessus.

Mais c'est pas la prise de la Bastille avec ses têtes coupées sur des piques. Pas les Trois Glorieuses. Y a pas famine. T'enjambes aucun cadavre même dans les rues les plus échauffées.

Les étudiants veulent plus étudier. Les recteurs prennent ça mal. Les étudiants chantent *L'Internationale* autour de la tombe du soldat inconnu. Des grenades pètent. Ça schlingue dans pas mal de coins le lacrymogène. Les syndicats prennent le train en marche. MM. Mitterrand, Mendès France, Guy Mollet et Waldeck Rochet défilent avec huit cent mille manifestants (que la police évalue à cent soixante et onze mille). La Sorbonne devient commune libre pendant qu'à Bucarest des étudiants jettent des fleurs à de Gaulle, qui se balade par là. Le théâtre de l'Odéon est occupé par des étudiants qui veulent foutre Jean-Louis Barrault et sa Madeleine au pilori.

Occupé aussi par des révolutionnaires first choice.

Comme mon cher Jean-Daniel Pollet qui m'y emmène dans sa Jag avec un petit en-cas – sandwiches et vin fin – fourni par l'industrieux Castel.

Avec Do on trouve ces débordements plus carnavalesques que terrifiants. Mais c'est quand même pénible. Pour gagner notre nid jouxtant Matignon, faut palabrer des heures avec des flics dans la hargne. C'est qu'ayant emménagé récemment, on n'a, ni Do ni moi, de papiers prouvant qu'on demeure rue de Babylone.

Puis y a plus de taxi, de métro, de bus.

Puis tous nos amis, y compris les plus posés d'entre eux, les plus installés dans une existence pépère, se rendent soudain compte qu'ils sont tous – comme Cohn-Bendit – des Juifs allemands et que l'heure a sonné de se tenir les coudes avec les sorbonnards en colère et les ouvriers de chez Renault. Et les voilà qui sillonnent Paris la nuit pour écrire à la craie CRS = SS sur les murs. Les voilà qui disent à leurs bonnes qu'elles peuvent leur dire tu. Les voilà qui…

Qui font rien de vraiment définitif, en fait.

Aucun d'eux ne prie le clodo du coin de la rue de bien vouloir venir s'installer chez lui et de partager sa pitance. Aucun d'eux ne va vider son coffre à la banque pour distribuer son fric aux miséreux. Aucun d'eux ne renonce à s'oindre le fion avec des parfums dont le prix du flacon suffirait à nourrir une famille de crève-la-dalle pendant une semaine.

Ils continuent à se la couler douce et coûteuse. Mais ils sont de tout cœur avec les enragés.

Avec Do, qui est de moins en moins révolutionnaire, on s'efforce de continuer à voir du monde, à encore bringuer un brin. Des amis à voiture (et à essence) aidant, on se fait encore des dîners en ville. Un coup chez Lulu Bodard. Un coup chez le producteur Anatole Dauman. Mais l'ambiance ! Tu te retrouves avec Huguette Bodard qui est partante pour faire une barricade dans sa rue. Avec Edgar Morin, les Desanti, l'énorme Mary Meerson de la cinémathèque… Tous voulant exiler de Gaulle à Sainte-Hélène et prêts à mourir sur sa barricade, à l'Huguette. Tous voulant du passé faire table rase !

Et il y a les panrquards.

Ainsi Jacques Brel. Qui réussit à me joindre au téléphone et m'invite à manger une choucroute à Montparnasse. Avec Do. Et – que je meure si je mens – il nous demande si on veut prendre le large avec lui et la dame qui l'accompagne ce soir-là.

– Partir où ça ?

– L'Afrique, Remo. L'Afrique à Rimbaud. Le Harar. J'ai un avion que je pilote. Un avion prêt à décoller. Le plein est fait. Si vous êtes du voyage, demain on décolle.

– C'est tentant, Jacques. Mais…

– Mais quoi ? Si ça tourne comme ça risque fort de tourner, dans pas longtemps ça sera la Russie, ici. La Chine.

Il n'y est pas parti, Brel, dans les contrées où Rimbaud hiberna. N'empêche que, Do peut en témoigner, la choucroute à Montparnasse, l'avion prêt à décoller, c'est de l'historique.

Historique aussi les meetings absurdes à la maison de la radio. Tous les gens qui font de la télé sont en grève depuis plusieurs jours. Tous. Sauf les producteurs. Et voilà que ça les prend eux aussi. Prise de conscience à retardement ? Peur de louper le coche ? Toujours est-il qu'un appel est lancé à tous les possesseurs d'une carte de producteur délivrée par les plus hautes instances de la Radiodiffusion télévision française. Parce que je fais mes petits tournages pour Boutang, j'en ai reçu une, de ces cartes.

Donc on me convoque. Donc je réponds à la convoc.

Au petit matin, à pinces, je me rends à la Maison de Radio France.

Et ils sont tous là. Les importants. Les gros salaires. Jean Nohain, les époux Carpentier, Guy Lux, Léon Zitrone... Pas le menu fretin, pas des cocos à la Sangla. Les nababs qui ont des résidences secondaires et pètent dans la soie. Mais ils mégotent pas pour autant. L'heure est à la révolution. Qu'à cela ne tienne. C'est à qui stigmatisera le plus ardemment le régime pourri qui opprime le peuple de France, à qui réclamera le plus farouchement une télé libre, faite par le peuple pour le peuple.

Et, tous debout, on chante *La Marseillaise*.

Qu'un sang impur abreuve nos sillons !

Avec Zitrone qui bat la mesure. Y a de quoi se tordre.

Divertissants aussi les colloques des états généraux du cinéma où m'entraîne Pollet. Entendre Claude Chabrol expliquer pourquoi le cinéma devrait être gratuit, c'est jouissif.

Pendant qu'on batifole de la sorte rue de Vaugirard, sur la Croisette, à Cannes, Truffaut, Malle et autres métamorphosent le Palais du Festival en fort Alamo.

Et de Gaulle s'envole.

Pour Sainte-Hélène ?

Suspense.

Tapis dans notre studio, le ventre creux parce qu'on a pas jugé bon de stocker des nouilles, avec Do on trouve que ça commence à bien faire. On fignole notre anthologie qui s'intitulera *Les Trésors de notre enfance*. On écoute les affoleurs des radios. On voit par la fenêtre les flics qui tabassent un peu des gens.

Comme on est en mai et qu'il fait soleil, pour se dégourdir les pattes, on chemine jusqu'aux Invalides pour aller quérir des contes pour enfants (avec des dessins inédits de Cocteau) chez une amie de Do qui fut, ça remonte à de bien lointains mois de mai, une des luronnes qui gravitaient autour d'André Breton. Mme Lise Deharme. Une ex-Nadja replète et pas bêcheuse.

L'ennui c'est que, au retour, comme on traverse l'esplanade des Invalides, on croise un défilé. Pas d'étudiants qui se prennent pour des Juifs allemands. De porteurs de drapeaux tricolores, avec des bérets de paras, des croix de Lorraine. Qui scandent des slogans d'un autre âge. Pas des gauchos. Des droitiers. Des jeunes à cheveux très courts et des pas jeunes à médailles militaires sur leurs vestons qui veulent que l'Algérie soit française et l'Indo aussi et qui aiment pas les Juifs, allemands ou non. Et qui veulent que l'Ordre soit rétabli. Ils sont nombreux. Très.

Avec Do, comment qu'on se cavale. C'est qu'ils font très peur, ces cons-là !

L'autre défilé du même tonneau, avec Malraux et Mauriac, énervés comme des puces en manque de sang frais, se donnant la main, et des milliasses de contre-révolutionnaires prêts à mourir pour que vive la République à de Gaulle, on le voit à la télé. C'est moins apeurant.

Puis le Général revient. Il fait les gros yeux. Il dit que la chienlit c'est fini. Côté grévistes ça se tasse. Les CRS remisent leurs matraques. Les écoliers retournent à l'école.

Jean-Louis Barrault et Madeleine Renault, qui ont rien du tout à se reprocher, sont virés de l'Odéon par Malraux.

On goudronne les rues dépavées.

Le ciné gratuit à l'ami Chabrol, c'est pas pour tout de suite.

Voilà le mois de juin. Dans pas longtemps ça sera juillet, les vacances, les bouchons sur les nationales.

Paraît que plus rien ne sera comme avant.

Possible.

Ce qui me fait jubiler, parce que j'ai mauvais esprit, c'est que la Révolution, Lilou l'aura loupée. Pour cause de lune de miel chez le Grand Timonier.

Les temps sont durs et Goscinny me maudit

La rue de Babylone c'est comme la chienlit, c'est fini. La dame qui nous sous-louait nous a priés de déguerpir. Rue Gît-le-Cœur, on se retrouve. Dans un meublé pas mal, sous les toits. Avec tellement de restaurants pas chers et pas bons aux environs qu'on ne sait lequel choisir.

C'est que les bonnes tables, les fringues onéreuses, la dépense, on a ralenti sévèrement. C'est que de l'argent on n'en a que peu, Do et moi.

À la télé y a eu des changements. Boutang, Sangla et leur smala sont toujours à l'antenne. Mais pas moi. Pour me remplacer ils ont engagé Romain Bouteille. C'est pas con. Il est marrant Bouteille. Il est bien dans la ligne de Wolinski Siné, Cabu, des amuseurs hargneux qui vendaient *L'Enragé* sur les barricades.

Mais ça fait un sacré trou dans mon budget.

Alors on rame.

Notre anthologie pour *Planète* est bouclée. On la trouve dans les librairies. Et Sternberg me fait la grâce de me commander des articles pour une revue – plus gaie que *Planète,* limite friponne – que Pauwels vient de lancer : *Plexus*.

J'y écris des papiers sur la bande dessinée telle qu'elle devient. C'est que le temps des petits scouts à la Tintin et des belgeries gnangnan est révolu. Qu'enfin ça débloque sec. *L'Espiègle Lili* a cédé sa place à des nymphettes nymphos. Je fais l'apologie de Forest et de ses mignonnes astronautes de plus en plus joliment fessues. De Copi qui fait avec art l'éducation sexuelle des lecteurs du *Nouvel Observateur*. Du couturier Yves Saint Laurent qui vient de publier discrètement *La Vilaine Lulu*, album dont le texte et les dessins devraient, à mon idée, lui valoir une gloire encore plus grande que ses robes pour belles dames du seizième. Je parle de Wolinski, qui dessine à cent à l'heure des filles à poitrines affolantes et des obsédés hilarants, de Mandryka, de Fred, de Brétecher. De Pfeiffer, le cartoonist du *Village Voice* que m'ont fait découvrir mes toujours grands copains Resnais et Marker.

Et j'y déboulonne des héros dont le succès me paraît démesuré. Comme Astérix. Que ce petit franchouillard qui devient aussi costaud que Superman en se tapant de la potion magique – comme Popeye le fait depuis toujours en avalant ses spinachs – soit l'idole des Français de tous âges ça me défrise. Alors je l'écris. J'écris que je n'aime pas son chauvinisme et j'ajoute qu'il est pas le premier Gaulois de la BD. Qu'avant lui, dans *Le Petit Canard*, il y a eu *Totorix le Gaulois*, inventé par Jean Nohain.

Que j'écrive ça, ça amuse bien bien les connaisseurs. Mais pas Goscinny. Qui me téléphone en pleine nuit pour me couvrir d'injures. Pour me menacer « de me couler, de me fermer toutes les portes, de mettre hors de nuire la pauvre ordure de raté » que je suis.

Ce coup de fil !

J'en tremble encore. Hors de lui, il est, le René. C'est que j'ai commis le crime des crimes. L'infâme blasphème. J'ai osé critiquer l'auteur préféré des Français.

Oh ! René, faut pas pousser. C'était ce qu'on appelle un « papier d'humeur ». Donc d'humour. Mais je suis mal tombé. Le vieux pote qui m'a lourdé de *Pilote* avec tellement de drôlerie que je ne lui en ai jamais voulu, aujourd'hui, son humour lui rapporte tant de fric qu'il n'en a plus que quand il écrit.

Ajoutons à cela qu'il a mal digéré les jours fiévreux de mai, quand bon nombre de ses auteurs et illustrateurs voulaient que la rédaction de *Pilote* devienne une sorte de soviet. Il a toujours un sacré talent, Goscinny. Mais il est devenu quelqu'un. Alors gaffe ! Si Dieu lui prête vie il sera le premier auteur de « p'tits miquets » à coiffer le bicorne d'académicien, Goscinny.

Moralité : plus jamais je déconnerai avec ce type avec qui j'ai si bien, si méchamment ri.

Mais je ris avec Folon, avec Searle, avec Topor. C'est que les humoristes de notre série télé on les revoit, avec Do. Surtout Searle et sa si accueillante Monica. On mange des gâteaux dans leur home british, Searle nous tire le portrait à Do et moi avec des oreilles rondes de Mickey. On va chez Copi boulevard Saint-Germain où ça fleure bon le hasch. Chez Folon rue de l'Échaudé.

Tant et si bien que Do chope le virus.

Elle s'achète un stylo Rotring, des encres de toutes couleurs. Elle dessine les costumes de ma pièce. Très chouettement. Et aussi ceux du *Revizor* de Gogol. Et elle se lance dans la mode, crée des robes, des nippes aussi seyantes qu'extravagantes. Qu'elle fait voir à son copain Lagerfeld, qui l'encourage et l'adresse à un caïd du prêt-à-porter qui lui filoute quelques modèles et ne lui donne plus signe de vie.

Mais Do s'acharne. Notre studio prend des allures d'atelier d'artiste. Ces flacons d'encre, ces pinceaux, ces feuilles de Canson, d'Arches qui traînent sur le lit, le plancher, ça m'émoustille.

Et ça m'allèche si fort que je craque.

Do, avec sur elle rien qu'un tee-shirt, les cheveux en broussaille, bien chouette à voir, mange son pamplemousse.

C'est elle qui m'a appris qu'on pouvait dire aussi grapefruit ou pomelos.

Si chouette à voir, elle est, que je m'empare d'un de ses crayons, d'une feuille de papelard et que je m'attaque à son portrait.

Mais je ne fais que m'y attaquer.

Parce que non, faut pas.

Écrire, seulement écrire, voilà ce que je dois faire.

Et le faire si bien que ça se saura.

Et que ça fera caguer Goscinny.

La dèche

Plus un croque, on a.

Même le couscous poisson de misère de la rue Xavier-Privas on arrive plus à s'en offrir.

Et rien de lucratif en vue.

J'ai fait une virée rue Bayard. En vain. Y a toujours le restaurant Savy. Mais on y trouve plus de feuilletonnistes à la chaîne.

C'est passé de mode les feuilletons. Et pas que ça.

Ou Radio-Luxembourg attendait de crever de sa belle mort, ou la station de papa (et de grand-papa) se dépatouillait pour faire la pige à Europe. Alors un nouveau dirlo est arrivé. Un journaliste de *Paris-Match*. Malin, fonceur. Jean Farran. Qui a donné un grand coup de poing sur la table et a bazardé, sans trop de ménagement tout ce qui avait des relents de neiges d'antan. À la trappe les vieuseries, Zappy Max, Raymond Souplex et Jane Sourza, les jeux qui duraient depuis toujours, à la trappe les faiseurs de bons mots style Caveau de la République, à la trappe les animateurs chichiteux qui n'en finissaient pas de rendre hommage à Fréhel, Suzy Solidor et autres « grandes dames de la chanson ». À dégager, *Le Roman de l'accordéon* et autres interminables romans fleuves à l'ancienne.

Y avait, vingt-deux rue Bayard, une demi-douzaine de journalistes qui se contentaient de lire au micro, sans entrain, les bulletins de l'Agence française de presse. Farran en engage douze douzaines. Des journalistes qui vont se défoncer pour balancer sur l'antenne des nouvelles vraiment nouvelles, aller à la chasse au scoop, prendre le train, l'avion, des soucoupes volantes au besoin, pour aller interviewer, au bout du monde s'il le faut, des gens que, même sur Europe, on entend pas.

Et il a des idées, Farran. Qui décoiffent. Comme celle de demander à Ménie Grégoire de dialoguer, en direct, avec des auditrices, de leurs problèmes de dames. De leur faire raconter pourquoi elles veulent pas que leurs maris les grimpent ou que, si ils le font, leurs bonshommes, elles arrivent pas, ou si difficilement que c'en est dramatique, à l'orgasme.

Et il embauche des jeunes à cheveux longs, à barbes même, qui ont fait soixante-huit et qui disent des gros mots et qui passent des disques de Johnny et de Cloclo mais aussi de chanteurs qui chantent en anglais les tout derniers tubes américains.

Et ça marche. Radio-Luxembourg rebaptisé RTL va atteindre les sommets.

Gilbert Cesbron, qui a maintenant un bureau-placard au dernier étage de la rue Bayard et à qui je vais dire un petit bonjour (intéressé), ne peut rien pour moi. Absolument rien.

– Désolé, Remo. Vous avez une plume, une excellente plume. Seulement voilà, la radio à textes, fussent-ils beaux et profonds comme du Goethe, c'est terminé. Vous seriez Émile Zola, Guy de Maupassant ou Allan Edgar Poe que je ne pourrais que vous dire : désolé. Ce qu'on cherche, désormais, ici, c'est des voix. Pas des plumes, des voix. Et vous, vous êtes une plume.

Emballé c'est pesé ! Au revoir et merci, l'abbé.

Deux ans plus tard, Jean Farran, son éminence grise Jean Namur et d'autres grosses têtes de Radio-Luxembourg la trouveront si mélodieuse, ma voix éraillée de Parigot clopeur que...

Mais tes heures, elles sonnent que quand c'est l'heure.

Découragé par Cesbron, je traverse l'avenue Montaigne et je vais voir chez Filipacchi si...

Même son de cloche. On a besoin de rien actuellement.

Si, quand même.

Suzy, une assistante de rédaction, très jeune et pas laide du tout, que je ne connais que de vue, a quelque chose à me demander.

Quelque chose de si particulier qu'elle m'offre un verre dans un bistro pour me le dire.

– Vous allez me trouver débile. Tant pis. Je me jette à l'eau. Dans un mois, ça sera mes dix-neuf ans. Et je suis toujours vierge. Rigolez pas. C'est pas drôle. Notez que c'est pas triste non plus. Ça se trouve comme ça voilà tout. Mais ça peut plus durer. Alors...

– Qu'est-ce que je viens faire là-dedans, moi ?

– Rien. Mais si. Faire ça, pour la première fois, avec n'importe qui, je trouve ça désespérant. C'est pas compliqué, toutes les occasions que j'ai eues, j'ai dit non. Je voudrais... Je sais, c'est bêta. Je voudrais q e ça soit beau, que ça me fasse un souvenir... Magnifique. Et il y a un homme... J'ai vu tous ses films. Plusieurs fois. Même ceux qui ne valent pas grand-chose. Mais lui. Il est si beau. Et comme je sais que c'est votre grand ami.

– Vous me demandez quoi, exactement ?

– Foutez-vous de moi si vous voulez. Je m'en fiche. Mon premier homme, si ça pouvait être Maurice Ronet...

Le monstre !

Il a même pas besoin de draguer. C'est les filles qui lui cavalent après.

Et pas des quelconques. Elle a de la fraîcheur, de la gracieuseté, le sein le nez en l'air, la Suzy.

Le soir même, en sirotant son whisky, je le mettais au fait, Momo. Et ça lui a plu que je lui rapporte les propos infantiles de cette petite bécasse. Et il m'a prié de lui communiquer son numéro de téléphone, à la Suzy.

Et, trois jours après, c'était à moi qu'elle téléphonait pour me dire un merci ému, la chère enfant. Son bienfaiteur, elle m'a dit que j'étais.

Ça fait du bien de se savoir bienfaisant.

Mais c'est pas ça qui met du beurre dans nos épinards.

Do en était à envisager de revendre à qui en voudrait le manteau en poulain qu'elle avait même pas voulu échanger contre un Forlani. Mais elle pouvait quand même pas aller jusque-là. Elle se contenta de cavaler après Pierre Bergé ou Yves Saint Laurent pour les taper de quelques billets.

Saint Laurent elle le trouva du côté de Saint-Augustin. Chez Mme Madeleine. Quelqu'un de très important. C'était la dame – la fée ! – qui avec une poudre jaune pâle et impalpable (du lycopode), et une brosse savamment maniée, empêchait les cheveux de quelques messieurs en vue (Karl Lagerfeld, YSL, Francis Veber...) de choir.

J'ai été son client un moment moi aussi. Mais je n'en avais plus les moyens.

Saint Laurent n'avait pas un centime sur lui. Il aiguilla Do sur Pierre Bergé qui lui fit un prêt royal.

Mais les prêts...

Tout le monde, je tapais, de mon côté. Un billet à Duhamel, un à Boutang, un à Heinrich, un à Jean-Loup Sieff le photographe, un à...

Et mes quarante ans arrivaient à grands pas.

Et...

Les nuits, pas toutes, mais celles à insomnie, portent conseil. Et, un matin très tôt, je fais cette réflexion que le monceau de (peut-être pertinentes) vacheries que m'a balancées aux Deux Magots le sentencieux Jean Paris, faut pas qu'il me reste sur l'estomac jusqu'à la fin des temps.

Elle a eu qu'un lecteur ma pièce. Et c'était l'empereur des cons ce type. Faut qu'elle en ait d'autres.

J'ai dans un vieux carnet l'adresse de la dame qui tape les manuscrits de Montherlant, de Ionesco, de Camus, des cadors de la NRF. Ça va me coûter trop. Tant pis. Faut ce qui faut.

Cinquante exemplaires reliés solide, j'en fais tirer.

Et le premier des cinquante – ça en fera un de foutu mais faut aller au bout de ses rêves –, je vais le déposer chez Gallimard, rue Sébastien-Bottin. À l'intention de M. Jacques Lemarchand. C'est lui qui s'occupe de l'édition des pièces de théâtre. Tuyau que je tiens de Jean Dutourd.

Comme quoi le pneumatique est une invention divine

Un lundi matin j'ai remis mon texte à la dame de l'accueil chez Gallimard.

Le mardi après-midi...

Do qui était descendue acheter un pack de canettes de bière rue Saint-André-des-Arts a trouvé du courrier dans notre boîte aux lettres.

Un pneumatique.

Émanant des Éditions Gallimard.

J'ouvre l'enveloppe en tremblant.

C'est Jacques Lemarchand. Qui a lu ma pièce et qui souhaiterait que je lui téléphone au plus tôt en vue d'une éventuelle publication.

Les pneumatiques, quand c'est pas expédié par une Marianne Oswald en crise, c'est comme les messages que le Très-Haut expédiait aux prophètes dans les temps bibliques. Les pneumatiques c'est le Destin.

À preuve celui d'un certain M. Roux, il y a maintenant bien longtemps...

Et maintenant c'est M. Lemarchand qui m'en expédie un.

Un saint homme, Jacques Lemarchand.

Que Dieu qui est au ciel le bénisse. Et tous les autres dieux aussi. Ceux des Hindous, des Papous, des Peaux-Rouges, des Esquimaux. Et les dieux des peuplades sans dieux.

Sur le banc de maman

Zéro degrés, il fait. Ils l'ont dit à la radio.

Zéro et me voilà quand même assis sur un banc. Emmitouflé dans mon plus épais pardingue, avec un cache-col et quand même la goutte au nez. Mais pourrait faire moins trente...

Fallait que j'y vienne, m'asseoir sur ce banc de l'avenue Ledru-Rollin.

Sur le banc où ma mère venait se poser quand le temps était clément, pour y bavarder avec quelque voisine, y rêvasser.

Je me les gèle. Mais fallait.

Fallait que je revoie cette avenue, la porte cochère du soixante-quatorze.

Fallait que je m'y fasse voir tel que me voilà maintenant.

Toujours Remo, toujours grande carcasse. Mais ayant enfin quelque chose de très beau à raconter.

Jacques Lemarchand, Gallimard, c'est des noms qui te diront rien, maman.

Mais faut quand même que je te raconte.

Après le pneumatique, une visite à Lemarchand, ça s'est mis à filocher. Tout le reste j'ai laissé tomber. Seule la pièce comptait.

Ça serait pas Wilson qui jouerait papa. Qui alors ?

C'est là que réapparaît Pollet. Oui, ce réalisateur à Jaguar qui s'est si mal conduit avec moi en faisant massacrer mon texte de *Tu imagines Robinson* par un fouille-merde. Mais il ne m'en veut pas de m'avoir fait une crasse, Pollet.

Au contraire. Il a un nouveau boulot à me proposer. Un scénario pour un type qu'il a découvert dans un bal de banlieue en train de danser et de draguer. C'est pas un comédien, c'est n'importe qui, qui a tout d'un Buster Keaton. Arabe. Pollet veut que j'écrive pour lui l'histoire d'un petit tailleur en chambre qui a une sœur qui lui fait croire qu'elle est voyante alors qu'elle est putain.

Ça me plaît bien. En pas un mois, en picolant le vin de Boutang dans l'appart à Boutang, on l'écrit le scénario. Et Pollet l'expédie aux gens qui donnent aux cinéastes « l'Avance sur recette ».

Et on la décroche.

L'Avance sur recette c'est, grosso modo, une somme représentant un tiers du devis d'un film.

Moralité : suffit de réaliser un film pour le tiers de son prix pour que le tour soit joué sans débourser une sapèque.

On fait comme ça. Dans un atelier pittoresquement crasseux du faubourg Saint-Antoine. Avec le minimum de très bons techniciens et une distribution pas commune. Avec Claude Melki, l'Arabe pas comédien mais qui joue soi-même avec un manque de talent et de métier qui confine au génie. Bernadette Laffont qui fait sa sœur pute. Jean-Pierre Marielle qui fait le mac de Bernadette. Avec, en prime, Chantal Goya, une ingénue croquignolette, qui débute dans la chanson. Et Dalio.

Dalio, maman. Le Maltais de *La Maison du Maltais*. Le métèque de tant de films que tu as adorés. Le Juif qui s'évadait avec Gabin dans *La Grande Illusion*. Dalio que mon scénar fait tellement rigoler qu'il accepte de participer à notre tournage à bouts de ficelle. Et qu'il devient un ami de cœur.

Même moi je joue dans *L'amour c'est gai, l'amour c'est triste*. On a pas de producteur, pas de régisseur. On a rien. Mais Pollet fait si bien son boulot, mes dialogues – écrits à la blague – sont si subtilement vulgaires qu'à l'arrivée c'est un bon film. Qui enchantera quelques spectateurs de poids, dont Jean Renoir. Et qui n'aura aucune carrière.

Pas grave. Me voilà vengé de tous mes déboires et désillusions de Prévert qui n'avait pas trouvé son Carné.

Et puis… Quand j'ai entendu Jean-Pierre Marielle dire du Forlani j'ai eu le choc. Le grand Marielle, avec sa voix de tragédien qui se retient toujours de pas pouffer, c'était lui qui devait jouer le Babo.

Je lui donne une copie de ma pièce. Mes grandes tartines en alexandrins, mes envolées célinesques c'est pas trop sa tasse de thé. Il fait dans le Pinter, Marielle. Il a envie de jouer *Oncle Vania*. Alors cette histoire de poivrot, de Macaroni débagoulant des salades sur la guerre…

Son copain de Conservatoire, Jean Rochefort, lui, trouve ça si bon qu'il propose à Marielle d'en faire la mise en scène.

Marielle flanche. Marielle dit oui.

Le onze novembre mil neuf cent soixante-huit, à quinze heures précises, on se retrouve, Marielle, Rochefort et moi, dans un bureau-salon au-dessus du Théâtre Antoine. Pour une lecture. Une lecture à l'intention de madame la directrice.

Une ancienne vedette de théâtre. Simone Berriau. Qui nous reçoit dans un déshabillé très habillé avec, cousue dessus, sa Légion d'honneur. Elle nous abreuve au champagne. Et, majestueuse comme une Mme Récamier, elle écoute. Elle écoute Marielle jouant le Babo, jouant admirablement le Babo, Rochefort jouant avec art tous les autres rôles conséquents, moi balançant timidement les répliques des tout petits rôles.

Mme Berriau ne perd pas un mot, pas un silence. Après quoi, en éclusant une ultime coupette, elle nous dit poliment mais fermement que « venir lui lire un onze novembre une pièce évoquant aussi grossièrement la guerre, c'est vraiment de très mauvais goût ».

En bref, elle nous vire.

Pendant ce temps, à Strasbourg, l'opéra avec Duhamel, *Le Rital,* fait un tabac. Ça marche. Le public aime.

À Strasbourg, je n'y suis pas allé. Au prix que sont les trains et les hôtels…

Mais la directrice d'un théâtre parisien, la Renaissance, a fait le voyage. Et elle a eu un tel coup de foudre qu'elle nous met à l'affiche. À condition que nous changions de titre. Le mot rital, Vera Korène, ex-sociétaire de la Comédie-Française, ne l'a jamais entendu. Et elle est convaincue qu'il ne peut que décourager les spectateurs.

Grosse connasse ! Quand, dans pas si longtemps que ça, *Les Ritals* de Cavana seront best-seller, je râlerai faut voir comme. Mais, sur le moment, je m'incline. Je trouve un autre titre assez pimpant. *Lundi, monsieur, vous serez riche.*

Et les spectateurs aiment beaucoup. Les critiques aussi, qui voient en Duhamel « l'Offenbach d'aujourd'hui » et saluent la verve de Forlani, « un Giraudoux saisi par la débauche ». Il y a bien M. Gavoty, mélomane goitreux, du *Figaro,* qui estime que Duhamel n'arrive pas à la cheville de Reynaldo Hahn et André Messager, et trouve affligeants les lyrics de Remo Forlani.

Le bruit des bravos couvre les piapias de cette ganache. Mais si les spectateurs sont enthousiastes, ils sont pas légion.

À chaque représentation on a droit à des rappels à n'en plus finir. Des représentations, y en aura, hélas, que peu.

Mais ton Remo, m'man, il se vautre quand même dans la gloire. C'est que, c'est fait, en plus de *Lundi, monsieur, vous serez riche,* il a une autre pièce à l'affiche. Oui. *Guerre et paix au Café Sneffle.*

Une pièce à la Renaissance, une pièce au La Bruyère. En même temps

C'est que Jacques Lemarchand, saint homme parmi les saints hommes, ne se contente pas de me publier dans sa collection le Manteau d'Arlequin. En plus, il engage tous les hommes de théâtre qu'il connaît à la monter, ma pièce. Et l'un d'eux, Georges Vitaly, s'y attaque. Avec Jean-Pierre Marielle.

Et alors…

Le théâtre, c'est fabuleux le théâtre, les répétitions, la fièvre de la couturière, la panique de la Générale… Marielle devenu le Babo, papa quoi ! Et…

Se lever au petit jour pour aller au kiosque à Saint-Michel pour se ruer sur les canards à l'encre encore fraîche et y lire des critiques élogieuses… Jamais j'oublierai, jamais, les larmes qui me sont venues, en lisant le papier de François Chalais, celui de Dutourd, debout devant ce putain de kiosque. Des larmes de joie.

Même les papiers qui me traînaient dans la crotte, je les ai savourés. Surtout celui des *Lettres françaises*, le torchon à Aragon. Je l'ai échappé belle. Ils auraient pu me faire la sale blague d'aimer. Ouf !

J'ai ma photo dans *Paris-Match*. Jean Anouilh m'a serré la main et traité de « cher confrère ». Achard, Ionesco et Félicien Marceau me décernent un prix. La Société des Auteurs aussi.

Pour Colette, Laurent, mon frère, sa femme Zézette, Toto, Resnais, les Michel, les Daumesnil et Lilou Schnitz (sans son mari) et Marianne Oswald et Truffaut et Boutang et même Alexandre Vialatte, qui est venu lui aussi et me fait ma fête dans son journal auvergnat, pour tout le monde, pour la terre entière… Enfin… pour ma terre à moi, je suis enfin quelqu'un.

Quelqu'un qui ne touchera pas une masse de droits d'auteur. Parce que le théâtre, n'est-ce pas…

Mais la bouillasse, le marigot où je marinais, j'en suis sorti. Et tant et tant de belles, et moins belles, choses m'attendent.

Je sais pas encore quelles, m'man, mais on verra bien.

Ah ! Comme tout s'est mis à me sourire, j'ai balancé l'autre jour un verre de whisky dans un évier. Et ça a été vraiment le dernier. Et je vais et je viens.

– Toujours vif, alors ?

– Toujours.

– Et joyeux ?

Faut bien.

Index des noms cités

Table

CET OUVRAGE A ÉTÉ TRANSCODÉ ET ACHEVÉ D'IMPRIMER SUR ROTO-PAGE
EN FÉVRIER 2003 PAR L'IMPRIMERIE FLOCH À MAYENNE
D.L. : MARS 2003, ÉDITEUR : N° 7735, IMPRIMEUR : N° 56381.
Imprimé en France